**불평등에 맞서는
반주류 경제학**

불
평등에
맞서는

로버트 폴린, C.J. 폴리크로니우 지음
한승동 옮김

부의 양극화,
사회적 차별과 싸워온
좌파경제학자
24인의 이야기

반
주류
경제학

메디치

이 책은 세계를 해석하고 좀 더 나은 곳으로 바꾸는 일에 평생을 바친 경제학자 24명과의 인터뷰를 담았다. 이들 스물네 사람은 모두 그 일에 필요한 기술적 수단들을 자신들의 작업에 활용했다. 하지만 그보다 훨씬 더 중요한 점은 이들이 모두 평등주의와 민주주의, 생태계의 건강이라는 신조에 헌신한 사람들이기도 하다는 점이다. 이들은 모두 경제학자로서의 연구와 경제 정책 분야에서의 참여를 통해 자신들의 신조를 다양한 방식으로 실천해왔다.

내가 인터뷰한 스물네 사람은 모두 주류 정통경제학mainstream orthodox economics의 교리에서 완전히 탈피하여 연구와 정책 개입을 위한 자신들만의 접근법을 개척했다. 전체적으로 그들은 계급투쟁, 성과 젠더의 불평등, 전면적 금융 불안정, 제국주의, 기후 위기, 글로벌 불평등, 빈곤, 그리고 국가주도 개발전략의 문제들을 독창적이고 인상적인 방식으로 전면에 내세웠다.

이들은 모두 자본주의 경제와 사회의 작동과 오작동을 이해하는 데 근본적으로 기여했다. 이는 대체로 맞는 말이다. 더 구체적으로는 지금 우리가 살아가는 시대, 1970년대 말에 시작돼 지금도 여전히 세계 전역에 만연해 있는 이 신자유주의적 자본주의neoliberal capitalism 시대에도 그렇다. 신자유주의는 경제와 사회 정책을 수립하는 데 있어서 대기업들과 월스트리트, 그리고 가장 부유한 세계인구 0.1%의 우선권과 특혜가 다른 모든 고려사항 위에 군림하는 자본주의의 변종이다.

모든 주류 경제학자가 그런 고려사항들을 모조리 무시했다고 매도하는 것은 바람직하지 않다. 그보다는 오히려 대다수 주류 경제학자가 그런 문제들을 덜 중요하다고 여겼거나 자유시장 자본주의의 틀 안에서 가장 잘 다룰 수 있는 문제라 판단해왔다고 볼 수 있다. 주류 경제학자들은 자유시장 자본주의 경제에 근접한 원칙이 다른 어떤 대안보다도 더 높은 생활수준과 더 많은 사회적 정의를 가져다주는 것으로 입증됐다는 교훈적 관점을 지니고 있다.

내가 인터뷰한 스물네 명의 진보주의자들은 경제적 정통성에 도전하면서 자신들이 무엇과 맞서고 있는지를 잘 알고 있었다. 그들 중 다수는 인터뷰에서 이 도전들을 강력하게 설파하고 있다. 대공황 및 제2차 세계대전 이후 시대 전문 경제학자인 저명한 케임브리지대 교수 조앤 로빈슨Joan Robinson은 정통 경제학의 매력적인 면과 도덕적 맹목성에 대해 다음과 같이 아름답게 묘사했다.

전통적인 정통 경제학의 핵심적 효용(나는 목적은 얘기하지 않겠다) 가운데 하나는…특권 계급에게 그들의 지위가 도덕적으로 정당하고 사회의 복지를 위해 필요하다고 설명해주는 것이다. 가난한 자들조차 기존 시스템 아래에 있는 것이 다른 어떤 시스템 아래에 있는 것보다 더 낫다는 사실이었다.[1]

독자 여러분은 이 24명의 인터뷰 대상자들이 꼭 같지는 않다는 것, 전혀 그렇지 않다는 것을 금방 깨닫게 될 것이다. 그들은 매우 다양한 배경을 갖고 있을 뿐만 아니라 세대도 다르다. 따라서 진보적 경제학자로서 그들 각자의 작업이 다양한 경로를 따라 진행돼왔다는 건 놀랄 일이 못 된다. 그들은 서로 다른 주제를 탐구해왔고 자신들의 연구를 발전시키는 데 서로 다른 방법을 활용했으며, 다양한 진보적 정치운동과 공조했다. 그들은 또 크고 작은 많은 문제에서 의견이 일치하지 않았다. 그 결과 이 인터뷰들은 그들의 유사성뿐만 아니라 차이들도 보여줄 것이다.

이 책의 아이디어는 내가 매사추세츠 애머스트대학University of the Massachusetts Amherst 정치경제연구소(Political Economy Research Institute, 이하 PERI)의 공동설립자인 제리 엡스타인Jerry Epstein, 밥 폴린 Bob Pollin과 나누던 일상의 대화 속에서 나왔다. 진보적 경제학자들과의 인터뷰를 책으로 내면 좋겠다는 결론을 내린 우리는 그렇다면 어떤 경제학자들을 이 프로젝트에 포함시킬지 결정해야 했다. 제리와 밥을 포함한 PERI의 경제학자들과 다양한 형태로 PERI에 소속돼 있는 다른 7명이 거기에 매우 적합한 인물이었다는 건 놀랄 일이 아니다. 다른 15명의 인터뷰 대상자들 역시 제리와 밥, 그리고 PERI의 다른 관계자들이 다년간 여러 형태로 서로 소통해온 사람들이다.

내가 보기에 다수 진보적 경제학자들의 이야기를 비슷한 인터뷰 포맷을 통해 추가로 들어본다면 얻을 게 많을 것이다. 실제로 나는 PERI와 연관이 있거나 없는 다른 많은 사람과 정기적으로 인터뷰했다. 그 인터뷰들 중 다수는 지금 PERI의 웹사이트(www.peri.umass.edu)에 올라와 있다.

나는 모든 인터뷰에서 같은 접근법을 취했다. 그것은 구체적인 질문사항들을 보내고 서면으로 답을 해달라고 요청하는 방식이다. 나는 그들의 응답에 최소한의 편집만 했다. 인터뷰의 길이도 다양한데, 이는 모든 인터뷰 대상자에게 길든 짧든 그들이 적당하다고 생각하는 대로 써도 좋다고 얘기했기 때문이다. 책으로 간추리면서 인터뷰들을 알파벳순으로 배열했다. 그보다 명백히 더 좋은 편집방식이 없어보였기 때문이다.

내 개인적인 의견이긴 하지만, 이 책은 개인적 체험, 중요한 역사적 사건들에 대한 반성, 분석적 접근법들과의 논쟁과 연구 성과들의 멋진 혼합물로 채워져 있다. 여기에서 산출된 것은 24명의 진보적 경제학자들의 아이디어와 헌신이 뒤섞여 발효된 도수 높은 술이다. 이에 대한 나의 평가에 동의할지 말지에 대한 결정은 이제 독자 여러분에게 달려 있다.

포스트 코로나 시대의 첨언

나는 이 인터뷰의 주요 내용을 위해 2018년 초에서 2020년 봄까지 긴 시간에 걸쳐 작업했다. 우리가 마침내 모든 인터뷰를 마쳤다고 생각했던 그때 코로나19 팬데믹이 전 세계로 퍼지기 시작했다. 당시에는 우리가 손에 쥐고 있던 그 인터뷰들을 쉽게 출판할 수 없을 것이 분명했다. 그래서 오히려 인터뷰 대상자들에게 간략하게라도 글로벌 팬데믹을 되돌아볼 기회를 줄 필요가 있었다.

버소Verso의 편집자들에게 동의를 얻어, 2020년 11월에 나는 인터뷰 대상자들에게 메일을 보내 다음과 같은 질문들에 답해주기를 요청했다.

1. 공중보건 개입과 경제 정책들의 관점에서 코로나 팬데믹에 대한 여러 국가 또는 지역의 서로 다른 대처방식들을 어떻게 평가하나?
2. 코로나 팬데믹에서 평등주의적 경제 프로젝트를 추진하는 데 있어 가장 실행 가능한 방안에 대해 어떤 교훈을 얻었는가?
3. 코로나 팬데믹 체험이 학문으로서의 경제학, 더 구체적으로는 연

구하면서 답을 찾아왔던 문제에 대해 영향을 미쳤는가?

여러분은 이제 우리의 인터뷰 대상자들이 코로나19 이전의 세계를 바라보면서 정리한 다른 모든 관찰들과 함께 그들의 답변을 읽을 수 있을 것이다.

이 책을 만들면서 나는 24명의 인터뷰 대상자 모두에게 큰 빚을 졌다. 그들은 시간을 내서 자신들의 성장 배경과 인생 이야기를 들려주었고 평생 동안 해온 일에 대해 논의했다. 나는 또한 탁월한 편집 작업 솜씨를 보여준 주디 포그에게도 감사를 드리고 싶다. 마지막으로, 처음부터 끝까지 이 프로젝트를 위해 영감을 주고 재정적으로도 지원해준 '정치경제연구소PERI'에 감사드린다.

경제학자로 평생을 살았지만, 이렇게 매력적이고 풍부한 경제학자들의 얘기는 처음 보았다. 경제학에는 주류적 접근 말고도 발전경제학이나 제도학파를 비롯한 수많은 멋진 시도가 있다. 미국 자본주의를 튼튼하게 만드는 것은 역설적으로 이런 다른 목소리고, 이는 동시에 세계 자본주의의 모순을 완화하는 역할을 한다. 경제학을 공부하고 싶은 사람들에게 이 24편의 인터뷰를 꼭 읽어보라고 권해주고 싶다.

자신의 경제가 아니라 세계 경제를 바꾸고 싶었던 어떤 청소년들의 꿈이 일부라도 현실이 되는 판타지 같은 현실을 볼 수 있을 것이다. 그들의 이야기는 부모로부터 태어나고, 학교에 가고, 청소년이 되고, 대학에 가는 평범한 출발로 시작한다. 이들이 보여주는 삶은 경제학이 얼마나 아름다운 학문이었던가 새삼 느끼게 해준다.

우석훈(경제학자, 《88만 원 세대》 저자)

차례

마이클 애쉬

Michael Ash

평등과 복지, 기후문제 해결에 집중하는
선도적 사상가

마이클 애쉬는 매사추세츠 애머스트대학University of Massachusetts Amherst 경제학과
와 공공정책 대학원 교수이며, 정치경제연구소PERI 기업독성정보 프로젝트Corporate
Toxics Information Project의 공동책임자다. 그는 프란시스코 로우사Francisco Louçã와 함
께 《그림자 네트워크: 금융 무질서와 위기를 부르는 시스템Shadow Networks: Financial
Disorder and the System that Caused Crisis》(옥스퍼드대 출판사, 2018)을 썼으며, 환경정
의와 노동조합 조직화, 공공부채를 주제로 많은 글을 써왔다. 그는 국제 문제 전문
잡지 《포린 폴리시Foreign Policy》가 뽑은 '2013년 선도적 글로벌 사상가 100인'의
한 사람으로 선정됐다.

당신의 성장배경과 당신을 경제학계로 이끈 것이 무엇인지 궁금하다.

아버지는 수학교수(은퇴)고, 어머니는 사회학자다. 경제학은 그 사회과학적 문제들과 정량적이고 수학분석적인 방법들의 통합이라는 점에서 내게 딱 맞았다. 우리 가족은 4세대에 걸쳐 정치적으로 좌익과 노동계급 정치working-class politics 분야에서 적극적으로 활동해왔다. 외조부모는 파시즘 체제하의 유럽을 구사일생으로 빠져 나왔다. 조부모는 사회주의자들이었다. 경제학은 내게 공개토론과 공공정책을 바꿀 수 있는 분야라는 인상을 주었다.

나는 시카고에서 자랐다. 당시 10대였던 내게는 레이거노믹스(로널드 레이건 대통령 때의 경제 정책—역주)가 중서부 산업지대를 강타해 발생한 해고, 절망, 홈리스가 뚜렷한 인상으로 남아 있다. 나는 엄청난 불평등, 특히 인종별 불평등으로 갈라진 시카고를 매일매일 체험했다.

내 청소년기는 젠트리피케이션의 시대였으며, 부모님은 단지 그들의 일터가 그 가까이 있었기에 자신들도 모르게 링컨 파크 인근의 젠트리파이어가 됐다. 여피족(Yuppie, 도시에 사는 젊고 세련된 고소득 전문직 종사자—역주)이 등장한 시대였다. 내 친구들의 부모들은 '상품거래업'이라 불린 일을 했고 꽤 넉넉하게 살고 있다는 걸 알게 됐다.

당신은 캘리포니아대 버클리 캠퍼스 대학원에서 나중에 연방준비제도이사회 의장이 된 재닛 옐런과 노벨상 수상자 조지 애컬로프 (두 사람은 부부가 되었다.)와 긴밀히 협력했다. 경제학자이자 당신의 멘토인 두 사람에 대한 이야기를 듣고 싶다. 연방준비제도이사회 의장으로서 특출했던 옐런에 대해서 어떻게 생각하나? 또 주류와 비

주류 경제학 모두에 기여한 애컬로프의 연구에 대해서는 어떻게 생각하는지 궁금하다.

조지와 재닛은 놀라운 사람들이다. 스마트하고 친절하다. 두 사람이 공유하고 있는, 명사가 거의 필요 없는 암호 같은 말("흐음, 그렇게 생각해?", "그래, 아마도.", "좋아, 해보자고.")으로 소통하며 함께 일하는 모습은 내게 영감을 주었다. 1930년대에 파시즘 체제하의 유럽을 탈출한 내 외조부모는 평생의 연인이었고 학계의 공동저자(일리노이대학 언어학과)였다. 조지와 재닛한테서 나는 내 외조부모 사이에서 봤던 것과 동일한 사랑과 지적 소통을 봤다. 그런 종류의 연결을 뜻하는 고대 그리스어는 호모프로시네(homophrosyne, 두 사람이 똑같이 느끼고 생각한다는 뜻 – 역주)다. 나도 학계 커플이고 내 아내 크리스타 하퍼Krista Harper는 매사추세츠 애머스트대학 인류학 교수다. 조지와 재닛 커플은 내게 지적 영감 차원을 넘어 삶을 함께하는 방법을 모델링하는 대상이기도 하다.

재닛은 연방준비위원회(이하 연준) 이사회 멤버로서, 그리고 나중엔 의장으로서 연준의 정치, 특히 뿌리 깊게 완고한 인플레 저지 기류를 민주당 지명자로선 몹시 힘든 방식으로 헤쳐나갈 수 있었던 특출한 연준 의장이었다. 또 한 사람의 위대한 경제학자이자 나의 첫 경제학 교수였던 앨런 블라인더Alan Blinder는 진보적 학자로 인플레 대처 능력이 약할지도 모른다는 의심 때문에 앨런 그린스펀Alan Greenspan 등에 의해 결국 강판당했다. 비슷한 계보와 지향성을 지닌 재닛은 매우 까다로운 사람들을 설득해서 그녀의 판단력과 리더십을 받아들이게 만들 수 있었다.

경제학에 대한 조지의 영향력은 엄청났다. 사회심리학과 사회관계, 정체성의 역할, 그리고 기회주의적 행동에 대한 매우 강력한 규범과 법률의 중요성 등의 주제는 그가 기여한 것 가운데 극히 일부분에 불과하다.

대학원생 시절인 빌 클린턴 대통령 정부 때 노벨상 수상자 조지프 스티글리츠가 단장을 맡고 있던 대통령경제자문단의 멤버로도 일했다. 그 일은 어떠했나? 스티글리츠는 그 자문단에서 강력한 진보적 목소리를 냈나? 또한 거기에는 어떤 사람들이 있었나?

조Joseph Stiglitz의 생각은 유난히 빠르고 창의적이다. 조의 아이디어들은 이미 경제학의 여러 분야에서 경제사상과 정책에 깊은 영향을 끼치고 있었지만, 대통령경제자문단CEA 단장 재직 시절의 그는 여전히 권력과 통치의 최고위층에 있던 힘센 사람들과 정책 문화에 관한 자신의 방식을 조율해야 했다. 당시 클린턴 대통령에게 조언하려 경쟁하던 많은 다른 목소리가 있었으나 조의 아이디어만한 건 없었다. 하지만 그들 중 일부는 접근성과 권력에 대한 좀 더 나은 접근법, 또는 더 마키아벨리적인 이해력을 갖고 있었다.

대통령경제자문단 의장은 권력자에게 진실을 얘기하는 어려운 임무를 맡고 있지만, 그것을 은밀하게 권력자가 들을 수 있는 방식으로 해야 한다. 조의 CEA는 많은 사안에서 오른쪽에 서 있었다. 예를 들어 CEA는 1996년 여름에 의회에서 통과된 비인간적인 복지개혁 프로그램에 반대했으나, 조의 CEA가 행정부의 입장을 바꾸게 한 것 중에 중요한 분야는 없었던 듯하다.

아마도 가장 중요한 것으로는 CEA가 1990년대 말 금융 자유화 진행속도를 늦추는 데 실패한 일일 것이다. 그 결과는 참으로 심각했다. 조는 어느 누구보다 자유시장 금융정책의 위험성을 더 잘 알고 있었겠지만, CEA는 연준과 재무부, 또는 필 그램Phil Gramm과 같은 금융위 소속 상원의원들의 상대가 되지 못했다.

조가 진정으로 세계에서 가장 유능한 공공 지식인 가운데 한 사람이 된 것은 CEA를 떠난 이후다. 국제통화기금IMF의 개입에 대한 조의 비판은 용감했고, 그것은 그를 신자유주의 진영 핵심 세력과의 충돌로 몰아갔다. 그 이후 그의 작업은 두드러졌고 정치적으로 요령이 생겼다.

나는 자문단의 다른 두 멤버들인 마틴 닐 베일리Martin Neil Baily와 앨리시아 먼넬Alicia Munnell로부터 많이 배웠다. 마틴은 영향력 있는 정책전문 경제학자로, 그의 저서 《공평한 성장Growth with Equity》은 내 사고에 큰 영향을 끼쳤다. 앨리시아에게 CEA 멤버 지명은 격려상과 같았다. 보스턴 연준의 연구소장으로서 앨리시아는 주택담보대출에서의 차별에 대한 가장 철저하고 설득력 있는 연구들 중 하나를 수행했고, 그것은 《미국경제리뷰American Economic Review》에 실렸다. 그녀는 백인과 흑인 간에 차이가 나는 대출 거부비율에 대한 비판을 회피하려고 은행들이 흔히 들먹이는 신용기록 데이터에 가까이 접근하기 위해 금융감독기관으로서 연준의 권위를 활용했다. 앨리시아의 분석은 흑인 대출신청자들이 백인 대출신청자들보다 더 자주 거부를 당한다는 사실을 명확하게 보여주었다.

은행들은 그런 폭로를 좋아하지 않았으며 그녀가 폭로했다는 사실을 잊지 않았다. 그리하여 클린턴 대통령이 그녀를 연준 이사회 의장으로 지명했을 때, 은행들은 인준 권한이 있는 상원의원의 자기파 의원들을 사주해 결정타를 먹였다. 그래도 클린턴은 앨리시아를 CEA 단장에 임명했고, 그녀는 거기에서 강력하고 원칙에 입각한 목소리를 냈다. 민영화 추진자들의 공세로부터 사회보장제도를 구해내는 데는 사회보험과 관련한 그녀의 업적이 중요한 역할을 했을 것이다.

애컬로프, 옐런, 스티글리츠 외에 또 어떤 사람들이 경제학자인 당신에게 가장 많은 영향을 끼쳤는가? 그리고 그들이 끼친 영향은 어떤 것이었는가?

나는 프린스턴대학에서 우연히 데이비드 카드David Card로부터 초급과 중급 미시경제학을 배웠다. 내가 '우연히'라고 얘기한 것은 데이비드의 전공이 노동경제학이었기 때문이다. 데이비드는 프린스턴 대학에 재직할 때 학부 경제학과 과목들 중 거의 모든 과목을 다 가르쳤을 것이다. 그리고 내가 캘리포니아대학 버클리 캠퍼스 대학원 과정을 반쯤 마쳤을 때 버클리의 해당 학과가 데이비드를 채용했고, 그것은 그 학과와 내게 특별한 기회가 됐다. 데이비드의 끝없는 호기심, 객관적 분석에 대한 완전한 헌신, 멘토로서의 관대함은 내가 알고 있는 최고의 선생들 중 한 사람으로 여기기에 부족함이 없었다. 데이비드가 없었다면 나는 내 논문을 끝내지 못했을 것이며, 그의 조언은 좋은 교사와 조언자가 되기 위해 노력하고 있는 지금도 내 마음 속에서 맴돌고 있다.

마이클 라이히Michael Reich는 대학원 시절 나의 절친이자 멘토였다. 《분할된 일자리, 갈라진 노동자들Segmented Work, Divided Workers》은 내가 읽은 최고의 경제학 책 중 하나다. 그의 주장은 너무 자연스럽고 깊어서 때로 노동의 역사 그 자체로 간주되기도 한다. 계급관계의 역사라는 관점을 가진 사람들에게 이 책은 분명히 사회를 이해하는 데 열쇠가 될 것이다. 그 최신판은 대단히 흥미롭고 가치있는 프로젝트가 될 것이다.

밥 폴린Bob Pollin도 내게 큰 영향을 주었다. 두 가지 측면을 얘기해 보겠다. 먼저 그는 단순하지만 지나치게 단순하지는 않은 문제의 핵심을 곧바로 찌른다. 밥이 가장 좋아하는 인용구 가운데 하나는,

아마도 아인슈타인이 한 말이겠지만 아닐 수도 있는데, "모든 것은 가능한 한 단순해져야 한다. 하지만 더 단순해져서는 안 된다."라는 것이다. 예컨대 생활임금 및 최저임금과 관련해 밥은 복잡한 계량경제학에도 불구하고, 생활임금 지불이 대다수 업체들 수익을 크게 감소시키진 않는다고 봤다.

두 번째로, 나는 매사추세츠 애머스트대학에 들어온 이후 지난 20년간 밥과 함께 가르치는 행운을 누려왔다. 학생들과의 관계, 정량적 결과들에 대한 설득력 있는 글쓰기에 대한 강조 등 그의 교수 방식은 내가 학생들을 가르치는 방식에 결정적인 영향을 끼쳤다. 나는 밥한테서 언어 문제에 대해서도 배웠는데, 그는 신고전주의 경제학자들이 사용하는 약칭들이 경제문제에 대한 우리와 대중의 사고를 바꾼다고 했다. 몇 가지 예들을 보자면 다음과 같다.

대학 졸업장이 없는 노동자들을 묘사하기 위해 일상적으로 사용되는 '덜 숙련된'이라는 말은 자격이 떨어지는 노동자들의 불안정한 고용 상태가 인간이 만들어낸 것이 아니라 마치 자연스런 것인 양 여기게 만든다.(밥과 내가 프랭크 바다케Frank Bardacke에게서 배운 것처럼 상추 자르기는 고도의 숙련된 노동이다. 하지만 임금은 제도적으로 결정된다.)

또한, 민간부채 거품에 관한 토의에서 공공부채와 민간부채의 차이를 구별하지 못한 것은 2000년대 초의 실제 불균형에 대한 이해를 엉망진창으로 만들고 긴축정책 주창자들에게 손쉬운 선택지를 만들어주었다. 밥은 2013~14년의 우리 작업에서 수정되지 않은 모든 '부채' 사례를 제거하게 했다. 그는 또 내게 인터넷상의 슬랭인 성가신 두문자 IYKWIM(If You Know What I Mean, 아시겠지만)를 쓰지 말도록 가르쳤다.

진보적(좌파) 정치경제학과 주류경제학의 차이는 무엇인가?

진보적 정치경제학은 신고전주의 경제학neoclassical economics보다 훨씬 더 실증적 토대를 갖고 있다. 내가 실증적이라고 한 이유는 최저임금에 관한 애린 듀브Arin Dube의 명석한 계량경제학적 작업과 같은 정량적인 실증 분석, 그리고 제임스 보이스James Boyce 또는 제임스 크로티James Crotty의 작업과 같은 역사제도주의 둘 다를 포함한다. 신고전주의 경제학의 다수는 인센티브와 상식, 행동, 상호작용, 그리고 평평한 경기장 등의 비현실적이며 조잡한 가정에 그 근거를 두고 있다. 또 다른 핵심적 차이는 정치권력에 대한 이해가 진보적 정치경제학의 중심이라는 점이다. 광의의 '정치적'이란 말에는 예컨대 노동자에 대한 상사의 권력도 포함된다.

당신의 초기 경력에서 다수의 연구는 보건의료 및 보건의료 서비스 종사자들에 초점이 맞춰져 있었다. 무엇이 이 분야 연구로 이끌었나? 이 분야에서 당신의 작업을 돋보이게 해주는 중요한 발견들은 무엇인가?

보건의료 서비스 경제학 분야에 관심을 갖게 된 것은 우연이었다. 나는 규제 및 시장 환경의 변화가 그 분야의 피고용자들에게 어떤 영향을 끼치는지에 대한 사례를 찾고 있었다. 동료들은 1970년대와 1980년대에 실질적 규제완화와 구조조정을 거친 트럭운송, 항공, 통신 등의 분야를 조사했다. 이 분야의 피고용자들은 임금과 노동조건에서 참패를 당했다. 관리형 의료와 그 구현체인 HMO(Health Maintenance Organization, 건강관리기구. 미국 건강보험의 한 종류－역주)가 1990년대 중반에 부상하면서 단기간에 '비용곡선을 꺾었다'는 평가와 함께 많은 신뢰를 얻고 있었다.

내 생각에 그 비용곡선 하강은 보건의료 서비스 분야의 노동 덕을 많이 본 듯했다. 그래서 나는 급료, 시간, 그리고 자격이 떨어지는 노동에서 좀 더 높은 자격을 요구하는 노동으로의 교체 현상 등을 조사했다. 노동에 끼치는 영향은 그 자체로도 흥미로웠지만, 그것은 또 비용곡선이 꺾이기보다 뒤틀리고 있을 가능성이 있음을 암시했다. 실제로 노동 개편을 통한 한 차례의 가치 추출 뒤 비용은 다시 상승하기 시작했다.

그렇게 해서 나는 우연히 보건의료 경제학에 입문했고, 그것에는 통과의례가 필요한 특유의 패러다임(언어, 방법, 사고방식)이 있음을 재빨리 알아챘다. 나는 3명의 뛰어난 보건의료 경제학 학자와 친해지는 행운을 누렸다. 단일 지불자 보건의료 서비스 운동(single-payer health care movement, 정부에서 관리하는 건강보험 프로그램을 론칭하자는 운동 ─ 역주)을 열심히 벌인 케빈 그룸바흐Kevin Grumbach, 조앤 스페츠Joanne Spetz, 진 앤 시어고Jean Ann Seago다.

공인등록 간호사이자 박사인 진 앤은 특히 참을성 있고 효과적인 안내자였다. 진 앤과 나는 공인등록 간호사 노동조합 조직이 보건의료에 어떤 영향을 끼칠지에 대해 연구했다. 최첨단의 계량경제학을 활용해 우리는 노동조합으로 조직된 간호사들이 심장마비 사망률을 약 6% 줄인다는 사실을 알아냈다. 그 연구는 학제 간 협력이 꼭 필요했는데, 내게는 가장 흥미로운 연구결과의 하나로 남아 있다.

내가 제도주의 노동경제학institutional labor economics을 하게 된 배경으로는 버클리의 마이클 라이히의 영향이 컸고, 간호사들이 매일매일 목도하는 현실과 관련한 진 앤의 현장경험이 우리로 하여금 미국 보건의료 서비스체제의 엄청난 위계적 체계 속에 있는 보건의료 노동자들과 병원들을 살펴보게 만들었다. 그것은 노동조합화로 노동자들에게 힘을 실어주는 방식이 이들 기관이 건강한 결과들을 만들어내는 데 더 효과적임을 깨닫게 해주었다.

진보적 경제학자들이 미국의 보건의료에 관한 공공정책에 영향을 끼쳤는가? 끼쳤다면 어떤 방식으로 영향을 끼쳤다고 생각하는가?

미국 경제의 거의 5분의 1을 차지하는 보건의료 서비스가 상상할 수 있는 온갖 방식으로 신고전주의 경제학의 패러다임을 훼손해왔음은 보건의료 경제학 출범 때부터 분명했다. 케네스 애로Kenneth Arrow가 1963년에 쓴《의료서비스의 불확실성과 복지경제학Uncertainty and the Welfare Economics of Medical Care》과 조지 애컬로프의《레몬 시장Market for Lemons》은 신고전파 경제학이 짜놓은 구조에 뚫려 있는 커다란 구멍들을 지적했는데, 그것은 보건의료 서비스뿐만 아니라 다른 모든 분야에도 적용되는 것이어서, 신고전주의 경제학이 어떻게 지금까지 살아남았는지 이해하기 어렵다.

보건의료 경제학이 지대한 영향을 끼친 또 다른 차원은 불평등이 보건의료에 어떻게 직접적인 영향을 끼치는지에 대한 다음과 같은 연구들을 보면 알 수 있다.(가난한 사람들만 보건의료 사정이 더 나쁜 게 아니다. 1인당 소득 기준으로 세계에서 가장 부유한 나라들 가운데 하나인 미국 국민들이 기대수명－평균수명－에 영향을 받을 정도로 가난하다는 사실 자체가 끔찍한 일이다.) 핵심적 결론은 불평등 그 자체가 보건의료에 나쁘다는 것이다.

마이클 마멋Michael Marmot, 케이트 피켓Kate Pickett, 리처드 윌킨슨Richard Wilkinson 등의 영국 연구자들이 이런 가설에 앞장서서 도전했다. 거기에는 고도의 불평등 사회들이 방치한 물질적 인프라와 사회적 자본의 부식뿐만 아니라 극도의 불평등이 야기한 직접적인 사회적·정서적 스트레스도 포함된다. 래리 킹Larry King은 불평등 및 제조업 쇠퇴와 얽혀 있는 좌절감에서 비롯된 사망률 증가에 대해 앤 케이스Ann Case와 앵거스 디턴Angus Deaton이 밝혀낸 정형화된 사실에 대한 설득력 있는 정치경제적 설명을 덧붙였다.

이 연구들은 증대되는 불평등에 관한 토머스 피케티Thomas Piketty 등의 작업을 보완하고, 평균적으로 부유한 사회들의 불평등에 대한 의문, "그래서, 뭐 어떻다고?"에 대해 매우 많은 답을 제공한다.

마지막으로 진보적 경제학자들은 미국의 노동자들을 보건의료 보험과 수준 높은 의료 서비스에서 대폭 배제해온 것에 대한 지난 100년 동안의 분노에 계속 관심을 집중해왔다. 최근 밥 폴린과 제리 프리드먼Jerry Friedman 같은 진보적 경제학자들이 '모두를 위한 국민건강보험'의 형식과 내용을 구체화할 수 있었는데, 이는 지난 수십 년간 미국에서 일어난 가장 흥미진진한 정치운동이라는 생각이 든다.

환경, 구체적으로는 환경적 정의 또한 연구 어젠다에서 중요한 주제다. 기후변동 시대에 당신이 얘기하는 환경적 정의는 어떤 것인가?

환경적 정의는 계급, 소득, 인종, 그리고 기타 속성의 범주와 상관없이 환경 영역에서 과정과 높은 수준의 결과에 동일하게 접근할 수 있어야 한다는 것과 관련 있다. 많은 나라의 헌법과 미국의 많은 주 헌법은 안전하고 깨끗한 환경에 대한 접근권을 보장한다. 이것은 기본인권이지만 종종 지켜지지 못하는 사태가 발생한다. 예컨대 살충제와 산업 독성물질에 노출되고 기후변동에 따른 폐해가 점차 확산되는 가운데 일어난 플린트(Flint, 미시건주)의 생

수 위기가 그런 경우다. 깨끗하고 안전한 환경에 대한 권리를 실행하는 과정에서 지식과 권력이 교차하는 지점이 있다.

동료 짐 보이스Jim Boyce와 나는 기업 환경정의 성과를 평가하기 위한 상호심사 방식을 발전시켰다. 그것은 전체 국민에 대한 기존의 기업 환경정의 성과 측정방식들을 보완했다. 우리는 기업들이 환경적으로나 사회적으로 취약한 공동체(지역사회)들을 위한 환경적 성과 면에서 어떻게 하는지를 살폈다.

기후변동과 그것을 완화하려는 노력이 공공 어젠다에서 중요성을 더해감에 따라 (비용과 이익을 종합하려고 하는 일반적인 주류 접근방식 대신에) 대중이 보기에 비용과 이익을 공정하게 배분하는 원칙의 관철이 매우 중요해질 것이다. 예컨대 탄소와 관련된 지역 오염의 비용과 이익에는 관심이 없고 오직 탄소 감소에만 주목하는 에너지 전환은 글로벌 차원에서 탄소를 줄이긴 하겠으나 가난한 이웃들의 공기는 더 악화될 수 있다. 글로벌 탄소 감소가 지역 오염 줄이기와도 얽혀 있다는 사실을 확실히 해둘 필요가 있다. 그것은 낮은 비용으로도 가능한 일이다. 하지만 누군가는 이를 계속 공공의 어젠다로 삼아야 한다.

인종, 계급과 환경정의와 환경 불평등 사이에 밀접한 상관관계가 있다고 보는가?

한마디로 그렇다. 그 질문은 나의 매사추세츠 애머스트대학 경제학과 박사과정 동창이고 지금은 남가주대학University of Southern California의 저명한 사회학 교수이자 '시민사회와 사회변화학과의 미국학과 민족학 및 투르판 강좌'American Studies & Ethnicity and Turpanjian Chair in Civil Society and Social Change 교수인 마누엘 파스토르Manuel Pastor가 반농

담조로 한 얘기를 상기시킨다. 마누엘은 환경정의 연구를 위한 그의 첫 보조금 1백만 달러를 받았을 때 고모(티아, Tia)에게 그 성취에 대해 보고했다. 그때의 대화에 대한 그의 설명은 다음과 같다.

마누엘: 티아, 아주 좋은 소식이 있어요. 내가 엄청 큰 보조금을 받았는데, 무려 1백만 달러짜리라고요.

고모: 오, 마누엘리토, 대단하구나. 네가 엄청 자랑스러워. 무슨 보조금이지?

마누엘: 환경정의 연구를 위한 보조금이에요, 티아.

고모: 환경정의? 대단하구나, 마누엘리토. 근데 '환경정의'가 뭐니?

마누엘: 음, 티아, 그건 사회가 가난한 사람들과 유색인종이 부자들보다 더 오염된 세상에서 살게 만든다는 생각이죠.

고모: 오, 하지만 마누엘리토, 그건 이미 누구나 다 알고 있잖니.

그리하여 우리의 환경정의 프로젝트는 뻔한 수준을 넘어서야 했다.

당신은 대학원생 토머스 헌던과 당신의 매사추세츠대학 동료 밥 폴린과 함께 대단한 영향력을 끼친 하버드 경제학자 카르멘 라인하르트와 케네스 로고프의 논문에 실린 발견, 즉 국가의 경제성장은 공공부채가 임계치(국내총생산—GDP—의 90%)를 넘으면 반드시 곤경에 처하게 됨을 보여준다는 주장을 뒤엎은 연구의 공동저자였다. 당신과 공동저자들은 라인하르트와 로고프가 그들의 데이터 처리에서 코딩의 오류를 범했으며, 결과를 바꿔버릴 수 있는 데이터를 누락했고, 국가별 부채수준 평균치를 낼 때에도 그 결과를 바꿔버리는 부당한 방법을 사용했다는 걸 알아냈다.

라인하르트와 로고프 논문의 이런 오류를 당신은 어떻게 설명할 것인가? 주류 경제 분석과 공공정책에 관해 이런 경험으로부터 특별히 배울 점이 있다고 생각하나? 끝으로 공공부채 수준과 경제성장의 관계에 대해 우리가 긍정적으로 얘기할 수 있는 게 뭘까?

2010년에 세계경제는 누더기 상태였다. 이번에는 글로벌 경제의 핵심에서 덮쳐오는 위기, 미국과 서유럽에서의 일반 위기에 뒤이은 금융위기를 동반했다. 실업률은 높았고, 사회구조를 너덜너덜하게 만들었다. 25년 전의 위기를 피해가는 데 효과가 있었던 확장적 통화정책과 금융시스템에 대한 중앙은행들의 긴급구제금융은 이번엔 효과가 없거나 적어도 경제를 강력하게 재발진시키기에 부족했다.

미국과 유럽의 핵심적 정책논점은 재정정책, 즉 정부의 적자 지출이나 (국민들에게) 직접 주는 돈이 궁지에서 벗어나게 해줄 수 있느냐는 것이었다. 직접적인 정책개입 이전에도 대공황이 촉발한 자동안정장치(징세 축소와 실업보험 그리고 또 다른 안전망 지출들)가 효과를 내기 시작했다. 버락 오바마 정권하의 미국은 비록 여전히 규모는 작았으나 야심찬 재정부양 프로그램인 '아메리카 부흥재투자법'American Reinvestment and Recovery Act. 이하 ARRA을 실시했다. 유럽도 비슷한 조치들을 고려하고 있었다.

하지만 이런 정책개입들은 논란을 불렀다. 래리 서머스Larry Summers는 이미 오바마 행정부의 ARRA 요청액 1조 6천억 달러(서머스가 생각한 필요 부양액의 최대치)를 8천억 달러(ARRA의 정치적 전망에 대한 서머스의 독해에 의거한 것)로 줄였다.(서머스가 거시경제학 교육을 받은 전문가지 의회정치의 전문가가 아니라는 점에 주목할 필요가 있다. 의회에서 어느 정도가 통과될 수 있을지에 대한 그의 육감적 직관은 당신이나 나의 그것보다 나을 게 없었다.) ARRA 2000은 야당의 반대표 하나 없이 통과됐다. 규모가 작긴 했으나 자동안정장치들과 결합된 ARRA는 미국에 2차 세계대전 이후의 기준으로 보면 큰 재정적자를 야기했는데, GDP의 10% 정도, 그리고 공채, 공적 결손금 누적액이 늘었다.

반케인즈주의로 급하게 기울었던 학계의 리더들은 '적자 지출 접근방식'을 일제히 성토했다. 하버드대학의 알베르토 알레시나Alberto Alesina는 '확장적 긴축'을 주창했는데, 그 명제는 균형예산을 엄격하게 유지하고, 특히 공공지출을 삭감함으로써 비즈니스를 부양할 수 있다는 것이었다. 이 논의에 카르멘 라인하르트와 케네스 로고프가 《미국 경제리뷰American Economic Review》[2]에 실린 '부채시대의 성장'Growth in a Time of Debt을 들고 참여했다. GDP 대비 공공부채가 90%의 임계치를 넘을 경우 경제성장에 파국적인 결과를 초래함을 보여주는 알기 쉬운 막대그래프를 곁들인 그 논문은 잘 썼을 뿐만 아니라 설명도 보기 좋게 잘 돼 있었다. 라인하르트와 로고프는 그 글을 출판한 뒤 길거리로 들고 나가 주장을 펼쳤으며, 언론매체에도 출연했고 의회에서 증언까지 했다.

폴 크루그먼Paul Krugman은 이 글에 대해 "라인하르트와 로고프는 경제학사에서 분명히 그 이전의 다른 어떤 글보다도 대중적 논의에 더 즉각적인 영향을 끼쳤을 것이다. 90%의 주장이 하원 예산위원회 의장으로 부통령 후보로 나간 적도 있는 폴 라이언Paul Ryan에서부터 유럽위원회European Commission의 최고위 경제관료인 올리 런Olli Rehn, 그리고 〈워싱턴 포스트〉의 편집위원회에 이르기까지 많은 유명인사에 의해 긴축을 위한 결정적인 주장으로 인용됐다."[3]

그런데 라인하르트와 로고프의 논문은 모든 면에서 엉성하고 잘못됐다. 토머스 헌던은 대학원과정의 학기말 필수 논문에서 그들의 스프레드시트(spreadsheet: 숫자, 문자 데이더가 가로 세로로 펼쳐져 있는 표를 입력하고 이것을 조작하여 데이터 처리를 하는 컴퓨터 응용 프로그램의 하나-역주) 오류, 선택 편향, 문서화하지 않은데다 경솔한 요약 방법, 그리고 옮겨 쓰기 오류 때문에 높은 수준의 공공부채 증가율의 완만한 감소 조짐이 대공황 이후 국내 및 글로벌 경제의 가장 심각한 총수요 붕괴가 한창 진행 중인 시기에 당장의 긴축을 요하는 재정절벽 조짐으로 변조됐음을 입증했다.

2010년에 GDP 대비 공공부채 비율이 90%를 넘을 때 성장절벽이 도래함을 발견한 사람은 라인하르트와 로고프만이 아니었다는 점을 지적한 사실은 흥미롭다. 그 중요한 시기에 《유럽 경제리뷰 European Economic Review》, 국제결제은행Bank of International Settlements, 《에코노미카Economica》, 캔자스시티의 연방준비은행Federal Reserve Bank이 펴낸 논문들은 바로 그 공공부채 90% 임계치를 발견하고 그것을 고수했다. 그것은 집단망상이었다. 로고프는 토머스의 발견이 출간된 뒤에 벌어진 학계 및 언론상의 공방에서 정말 품위가 없었다. 그는 그들의 연구에 대한 반박을 '마녀 사냥'이라고 했지만, 일종의 주장 철회를 인정할 때조차 "우리는 어디에서도 90% 임계치가 결과를 바꾸는 마술적 임계치라고 주장한 적이 없다."라고 말했다.

GDP 대비 공공부채 비율 90% 임계치의 발견은 엘리트 지향의 사회적 통념에서 비롯된 일종의 허접한 오류였다. 단기적으로 우리의 작업은 긴축 어젠다의 조잡한 경제적 토대를 재검토하기 시작했다. 중기적으로 긴축 주창자들은, 그리고 무엇보다 대공황의 여건을 만든 금융 자유화 유형의 주창자들은 그들이 장악하고 있는 학문 및 정책 권력에 대해 불길할 정도의 복원력이 있음을 보여주었다. 그들의 장악력은 경제 붕괴를 초래한 공격적인 규제완화와 좀 더 적극적인 대응을 방해한 공공예산 긴축 기조의 고수로 엄청난 타격을 받았는데도 유지됐다. 최고의 기관들에 있던 최고의 경제학자들이 추진했던 긴축정책은 당시에는 중요하지만 해롭다고 여겨졌으나, 지금 돌이켜보면 더욱 더 중대하고도 파멸적이어 보인다.

오르반 빅토르Orban Viktor(헝가리 총리)와 도널드 트럼프Donald Trump에서 자이르 보우소나루Jair Bolsonaro(브라질 대통령)와 '독일을 위한 대안'에 이르는 반자유주의 우파anti-liberal right들의 선거 성공과 초선거 권력은 그들에 앞서 집권한 신자유주의 체제가 2000년대의 위기 대응에 실패한 결과다. 경기부양 정책의 실패는 공정한 성장 쪽으로 경제를 재건하거나 구조조정 하는 것(또는 금융 대붕괴와 경기대침체의 희생자들에게 동정을 표시하는 것)은 차치하고, 민주주의의 토대를 흔들었다. 그 다음에 무엇이 닥쳐올까 하는 생각에 나는 겁이 난다.

하지만 나는 경험주의자이자 낙관론자이기도 하다. 나는 임금님이 벌거벗었음을 폭로한 박사과정 학생 토머스 헌턴의 기여가 신진 학생들이 지치고 편향된 교과서들이 보라고 하는 세계가 아니라 있는 그대로의 세계를 보도록 영감을 주기를 바란다. 그리고 세계를 본다는 것은 세계를 바로잡기 위한 첫걸음이다.

현대화폐이론은 자체 화폐를 사용하는 나라에서는 공공부채가 아무리 많더라도 문제가 되지 않는다고 주장한다. 이런 접근방식을 어떻게 생각하나?

적자와 공공부채를 충당하기 위해 얼마나 많은 화폐를 찍어낼 수 있을지에 대한 공론을 재개하는 데 '현대화폐이론'Modern Monetary Theory, MMT을 지지하는 경제학자들이 거둔 성공에 깊은 인상을 받았다. 나는 에긴대 화폐의 기원이나 재무부와 중앙은행 대차대조표의 통합에 관한 일부 MMT 경제학자들 주장의 역사적 제도적 타당성, 엄밀성, 또는 정확성에 대한 분명한 생각을 갖고 있지 않다. MMT의 그런 측면들에 대해 나는 회의적이다. 실질적인 정책 문제로, MMT 정책 처방의 실행 가능성에 대한 현장의 논의 중 많은 것은 미국 경제에 얼마나 느슨한 부분이 많은지, 그리고 미국 경제를 더 달구려는 노력들에 대항해서 지배계급이 얼마나 규율을 발휘할지에 대한 견해로 요약된다. 완전고용, 더 정확하게 말하면, 완전에 가까운 고용이 인플레를 야기할까? 나는 우리가 지난 20~40년간 제도적 정비, 법률과 정책 그리고 실천을 통해 노동자들이 확보하는 협상력의 크기가 실업률에 관한 매직넘버보다 더 중요하다고 생각한다.

MMT 경제학자들이 정책의 우선순위를 바꾸는 데 필요한 정치경제적 투쟁을 과소평가해왔다는 의심을 나는 갖고 있다. 나는 더 확장적인 금융정책을 장려하고 실현 가능성과 지속 가능성에 대한 활발한 토론을 하게 만든 점에 대해서는 MMT의 방식을 긍정적으로 평가한다.

2018년에 선구적 포르투갈 경제학자 프란시스코 로우사와 함께 낸 책《그림자 네트워크: 금융 무질서와 위기를 부르는 시스템》은 처음부터 두 가지 큰 질문을 던진다. 하나, 금융은 자본주의체제에서 어떻게 패권을 쥐게 됐나? 둘, 금융의 발흥에 따른 사회적 결과는 무엇인가? 이 두 질문에 대해 대답을 할 때 당신과 로우사는 미국에서 '그림자 금융' 시스템이 대두했다는 사실을 자주 언급한다. 그림자 금융의 발흥이 미국과 글로벌 자본주의에서 어떻게 소득과 부의 불평등 및 금융 불안정 심화 추세를 뒷받침했다고 생각하는가?

최근에 내가 프란시스코 로우사와 함께 쓴 책 《그림자 네트워크》는 위기를 조성한 뒤 비판을 피하면서 절실히 필요한 개혁노력을 좌절시킨 지식인, 정책, 그리고 기업 네트워크의 놀라운 탄성력을 조사했다. 금융은 역사적으로, 기능적으로 이들 네트워크의 중심 또는 중심 가까이에 있다.

금융은 예전의 대공황 참사로 가는 길을 선도했으며, 그 대파국의 잔해에서 태동한 뉴딜 입법에 의해 길들여지긴 했으나 완전히 패배한 적이 없다. 제니퍼 토브Jenifer Taub는 금융적 이해관계가 어떻게 금융 규제를 약화시키고, 글래스-스티걸 법(Galss-Steagall Act, 대공황 뒤에 금융을 규제한 뉴딜 입법의 핵심)의 잉크가 말라가는 그 순간에 얼마나 많은 구멍을 찾아내고 새 구멍을 뚫었는지를 기록했다.

금융은 많은 현금과 사람들, 경제학과나 법학부의 전문가들, 로비스트들, 중앙은행 간부들과 직원들, 국회의원들, 그리고 재력가로 초빙된 기업가들을 움직이며, 이 전문가들은 정책 입안자와 규제 담당자들이 된다.

한편으로 금융은 규제를 회피하는 기술 개발에 많은 시간을 들인다. "속이지 않으면 노력하지 않는 거야."If you ain't cheating, you ain't try-ing라는 말은 리보(LIBOR: London Interbank Offered Rate, 런던의 주요 은행 사이에서 단기자금을 조달하는 이자율 – 역주) 스캔들 당시의 바클리즈 은행 부행장의 좌우명이었다.

금융업의 최대 위험은 레버리지(leverage, 타인의 자본을 이용해 자금조달 효과를 얻는 것 – 역주)의 유혹에서 발생한다. 다른 사람들의 돈으로 큰 위험을 감수하는 건 유혹적이다. 따라서 금융 규제의 핵심 포인트 가운데 하나는 바로 이런 위험들의 제한이다. 하지만 은행가들은 집요하다. 은행가들은 규제받는 은행들과의 암묵적인 동시에 명시적인 소통을 통해 규제받지 않는 은행업의 완전한 그림자세계를 창출한다. 그리고 그 병렬적이고 상호 연결된 시스템이 많은 부와 많은 위험 그리고 많은 권력을 축적해왔다.

그것이 글래스-스티걸 법의 잉크가 마를 때까지 시간이 걸렸다면, 2010년 도드-프랭크 전쟁(복잡하고 부적절했지만 적어도 부분적으로는 효과가 있었던 2008년 금융공황 뒤의 금융개혁 입법을 가리킴. 정식명칭은 '도드-프랭크 월스트리트 개혁 및 소비자보호 법'— 역주)은 잉크를 종이에 채 바르기도 전에 시작됐다. 사금융 통제 또는 규칙 준수를 거부할 경우 모두 추방하는 조치는 21세기의 남은 기간에 평등한 민주주의를 건설하는 데 아마도 가장 중요한 정치경제적 개입일 것이다.

6년간 매사추세츠 애머스트대학 경제학과장으로 있었다. 애머스트대학은 전 세계까지는 아니더라도 적어도 미국에서는 좌파 경제학 연구에서는 가장 유명한 곳으로 인정받고 있다. 그 주요 성과들은 무엇인가? 매사추세츠 애머스트대학이 더 잘할 수 있는 일이 무엇이라고 생각하나? 마지막으로 애머스트대학의 프로그램이 앞으로 지속 가능하며 더 발전할 수 있다고 보나?

경제학과는 매우 협력적이며, 내가 학과장으로 있는 동안 상당히 많은 사람을 고용했다. 하지만 그런 성과들은 그룹 전체의 노력과 학과 차원의 공감 덕이며, 내가 있든 없든 이뤄냈을 것이다. 내가 가장 크게 기여한 것은 학부 프로그램 개발이었다.

1970년대의 자유화, 민영화, 시장화, 그리고 규제완화가 초래한 대참사 경험을 통해, 그 지적인 장점에도 불구하고 진보적 경제학자들이 신고전주의 경제학과 그 신자유주의 정책 처방을 (최악의 의미에서) '상식'으로 받아들였던 대중과의 접촉면을 잃어버렸다는 사실이 분명해졌다. 한두 개의 학부 경제학 과정을 이수했거나 학부 경제학 과정을 전공한 사람들은 해고를 유발하는 최저임금과 같은 신자유주의적 제안들을 받아들일 준비가 잘 돼 있었다. 경제학에서의 뛰어난 비판적 연구와 폭넓은 대중 간의 연결고리 상실은 대참사 이후 긴축을 둘러싼 논란 과정에서 더욱 심각해졌다. 긴축주의자들의 주장은 엉성했지만 그들은 비판적 검토 없이 근거 없는 제안들을 받아들일 준비가 돼 있던 대중과 함께할 수 있었다.(국가경제는 가계예산과 같아서, 불경기 때는 허리띠를 졸라매야 한다.)

제리 프리드먼Jerry Friedman의 인기 있는 미시경제학 입문 강의로 경제학과는 등록생이 2배로 늘었다.(전통적인 미시경제학의 초개인주의에 의문을 던지면서 문맥을 파악하는 제리의 책《미시경제학: 공동체 내의 개인의 선택Microeconomics: Individual Choice in Communities》으로 가르쳤는데, 늘 그의 스탠다드 푸들이 옆에 있었다.) 나는 또 밥 폴린에게도 실업문제와 생태적 위기에 특별히 초점을 맞춘 새롭고 매력적인 거시경제학 입문 강좌를 주문했다. 더 나아간 단계의 경제학 과정을 위한 전공 준비와 함께 또 한 가지 목표는, 한두 개 정도의 학부 경제학 과정을 이수할 학생들이 들어서 그들이 비판적인 열린 마음과 역사적·사회적 맥락에 대한 더 나은 이해를 가지고 문제에 부닥칠 수 있도록 하겠다는 것이었다.

이 교육받은 시민들은 금융 규제완화나 감세가 경제성장에 보탬이 되게 하겠다고 약속하거나 불평등이 유익한 인센티브를 창출한다고 주장하는 정치인에게 깐깐한 질문들을 더 잘 던지게 될 것이다. 나는 샘 보울스Sam Bowles와 다니엘레 기라르디Daniele Girardi에게 현실세계 문제들에 대해 생각하게 만드는 학부 경제학 고급과정을 재건하도록 권유했다. 우리는 전공과목을 위한 쓰기와 데이터 분석에 중점을 두기 위해 고급 과정의 분량을 줄였다.

　이런 얘기들 대부분이 도전적인 경제분석이라기보다는 행정적 이력에 더 가깝다는 것을 안다. 하지만 내가 학장선거에 출마하지 않을 것이라는 점은 장담한다. 그것은 수십 년에 걸친 정밀한 비판적 분석을 진보적 프로그램이 대중교육과 대중토론에 기여할 수 있다는 학부 강의 경험으로 옮겨 놓는 수준이다. 분석을 계속해야 한다는 건 분명하지만, 소통과 교육도 중요하다.

앞으로 연구 어젠다를 어느 방향으로 잡으려 하나? 그런 맥락에서 아직 조사해 보진 않았으나 장차 해보려고 특별히 염두에 두고 있는 구체적인 주제들이 있나?

　기후변동과 에너지 전환이 지금 내가 집중하고 있는 주제들이다. 나는 기후변동과 에너지 전환이, 더 좋아지든 나빠지든 지금의 자본주의 틀과 불충분한 미국 복지체제 내에서 관리될 수 있다고 오랫동안 생각해왔다. 기후변동과 에너지 전환을 위해 사회혁명은 필요하지 않으며, 또 기후변동과 에너지 전환에 따라 사회혁명이 일어나지도 않는다는 얘기다. 몇 년간의 교착상태와 활동정지 끝에 나는 확신이 약해졌다. 부자들에게 유리하게 설계된 탄소감축 징세계획에 저항하는 프랑스의 '노란 조끼 운동(노란색 야광안전 조끼를 입고 정부의 유류세 인상 등에 반대하는 극렬시위를 뜻함 − 역주)'의 참가자들은 자국 대통령이 세계 종말에 대해 얘기하고 있지만 그들에게 절실한 문제는 당장 먹고사는 일이라고 선언했다. 평등과 정의가 기후변동 정책 및 에너지 전환과 긴밀하게 통합돼야 한다는 건 명백하며, 경제학자들이 그것을 도울 수 있기를 바란다.

코로나19 팬데믹에 대하여

코로나19 위기에 대한 여러 국가들 또는 지역들의 서로 다른 대처방식들을 공중보건 개입과 경제정책들의 관점에서 어떻게 평가하나?

미국에서 코로나 바이러스 사태가 발생한 이후 지금까지 나는 몹시 혼란스럽다. 대량의 감염검사와 접촉자 추적 실패, 기초노동자들의 안전노동 확보 실패, 나머지 대다수 사람들의 가계 보장 실패, 그리고 아이들을 학교에서 집으로 안전하게 귀가시키는 문제의 우선적 해결 실패 등은 마치 우리가 실패한 국가에서 살고 있다는 느낌을 갖게 한다. 나는 보통 구조적 설명을 선호하지만, 미국 대실패의 적어도 일부는 트럼프에게 그 책임이 있다고 콕 집어 얘기하지 않을 수 없다. 그의 관심 부족, 호기심 부족, 주의 지속시간 부족, 과학적 헌신 부족, 공감능력 부족, 그리고 아첨하는 기분 좋은 얘기가 아닌 다른 얘기를 들을 능력 결여 등등. 물론 미국이 겪고 있는 악몽의 밑바탕에는 더 깊은 구조들이 있으며, 나는 그들 중 일부를 다음에 피력할 것이다.

나는 이렇게 요약하겠다. 미국의 대응은 세계사적인 망신이다. 세계에서 가장 부유하고, 가장 강력한 나라가 간단하게 해결했을 수도 있는 위기를 이보다 더 엉망진창으로 만든 예는 역사상 없을 것이다. 나는 비교가 되는 대응들에 대한 몇 가지 다른 생각을 갖고 있다. 우리는 제대로 성공한 사례들, 특히 한국과 베트남의 사례로부터 배울 수 있다. 나는 스웨덴의 대응에 당혹스럽다. 사회민주당 정부가 트럼프와 보우소나루Bolsonaro에 가까워 보이는 태평스러움과 무능으로 위기에 대처한 그 미시 정치에 대해 알아봤으면 좋겠다.

새로운 개인주의적 반﹡권위주의(나는 그들에게 '포퓰리스트'라는 말을 붙이지 않겠다.) 체제, 즉 오르반, 보우소나루, 트럼프, 네타냐후, 푸틴, 모디, 에르도간 등의 코로나19 사태에 대한 대응과 효율성, 그 질적 수준에는 명백히 상당한 차이가 있었다.('명백히'라는 말이 적절한데, 그 이유는 바퀴가 여전히 헛돌고 있고, 우리는 한 해가 어떻게 끝날지 보게 될 것이기 때문이다.) 나는 이들 체제 사이의 차이를 제대로 설명하는 사람을 보지 못했다. 나는 차이를 '위대하신 분'의 개인적 지능 차이 탓으로 돌리고 싶지 않다. 따라서 왜 그리고 어떻게 이들 체제가 각기 다르게 대응했는지 좀 더 알게 되는 건 흥미로운 일이다.

코로나 팬데믹에서 평등주의적 경제 프로젝트를 추진하는 데 있어 가장 실행 가능한 방안에 대해 어떤 교훈을 얻었는가?

돌이켜보면, 이번 위기는 우리 사회에 이미 존재하고 있던 단층선들fault lines을 철저하게 노출시켰다. 코로나 팬데믹의 맥락 속에서 우리가 보고 있는 사회문제들의 형태들, 우리가 안고 있는 이들 문제 가운데 다수는 아마도 완전히 자명하진 않으며, 많은 것이 사회민주주의 건설이라는 미완의 사업을 포함하고 있을지도 모른다. 그런 문제들에는 의료보험과 실업보험 시스템상의 결함들, 많은 사람이 수입을 포기할 여유가 없어서 타인들을 감염시킬 수도 있는 아픈 몸으로 일하러 가게 만드는 부적절한 병가 정책들, 그리고 많은 가정이 아이들의 학교 무료급식에 의존하고 있는 상황에서 많은 학교 시스템이 (코로나 때문에) 폐쇄하기를 꺼리게 만드는 영양 위기 등이 포함된다. 코로나 팬데믹은 또 다른 사회문제들, 즉 일부 사람을 집에서 일하거나 배울 수 없는 상태로 방치하는 '디지털 격차', 홈리스, 가정폭력 그리고 저렴한 양질의 보육체제 부족 등을 악화시킨다.

코로나 팬데믹 체험이 학문으로서의 경제학, 더 구체적으로는 연구 하면서 답을 찾아왔던 문제에 대해 영향을 미쳤는가?

보건의료 및 보건의료 서비스 경제학 과목을 가르칠 때, 나는 보건의료가 왜 다른 경제활동 영역들과는 다른지 그 5가지 이유를 학생들에게 강조한다. (1)지불 불능, (2)모니터링과 정보 문제, (3)제3자 지불, (4)외부성, 그리고 (5)타인 돌보기의 태생적 선호와 사랑의 죄수Prisoner of Love가 될 위험성. 코로나 위기는 이 모든 것에 대한 케이스 스터디 사례를 제공하지만, 나는 네 번째인 외부성에 초점을 맞추겠다. 앞쪽 3가지는 보건의료 경제학 강의에서 상당히 표준적인 항목들이다. 다섯 번째는 간호에 관한 내 연구와 돌봄 노동에 대한 낸시 폴브레Nancy Folbre의 중요한 연구들을 토대로 돌봄 노동의 세계를 깊이 파고든다.

네 번째의 외부성과 관련해 나는 늘 지나가는 말투로 이렇게 중얼거렸다. "그런데 말이야, 전염병 및 백신 접종과 관련해 한 사람의 이기적 행동이 타인들의 건강 및 행복과 연관될 수 있어." 그런데 실제로 코로나 팬데믹을 통해 나는 우리의 건강의료와 건강의료 서비스가 얼마나 상호의존적인지를 확연히 깨달았다. 공장식 농장에서부터 감염 상태에서 하는 노동, 마스크 쓰기 거부, 수용초과 환자를 감당할 수 없는 응급실, 백신 회의론, 이기적인 행동이 타인에 끼치는 영향에 이르기까지 이런 행위들이 감염 상태에서 하는 노동의 경우처럼 절망적이거나, 마스크 쓰기 거부처럼 단지 변덕스럽거나 간에 모두 그야말로 압도적이다. 전염병에 대해 애기하는 것은 마치 '지난 세기'의 일 같다는 느낌을 주었으나, 이젠 더 이상 그렇지 못하다.

이번 위기를 통해 옳았음이 가장 철저하게 입증된 경제학파는 페미니스트 경제학이다. 돌봄 노동의 위기는 이번 위기의 모든 차원에서 명백해졌으며, 개인보호장비PPE에 대한 부적절한 접근으로 인한 최전선 노동자들에 대한 포기에서부터 학교의 비극, 모든 느슨한 부문에 충당하기 위한 인력에서 여성 노동력의 철수에 이르는 대중에 대한 무대책은 코로나가 우리의 부적절한 사회민주주의를 난타했을 때 우리를 기다리고 있었다. 낸시 폴브레와 캐서린 무스Katherine Moos 같은 동료들은 코로나 위기가 들이닥치기 이전 시기에 사회적 재생산 부문에서 무시당한 투자, 즉 커튼 뒤의 여성에 아무런 관심도 기울이지 않는 자본주의의 추악한 비밀이 무엇인지 확인했다.

철저히 정당성이 입증된 또 다른 학파는 보건의료와 보건의료 서비스에 대한 공중보건적 접근이다. 미국의 공중보건 투자는 사실상 제로다. 이는 보건의료 서비스 청구서의 반올림 오차 정도에 불과하다. 예방, 질병의 사회적 원인과 사회적 경로, 보건의료와 관련된 농업 및 식료체제에 초점을 맞춘 공중보건식 접근은 엄청난 고통을 막을 수 있다. 하지만 우리에게는 공중보건적 접근과 연계된 잘 갖춰진 보건의료 서비스 체제가 없다. 공중보건의 이익이 비록 엄청나다 할지라도 분산돼 있을 뿐만 아니라 특허를 내거나 독점하기가 그다지 쉽지 않기 때문에 공중보건 비용을 지불하겠다는 사람은 거의 없다. 예컨대 농업 규제, 봉쇄조치, 격리, 거리두기, 마스크 쓰기, 그리고 백신접종을 하라고 하고, 통상적 비즈니스 기업들을 개인보호장비 제조업체로 바꾸라고 하고, 술집과 컨트리클럽보다 학교를 우선하라고 명할 수 있는 등의 신속한 차이를 만들어낼 수 있는 권위 같은 것을 공중보건 쪽에 양도하겠다는 사람은 거의 없다.

마지막으로 나는 코로나 발생 뒤 1년도 채 지나지 않아 유효한 코로나19 백신을 개발해낸 과학의 탁월성과 과학자들의 근면함에서 깊은 인상을 받았다. 이런 과학발전 프로그램이 대규모 공공투자에 부합하도록 하는 것은 중요하다. 백신 개발 해석을 둘러싼 싸움, 즉 민간 제약회사들의 업적이냐, 아니면 공공투자를 통한 과학연구 및 개발의 승리냐가 있는 듯하다. 후자의 승리라는 게 훨씬 더 명확해 보이지만, 나는 우리가 거대 제약회사들의 혜택과 그들의 이익을 보장해주기 위해 특허권을 보호해줄 필요가 있다는 얘기를 많이 듣게 되리라고 예상한다.

대표적 출판물과 영향

출판물

Michael Ash and Robert T. Fetter T. R. (2004). Who Lives on the Wrong Side of the En-
vironmental Tracks? Evidence from the EPA's Risk-Screening Environmental Indica-
tors Model. *Social Science Quarterly*, 85(2), 441-462.

Michael Ash and Jean A. Seago (2004). The effect of registered nurses' unions on
heart-attack mortality. *ILR Review*, 57(3), 422-442.

Thomas Herndon, Michael Ash, and Robert Pollin (2014). Does high public debt consis-
tently stifle economic growth? A critique of Reinhart and Rogoff. *Cambridge Journal
of Economics*, 38(2), 257-279.

영향을 받은 사람

데이비드 카드David Card, 조지 애커로프George Akerlof, 재닛 옐런Janet Yellen, 조 스티글리츠
Joe Stiglitz

영향을 받은 문헌

Stephen A. Marglin (1974). What do bosses do? The origins and functions of hierarchy
in capitalist production. *Review of Radical Political Economics*, 6(2), 60-112.

George Akerlof and Janet Yellen (1990). The fair wage-effort hypothesis and unemploy-
ment. *The Quarterly Journal of Economics*, 105(2), 255-283.

David Card and Alan Krueger (1993). *Minimum Wages and Employment: A Case Study of
the Fast-Food Industry in New Jersey and Pennsylvania* (No. w4509; p. w4509). National
Bureau of Economic Research.

넬슨 바르보사

Nelson Barbosa

수요 주도 성장과 유효수효를 주창한
브라질 경제 정책 입안자

넬슨 바르보사Nelson Henrique Barbosa Filho는 브라질 상파울루 경제학교São Paulo School of Economics의 정교수다. 바르보사는 브라질 정부에서 2015년 12월부터 2016년 5월까지 재무장관을 지내는 등 거시경제학과 관련한 여러 고위직을 맡아왔다. 그는 선진국과 개발도상국의 개방경제 거시경제학에 관한 많은 글을 썼다.

개인적 배경에 대해 얘기해줄 수 있나? 특히 어떤 경로를 거쳐 경제학을 공부하기로 결심했나?

나는 1969년에 리우데자네이루에서 태어났다. 아버지는 토목기사였으며, 조그마한 건축회사를 갖고 있었다. 어머니는 학교 교사였고, 내 위로 누나 둘이 있었다. 나는 리우데자네이루에서 자랐으며, 수학과 역사를 좋아했기 때문에 자연스레 경제학을 공부하게 됐다.

1980년대 내 고교시절에 브라질은 여전히 외채 위기의 영향을 둘러싼 논의가 진행 중이었고 만성적인 높은 인플레에 시달렸다. 그 시절에 인플레를 통제하기 위한 일련의 안정화 시도들은 실패했으며, 그것은 당시의 일상적 화두였던 경제문제에 내가 관심을 갖게 만들었다.

나는 1980년대 말과 1990년대 초에 리우데자네이루의 연방대학Universidade Federal do Rio de Janeiro, UFRJ에서 학부와 석사과정을 마쳤다. 그 뒤 브라질 중앙은행에서 3년간 근무했다. 1997년에 미국의 사회탐구 뉴스쿨New School for Social Research. NSSR에서 경제학 박사과정을 공부하기 위해 중앙은행을 나왔다. 박사논문 심사과정을 마친 뒤 2002년에 브라질로 돌아와 연방대학의 부교수가 됐다.

2003년에 룰라Luiz Inácio Lula da Silva 정부 출범과 함께 나는 정부 일을 하기 위해 브라질리아로 옮겨갔는데, 첫 직책은 기획부의 차석 경제학자였다. 2003~16년 룰라 정부와 호세프Dilma Vana Rousseff 정권에서 많은 관직을 번갈아 맡았다.

지금 나는 브라질리아에 있는 게툴리오 바르가스 재단Getulio Vargas Foundation의 정교수이며, 브라질리아대학에서 경제학 강의도 맡고 있다.

왜 사회탐구 뉴스쿨에서 박사학위를 받으려고 했나? 그곳 대학원에서 생활하면서 지적 환경에 대해 어떤 생각을 했나?

경제학에서 주류인 하나의 이론/하나의 모델 접근법은 내겐 전혀 옳지 않아 보였다. 연방대학 학부 시절에 우리는 경제학의 다원적 접근법도 접했는데, 모든 경제문제의 대안적 해석을 비교했다.

이런 배경 아래 사회탐구 뉴스쿨이 내 경제학 박사과정을 위한 최선의 선택처럼 보였고 또 그러했다. 나는 연방대학에서 내가 입론했던 포스트 케인즈주의 구상post-Keynesian formation을 보충하기 위해 양적인 기량을 키우고, 경제학에 대한 고전적, 마르크스주의적 접근방식을 좀 더 공부하고 싶었다. 브라질 중앙은행에서 3년간 일한 뒤, 1997년 가을에 사회탐구 뉴스쿨에 갔다. 많은 외국인 학생과 랜스 테일러Lance Taylor, 에드워드 넬Edward Nell, 그리고 안와르 샤이크Anwar Shaikh 등이 지도교수로 있었던 당시의 경제학과 환경은 엄청 좋았다.

큰 영향을 준 경제학자들은 누구인가? 그들은 어떤 방식으로 사고와 작업에 영향을 끼쳤나?

나는 브라질에서도 미국에서도 좋은 선생들을 만나는 행운을 누렸다. 연방대학에서는 4명의 경제학자가 내게 가장 많은 영향을 끼쳤다. 첫 번째는 마리오 포사Mario Possas인데, 그는 자본주의 이해를 위해서는 유효수요와 불완전한 경쟁이 중요하다는 점을 강조한 경제이론의 포괄적인 과정을 우리에게 가르쳤다.

두 번째는 페르난도 카르딤 데 카르발요Fernando Cardim de Carvalho로, 케인즈주의 거시경제학 전문가였던 그는 포스트 케인즈주의 이론의 기초와 여러 갈래를 가르쳤다. 그는 학술문제와 경제정책 논의에서 전문성과 예의를 통해 솔선수범한 모범적인 학자이기도 했다.

세 번째는 안토니오 마리아 다 실베이라Antonio Maria da Silveira인데, 그는 연방대학에서 과학철학과 경제학 방법론 강좌를 맡고 있었다. 나는 그를 통해 과학의 경쟁 패러다임, 복잡성, 경제모델들의 한계, 그리고 우리의 분석에 역사를 포함시킬 필요가 있다는 점을 배웠다.

네 번째는 마리아 다 콘세이상 타바레스Maria da Conceição Tavares인데, 그는 연방대학에서 내 석사논문을 감독했으며, 이론이든 뭐든 그 기초까지 파고들어 설명하려 했다. 그 덕에 나는 어떤 논의에도 대비할 수 있는 법을 배웠다.

미국 사회탐구 뉴스쿨에서 내게 가장 큰 영향을 끼친 것은 랜스 테일러Lance Taylor와 그의 구조주의 거시경제학 강의였다. 랜스한테서 나는 대안적 이론의 종결이라는 관점에서 문제를 어떻게 모델링하며, 어떻게 실증적 또는 계량경제적 조사를 통해 적절한 문제해결책을 찾아낼지에 대해 배웠다. 나는 오늘날 랜스 테일러의 거시경제학이라 불릴 수 있는 작업을 지금도 하고 있다.

그리고 던컨 폴리Duncan Foley도. 그가 뉴스쿨에 있을 때 나는 이미 수업을 끝낸 상태였지만, 나를 이끈 인물이었다. 나는 어떻게든 그의 강의를 청강했고, 그 이후 그의 아이디어들 중 일부를 발전시키고 활용하려 노력해왔다.

추상적으로든 현실세계 경제에 대해서든 수요 주도 성장과 관련한 문제들에 많은 관심을 기울여왔다. 수요 주도 성장 전략의 주요 특징들은 무엇인가?

'오스트리아학파' 경제학자들도 인정하듯이 자본주의 경제는 수요의 제약을 받지만, 이데올로기적, 방법론적 이유들 때문에 대다수 주류 거시경제 이론들은 수요변동의 효과는 오래가지 못하며 결과는 결국 늘 외생적 공급 주도 경로exogenous supply-driven path로 수렴된다는 가정 아래 작동한다.

수요 주도 성장은 이런 관점의 논리를 뒤집는다. 통화경제에서 생산을 유도하는 것은 케인즈와 칼레츠키Michal Kalecki가 80년도 더 전에 지적한 대로 기대수요다. 생산요소들 중 적어도 자본은 생산될 수 있기 때문에, 결국 잠재적 생산은 유효수효를 따라가며 그 반대가 아니다.

수요 주도 성장의 주요 특징은 자본주의 경제에서 생산성과 자본축적이 외생적 공급요소들보다는 수요에 의해 유발될 수 있다는 것이다. 이것은 기술과 다른 공급요소들에서의 외생적 변화들이 중요하지 않다는 얘기가 아니라, 자본주의 경제에는 경제활동과 소득배분 차원에서 대안적 평형점들alternative equilibrium points이 있을 수 있음을 의미할 뿐이다.

이런 관점을 이해하기 위해 우리는 유효수요와 사회적 갈등을 결합해야 한다. 일반적으로 그런 관점은 유효수요 증대가 안정적으로 실업률을 결정한다는 것이고, 그것은 결국 노동자들의 임금 요구를 조율하는 데 필요한 경제활동 수준에 따라 원하는 이윤율과 일치하는 방식으로 주어진다.

마르크스주의나 스라파Piero Sraffa 방식의 논리적 귀결은 이윤율의 목표치가 기술적이고 제도적인 문제들, 그리고 그런 것들의 가장 중요한 결정요소인 시장과 정치권력에 달렸다는 것인데, 하지만 이 문제는 대다수 주류 경제학 모델에서는 항상 무시된다.

다양한 수준의 발전단계를 지닌 국가들에게 이런 접근방식의 강점은 무엇인가?

금융통제로 인한 수요 변화가 대부분의 소득과 고용 변동을 유발하고 생산성에 가하는 충격을 통해 장기적인 영향을 끼치기 때문에, 수요 주도 접근방식은 선진국과 개도국 경제의 역동성을 이해하는 데도 도움을 준다. 2008년의 금융위기는 그 전형적인 예였다. 즉 민스키Hyman Philip Minsky가 얘기했던 과도한 금융 레버리지로 인한 유효수요의 붕괴다.

개도국 경제에서 국제수지와 금융통제는 기본적으로 수요 주도이며, 이력현상(履歷現象, 물질의 물리량이 현재의 물리적 조건만으로 결정되지 않고, 이전부터 그 물질이 겪어온 상태의 변화 과정에 의하여 결정되는 현상－역주)을 통해 대다수 비즈니스 사이클과 생산성 증가 추세를 설명할 수 있다. 이 때문에 수요 주도 성장은 2008년 금융위기 이후 많은 나라에서 경제성장을 신속하게 되살리기 위해 취한 긴축정책에 따른 최근의 실패를 설명해줄 수 있다.

다시 말하지만, 수요 주도 성장은 어떤 수준의 성장이든 모두 실현 가능하다는 걸 의미하진 않는다. 결국 산출량에는 물리적 한계가 있기 때문이다. 요점은 그게 아니다. 반드시 기술적인 것만이 아닌 금융 및 분배 제한 때문에도 소득과 고용이 장기적으로 경제활동 수준이 낮은 상태에서 고정될 수 있다는 것이 핵심이다.

지난 30년간의 브라질의 발전경험을 어떻게 바라보는지 궁금하다. 브라질이 걸어온 다양한 성장경로를 어떤 방식으로 어떻게 설명할 수 있을까? 성장의 과실은 공정하게 공유됐다고 생각하는가?

그걸 얘기하려면 40년 전으로 돌아가야 한다. 브라질은 취약한 대외 재정상태와 1970년대 국내 인플레에 대처하기 위해 채택한 광범위한 가격의 물가연동제로 인해 벌어진 1980년대의 부채 위기로 심대한 타격을 입었다. 부채 위기가 몰아쳤을 때 통화를 대폭 평가절하 했고 심각한 불황과 인플레가 나라를 충격 속에 몰아넣었다. 그 결과 경제성장은 1980년대와 1990년대에 높은 인플레를 완화하려는 노력 속에 멈춰섰다.

그런 곤경은 1990년대 중반에야 해소됐다. 그 무렵 좋아진 국제환경 덕에 고정환율제에 토대를 둔 안정화계획, 즉 당시에 도입돼 이후 계속 통용된 통화의 이름을 딴 '헤알 플랜Real Plan'을 수립할 수 있게 됐기 때문이다. 고정환율제(페그제)는 인플레를 신속하게 진정시키기 위해 고안됐고, 그 목적을 성공적으로 달성했다. 페그제를 유지하기 위한 대가로 매우 높은 실효금리를 감수해야 했는데, 이는 1990년대 말에 연간 25%에 달했다. 그 시스템은 재정적으로 감당할 수 없어서 오래 지속하지는 못했다.

1997~99년 동아시아와 러시아 금융위기가 발생한 뒤 브라질은 1999년에 자체 통화위기를 겪었고, 우리는 변동환율제, 물가안정 목표제, 정부의 기초 재정수지를 맞추기 위한 재정 규율 쪽으로 초점을 옮겨갔다. 그때 이후 지금까지 우리는 이 시스템을 유지해왔으며 또 잘 작동하고 있어서, 국내외의 충격에 브라질이 견딜 수 있게 해주었다.

경제성장은 1995~2002년 안정화 시기 내내 완만했다. 그 시기의 주요 우선순위는 인플레를 조절하고 국제수지를 통제하는 데 있었다. 정부는 급격한 통화가치 하락을 막기 위해 두 차례나 IMF(국제통화기금)의 지원을 받았다.

두 번째의 변화 물결은 2000년대 초에 극도로 유리했던 해외 쪽의 시나리오와 국내 정치권력의 중대한 변화가 조합된 형태로 밀려왔다. 2000년대 초에 상품가격과 수요가 급증했고, 그 덕에 브라질은 별다른 국제수지 통제 없이 성장할 수 있었다. 경제도 스스로 변동환율제를 채택했고, 이는 외부 충격에 대응하는 데 들어가는 비용을 줄였다. 더 중요한 것은, 브라질이 2005년부터 다른 신흥경제국들의 사례를 뒤따르면서 상당한 외환 보유고를 쌓아올렸으며, 그 덕에 외부 충격에 대한 국가의 취약성을 줄였다는 점이다.

정치적인 면에서는 2002년 선거에서 노동자당Partido dos Trabalhadores, PT이 승리한 것도 이후의 사태 전개에 중요한 요소가 됐다. 노동자당 정부는 처음부터 빈곤 감소와 빈부격차 차별시정을 주요정책 우선순위에 두었다. 이는 상품 가격으로 얻은 거시경제적 실질 이익의 일부가 소득이전과 실질 최저임금의 상당한 증가를 통해 저소득 가정들로 흘러들어간다는 의미였다.

높은 상품가격과 수요에서 오는 이익과 함께 총 세금부담은 증가했으나, 소득이전을 통해 추가 재정수입의 대부분이 사회로 환원됨으로써 순 세금부담은 사실상 그대로였다. 이는 소비와 투자를 증대했지만, 높은 상품가격은 국내통화 평가절상을 동반했기 때문에 주로 비교역 부문에 혜택을 주었다. 그 기간은 브라질에게 호황과 탈산업화의 시기였다.

공급 측면에서 성장을 지탱하기 위해 정부는 2007년에 높은 공공투자와 인프라 양도에 토대를 둔 대규모 투자계획도 발표했다. 그 구상은 2011년까지 성공적이었다. 2012년에 상품가격과 수요가 내려가고 그것이 정부 예산에 부담을 주면서부터 상황이 바뀌기 시작했다. 그 이전 시기의 성공도 정책상의 일정한 변화를 요구했다. 왜냐하면 소득이전을 통한 빈곤 감소가 중요하긴 하나 일시적인 수요와 생산의 증대를 가져다주었을 뿐이기 때문이다.

실업률과 불평등 비율이 낮아지면서 분배의 확장효과가 줄어드는 경향이 있었으므로 성장을 지속하기 위해서는 무언가 다른 것이 그 자리를 채워야 했다. 그 이상적인 후보는 인프라 분야의 직접적 또는 간접적인 높은 공공투자였는데, 그것은 지나친 증세 부담 없이 예산을 확보하기 위한 재정개혁을 요구했다.

하지만 2012년에 성장률이 떨어지고, 2007년 이후 브라질의 교역분야 경쟁력이 줄어들면서 정부는 2012~14년에 감세와 재정 보조금을 통해 민간투자 촉진을 우선하는 쪽으로 방향을 바꾸기로 했다.

그 새로운 확장전략은 다른 초기 조건과 국제적 상황의 악화 때문에 제대로 작동하지 않았다. 브라질이 2007년에 처음으로 재정적 부양책을 도입했을 때 1차 잉여금은 여전히 많았고 공공부채는 줄어들고 있었다. 2012년에 동일한 시도를 했을 때 1차 잉여금은 이미 낮아졌고 공공부채는 늘고 있었다. 이 차이는 상품가격 하락 및 환율 평가절하와 더불어 재정정책의 지속 가능성에 대한 경제적 불확실성을 증대시켰다.

가까운 장래에 재정 조정이 있을 것으로 기대한다면 소비와 투자계획은 누가 그 비용의 대부분을 지불할지 분명해질 때까지 연기되는 경향이 있다. 이런 일이 2012~14년에 브라질에서 일어났다. 불가피한 조정이 2015년에 이뤄졌으나, 그것은 브라질의 교역조건과 국내정치 상황 전개에 대한 새로운 부정적 충격에 직면해 처음에 너무 극단적이었다. 브라질의 정치 갈등이 점점 더 분극화하면서 2015년의 초기 극단적 조정 뒤에 노선을 바로잡으려는 정부의 모든 시도를 가로막았다.

2016년 호세프Rousseff 대통령 탄핵, 그리고 2018년의 룰라Lula 전 대통령의 구속과 함께 정치적 위기가 고조됐다. 두 사건은 의심스러운 사법 판결에 따른 것으로, 공정한 법률적 결정이라기보다는 좌파에 대한 정치행위로 해석돼야 한다.

브라질은 2016년 이후 정치적 교착상태에 빠져 있으며, 이는 정부의 국내 재정문제 해결을 가로막고 있다. 좌익 정부는 집권기간에 조정 비용을 좀 더 공평하게 나누려고 했으나, 2016년 이후 우익 정부는 실패한 확장적 긴축 가설에 근거한 극단적 접근방식을 선호했다.

노동당 집권기간을 돌아보면, 경제성장의 혜택은 대부분 가난한 사람들에게 돌아갔으며, 가난과 불평등은 감소했다는 것이 가계조사를 통해 확인됐다. 하지만 브라질과 같은 불평등한 사회에서 성장의 혜택이 공평하게 공유돼왔다고 누구도 얘기할 순 없을 것이다. 항상 더 잘 할 수 있었다. 나는 브라질에서 다른 어느 때보다도 노동당 정부 때 성장의 혜택이 덜 불평등하게 배분됐다고 말할 수 있을 뿐이다.

연구를 통해 발전시켜온 수요 주도 접근법으로 분석했을 때, 현재 구축된 브라질의 강력한 성장 궤적의 성과는 어느 수준인가?

2006~10년의 소득 재분배와 투자계획은 모두 거시경제에 대한 수요 주도 접근법에 토대를 두고 있었다. 그것은 브라질 경제의 구조와 초기 조건만 갖춰지면 생산성은 가속하리라는 생각 위에 구축됐다. 이는 경제가 유휴생산능력과 높은 실업률을 나타냈던 2007~10년에 옳다고 입증됐으며, 초기 재정상황은 충분히 건전했다.

감세와 재정 보조금에 토대를 둔 또 다른 수요 주도 전략은 2011~14년에는 중요한 3가지 이유 때문에 제대로 작동하지 않았다. 첫째는 경제가 2011년까지는 이미 완전고용에 가까웠다는 점이다. 두 번째는 감세와 재정 보조금의 승수효과가 가난한 이들에 대한 소득이전과 인프라 투자효과보다 작다는 점이다. 그리고 세 번째는 정부의 재정상태가 취약할수록, 국제상황이 불리해질수록 경제정책의 지속 가능성에 대한 경제적 불확실성은 증대된다는 점이다.

최근의 심각한 불황으로 인해 브라질의 장기적인 성취에 대한 견해에 변화가 있는가?

브라질의 2014~16년 불황은 1인당 GDP로 가늠할 때 브라질 역사상 두 번째로 심각한 불황이었다. 당시 브라질에선 낮은 상품가격과 발전비용을 증대시킨 심각한 가뭄이라는 불리한 외부충격이 있었다. 경제정책상의 오류들도 있었다. 대부분 2012~14년에 일어난 일인데, 당시 정부는 인플레 상승을 피하기 위해 일부 주요 물가를 통제하면서 또다시 재정확대를 통해 수요를 촉진하려 했다.

2015~16년에도 오류들이 있었다. 그때 정부는 심각한 불황을 조절하기 위해 재정 및 통화정책상의 전략을 느닷없이 수정했다. 정부가 2016년에 결국 그 오류를 바로잡으려 했을 때 정치상황이 더는 그런 조절을 허용하지 않았다.

서로 얽힌 이 3가지 요소들만으로도 충분히 불황을 야기했겠지만 제도적 이유들 때문에 그 충격은 증폭됐다. 예컨대 부패와의 전쟁이 야기한 초기 불황 충격인데, 그것은 조사대상이 된 수많은 투자 프로젝트의 갑작스런 중단에서 비롯됐다.

부패와의 전쟁은 공무원의 의무이며, 결국에는 그것으로 해서 얻는 이익이 단기적 비용을 능가한다. 부패가 덜할수록 경제는 항상적인 토대 위에서 더 효과적으로 작동한다. 말하자면 그것은 부패한 정치인들에게 돌아가는 비효율적인 지대(rents, 임차료)에 들어가는 자원의 낭비를 줄이는 경향이 있다. 그렇게 말했지만 나는 2014~16년 브라질에서 부패와의 전쟁이 야기한 초기 충격이 투자와 소득 하락에 분명히 영향을 끼쳤다는 데 아무런 의심도 없다. 바라건대, 그것은 우리가 가까운 장래에 더 효과적인 경제와 더 정의로운 사회를 갖기 위해 지불해야 할 대가였을 것이다.

모든 요소를 종합해볼 때, 브라질의 장기간 성취는 지난 30년간에는 신통찮았다. 한편으로 브라질은 인플레를 낮추고 변동환율제로 나아갔으며, 과거보다는 국제적 충격에 덜 휘둘리게 됐다. 또 한편으로는 성장을 지탱할 순 없었지만, 불리한 국내외적 충격을 받았을 때도 지속 불가능한 재정상태를 만들어내지 않고 불평등을 계속해서 줄였다.

문제의 뿌리는 경제적이기보다는 정치적인 것이다. 말하자면 소득배분을 둘러싼 사회적 갈등을 처리하는 브라질 정치 시스템의 무능이며, 그것은 어려웠던 시기의 정부 예산에서 대부분 그 실체를 분명히 드러낸다.

지난 30여 년간의 브라질의 발전궤적을 다른 2~3개의 BRIC 국가들, 즉 러시아, 인도, 중국의 경제발전과 비교해볼 때 어느 수준이라고 생각하는가?

BRIC 그룹은 각기 고유한 특성을 지닌 매우 다른 대륙국가들이 들어 있는 바구니다. 나는 인도와 중국 전문가가 아니어서 비교할 순 없지만, 브라질은 거시경제적 성취 면에서 지난 30년간 이들 세 나라 중에서 최악이었다는 것은 확실하다.

정치적 그리고 사회적 관점에서 나는 브라질의 경험이 경제발전과 완전한 민주주의를 결합하려 했던 서구사회의 시도를 반영하고 있다는 것만은 얘기할 수 있다. 그것은 매우 불평등한 소득과 부의 분배에서 시작해서, 국제수지 자금조달을 위한 상품수출에 대한 경제의 역사적 의존에서 비롯된 높은 거시경제적 변동의 영향을 받는다.

브라질의 진전이 느리긴 했지만, 30년 전의 브라질과 비교해보면 진전은 있었다. 그것이 결국 최근의 중국과 인도에서의 경제적 진전에 필적할지 얘기하기에는 아직 너무 이르다.

경제가 발전하면 생산성 증대와 함께 괜찮은 취업 기회가 증가할 수 있을까? 아니면 생산성 향상의 피할 수 없는 특성, 곧 생산성이 낮은 농업 분야 노동에 종사하던 사람들이 생산성이 높은 농업 분야를 포함한 다른 경제 분야에서 괜찮은 자리를 얻을 수 있으리라는 확실한 전망도 없이 쫓겨나게 될까?

이론적으로 우리는 적절한 정책을 통해 성장과 고용, 낮은 불평등을 결합할 수 있다. 1950년대와 1960년대 서구 경제의 황금기는 그 한 가지 예다. 하지만 그런 성취를 허용해줄 구체적 조건들은 더 이상 존재하지 않는다.

우리는 지금 자본주의 경제들 간의 바닥치기 경쟁을 부추기는 경향이 있는 높은 자본 이동성의 세계world of high capital mobility에 살고 있다. 각 경제들은 서로 규제완화, 임금억제, 그리고 다른 자유화 구상들을 통해 상대방보다 더 큰 경쟁력을 확보하기 위해 애를 쓴다. 결국 이것은 자본의 협상력을 높여주고 소득 불평등을 증대시킨다.

발전하는 경제들의 구체적 사례를 보건대, 우리는 여전히 명확한 이중구조를 갖고 있다. 그것은 높은 임금을 지불하는 작은 현대 부문이 낮은 임금을 지불하는 큰 후진적인 부문과 상호작용하는 구조다. 과거에 후진적 부문은 자급적 농업에 토대를 둔 시골지역이었다. 오늘날 그것은 비공식 서비스, 돌봄 또는 고용인 경제에 토대를 둔 도시지역이다.

두 경우 모두 현대 부문의 내재적 발전만으로는 사람들을 공식 경제와 생산성 높은 일자리에 충분히 채우기에는 불충분하다. 더 높은 투자와 혁신을 통해 그 과정을 가속할 필요가 있으며, 일부 발전하는 국가들은 그렇게 하는 데 성공했다.

모두에게 혜택을 주는 경제성장을 위해서는 생산적인 다양화와 사회적 포용을 동반한 발전을 결합할 필요도 있다. 이는 빈곤을 줄이고 보편적 교육과 보건의료 서비스를 제공하며, 기업 내에서 협력을 증진하는 방식으로 노동자들의 협상력을 높이는 사회적 프로그램을 의미한다.

학계의 대다수 경제학자들과는 달리 당신은 매우 활동적이며, 정책 입안 분야에서 브라질은행 의장(2009~2013), 재무부 비서실장 (2011~2013), 그리고 재무부 장관(2015.12~2016.5) 등 고위직들을 맡았다. 그런 자리에서 맡고 있던 주요한 역할과 책임은 무엇이었나? 직접적인 정책 업무에 경제학자로서의 연구와 종합적인 관점이 어느 정도로 영향을 끼쳤다고 생각하는가?

나는 2003년부터 2016년 초까지 노동자당 정부 집권기간 거의 내내 정부에서 일했다. 처음에 기획, 예산, 행정 담당 부서에서 수석 경제학자로 있다가 나중에 브라질국가발전은행BNDES 경제 고문으로 옮겨갔다.

재무부로 옮겨간 2006년에는 경제정책에만 더욱 깊이 관여했다. 나는 거기서 경제정책 담당 제1차관을 지낸 뒤 경제 모니터링 담당 장관이 됐고 다시 경제정책 담당 장관이 됐다. 이는 룰라 정부 때인 2006~10년에 맡았던 자리인데, 그때 대부분 거시경제 및 규제정책 분야를 담당했다.

2006~10년 기간에 나의 주요 임무는 정부 투자 프로그램과 거시경제계획 조정이었다. 거기에는 2008년 금융위기에 대처하기 위한 새 정책들 입안도 포함되는데, 그때 나는 브라질중앙은행과 함께 재정 및 환율 문제도 다뤘다.

2011년 제1차 호세프 정부가 출범할 때 나는 재무 차관이 됐고, 2013년 초까지 그 자리에 있었다. 그 기간에 나의 주요 활동은 정부 조세정책을 조정하고 연방정부와 지방정부들 간의 재정관계를 관리하는 것, 그리고 정부의 주요 입법 발의안들에 대한 승인을 얻어내기 위해 의회와 교섭하는 일이었다.

2013년 5월, 나는 당시의 경제정책 방향에 동의할 수 없었기 때문에 재무부를 떠났다. 더 구체적으로 얘기하자면, 당시 나는 정부가 일시적인 기초재정수지 감축을 통해 거시경제적 충격을 흡수하고 이를 구조적이지만 점진적인 지출 개혁으로 보상해야 한다고 제안했다. 정부는 그러나 그게 아니라 재정확장, 가격통제 쪽을 선택했으며, 당면한 문제들에 대처하기 위해 구조개혁을 무시했다.

2015년에 나는 다시 정부로 돌아갔는데, 그때는 호세프 대통령을 도와 경제정책 방향을 바꾸기 위해 기획, 예산, 관리 담당 장관을 맡았다. 내가 맡은 업무는 정부 예산 및 지출 개혁을 조정하는 것이었다.

2015년 말까지 기획부에 있다가 재무부로 옮겨갔다. 그때 정부는 경제를 안정시키기 위한 재정정책 완화방안에 대한 의회 승인을 막 얻어냈는데, 거기에는 GDP 대비 공공부채를 안정시키기 위한 구조개혁을 잠정적으로 채택한다는 암묵적인 타협이 있었다. 나는 그런 일들을 2016년 5월에 호세프 대통령이 탄핵될 때까지 맡고 있었다.

당신이 관여한 주요 정책 성과들 중 일부를 말해줄 수 있나? 그런 노력들이 성공하기 위한 토대는 무엇이었나? 정책 오류나 실패한 것은 없었는가? 있다면 무엇이 그런 실패들을 야기했다고 생각하는가?

나는 정부 참여 기간에 많은 정책입안에 관여했다. 가장 성공적인 것으로는 2007~10년의 성장가속 프로그램Programa de Aceleração do Crescimento, PAC을 들 수 있는데, 그것은 정부와 민간 투자 증대에 기여했다. 같은 기간에 나는 또 저소득 가구들을 위한 새 주택건설 프로그램Minha Casa Minha Vida, MCMV 작업도 했으며, 그것은 2009~10년에 주택투자를 촉진했다.

2008년 위기 이후 나는 브라질국가발전은행에 대한 재무부 특별 대출에도 관여했다. 결론적으로 말해서 그것은 경제에 유동성을 주입해서 2009~10년의 신용경색을 피해가기 위한 중요한 장치였다.

2011~13년에 나는 주로 세금, 연금, 그리고 재정 개혁 쪽을 맡았다. 그 기간에 정부는 국내생산보다 수입품 쪽에 혜택을 주는 허점을 제거하기 위한 세금정책 변경을 승인하고, 공무원을 위한 새 연금제도를 만드는 일을 성공적으로 수행했으며, 저축성 예금에 지급되는 최저금리를 없앴는데, 이는 나중에 더 낮은 금리를 위한 길을 열었다.

2015~16년에는 주로 지출개혁과 관련된 업무를 맡아, 실업보험

과 저임금 노동자들에 대한 금융자산 이전과 관련한 정부 시스템 개혁에 기여했다.

2016년엔 재무장관으로서 경제 안정화를 위한 정부예산 적자 확대를 제안했고, 더불어 정부지출 상한제와 공공부채 통제를 위한 사회보장제도 개혁 등도 제안했다. 앞의 두 안은 호세프 대통령 탄핵 직후에 채택됐으나 사회보장제도 개혁은 그 뒤 정부 어젠다로 아직 남아 있다.

오류들을 보자면, 2012~14년에 경제활동을 촉진하기 위해 감세와 재정 보조금에 너무 의존했던 것은 실수였다. 기업의 판매세를 인상하는 대신 기업 근로소득세를 줄이는 정책이 2011년에 도입됐는데, 이 또한 문제가 많았다. 정확하게 얘기하면 그것은 방안 자체가 잘못됐다기보다는 당시의 정치상황이 정부의 초심을 왜곡해 엄청난 감세로 귀결되게 했기 때문이었다. 마지막으로, 2015년의 지출 삭감은 같은 시기에 경제를 덮친 다른 수축성 충격에 직면한 상황에서 너무 컸다.

대부분의 성공 케이스는 정치 환경이 유리해 정책 변경이 점진적이었거나 사안 자체가 의회로부터 정치적 지지를 끌어낼 만큼 단순했다. 반면에 실패 케이스들은 당시의 정책 변경이 너무 급진적이거나, 정치 환경이 조그마한 변화조차 허용할 수 없을 만큼 불안정했기 때문이었다.

브라질은 당신이 노동당 집권기간에 정책에 적극적으로 관여한 이후 지독한 정치적 격변을 겪었다. 예전 노동당이 이끌었듯이 브라질이 평등주의적인 성장경로 언저리로 회귀할 수 있게 해줄 몇 가지 시나리오들을 그릴 수 있나?

브라질에서 좌파는 13년 남짓 집권했는데, 그렇게 오래 집권할 수 있었던 것은 변화하는 국내외 상황에 대처하기 위한 경제정책을 채택할 수 있었기에 가능했다. 2013년에 더욱 폭력적으로 변한 극우세력의 정치적 공격 앞에서 성장의 지속과 사회적 포용이 위태로워지자 그것은 불가능해졌다.

브라질은 이제 검열 받는 민주주의 아래서 살고 있다. 사법제도는 좌익 또는 우익 정치인들에 관한 유사한 사안을 분석해야 할 때 명백히 이중기준을 적용한다. 이 비대칭성 때문에 브라질이 만인이 법 앞에 평등한 완전한 민주주의로 돌아가는 데는 긴 시간이 걸릴 것이다.

만일 브라질이 자유롭고 공정한 선거를 치를 수 있다면 그때 좌파가 다시 집권할 수 있을 것이다. 그것은 보우소나루 정부의 경제정책 때문에 더 빨라질 수도 있다. 보우소나루 정부는 부자들을 위한 감세와 가난한 사람들을 위한 혜택 삭감을 이미 고도로 불평등해진 사회에서 더 일하고 투자하도록 하기 위한 인센티브 증대 방안이라 옹호하고 있다.

금융시장과 보수 매체들의 지지에도 불구하고 낙수경제는 선진적 세계에서는 작동하지 않았으며, 브라질에서도 마찬가지 상황이 펼쳐질 것이다. 이것이 더 평등주의적인 사회민주주의적 구상 쪽으로 회귀하기 위한 길을 열지 그렇지 못할지는 이 나라의 민주주의 상태에 좌우될 것이다.

학계 경제학자로서는 배울 수 없었지만 정책 작업을 하면서 배운 것들이 있었나? 있었다면, 정책입안자로서의 경험이 거시경제학자로서의 종합적인 사고를 어떻게 변화시켰는지 궁금하다.

정부에서 일한 경험은 경제학자로서의 관점을 변화시키고 개선시킨다. 첫째, 경제연구의 복잡성과는 대조적으로 성공적인 경제정책은 보통 경제 원리들을 상식으로 바꾸는 직관적 서술에 그 토대를 두고 있다. 예컨대 정부는 가정家庭이 아니라 현실적인 예산 제약에 직면한다. 그래서 민주주의에서의 균형과 사회적 선택의 중요성을 견지하면서도 그 차이를 설명할 수 있어야 한다.

두 번째는 첫 번째와도 연관돼 있는데, 경제정책에서는 기술 수준을 정확하게 알고 있는 것만으로는 충분하지 않다. 정치적으로도 정통해 있을 필요가 있다. 말하자면 어떤 정책의 비용과 리스크에 밝아야 하는 것 못지않게 경제학자가 아닌 사람들에게 어떤 정책의 혜택에 관해 납득시킬 수 있어야 한다.

세 번째, 경제학자와 정치가들은 자신들의 제안이 이득이 되는 측면에만 집중하는 경향이 있고 거기에는 분명한 이유가 있지만, 그것은 정치적 토의를 제한하는 경향이 있다. 왜냐하면 결국 비용이 얼마인지 드러나면 사전에 그것을 몰랐던 유권자들은 배신감을 느끼기 때문이다.

네 번째, 지금의 경제상황과 관련해 새로운 안정상태가 아무리 좋아지더라도 전환기는 정치에서 매우 중요하다. 케인즈가 말했듯이, 결국 우리는 모두 죽는다. 유권자들은 이것을 잘 알고 있다. 장기적 목표들은 경제정책에 중요하지만, 그들은 스스로 큰 연합을 구축할 수 없다. 민주주의 사회에서 전환기에는 어떤 정책이든 실현하기 위한 분명한 체크포인트와 반환점들이 있어야 한다.

다섯 번째, 학계에서 우리는 차이들을 강조한다. 어떤 문제에 관해 내가 당신 의견에 99% 동의한다 하더라도 우리는 동의하지 않는 1%를 놓고 토론할 것이다. 정치에서는 그 반대가 진리다. 즉 나는 대다수 문제들에 대한 당신의 의견에 동의하지 않지만, 그럼에도 우리는 우리가 동의하는 작은 것을 위해 함께 일할 수 있다. 이는 통상 자신들의 학술적/기술적 비전을 정부에 가지고 가는 정통 경제학자들에게는 큰 어려움을 안겨 준다.

여섯 번째, 독점력은 거시경제학에서 보통 강조하는 것보다 훨씬 더 중요하다. 경쟁과 투명성 개선은 보통 엄청난 복지혜택을 가져다주며, 증대하는 제도적 변화도 마찬가지로 거래비용을 줄이고 임차료를 없앤다. 거시경제학은 경쟁과 규제정책을 위한 더 큰 역할을 해야 한다.

일곱 번째, 경제정책은 문제를 해결하려는 것이지 학문적 가설을 증명하려는 것이 아니다. 이론과 가설은 경제지식 발전에 중요하며 장차 현실세계 문제들 해결에 도움을 주겠지만, 정책입안자의 주요 업무는 구체적인 문제들에 대한 해석을 제공하는 것이 아니라 그것을 해결하는 것이다. 이것은 우리가 관직에 있을 때 기대하는 바다.

지금 하고 있는 연구 프로젝트와 장래 연구계획은?

나는 이제 학계, 즉 브라질리아대학과 게툴리오 바르가스 재단Getulio Vargas Foundation에 돌아왔다. 나는 브라질 최대 일간지 〈Folha de São Paulo〉에 격주로 칼럼을 쓰며 미디어에서 여전히 정치적 토의에 참여하고 있다. 나는 지금 응용 거시경제학, 주로 재정규칙과 그 의미 그리고 정책분석과 시뮬레이션을 위한 대다수 동태확율일반균형DSGE 모델들의 삼등분 구조의 케인즈주의적 버전에 관한 작업을 하고 있다. 또 스톡-플로 모델stock-flow models에 관한 나의 이전 작업도 재개했고, 신용 사이클을 모델링하고 평가하기 위한 유효수요와 사회적 갈등의 일반적인 구조주의적 또는 포스트 케인즈주의적 수단에 재정적 레버리지를 도입하는 간단한 방법을 개발하기 위해 노력하고 있다.

정부에 다시 들어가 시니어 정책입안자로서 어떤 역할을 해볼 의향이 있는가?

나는 13년간 정부 안팎에서 일했지만, 지금은 정책입안자로 복귀할 생각은 없다. 격언에도 있듯이, 절대 안 된다고 말해서는 절대 안 되지만, 나는 경제학자로서 공직 임무는 이미 다 했고, 또 이젠 정부 바깥에서 더 많은 기여를 할 수 있으리라고 생각한다.

코로나19 팬데믹에 대하여

코로나19 위기에 대한 여러 국가들 또는 지역들의 서로 다른 대처방식들을 공중보건 개입과 경제정책들의 관점에서 어떻게 평가하나?

코로나19 팬데믹은 전 세계에 비슷한 대응을 불러일으켰으나 강도는 달랐다. 질병의 확산 속도를 늦추기 위해 록다운(봉쇄)과 사회적 격리, 그리고 많은 분야에서 갑작스런 정지로 인한 경제적 충격을 완화하기 위해 재정적, 금융적 조치들이 취해졌다.

나는 보건의료 전문가가 아니어서 각국의 이 분야 대응조치들에 대한 판단을 내릴 수가 없다. 경제전선에서 대규모 재정적 부양책이나 재난구호 프로그램을 채택한 나라들은 소득과 고용에 밀어닥친 위기를 완화할 수 있었다. 하지만 그럼에도 그것은 상당히 부정적이었다.

재난구호 정책들과 가장 좋은 조합이 되려면 적어도 다음과 같은 7가지 요소들을 포함해야 할 것 같다. (1)노동시간 단축과 임금의 일부 정부 부담, (2)실업자에 대한 추가 현금 이전, (3)비정규직 노동자들과 빈곤층에 대한 임시변통의 긴급 현금 이전, 보편적 기본소득 프레임, (4)중앙은행의 유동성 주입과 규제 유연화, (5)세금 유예, (6)지방정부에 대한 재무부의 특별예산 이전, (7)재무부 그리고 중앙은행이 부분적으로 보증하는 기업 대상 긴급융자한도.

대부분의 재난구호 조치들은 잘 작동하지만, 아직 불확실하긴 하나 세계가 코로나로 인한 깊은 불황에서 벗어나면서 재건정책이 필요할 것이다. 2020년 말에 이미 선진국과 신흥경제국들에서 공공부채와 재정 상환능력에 대한 우려가 커지고 있었다. "침체기가 아니라 호황기가 재정긴축의 적기다."라고 케인즈도 이미 얘기했지만, 팬데믹 이후 세계는 시기상조의 또 다른 재정긴축에 착수할 위험이 있다. 이는 2008년의 글로벌 금융위기 불과 몇 년 뒤에 서방의 많은 민주주의 국가에서 벌어졌던 일들과 비슷하다.

코로나 위기에서 평등주의적 경제 프로젝트를 추진하는 데 있어 가장 실행 가능한 방안에 대해 어떤 교훈을 얻었는가?

중요한 교훈은 많은 인구가 사회적 안전망에서 배제당하고 있다는 점인데, 이는 노동력 가운데 큰 비중이 비정규직으로 일하는 개도국들에서 특히 그러하다.

선진국들에서도 '긱 이코노미'(gig economy. 임시직 선호 경제—역주)가 증대하고 서비스 부문의 일부 일자리들이 취약해지고 있는 것은 21세기의 경제 및 기술적 현실에 대한 사회적 보호 조치를 채택하고 개선할 필요가 있음을 보여주었다.

정보와 빅 데이터의 시대에 어느 누구도 정부의 감시망에서 벗어날 수 없다. 코로나는 세금과 양도 정책들을 위해 더 나은 그리고 더 포괄적인 소득과 복지 기록이 필요함을 보여주었다. 소득세와 재산세 관련 세금정보는 그 출발점이지만 국민소득보장체제 구축은 가난한 사람들 그리고 비공식 및 불안정한 일자리들까지 포함하는 쪽으로 확대돼야 한다.

마지막 목표는 실업보험을 비정규직 노동자들과 노동력에서 배제당한 사람들에까지 적용되는 소득보험으로 확대해야 한다는 것이다. 이런 시스템으로 정부는 그것이 필요한 사람들에게 정기 및 긴급 이전을 할 수 있을 것이다. 이는 나중에 기본소득 네트워크로 발전할 수 있으며 완전고용 정책에 보탬이 될 것이다.

코로나 위기 체험이 학문으로서의 경제학, 더 구체적으로는 연구하면서 답을 찾아왔던 문제에 대해 영향을 미쳤는가?

코로나 위기는 선진국과 신흥경제국들 모두의 이중성이 드러나게 했다. 이는 위기 이전에 이미 중요한 문제였으나 팬데믹은 자본주의가 적어도 두 가지 속도로 작동함을 분명히 보여주었다. 하나는 역동적이고 고임금 또는 고소득 활동을 하는 인구에게 적용되는 속도, 그리고 또 하나는 위장실업 형태를 띠는 정체되고 저임금 또는 저소득 일자리로 채워진 인구에게 적용되는 속도다.

일부 경제학자들의 통상적인 관점과는 반대로 이중경제에서 커지는 소득과 복지의 불평등을 피할 수 있는 내재적 경제 메커니즘은 없다. 정부가 더 많은 세금과 이전 프로그램으로 행동에 나설 필요가 있으나, 이전에는 현금 이상의 것이 포함돼야 한다. 팬데믹

사태에서 보았듯이 사회적 포용에도 보편적 공공 서비스, 특히 공중보건의 적절한 공급이 필요하다.

대표적 출판물과 영향

출판물

Nelson H. Barbosa-Filho (2001). The balance-of-payments constraint: From balanced trade to sustainable debt. *PSL Quarterly Review*, 54(219).

Nelson H. Barbosa-Filho (2004). A Simple Model of Demand-Led Growth and Income Distribution, *Revista Economia*, Brasilia (DF), 5(3), p.117-154.

Nelson H. Barbosa-Filho and Lance Taylor (2006). Distributive and Demand Cycles in the US Economy? A Structuralist Goodwin Model. *Metroeconomica*, 57(3), 389-411.

영향을 받은 사람

랜스 테일러Lance Taylor, 마리오 포사스Mario Possas, 페르난도 카르딤 더 하르발류Fernando Cardim de Carvalho, 안토니오 마리아 다 실베이라Antonio Maria da Silveira, 던컨 폴리Duncan Foley

영향을 받은 문헌

Mario Possas (1987). *A Dinâmica da Economia Capitalista*: *Uma Abordagem Teórica*, Editora Brasiliense.

Fernando Cardim de Carvalho (1991). *Mr. Keynes and the Post Keynesians*: *Principles of Macroeconomics for a Monetary Production Economy*, Edward Elgar.

Lance Taylor (1991). *Income Distribution, Inflation, and Growth*: *Lectures on Structuralist Macroeconomics*, MIT Press.

제임스 보이스
James K. Boyce

아시아와 아프리카를 두루 연구한
환경정의 주창자

제임스 보이스는 매사추세츠 애머스트대학 경제학과 명예교수로, 동 대학 정치경제연구소PERI 선임연구원이기도 하다. 그의 연구 분야는 생태경제학, 불평등, 그리고 경제개발 등이다. 그는 《사람과 행성을 위한 경제학Economics for People and the Planet》(2019), 《탄소배당 옹호론The Case for Carbon Dividens》(2019), 《벵갈의 농업 난제Agrarian Impasse in Bengal》(1987) 등의 책을 썼다. 그는 〈하퍼스Harper's〉, 〈사이언티픽 아메리칸Scientific American〉, 〈폴리티코Politico〉, 〈뉴욕타임스〉, 〈LA타임스〉 등의 미디어에, 그리고 《Proceedings of the National Academy of Sciences》, 《Ecological Economics》, 《Environmental Research Letters》, 《Climatic Change》 등 수많은 학술지에도 글을 써왔다. 특히 그는 경제사상 전선을 전진시킨 공로로 2017년 바실리 레온티에프상Wassily Leontief Prize을 받는 영예를 누렸다.

당신의 개인적 배경은 어떠한가?

나는 디트로이트 교외에서 자랐다. 어릴 때 책 읽기와 야외 탐험을 무척 좋아했다. 1960년대에 성년이 됐는데, 그때는 시민권 운동이 벌어질 때였고, 베트남전쟁은 주의를 기울이는 모든 사람에게 우리가 최선의 세상에서 살고 있지 못하다는 사실을 분명하게 보여주었다. 다른 많은 나의 동년배 세대처럼 나는 사태를 개선하기 위해 내가 할 수 있는 것을 해야 한다고 느꼈다. 나는 아직도 그렇게 느낀다.

고등학교를 졸업한 1968년에 나는 민주당 시카고 당 대회에서 반전주의자 유진 매카시Eugene McCarthy 후보를 위한 자원봉사자로 일했다. 연륜 있는 대표들의 파티와 거리의 항의시위자들에 대한 폭력이라는 대비가 내게 깊은 인상을 주었다.

그해 가을 나는 장학생으로 예일대를 다니기 시작했다. 대학 2학년 때 예일-카네기 5년제 학사과정이라 불린 실험적 프로그램에 대해 얘기를 들었는데, 비서방국가에서 1년간 근무하는 동안 교통비와 전문적인 훈련 경비를 지불하고 학생징병연기제를 계속 적용해주겠다는 것이었다. 내 손에 총을 들지 않고 학교와 미국을 떠날 수 있다는 점이 매력적이어서 신청했다. 나는 결국 인도에서 간디의 토지개혁과 지역개발 프로젝트에 관한 일을 하게 됐다. 먼저 나는 중부 인도에서 훈련받은 평화봉사단 그룹과 함께 힌디어와 녹색혁명 농업을 배웠다. 그런 다음 인도에서 가장 가난한 주들 가운데 하나인 비하르Bihar에서 가장 가난한 사람들 일부와 함께 살면서 일했다. 나는 그들의 눈으로 세상이 어떻게 돌아가는지, 그리고 돌아가지 않는지를 보게 됐다. 그것은 내 인생을 바꾼 경험이었다.

경제학과 대학원에 가기 전에 벳시 하트먼과 함께 《조용한 폭력: 방글라데시의 마을에서 바라본 풍경》이라는 책을 썼다. 그 프로젝트는 어떠했는지 궁금하다. 그 책에서 당신이 탐구한 중심 주제는 무엇이었나? 그때의 경험이 대학원에서 경제학을 공부하기로 결심하는데 어떤 영향을 끼쳤나?

벳시와 나는 인도에서 일한 뒤 예일대로 복학한 1972년에 만났다. 1971년에 방글라데시 해방전쟁Bangladesh Liberation War이 일어났을 때 우리는 거기에 있었고, 벳시는 귀국하는 길에 그 신생 독립국을 방문했다. 벳시는 서남아시아 역사를, 나는 농업개발을 전공했는데 우리는 예일에서 인도에서의 경험을 토대로 우리의 전공을 설계했다. 졸업할 때 그녀는 장학금을, 나는 평화상을 받았으며, 이를 통한 자금조달 덕에 우리는 다시 서남아시아로 가서 벵골어를 배우고 1년 남짓 방글라데시 마을에서 살면서 그에 관한 책을 쓰기로 작정했다.

우리는 서방의 독자들이 개도국들에 대해 품었을 다음과 같은 몇 가지 기본적인 질문들을 짚어보고 싶었다. 빈곤과 기아의 원인은 무엇인가? 외국원조의 영향은 무엇인가? 우리는 이런 문제들을 현지인들의 얘기들을 통해 다뤘다. 우리는 우리 책을 현재의 구술사로 여겼다.

책을 쓰면서 우리는 방글라데시에 관한 글을 잡지와 신문에 실었다. 일부 글은 외국원조가 종종 수도에서 정치적으로 연줄이 있는 개인들에서부터 지역 마을의 최대 지주에 이르기까지 피원국 지배 엘리트들의 권력 강화에 어떻게 봉사하는지를 묘사했고, 그런 글은 많은 관심을 끌었다. 우리는 그 책의 축약본《불필요한 굶주림Needless Hunger》을 1979년에 출간했다.《조용한 폭력: 방글라데시의 마을에서 바라본 풍경A Quiet Violence: View from a Bangladesh Village》이란 제목의 그 책 풀 버전은 1983년에 출간됐다.

그 과정에서 우리는 출판사들로부터 여러 번(내 기억에는 30번도 넘는다.) 거절당했으며, 결국 인기 없는 주제(방글라데시와 같은)를 인기 없는 관점(우리는 그 나라에 대한 많은 외국의 개입에 비판적이었다.)으로 책을 쓰는 것은 생계유지에 어려움을 줄 것 같았다. 우리는 임대료를 내야 했다. 내 앞에 저널리즘 쪽으로 가느냐 학술 쪽으로 가느냐의 선택지가 놓여 있었다. 학계의 내 모든 친구들은 저널리즘 쪽으로 가라 했고, 내 저널리스트 친구들은 모두 학계로 가라고 했다. 결국 나는 학계 쪽을 택했다.

나는 대학원 시절 키스 그리핀Keith Griffin 때문에 옥스퍼드에 끌렸다. 개발경제학자인 그는 내가 인도와 방글라데시에서 마주쳤던 수많은 문제를 다룬《농업변화의 정치경제The Political Economy of Agrarian Change》라는 책을 썼다. 사실 그것은 내가 경제학자가 된 주요한 이유였다. 만일 키스가 인류학자나 지리학자였다면 나는 다른 전공을 선택했을 것이다.

대학원 시절 연구에 영향을 끼친 주요 경제학자들은 누구인가?

키스 그리핀은 놀라운 멘토였다. 나는 오로지 그가 쓴 모든 것만 읽었다고 해도 과언이 아니다. 그의 연구는 라틴 아메리카, 아프리카, 아시아에 걸쳐 있었는데, 이는 내가 내 작업을 서남아시아로만 국한시키지 않겠다고 결심하는 데 도움을 준 본보기였다. 비록 인도 대륙과 그 국민들은 앞으로도 늘 내 마음의 특별한 자리를 계속 차지하고 있겠지만 말이다. 박사과정을 마쳤을 때 키스는 자신이 파리의 경제개발협력기구OECD에 자문해주고 있던 개발전략에 관한 책을 시리즈로 써 달라고 내게 부탁했다. 나는 필리핀에 대해 쓰기로 했는데, 한편으로는 그 나라가 쌀의 녹색혁명이 시작된 발원지이기도 하고 또 한편으로는 당시(그때는 마르코스 독재정권이 거의 붕괴돼가던 1985년이었다)에 나는 그 나라가 베트남처럼 미국의 처참한 군사개입의 또 다른 본보기가 될 수 있겠다고 생각했기 때문이다.

옥스퍼드 시절에 내 생각에 큰 영향을 끼친 또 한 사람은 아마르티야 센Amartya Sen이었다. 첫 학기에 나는 각기 다른 그의 강의 시리즈 3개를 열심히 수강했다. 맨 앞줄에 앉아 있는 나를 보고 그가 물었다. "내 얘기 듣는 것 피곤하지 않아요?" 나는 그렇지 않다고 대답했고, 실제로 그랬다. 내 생각에 센은 경제학에서 가장 심원한 질문들을 던졌다. 왜 개인들은 그렇게 행동할까? 개인복지란 무엇인가? 개인들의 생각들을 어떻게 종합해야 확고한 사회복지 개념에 도달할 수 있을까? 윤리와 경제 사이의 교차점에 놓여 있는 이런 질문들은 나를 사로잡았다. 그의 강의와 글을 듣고 읽으면서, 나는 신고전주의 경제학은 이런 문제들을 해결하려고 노력해온 인간의 긴 역사에서 하나의 장 정도에 지나지 않으며, 반드시 가장 통찰력이 있다고 할 수도 없음을 깨달았다.

대학원 시절 내가 많이 배운 세 번째 사람이 있었다. 1982년에 나는 내 논문 작성을 위한 연구 작업 차 콜카타(Kolkata. 당시에는 아직 캘커타Calcutta로 불렸다)에서 살았는데, 연구 주제는 방글라데시와 이웃 인도의 서벵갈주 농업성장이었다. 거기에서 경제학자 엔리펜 반디요파디야이Nripen Bandyopadhyay를 만나 내 멘토이자 친구로 삼는 행운을 누렸다. 엔리펜은 내가 객원연구자로 있던 캘커타 사회과학연구센터에서 일하고 있었다. 엔리펜은 서벵갈 지역에 대해 잘 알고 있었으며, 나중에《벵갈의 농업 정체Agrarian Impasse in Bengal》

라는 책으로 출간된 내 논문은 그의 통찰과 지도 덕을 크게 봤다.

**폭넓은 문학과 사상학파 면에서 중요한 영향을 끼친 사람들은 누구
인가? 예컨대 안드레 군더 프랑크나 사미르 아민과 같은 학자들이
발전시킨 종속이론의 영향을 어느 정도로 받았나? 당신의 작업이
마르크스주의 경제학 등 다른 비주류경제학들과 어느 정도로 연결
돼 있다고 보나?**

남아시아에서의 경험을 통해 나는 불평등과 억압의 인간적
비용에 대해 절실하게 생각하게 됐다. 한 가지 예를 들어 보겠다.
비하르에서 내가 근무했던 '불가촉천민'untouchable 어린이들이 다니
는 학교 근처에 그 지역의 방대한 토지를 지배하고 있던 지주의 대
저택이 있었다. 그는 자신이 지배하는 땅을 봉건 영지처럼 감독했
다. 지주의 소작인들과 농장 노동자들을 감독하는 사람들의 업무
가운데 하나는 마을의 비참한 오두막에 기거하는 가난한 집안의
딸들이 언제 사춘기를 맞았는지를 지주에게 알려주는 것이었다.
사춘기를 맞은 딸들은 지주에게 보내져 강간당했다. 가족이 반대
할 경우 지주는 그들의 오두막을 불태웠다. 그 가족들을 오두막에
가둔 채.

대학으로 돌아온 나는 내가 보고 배운 것을 이해하려고 노력했다.
나는 폴 바란Paul Baran의 《성장의 정치경제학Political Economy of Growth》을
읽었다. 프랑크와 같은 종속이론가들을 비롯한 먼슬리 리뷰 학파
Monthly Review school의 다른 책들도 읽었다. 프랑크는 남반구 후진국의
저개발은 북반국 선진국의 자본주의적 개발이라는 동전의 뒷면이
라고 주장했다. 그들은 이런 식의 제국주의 이해에 대한 지지를 마
르크스의 저작물들 속에서 발견했다. 하지만 자신들을 마르크스주

의자로 자처하는 또 다른 사람들은 전혀 다른 시각을 갖고 있었는데, 그들은 자본주의는 사회주의로 가는 궤도에 올라타기 위해 필요하며, 그런 점에서 제국주의는 진보세력이라고 주장했다. 이런 다양한 이해들은 시간이 지나면서 바뀌어간 마르크스의 시각을 반영했다.

마르크스는 인도나 다른 식민지 국가들을 가본 적이 없지만, 그들 나라에 대한 글쓰기를 멈추지 않았다. 이런 주제에 대한 그의 글들이 일관성이 없었다는 건 놀랄 일이 아닐지도 모른다. 나로서는 내가 인도에서 알게 된 현실이 내 교육에서 어떤 이론가들의 글보다도 더 중요했으며, 그것은 과거나 지금이나 마찬가지다.

물론 나는 내 작업과 마르크스주의를 비롯한 경제학의 이질적인 전통 사이에서 나타나는 연관성을 알고 있다. 무엇보다 나는 인간복지와 그것이 부와 권력의 심각한 불평등에 의해 어떻게 약화될 수 있는지에 대한 걱정을 공유한다. 하지만 나는 특정한 사상학파에 대해 편파적이거나 그 추종자는 아니다. 나는 나 자신을 정치경제학자로 여기고 있으며, 정치경제를 희소한 자원을 경쟁적인 목적들(competing ends, 경제학의 현대 교과서적 정의)뿐만 아니라 경쟁하는 개인들, 경쟁하는 그룹들, 그리고 경쟁하는 계급들 사이에도 배분하는 것으로 정의한다.

당신이 대학원을 졸업한 1985년 이후 지금까지 개발도상국들에서 일어난 가장 큰 변화는 중국을 비롯한, 하지만 분명 중국만이 아닌 동아시아 나라들이 1인당 평균소득에서 달성한 중요한 성취라고 주장할 수 있다. 동아시아의 수출 주도 모델의 특징을 무엇이라고 보는가? 이 모델이 지난 세기에 사람들을 극도의 빈곤상태에서 벗어나게 하는데 다른 어떤 경제 정책적 접근보다 더 많이 성취해냈

다는 생각에 대해 어떻게 보나?

　중국의 포스트 1985 경험은 제2차 세계대전 이후 일본, 대만 그리고 한국에서 이룩한 1인당 소득의 유사한 급속 성장에 뒤이은 것이다. 그 나라들 간의 매우 상이한 정치 환경에도 불구하고 그들 4개국(여기에서 대만은 '하나의 중국' 원칙에 따르면 국가가 아니라 '지역'으로, 엄밀하게는 3개국 1개 지역이지만, 보이스는 굳이 구분하지 않고 4개국으로 표기했다 — 역주)은 공통적인 요소를 갖고 있었다. 그것은 그들 나라가 모두 전쟁 뒤 철저한 경자유전耕者有田, land-to-tiller 농업개혁을 시행했다는 것이다. 일본에서는 더글러스 맥아더Douglas MacArthur 장군이 지휘한 미군 점령 아래서 이뤄졌다. 중국에서는 마오쩌둥毛澤東이 이끈 공산혁명 과정에서 이뤄졌다. 대만과 한국에서는 대중적 기반을 구축하려던 친미체제 아래서 시행됐다.

　토지개혁 효과는 농업 차원 훨씬 너머로 확장됐다. 토지개혁은 예전에 지주 과두체제가 휘둘렀던 정치권력에 대한 숨통죄기를 타파했다. 부의 분배를 민주화함으로써 권력 배분의 민주화도 이뤄졌다. 과도한 소작료에서 해방된 지역 가계들은 비로소 저축과 자신들의 농사 및 아이들 교육에 투자할 수 있었으며, 그것은 산업화를 위한 마중물이 됐다.

　이들 4개국에서 국가는 능동적인 역할을 했다. 신용 배분, 자본 통제, 수입 제한, 수출 장려 등 '산업정책'으로 널리 알려진 이런 조치들은 모두 중요했다. 이들 정책은 20세기 후반기의 '워싱턴 컨센서스' 기간에 브레턴우즈 체제Bretton Woods Institutions가 포용했던 자유시장 근본주의와는 전혀 달랐다. 1993년에 세계은행은 동아시아의 경험이 지배적 정통성reigning orthodoxy의 예측 및 처방과 얼마나 상충될 수 있는지를 탐구한 연구서《동아시아의 기적The East Asian Miracle》

을 출간했다. 그 연구서는 이들 나라에서 국가가 긍정적인 역할을 할 수 있게 해준 특유의 속성이 '기술관료제적 격리'technocratic insulation였다고 결론지었다. 이 말은 정치 엘리트들의 포획과 부패, 자유시장주의자들이 일반적으로, 심지어 피할 수 없을 정도로 국가를 오염시킨다고 가정한 병폐들로부터 정책입안자들을 보호했음을 의미한다.

그렇다면 이 격리를 우리는 어떻게 설명할 수 있을까? 나는 토지개혁이 열쇠였다고 생각한다. 그것은 엘리트 과두체제에 대해 인체의 항체 예방접종과 같은 역할을 했다. 한국의 경험에 관한 그녀의 개척자적인 책《아시아의 다음 거인Asia's Next Giant》을 토대로 한고 앨리스 앰스던Alice Amsden의 이야기를 기억한다. 그녀는 그 경험의 핵심적인 특징은 '국가가 자본주의자들을 훈련시켰다'는 것이라고 말했다. 청중들 중에 누군가 국가는 누가 훈련시켰느냐고 물었다. 이에 대한 그녀의 대답이 내 마음에 단단히 박혔다. 학생들이다. 학생들? 정말? 그 대답은 내가 필리핀에서 귀국하는 길에 한국에 들리기 전까지는 전혀 이해하지 못했다. 공항에서 나를 태운 택시 운전사는 검은 완장을 차고 있었다. 왜 그걸 찼느냐고 묻자, 그는 정부의 폭력행사로(당시 한국은 여전히 군사독재체제하에 있었다.) 시위를 벌이던 학생이 죽었다고 설명했다. 우리가 시내로 들어가면서 나는 더 많은 검은 완장을 봤다. 그리고 나는 필리핀과 다른 많은 나라에선 일상적이었던 권력 남용이 한국에선 도리를 벗어난 것으로 간주되고 있음을 깨달았다. 머지않아 독재체제가 무너졌다.

가장 속도가 빨랐던 중국의 경제성장은 마오쩌둥 사망 뒤 도입된 시장개혁 뒤에 찾아왔다. 일부 논평가들은 이를 시장옹호론으로 해석했는데, 이 역시 국가가 중심적인 역할을 했다. 마르크스는 자본주의를 사회주의로 가는 길을 닦아준다고 봤을지 모르지만, 중국의 경험은 사회주의가 자본주의로 가는 길을 닦아줄 수 있음을 시사한다.

중국에서의 1인당 소득의 급속한 성장은 소득과 부 배분의 급격한 불평등의 확대를 동반했다. 이는 단일 정당의 손에 권력이 집중돼 있고, 그 결과로 이기적 행위에 기회를 주는 조건이 갖춰진 상황에서는 전혀 놀랄 일이 못 된다. 이런 격차들은 향후의 지속 가능하고 안정적인 성장을 위한 국가의 전망을 깎아내릴 수 있다.

매사추세츠 애머스트대학 경제학과에 35년간 재직했고, 1998년에 출범한 이 대학 정치경제연구소의 주요 공헌자다. 매사추세츠 애머스트대학과 정지경제연구소가 해온 중요한 기여는 무엇인가?

매사추세츠 애머스트대학 경제학과는 고도의 지적 단일문화로 특징지어지는 학계에서 지적 다양성의 오아시스 역할을 해왔다. 이것이 내가 박사과정을 마친 뒤 매사추세츠 애머스트대학에 온 이유다.

매사추세츠 애머스트대학 학부는 연구에서 계량경제학과 수학적 모델에서부터 제도적, 역사적, 정성적 분석에 이르기까지 다양한 방법론적 접근법을 활용하도록 하고 있다. 나는 이런 혼합을 건강하다고 본다. 슬프게도 이는 흔치 않다. 예컨대 매사추세츠 애머스트대학은 미국의 박사과정 경제학 프로그램에서 학생들에게 경제사를 공부하도록 요구하는 소수의 대학들 중 하나다. 생각해보면, 그것은 학계의 상황에 대해 많은 것을 우리에게 얘기해준다.

더 중요한 것은, 경제적 결과들의 평가를 위한 적절한 기준에 관한 다양한 생각들에 대한 학과의 개방성이라고 생각한다. 신고전주의 정설은 가치판단을 위한 단일 우선기준을 고집한다. 그것은 '효율'efficiency이라고 불리지만, 그 용어의 일상적인 사용과는 다른 특별한 의미를 지니고 있다. 일상적인 말투에서 효율은 비용대비 효과, 목표 달성을 위한 가장 효과적인 방법을 의미한다. 예컨대 학생이 캠퍼스 바깥에서 강의실로 가는 방법을 결정할 때 걷기, 자전거 타기, 자동차 운전, 또는 버스 타기 가운데서 선택할 것이다. 신고전주의 경제학은 그 말을 더 많은 것을 의미하기 위해 사용한다. 즉 수단뿐만 아니라 목표의 선택까지도. 학생이 수업을 하러 가는 것은 '효율적'인가? 참석의 이익이 비용보다 더 큰가?

공식적으로 신고전주의적 효율은 이론상으로 파레토 최적Pareto optimality으로 정의된다. 파레토 최적이란 다른 누군가를 나쁘게 만들지 않고는 누구도 더 좋아질 수 없는 상태다. 현실세계에서 그런 파레토를 개선할 기회는 많지 않다. 대다수의 경제정책들은 일부 사람들에겐 이득을 안겨주지만 다른 사람들에겐 비용을 안긴다. '보상 테스트'compensate test 트릭(이익을 본 사람들이 손해를 본 사람들에게 보상해 주고도ー실제로는 희박하지만 이론상ー더 이득을 볼 수 있을까?)을 통해 신고전주의적 효율이 가능한 가장 큰 것(비용 대비 이익 분석의 언어로 '순 현재가치의 최대화'maximizing net present value)으로 바뀐다.

매사추세츠 애머스트대학 경제학과에는 다른 여러 규범적 기준이 혼합돼 있다. 이에는 분배적 평등, 인권, 환경적 지속 가능성, 자유, 정의 등이 포함된다. 다른 학과 멤버들은 그들이 다른 기준에 두는 상대적 무게들이 다양할 수 있지만, 우리가 일반적으로 공유하고 있는 것은 가치판단이나 정책 권유를 할 때 신고전주의 효율을 다른 모든 것보다 우위에 두지 않으려는 의지다.

정치경제연구소는 다양한 방식, 무엇보다도 실용적인 공공정책

문제들에 관여하기를 장려하고 촉진하는 방식으로 학과의 생활을 풍요롭게 만들었다. 다시 얘기하지만, 정치경제연구소 연구자들이 제기한 질문의 범위는 폭넓고 다양하다. 거기에는 최저생활임금, 거시경제적 안정, 경제개발, 금융규제, 젠더와 돌봄 노동, 보건의료 정책, 기후변동, 그리고 환경적 정의 등이 포함된다. 우리 작업은 고 로버트 헤일브로너Robert Heilbroner가 얘기한 경제학의 비전, 즉 '도덕으로 작동할 수 있는 과학을 만들기 위해 우리가 분투, 노력하는 수단으로서의' 경제학의 비전에 그 기반을 두고 있다.

최근 주요 연구 분야는 아프리카로부터의 자본 도피다. 당신이 보기에 이 문제가 어느 정도로 심각한가? "자본가들이 아프리카에서 좋은 투자 기회를 찾는다면 거기에 투자할 것이다. 그들이 그렇게 하지 않는 것은 아프리카 정부의 정책들이 투자를 끌어들이기보다 포기하게 만들고 있기 때문이다."라고 얘기하는 비판자가 있다면 어떻게 대응할 것인가?

동료 레온스 은디쿠마나Léonce Ndikumana와 나는 1970년 이후 기록되지 않은 아프리카로부터의 자본 유출 누적액(이것은 자본 도피의 표준적인 측정이다.)이 1조 4천억 달러를 넘는다고 계산했다. 이는 아프리카 전체의 처리되지 못한 대외부채 총액이 약 5천억 달러라는 것과 대비된다. 이런 의미에서 아프리카는 세계의 나머지 나라들에 대한 순채권국이다. 그 차이는 자본 도피로 축적된 대외 자산은 주로 아프리카의 경제 및 정치 엘리트들이 소유한 민간인들 몫이고, 아프리카 대륙 전체의 대외 부채는 각국 국민을 대표하는 아프리카 정부들이 지고 있는 공공의 몫이라는 점이다.

오늘날 아프리카는 세계에서 가장 가난한 국민들 다수가 살고 있는 본거지다. 어린이들은 영양실조와 막을 수 있는 질병으로 죽어가고 있다. 여성들은 아이를 낳다가 부적절한 의료 서비스 때문에 죽는다. 수백만 명이 하루 소득이 2달러 미만인 극도의 빈곤 속에서 생존하고 있다.

아프리카의 자본 유출은 심각한 문제인가? 나는 그렇다고 본다. 아프리카로부터의 자본 도피 이유를 단 한 가지로 설명할 순 없다. 결함이 있는 정부와 정부 정책들, 도둑질 정권들, 정치적 불안정, 그리고 부적절한 인프라 투자 등이 그 이유의 일부지만, 그것이 모든 걸 설명해주진 못한다. 2011년에 출간한 《아프리카의 끔찍한 부채: 외채와 자본 도피는 어떻게 아프리카대륙의 피를 빨았나Africa's Odious Debts: How Foreign Loans and Capital Flight Bled a Continent》를 비롯한 우리의 저작에서 레온스와 나는 아프리카에서 돈이 들어오고 나가는 국제금융 구조를 분석하는 더 큰 그림을 그리려고 했다.

우리는 아프리카에서의 자본 도피를 오늘날 아프리카의 엘리트들뿐만 아니라 그들의 외국인 파트너와 은행들까지 가담해 구축한 국제적 약탈망에 휘둘리는 무책임한 권력의 산물이라고 본다. 자본 도피로 해를 입은 사람들에는 보통의 아프리카인들뿐만 아니라 도피 자본의 목적지가 된 나라들의 보통 사람들도 포함된다. 도피 자본의 목적지에는 유럽과 미국이 포함되는데, 그 나라들로 은닉된 부가 유입되면 국제적인 도시들의 임대료와 부동산 가치가 치솟고 금융제도와 정치과정의 건전성을 부식시킨다.

미국 그리고 글로벌 차원에서 환경정의environmental justice 연구에 중요한 기여를 해왔다. 환경정의 연구 어젠다의 주요 요소들은 어떤 것들인가?

규범적인 또는 관행적인 주장으로 환경정의는 깨끗하고 안전한 환경에 접근하는 것은 인권이지 구매력을 토대로 할당돼야 할 상품이 아니며, 정치권력을 토대로 할당돼야 할 특권도 아니라는 전제 위에 구축돼 있다고들 한다. 누구도 인종이나 민족, 계급 또는 젠더를 근거로 해서 규정된 어느 사회적 그룹에 속한다는 이유로 오염이나 자연자원 고갈에 따른 불균형한 손해를 당해서는 안 된다.

미국 내부를 보면, 유색인이나 저소득 커뮤니티의 사람들이 종종 불균형한 환경 부담을 지고 있음을 보여주는 많은 증거가 있다. 그러나 이런 차이의 정도는 장소와 환경 위험의 형태에 따라 각기 다르다. 이런 차이를 분석할 때 그 이유와 결과들은 연구자들이 밝혀내야 할 중요한 업무다. 비슷한 차이가 다른 나라들, 예컨대 중국, 인도, 그리고 유럽 등에서도 존재한다는 증거가 늘어나고 있다. 이런 증거들과 그것이 끼치는 영향을 기록해야 할 필요성이 증대되고 있다.

국제적인 차원에서 환경 부정의不正義가 가장 뻔뻔하게 자행되고 있는 현실을 우리는 유독성 폐기물 거래에서 보고 있다. 고소득 국가들의 생산과 소비 과정에서 배출된 위험한 부산물들인 이 유독성 폐기물들이 저소득 국가들, 그리고 이들 나라의 저소득 공동체들 내부 또는 그 근처에 대량으로 투기되고 있다. 이는 왜 '효율'이 가치판단과 정책 처방의 유일한 근거로 삼기에는 결함이 있는지를 보여주는 좋은 예다. 1990년대에 서머스 메모Summers memorandum로 알려진 세계은행 내부 자료는 이런 질문을 제기했다. "이건 당신과 나만의 비밀인데, 세계은행이 환경오염산업들을 더 많이 저개발국가들로 옮기도록 장려해야 하는 것 아닙니까?" 이는 "일정량의 건강을 해치는 오염이 비용이 가장 적게 드는 나라에서 이뤄져야 한다면, 그 나라는 임금이 가장 낮은 나라가 될 것"이라는 주장 아래 "한 무더기의 유독성 폐기물을 임금이 가장 낮은 나라에 버리는 것 뒤에 깔린 경제논리는 흠잡을 데가 없으며, 우리는 그것을 직시해야 한다."라고 결론지었다. 이 메모가 언론보도를 통해 알려지자 격렬한 항의가 일어났으나, 나는 그것이 매우 유용한 목적에 기여했다고 생각한다. 즉 그것은 신고전주의 효율 논리를 누구나 알아들을 수 있는 언어로 까발렸다. 그와 달리 환경정의 지지자들은 깨끗하고 안전한 환경은 모두가 함께 누려야 할 인권이라는 전제 위에서 출발한다. 이것은 매우 다른 정책입안 기준이다.

환경정의를 발전시키기 위한 정책은 어떻게 기후변동에 맞서 싸우고 기후 안정화를 지지하기 위한 정책과 어떻게 연결되며 또한 어떻게 다른가? 예컨대 환경정의 정책을 그린 뉴딜의 틀과 일치하거나 심지어 동일하다고 특징짓는 것은 정확한 얘긴가?

일치가 맞고, 동일한 것은 아니다. 기후 안정화와 환경정의 사이에 분명 서로 겹치는 부분이 있지만, 그 정도는 구체적인 정책들이 그린 뉴딜 틀에 들어가느냐 다른 틀에 들어가느냐에 따라 달라진다.

한 가지 중요한 의미에서, 기후변동으로 인한 고통을 저소득 국가들은 균형이 맞지 않는다고 느낄 것이기 때문에, 효과적인 기후 정책은 환경정의 발전에 보탬이 된다. 그리고 부자 나라들에서도 허리케인 카트리나가 뉴올리언스를 덮쳤을 때 벌어진 참사가 보여주었듯이, 저소득층 국민들은 그 고통이 균형이 맞지 않는다고 느낄 것이다. 기후변동은 새로운 종류의 유독성 폐기물과 같다.

기후변동에 맞서 싸우는 일은 중요하지만, 환경정의가 그것만을 의미하진 않는다. 환경정의는 다른 종류의 오염과 환경악화를 통해 유색인종과 저소득 공동체들에 너무 자주 지워지는 부담에 맞서 싸우는 일을 의미하기도 한다. 화석연료 연소 자체가 이산화탄소 외에 수많은 위험스런 대기오염 물질들을 방출하는데, 이들 '공통의 오염물질들'은 특정한 장소들에 집중된다. 미국에서 이는 종종 흑인과 라틴계(히스패닉), 그리고 빈곤선 이하의 가정들이 평균치 이상으로 많은 장소다. 탄소배출 감축만으로는 이런 부담 차이들이 개선되리라는 보장이 없다.

실제로 공통의 오염물질들이 전반적으로 줄어들더라도 취약한 커뮤니티들에서는 그 배출이 늘어날 수 있다. 캘리포니아에서 그런 일이 일어났다는 증거가 있다. 공기 질 향상과 환경정의를 기후정책 디자인에 포함시킬 경우 명백히 그들 사이에 서로 겹치는 부분이 넓어질 수 있다.

그린 뉴딜의 중심은 청정에너지와 에너지 효율에 대한 대규모 투자다. 낙후된 커뮤니티들이 이 투자 혜택의 공정한 몫을 받을 수 있도록 보장하고, 빈곤한 노동자들이 투자가 창출해낼 일자리의 공정한 몫을 받을 수 있도록 보장한다면, 그것은 다시 기후변동에 맞서는 싸움과 환경정의를 위한 싸움 사이의 상호보완성을 확장할 수 있을 것이다.

앞으로 약 30년간 기후 안정화를 달성하기 위한 가장 실행 가능성이 높은 접근법이 무엇이라고 생각하나? 그런 정책들이 성공할 수 있는 기회들, 말하자면 우리가 기후를 안정화시키고 지속적인 기후변동의 중대한 부정적 효과를 피할 수 있는 기회들은 무엇이라고 보나? 성공적인 기후 안정화를 달성하기 위해 극복해야 할 기술적이고 정치적인 주요 장애물은 무엇인가? 기후변동과 관련해 우리

가 정말로 생태학적 재난에 직면해 있을 심상치 않은 가능성이 있다고 생각하나?

거꾸로 이런 질문들을 해보겠다. 첫째, 가장 실행가능성이 높은 접근법은 무엇인가? 나는 만병통치약이 될 단 하나의 접근법은 어디에도 없다고 생각한다. 우리에게 필요한 것은 청정에너지 전환을 위한 공공투자와 민간투자를 위한 인센티브를 비롯한 정책들의 현명한 혼합이다. 그것은 기술적 혁신에 박차를 가하는 스마트 규제와 공기 질 개선을 통한 공동이익의 공정한 배분 보장이다. 그리고 내 생각에 결정적으로 중요한 것은 우리가 경제에 투입할 수 있도록 허용하는 화석연료량의 절대상한제, 기후 안정화 목표들을 토대로 설정된 궤도에 맞춘 배출량 감소 보장 등이다.

무엇이 성공의 기회인가? 혼합된 정책들 내의 각 아이템이 중요하지만, 화석연료 사용의 엄격한 상한제, 즉 '화석을 땅에 묻어 두겠다'고 한 약속의 이행만이 성공을 보장해줄 수 있을 것이다. 상한제 없이 우리가 할 수 있는 것은 그저 최선을 바라는 게 전부다. 왜냐하면 그럴 경우 우리는 투자와 규제 또는 고정된 배출 궤도에 묶이지 않은 탄소가격으로 배출량이 얼마나 감소했는지 정확하게 알 수가 없기 때문이다. 그 혼합 정책들 중의 다른 정책들이 충분하다고 드러나면, 상한제는 필요 없어질 것이다. 그것들은 아무 영향도 없을 것이고, 해도 끼치지 않을 것이다.

그러나 다른 정책들이 제 역할을 충분히 하지 못한다고 드러나면, 상한제가 화석연료 사용을 제한할 것이고 그 결과 가격이 올라갈 것이다. 가격 상승은 단기 수요를 제한할 뿐만 아니라 에너지 효율과 청정에너지 투자를 위한 장기적인 인센티브도 강화할 것이다. 하지만 가격 상승폭이 커진다면, 예컨대 가솔린 1갤런 당 가격이 1달러나 2달러 또는 5달러까지 추가로 인상된다면 소비자들에 대한 충격으로 정치적 반발을 촉발할 수 있다.

이런 문제에 대처할 수 있는 간단한 방법이 있다. 화석연료에 지불되는 돈을 추가 투입하고 그 상당 부분을 보편적이고 평등한 배당금 형태로 공공부문으로 돌리는 것이다. 나는 2019년에 출간한 책 《탄소배당 옹호론The Case for Carbon Dividends》에서 그런 정책에 대해 논증했다.

무엇이 장애물인가? 기후 안정화에 가장 중요한 장애물은 기술적인 것이 아니라 정치적인 것들이다. 분명히 우리는 아직 화석연료에서 청정에너지로의 전환에 내재된 기술적 문제들을 모두 해결하진 못했다. 스마트 그리드와 저비용 배터리 축전기술들이 그 예다. 우리는 또한 배출감축 기술, 예컨대 더 많은 탄소를 땅속에 격리하는 방법도 개발할 필요가 있을 것이다. 하지만 나는 우리가 사람을 달에 보낼 수 있다면 이런 문제들도 해결할 수 있다고 믿는다. 중요한 정치적 장애물은 기득권, 특히 화석연료 산업에서의 기득권의 힘이다. 이 장애물을 극복하는 방법은 하나밖에 없다. 그것은 기후행동을 요구하는 광범위하고 깊은 대중의 움직임이다.

우리가 행동하지 않으면 진짜 생태학적 참사를 당하게 될까? 그것은 '진짜 참사'를 어떻게 생각하느냐에 달렸다고 생각한다. 지구는 살아남을 것이다. 결국 화석연료에 저장된 모든 탄소는 한때 지구 대기 속에 있었다. 지구상의 생명체는 살아남을 것이다. 인간도 아마 살아남을 것이다. 따라서 행동하지 않음이 글자 그대로 세상의 종말을 의미하는 건 아닐 것이다. 하지만 그로 인한 인간과 다른 생명체들이 입을 죽음과 파괴의 규모는 참으로 끔찍할 것이며, 진짜 참사가 될 것이다. 우리에게는 우리 아이들과 손주들에게 벌어질 이 참사를 막기 위해 지금 행동에 나서야 할 도덕적 책임이 있다. 그리고 우리는 오늘날 더 깨끗한 공기, 녹색 성장, 그리고 탄소배당으로 가계소득을 높임으로써 대다수의 사람에게 혜택을 안겨주는 방식으로 해낼 수 있다.

바로 이런 국면에서, 우리는 기후 불안정화의 역풍을 완전히 피할 수는 없어 보인다. 너무 오랫동안 세계 지도자들은 화석연료 회사들과 산유국, 정치적 타성의 힘 앞에 머뭇거리며 무릎을 꿇어왔다. 행동을 미룰 때마다 기후변동으로 인한 손실은 기하급수적으로 증가했으므로 배출을 막아야 할 행동의 긴박성은 날로 더해갔다. 탄소 톤수가 추가될 때마다 피해는 그 전보다 더 커졌다. 그러나 그것은 또 우리가 거기에 적응, 즉 이제 더는 피할 수 없는 기후 불안정화 영향으로부터 사람과 생태계를 보호하기 위한 조치를 취하기 위해 지금 당장 심혈을 기울여야 한다는 의미다. 우리가 정해야 할 윤리적 기준도 중요해질 것이다. 적응을 위한 투자는 고가의 재산과 고소득자 보호를 우선하는 '효율'의 기준에 따라 이뤄질까? 아니면 환경을 구하기 위해서는 부자든 가난뱅이든 상관없이 모두가 동등한 권리를 갖는다는 원칙에 따라 이뤄질까? 사회로서의 우리가 결정할 적응 선택adaptation choices이 삶과 죽음을 가를 것이다.

지금과 같은 시기에 글로벌 좌파의 실행 가능한 목표로서의 사회주의에 대해 어떻게 생각하나? 현존하는 자본주의 경제의 틀 안에서 기후 안정화를 달성할 수 있다고 보는가? 글로벌 좌파의 가장 중요한 목표가 사회주의 사회를 창출하는 것이어야 한다고 생각하나?

'사회주의'와 '자본주의'라는 말은 많은 짐을 지고 있다. 사람마다 서로 다른 것을 의미한다. 당신에게 사회주의가 예전의 소련을 의미한다면, 그것은 실현 가능하지도 바람직하지도 않다고 말하겠다. 만일 당신이 생각하는 사회가 부와 권력이 지금보다 더 평등하게 분배되는 것을 의미한다면, 그것은 실현 가능할 뿐만 아니라 대단히 바람직한 목표라고 말하겠다. 후자의 의미가 여론조사에 반영된다면 오늘날 미국에서 자본주의보다는 사회주의가 더 많은 지지를 받을 것이다.

비슷한 얘기로, 자본주의가 화석연료 회사들과 다른 거대기업들이 엄청난 권력을 휘두르면서 정치인들을 매수하고 여론을 조작할 수 있는 현재의 질서를 의미한다면, 우리가 기후변동 문제를 자본주의 틀 안에서 해결할 수 있다고 생각하지 않는다. 그러나 시장이 있는 사회가 사유재산과 공유재산, 그리고 공공재산이 공존하는 것을 의미한다면, 우리가 그렇게 할 수 있다고 생각한다.

내 생각에 글로벌 좌파의 임무는 더 평등하고 민주적인 부와 권력의 배분을 위해 싸우는 것이어야 하며, 미래 세대를 포함한 모든 사람을 위해 작동하는 경제를 구축하는 것이어야 한다. 나는 이런 문제들을 2019년에 출간한 《국민과 지구를 위한 경제학Economics for People and the Planet》에서 논했다. 19세기와 20세기에 좌우를 가르는 축은 일반적으로 시장과 국가의 상대적 범위에 따라 정의됐다. 하지만 역사는 더 근본적인 구분은 민주주의냐 과두제냐의 차이라는 걸 보여준다. 부와 권력이 소수의 수중에 집중돼 있을 때, 그것이 자유방임경제든 국가통제경제든, 절대다수 국민이 불행해진다는 걸 우리는 알고 있다.

향후 몇 년간 추구하고자 하는 연구과제는 어떤 것들인가?

효율적이고 평등한 기후정책을 마련할 때까지 계속 그 작업을 할 것이다. 하지만 인간과 자연간의 접점, 그리고 우리가 환경변화를 평가하고 그것이 좋은지 나쁜지를 규정하는 데 필요한 윤리적 기준에 대해서도 더 생각해보고 싶다.

오랫동안 많은 사람은 '자연의 균형'을 믿었다. 인간은 적어도 우리가 수렵인과 채집인으로 살기를 그만둔 순간, 이 균형을 무너뜨리는 존재로 여겨졌고, 보존과 환경보호라는 목표는 인간의 활동 영역을 자연 스스로의 치유능력 범위 내에 머물도록 제한하는 틀이 됐다. 특히 미국에서 이상적인 자연 상태는 인간의 손이 닿지 않은 '야생'으로 여겨졌다. 예컨대 옐로스톤 국립공원의 관리 목적은 그 생태계를 유럽인들이 그곳에 충격을 가하기 이전 상태로 되돌리는 것이었다.

최근 수십 년간 생태학자들은 변화와 소란이 원칙(예외도 있지만)인 좀 더 동태적인 것을 선호하게 되면서 이런 정태적인 자연관을 버렸으며, 이상적인 자연 상태를 정의하는 불변의 기준은 없다. 그렇게 함으로써 그들은 보존과 환경보호의 목표를 다소간에 임의적인 시점에 그려낸 순간의 풍경을 보존하기보다는 생태계 기능 유지라는 관점에서 재설정하기 시작했다.

우리가 야생 또는 다른 어떤 기준이 환경적 결과들을 더 낫거나 더 나쁜 것으로 정의하기 위한 충분한 토대가 된다는 관념을 버린다면, 무엇이 우리가 이런 가치판단들을 위해 사용할 새 기준이 되어야 할까?

나는 우리와 새의 상호작용(좋든 나쁘든)이라는 특별한 렌즈를 통해 이런 문제를 탐구한 새 책 작업을 시작했다. 그 제1탄은 잡지 〈하퍼스Harper's〉에 기고한 나그네비둘기의 멸종에 관한 글이었다. 조류 중에서 한때 지구상에서 가장 많은 수가 있었던 종인 나그네비둘기는 1세기 전 도시 육류시장 수요로 서식지를 잃고 대량 도살되면서 멸종당했다. 하지만 조류와 인간의 이야기는 거기에서 끝나지 않으며, 좀 더 행복한 이야기들도 있다.

코로나19 팬데믹에 대하여

우리가 인터뷰를 시작한 이후 세계는 코로나19 팬데믹으로 고통을 받고 있다. 코로나 위기에서 평등주의적 경제 프로젝트를 추진하는 데 있어 가장 실행 가능한 방안에 대해 어떤 교훈을 얻었는가?

코로나19의 위협은 전 세계적이지만, 그 충격은 각 나라들 내부에서 그리고 나라들 사이에서도 매우 불평등하다. 각국 내에선 저소득자들과 정치적으로 권리를 박탈당한 소수자들(마이너리티)이 종종 환경적 부정의의 또 다른 차원을 거울처럼 비추는 불균형한 피해를 당했다. 나라들을 보자면, 미국과 브라질처럼 극도로 불평등한 나라들에서 사망자 수치가 예외적으로 높았던 것은 결코 우연의 일치가 아니다. 이는 단순히 이런 고도로 불평등한 사회들의 부와 권력 피라미드의 맨 밑바닥에 있는 사람들이 더 큰 위험에 처해 있기 때문만은 아니다. 그것은 사회 전반에 끼치는 극도의 불평등이 야기한 치명적인 영향 때문에 그들 나라의 전체 인구가 더 큰 위험에 처해 있는 현실도 반영한다.

불평등이 사회 전체를 위험으로 내모는 방식들 중에서 3가지가 쉽게 눈에 띈다. 첫째, 극도의 불평등이 사회적 안전망을 전반적으로 망가뜨리며, 부자와 권력자들이 감세(자신들에 대한)를 실시하고 정부지출(다른 사람들을 위한)을 삭감함으로써 특히 공공보건의료 서비스를 없애버린다. 예컨대 한국처럼 코로나 연락 추적을 위한 공공보건의료 시스템이 매우 효과적으로 작동하는 곳들의 인프라와 여기 미국의 최악의 상황을 비교해보라. 이번 팬데믹이 끝날 때쯤 미국의 코로나 사망률은 한국의 사망률의 백배 또는 그 이상으로 높아질 듯하다. 달리 말하면, 미국인 사망자 100명당 99명은 한국과 유사한 공공보건의료 조치가 취해졌다면 목숨을 구할 수 있었다.

이런 대실패와 밀접한 관련이 있는 두 번째는, 극도로 불평등한 사회들의 최부유층은 다른 사람들이 경험한 고통들에 무관심하다는 점이다. 사실 많은 경우에 그들은 그것을 아예 보지도 않고, 전혀 의식하지 않는다. 부자들은 대도시 지역에서 오염이 덜 된 지역들에서 살 수 있었던 평소와 다름없이, 팬데믹 기간에 그들은 더 안전한 피난처로 탈출했다. 뉴욕시의 가장 부유한 지역들의 인구는 코로나가 덮쳤을 때 40% 이상 감소했다. 반면에 뉴욕시의 저소득 노동자들은, 그들 중 다수가 갑작스레 '기본적' 노동자가 되어 버스를 타고 일하러 나가야 했다. '사회적 거리두기'가 사회적 책임을 지기 위한 표어가 됐을 때, 잠시 멈춰 서서 그 어두운 면(거리가 개인들 간의 2m 거리만이 아니라 사회계급들 간의 깊은 골의 형태를 띠게 될 때)을 생각해볼 필요가 있다.

셋째, 극도의 불평등은 공포, 거짓 정보, 그리고 증오의 유독성 혼합주를 만들어낸다. 그런 환경에서는 공공선에 대한 관심을 차단하는 과대망상적 욕구를 지닌 정치 선동가들이 권력을 쥐는 데 유리한 조건이 조성되는 걸 볼 수 있다. 우리는 그런 예를 미국의 트럼프와 브라질의 보우소나루에서 봤다.

사회의 불평등은 개인의 혈압과 흡사하다. 혈압이 정상치 이내라면 아무 일 없지만, 그것이 높이 올라가면 치명적일 수 있다. 팬데믹이 끝나면 미국 및 그와 유사한 불평등 사회들은 그 기존의 몸

상태를 치료하지 않을 경우 그 이상의 보건의료 재난을 당할 더 큰 위험에서 헤어나지 못할 것이다. 이것이 우리가 코로나 위기에서 끌어내야 할 가장 중요한 교훈이라고 나는 믿는다. 평등주의 프로젝트를 추진하기 위해서는 할 수 있고 또 해야만 하는 일들이 많이 있다. 여기 미국에서 부유층에 대한 더 강력한 과세를 통해 보편적 보건의료 서비스를 시행하고 모든 어린이에게 질 높은 무료교육을 제공하는 것은 중요한 걸음마가 될 것이다.

그러나 팬데믹은 많은 미국인이 품고 있는 자국 정부에 대한 깊은 불신을 완전히 노출시켰다. 마스크 착용에 대한 광범위한 혐오와 정부 '지시'에 대한 저항은 단순히 초개인주의 문화의 산물만은 아니다. 그런 것들은 일하는 사람들의 요구와 투쟁에 너무 자주 눈을 감아버린 자기중심적인 엘리트들로 구성된 정부의 유산이기도 하다.

이 불신은 불평등을 바로잡을 공공정책들을 가로막는 엄청난 장애물을 대표한다. 평등주의 정책들은 개인적 자유를 희생해서 입안됐다고 받아들여질 때마다, 부자들만이 아니라 광범위한 미국 대중의 완강한 저항에 부닥칠 수밖에 없었다. 이 교착상태에서 벗어나려면 우리는 부와 권력의 평등주의적인 분배 사이에 구축될 수 있는 강력한 상호보완성을 토대로 삼아야 한다. 그 첫 번째 토대는 공정한 경제다. 두 번째 토대는 자유다. 이 둘은 함께 갈 수 있고 또 가야 한다. 이 평등주의적 프로젝트들을 디자인하고 틀을 짜는 것이 중요하다.

대표적인 출판물과 영향

출판물

Elizabeth Hartman and James K. Boyce (1983). *A quiet violence: View from a Bangladesh village*. Zed Books.

James K. Boyce (2002). *The political economy of the environment*. Edward Elgar Publishing.

James K. Boyce (2019). *Economics for People and the Planet*. Anthem.

영향을 받은 인물

아마르티야 센Amartya Sen, 키스 그리핀Keith Griffin, 엔리펜 반디요파디야이Nripen Bandyopadhyay

영향을 받은 문헌

Keith B. Griffin (1979). *The Political Economy of Agrarian Change*. Macmillan.

Amartya Sen (2000). *Development as Freedom*. Oxford University Press.

Frank Ackerman (2009). *Can We Afford the Future?* Zed Books.

장하준

Ha-Joon Chang

동아시아 경제 발전을 연구한
산업정책 전문가

장하준은 케임브리지대학 정치경제학부 부교수University Reader in the Political Economy of Development at the University of Cambridge다. 그는 유럽진화정치경제협회The European Association for Evolutionary Political Economy, EAEPE가 주는 군나르 뮈르달상Gunar Myrdal Prize 2003년도 수상작인《사다리 걷어차기Kicking Away the Ladder: Development Strategy in Historical Perspective. 2002》,《그들이 말하지 않는 23가지23 Things They Don't Tell You About Capitalism. 2010》, 그리고《장하준의 경제학 강의Economics: The User's Guide. 2014》등의 저자다. 그는 2005년에 글로벌 개발과 환경연구소Global Development and Environment Institute가 경제적 사고 영역 확장에 기여한 사람에게 주는 레온티에프상을 받았다.

당신은 한국의 수도 서울에서 태어나 서울대를 다녔다. 어떻게 경제학을 공부하게 됐나?

나는 1970년대 초등학교 시절에 다른 대다수 한국 아이들처럼 과학자가 되고 싶었다. 우주선을 만들고, 로봇을 만들어 세계를 돌아다니며 관찰하고 동물을 보호하는 그런 사람 말이다. 그때는 대부분의 사람들이 과학의 도움으로 인간이 곧 세상을 정복하리라고 믿었던 시절이다.

자라면서 나는 과학자가 되기에는 자질이 부족함을 깨달았고, 역사와 정치를 좋아한다는 걸 알게 됐다. 그래서 15~16세 때까지 나는 역사가가 되거나 국제관계를 공부해 외교관(1980년대 말까지 한국에서는 부족한 외화를 아끼기 위해 정부의 허가 없이는 해외여행을 금지했으므로, 외교관은 당시로서는 대단히 매혹적인 직업이었다.) 이 되겠다고 생각했다.

하지만 고등학교 2학년 때 외교관이 되려면 그 방면에 비교우위를 지니고 있어야 함을 깨달았다. 나는 리카도의 그 말을 '정치경제학'이라고 불린 과목 수업 때 배웠다. 그 과목은 당시의 군사독재를 정당화하는 이념적 선전(완곡어법으로 하자면 '한국적 민주주의'Korean-style democracy)과 기초적인 경제학 일부를 조합한 것이었다. 비교우위는 직관에 반했다. 예컨대, 당신이 세계의 다른 모든 사람보다 능률이 떨어지더라도 당신이 가장 잘 못하는 것 이외의 분야 활동을 전문화해서 다른 나라들과 교역함으로써 당신은 소득을 늘릴 수 있다. 그 때문에 나는 경제학에 관심을 갖게 됐는데, 당시 한국에서는 다소 난해한 과목이었고 16세 나이의 아이에게는 특히 더 그러했다. 이는 내 직업적인 삶의 상당부분을 비교우위 이론에 토대를 둔 교역과 산업정책들의 한계를 보여주는 데 투입하고 있다는 점에서 다소 역설적이다. 그럼에도 나는 여전히 비교우위 이론이 경제학에서 가장 독창적인 아이디어라고 생각한다. 이는 (기술적 역량, 제도, 문화 등등) 모든 것이 주어졌다고 받아들여지는 환경에서는 단기적으로 절대 옳다. 하지만 당신이 장기적 경제개발을 위해 그것을 이용하려 하고, 그래서 모든 것이 바뀔 수 있고 종종 바뀔 수밖에 없는 상황에서는 문제가 발생한다.

아버지의 격려도 있었다. 당시 재무부에서 내국세 분야 업무를 맡고 있던 아버지는 직책이 부국장이었지만 국장이 세금에 대해서는 아무것도 모르지만 자신이 아무것도 모름을 인정할 만큼은 정직했던(그리고 국 운영을 아버지에게 맡기는 대신 그를 정치적으로 보호해주었다) 군 장성 출신이었다. 당시 한국 경제부서의 대다수 고위관료들과 마찬가지로 아버지는 대학에서 법학을 전공했으나, 맡은 업무 때문에 독학으로 꽤 많은 경제학 공부를 했으며, 심지어 30대 말에는 거기에서 파트타임으로 박사과정까지 밟았다. 아버지는 내 진로를 결정할 때 특정 방향을 강요하진 않았으나, 이 경제학이라고 불린 이국적인 과목이 대단히 유용하리라는 얘기는 내게 분명히 했다.

하지만 아버지는 그 과목의 한계에 대해 잘 알고 있었다. 내게 해준 말을 현대적 이론 형태로 옮긴다면, 세상은 매우 단순한 가정을 토대로 한 추상적 모델을 통해 이해하기에는 너무 복잡하고 불확실하며, 사람들이 경험을 통해 축적한 암묵적인 지식이 추상적 이론들을 통해 배운 것보다 종종 훨씬 더 강력하다는 것이었다.

비교우위 이론과 아버지의 격려 덕택에 경제학에 관심을 갖게 된 데다, 당시 내가 살고 있던 나라가 인류역사상 가장 빠른 경제적 변화를 겪고 있던 나라들 중의 하나였으므로, 경제학이 얼마나 흥미진진하고 의미 있는지 금방 알 수 있었다.(비록 그것이 정말로 중요하다는 것은 나중에 케임브리지대학에서 박사과정을 시작하고 나서야 비로소 깨닫게 됐지만 말이다.)

경제학을 탐구분야로 결정하는 데 정치가 어떤 영향을 끼쳤나?

내가 경제학을 공부하기로 결심한 것은 1980년대에 내가 (3년제) 고등학교 2학년 때였고, 그때 나는 16세였다. 나는 그 나이에 나름의 '정치관'을 가질 만큼 조숙하진 못했다. 하지만 대략 중도좌파 쪽이었는데, '좌파'라는 말은 당시 한국 군부에게는 불온한 것이었으므로 나는 그런 식으로 생각하진 않았다. 나는 특권층 출신(아버지는 고위 공무원이었으며, 그것은 반드시 풍족하지는 않았으나 경제적으로 안정돼 있었다는 의미였다.)이었으나 우리 집안은 반군부 친민주적 성향이 매우 강했다. 나는 노동탄압, 농촌지역의 비참한 가난, 빈민가 주민들의 폭력적인 퇴거 등에 대한 얘기들도 들었으며, 그것은 우리가 살고 있다고 생각했던 '기적의 경제'에서도 모든 것이 다 잘 되고 있지는 않다는 사실을 깨닫게 해주었다.

또 아버지의 집안은 당시 다른 지역들로부터 심한 차별을 당했던(지금도 어느 정도는 여전히 그렇다.) 지역(전라도) 출신이어서, 아버지와 그 친척들을 비롯한 그 지역 출신자들이 부당하게 취업 거부를 당하고, 장래의 혼인 상대 부모들의 결혼 반대에 부닥쳤으며, 승진시험에서 누락되는 등에 관한 수많은 얘기를 들었다. 그 나이의 내가 이런 문제들의 사회경제적 뿌리들을 이해할 순 없었지만, 이는 차별과 억압 문제들에 대해 내가 예민하게 반응하도록 만들었다.

1979년 내가 고교 1학년 때 일어난 정치적 지각변동이 나라를 뒤흔들고 나와 동시대인들을 정치적으로 각성시켰다. 그해 10월 우리는 대통령 박정희 장군이 몇 개월 전부터 나라를 흔들고 있던 학생, 노동자 그리고 도시빈민들의 저항 물결 속에 그의 비밀경찰 수장의 손에 암살당했다는 얘기를 들었다. 1961년 군부 쿠데타로 정권을 장악한 박정희는 그때까지의 내 평생(나는 1963년생이다.)에 걸쳐 한국의 대통령이었으므로, 나와 내 친구들에게 그 얘기는 앞으로 다시는 태풍처럼 두렵고 싫지만 삶의 일부로 받아들여야 하는 무언가가 거세게 불어오지 않으리라는 말처럼 들렸다. 박정희는 물론 생활수준을 전례 없이 높은 단계로 끌어올린 한국의 경제적 '기적'을 이룩했던 원동력이었으나, 점차 야만적 통치와 권력남용이 늘고, 매우 불리한 상황이 조성되면서 급속도로 원성을 사게 됐다.

박정희의 암살로 잠시 민주화운동과 사회활동이 활발(이른바 '서울의 봄')해졌다. 그러나 그것은 전두환 장군이 이끄는 군사정권이 계엄령을 선포한 1980년 5월에 극적으로 끝났다. 광주(당시 반정부 세력의 근거지였고, 아버지의 고향이었다.) 시민들이 계엄령 철회를 요구하며 시위를 벌이자 군사정권은 공수부대를 보내 수백명(수천명에 이른다는 설도 있다.)의 민간인들을 학살했다. 신新군부 정권은 그때 죽은 사람은 수십 명에 지나지 않으며, 그들 대다수가 북한 간첩이거나 그 동조자들이라고 발표했지만, 다수의 대중은 소문과 지하 유인물들을 통해 그것이 사실이 아니라는 걸 알고 있었다.

그 학살은 결국 한국사에서 하나의 전환점이 됐다. 박정희 장군은 자신의 정적들을 암살하고, 사소한 일을 구실 삼아 정치 활동가들을 구속했으며, 그들 중 다수가 고문을 당했으나(때로는 죽기도 했다), 그의 체제는 군대를 보내 민간인을 죽인 적은 없었다. 그런데 전두환 정권은 그렇게 했다. 이는 그 사실을 알고 있는 사람들에겐 용서할 수 없는 일이었다.

1981년 말 학생들은 새로운 활력으로 신군부 독재정권 반대운동을 벌이기 시작했고, 1982년 3월에 내가 학부의 경제학도로 대학에 입학(한국 대학은 3월 1일에 학기가 시작된다.)했을 때 캠퍼스들은 불타고 있었다. 학생들 중에는 쭈그리고 앉아 사법고시나 자신들을 미국 명문대 대학원에 보내줄 수 있을 만큼의 높은 학점을 위해 공부하는 이들도 일부 있었다. 그러나 우리들 중 대다수는 아무 일 없는 척하고 있기가 몹시 힘들었다. 모든 강의는 강사가 혹시 선동적인 발언(예컨대 자본주의나 군사독재에 대한 비판 같은 것)을 할 경우를 대비한 사복경찰관들의 감시를 받았다. 모든 캠퍼스에는 자발적인 학생시위가 벌어지는 순간 거기에 뛰어들어 학생들을 낚아채서 두들겨 패고 체포할 수 있도록 훈련받은 수많은 사복경찰이 무리지어 드나들었다. 사복경찰들이 시위를 막을 수 없을 때는 완전군장을 한 진압경찰이 캠퍼스에 진입해 최루가스를 쏘고 몽둥이를 휘둘렀다.

그런 상황 속에서 학생들이 비판정신을 가지고 교수를 진지하게 대하기란 불가능했다. 대다수 교수들은 우리에게 신고전주의 경제학을 가르쳤는데, 그것은 경제란 늘 균형상태를 유지하며, 외부 충격으로 균형상태가 깨질 경우에도 아무런 사회적 충돌 없이 시장 메커니즘인 '보이지 않는 손'의 작용으로 조만간 다시 균형상태로 되돌아간다는 걸 상정하고 있었다. 이런 관점들과 우리 주변에서 실제로 일어나고 있던 일들, 예컨대 우리의 전통적인 경제와 사회에 대한 좋고 나쁜 모든 것들을 뒤집어 놓은 거대한 경제적 변화, 세계 최장의 노동시간과 비참한 노동조건에 저항하는 노동자들의 파업, 부동산 개발업자들을 위해 빈민들을 두들겨 패서 쫓겨나게 만드는 경찰, 자본주의와 '자유로운' 시장을 수호한다는 명분 아래 사람들을 학살하는 군대, 그리고 캠퍼스, 특히 강의실에서 눈에 띄는 경찰의 모습 등이 아귀가 맞는다고 생각할 순 없을 것이다.

내 친구들 중 다수가 국가 경제 및 정치 시스템을 바꾸겠다고 지하 학생운동에 가담했으며, 또 다른 다수는 명백히 사회주의적 목표를 이루기 위해 그렇게 했다. 하지만 그런 운동에 가담하지 않은, 나와 같은 학생들 중 다수는 비주류 경제학, 특히 반드시 그런 것은 아니었지만 마르크스주의 경제학과 종속이론을 독학으로 공부했다. 이들 이론은 경제학과 정치학이 서로 분리될 수 없음을 잘 알고 있었으므로, 우리는 자연스레 '정치 과목으로서의 경제학'이라는 관점을 익히게 됐는데, 그것은 실제로 내가 케임브리지대학에서 요즘 학부 초년생들에게 가르치고 있는 강의 시리즈의 타이틀이다.

어쩌다 대학원 과정을 케임브리지에까지 와서 하게 됐는가? 서울대에서의 경험에 비해 케임브리지대학에서의 경험은 어떠했나?

케임브리지로 공부하러 가겠다는 나의 선택은 당시의 한국에서는 매우 이례적으로 여겨졌다.(나는 1986년에 대학원생으로 케임브리지대학에 들어갔다.) 한국은 미국과 매우 밀접한 관계를 맺고 있었기(그리고 지금도 여전히 그렇다.) 때문에 대부분의 사람들은 공부하러 미국에 갔다.

그때나 그 뒤에 "왜 영국이냐?"고 내게 물어보는 사람이 많았는데, 나는 영국을 택한 게 아니다. 나는 케임브리지에 공부하러 가고 싶었고, 그것은 당시로서는 내가 원하는 공부를 할 수 있는 최선의 장소가 케임브리지였기 때문이다.

나는 학부생 시절에 과목 성적이 좋았지만, 신고전주의 경제학에 완전히 환멸을 느꼈다고 얘기했다. 그래서 나는 신고전주의가 아닌 다른 경제학을 공부하고 싶었다. 케임브리지대학 외에 나는 실제로 신고전주의자가 아닌 경제학자들(보통 1~2명)이 있는 미국의 대학원 몇 곳에도 지원했다. 그중 몇 곳에서 입학허가를 받았으나, 케임브리지에서 받아주겠다고 했을 때 나는 거기로 달려갔다. 왜냐하면 내가 공부하고자 했던 분야인 개발경제학을 가장 깊이 전공한 선생들이 가장 많았던 곳이 케임브리지였기 때문이다. 아지트 싱Ajit Shingh, 존 센더John Sender, 피터 놀런Peter Nolan, 그리고 가브리엘 팔마Gabriel Palma가 거기에 있었다. 이에 비해 내게 입학허가를 내 준 미국 학교들에는 극소수의 개발경제학자들만 있었다. 경쟁이 되지 않았다.

케임브리지에 가기로 한 것은 내게 모든 면에서 정말로 큰 모험이었다. 무엇보다 1986년 당시에 한국에서 영국으로 가는 것은 엄청난 모험이었다. 그때는 냉전시기로, 한국 항공기가 중국이나 소련 상공 위로 날아갈 수 없었다. 유럽에 가려면 알래스카의 앵커리지를 경유해서 북극 위로 날아가야 한다는 얘기다. 그래서 서울에서 앵커리지까지 9시간, 그리고 거기에서 연료를 채우는데 또 두어 시간 기착한 뒤 다시 9시간을 날아 파리로 갔고, 거기에서 런던으로 가는 비행기를 3시간이나 기다려야 했다. 따라서 서울의 김포공항(그때는 인천에 더 큰 공항이 생기기 몇 년 전이었다.)에서 런던의 히드로 공항까지 가는데 24시간이나 걸렸다. 출발지에서 도착지까지는 30시간이 걸린다는 얘기다. 경험 많은 노련한 여행가도 힘들었을 텐데, 그게 나의 첫 장거리 비행이었다.

두 번째로, 영국으로 간 그 여행은 내가 처음으로 한국 바깥으로 나가본 여행이었다. 요즘에는 스물두 살(그때의 내 나이)의 한국인이라면 다수가 쉽게 10여 개의 나라들을 여행하고 일부는 그 나라들 중 한두 곳에서 살기도 할 것이다. 1980년대 말까지 한국인은 정부의 허가 없이는 외국을 여행할 수 없었으며(여권을 발급받을 수 없었다.), 정부 허가는 외국으로 유학을 가거나 정부가 승인한 회사에 업무차 가는 것과 같은 중요한 사연이 있을 경우에나 받을 수 있었다. 한 번도 가본 적 없는 외국에서 생활하는 것은 점잖게 얘기해서 도전이었다.

세 번째로, 나는 외국 명문대의 입학허가를 받아내는 데 필요한 점수를 충분히 받아낼 만큼 토플(TOEFL, 미국의 경우)이나 엘츠(ELTS, 영국의 경우)와 같은 영어시험을 잘 치렀지만 내 영어는 여전히 위태로웠고, 짐작할 수 있겠지만, 영국에선 좀 문제가 있었다. 나는 읽기를 잘 했지만, 일부 복잡한 텍스트들은 한 페이지 진도를 나가는데 30분이나 걸릴 때도 있었다. 작문실력도 괜찮았으나 쓰는 데 긴 시간이 걸렸다. 영어 회화는 여전히 빈약한데다, 내가 접했던 회화체 영어의 대부분은 영국식이 아니라 미국식이었다. 나는 대학원 수업을 시작하기 전에 4주 동안 어학교에 다녔다. 도움이 됐지만, 그것은 4주짜리 프로그램에서 기대할 수 있는 딱 그만큼의 도움이었을 뿐이다.

네 번째로, 케임브리지의 교육방식은 당시 우리가 한국에서 받은 방식과는 아주 달랐다. 케임브리지에서 우리는 끊임없이 글을 쓰도록 요구받았는데, 더 중요한 것은 자신의 생각을 드러내는 것이었고, 종종 권위에 반하는 경우도 있었다. 한국에서 우리는 모든 질문에는 하나의 정답이 있다는 생각을 갖고 있었다. 따라서 이런 새로운 사고방식에 익숙해지기 어려웠다. 한국의 교육방식은 많은 사람(한국인들도 포함해서)이 추정하듯 '위계적 문화' 탓이 아니다. 어쨌거나 이 나라는 체제에 저항한 정치 때문에 유명해졌다. 하지만 우리의 교육문화인 암기 교육은 나라가 빈약한 자원을 가지고 교육 확대를 추진하다 보니 그렇게 된 것이다.(한 반에 100명, 심지어 120명의 아이들이 있을 때 암기 외에 다른 어떤 방식으로 가르칠 수 있겠는가?)

독립적인 사고를 장려하고자 하는 교수들이 적어도 몇 명 정도는 있는 대학 수준의 교육에서도 자원 부족은 곧 그들의 교육철학을 실천에 옮길 수 없음을 의미했다. 내가 들은 거시경제학 강의에는 700명의 학생이 등록했다. 나는 좀 더 열성적인 학생들 중의 하나였지만, 총 50시간가량의 강의에서 고작 한두 가지 질문밖에 할 수 없었다. 좀 더 전문화된 강의들, 말하자면 사회학과 같은 작은 학과들의 학생 수 30명 또는 40명의 강의들을 제외하고는 논술 쓰기 과정이 들어 있는 강의는 거의 없었다. 케임브리지에서 나는 거의 1주일에 한 편씩 글을 써야 했다.

나는 새로운 나라에 익숙해져야 했다. 다른 방식으로 배우고 생각해야 했으며, 나의 위태로운 영어로는 필요한 정보를 받아들이고 내가 아는 것을 표현하는 데 많은 시간을 소모해야 했다.

케임브리지에서 유명한 좌파 경제학자 밥 로손과 함께 일했다. 그 협력에 관해서, 그리고 그것이 경제학에 대한 당신의 전반적인 생각에 어떤 영향을 끼쳤는지에 대해 얘기해줄 수 있는가?

밥은 나의 박사과정 지도교수고, 그에게 나는 큰 빚을 졌다. 밥은 매우 흥미로운 배경을 지니고 있다. 그는 옥스퍼드대 학부에서 수학을 전공했고, 캘리포니아대 버클리 캠퍼스 대학원에서 수학과 철학을 공부했다. 거기서 그는 경제학에 흥미를 느끼게 돼 대학원에서 경제학을 공부하려고 영국으로 돌아왔다.(그러나 그는 박사학위를 받은 적이 없다. 1980년대까지 영국에서는 박사학위 없는 교수가 아주 흔했다.) 그는 원래 존 힉스John Hicks에게서 신고전주의 경제학을 배웠으나 케임브리지에서 가르치기 시작한 지 몇 년 만에 마르크스주의자가 됐다. 1960년대 말에서 1980년대 초까지 그는 세계의 선도적 마르크스주의 경제학자들 가운데 한 사람이었다. 내가 1986년에 케임브리지에 왔을 무렵 그는 마르크스주의를 버리고 다른 이론들, 특히 제도경제학과 진화경제학 탐구를 시작했다.

내가 밥의 가르침에 대해 정말로 고마워하는 것은 그가 나를 어느 특정 방향으로 가도록 떠민 적이 없다는 점이다. 그는 강력한 마르크스주의적 배경을 갖고 있었지만, 나더러 마르크스주의 경제학을 하라고 강요한 적이 없다. 그는 내게 광범위한 경제이론들, 신고전주의 경제학, 마르크스주의 경제학, 제도경제학, 오스트리아학파, 행동주의 경제학, 그리고 개발주의 이론 등을 소개해주었다. 그리고 이들 이론을 내가 보기에 어울린다고 생각하는 대로 조합할 수 있게 했다. 왜냐면 내 박사학위 논문 주제(산업정책의 정치경제)에는 다른 이론들의 조합이 필요하다고 봤기 때문이다.

그는 자신이 일급 수학자였지만 내게 수학적 모델을 강요한 적이 없다. 케네스 애로Kenneth Arrow와 함께 책을 쓴 유명한 일반균형 경제학 학자 프랭크 한Frank Hanh이 세미나에서 밥의 수학에 대해 트집을 잡자 밥이 프랭크에게 "닥치게, 프랭크. 나는 자네가 알고 있는 것보다 수학을 더 많이 까먹었다네."라고 농담을 했다는 얘기가 전설로 남아 있다. 밥은 내 박사학위 논문에는 추상적 수학모델보다는 역사와 정치 그리고 제도 분석이 더 필요하다고 봤다.

물론 그는 내가 그렇게 하도록 지도하는 한편으로 다른 온갖 접근방식을 활용하는 학생들을 동시에 지도했다. 내 동기생들 중의 한 명은 제일 난해한 마르크스주의 노동가치설에 관한 논문을 쓰고 있었고, 또 한 명은 신고전주의 모델의 임금협상에 관해, 또 다른 한 명은 스칸디나비아의 거시경제정책과 경제개발에 대한 제도경제학파적 분석을 하고 있었다.

밥의 관점은 연구자가 활용할 이론의 성격과 분석 도구들(예컨대 수학모델, 역사적 분석, 정치경제)은 연구자가 품고 있는 문제의식에 따라 결정돼야 한다는 것이었다.(그리고 지금도 그렇다.) 이는 어떤 정치적 스펙트럼을 가졌는지와는 상관없이 자신들이 최선이라고 생각하는 이론적 틀과 분석 도구들을 모든 문제에 적용하려는 다른 대다수 경제학자들의 접근방식과는 매우 달랐다.

나는 딱히 무엇이 가장 좋은 이론인지에 대한 생각이 없다. 무엇이 가장 좋은 이론인지는 무슨 문제를 분석하고 있는지에 달렸다. 전력시장 분석에는 신고전주의 경제학이 최선일 수 있지만, 그것이 개발도상 국가들의 장기간에 걸친 구조변화 분석에는 그다지 좋은 이론이 못 된다. 최선의 분석 도구는 또 당신이 던지는 질문들에 의해 결정될 수도 있다. 예컨대 《사다리 걷어차기》를 쓸 때 나는 수학모델이나 계량경제학을 활용할 필요가 없었다. 그 책은 자신들은 과거에 보호주의와 보조금, 외국인 직접투자 규제, 국영기업 등의 정책을 활용해놓고도 개발도상 국가들에겐 자유무역과 자유시장 정책을 택하라고 설파하는 부자 나라들의 역사적 위선들을 폭로하는 책이었다. 그런데 최근에 나는 (온라인 조사를 통한) 무작위적 대조실험, 수학모델, 그리고 계량경제학을 활용한 경제학자들 속에서 이념적 편향을 찾아내려는 논문을 다른 연구자와 함께 썼다.(그 기술적 작업의 대부분을 나의 공저자가 수행했다는 사실을 밝혀둔다.)

밥이 내게 수많은 중요한 문제, 국가론, 제도론, 경제에서 권력과 갈등의 역할, 산업화와 탈산업화 등을 가르쳐주었지만, 이 방법론적 다원론은 그중에서도 그가 내게 가르쳐준 가장 큰 교훈이다.

케임브리지의 경제학자들 및 그 밖의 사람들 중에서 마르크스주의

와 케인즈주의적 관점을 지닌 사람들이 당신의 작업에 끼친 영향은 어느 정도인가?

앞서 얘기했듯이, 나는 마르크스주의 경제학에서 많은 영향을 받았다. 나는 한국의 대학 학부생 시절에 여러 종류의 마르크스주의 경제학을 읽었다. 밥은 마르크스주의 이론들의 더 복잡한 면들을 내게 가르쳐주었을 뿐 아니라 마르크스주의 이론들이 다른 경제학파들, 예컨대 오스트리아 학파, 슘페터주의자, 제도경제학파 등과 어떻게 연결돼 있는지도 가르쳐주었다. 나는 또 많은 마르크스주의 문헌을 스스로 찾아서 읽었다.

매우 단순화된 주장이긴 하지만 나는 마르크스가 자본주의를 가장 정교하게 이해한 경제학자라고 생각한다. 그는 혁신과 기술 진보(그가 이런 용어를 사용하진 않았지만)를 경제 분석에 체계적으로 도입한 최초의 사람이었다. 그는 각기 다른 자본(산업, 상인, 금융) 파벌들이 종종 서로 충돌하며 그들 간 힘의 균형이 경제개발의 방향과 소득배분을 결정한다는 걸 알았다. 그는 경제에서 국가의 역할이 중요하다는 것, 시장이 야기한 틈새를 메워주는 실체(신고전주의 경제학의 '시장의 실패market failure'라는 접근방식)일 뿐만 아니라 재산권, 자본-노동 관계 그리고 자본 파벌들 간의 분쟁에 영향을 끼쳐 시장을 창출하고 그 형태를 만들어가는 실체라는 것을 이해한 최초의 경제학자였다.

또한, 그는 제도로서의 회사의 중요성을 처음으로 짚어낸(이에 반해 신고전주의를 비롯한 많은 다른 경제학파는 시장에 초점을 맞췄다.) 얼마 되지 않는 경제학자들 가운데 한 사람이었다. 마르크스는 유한책임회사(limited liability companies 또는 당시에는 합자회사joint stock companies로 불린 것)의 힘을 이해한 최초의 사람이었다. 그때까지 애덤 스미스Adam Smith를 비롯한 자유시장 경제학자들은 전문 경영인들이 위험을 무릅쓰고 '다른 사람들의 돈'(애덤 스미스의 말)을 가로채려는 '도덕적 해이'(현대의 용어)를 유발하는 힘을 지닌 유한책임회사를 비난하기만 했다. 마르크스는 다른 학파들이 거의 완전히 무시해버린 노동 문제, 즉 노동시간, 노동조건, 노동조합, 그리고 가장 중요한 것인 인간 형성에서 노동이 핵심적인 역할을 한다는 사실도 중시했다.

물론 마르크스는 자본주의가 그 자체의 무게 때문에 붕괴되리라는 목적론적인 세계관을 갖고 있었다. 그 붕괴는 계급의식을 지닌 노동계급의 운동으로 점점 속도가 빨라지며, 이에 따라 그의 분석들, 그리고 추종자들의 분석들 중에는 종종 아직 도래하지 않은 것들, 곧 마르크스주의 경제학이 밝혀낸 세계 자본주의체제의 임박한 붕괴, 피할 수 없는 노동자 혁명의 도래, 그리고 이 모든 것의 과학적 불가피성을 암시하는 것들이 있다.

또 사회주의에 대한 마르크스의 관점은 기껏해야 개략적인 것에 불과했으며, 사회주의 이론과 실천의 연이은 발전은 당시 한편으로는 경제적으로 매우 후진적이었고 또 한편으로는 스탈린 시대에 정치적 교조주의dogmatism의 영향을 받았던 소련에서 정교한 계획경제를 발전시키기 어려웠던 데서 비롯된 영향을 너무 많이 받았다.

마르크스 경제학에서 가장 유감스러운 점은 일부 주목할 만한 예외들(밥 로손, 앤드류 글린Andrew Glyn, 제프 호지슨Geoff Hodgson, 그리고 해리 브레이버먼Harry Braverman 등)에도 불구하고 내가 위에서 언급한 마르크스주의 이론의 가장 독창적인 요소들(제도, 회사, 기술, 노동과 관련한)이 별로 발전하지 못하고, 노동가치설과 위기이론의 더욱 난해한 측면들에 갇혀, 할 수 있었던 현실세계의 문제 분석에서 더 멀어져버린 것이다.

케인즈 경제학에 관해서 얘기하자면, 물론 케임브리지는 그것이 태어난 곳이기도 하고 1980년대 초까지는 그것이 지배적이었지만, 유감스럽게도 나는 케인즈 경제학의 영향을 그다지 많이 받진 않았다. 내가 케인즈 경제학에 동의하지 않아서가 아니라 내가 작업해온 주제들이 케인즈 경제학에선 거의 언급하지 않은 것들(장기적인 경제개발, 산업화, 기술변화 같은 것)이어서 내가 실제로 활용하지 않았기 때문이다. 유일한 예외는 내가 1997년의 아시아 금융위기와 2008년의 글로벌 금융위기에 관해 수행한 작업인데, 거기서 나는 케인즈 경제학에 많이 의존했다. 하지만 그것은 내 작업 중에서 비교적 작은 부분이어서 더 큰 계획에서는 중요하지 않았다.

경제학자들 중에서 중요한 영향을 준 사람들이 있다면 누구인가?

나는 종종 3명의 경제학자들이 내게 가장 큰 영향을 끼쳤다고 얘기하는데, 왼쪽으로는 카를 마르크스, 오른쪽으로는 프리드리히 폰 하이에크Friedrich von Hayek, 그리고 중간(또는 아마도 중도좌파)인 허버트 사이먼Herbert Simon이다. 이건 쓸데없는 잡담이 아니다. 나는 수업할 때 항상 그들을 언급하면서 내 박사과정 학생 모두에게 그들 3명의 책을 읽게 한다.

사람들은 나처럼 좌편향적인 사람이 하이에크를 진지하게 다루는 걸 이해하기 어려워한다. 하지만 하이에크는, 비록 내가 결국에는 단호하게 반대하지만, 대단히 심오한 경제학자다.

오늘날 하이에크는 밀턴 프리드먼Milton Friedman의 괴짜 유럽 버전쯤으로 여겨지고 있지만, 하이에크의 이론, 즉 오스트리아 경제학은 프리드먼의 신고전주의 이론과는 매우 다르다. 실제로 하이에크는 그가 1944년에 쓴 《미국경제 리뷰American Economic Review》의 기사에서 볼 수 있듯이, 신고전주의 경제학의 어떤 측면들, 특히 그 경쟁 및 정보 이론들을 신랄하게 비판한다.

신고전주의 경제학자들과는 달리 오스트리아 학파 학자들은 세상이 매우 복잡하고 불확실하며, 개인들의 합리적 행동은 매우 제한돼 있다고 본다. 그런 의미에서 그들의 세계관은 케인즈나 행동주의 학파, 제도주의 학파의 그것에 더 가깝다. 따라서 오스트리아 학파의 자유시장 옹호는 국가가 아니라 어느 개인의 합리적 계획의 한계라는 토대 위에 서 있는 것인 반면에, 신고전주의의 자유시장 옹호는 바로 그 합리적 계획(개별회사는 단일조직으로 간주되므로 오직 개인들만의 계획이긴 하지만)의 가능성만을 토대로 삼고 있다. 나는 오스트리아 학파의 자유시장 정당화는 신고전주의의 자유시장 정당화보다 훨씬 더 설득력이 있다고 생각한다.

하이에크를 읽고 많은 것을 알게 됐지만, 결국 나는 그의 주장에 전혀 동의하지 않는다. 윤리적으로도 정치적으로도 나는 그의 우선순위들을 받아들일 수 없다. 그에게는 누군가가 재산을 마음대로 사용할 '자유'가 가장 중요하며, 따라서 민주주의와 억압으로부터의 자유를 포함한 다른 모두는 그것을 위해 희생될 수 있는데, 그것이 그가 칠레 피노체트Augusto Pinochet의 군사독재를 공개적으로 지지한 이유다.

또 이론적으로 그의 비전은 21세기보다는 19세기에 더 적합하다. 하이에크 주장의 핵심 포인트는 세상이 복잡하고 인간의 합리성에 한계가 있다면, 복잡한 경제를 운용하는 유일한 방법은 시장의 '자생적 질서'를 통해서 하는 수밖에 없다는 것이다. 하지만 그는 오늘날의 경제가 '구성된 질서들'로 가득 차 있고, 더 중요하게는 그 구성된 질서들이 없으면 붕괴돼버린다는 점을 깨닫지 못했다. 이 구성된 질서들에서 가장 명확한 핵심은 하이에크가 골칫거리로 생각한 정부다. 일부 나라에서 국내총생산GDP의 55%에서 60%가 소비나 투자의 형태로든 또는 이전소득(복지국가의 경우) 형태로든 정부를 통해 실현된다. 거의 모든 국가에서 정부는 가장 큰 고용주다. 일부 국가에서는 노동력의 25%를 고용할 수 있다. 이에 비해, (월마트나 테스코 같은)가장 큰 민간부문 고용주는 대략 노동력의 1~1.5%밖에 고용하지 못한다.

게다가 오늘날의 경제는 지구 전체로 진출해, 자발적 교환을 통해서가 아니라 계획을 활용해 돈을 버는 거대 기업들이 지배하고 있다. 요즘 '국제'교역의 적어도 3분의 1, 어쩌면 2분의 1이 그들 기업을 통해 이뤄진다고 평가된다. 예컨대 태국에 있는 도요타 공장은 자동차 엔진을 멕시코에 있는 조립공장으로 일본에 있는 도요타 본부가 정한 '가격'대로 대량 수출한다. 이런 현실에서 시장의 자생적 질서에 따라야 한다는 하이에크의 관점은 몇 세기나 뒤져 있다.

내게 큰 영향을 끼친 또 한 사람은 허버트 사이먼인데, 그는 행동주의 학파의 아버지다.(요즘 행동주의 경제학으로 통하는 것은 종종 사이먼 이론의 '신고전주의' 버전인 경우가 많다.) 그의 '제한된 합리성'bounded rationality 이론은 내가 보기에 경제학사에서 가장 저평가받은 이론이다. 세상이 복잡하고 불확실하며 개인의 합리성은 제한돼 있다거나, 그의 말로는 '구속돼' 있다고 얘기하는 사람이 그 한 사람뿐은 아니지만(베블런, 하이에크, 케인즈 등도 같은 얘기를 했다.), 그는 복잡하고 불확실한 세상에서 우리의 제한된 합리성이 왜 우리에게 개인적 습관과 조직적 일상, 사회-경제적 제도들, 경제 시스템을 만들 필요를 느끼게 하는지를 보여주는 가장 체계적인 이론을 구축했다.

사이먼이 내게 끼친 영향은 마르크스나 하이에크의 그것만큼 내 작업 속에서 드러나보이지 않을지 모르지만 결코 덜 중요해서가 아니다. 그것은 사실상 내가 세상을 바라보는 방식을 만들었다. 만일 사이먼을 읽지 않았다면, 나는 아마도 케인즈나 하이에크가 얘기한 대로 세상의 복잡성과 불확실성을 인정하는 정도까지만 나아갔을 것이다. 하지만 그를 읽었기 때문에, 나도 이 복잡성과 불확실성에도 불구하고, 또는 바로 그 때문에 우리는 우리가 살고 있는 세상을 만들기 위해 새 제도를 만들고, 새 조직을 결성하며 우리의 경제 시스템들을 개선한다는 사실을 알게 됐다. 물론 우리의 제한된 합리성 때문에 당연히 이런 행위들의 결과는 불완전하지만, 오스트리아 학파처럼 우리가 이런 행위들을 제거할 수 있다고 생각하는 것은 공상에 지나지 않는다.

사이먼의 이론은 또 내가 인간의 힘을 인정하도록 만들어주었다. 만일 우리가 신고전주의나 마르크스주의 이론들이 상정하고 있듯이 완벽하게 합리적이라면 우리의 행위에는 어떤 힘도 없다. 그럴 경우 우리는 우리가 피할 수 없는 역사적인 힘(마르크스주의에서처럼)의 운반자든 구조적인 제약들의 번역자든 오직 우리의 취향 차이, 즉 (신고전주의 경제학에서처럼) 오렌지냐 사과냐, 삼성이냐 애플이냐에 따라 영향을 받을 뿐이다. 내가 다른 사람들의 선택을 이해할 수 있게 된 것(이는 신고전주의 경제학자들이 얘기하는, 합리적 인간이라면 누구나 계산할 수 있는 '객관적인' 물질적 이해와는 명백히 모순된다.)은 우리가 얼마나 '불완전한' 존재인지 사이먼의 이론이 볼 수 있게 해주었기 때문이다.

당신의 많은 작업은 산업정책과 관련된 개발 아이디어를 토대로 삼고 있다. 탐구 주제를 정할 때 어떻게 산업정책에 초점을 맞추게 됐나? 이 분야를 연구하면서 품고 있던 주요 문제의식들은 무엇이었나?

내 초기 연구는 내 나라인 한국이 당시 두 개의 지배적인 경제모델인 미국식 자유시장 자본주의 또는 소련식 중앙계획경제 어느 쪽도 따라가지 않았음에도 어떻게 경제 '기적'을 이룰 수 있었는지 알고 싶다는 순진한 욕구에서 출발했다.

1980년대 중반까지의 지배적인 관점은 한국(그리고 대만과 싱가포르 같은 다른 동아시아 '기적'의 경제국들)이 (대부분) 자유무역과 자유시장 정책 덕에 '기적'을 이뤄냈다는 것이었다. 흥미로운 점은 이런 해석이 오른쪽으로는 한국과 대만을 다른 개도국들의 모델로 내세운, 세계은행World Bank과 결탁한 자유시장 경제학자들에서부터, 왼쪽으로는 이들 나라가 고도의 노동착취를 통해 다국적 기업들의 이익에 봉사하는 기반 위에 구축된 무제한 자본주의의 최악의 사례라고 비판하던 종속 이론가들에 이르기까지 좌우 모두로부터 받아들여지고 있었다는 점이다.

내 개인적 경험과 다른 동아시아 국가들에 대해 내가 알고 있던 것들을 통해서 볼 때, 이것이 완전히 허튼소리임을 알았다. 그들 나라 정부들은 '지도적directive'인 것(소련식)이라기보다는 '지시적indicative'인 것이라고 해야겠지만, 계획을 세웠다. 그들 정부는 국가경제와 개별 산업부문들을 위한 장기계획에 따라 국유은행들과 민간은행들에 대한 엄격한 규제를 활용해 어떤 산업체가 어떤 조건으로 대출을 받을지를 결정했다. 그들은 높은 관세와 수입할당제, 수입금지, (사치품들에 대한) 엄청난 과세, 그리고 가장 중요하게는 정부의 전면적인 외환 통제를 통해 자국의 '유치(幼稚, infant)'산업들을 보호했다.

그들은 엄격하게 자본을 통제했다. 정부의 허가 없이 거액의 돈을 해외로 반출할 경우 교수형에 처해질 수 있었고, 외국인들의 금융투자는 사실상 금지됐으며, 모든 동아시아 국가는 외국인 직접

투자자들을 엄격히 통제하고 조건부 제한을 가했다. '자유시장'이라는 해석은 자신들의 이론을 입증해줄 실제 국가들을 지목하고 싶어 했던 좌우 모두의 경제학자들이 만들어낸 공상물이었다.

그래서 나는 다른 나라들에서 집행된 정책들과 가장 다른 동아시아 경제정책을 살펴보기로 했다. 그것은 산업정책인데, 나는 그것을 산업부문 차원의 정부개입이지만 궁극적으로 경제의 전반적인 구조 및 효율성을 바꾸기 위한 것으로 정의한다.

박사과정 기간과 1980년대 말에서 1990년대 초의 연구자 겸 교사로서의 내 초기 경력 시기에 산업정책에 대한 관심이, 특히 점차 뜨거워지고 있던 동아시아 기적에 대한 논쟁이라는 맥락 위에서 고조되고 있었다. 차머스 존슨Chalmers Johnson, 앨리스 앰스던Alice Amsden, 로버트 웨이드Robert Wade, 그리고 산자야 랄 Sanjaya Lall은 내 편에 있던 주요 인사들로, 그들은 동아시아의 기적을 '자유시장, 자유무역' 정책의 결과로 보던 당시 지배적이었던 해석의 신빙성을 떨어뜨리는 증거를 제공했다. 그들의 작업은 이론적이기보다 경험적인 것이어서 나는 내 초기 연구의 대부분을 동아시아 산업정책들에 대한 이론적 이해를 넓히는 데 바쳤다.

나중에 산업정책에 관한 내 연구는 많은 방향으로 일반화되었다. 그중 한 갈래는 오늘날의 유럽과 북아메리카 부자나라들의 경제개발사 연구였다. 그것은 이들 나라가 선발국 따라잡기 경제를 하던 시기에 실제로 동아시아식 산업정책들을 활용했다는 사실을 보여주었다. 이런 결과는 2002년에 《사다리 걷어차기》로 출판됐다. 그 작업은 당시의 주류 경제학자들이 내놓고 있던 지배적인 메시지, 즉 "독특한 문화적·역사적 조건들을 지닌 일부 동아시아 국가들을 예외로 한 모든 국가는 자유시장, 자유무역 정책들을 토대로 발전했다"는 메시지를 반박했으며, 따라서 개도국 정책입안자들이 비정통적 개입주의 정책들의 도입을 심사숙고할 때 그것이 인류역사의 흐름과 충돌하지는 않는가 하는 두려움을 극복하는 데 도움을 주었다. 내 작업은 또 그들이 세계무역기구wto 협상 때 부자나라들이 자신들은 시행해본 적도 없는 경제정책들을 개도국들에 강요하는 이중기준을 폭로하면서 자신들(개도국 정책입안자들)의 주장을 고수하는 데도 보탬이 됐다는 애기를 들었다.

산업정책에 대한 내 작업의 또 다른 중요한 확장은 산업정책의 지평을 더 넓히고 깊게 만들기 위해서였다. 나는 산업정책을 좀 더 잘 이해하기 위해 초기에 이용했던 것보다 더 다양한 경제이론들을 활용했다. 먼저 나는 산업정책에서 성공의 핵심인 생산능력의 본질과 발전을 탐구함으로써, 그리고 두 번째로 정책 목표들과 정책 수단들, 그리고 정책 환경(특히 국내 정치 및 국제정책 체제와 관련된) 간의 관계를 탐구함으로써 내 작업을 심화했다. 세 번째 확장은 성공적인 산업정책의 정치적, 제도적, 조직적 요구들을 더 파고든 것이었다.

이런 요구들은 물론 동아시아 기적에 대한 논의과정에서 많은 사람이 검토한 것들이었으나, 대다수 사람들은 그것을 주어진 조건으로 받아들였다.(보통 동아시아 정책들은 정치적, 제도적, 조직적 조건들이 다르기 때문에 다른 나라들에서 복제할 수 없다고 주장한다.) 나는 어떤 특정한 정치적, 제도적, 조직적 조건들이 산업정책의 성공에 기여하는지(또는 하지 않는지), 그리고 더 중요하게는 정책입안자들이 어떻게 그런 조건들을 적극적으로 바꿔 특정 형태의 정책을 활용할 수 있게 되는지를 정확하게 파악하려고 노력했다. 물론 나는 이들 조건이 바뀔 수 있으며, 특히 단기적으로 그러함을 충분히 알고 있었으나, 나는 그것들이 충분한 정치적 의지, 자원 투자, 그리고 조직 개혁을 통해 더 의미심장하게 바뀔 수 있고 바뀌어왔음을 보여주었다.

2010년에 대중적인 책《그들이 말하지 않는 23가지23 Things They Don't Tell You About Capitalism》를 출간했다. 제목 속의 '그들they'은 누구인가? 그리고 왜 그들은 우리에게 그 '23가지'를 말해주지 않는가?

'그들'은 물론 당연히 모호한 존재들이지만, 나는 흔히 '기득권층'이라고 불리는 사람들, 전부는 아니지만 대다수 부유한 계급, 정치적 엘리트, 상층 경제학자들, 그리고 잘 나가는 금융 저널리스트들을 염두에 두었다.

그 사람들은 1980년대 이후 그들을 부자로 만들어주고 더 많은 권력을 갖게 해준 사회경제적 질서, 즉 규제 완화, 국유기업 민영화, 무역 자유화, 국제 자본흐름 자유화(금융투자와 해외직접투자 모두)에 토대를 둔 신자유주의 경제 질서를 유지하는 데 관심이 있었다. 이 사회경제적 질서는 효율과 혁신에 대한 믿음, 그리고 시장의 '자연' 질서의 작용에 대한 (정부, 공동체, 또는 비영리조직의) '집산주의적'collectivist 개입은 부정적 결과를 낳는다는 강력한 믿음에 토대를 두고(정당화되고) 있다.

제2차 세계대전과 1970년대 사이의 '혼합경제' 체제(높은 세금, 엄격한 규제, 그리고 상품과 자본의 내부 흐름에 더 강력한 제한을 가하는 체제)에 비해, 이 체제가 점차 불평등이 커지고 실업률이 높아져 일자리가 불안정해지고 일자리의 질이 떨어졌음은 잘 알려져 있다. 하지만 이 체제가 실제로 경제성장을 심각하게 둔화시켰다는 점은 잘 알려져 있지 않다. 1인당 기준으로 세계경제는 '혼합경제'(일부 사람들은 자본주의의 '황금시대'Golden Age라 부른다) 기간에 약 2.6~2.8% 성장했으나, 신자유주의 시절에는 그 절반인 1.4~1.5%

성장했다. 이는 '성장 마초주의'growth machismo라는 자부심을 지닌 체제로서는 몹시 난처한 결과다. 이 체제는 지지자들이 주장하듯 불평등과 실업 같은 '소프트'한 것들에 취약할 수 있다. 하지만 성장에 도움이 되지 않는 점은 분명하다. 그럼에도 이런 사실은 신자유주의 선전이 너무 잘 먹혀들어간 탓도 있어서 잘 알려져 있지 않다.

이런 신통찮은 기록에도 불구하고, 많은 사람은 오늘날 우리가 채택하고 있는 경제체제를 좋아하지는 않지만 현실적으로 최선이라고 생각하기 때문에 신자유주의 질서를 받아들인다. 이런 '체념'은 사람들이 세상사가 원래 그래야 하니까 그런 것(정보기술, 증대되는 서비스의 중요성, 중국의 경쟁 등)이라고 믿도록 유도돼온 탓도 있지만, 실제로 믿을 만한 대안도 없다.

나는 신자유주의 반대자들 사이에 퍼져 있는 이런 비관주의를 깨부수는 것이 신자유주의 세계질서와 싸우는 데 필수라 생각하기 때문에, 보통 시민들이 신자유주의자들이 선전하는 신화를 거부하고 지배적인 사회경제 질서에 맞서 싸우도록 격려하기 위해 그 책(2014년에 출간한《장하준의 경제학 강의Economics: The User's Guide》)을 썼다.

민주시민으로서 불평등이 커져도 부정적인 영향은 없다거나 CEO가 5천만 달러의 고소득자인 것은 그들의 높은 생산성 덕이라고 하고, 또 긴축은 영국이나 그리스에게 적합한 정책이라거나 작은 정부가 경제를 위해서는 더 좋다고 얘기하는 정치 엘리트와 기업 엘리트들(그리고 그들의 치어리더들처럼 행동하는 경제학자들)에 맞서 싸우려면 경제학을 좀 알아야 한다. 만일 우리가 보통 시민들이 민주적인 절차에 따라 일이 제대로 진행되도록 영향력을 발휘할 수 있는 세상을 만들려면, 우리에게는 통치자들, 즉 경제학의 언어를 (아마도 똑같이 유창하지는 않겠지만) 말할 수 있는 시민들이 필요하다.

당신의 작업 중 많은 것이 2007~09년의 글로벌 금융위기 이후 유로존 대부분의 지역을 지배하게 된 긴축정책에 반대하는 데 무게를 두고 있다. 일반적으로, 또 유로존에서 특히 긴축경제의 핵심문제는 정확하게 무엇인가? 왜 정책입안자들이 긴축을 지배적인 정책 틀로 받아들이고 있는가?

긴축을 지지하는 사람들과 국제통화기금IMF과 세계은행의 구조조정 프로그램SAPs 아래에 있는 개도국들에서는 단순하지만 직감적으로 강력한 생각, 즉 돈이 없으면 돈을 써서는 안 된다, 다른 말로 하면 분수에 넘치게 살아서는 안 된다는 생각으로 그런 주장을 한다. 따라서 정부가 적자를 보면 당연히 지출을 줄여야 한다는 것이다.

분수에 넘치게 살아서는 안 된다는 건 경제적, 도덕적으로 완벽하게 옳은, 뻔한 격언처럼 여겨지겠지만 매우 퇴행적인 생각이다. 분수에 넘치게 돈을 쓰면 파산할 수 있으므로, 이건 개인들에게 더 타당한 얘기가 될 수 있겠지만, 그런 그들에게조차 그것은 사실이 아니다. 일반적으로 젊었을 때 우리는 일의 생산성을 높일 수 있는 좀 더 안정된 일상생활을 하기 위해 돈을 빌려서 교육에 투자하고 훈련을 통해 기술을 습득하거나 집을 산다. 이런 투자를 하면 우리는 실제로 돈 버는 능력을 키울 수 있다. 따라서 실제로 지금 갖고 있지 않은 돈을 쓴다는 것은 그 때문에 당신의 돈 버는 능력이 커지므로 나중에 그 쓴 만큼(또는 그 이상으로) 실제로 돈을 갖게 된다는 의미일 수 있다. 회사들도 마찬가지다. 투자하기 위해 단기적으로 돈을 빌림으로써 분수에 넘치게 살아가는 회사는 장차 더 많은 수익과 이윤을 얻게 되므로 돈 빌리기를 거부하고 이미 갖고 있는 돈만으로 투자하는 회사보다 더 생산적인 행동방침을 취한 것일 수 있다.

따라서 개인이든 회사든, '분수에 맞게 살아가겠다는 것'은 대단히 수동적이고 비생산적인 생각이다. 하지만 이를 정부에 적용하면, 항상 분수에 맞게 살아가야 한다는 생각은 매우 독성이 강하다.

무엇보다 먼저, 내가 방금 말한 개인의 투자를 정부의 그것에도 적용할 수 있다는 것은 두말할 필요도 없다. 정부가 결국은 경제 성장력을 키우게 될 일(예컨대 운송 인프라, 그린 에너지 생산, R&D, 교육)에 투자하기 위해 적자를 내는 건 지금 당장은 큰 예산 적자를 초래할지라도 현명한 일이다.

하지만 두 번째로, 더 구체적으로 얘기하면 정부의 수입·지출과 관련해 우리는 정부를 개인을 대할 때와 같은 방식으로 대할 순 없다. 문제는 어느 개인의 지출은 다른 사람의 수입이기 때문에, 경제 침체기에 일부 개인들, 말하자면 일자리를 잃은 노동자들이 지출을 줄일 경우 그들이 빵과 약을 사러 갔던 제과점과 약방의 수입은 떨어진다. 이는 곧 제과점과 약방 주인들의 지출을 줄여, 제과점에 밀가루를 팔던 제분소와 약방에 약을 공급하던 제약회사가 지출을 줄이게 된다. 그러면 그것은 다시 제분소에 밀을 팔던 농부들과 제약회사에 약 재료를 팔던 화학회사에 타격을 가한다. 이런 과정이 이어지면서 경제는 하강곡선을 그릴 것이다.

이런 상황에서 하강곡선을 멈출 수 있는 유일한 존재는 정부다. 정부는 개인이나 회사와는 달리 파산의 우려 없이(물론 경황없이 외국에서 너무 많은 돈을 빌린 나라들은 쉽게 '파산'할 수 있지만, 이건 또 다른 얘기다.) 수입보다 많은 돈을 지출할 수 있다. 정부가 적자 지출로 경기침체를 저지하고 경기상승 쪽으로 방향을 돌릴 수 있다면 '분수에 넘치게 사는 것'이 정부에게는 실제로 더 좋은 일일 수 있다. 적자 지출이 장차 생산성을 높이는 데 투입된다면 그건 더욱 좋은 일이다.

우리가 1980년대와 1990년대에 개도국들에게 강요된 IMF 구조조정 프로그램에서 먼저 봤고, 2008년 글로벌 금융위기 뒤에 취약한 유로존 경제들에서도 목도했던 긴축정책은 경제침체기에 취했어야 할 조치와는 정반대의 조치였다. 유로존 위기에서 긴축정책은 심각한 경기침체 속에 민간부문(기업과 개인들)이 지출을 줄이고 있던 그리스, 스페인, 그리고 포르투갈 정부에게 지출을 대폭 줄이게 했다. 이 지출 삭감이 경제를 더욱 위축시켰다. 이는 결국 정부가 지출을 삭감해도 GDP 대비 예산 적자는 거의 줄지 않거나 오히려 늘었다는 의미다. 이는 분자(예산 적자)가 줄지 않거나 오히려 늘어난 데다(정부 지출이 줄더라도 정부 세수 또한 GDP 감소 때문에 줄어들기 때문이다.) 분모(GDP)도 GDP에 대한 긴축의 부정적 효과로 줄어들었기 때문이다.

더 넓게 보면, 요컨대 정부는 수입을 창출(세금, 국영기업 배당금 또는 차용을 통해)해서 정부 자신을 위해서가 아니라 사회를 위해 지출해야 한다. 정부의 행위는 정부 재정이 아니라 전체 경제에 끼치는 영향이라는 관점에서 판단해야 한다. 정부의 예산 흑자(또는 적자)는 그 자체에 내재된 미덕은 없다. 불행하게도 신자유주의 시대에(케인즈 이전의 시대처럼) '건전한 재정'은 정부가 추구해야 할 미덕, 심지어 유일한 미덕이 돼 우리가 SAPs(구조조정 프로그램 Structural Adjustment Programmes)와 유로존 위기에서 살펴봤듯이 파괴적인 결과를 낳았다.

경제학자로서 자신의 역할이 무엇이라고 생각하나?

나는 내 역할을 여러 가지로 생각한다. 무엇보다 먼저 나는 연구자다. 열심히 연구하는 다른 모든 경제학자처럼, 나는 새로운 지식을 발전시키는 데 흥미롭고 게다가 유용하다고 생각하는 질문들에 대답하려고 노력한다. 하지만 나는 다원주의 경제학자로서 경제학의 여러 다른 전통들을 존중하면서, 가능하다면 그들의 통찰을 묶고 종합하는 방식으로 연구하는 것을 내 과업으로 여기고 있다.

두 번째로, 나는 교사다. 요즘 경제학계, 그리고 다른 많은 학계에서도 가르치는 일이 매우 저평가되고 있다. 경제학자로서의 가치가 거의 연구 성과, 더 구체적으로는 (4~5개의) '최고 등급' 학술지(모두 신고전주의적 신조를 지닌)에 얼마나 많은 논문을 등재하느냐로 매겨진다. 가르치는 일에 시간을 투자하면 그 사람에게 뭔가 문제가 있다고 생각한다. 그럴 경우 사람들은 그 사람이 진지한 연구를 할 능력이 없어서 그런 것이고, 따라서 시간이 남기 때문이라고 생각한다. 지난 몇 년간 나는 박사급 수준의 강의를 강화했다. 어느 시기든 나는 약 10명의 박사과정 학생들을 가르쳤다. 그것은 힘들지만 가장 보람이 큰 일이다. 왜냐하면 그 학생들은 내 아이디어들을 이어가서 장차 향상시킬 것이기 때문이다. 또 지난 몇 년간 나는 경제학 강의를 좀 더 다원주의적이고 학제적이며 현실 지향적인 방향으로 개혁하기 위한 운동의 일환으로 국제 학생운동인 '경제학 재검토'(Rethinking Economics, 다원주의 경제학 등 더 나은 경제학 강의를 위한 학생 및 학계, 전문가들의 국제적인 네트워크−역주)와도 함께 작업했다.

세 번째로, 나는 현실 경제를 '운용'하는 사람들과의 협의가 내 의무임을 알고 있다. 그렇다고 모든 경제학자가 현실세계에 참여해야 한다는 얘기는 아니다. 일부 경제학 연구는 현실세계 행위자나 조직들과 직접적인 관련이 없다. 하지만 현실세계와 직접적인 관련이 있는 분야를 연구하고 있다면 정부, 국제기관들, NGO들, 기업들(민영기업이든 공공기업이든), 그리고 노동조합들에서 사람들과 함께 결정을 내리고 실천하는 것은 경제학자로서의 의무라고 생각한다. '현실세계' 사람들과의 협의를 통해 나는 경제가 어떻게 돌아가는지에 대한 학계 경제학자들의 지식이 얼마나 부족한지 알게 됐다. 현실세계 사람들이 지닌 지식을 많은 학계 경제학자가 다소 열등하다고 여긴다. 하지만 나는 그것이 그냥 다른 형태의 지식일 뿐이라고 생각하며, 그런 지식을 통합하는 데 최선을 다해왔다. 현실세계 사람들과의 협의 속에서 나는 지식을 증류해서 그 정수를 뽑아내는 기술도 개선했으며(그들은 특정 문제들을 몇 년간이나 생각할 시간이 없기 때문에), 그들과의 소통 기술도 향상했다.(그들은 한 가지 일에 대해 오랫동안 듣고 생각할 사치를 누릴 수 없다.)

네 번째로, 나는 일반대중과의 협의를 내 의무로 여겨왔다. 지난 수십 년간 나는 수십 개의 국가에서 1백 개가 넘는 뉴스매체들에 기고하고 인터뷰를 했다. 3권의 대중용 책 《나쁜 사마리아인들》, 《그들이 말하지 않는 23가지》, 그리고 《장하준의 경제학 강의》를 썼으며, 그 책들은 총 44개국에서 41개 언어로 번역 출간(그리고 집계)됐고, 약 2백만 권이 팔렸다. 나는 일찍이 지적했듯이, 우리가 의미 있는 민주주의로 나아가기 위해서는 일반대중이 경제문제들(그리고 그 뒤의 일부 이론들)을 이해하는 것이 중요하다고 믿기 때문에 그 일을 했다.

향후 연구과제가 어떤 쪽으로 나아가리라 예상하는가?

지난 수십 년간 내가 작업해온 몇 가지 광범위한 연구 분야가 있다. 나는 이들 분야에 대한 내 연구를 더 심화할 생각이다.

첫 번째 분야는 내가 ITT정책, 즉 산업·교역 그리고 기술 정책들이라 부르는 것이다. 나는 유치幼稚산업 보호와 정부의 연구개발R&D 지원에서부터 지적재산권 보호와 세계무역기구wTO에 이르는 광범위한 주제들을 다뤄왔고, 몇 권의 책과 수십 편의 글들을 발표했다. 그럼에도 나는 앞으로도 이 분야의 일을 계속해 나가되, 세상사는 늘 변하며 진화하고 있기 때문에 새로운 기술과 교역 패턴, 국가정책, 교역과 투자에 관한 국제적 합의 등을 탐구하게 될 것이다.

이 분야에서 내가 주로 다루고 있는 두 가지의 새로운 방향이 있다. 하나는 생산능력의 본질을 이해하기 위해 더 깊이 파고드는 것이다. 결국은 생산능력 향상이 모든 ITT정책의 핵심목표다. 현실세계에서 생산이 어떻게 구성되는지, 그리고 다른 방식의 생산과 다른 방식의 정부정책이 어떻게 생산능력을 다르게 발전시키는지를 좀 더 잘 이해함으로써, 우리는 ITT정책을 더 잘 알 수 있게 될 것이다.

또 다른 새로운 방향은 현실세계 경제의 최신 변화들, 이른바 글로벌 가치사슬, 제4차 산업혁명(나는 4차 산업혁명이란 게 있는지 그 자체가 의심스럽지만, 더 자세히 들여다 볼만한 새로운 기술의 흐름은 분명히 존재한다.), 이른바 탈산업지식경제의 발흥, 그리고 국제교역과 투자를 위한 글로벌체제의 변화를 ITT정책 분석에 통합하는 것이다.

내 평소 연구의 두 번째 분야는 경제학에서 제도와 정치가 수행하는 역할이다. 나는 내가 제도적 정치경제 틀Institutional Political Economy framework이라고 부르는 것(2002년의 《케임브리지 경제학 저널Cambridge Journal of Economics》에 내가 쓴 글 '틀 깨기'Breaking the Mould에 가장 명확하게 제시돼 있다.)을 발전시켜 왔으며, 이를 시장의 산업적 기초에서부터 특정국가들(한국, 대만, 남아프리카 공화국, 그리고 에티오피아 등)이 가진 산업정책의 정치경제에 이르기까지 일련의 문제들에 적용했다. 나는 또 경제학에서의 내 권력이론과 경제학의 정치적 성격론(주류 신고전주의 경제학이 '가치중립'적 과학이라 주장함에도 불구하고)을 좀 더 발전시킬 작정이다.

지금까지 내가 많이 연구해보지 않았으나 지금 서서히 그쪽으로 나아가고 있는 연구 분야가 하나 있다. 그것은 불평등 문제다. 이 분야에 더 강한 배경을 지닌 젊은 동료들과 함께 경제활동(예컨대 산업화, 탈산업화, 아웃소싱)의 변화 패턴을 살펴봄으로써, 또 세계 여러 나라의 서로 다른 불평등 패턴을 둘러싼 정치와 제도적 변화에 관한 이론들을 좀 더 잘 구축함으로써, 그리고 불평등의 서로 다른 정치경제 체제들의 더 체계적인 국제 비교를 통해 불평등의 동역학을 좀 더 잘 이해해보려는 몇 가지 프로젝트들을 개발하고 있다.

코로나19 팬데믹에 대하여

코로나19 위기에 대한 여러 국가들 또는 지역들의 서로 다른 대처방식들을 공중보건 개입과 경제정책들의 관점에서 어떻게 평가하나?

팬데믹 관리는 나라들마다 매우 달랐다. '서방'과 동아시아 간의 대비가 뚜렷했다. 2020년 12월 26일의 존스홉킨스 데이터베이스에 따르면, 인구 10만 명당 코로나19로 인한 사망자가 벨기에는 167명, 이탈리아 118명, 영국 105명, 미국 101명, 그리고 프랑스 93명인데 비해 일본은 2명, 한국 1.5명, 싱가포르 0.5명, 중국 0.3명, 그리고 대만에서는 0.03명이었다.

일부 사람들은 이런 차이가 동아시아의 '순종' 문화와 중국의 경우처럼 정치적 억압 때문에 나온 결과로 보려 한다. 하지만 이는 잘못된 주장이다. 무엇보다 먼저, 많은 동아시아 국가에는 매우 저항적인 시민이 존재한다. 특히 한국은 건국 이후 70여 년간 4명의 대통령을 시민항쟁을 통해 권좌에서 쫓아냈으며(퇴임, 암살, 그리고 탄핵을 통해), 4명이 넘는 대통령을 감옥으로 보냈다. 두 번째로, '서방' 국가들 중에도 매우 적은 코로나19 사망자(핀란드는 10만 명당 사망자가 10명, 노르웨이는 8명, 오스트레일리아 4명, 뉴질랜드는 0.5명)를 기록한 나라들이 있다는 점이다.

내가 보기에 이들 나라 사이의 차이는 주로 자만심 때문에(또는 자만심이 없었던 덕에) 발생했다. 한때 '세계를 지배했던' 국가들은 잘못된 우월감과 불패의식으로 팬데믹을 진지하게 다루지 않았고 초기대응에 실패했다. 일단 팬데믹에 대한 통제력을 잃어버리면 보건이냐 경제냐를 놓고 '절충'trade-off을 벌일 수밖에 없다. 이는 초기대응으로 이 질병을 일찍 통제했다면 완전히 피할 수 있는 일이었다.

지적해야 할 또 한 가지 중요한 점은 많은 개발도상국이 다수의 부자나라보다 팬데믹 관리를 훨씬 더 잘했다는 것이다. 10만 명당 사망자가 필리핀은 8.5명, 이집트 7.5명, 네팔 6.5명, 우루과이 4명, 케냐 3명, 태국 0.09명 그리고 베트남은 0.04명이다.

이런 결과는 부분적으로는 분명히 인구구성에서 개도국 쪽이 상대적으로 젊은 층이 더 많고, 일부 나라들(전부 그렇다는 것은 아니다.)이 (실외에서 활동하기가 더 좋은) 기후 덕을 봤기 때문일 것이다. 대다수(또는 모든) 개도국이 빈약한 통계체계와 비민주적인 체제를 갖고 있기 때문에 이런 차이가 났을 뿐이라며 이를 무시하려는 사람들도 있다. 나는 국가별로 이런 주장을 평가할 만한 충분한 근거를 갖고 있진 않지만, 베트남의 사망자 통계가 실제보다 2500배(미국의 사망률과 같아지게 하는데 필요한)나 축소보고 됐다고 주장하는 것은 전혀 믿을 게 못 된다. 불행하게도 영국이나 미국 같은 나라들은 이 냉엄한 사실들과 대면하기를 매우 꺼렸다.

물론 제한된 재정여력과 특히 빈약한(심지어 아예 없는) 복지제도 때문에 가난한 나라들일수록 시민들이 동일한 수준의 경제활동 제한에도 더 큰 고통을 받았다. 그러나 초기대응과 감염 테스트, 추적, 격리체제의 혁신적인 관리로 많은 개도국이 부자나라들보다 훨씬 더 나은 성과를 만들어냈다.

코로나 위기에서 평등주의적 경제 프로젝트를 추진하는 데 있어 가장 실행 가능한 방안에 대해 어떤 교훈을 얻었는가?

코로나19 위기는 우리에게 모두가 안전하지 않으면 아무도 진정으로 안전할 수 없다는 사실을 상기시켜주었다. 최저생활과 일자리 안전을 위한 규정이 없는 나라들에서 많은 사람은 자신이 감염됐다는 사실을 알고 있더라도 밖에 나가 일할 수밖에 없었다. 그 질병의 초기 통제에 실패한 나라들에서는 복지제도가 미흡하거나 노동권리가 약할수록 경제활동에 대한 단속은 가난한 사람들과 불안정하게 고용돼 있는 사람들에게 더 부정적인 타격을 가한다. 그 결과 복지제도와 노동권리를 강화할 필요가 있다는 인식이 커지고 있다.

그리고 그 위기는 우리에게 돌봄 경제, 또는 재생 경제의 중요성을 일깨워주었다. 많은 나라에서 돌봄 경제에 종사하는 보건의료 노동자들, 교육 분야 종사자들, 요양분야 노동자들, 생활필수품(특히 식량)을 파는 가게에서 일하는 사람들, 그리고 배달원들이 '핵심 노동자들'(영국) 또는 '필수 노동자들'(미국)로 인식되고 있다. 위기는 또 가정에서 여성들이 수행하는 가사노동과 돌봄 노동의 중요성에 대해 많은 사람이 깨닫게 해주었다. 하지만 이 모든 돌봄 경제 종사 노동자들은 의사들을 빼고는 빈약한 임금을 받고(가사노동의 경우는 무급) 있으며, 힘들고 불안정한 조건 속에서 일하고 있다.

이들 노동자가 수행하는 일의 '필수성'에 대한 인식에도 불구하고, 이제까지 그들의 임금과 노동조건을 개선하려는 조치들은 거의 취해지지 않았다. 그러나 그것을 개선하려는 움직임이 사람들과 일부 정부들에서 시작되고 있으며, 나는 이런 움직임들이 더 평등한 사회를 건설하려는 우리의 노력에 대단히 중요한 역할을 하게 되리라고 생각한다.

코로나 위기 체험이 학문으로서의 경제학, 더 구체적으로는 연구하면서 답을 찾아왔던 문제에 대해 영향을 미쳤는가?

나는 돌봄 경제학에 대해 더 진지하게 생각하게 됐다. 하지만 이에 대한 내 생각은 여전히 진화하고 있다.

대표적인 출판물과 영향

출판물

Ha-Joon Chang (1994). *The political economy of industrial policy*. St. Martin's Press.

Ha-Joon Chang (2002). *Kicking away the ladder: Development strategy in historical perspective*. Anthem.

Ha-Joon Chang (2008). *Bad samaritans: The myth of free trade and the secret history of capitalism*. Bloomsbury Press.

영향을 받은 사람

밤 로손Bob Rowthorn, 카를 마르크스Karl Marx, 프리드리히 하이에크Friedrich Hayek, 허버트 사이먼Herbert Simon

영향을 받은 문헌

Robert Rowthorn (1975). What Remains of Kaldor's Law? *The Economic Journal*, 85(337), 10.

Robert Rowthorn (1977). Conflict, inflation and money. *Cambridge Journal of Economics*, 1(3), 215–239.

Robert Rowthorn (1980). *Capitalism, conflict and inflation*. Lawrence & Wishart London.

제인 다리스타
Jane D'Arista

경제학 서적과 시집을 동시에 출간한
금융개혁가

제인 다리스타는 매사추세츠 애머스트대학의 정치경제연구소 연구원이다. 그녀는 통화정책, 금융규제, 그리고 국제금융 문제 전문가다. 이전에 다리스타는 미국 하원의 은행 및 상업위원회Banking and Commerce Committees의 경제학자, 의회 예산처 국제사업부 수석 분석가로 일했으며, 보스턴대와 매사추세츠 애머스트대, 유타대의 법학대학원, 그리고 뉴스쿨NSSR에서 강의했다. 그녀의 경제학 관련 저서로는《미국 금융의 진화The Evolution of US Finance, 2009》,《올 폴 다운(총 붕괴)All Fall Down, 2019》등이 있으며, 많은 글을 발표했다. 2014년에 그녀는 시집《너무 자란 잡목The Overgrown Copse》을 냈고, 2020년에는 그녀의 시와 시그릿 밀러 폴린Sigrid Miller Pollin의 그림을 엮은《불규칙한 경계선Erratic Boundaries》을 출간했다.

당신의 개인적 배경에 대해 얘기해줄 수 있나?

나는 플로리다의 잭슨빌에서 태어났다. 부모님은 조지아와 캐롤라이나에서 이주해온 집안 출신이다. 나는 뉴욕 바나드 칼리지Barnard College로 진학하면서 집을 떠났고, 거기에서 로버트 다리스타Robert D'Arista를 만나 결혼했다. 그 다음해에 그의 풀브라이트 펠로십 덕에 이탈리아 플로렌스를 함께 여행했다. 이탈리아의 다른 지역에서 거주하다가 돌아와 뉴욕에서 살았고, 다시 워싱턴 DC로 이사했다. 워싱턴 DC에서 남편은 아메리칸대학American University에서 그림을 가르치기 시작했고 나는 의회에서 일했다. 아이 넷을 키웠다. 1986년에 우리 둘 모두 보스턴대학에서 강의했다. 1987년에 남편이 세상을 떠났다. 나는 코네티컷으로 옮겨 가 매사추세츠 애머스트대학, 뉴스쿨, 그리고 유타대학 경제학과에서 단기간 강의했으며, 금융시장센터Financial Markets Center에서 펀드 데이터와 국제 자본 흐름에 관한 분석연구서를 썼다.

워싱턴 DC의 미국 의회에서 정책 분석가로서 경제연구를 했고 책도 냈다. 어떻게 그런 일을 하게 됐나? 의회에서 정책담당 직원으로 일할 때 주요 업무는 무엇이었나?

아이들이 어렸을 때 나는 워싱턴에서 여러 기관의 파트타임 편집자로 일했다. 그러다가 한 곳에서 하원의 은행 및 상업위원회 의장 라이트 팻먼Wright Patman의 서류 정리와 카탈로그 작성을 맡아달라는 제의를 받았고, 그 뒤 텍사스 오스틴의 린든 B. 존슨 도서관Lyndon B. Johnson Library에서 제의가 왔다. 일부 자료에 대해 물어볼 필요가 있었는데, 그것 때문에 이 놀라운 공적 업무와 자주 접하게 됐고 그때의 대화들이 통화정책과 금융규제에 대한 내 평생의 흥미를 유발했다. 카탈로그 작성 업무가 끝나자 팻먼 의장은 내게 위원회 스태프로 들어와서 부흥금융공사Reconstruction Finance Corporation 일부 부활 제안을 위한 연구와 연방준비제도Federal Reserve System의 초기 분석 프로젝트 작업을 맡아달라고 했다. 그 뒤 20여 년간 통화정책, 국내 및 국제 금융규제, 국제금융시장 확장, 그리고 개도국들의 외채 누적 등이 하원의 은행 및 상업 위원회, 의회 예산처, 에너지 및 상업위원회의 전기통신금융 소위원회 소속 직원으로서 내가 맡았던 주요 과제들이었다.

경제학 접근방식에 영향을 끼친 주요 저자들 중의 몇 사람을 꼽는다면?

나의 경제학 접근방식에 영향을 끼친 주요 저자들은 케인즈와 민스키H. Minsky, 킨들버거C. Kindleberger, 트리핀R. Triffin, 칼더N. Kaldor 등이다. 나는 경제 전반의 체계적인 상호작용을 이해하는 데 케인즈와 민스키에게 크게 의지했다. 케인즈와 트리핀, 킨들버거, 칼더는 국제 통화구조와 정책 이해를 위한 기초를 마련해주었고, 킨들버거는 지금의 내 관심사인 경제사와 금융위기 진행 때의 제도적 구조와 규제의 역할에 대한 흥미를 불러일으켰다. 나는 동료들과 수많은 다른 저자의 작업에서 막대한 혜택을 입었다. 위에 언급한 저자들은 경제학에 대한 나의 접근방식을 형성하는 데 기초가 됐다.

좌파적 정치신조를 지닌 사람으로서, 의회의 스태프 연구자들을 위한 환경이 당신이 추구할 만한 중요성을 지녔다고 여겼던 과제들에 관한 연구를 뒷받침한다고 생각했나? 아니면 의회의 스태프 연구

자로서 작업에서 소외감을 느꼈나?

의회의 위원회는 내가 추구할 만큼 중요하다고 생각한 과제들을 연구하는 데 매우 유리한 환경이었다. 의회 예산처는 그 구체적인 역할과 권한 때문에 내가 제안한 연구에 그다지 협조적이지 못함을 알았다. 은행위원회와 에너지 및 상업 소위원회와 관련한 내 작업은 매우 만족스러웠으며, 의장과 그런 위원회들의 스태프 부서장들 밑에서, 그리고 1966년부터 1986년까지의 전반적인 의회 환경 속에서 일할 수 있었던 것은 실로 행운이었다고 생각한다.

1994년에 고전적인 두 권짜리 논문집 《미국 금융의 진화 The Evolution of US Finance**》를 출간했다. 이 책의 주요 특징들에 대해 어떻게 얘기할 수 있나? 당신의 책은 미국금융 시스템의 이해라는 측면에서 주류적 관점과 어떻게 다른가? 하나의 구체적인 예로 당신의 미국금융사는 밀턴 프리드먼과 안나 슈워츠가 1963년에 출간한, 매우 영향력이 컸던 책 《미국 통화사**A Monetary History of the United States**》와는 어떻게 다른가?**

이 두 권의 주요 특징은 공공과 민간 금융기관 및 경제 사이의 상호작용, 민간금융 부문의 수탁과 사업상의 책임 사이에 필요한 균형을 유지하는 데 내재된 긴장, 그리고 금융이 어떻게 하면 비금융 참여자들의 요구를 충족시킬지 등에 초점을 맞추고 있다는 점이다.

《미국 금융의 진화》제1권의 초점은 경기조절적인 통화정책의 발전, 연방준비제도 초기의 뉴욕 연방준비은행장 벤저민 스트롱Benjamin Strong의 성취, 그리고 1920년대 말에 연방준비제도이사회가 경기순행적인 '실물 청구서' 원칙을 고수하고 정책의 완전한 이행을 위한 도구로 공개시장 조작보다는 대출창구에 의존하는 쪽으로 회귀했을 때 대두된 통화위기에 맞춰져 있다.

제2권은 미국 금융체제의 구조와 규제의 발전에 대한 역사적 개요, 그리고 시간 경과에 따른 특정한 금융 분야와 그 규제자들의 임무에 대한 인식을 보여준다. 오래 지속돼온 분할체제가 해체되고 있던 기간에 썼기 때문에, 그것은 금융 분야의 임무와 규제의 일부 와해 효과와 그런 구조 및 규제 변경의 일부 경제적 결과들에 대한 분석을 제시했다.

경제를 구축할 때의 금융 구조와 규제의 역할을 강조하는 이 책은 당시의 규제 해제에 대한 가정과 압력에 반대하는 주장들을 지지한다는 점에서 미국 금융체제에 대한 주류적 관점과는 다르다. 이 책은 바람직한 경제적 결과를 성취하기 위해 구조와 규제 변경을 정의하고 활용하는 데 정부가 적극적인 역할을 하는 쪽을 지지한다. 그런 점에서 프리드먼과 슈워츠의 역사와는 크게 다르다. 그들의 역사 연구와 분석의 깊이는 통화 문제의 중요성에 대한 강조를 뒷받침하고 이런 문제들에 대한 관심을 새롭게 하고 넓히지만, 그들이 강조한 자유시장 편향은 금융이 실물경제와의 상호작용을 통해 통화정책을 위한 통로로 기능하는 제도적 틀의 중요성을 경시하는 경향이 있었다. 밀턴 프리드먼이 그토록 강력하게 밀어붙인 자유시장 이데올로기의 우위성은 기업가적 기회 추구를 우선하면서 민간 금융기관들이 수탁 책임을 받아들이지 않게 만드는 데 기여했다.

책뿐만 아니라 같은 기간에 당신은 톰 슐레진저와 함께 당시 당신이 '유사은행 시스템'parallel banking system**이라고 불렀던 것에 대해서 쓴**

중요한 1993년 논문도 발표했다. 우리는 지금 당신이 1993년에 집중했던 동일한 제도적 발전을 설명하기 위해 '그림자은행 시스템'shadow banking system이란 말을 사용한다. '유사'와 '그림자' 은행시스템을 당신은 어떻게 정의하나? 그 둘은 같은 것인가? 1993년에 왜 이런 제도적 형태의 발전이 중요했나? 오늘날에도 그것은 여전히 중요한가?

1960년대에 발전한 '유사은행 시스템'은 뮤추얼 펀드(저축하는 사람들)와 금융회사들(대부업자들) 간의 공생관계를 수반했다. 그것은 예금취급기관들에 부과되는 규제 또는 화폐적 제약도, 저축성 예금보험에 버금가는 안전망도 없이 효과적으로 은행의 역할을 떠맡은 기관들을 창조했다. 기업이나 가계에 대출해주는 은행의 역할을 대신한 이 분야의 성장은 금융활동의 일부인 은행의 대차대조표를 대폭 축소시키고 대형 및 중형 은행들이 투자와 상업어음 발행자들에 대한 대출보증과 같은, 수수료를 발생시키는 비상대출 활동을 확대하도록 부추겼다. 하지만 만일의 사태 때 돈을 빌려주겠다는 약속이 늘어나면서 은행의 미결제 계좌가 불어났다. 임시계약은 이행될 때까지 자산이나 부채로 보유할 수 없었기 때문이다.

보증과 파생상품, 그리고 다른 통로들을 통한 비상대출로의 전환은 은행에 대한 자본지원 요구를 줄였으며, 이윽고 이들 계좌가 대차대조표상의 활동보다 더 커지고 복잡해지면서 '그림자은행 시스템'으로 인식됐다. '유사'은행과 '그림자'은행 시스템은 제도적 구조 면에서 같은 것은 아니지만, 둘 다 가계와 기업의 저축과 대출의 대부분을 은행에서 자본시장과 은행 시스템의 규제지침 및 안전조치 바깥으로 이동시킴으로써 전통적인 은행활동을 위축시킨 중요한 사태 발전이었다. 게다가 '그림자' 시스템의 대차대조표 외 거래 구조는 2008년의 시스템 붕괴를 야기한 대형 금융기관들의 엄청난 규모의 독점거래를 촉발시킨 계정들을 개발하게 만드는 틀을 제공했다.

1994년 책 출간 뒤 점차 비주류 정치경제학자들과의 관계를 강화하면서 매사추세츠 애머스트대학, 뉴스쿨, 유타대학 등에서 강의하게 된다. 그러면서 매사추세츠 애머스트대학의 정치경제연구소와도 장기간 공식 관계를 맺어왔다. 광범위한 정치경제 연구 프로젝트와 연구소의 견해에 관여해온 당신의 작업에 대해 어떻게 생각하나? 이런 계통의 정치경제 연구의 가장 강력한 측면들의 일부에 대한 생각은? 이런 정치경제 틀의 약점과 빈틈은 어디에 있다고 보나?

학계에서 다른 비주류 정치경제학자들과 교감할 수 있었던 것은 내게 행운이었고, 그 덕에 나는 내가 추구해온 문제들을 진보적 커뮤니티의 더 광범위한 정치경제 연구 프로젝트와 주장 속으로 갖고 들어올 수 있었다. 그 커뮤니티 멤버들의 정치경제 작업에서 가장 강력한 면들 중의 하나는 그들이 진보적 가치들에 대해 강의하고 그것을 학생들에게 물려주는 일에 헌신한다는 것이다. 그리고 진보주의자들은 노동조합들, 다양한 소비자 그룹들, 비영리 단체들, 기타 공공의 이익을 대표하는 그룹들과 제휴하면서 공공정책을 위해 효과적으로 작업해왔다. 또 그들은 자신들의 생각을 급진정치경제학연합Union of Radical Political Economics. URPE의 결성과 회의, 또 다른 모임들을 통해 증진하려 노력해왔고, 커뮤니티 내의 다른 멤버들의 작업에 대한 이해를 확장해왔다는 점도 중요하다.

물론 좀 더 많은 작업을 해야 하고 연구와 주장을 위한 더 많은 자금 지원이 도움이 되리라는 지적은 늘 있어왔다. 하지만 약점이 있다면 그것은 아마도 진보주의자들이 연방준비제도이사회, 의회, 세계은행, 그리고 국제통화기금과 같은 권력기관들에 접근하기 어렵다는 점일 것이다. 진보적 아이디어들을 이들 기관에 도입하기 위한 적절한 통로 찾기, 즉 초청받기를 기다리기보다는 토론 기회를 달라고 청원하는 것이 주류적 관점들의 영향력과 균형을 맞추는 데 유용한 대응노력이 될 것이다.

고 하이먼 민스키 교수는 자신의 분석 틀을 '월스트리트 패러다임'Wall Street paradigm이라고 했다. 민스키는 그 틀 안에서 자본주의 경제는 시간이 지날수록 투기적인 관행들에 지배당하게 되는 금융시장의 내재적 추진력 때문에 태생적으로 불안정한 체제라고 주장했다. 민스키가 개발한 이 기본 틀에 동의하는가? 자본주의하에서 금융시장을 민스키가 지적한 것과 다르게 작동시킬 수 있는 방법이 있다면, 그게 뭐라고 보나?

나는 민스키의 분석 틀에 동의하며, 명백히 그의 주장과 통찰 덕을 봤다. 그의 시스템 불안정 분석에 덧붙여, 그는 또한 금융기관들이 불안정성을 증대하는 혁신적인 투기활동을 개발하는 방법상의 특정한 징후들에도 깊은 관심을 갖고 있었다. 1990년대 초 그의 여름 워크숍에서 논의된 주제들 가운데 하나는 사私금융기관들에서 나타난 특정한 투기활동의 출현에 초점을 맞췄다. 그의 실물세계 연구는 그의 분석 틀에 견고한 기초를 제공했다. 투기활동에 대한 나 자신의 관심사는 부문시장 및 국제시장에 초점을 둔다는 점에서 그의 관심사와는 다르지만, 나는 제도적 발전에 대한 설명의 필요성을 우선시한 그의 선례를 계속 따랐다.

당신의 2018년 책 《올 폴 다운》에서 두 가지 근본문제에 대한 독창적인 관점을 제시했다. 첫째, 무엇이 2007~2009년의 글로벌 금융위기를 불렀나? 둘째, 또다시 그런 재난이 일어나지 않도록 하려면 무엇을 해야 하나? 이 두 가지(원인과 재발 방지책)를 중심으로 그 책이 기술하고 있는 주요 발견들을 요약해줄 수 있나?

《올 폴 다운》은 지난 50년간 미국과 국제 금융 시스템에서 일어난 구조적이고 규제력을 지닌 중요한 변화와 품목 변화가 2007~2008년의 금융위기에 어떤 역할을 했는지 개괄적으로 기술한 책이다. 이 책을 통해 이런 변화들이 야기한 구조와 규제의 왜곡이 아직 해결되지 않았으며, 앞으로도 계속 금융 불안정과 금융위기를 유발한다고 주장했다.

중요한 시스템상의 변화는 은행 기반에서 시장 기반 시스템으로 바뀐 것인데, 그것은 그런 전환이 기존 규제 틀의 효율성과 안전장치들을 약화했다는 사실을 인식하지도 못한 가운데 일어났다. 기존 규제 틀은 도드-프랭크Dodd-Frank 법(미국이 글로벌 금융위기로 나타난 문제점들을 해결하기 위해 지난 2010년 7월 제정한 금융개혁법.—역주)이 전통적인 은행활동의 위축에 대응하기 위한 시스템에서 가장 기본적인 역할을 맡고 있음을 재확인했다. 이런 전환에 기여한 중요한 발전들로는 '그림자은행' 패러다임이 야기한 비상대출과 대부의 확대, 국외(유로 euro) 및 국내 시장의 은행과 다른 대형 금융기관들의 거래활동 규모 증대, 금융기관들이 자금 출처와 활용 때문에 다른 금융기관들에 기대는 상호 의존성의 증대에 따른 상호 연결, 가계저축을 은행에서 증권시장으로 이동시키는 퇴직자소득보장법Employee Retirement Income Security Act. ERISA의 의도하지 않은 결과, 그리고 증권화를 통한 주택대출자금의 자본시장으로의 이동과 관련해 은행 자체가 취한 전환조치들 등을 들 수 있다.

은행 기반에서 시장 기반으로의 전환에 따른 중요한 결과 중의 하나는 그것이 통화정책의 실행력을 약화한다는 것이다. 예금취급 금융기관들에 요구되는 지불준비금의 변화를 통해 행사되는 중앙은행의 신용공급에 대한 영향력은 상실됐으며, 중앙은행은 이자율에 대한 공개시장 조작의 영향력을 통해 신용수요에 영향을 끼치는 쪽에 주로 의존해야 했다. 은행의 자기자본비율 증가가 시스템의 건전성을 감시할 수 있게 하고 신용확장을 억제한다는 가정이 1980년대에 널리 받아들여졌으며, 규제완화 지지자들의 목표인 지불준비금 감소는 금융 시스템에서 중요한 이 통화 완충장치를 약화했다.

결과는 강력한 경기부양 장치의 도입이었다. 왜냐하면 호경기 때는 자본이 풍부하고 불경기 때는 부족하므로, 연방준비제도이사회가 금융위기가 발생할 경우의 지불불능사태에 대비해야 했기 때문이다. 게다가 은행에 대한 통제 결여는 자기자본 비율 충족요구에 따라 전통적 은행활동이 위축되고, 자기자본비율 충족요구에 따르지 않고 연방준비제도이사회의 규제 범위 바깥에 있는 다른 부문의 지배력이 증대되면서 더욱 악화됐다. 자기자본 충족요구가 신용확대를 완화하고 시스템의 건전성을 제공하는 핵심 규제장치라는 사실이 재확인된 것은 장래의 위기를 방지하는 것이 2007~2008년 때보다 더 어려워질 수 있음을 분명히 보여준다. 왜냐하면 지금 연방준비제도이사회의 유일한 효과적 대처는 또다시 부실은행과 비은행권의 자산을 사私금융기관들의 품에서 자체 대차대조표로 옮겨 놓는 것일뿐이기 때문이다.

그와 관련된 문제로《올 폴 다운》에서 다루고 있는 것은 금융구조가 경제적 결과를 결정하는 방식에 대한 강조다. 한 가지 중요한 사례는 달러 지배하의 기축통화제도가 국제무역과 투자에 참여하는 데 필요한 지불수단을 획득하기 위해 무역흑자에 의존하는 수출 주도 성장모델을 채택하려 할 때, 거기에 필요한 국가 간 결제수단으로 인정받지 못하는 화폐를 자국통화로 사용하는 모든 나라에 요구하는 방식에 대한 분석 모델이다. 1980년대에서 2000년대 중반까지 이 모델은 개도국 위기의 근본 원인이었지만, 기축통화국에도 점차 위협을 가중했다. 무역흑자로 획득한 다른 나라들의 달러는 미국 금융자산에 투자됐으며, 그것은 미국에게 (다른 나라들의 무역흑자를 만들어낸)수입품을 구입하는 데 필요한 신용을 제공했다. 지속적인 미국의 무역적자 효과는 국내에서 재정부채 축적으로, 그리고 대외부채 증가로 나타났다.

이처럼 부채를 동력으로 한 성장 패턴은 나라 전체가 분수에 넘치는 생활을 하게 만들었고, 가계와 기업의 부채를 증가시켰으며, 세계의 나머지 나라들에 대한 GDP 대비 부채비율을 증대시켰다. 이는 소득에서 부채 상환에 필요한 비율 증대가 경제성장과 국내외 채권자들에게 위협이 된다는 의미였다. 그 위협은 2007년에 출현한 금융위기로 현실화됐다.

미국은 부채를 동력으로 한 성장에 계속 의존했으나, 가계와 기업, 대외부채의 지속적인 증가는 또 다른 위기가 닥칠지도 모르는 지점에까지 다시 도달했다. 더욱이 달러 기반 국제통화체제에 대한 신뢰의 토대가 미국 경제의 지속적인 성장에 기대고 있기 때문에, 미국의 생산에서 부채 상환에 필요한 비중의 증대로 인해 미국의 성장에 가하는 압박은 국제통화체제를 심각하게 위협한다. 미국에 영향을 주는 또 다른 위기는 달러와 다른 신용화폐들의 신뢰 상실을 초래하고 글로벌 경제를 혼란에 빠뜨릴 수 있다.

《올 폴 다운》은 시스템의 안정을 회복하기 위한 일련의 구체적인 규제 변경조치를 제안했는데, 그 주요 초점은 통화개혁에 맞춰져 있다. 나는 이 책을 통해 미국 금융시장에서 신용공급에 대한 중앙은행의 영향력을 되찾고 경기조정 능력을 회복하기 위해서는 연방준비제도이사회가 모든 금융기관을 위한 지불준비금으로 무이자 부채를 조성해서 호황기에는 줄이고 불황기에는 늘릴 수 있도록 해야 한다고 주장했다.

또한 국제적 차원에서, 가맹국들의 지불준비금을 확보할 수 있는 공권력을 만들자고 한 케인스의 제안을 토대로 새로운 시스템을 출범해야 한다고 주장했다. 이 책에서 제안하는 새 시스템은 기축통화의 필요성을 일소하고, 모든 나라가 자국의 통화로 국제 결제를 할 수 있게 해줄 것이다. 그것은 또 국제결제 시스템상의 유일한 중개자로서의 민간은행들의 역할을 줄이고, 가맹국들을 위한 효율적인 최종대출자를 창조하게 될 것이다.

2007~2009년 위기 뒤에 당신은 제리 엡스타인과 함께 SAFER-안정, 책임, 공정, 효율적인 금융개혁을 위한 경제학자들위원회 Committee of Economists for Stable, Accountable, Fair and Efficient Financial Reform **를 조직했다. SAFER로 달성하고자 하는 주요 목표들은 무엇인가? 잘 될 것 같은가?**

SAFER의 주요 목표는 도드-프랭크 법의 입법 결정들에 포함돼 있는 규제 아이디어와 진보적 경제학자들의 관점들을 반드시 실현하는 것이었다. 우리는 소비자 옹호그룹과 노동조합들이 새로 결성한 '금융개혁을 위한 미국인들'Americans for Financial Reform. AFR과 손잡고 의회 의원들과 그들의 보좌관들을 초청했고, 전화회담들에 참가했으며, 의회와 학계에 배포하는 토의자료를 작성했다. 나는 우리의 아이디어를 퍼뜨리고 금융개혁을 위한 미국인들과 다른 그룹들의 금융개혁 약속을 지지하는 일을 잘해왔다고 생각한다. 민간 금융기관들과 규제 해제 쪽으로 기운 편향을 고집하는 그들의 영향력을 생각하면, 개혁을 위해 아직도 가야 할 길이 남았다는 사실은 전혀 놀랄 일이 못 된다. 실은 도드-프랭크 법 통과 이후 몇 년 동안 전진보다는 오히려 후퇴의 발걸음들이 더 많았던 세월을 겪어왔다. 그럼에도 AFR와 다른 금융개혁 그룹들의 직원과 구성원들의 전문지식은 성장해왔다. 그들은 진행 중인 토론에서 중요한 목소리가 됐다.

2010년에 미국 의회는 도드-프랭크 금융규제 법안을 통과시켰다. 그 법안은 오바마 대통령의 사인을 거쳐 법률로 확정됐다. 미국과 세계의 금융 안정화 면에서 도드-프랭크 법이 성취해낸 것이 얼마나 되는가?

도드-프랭크 법의 주요 성취는 금융규제의 필요성에 대한 인식과 금융 시스템에 대한 정부의 감독 역할을 되살리고 재천명한 것이다. 법의 일부 조항들, 특히 독점거래, 파생상품, 상호연결을 다룬 부분은 미국과 세계의 금융 안정화 촉진에 효과적이었으나, 앞서 얘기했듯이 이들 및 다른 조항들에 대한 로비스트들의 공격이 통과 뒤 몇 년간 법을 약화시켰다. 그럼에도 그 목표들에 대한 의식은 살아 있으며, 정치적 균형이 바뀌거나 다음 위기가 닥쳤을 때 분명히 다시 표면으로 떠오를 것이다.

금융 안정뿐만 아니라 더 큰 평등을 촉진하기 위한 금융규제 설계가 가능하다면, 그 방법은 무엇인가?

미국 금융시스템 역사를 관통하며 거듭돼온 토론의 초점은 접근문제, 즉 금융 서비스 이용 가능성은 특권이 아니라 권리라는 믿음이었다. 커뮤니티 재투자법Community Reinvestment Act과 대출한도 제한과 같은 기존 규제들은 그 문제를 다루기 위해 마련됐으나, 강제적인 감독과 실행 권한이 없어 결과는 신통하지 못했다. 과도한 이자가 붙는 단기대출에 대한 광범위한 의존은 접근의 평등성이 결여돼 있음을 보여주는 지표다. 지난 50년간 자유시장 이데올로기가 점차 지배적인 지위를 차지하면서 빈곤층과 중간계급 대출자와 예금자들에 맞춘 공공부문 해법을 위한 제안들을 실질적으로 방해했다. 이제 뉴딜 시기에 다뤘던 아이디어와 해법들, 예컨대 시카고시의 학교 교사들 봉급 지불을 위해 대출을 해주었던 부흥금융공사Reconstruction Finance Corporation는 소규모 비즈니스 대출 기간을 기존 90일에서 1년 또는 2년으로 연장했으며, 자가주택 담보대출을 신설했다. 그리고 그보다 수십 년 더 이른 시기에 미국과 세계에서 번성했던 농업자금 융자제도와 개발은행 등을 부활시켜야 할 때다. 사회보장과 장애수당을 노숙자를 위한 계좌입금(직접예금)으로 받아서 환불예정의 단기대출을 해주는 공공기관들이 필요하다. 문제는 아이디어의 부족이 아니라 금융 부문에 도전해서 금융이 개선할 수 있는 더 큰 평등을 위한 방안을 모색하려는 의지의 부족이기 때문에, 해법들은 더 찾아낼 수 있다.

경제학과 금융에 대한 글을 쓰고 있을 뿐만 아니라 시집도 냈다. 각각 작업 중인 경제학과 시 사이에 어떤 연관이 있다고 보나?

나는 내가 작업하는 두 영역의 말들과 그 말들이 지닌 의미의 중요성에 대해 같은 느낌을 갖고 있다고 생각하지만, 대답하기 어려운 질문이다. 두 영역의 구체성에 의존하기도 하고 불확실성을 수용하기도 한다. 나는 경제학에서 역사학의 방법론을 활용해 시간이 지나면서 변화하는 환경이 한 시기에는 타당할 수 있는 가설을 장래에는 적용 불가능한 것으로 만들 수 있음을 인정하면서, 가설을 세우기 위해 연구를 통해 획득한 증거에 의존한다. 경제학 이론의 가치에 대한 나의 냉소주의는 시인 존 키츠John Keats가 '부정적 능력'이라고 한 말에 반영돼 있다. 그 능력은 모르는 것을 받아들이고 절대적인 것에 이르기 위한 노력에 대한 의심과 불확실성을 품어 들이는 능력이다. 두 영역에서의 내 작업은 미래를 아는 능력에 대한 의심, 그리고 개방성과 호기심, 예측의 공간을 창출하기 위해 불확실성을 수용할 필요성을 반영하고 있다.

코로나19 팬데믹에 대하여

코로나19 위기에 대한 여러 국가들 또는 지역들의 서로 다른 대처방식들을 공중보건 개입과 경제정책들의 관점에서 어떻게 평가하나?

경제 시스템의 중대한 결함이 위기의 기간에 표면화되면서 회복하는 데 걸림돌이 되고 있다. 해결하지 않으면, 지금보다 더 회복하기 어려운 다음 위기들을 불러들이는 문제들이 생겨날 것이다. 팬데믹으로 인한 경제위기에서 분명해진 문제의 하나는 민간 부문의 심각한 과잉대출로 이어진 기존의 높은 가계 및 기업 부채 수준이다. 또 하나는 공공 안전망의 빈틈이다.

PPP프로그램(급여보호 프로그램 Paycheck Protection Program)과

실업보험에 가산된 추가 지불 개시로 이런 문제들을 해결하려는 새롭고 혁신적인 노력을 시작해 현재와 미래의 효용을 개선할 수 있다. 그럼에도 이들 프로그램을 신속한 구제에 매우 효과적이게 만들어주는 고용유지에 초점을 맞춤으로써 가장 궁핍한 개인과 기업들을 배제해, 많은 가계에서 주거비와 식비에 신용카드를 쓰게 해 부채를 늘리고, 기존 신용카드 이용료에 더 높은 이자를 추가로 지불하게 만들었다.

팬데믹이 계속 경제를 황폐하게 만듦에 따라, 이런 문제들을 해결할 수 있는 프로그램을 만드는 데 필요한 혁신의 규모와 수준을 생각하게 만드는 전례는, 대공황 시기에 부채문제를 겨냥하고 제2차 세계대전 이후에 경제성장과 안정에 기여한 새로운 공공 안전망을 만든 혁신들에서 찾을 수 있다. 이들 가운데 가장 중요한 것은 퇴직자와 장애자, 실업자들에게 혜택을 주는 사회보장국Social Security Administration의 개설이다.

개인과 기업을 위한 더 빠르고 효과적인 안전망은 예금보험이었는데, 그것은 은행 도산이 잇따랐던 시기에 요구불 예금 및 개인예금계좌demand deposits and personal savings accounts를 은행들이 도산하더라도 정부가 보증하고 규제하는 은행들 덕에 보호받을 수 있게 보장해주었다.

또 다른 중요한 혁신은 주택담보대출제도의 대폭적인 개혁이었다. 1930년대에 시행됐던 예전 시스템 아래서 주택 구입자는 기간이 정해진 대출 이자만 지불하고, 그 계약기간이 만료된 시점의 일반적인 이자율로 새 대출을 받아서 상환했다. 압류율이 올라갈 경우 부흥금융공사 내에 새 전담기구를 만들어 담보대출을 보증하고 자가주택 담보대출을 할 수 있게 해주는 권한을 부여했다. 자가주택담보대출은 2007~2009년 금융위기를 야기한 대부업자들의 남용이 확산될 때까지 주택 소유를 촉진하고 압류율을 줄이는 데 기여했다.

부흥금융공사도 기업 대출에 중요한 변화를 선도했다. 정부의 지원 아래 자체 채무증권 발행 권한을 부여받은 부흥금융공사는 민간기업뿐만 아니라 주와 지방정부들에도 대출을 해주었으며, 나중에 전쟁 비용을 조달하는 중요한 통로가 됐다. 이 기관이 금융 비즈니스에서 만들어낸 변화는 혁신적이었다. 당시에 은행들이 만든 표준적인 90일 대출은 '단기실물담보대출 정책' 신봉자들의 신념에 부합했다. 그 신념은 은행 대출의 목적이 운송 중인 물품에 자금을 조달하는 것이었다. 부흥금융공사가 시작한 3년 기한의 대출에는 그런 신념이, 회사들은 현재와 미래의 운영에 필요한 자금을 조달하기 위한 운전자금이 각각 필요하며 재건과 성장을 위해서는 더 장기간의 자금지원이 필요하다는 쪽으로 바꾸게 만드는 인식전환을 촉발했다.

뉴딜 시대의 위기 대처방안 중 한 부분을 차지했던 일부 혁신 프로그램과 개혁에 대한 이런 간단한 얘기들은 실은 그것들이 매우 혁신적이었으며, 위기를 유발하고 재건을 방해했던 구체적인 문제들을 겨냥하고 있었다는 점을 강조하기 위한 것이다. 마찬가지로 비용과 거시경제적 충격 면에서 그 규모가 어느 정도였는지를 인식하는 것도 중요하다. 이런 얘기들은 코로나19가 미국 경제에 가한 충격에 대처하는 것이 대공황의 치명적인 충격에 대처했던 세대가 동원했던 노력들에 못지않은 강력한 수준의 노력을 요구하리라는 점을 상기시켜줄 것이다.

대표 출판물과 영향

출판물

Jane D'Arista (1994). *The evolution of U.S. finance.* M.E. Sharpe.

Jane D'Arista (2009). The evolving international monetary system. *Cambridge Journal of Economics*, 33(4), 633-652.

Jane D'Arista (2018). *All Fall Down; Debt, Deregulation and Financial Crises.* E. Elgar Press.

영향을 받은 사람

존 메이너드 케인즈John Maynard Keynes, 하이먼 민스키Hyman Minsky, 찰스 킨들버거Charles P. Kindleberger, 로버트 트리핀Robert Triffin, 니콜라스 칼더Nicholas Kaldor

영향을 받은 문헌

Charles P. Kindleberger (1981). Dominance and leadership in the international economy: Exploitation, public goods, and free rides. *International Studies Quarterly*, 25(2), 242-254.

Charles P. Kindleberger and Robert Z. Aliber (2011). *Manias, panics and crashes: A history of financial crises.* Palgrave Macmillan.

Charles P. Kindleberger (2015). *A financial history of Western Europe.* Routledge.

다이앤 엘슨

Diane Elson

개발경제학과 인권문제 연구로 유명한
페미니스트 경제사상가

다이앤 엘슨은 에섹스대학University of Essex 사회학과 명예교수이며, 이전에 맨체스터대학University of Manchester 개발학과 교수로 있었다. 엘슨 교수는 개발과 인권문제 연구로 유명하다. 최근 그녀가 연구하고 있는 주제는 젠더 불평등과 경제적·사회적 권리다.《개발과정의 남성 편중Male Bias in the Development Process》과《사회정의를 위한 경제정책 재고: 인권의 혁명적 잠재력Rethinking Economic Policy for Social Justice: The Radical Potential of Human Rights》(라디카 발라크리슈난Radhika Balakrishnan, 제임스 하인츠James Heintz와의 공저. 2016) 외에 다수의 책을 출간했다. 엘슨은 유엔여성개발기금 United Nations Development Fund for Women. UNIFEM과 영국여성예산그룹Women's Budget Group의 특별 고문을 비롯한 많은 비정부기구와도 함께 일했다. 그녀는 경제사상 발전에 기여한 공로로 2016년에 레온티에프 상을 수상했다.

당신의 교육적 배경과 왜 경제학 연구를 택했는지 그 이유에 대해 얘기해달라.

나는 산업화된 잉글랜드 미들랜즈의 노동자계급 집안에서 태어나 자랐다. 아버지는 코벤트리의 공장에서 일했으며, 활동적인 노동조합원이었다. 어머니는 가게 종업원이었는데, 지역의 여성단체들에서 적극적으로 활동했다. 제대로 교육을 받지 못했던 부모님은 자식들의 교육에 대한 열망이 커서, 나와 남동생이 뉴니튼Nuneaton 인근의 선택적 주립 중등학교selective state secondary schools에 응시해 입학할 수 있도록 지원했다. 나는 우리 집에서 처음으로 대학에 간 아이였는데, 1965년에 옥스퍼드 대학에 후한 장학금을 받고 가서 철학, 정치학 그리고 경제학을 공부했다. 이런 학부과정을 택한 이유는 사회적 정의를 확보하는 문제에 관심이 있었기 때문이다. 키스 그리핀Keith Griffin으로부터 개발경제학을 배웠고, 그것이 경제학을 전공하도록 마음먹게 만들었다. 내 첫 일자리는 또 다른 개발경제학자 폴 스트리턴Paul Streeten의 연구조수였다. 둘 다 비주류 경제학자들이었다.

경제학자로서의 당신에게 가장 큰 영향을 끼친 사람은 누구인가?

키스 그리핀과 폴 스트리턴은 나를 개발경제학의 구조주의 학파structuralist school로 이끌었고, 제도와 맥락의 특수성이 중요하다는 점을 가르쳐주었다. 1970년대 중반에 브라이튼 개발연구소Institute of Development Studies, Brighton에서 함께 조사연구원으로 일했던 마르크스주의자 및 비주류 경제학자들, 특히 로빈 머리Robin Murray와 한스 싱어Hans Singer한테서도 영향을 받았다. 내가 페미니스트 경제학자가 된 것도 개발연구소에서 개발과정에서의 여성 종속에 대한 다학제적 집단연구를 수행하면서였다. 특히 루스 피어슨Ruth Pearson 과 모린 매킨토시Maureen Mackintosh(둘 다 개발경제학자), 앤 화이트헤 드Ann Whitehead(인류학자), 그리고 맥신 몰리뉴Maxine Molyneux(사회학 자)가 내 생각에 큰 영향을 끼쳤다. 그때의 경험을 통해 협동작업 의 가치를 배웠는데, 연구생활 내내 다른 페미니스트 경제학자들 과 긴밀하게 공동저작 및 공동편집을 해왔다.

초기 연구 작업에서 마르크스의 노동가치론을 적절한 역사적 이론적 문맥 속에 집어넣는 것에 관심이 있었다. 1970년대와 1980년대의 개발연구 어젠다에서 노동가치론이 왜 그렇게 중요하게 여겨졌는 가? 그리고 식민주의에 대한 마르크스의 생각과 관점은 개발연구 와 연구자들에게 어떤 식으로 영향을 끼쳤나?

마르크스의 노동가치론에 대한 내 작업은 개발경제학자로 서의 내 작업과 직접적인 관련은 없었다. 나는 식민주의에 대한 마 르크스의 관점을 연구하진 않았다. 그보다는 내가 사회주의경제학 자회의Conference of Socialist Economists라 불린 영국의 기구에서 진행된 토 론에 참가하면서 그 작업을 하게 됐다.

나는 특히 경제의 역동적인 변화를 상업화와 산업화를 통해 어 떻게 이해할지, 그리고 상품화가 다른 종류의 노동에 대해 지니고 있는 의미에 흥미를 갖고 있었다. 나는 마르크스와 리카도의 차이 를 없애버리는 마르크스 노동가치론의 정태적인, 그리고 수학화한 읽기에 반대하고 있었다. 나는 마르크스가 가격이 일련의 방정식 들로 묘사될 수 있는 방식으로 유형화된 노동에 의해 결정되는 모 델 만들기에는 관심이 없었다고 주장했다. 대신에 나는 변증법적인 읽기를 주장했는데, 그것은 마르크스가 활용했듯이 '가치'value를 다른 종류의 노동의 등가물로 상정하고 그에 뒷받침된 다른 생산물들의 등가 개념으로 이해하는 것이었다. 이 등가성은 자본 소유자들이 모든 종류의 노동을 단지 이윤 창출의 요소로만 취급할 때 형성되는 개념이다.(따라서 노동은 사실은 추상적인 노동이 된다.) 이 등가성은 결코 절대적이지 않으며, 다른 종류의 생산물들(사용가치)과 노동(구체적인 노동)의 특수성과 모순된다.

나는 마르크스의 가치이론 논의에 더는 개입하지 않았으나, 나의 다음 작업에서 내가 사용했거나 사용하지 않은 방법들과 관련해 그 영향을 받았다. 나는 역동적인 역사 과정을 이해하는 데 수학적 모델들이 한계가 있음을 잘 알고 있었으며, 경제이론의 숨겨진 가정들과 화폐화한 경제의 보이지 않는 토대에 늘 흥미를 갖고 있었다.

나는 루스 피어슨과 아시아 및 라틴아메리카의 수출 지향적 산업화에서 새로운 여성노동력의 창출이 갖는 함의에 대해 공동연구를 할 때 변증법적인 접근법을 채용했다. 우리는 이런 고용을 단순히 권한 부여나 착취로 볼 순 없다고 주장했다. 우리는 가부장적 권력 주변에 형성된 산업화 이전의 많은 젠더 불평등 형태가 개발 과정에서 분해되지만, 자본주의 일터에서 불평등한 임금, 성별 직종분리, 성희롱 등을 비롯한 새로운 형태의 젠더 불평등들이 다시 만들어지고 유지되는 방식들을 검토했다.

1988년에 고전이 된 논문《시장 사회주의냐 시장의 사회화냐?》를 썼다. 그 논문에서 다룬 중요한 문제들은 어떤 것들이었나? 그 문제들이 지금은 어느 정도로 중요성을 갖고 있다고 보나? 다른 말로 하자면, 시장 사회주의냐 시장의 사회화냐의 전망에 대해 오늘날 우리가 어떻게 생각해야 할까?

1988년에 발표한 그 논문은 사회주의 경제, 곧 생산수단의 자본주의적 소유가 폐지된 경제를 어떻게 조직하느냐에 대한 토론에 개입한 것이었다. 중앙계획에 의해 완전히 조정되는 경제를 토대로 한 사회주의는 시장과 돈, 가격의 폐지도 요구하나? 아니면 너무 많은 권력을 계획기관에 집중시키고 혁신과 진취성을 질식시키는 그것은 불가능하며 또 바람직하지도 않은가? 일부 핵심 부문들은 중앙집중식으로 계획될 수 있겠지만, 경제의 나머지 부문은 돈, 가격, 시장을 통해 조정되고 비중앙집중식 정책결정과 지역 주도권의 여지를 남겨 놓는 시장 사회주의가 정답인가? 이는 단지 이론적인 문제일 뿐만 아니라 동유럽 공산주의 경제들의 개혁 논의에서 현실적으로 고려해야 할 사항들이다.

나는 이런 접근방식들에 모두 반대하면서 돈, 가격, 시장이 태생적으로 자본주의적인 것은 아니며 사회주의적인 형태의 돈, 가격, 시장으로 전환될 수 있다고 주장했다, 나는 그 과정을 '시장의 사회화'라고 불렀다. 내 주장은 더 이상 자본주의 기업들은 없고 오직 공기업들, 협동조합들, 자영업 생산자들만 있다고 상정했다.

시장의 사회화를 위한 토대는 보건의료, 교육, 물과 위생시설, 도시교통과 같은 공공서비스에 대한 자유로운 접근, 그리고 보장된 기본화폐소득, 모든 사람에게 주어지는 보편적 보조금 제공을 통해 노동력의 생산과 재생산이 노동력 판매에 대한 의존에서 벗어나야 한다는 것이다. 기본소득은 이제 많은 나라에서 논의의 최전선에 있기에, 내 글에서 한 구절을 인용해보겠다.

"내가 보기에, 사회주의 경제의 기본 특징으로서의 보편적 보조금 옹호가 피고용자의 권리 보호를 위한 입법을 포함한 복지국가 자본주의를 보편적 보조금 자본주의로 대체하는 것에 대한 지지를 의미하지는 않는다. 보편적 보조금은 사회적 합의 패키지package of social arrangements의 하나로 받아들여져야 한다."

나는 잠재적 무임승차 문제를 인정했고, 그래서 기본소득을 주는 대신에 장애가 없는 모든 성인이 자기 집에서든 공동체 조직을 통해서든 몇 가지 무급 돌봄 활동을 하도록 하는 안을 제안했다. 사회주의 경제에서는 공적 공급을 통해 무급 돌봄 노동을 줄일 뿐만 아니라 남녀가 동등하게 돌봄 노동을 함으로써 재분배가 일어난다.

시장의 사회화를 위한 토대는 이용 가능한 새로운 정보기술들을 활용해 기업과 가계, 공공 규제기관들, 위원회와 소비조합들 간에 기술, 정보 그리고 필요를 실시간으로 공유하는 것이다. 1988년에는 이런 것들이 걸음마 단계였지만 지금은 훨씬 더 발전했다. 하지만 그들의 진보적 잠재력은 그들이 자본주의 기업들의 수중에 있어서 정보가 사유화돼 있는 한 실현될 수 없을 것이다. 내 글에서 지적했듯이 "장애물은 기술이 아니라 사회적이고 정치적인 것이다."

공유된 정보를 활용해 공공 규제기관들과 위원회들은 온오프 시장을 운용하고 가격 가이드라인을 제시할 수 있을 것이다. 수요와 기술의 변화 때문에 일자리를 잃은 사람들에게는 공공 규제기관이 지주회사 역할을 할 것이므로 비자발적 실업은 없을 것이다. 그들의 임금은 계속 지급될 것이며, 그들에겐 새 일자리를 찾는데 필요한 새 기술을 획득하기 위한 훈련과 지원이 제공될 것이다. 돈은 오직 지불수단으로만 쓰일 것이며, 국민은 돈에 의해 사용당하는 것이 아니라 돈을 사용할 것이다.

오늘날 당장 사회주의 경제를 창출할 전망은 없지만, 그것이 어떻게 보일지에 대한 긍정적인 비전 수립은 중요하다고 생각한다. 공적 소유의 경제는 중앙집중적이지도 관료적이지도 않고, 분권과 지역 주도권을 강화하며, 자신의 노동력 판매에 의존하지 않고도 기본적으로 품위 있는 삶의 수준을 누릴 수 있고, 모두가 서로 돌봄 노동을 제공하며, 민주적으로 경제적 결정을 내릴 수 있는 경제다.

페미니스트적 사고를 개발경제학에 통합하는 데도 선구자 역할을 해왔다. 젠더적 사고를 무시한 결과 개발경제학이 입게 될 기본적 손실은 어떤 것인가? 페미니스트적 시각은 개발에 대한 새로운 사고방식을 어떻게 창출했나?

개발경제학(주류와 비주류 모두)은 경제가 젠더에 의해 구축되는 방식과 이것이 젠더 평등과 경제개발에 끼치는 영향력을 무시했다. 그것은 주로 여성과 소녀들의 일상적인 무급 노동이 세대 간의 상호작용 기반 위에서 국민이 재생산되는 방식에 핵심적인 역할을 하는 사회적 재생산의 측면을 무시했다. 그것은 권력구조로서의 젠더가 유급 노동에서 만연하고 고질적인 성별 직종분리를 야기하고 대다수 여성을 저임금 직업의 좁은 범주 속에 가두는 방식을 무시했다.

젠더 문제에 대처하지 않는 것은 분석과 정책에 흠결이 많다는 의미다. 주류 개발경제학은 공공지출 삭감, 민영화, 통화 평가절하와 같은 신자유주의 정책으로 개도국들의 부채위기에 대처하라고 주장했다. 하지만 나는 이것이 주류 개발경제학자들이 기대했던 공급 측면의 대응을 이끌어내지 못한다고 주장했다. 왜냐하면 젠더화한 권력구조가 새로운 기회를 위한 원활한 노동 재분배를 방해하기 때문이었다. 주류 개발정책에서 여성은 위기와 구조조정 시기에 궁극적인 안전망을 제공하고 무급 노동을 통해 그들 가족과 공동체를 위한 충격완화 역할을 하리라는 예측이 내재적으로 상정돼 있다. 생활수준이 단기간 저하하더라도 신자유주의 정책 덕에 결국은 회복되고 개선되리라고 추정한다.

나는 여성들의 무급 노동은 무한정 늘어나는 탄력성을 지니지 않았으며, 여성들은 음식과 보건의료 서비스에 대한 접근기회 결여, 그리고 건강하지 못한 작업조건에서의 과로로 자신들과 그들 가족의 인간적 능력의 고갈을 막을 수 없다고 주장했다.

물론 비주류 개발경제학은 주류 경제학의 분석과 신자유주의 정책을 거부했지만, 가계 내의 불평등을 무시하면서 오직 가계들 사이의 불평등만을 봤다. 계급은 사회경제 권력의 구조로 인식됐으나 젠더는 그렇지 못했다. 여성과 남성이 계급을 다르게 경험하는 방식은 인정받지 못했고, 유급 노동의 생산성 증대를 겨냥한 물리적 인프라에 대한 공공투자만 강조됐다. 무급 돌봄 노동을 줄이기 위한 사회적 인프라, 그리고 무급 돌봄 노동을 여성에서 남성으로 재할당하기 위한 육아휴직과 같은 사회보호조치들에 대한 공공투자는 대체로 무시됐다.

다양한 형태의 개발경제학들은 모두 사회적 재생산의 조직은 무시돼도 무방하며, 분석과 정책은 오직 유급 경제 쪽에만 초점을 맞춰야 한다고 가정했다. 페미니스트 경제학은 이에 도전해, 시간 사용처럼 무급 돌봄 노동의 존재를 드러내 주는 통계, 사회 재생산에 대한 공공투자, 가계들 사이뿐만 아니라 가계 내의 불평등에 대한 관심도 촉구했다.

개발에서의 젠더에 대한 관심이 이제까지 실제 정책들에 구체적인 방식으로 구현된 적이 있는가? 있다면, 몇 가지 예를 들어줄 수 있겠는가?

이들 관심사 중 일부에 대해 일부 국가들의 정책 위원회에서 어느 정도 관심을 가졌으나, 항상 페미니스트 개발경제학자들이 주장해온 방식대로 한 것은 아니었다. 많은 나라에서 더 높은 경제성장을 달성하는 통로로서 유급 노동 부문에 대한 여성의 참여를 증대해야 한다는 데 관심을 가졌다. 여성들이 자기 사업을 하고 금융 서비스에 대한 여성들의 접근(내가 조명하지 못한 문제들)을 개선하는 것에 대한 법률적 장벽의 제거에 많은 관심이 쏠렸다.

하지만 여성 피고용자들 또는 자영업 하청계약 재택 노동자들(내가 조명해온 문제)의 노동조건과 소득 개선은 별로 주목받지 못했다. 여성의 무급 노동은 이제 경제정책 문제로 널리 인식되고 있지만, 오직 유급 고용 부문의 여성 참여에 대한 장애, 그리하여 더 높은 경제성장에 대한 장애라는 관점에서만 그렇다. 여성과 소녀들이 물을 가져오는 데 소모하는 시간과 노력을 줄이는 물과 위생 서비스 제공 분야에 대한 투자가 이뤄졌다. 그러나 저소득 국가들의 저소득 여성들과 소녀들 수백만 명에게는 이런 서비스들이 여전히 부족하다. 한국, 중국, 칠레, 멕시코와 같은 고소득 개도국들에서는 어린이 조기교육과 돌봄 서비스에 대한 투자가 이뤄졌다. 하지만 일부 국가의 이런 서비스 분야에서는 고용의 질이 낮다.

동일한 문제들이 마찬가지로 여성의 유급 노동 참여가 경제성장을 높이는 방안이라는 데만 초점을 맞춰온 점은 이른바 선진국들에도 존재한다. 전 세계적으로 볼 때 정책은 여성의 유급 노동 참여 증대로 인한 혜택의 배분 문제에는 그다지 관심을 기울이지 않았다. 그 혜택들 중에서 얼마만큼이 여성들 자신의 몫으로 돌아가야 하고, 또 얼마만큼이 고용자와 하청계약자들 몫으로 책정돼야 할까?

서구의 리버럴 페미니즘 Western liberal feminism**은 남반구 저개발 국가 여성들이 직면하고 있는 현실문제들과 상충된다고 주장해왔다.**

사실 그런 비판들은 서구의 리버럴 페미니즘이 여성 문제와 남반구 저개발국에 대한 관심사들을 다루는 방식에서 가부장적인 태도나 사고방식을 견지하고 있다는 비판으로 더 고조되고 있다. 그런 비판들에 대해 어떻게 생각하나?

페미니즘이 여성들이 직면한 현실 문제들과 상충된다는 비판은 19세기에 여성의 권리쟁취를 위한 최초의 싸움이 시작됐을 때부터 늘 있어왔다. 이들 비판의 일부는 정당하지만, 일부는 여성의 권리를 계급투쟁과 민족자결권처럼 더 중요한 것으로 간주된 문제들에 대한 집중을 방해한다는 관점에서 제기됐으며, 일부는 페미니즘을 무장해제해 젠더화한 권력의 불평등 구조를 유지하려는 욕망에서 비롯됐다.

페미니즘의 이질성과 여성의 이질성 모두를 인정하는 것이 중요하다. 서구 페미니즘은 하나가 아니다. 모든 서구 페미니스트가 리버럴은 아니며, 다른 많은 이는 자신들을 사회주의자라고 생각할 것이다. 모든 페미니스트가 다 북반구 선진국에 살지도 않는다. 남반구 저개발국의 많은 나라에는 자생적인 페미니즘이 존재한다. 여성권리 주창자들은 포스트 식민주의 국가 건설에서 너무 자주 소외당했지만, 많은 나라에서 반제국주의 투쟁에 중요한 역할을 했다.

남반구 저개발 국가의 여성들이 모두 북반구 선진국 여성들보다 물질적으로 더 나쁜 상태에 있지도 않다. 그들 중 일부는 매우 부유하고 다수의 유급 가사노동자들을 고용하고 있다. 따라서 그런 비판을 할 때 중요한 것은 서구의 어느 페미니스트들이 어떤 독특한 자세와 관행으로 그랬는지, 남반구 저개발 국가의 어느 여성들이 그랬는지 등과 같이 구체적이어야 한다는 점이다. 최고의 비평가들은 이런 식으로 구체적이었다.

서구 페미니스트들이 남반구 저개발 국가에서의 결혼과 성생활에 관한 이른바 '전통적 관례'에 관여할 때 특별히 위험하다고 나는 생각한다. 예컨대 서구 페미니스트들이 내가 '포교'라고 얘기하고 싶은 여성의 성기절제와 관련해서 해온 작업 사례들을 나는 봐왔다. 하지만 내가 서구 페미니스트들이 타인들의 문화를 존중해서 여성 성기절제를 지지해야 한다고 생각한다는 뜻이 아니다. 일부는 명시적이고 또 일부는 더 묵시적이긴 하겠지만, 내부 논쟁 없는 문화는 없다. 모든 문화는 진행 중이며, 완전히 고착되거나 정지돼 있는 것은 없다. '전통'은 발명품이며, 식민주의가 전통의 창출에 기여했음을 의식하는 일은 중요하다. 이것을 보여주는 남반구 저개발 국가 학자들의 연구가 상당히 많다.

서구 페미니스트들이 남반구 저개발 국가의 페미니스트들과 대화하고 그들을 본받는 것은 매우 중요하다. 그들이 국제무대에서 강력한 존재감을 갖게 해주는 것도 매우 중요하다. 서구 페미니스트들이 서구 정부들과 다국적 회사들, 그리고 서구가 지배하는 국제 금융기관들에 근무하는 남반구 저개발 국가 출신 여성들에게 미치는 영향에 비판적으로 관여하고, 남반구 저개발 국가 페미니스트들의 학문과 행동주의를 지지하는 것은 서구 페미니스트들의 특별한 책임이다.

1990년대에 나는 유럽과 아시아의 여성 의류노동자 조직들 간에 다리를 놓고, '상표 뒤의 노동'the labor behind the label 조건에 대한 유럽 소비자들의 의식을 일깨우도록 도와주는 조직의 멤버였다. 나는 선구적인 인도 페미니스트 경제학자 데바키 제인Devaki Jain을 비롯한 남반구 저개발 국가 출신의 몇몇 페미니스트 경제학자들과 협력했다. 그리고 그들과의 작업을 통해 많이 배웠다.

그러나 이런 것들은 단지 페미니스트들만의 문제는 아니다. 모든 진보적 사회과학자는 그들의 것이 아닌 삶을 연구하고, 자신들의 나라든 다른 나라든 다양한 방식으로 박탈당한 사람들의 삶을 개선시킨다고 생각하는 정책들을 주장할 때 빠지게 되는 딜레마를 정직하게 인정해야 할 것이다. 중산층 연구자들과 부유하지 못한 국민들 사이에는 불가피한 격차가 있다. 교차하는 약점구조의 존중과 의식이 필요하다. 계급의 인생체험은 종족과 젠더, 그리고 성별 인생체험과 분리되지 않는다.

그리고 후기 자본주의의 모순을 이해하는 데는 비판적 능력을 지닌 채 상상력을 발휘하는 것이 중요하다. 억압과 착취의 확인이 억압받고 착취당하는 국민에 대한 거부행위를 수반하진 않는다는 점을 지적하는 것은 중요하다. 오히려 이는 집단행동을 통해 더 커질 수 있는 그들의 행위와 사고방식을 제한하는 구조를 비판하는 것이다. 그것은 또 더 좋은 삶이 무엇인지에 대한 자신의 생각을 비판적으로 바라보고자 하는 것을 의미한다.

남성 비주류 경제학자들은 경제성장이 국민의 삶을 향상하는 데 가장 중요하다는 믿음을 모든 사람이 공유하고 있지 않다는 점을 인정할 필요가 있다. 마찬가지로 페미니스트 경제학자들은 품위 있는 직업이 여성들의 더 나은 삶에 핵심요소라는 자신들의 믿음을 모든 사람이 공유하고 있지는 않다는 점을 인정할 필요가 있다. 우리 모두에게는 분석과 정책을 위한 대화식 접근법이 필요하다.

유엔과 같은 국제기구가 지금까지 남반구 저개발 국가의 젠더 평등과 지속 가능한 개발을 위한 대의를 고취하는 데 많은 역할을 해왔다고 생각하는가?

젠더 평등의 대의는 유엔 결성 당시부터 하나의 어젠다였다. 그때 여성지위위원회Commission on the Status of Women가 설립됐고 남반구 저개발 국가의 여성들은 언제나 거기에서 선도적 역할을 했다. 하지만 젠더 평등을 위한 대의 고취는 언제나 파편화되고 자금이 부족했다. 세계의 여성기구들은 이에 도전해왔으며, 이 파편화한 노력들 일부를 통합하고 유엔의 어린이기금인 유니세프UNICEF, the United Nations Children's Fund에 제공된 것과 같은 자원을 더 많이 확보하기 위해 더 강력한 여성기구를 유엔 내에 설치하자는 캠페인을 벌여왔다. 2010년에 실제로 유엔 여성기구가 설립됐지만, 필요한 기금은 모이지 않았다. 이는 유엔이 결국 회원국들이 만들었을 뿐이라는 중요한 사실을 보여준다. 만일 회원들이 유엔 여성기구에 적절한 자원을 배분할 의사가 없다면 젠더 평등을 지원하기 위한 노력은 지장을 받게 될 것이다. 젠더 평등은 유엔의 일부 다른 기구들에서도 우선적인 어젠다다. 예컨대 국제노동기구ILO는 유급노동에 대한 여성권리와 품위 있는 노동 어젠다의 일부로 그 노동을 수행할 권리에 대한 국제적 어젠다를 개발하는 데 선도적인 역할을 해왔다.

유엔이 해낸 훌륭한 일은 인권조약들, ILO 회의, 기후변동회의, 지속 가능한 개발목표와 같은 곳에서 국제적 기준과 표준에 관한 회원국들의 합의를 이끌어낸 것이다. 젠더 평등은 지난 25년간 이들 국제적 기준과 표준 분야에서, 특히 여성권리 기구들의 국제적 연합 덕에 점점 더 뚜렷해졌다. 하지만 실천은 결국 회원국 정부들의 행동에 좌우되며, 그들의 실천을 위한 헌신은 지금 미국에 사는 사람들이 직접 체험하고 있듯이 매우 가변적이다.

유엔 기구들은 여성과 소녀들의 교육과 보건의료, 물과 위생 같은 기본 서비스에 대한 저소득 여성들의 접근을 실질적으로 개선하려는 노력을 지원해왔다. 비록 유엔 보고서들 자체가 증명하듯이, 아직 해야 할 일이 많이 남아 있지만 말이다. 유엔 인권 시스템은 여성 권리를 위한 플랫폼을 제공했으며, 지난 25년간 젠더로 인한 가정 내, 일터, 공적 공간에서의 폭력에 대한 국제적 관심을 모으는 일에 중요한 역할을 해왔다. 그러나 미국을 비롯한 많은 나라에서 여성인권에 대한 반발이 분명히 있어왔기에, 그것을 당연한 성과라고 여길 수는 없다.

국제노동기구와 유엔무역개발회의UNCTAD와 같은 일부 유엔 기구들은 젠더 평등에 대한 신자유주의 경제정책들과 다국적 기업들의 영향에 매우 비판적이다. 하지만 동시에 다른 유엔 기구들은 다국적 기업들과 합의해왔는데, 이는 특히 회원국 정부들이 내는 기금이 줄어든 상황에서 더 많은 자금을 확보하기 위한 방안이기 때문이다. 이런 문제들은 유엔 기구들 내에서 치열하게 경쟁을 벌였으며, 계속되는 싸움의 주제들이다.

가장 중요한 2개의 국제 금융기관, 즉 국제통화기금과 세계은행은 이제 공개적 선언, 주요 보고서, 연구물 등에서 젠더 평등의 대의를 완전히 수용했다. 하지만 이들 기관은 젠더 평등을 더 효과적이고 더 큰 경제성장으로 이끄는 더 광범위한 젠더 평등의 관점에서 수용하고 있다. 그들은 여성의 무급 노동을 인식하고 있지만, 그것을 주로 여성이 더 많은 임금을 받는 노동을 하는 것에 대한 장애물로 인식한다. 많은 경제학자와 국제통화기금 그리고 세계은행은 이제 그들의 분석에서 젠더 문제를 진지하게 다루고 있지만, 그들은 젠더를 그들의 기본 패러다임에 의문을 제기하지 않는 방식으로 통합한다.

게다가 국제통화기금과 세계은행의 운영부서들은 대출에 조건을 달아 더 큰 젠더 평등을 확보하려는 노력을 위태롭게 만든다.(예컨대 공공지출 삭감과 공공 서비스의 민영화를 통해) 이 모든 것에서 그들은 젠더 평등을 그들이 빈곤 감소와 가계들 간의 소득 불평등을 다룰 때와 같은 방식으로, 신자유주의 패러다임의 근본 원칙에 대한 문제 제기 없이 다룰 수 있는 문제들로서 다룬다.

유엔 시스템의 한계에도 불구하고 진보적 경제학자들이 그 문제를 다루는 것은 중요하다. 더 진보적인 경제사상이 분명하게 표출되고 국제통화기금과 세계은행에 대한 문제 제기가 이뤄질 수 있는 공간을 제공하기 때문이다. 예컨대 내가 위원으로 있는 개발정책위원회Committee for Development Policy, 그리고 내가 자문위원으로 있는 대표적인 유엔 여성보고서 '세계 여성 진보'Progress of the World's Women 같은 것들이다.

최근에 인권의 경제학 연구에 더 많은 관심을 기울여왔다. 그것이 예전의 사회주의 경제학과 페미니스트 경제학에 대한 당신의 연구와 어떻게 연결되나? 인권을 분명하게 고려하는 당신의 경제학 구상이 또한 사회주의와 페미니즘의 다양한 형태들을 발전시키는 경제학이기도 한가?

라디카 발라크리슈난Radhika Balakrishnan과 제임스 하인츠James Heintz와 함께 진행하고 있는 경제학과 인권에 대한 나의 최근 작업은 인권 활동가들에게 비주류 및 페미니스트 경제학을 소개해 그들이 인권을 침해하는 경제정책들에 대처할 수 있도록 돕고 있다. 또 비주류 및 페미니스트 경제학자들에게 경제정책 개발을 위한 윤리적 틀로서, 그리고 불공정한 경제정책들에 대항해서 싸우는 장으로서 인권의 잠재력을 소개하는 것도 목표로 삼고 있다.

젊었을 때는 세계의 많은 지역에서 사회주의를 위한 성공적인 싸움에 가담할 수 있을 듯했다.(나는 1968년에 대학을 졸업했다.) 그러나 그런 희망은 좌절당했고, 우리는 제도들을 통해 장거리 행군에 참여할 수밖에 없음이 분명해졌다. 그리고 러시아와 동유럽의 공산주의 붕괴에 대해 사회주의가 불가능함을 입증했다고 믿는 사람들에게 어떻게 대처해야 할지 그 방법을 찾아내야 할 필요가 있었다.

나는 공산주의 붕괴 이유 가운데 하나는 국가 중심적이고 관료적이며 개인 권리를 인정하지 않은 것이라고 생각한다. 경제와 사회생활 건설의 새로운 진보적 형태는 개인 권리와 집단행동 그리고 공적 제공의 새로운 종합 위에 구축돼야 한다. 그런 종합을 위한 요소들은 경제, 사회, 문화적 권리, 그리고 시민적·정치적 권리를 포함한다. 그리고 그런 요소들은 국가에게 그런 권리들을 촉진, 보호, 실현할 의무를 부과하는 국제 인권체제 속에서 찾아낼 수 있다. 권리는 개인들이 갖지만 거기에는 공유재산과 문화자원에 대한 권리들을 주장하고 방어하며 발전시키기 위한 집단행동에 참여할 권리도 포함된다.

나는 1990년대 말에 세계 각지에서 온 많은 여성을 상대하는 페미니스트 학자이자 활동가로서 처음으로 국제 인권체제에 대해 배웠다. 우리는 '모든 여성차별 종식을 위한 국제회의'International Convention on the Elimination of All Discrimination Against Women. CEDAW 설립을 위해 싸웠는데, 그것은 차별적인 법률을 제거하고, 동등한 기회뿐만 아니라 실질적인 결과의 평등 성취도 불러일으켰다. 이들 여성은 가정 내 폭력을 인권문제로 인정하도록 국제 인권체제를 변화시키는 싸움도 성공적으로 이끌었다. 여성 기구들은 국제 인권체제를 여성 인권 확보를 위한 국가적 투쟁의 자원으로 활용했는데, 그것은 단지 차별적 법률을 종식시키기 위해서만이 아니라 주요 공공 서비스 조항들을 확보하기 위한 것이기도 했다. CEDAW 비준에 실패한 극소수 국가 가운데 하나인 미국에서조차 활동가들은 CEDAW를 정책과 그 성취 여부를 판단하기 위한 기준으로 활용했다. 그들은 미국의 몇몇 대도시 시장들을 설득해 시 행정부가 시 차원에서 CEDAW에 따르는 것을 목표로 삼는 데 성공했다.

뒤이어 2000년대 초에 나는 전 세계의 많은 사회정의를 위한 기구들이 '경제적·사회적·문화적 권리에 관한 국제규약'International Covenant on Economic, Social, and Cultural Rights에 따라 자국 정부들이 그 의무를 다하도록 하기 위해 어떻게 하고 있는지에 대해 배웠다. 이들 기구에는 노동권을 비롯한 특정한 권리들, 그리고 주택과 같은 상품과 서비스에 대한 권리까지 요구하는 캠페인을 벌인 광범위한 그룹들이 참여했다. 그들은 자국 정부들이 그 규약을 준수했는지를 검토할 때 독립적인 그림자 보고서independent shadow reports를 유엔 경제사회문화권리위원회UN Committee on Economic, Social, and Cultural Rights에 제출했으며, 여론에 영향을 주고 진보적인 정치인들에게 자료를 제출하려 할 때도 이를 활용했다.

많은 사회정의를 위한 기구가 경제정책들이 인권의 관점에서 평가받아야 한다고 주장했다. 하지만 그들은 예컨대 긴축정책에 대해 어떤 반대 주장을 내놓을 수 있을지, 경제정책을 규약의 조항들과 어떻게 정확하게 연계할 것인지에 대해서 잘 알지 못했다. 라디카, 제임스, 그리고 나는 인권 활동가들과 협력하면서 이런 문제들에 대한 작업을 시작했다. 우리는 비주류 경제학자들도 인권 틀을 경제정책 공식을 지배하고 있는 공리주의적인 틀에 대한 대안적인 윤리의 틀로, 그리고 거시경제 정책을 활동가들의 관심사와 연결할 수 있는 틀로 활용하면 얻을 게 많음을 재빨리 간파했다. 예컨대 우리는 부자에 대한 징세가 어떻게 인권 문제인지를 보여줄 수 있었으며, 이런 통찰을 국제 조세정의 네트워크Tax Justice Network와 공유했다.

인권 실현을 진전시키는 경제학은 공적 공급과 집단행동 그리고 개인 권리를 동시에 다룬다는 점에서 바로 사회주의와 페미니즘의 핵심 관심사들을 진전시키는 경제학이다. 우리는 미국의 일부 비주류 경제학자들이 이를 이해하기 어려운 것으로 본다는 걸 알았다. 그것은 그들이 제국주의적인 대외정책을 위해 인권주장을 일방적으로 남용해온 역대 미국 정부들의 시각으로 국제 인권체제를 바라보기 때문이다. 그들은 세계 곳곳의 진보세력이 인권체제를 어떻게 역이용하고 있는지 이해하지 못한다.

비주류 경제학은 윤리적 틀, 그리고 경제적·사회적·문화적 권리를 위한 광범위한 풀뿌리 투쟁과 연결하는 방법이 필요하다. 우리는 인권체제 탐구가 그 두 가지 모두를 제공해준다고 생각한다. 인권체제 탐구는 우리가 신자유주의적 자본주의에 도덕적으로 도전할 수 있게 해주고, 인권을 촉진, 보호, 실현하는 진보적 정책들을 제안할 수 있게 해주며, 노동조합뿐만 아니라 다른 많은 형태의 조직 속에서 다양한 권리투쟁을 벌이는 활동가들과 함께 일하게 해준다.

지배적인 사회구조가 된 신자유주의적 자본주의 시대를 40년간 살아오면서, 사회주의와 페미니즘 그리고 인권에 관한 당신의 관심사를 수용할 수 있는 진보적 사회구조는 어떤 것이 되리라고 예상하나?

우리는 지성에 대해서는 비관론을, 의지에 대해서는 낙관론을 요구하는 시대에 살고 있다. 세계 곳곳의 정치적 상황은 사회주의, 페미니즘, 그리고 인권에 대한 전망에 심각하게 도전하고 있다. 부자들은 정치권력을 살 수 있다. 세계화는 삶을 파괴하고 전 세계에 불안감을 증대시켰다. 유럽에서 파시즘 세력이 또 다시 힘을 키우고 있다. 영국에서는 브렉시트에 투표한 근소한 차이의 다수가 인종주의, 외국인 혐오, 이슬람 혐오에 새로운 생명을 불어넣었다. 신자유주의적 자본주의는 내부 모순을 안고 있으며, 무역전쟁과 금융의 취약성으로 균열돼 있다. 기후변동의 현실이 느껴지기 시작했다.

하지만 경제위기와 기후 관련 재난들은 사회주의, 페미니즘, 그리고 인권에 맞서는 세력들을 약화하기보다 강화할 수 있다. 수많은 풀뿌리의 구상들, 즉 새롭고 더 지속 가능하며 더 집단적인 방식으로 일상생활을 제공할 수 있게 하는 작업 속에서 일부 희망의 재료들을 찾을 수 있다. 여성에 대한 폭력과 성희롱 캠페인을 벌이는 여성들과 더 나은 공공 서비스와 공공지출 삭감 중단 캠페인을 벌이는 여성들 사이의 많은 곳, 그리고 자신의 재생권reproductive rights을 지키고 확장하려는 여성들의 대중운동 속에서 만들어지고 있는 연계 속에 일부 희망의 재료들이 있다. 주류 경제학에 도전하고 비주류 및 페미니스트 경제학에 더 많은 여지를 제공하는 다원주의적 교과과정을 요구하는 경제학과 학생들의 운동 속에 일부 희망의 재료들이 있다. 우리 모두는 우리가 서 있는 곳에서 싸워야 한다.

지금 탐구 중인 새로운 연구 영역이 있는가? 있다면 간단하게 소개해 달라.

나는 이른바 '포용적 성장'에 관한 공동연구를 하고 있다. 모든 국제 개발기구와 많은 정부가 공동번영으로 이끈다고 상정된 '포용적 성장'을 그들의 구호와 정책으로 채택함으로써 소득과 부의 불평등 성장의 증거에 대응해왔다. 젠더 평등은 공급측면의 장애들을 줄여 더 많은 여성이 유급 일자리를 얻게 함으로써 해결될 수 있다고 생각한다. 나는 '포용적' '성장'이 사실은 사람들에게 해로울 수 있는 많은 경우를 연구를 통해 분석할 것이다. (고용의 형태와 생산된 상품 및 서비스의 형태 면에서) 유익한 젠더 평등적인 포용적 성장을 위한 기준을 확인하고, 가계들 간, 그리고 여성과 남성, 노동자와 자본가 사이의 불평등을 줄이며, 정책 틀의 종류와 이를 확보하기 위해 필요한 구체적인 정책들의 종류를 정의할 것이다.

코로나19 팬데믹에 대하여

코로나19 위기에 대한 여러 국가들 또는 지역들의 서로 다른 대처방식들을 공중보건 개입과 경제정책들의 관점에서 어떻게 평가하나?

국제적으로 고소득 국가들이 제공할 수 있는 (보건의료 서비스, 임금 노동자, 그리고 비즈니스를 위한) 지원 패키지와 중소득 국가들, 저소득 국가들이 제공할 수 있는 그것 사이에는 큰 격차가 있다. 부자나라들은 지금 낮은 이자율로 원하는 만큼의 돈을 빌릴 수 있고, 또 국제통화기금IMF과 경제협력개발기구OECD가 그렇게 하도록 장려하고 있다. 실제로 국제통화기금 총재는 지금 이 시기에 부채와 적자를 줄이려는 고소득 국가들의 정책에 반대하며 경고했다. 그러나 중소득 국가들과 저소득 국가들은 고소득 국가들과 같은 재정적 여력이 없으며, 그들 중 다수에게 국제통화기금은 이미 '재정 통합'(이는 긴축정책을 지칭하는 의례적인 용어에 불과하다.)을 요구하고 있다. 경험상으로 보건대 이는 불평등과 빈곤을 더욱 악화할 것이다.

지금 구할 수 있는 코로나 백신에 대한 접근 능력에도 국제적으로 큰 격차가 있다. 특허를 무효화하고 전 세계에서 새로운 백신 기술을 무료로 제조할 수 있게 하자는 국민 백신Peoples' Vaccine 캠페인이 있다. 하지만 이는 주목을 끌지 못했다. 최선의 제안(일부 공급자들의)은 중소득 및 저소득 국가들이 유상으로 백신을 구입하게 하는 방법인데, 그 가격은 다수의 사람이 이용 가능한 수준을 넘어설 것이다. 결국 가장 가난한 나라들의 가장 가난한 사람들은 백신 구입 행렬의 맨 꼴지에 서게 될 듯하다. '더 나은 상태로 복구하기' 위한 국제적인 논의가 필요하다는 얘기가 있지만, 국제 금융 및 보건의료 정책에서 그런 일이 벌어질 조짐은 전혀 없다.

영국에서 보수당 정부가 국가 보건의료서비스National Health Service(영국에 사는 모든 사람에게 무료 돌봄 서비스를 제공하지만, 지난 10년간 긴축정책 때문에 필요한 자금이 부족했다.) 예산 증액에 자금을 대기 위해, 그리고 휴가계획을 지원하고, 실업자와 저소득 국민을 위한 주요 복지혜택의 가치(유니버설 크레딧Universal Credit. 소득수준에 따라 다른 복지혜택을 제공하는 제도—역주)를 일시적으로 높이고, 일부 자영업자와 기업을 위한 보조금, 대출 및 세금면제 혜택을 제공하기 위해 2010년 이후 시행돼온 재정규칙 제한을 파기하고 2차 세계대전 이후 전례가 없는 수준의 재정 부채를 졌다. 이는 잉글랜드 은행의 대규모 새 양적 완화 프로그램에 의해 보완됐다.

하지만 이런 지원 조치들은 기존의 젠더, 인종, 계급, 장애, 지역 불평등을 강화하는 쪽으로, 그리고 민간부문의 권한을 강화하는 쪽으로 시행됐다. 보건의료를 위한 추가 공공지출의 많은 부분이 개인보호장비의 아웃소싱 조달, 코로나19 검사와 양성반응자들의 접촉자 추적, 그리고 그런 활동 경험이 없지만 보수당 국회의원들 및 장관들과 친밀한 민간 기업들에 의해 소비됐다. 이들 기업 중 다수는 설정된 목표를 달성하지 못했다. 공공 조달을 위한 일반적인 규정은 위급상황 발생을 이유로 정지됐으며 이는 정실인사cronyism에 길을 터주었다. 록다운(봉쇄)의 피해를 입은 기업들에 대한 지원금은 타당성 조사가 거의 이뤄지지 않거나 아무런 조건도 없이 제공됐다.(예컨대 배당을 하지 않는다는 것이 조건이 될 수 있었지만) 기업들은 록다운으로 얼마나 피해를 입었는지를 따지지 않고 조세 감면 혜택을 받을 수 있었다. 이제 여론은 수익이 늘어났고, 록다운 기간에도 영업을 할 수 있었으며, 온라인 택배 서비스를 확대한 일부 대형 슈퍼마켓 체인점들에 그들이 받았던 조세 감면 혜택을 도로 뱉어놓으라는 압박을 가하고 있다. 기업들에는 젠더 임금 격차와 그것을 줄이기 위한 계획을 보고하라는 요구들이 비상상황에서는 이행되리라 기대할 수 없다는 이유로 다시 보류됐다.

가장 지독한 실패는 검사와 추적 시스템에 의해 자가격리 요구를 받은 사람들에 대한 지원 분야에서 일어났다. 많은 사람이 사회보장제도에 따른 '병가 급여'를 받을 자격이 없거나, 지원혜택이 너무 적어 생활비를 충당할 수 없었기 때문에 격리를 할 수 없었다. 영국은 유럽 최악의 '병가 급여' 시스템을 가진 나라들 중 하나인데, 예컨대 훨씬 나은 시스템을 가진 독일과 크게 대비된다. 특히 잉글랜드 북부의 다수 지역들을 비롯해 가장 빈곤한 지역들에서 감염률이 다시 크게 치솟은 것은 놀랄 일이 못 된다. 영국에서는 공공재정이 고도로 집중돼 있어서, 스코틀랜드와 웨일스, 그리고 북아일랜드처럼 위임된 정부들이 더 나은 지원조치를 도입할 여지는 많지 않다. 잉글랜드에서 가장 심한 타격을 입은 도시와 지역들은 코로나19 및 그와 관련한 록다운으로 인한 추가비용을 충당할 충분한 추가 자원 제공을 거부당했다.

11월에 재무부 장관이 1년짜리 지출계획을 수립했으나 실패를 바로잡을 아무런 조치도 취하지 않았으며, 공공부문 노동자들, 예컨대 교사, 경찰, 소방관과 구조대원, 그리고 지방정부 직원 등의 임금을 동결했다. 재무장관은 국가부채와 예산적자가 계속 불어나서는 안 된다며 2021년에 긴축조치를 취할 것임을 시사했다.

우리가 영국에서 겪은 일은 더 잘 살기 위한 단기 케인즈주의인데, 중요한 것은 정부가 얼마나 많은 돈을 쓰느냐는 것만이 아니라 그 돈을 어떻게 쓰느냐는 것이며, 중앙은행이 얼마나 많은 채권을 사느냐는 것만이 아니라 누구로부터 그것을 사느냐는 것이라는 점을 선명하게 부각시켰다. 양적 완화는 파산을 방지함으로써 일자리를 지킬 수 있지만, 주가를 상승시키고 부의 불평등을 증대시킨다.

코로나 위기에서 평등주의적 경제 프로젝트를 추진하는 데 있어 가장 실행 가능한 방안에 대해 어떤 교훈을 얻었는가?

영국에서 2020년 12월에 다시 록다운 조치가 내려졌는데, 낙관하기 어렵다. 지금은 보수당이 의회 다수 의석을 차지한 정부인데 평등주의적 경제 프로젝트를 모조리 거부하고 있다. 이 정부에서는 내년에나 조세체계에 손을 좀 댈 수 있을 것 같다. 예컨대 소득세율과 같은 세율로 자본소득에 대해서도 징세하는 방안인데, 하지만 부유세는 도입하지 않을 것이다.

정부는 블랙 브리티시Black British 소속의 젊은 축구선수가 주도한 대규모 소셜미디어 캠페인 뒤 저소득 어린이들에 대한 무상급식 개선방안을 검토할 수밖에 없었다. 그 축구선수는 지금은 부유하고 유명해졌지만 학교 다닐 때 무료 점심에 의존해야 했던 가난 속에서 자랐다. 부자나라에서 배고픈 어린이들의 증가를 많은 사람은 끔찍하게 생각하기에, 사람들은 특정한 변화를 요구하며 정부를 압박하는 카리스마를 지닌 인물에 의해 동원될 수 있다.

비상시기에 사람들을 돌보고 그들의 존엄과 자주성을 존중하는 방식으로 진정한 안전을 제공하기 위해 사회보장제도 전체를 바꾸려고 그들을 동일한 방식으로 동원하기는 더 어렵다. 하지만 더 많은 사람이 사회보장제도가 어떻게 10년 만에 완전히 퇴락하는지 개별적으로 알아차리고 있으며, 그들 자신의 질병, 실업, 소득 손실 체험을 통해 사회보장 혜택을 누리는 사람들이 게으른 무위도식자들이 아니라는 것, 그 혜택들이 생활비용을 충당하기에 턱없이 모자란다는 것을 안다. 이것이 평등주의적 사회보장제도에 대한 지지를 다시 얻게 해줄 수 있다.

또 지금의 정치권력 구성에는 근본적인 취약성들이 있다. 이 글을 쓰고 있는 지금, 브렉시트 이후 영국과 유럽연합EU 간의 무역협상 결과는 아직 모른다. 만일 그것이 딜 브렉시트(Deal Brexit. 영국이 유럽연합을 탈퇴할 때 상호협정을 맺는 것 – 역주)라면 보수당이 분열할 것이고, 노딜 브렉시트(No-deal Brexit, 영국이 아무런 협정도 없이 유럽연합을 탈퇴하는 것 – 역주)라면 영국이 분열할 것이며, 이는 이미 도달해 있는 전례 없이 높은 차원의 스코틀랜드 독립에 대한 지지를 끌어올릴 것이다. 스코틀랜드 정부는 좀 더 평등주의적인 조치를 지지하고 있고 웨일스 정부도 마찬가지지만, 그런 조치를 이행하기에는 그들의 힘에 한계가 있다.

2021년에 백신이 코로나 바이러스 감염률을 떨어뜨려 대규모 대중 집회를 다시 열 수 있게 된다면 우리는 다시 젊은이들의 대규모 거리 동원 두 종류의 부활을 보게 될지도 모른다. 하나는 인종주의 철폐를 위한 동원인 블랙 라이브즈 매터(Black Lives Matter, 흑인의 생명도 소중하다.), 또 하나는 기후와 생태학적 비상사태를 종식시키기 위한 동원인 멸종 저항Extinction Rebellion이다. 많은 젊은이가 경제의 변혁을 갈망하고 있다.

따라서 우리는 정치적 사정이 더 유리해졌을 때 평등주의적인 경제 프로젝트를 추진하기 위한 아이디어들을 준비해야 한다. 이를 마음에 새기고, 나는 영국 여성예산그룹UK Women's Budget Group이 설립한 독립적인 젠더평등경제위원회Commission on a Gender Equal Economy의 의장을 맡았다. 2021년 10월에 우리는 보고서 '돌봄 경제의 창조'Creating a Caring Economy를 발간했다. 그것은 영국 경제를 평등과 복지, 지속가능성을 지지하고, 단기 금융소득 추구 지배체제를 폐기하는 쪽으로 전환하자고 주장한다.(www.wbg.org.uk/commission 참조)

우리는 코로나19가 도래한 이후 몇 개월간 뚜렷해진 서로 돌봄에 대한 우려에 대해 고민했다. 그리고 경제 회복을 위한 전략으로서 돌봄 서비스를 공적으로 제공하기 위해 더 많은 공공투자뿐만 아니라 이윤추구와 경제성장을 억제하고 평등한 기반 위에 모든 사람에게 열려 있는 경제, 남녀 구분 없이 모든 사람이 유급 노동을 무급의 가족 및 친구들 돌봄 노동과 결합할 수 있도록 설계된 경제를 통한 좋은 일자리 창출에 초점을 맞추자고 주장했다. 평등한 경제를 위해서는 우리 모두에게 평등한 기반하에 돌봄에서 자유로운 시간과 돌봄을 위한 자유로운 시간을 가질 필요가 있다.

우리는 가상의 다수 국제 워킹그룹에서 이런 생각들을 공유하고 있으며 다른 나라와 기구들의 다른 그룹들의 생각을 배우고 있다. 코로나19 록다운이 안겨준 뜻밖의 부산물들 가운데 하나는 진보적인 국제 웨비나(webinar, 인터넷상의 세미나)의 번성인데, 코로나19가 진정되더라도 우리는 이를 유지해야 한다. 국제 여행의 감소는 환경의 지속 가능성에 중요한 기여를 한다.

코로나 위기 체험이 학문으로서의 경제학, 더 구체적으로는 연구하면서 답을 찾아왔던 문제에 대해 영향을 미쳤는가?

진보적 경제학자들은 널리 받아들여지고 있는 '효율', '생산성'과 같은 개념들에 문제 제기를 해야 한다. 페미니스트 경제학자들은 지난 수년간 '효율'과 같은 보수적인 개념들이 유급 경제에서 무급 경제로 실질 비용을 전가하는 흐름을 무시하는 금융비용 최소화의 원인이라고 주장해왔다. 이는 영국의 코로나 위기에서 매우 분명해졌다. 영국의 코로나 위기는 국민보건서비스National Health Service와 일반적으로 이른바 '효율성 개선'을 추구하는 공공부문의 기능 축소를 초래했다. 일부 틈새는 휴가 등으로 일상 업무에서 일시적으로 벗어난 무급 자원봉사자들로 메워졌으나 너무 많은 틈새가 스트레스와 탈진으로 인한 복지 후퇴를 야기했다.

페미니스트 경제학자들은 또한 '생산성'과 같은 보수적 개념들이 경제의 유기적 개념이 아니라 경제의 기계적 모델에 토대를 두고 있다고 주장해왔다. 그런 개념들은 특히 공급자와 사용자 사이의 상호작용의 질, 그리고 상호작용에 소요되는 시간이 중요한 보건, 교육, 돌봄과 같은 서비스에는 적합하지 않다. 영국에서 노약자를 위한 요양원의 '생산성'은 노동비용을 줄임으로써 향상됐지만, 이는 고위직의 이직과 이 요양원에서 저 요양원으로 직원들이 예고 없이 급작스레 이동하는 결과를 낳았으며, 그것은 결국 코로나19의 확산을 저지하지 못하는 재난으로 귀결됐다.

코로나19는 수많은 저임금 노동자, 예컨대 버스 운전사, 배달 운전사, 수퍼마켓 계산원, 병원 청소부와 짐꾼들이 경제가 돌아가게 만드는 필수적인 존재들이지만, 많은 고임금 노동자(예컨대 금융업과 회계업 종사자들)가 필수노동자가 아니라는 사실을 보여주었다.

이는 임금이 어떻게 결정되는지에 대한 통념을 깨고 임금은 생산성 향상을 통해서만 인상될 수 있다는 생각을 단호히 거부할 기회를 제공했다.

진보적 경제학자들은 거시경제적 문제들이 대학과 연구소, 싱크탱크 바깥에서 이해되는 방식을 바꾸는 일에도 더 많은 관심을 기울여야 한다. 예를 들자면 정부 부채가 가계 부채와의 유사성을 통해 이해되고 제시되는 방식 같은 것이다. 일군의 영국 진보적 경제학자들이 2020년 11월 말에, BBC 기자들이 정부 부채 증가를 '국가 신용카드 한도액을 최대치로 사용하는 것'이라는 관점에서 오도하고 있다고 BBC에 문제를 제기했다.

나의 장래 연구와 관련해, 나는 코로나 위기가 어떻게 (젠더, 인종, 계급, 장애, 그리고 지역) 불평등을 심화하는지, 그러나 또한 그것이 이런 불평등에 도전하고 불평등을 역전시킬 어떤 기회를 제공할지 더 지켜볼 생각이다. 코로나 위기를 통해 일부 기업들이 만들어내고 있는 특별 이윤과 코로나 위기에 대비하지 못하고 관리하지 못한 결과 수많은 사람이 겪는 불필요한 고통 간의 대비가 우리의 경제를 바꾸는 데 필요한 넓고 깊은 동원계획들의 통합적 토대를 제공할 것이다. 하지만 나는 그것이 당연한 일이라고 생각하진 않는다.

대표 출판물과 영향

출판물

Diane Elson (1988). Market Socialism or the Socialisation of the Market?, *New Left Review*, 172, 3-44.

Diane Elson (1995). *Male bias in the development process*. Manchester University Press.

Radhika Balakrishnan, James Heintz, and Diane Elson (2016). *Rethinking Economic Policy for Social Justice: The Radical Potential of Human Rights*. Routledge.

영향을 준 인물

키스 그리핀Keith Griffin, 폴 스트리튼Paul Streeten, 로빈 머리Robin Murray, 한스 싱어Hans Singer, 러스 피어슨Ruth Pearson, 머린 맥킨토시Maureen Mackintosh

영향을 준 문헌

Keith Griffin and John Enos (1970). *Planning Development*. Addison-Wesley.

Robin Murray (1971). Internationalization of capital and the nation state. *New Left Review*, 67, 84-109.

Keith Griffin (1974). *The Political Economy of Agrarian Change: An Essay on the Green Revolution*. Macmillan and Harvard University Press.

제럴드 엡스타인

Gerald Epstein

금융화와 정치경제 분야의 거장인
PERI 공동창립자

제럴드 엡스타인은 매사추세츠 애머스트대학 경제학과 교수이자 동 대학 정치경제 연구소 공동소장이다. 그는 제인 다리스타, 제니퍼 토브Jennifer Taub와 함께 SAF-ER(안전하고 설명가능하며 공정하고 효과적인 금융개혁을 위한 경제학자위원회. Economists' Committee for Safe, Accountable, Fair and Efficient Financial Reform)를 설립했으며, 대중경제학센터Center for Popular Economics의 상근 경제학자다. 그는 최근에 《중앙은행의 정치경제The Political Economy of Central Banking: Contested Control and the Power of Finance》(2019), 《현대통화이론 무엇이 잘못됐나?What's Wrong with Modern Money Theory? A Policy Critique》(2019), 《은행클럽 해체Breaking the Bankers' Club: Finance for the Rest of Us》(2021)를 썼다.

당신의 개인적 이력에 대해 듣고 싶다.

나는 뉴멕시코 주의 앨버커키에서 자랐다. 아버지는 '집 포테이토 칩스'Zip Potato Chips라는 작은 포테이토 칩 회사(모토가 "집은 칩의 짱이다!"Zip is a pip of a chip!였다)의 공동 소유자였고, 어머니는 '주부'homemaker였는데, 당시에는 집에서 온갖 돌봄 노동을 하는 여자들을 그렇게 불렀다.

자랄 때 나는 장난꾸러기(솜씨가 썩 좋진 않았지만)였다. 그런데 시민권과 반전 운동이 일어나면서 내 고교시절 교사들 중 일부가 그런 일에 대해 얘기하기 시작했고, 나는 점점 정치에 관심을 갖게 됐다. 1969년 대학에 들어갔을 무렵 나는 좀 더 비판적이고 활동적인 공동체와 생각들을 찾고 있었다. 그러나 그때는 그런 일들에 대해 잘 알지는 못했다. 다행스럽게도 내가 들어간 필라델피아 교외의 스워스모어 칼리지Swarthmore College는 당시의 다른 많은 대학처럼 그런 활동의 온상이었다. 비록 작은 대학 내의 초현실적인 공간이었지만 1학년 때 나는 주로 마르크스에 연원을 두고 있는 좌익 정치와 비판적 분석에 빠져들었다.

경제학 공부를 위해 정치학을 버렸는데, 왜 그랬나?

나는 마르크스와 반자본주의 정치학에 빠져들었지만, 당시 스워스모어 대학에 있던 극히 일부의 교수만이 관련 지식이 있었고, 그들은 특히 그런 식의 접근에 호의적이기까지 했다. 하지만 교수별로 정해진 분명한 전공은 없었다.

나는 처음에 세상을 바꾸려면 정치를 이해해야 한다고 생각했기 때문에 정치학을 택했다. 하지만 마르크스와 마르크스주의 사상에 깊이 들어가면 갈수록 경제학을 이해하는 것이 핵심임을 깨달았고, 그래서 거기에 초점을 맞추기로 작정했다. 물론 나는 젊었고 내가 하던 일에 대해 실은 잘 몰랐지만, 그때는 그게 내 생각이었다. 잘 풀려갔다고 생각한다.

대학 졸업 뒤 나는 경제학에 집중하고 싶었다. 일련의 행운들 덕에 나는 프린스턴대학 대학원에 들어갔고, 처음엔 공공정책을, 그리고 박사과정 프로그램에서는 경제학을 전공했다.

1970년대와 1980년대 초, 신자유주의가 대두하고 있던 그 시절에 프린스턴에서 경제학을 공부한다는 것에 대해 어떤 생각을 했나?

당시의 대다수 대학원과 마찬가지로 프린스턴 경제학과의 교수들(그리고 대다수 학생들)은 시장이 자원을 효과적으로 배분하느냐 그렇지 않느냐라는 지극히 협소한 문제들을 모델링하고 답을 찾기 위한 수학적 접근을 학습하는 데 가장 큰 관심을 갖고 있었다. 불평등, 권력, 제국주의, 차별, 착취, 경제위기, 경제사와 그 진화의 시대, 생산양식들의 가장 중요한 차이, 제도의 중대성 등에 관한 의문은 당시 경제학과에 소속돼 있던 사람들에게는 전혀 관심의 대상이 되지 못했다.

이와 관련해 가벼운 예를 하나 들어 보겠다. 아서 루이스W. Arthur Lewis는 중앙아메리카 카리브해의 세인트루시아St. Lucia 출신으로 개발경제학 분야에서 대단히 뛰어난 사람이었는데, 흑인으로 노벨경제학상을 받은 유일한 사람이다. 그가 프린스턴에 있을 때(명예교수) 내가 그곳에 들어갔다. 그는 가난한 나라의 관점에서 개발에 관한 깊은 이해를 지니고 있었다. 그는 연구하면서 많은 시간을 그 대학 도서관에서 보냈는데도 경제학과는 내가 그 대학에 있던 기간 내내 이에 대해 언급한 적이 단 한 번도 없었다. 그들은 그냥 경제학의 폭넓은 이해에 관심이 없었을 뿐이다.(분명히 얘기하지만, 루이스는 결코 마르크스주의자가 아니었다.)

내가 프린스턴에 있을 때, 여전히 신케인즈주의학파neo-Keynesians(조앤 로빈슨은 '빌어먹을 케인지언'bastard Keynesian이라고 불렀다.)가 경제학과의 주류였다. 그 당시 새뮤얼슨Paul Samuelson과 솔로Robert Solow, 토빈James Tobin이 이끌던 예일대학과 매사추세츠 공대, 하버드대학 등의 신케인즈주의자들은 밀턴 프리드먼이 이끄는 시카고대학의 '통화주의자들'monetarists과 싸우고 있었다. 그러나 지형이 상당히 좁았다. 예컨대 내가 앞서 얘기한 더 큰 문제들에 대해서가 아니라 통화정책 대 재정정책의 효과를 둘러싼 싸움 같은 것이었다.

낸시 맥리언Nancy MacLean이 그녀의 뛰어난 책《사슬 속의 민주주의Democracy in Chains》에서 보여줬듯이 밀턴 프리드먼과 제임스 부캐넌James Buchanan을 비롯한 시카고학파는 음흉한 계략을 꾸미고 있었다. 그것은 피노체트의 칠레를 시험장, 성능검사장으로 삼아 경제학, 정치학, 법학계에서 민주주의를 손상시키고 신자유주의를 퍼뜨리는 것이었다. 신케인즈주의자들은 이에 대해 아무것도 몰랐다. 정치학과 경제학의 교차지점에 대해 깊이 생각했던 매사추세츠 애머스트대학의 교수들과 같은 급진적 경제학자들은 무슨 일이 벌어지고 있는지 어느 정도 알고 있었는데, 특히 칠레에서 자행된 범죄행위들이 폭로됐을 때 그러했다.[4] 급진적 경제학자들인 톰 바이스코프Tom Weisskopf, 아서 맥이완Arthur MacEwan 등도 당시 라틴아메리카에서 진행된 이 거대한 계략을 폭로했다.

사실 내가 1970년대 초에 프린스턴 대학원에서 공공정책을 공부하고 있었던 바로 그때, 시카고학파 소속 학자들이 피노체트에게 자문해주고 있었던 것처럼 시카고-피노체트 자문단의 설계자들 중한 사람이었던 아놀드 하버거Arnold Harberger는 비용-편익 분석 특별 과정(물론 '하버거 트라이앵글'–Harberger Triangles/재화나 서비스의 균형이 파레토 최적이 아닐 때 발생하는 경제적 효용의 순손실–역주–로 채워졌다.)을 가르쳤는데, 칠레에서 그의 역할에 대해 애기한 사람은 아무도 없었다.

당시 경제학과에는 망각의 일반적 패턴에서 벗어난 2명의 예외적인 인물이 있었다. 경제사상사에 관심을 가졌던 윌리엄 보멀William Baumol과 국제경제학자 피터 케넌Peter Kenen이다. 피터 케넌은 제도, 정치, 권력에 대해 실제로 알고 있었고 신경도 썼지만 자신의 경제학 수업에서는 그런 주제들에 대해 별로 애기하지 않았다.

따라서 경제학과에서 내가 받은 지적인 영향은 부드럽게 애기하자면, 얻은 게 별로 없었다.(한 가지 덧붙여야겠는데, 내 조언자들인 스티븐 골드펠드Stephen Goldfeld와 앨런 블라인더Alan Blinder는 나의 '특이한' 접근법에 도움이 되고 관대했지만, 기술적인 문제들을 빼고는 도움이 되지 못했다.)

다행히 정치학과에는 다수의 대단한 대학원생들이 있었고 나는 그들의 친구가 됐다. 그들은 대학원생인 내게 가장 큰 영향을 주었으며, 특히 조엘 로저스Joel Rogers와 톰 퍼거슨Tom Ferguson 두 사람이 그랬다. 톰과 나는 지금까지도 좋은 친구인데, 나는 그로부터 정치학과 경제학의 접점에 대해 많이 배우는 중이다. 결국 나는 경제학과 정치학, 특히 계급과 권력 문제 그리고 그것이 자본주의 동역학에 의해 어떻게 서로 만들어지는지를 통합적으로 분석하려 했다. 그것이 내가 대학에서 시작한 것이고, 지금까지의 내 경력 내내 그렇게 하려고 노력하고 있다.

매사추세츠 애머스트대학에는 어떻게 가게 됐나?

정치적/직업적 욕망, 개인적 상황, 그리고 많은 행운의 조합 덕에 매사추세츠 애머스트에 가게 됐다.

　　먼저 대학원을 다니기 시작할 때부터 매사추세츠 애머스트는 항상 나의 이상적인 교직으로 내 마음 속에 있었다는 얘기부터 해야겠다. 애머스트는 뉴스쿨과 함께 가장 흥미로운 동료들과 학생들이 있고, 철저한 연구와 활발한 정치활동에 헌신하는 곳이라고 생각했다. 당시 놀랍게도 리버사이드, 노트르담, 그리고 유타 등 다른 대학에도 좋은 비주류 프로그램들이 있었다. 가르치는 분야로 가야겠다고 생각했을 때 나는 늘 매사추세츠대학에 가고 싶었다. 결국 거기로 갔으니 나는 매우 운이 좋았다.

　　내가 매사추세츠 애머스트에 어떻게 들어가게 됐는지 얘기하려면 좀 긴데, 자세한 내용으로 지겹게 만들고 싶지 않으니 대강만 얘기하겠다. 대학원 졸업 뒤 나의 첫 교직은 매사추세츠의 북서쪽에 있는 윌리엄스 칼리지Williams College에서 시작했다. 거기에서 나는 운 좋게도 그곳을 방문 중이던 조앤 로빈슨을 만났고, 내게 큰 영향을 끼쳤고 지금까지도 매우 좋은 친구로 지내고 있는 또 한 사람 줄리 쇼어Julie Schor를 만나는 큰 행운을 누렸다. 데이비드 고든David Gordon은 그가 뉴욕에서 창설한 새로운 진보적 기관이자 그가 다년간 종사해온 노동연구소의 외연기관에서 연구 분야 책임을 맡기기 위해 줄리를 채용했다. 줄리는 내게 그 연구분야 책임을 함께 맡겠느냐고 제의했고, 나는 그 기회를 덥석 붙잡았다. 절반을 연구소에서, 나머지 절반은 뉴스쿨에서 강의하는 조건이었다. 그것은 꿈의 실현이었고, 나는 당연히 수락했다.

　　불행하게도 내가 윌리엄스 칼리지를 그만두고 뉴욕으로 간 직후에 데이비드의 프로젝트 펀딩이 실패해 계약의 절반인 뉴스쿨에서의 강의만 맡게 됐다. 하지만 그것은 내게 훌륭한 교육이었다. 처음으로 나는 마르크스와 케인즈 그리고 급진적 경제학, 이 모두를 다 갖춘 전문가들인 동료들과 학생들에 에워싸였다. 나는 뉴스쿨에 있던 3년 동안 프린스턴대학 대학원에서 보낸 모든 기간보다 더 많이 배웠다.

그러는 사이에 나는 지금은 아내가 된 프랜신 도이치Francine Deutsch 를 35년 넘게 만났는데, 그녀는 마운트 홀리오크대학 웨스턴 매사추세츠 칼리지Western Massachusetts at Mt. Holyoke College에서 강의하고 있었다. 우리는 결혼했고 곧 아이를 가졌다. 그래서 통근이 견디기 어렵게 돼가고 있었는데, 다행스럽게도 1986년에 매사추세츠대학에서 자리를 얻을 수 있었고, 이후 지금까지 다니고 있다.

1998년에 당신이 설립을 도왔고 이후 공동소장으로 있는 정치경제연구소PERI에 대해 얘기해달라. PERI가 그동안 어떻게 해왔고, 지금 최우선 과제는 무엇인가?

밥 폴린Bob Pollin과 나는 대학원 시절에 한 회의장에서 만났는데, PERI에 관한 아이디어는 훨씬 나중에 시작됐다. 밥과 나는 진보적 경제정책에 관한 경제정책연구소Economic Policy Institute, EPI 회의에 함께 초대받았고, 우리는 많은 문제, 특히 완전고용과 광범위하게 구조조정된 금융시스템을 위한 강력한 진보적 거시경제정책의 필요성과 실현 가능성에 대해 같은 생각을 갖고 있음을 발견했다. 그 회의에 참석한 사람들 대다수는 이런 류의 거시경제 및 금융 정책들은 글로벌화한 세계에서는 더 이상 실현 가능성이 없다며 그것을 잊어야 한다고 말했다. 그 회의가 끝나고 몇 주 뒤에 밥은 내게 전화를 걸어 자신과 함께(그리고 게리 딤스키Gary Dymski도) 프로젝트, 회의, 책에 관한 기획 등의 문제들을 여러 방면에서 구체화해

보지 않겠느냐고 물었다. 나는 "물론, 좋지요."라고 대답했다. 그 프로젝트는 오늘날까지 이들 영역에서 자리를 지키고 있는 많은 최고의 진보적 경제학자들을 불러모았다. 우리가 공동 편집한 책 《미국 금융시스템 변혁-21세기를 위한 공정하고 효율적인 구조Transforming the US Financial System: An Equitable and Efficient Structure for the 21st Century》를 EPI가 펴냈는데, 그 책 몇 개 장들은 사실 매우 선견지명이 있었다.

아무튼 우리는 좋은 책과 그 프로젝트에 참여하지 않은 수많은 진보적 경제학자와 탄탄한 관계를 확보했을 뿐만 아니라 밥과 나의 직업적 관계의 토대까지 쌓았다. 그리하여 연구소를 시작할 기회가 생겼을 때 우리 둘이 그것을 함께 추구하는 것은 자연스런 일이었다.

그 기회는 밥이 뉴스쿨에 새 정책연구소 소장을 해보지 않겠느냐는 제안을 받은 지 몇 년 뒤에 찾아왔다. 나는 밥이 나와 접촉해 함께 그 일을 해보지 않겠느냐고 제안해준 것을 매우 고맙게 생각한다. 이 얼마나 엄청난 기회냐! 나는 아내 프랜신과 검토해봤고, 그녀는 원칙적으로 뉴욕으로 돌아가기를 바랐으나 재정적으로 실현 가능한 일이 아니라고 생각했다. 그녀는 또 그렇게 되면 자신의 마운트 홀리오크대학 일자리를 그만둬야 했다. 그래서 나는 밥에게 그 대신에 매사추세츠대학에 연구소를 만들자고 제안했다.

그 일로 우리는 1년여에 걸쳐 작업을 진행했는데, 모든 것이 한데로 모였다. 1998년 가을에 밥과 시그리드와 그들의 아이들이 애머스트로 왔고, PERI가 시작됐다.

밥과 내가 PERI 설립과 관련해서 갖고 있던 생각은 매우 단순했다. 그것은 우리가 철저한 진보적 경제연구에 뿌리를 두지만 완전고용, 금융 규제, 저임금 대책 등을 위한 거시정책과 같은 정책 관련 주제들에 초점을 맞추는 연구소를 만들고 싶다는 것이었다. 당시에 밤은 로스앤젤레스 등지의 활동가 그룹들이 시작한 '생활임금'에 관한 일에 깊이 관여하고 있었다. 우리에게 '정책 관련'은 이런 문제들을 조직하는데 활동가들과 연계할 수 있는 작업을 의미했다.

우리는 가끔 좌파 브루킹스 연구소Brookings Institute of the left를 설립하고 싶다는 말을 하곤 했다. 하지만 또한 우리는 정책관련 연구 주제들에 흥미를 갖고 있는 대학원생들을 훈련한다는 중요한 목표도 갖고 있었다. 거기에다 우리는 지금 분산돼 있는 문과대학들에서 가르치고 있는 예전의 비주류 경제학과 대학원생들을 육성하고 유지하는 일을 돕고, 그들의 연구 지원과 참여 네트워크 결성 등의 일을 돕고 싶었다. 그렇게 하면 그들이 이런 류의 작업에 계속 참여하기가 더 쉬워질 것이다. 그리하여 브루킹스와는 달리 우리는 비주류경제학에 초점을 맞춘 (그러나 공식적으로는 대학원에 소속되지 않은)대학원과 긴밀히 협력하기를 바랐다. 매사추세츠대학은 이를 위한 완벽한 장소였다.

가장 강력한 지적 영향을 끼친 사람들은?

넓은 차원에서는 당연히 카를 마르크스와 존 메이너드 케인즈가 내게 중요한 지적 영향을 끼쳤다. 마르크스는 계급과정class processes에 초점을 맞춘 것과 전반적인 거시경제적 비전 면에서, 케인즈는 총수요에 초점을 맞춘 것과 재정/투자 연결에 대한 명석한 통찰 면에서. 하지만 나는 훨씬 더 가까운 곳에서도 강한 지적 영향을 받았다. 두 사람 중 한 사람은 짐 크로티Jim Crotty인데, 그는 내가 알고 있는 케인즈에 대한 깊은 통찰의 대부분을 내게 가르쳐주었고, 그것들이 마르크스의 분석과 어떻게 서로 연결돼 있는지도 가르쳐주었다. 그리고 나의 오랜 대학원 시절 친구 톰 퍼거슨은 정치와 금융의 정치경제에 대해 많이 가르쳐주었다. 나는 또 국제 금융 시스템의 작동에 관해 제인 다리스타와 로버트 맥콜리Robert Mc-Cauley로부터 많이 배웠다. 그리고 마지막으로, 하지만 결코 영향력이 적지 않은 사람 밥 폴린으로부터 학계의 작업과 진보적 정치운동의 연계의 중요성을 포함해 많이 배웠다.

학계 초기 연구는 연방준비제도이사회의 정치, 통화정책, 그리고 일반적인 중앙은행업무에 주로 초점을 맞췄다. 이는 1970년대의 미국경제를 괴롭힌 스태그플레이션 현상 때문인가?

1970년대의 스태그플레이션은 확실히 중요한 요소다. 하지만 핵심 관련 요소는 당시 연방준비제도이사회가 스태그플레이션에 대처하기 위해 애쓰면서 수행한 중심적인 역할, 특히 연방준비제도이사회 의장 폴 볼커Paul Volcker가 수행한 강력한 역할이었다. 당시 볼커는 워싱턴에서 대통령 바로 다음 가는 제2인자로 불렸다. 그러나 좌파 경제학자들은 연방준비제도이사회, 더 일반적으로는 중앙은행 업무를 전혀 분석하지 않았다. 그것은 그저 구분되지 않는 '국가의 이론'theory of the state으로 미루어졌을 뿐이다. 하지만 적어도 볼커 아래서 연방준비제도이사회는 완전히 주도권을 잡았다.

나는 짐 크로티와 레이 바디Ray Boddy, 그리고 레오너드 래핑Leonard Rapping의 작업에서 영감을 받았다. 레오너드는 급진적 정치경제 관점에서 거시경제 정책의 정치경제에 관한 중요한 글들을 썼다. 그것을 토대로 나는 내가 거시경제 정책의 핵심 구성요소로 본 것, 즉 중앙은행에 초점을 맞추고 싶었다.

연방준비제도이사회에 초점을 맞추자마자 나는 금융 시스템과 금융의 정치경제 분석을 발전시키기 위해 노력했는데, 그만큼 그것이 통화정책, 그리고 중앙은행의 제도적 구조와 정치의 중요한 구성요소이기 때문이었다. 미국 금융이 국제무대에서 대규모로 성장함에 따라 나는 국제금융도 공부할 수밖에 없었다. 그래서 지금까지 내 남은 경력을 위한 연구과제가 거의 정해져버렸다.

스태그플레이션의 원인은 무엇이며, 그것은 재발할 수 있나?

당연히 그렇다. 재발할 수 있다. 가장 믿을 만한 스태그플레이션 이론들은 공급부족으로 악화되고 중앙은행을 비롯한 금융시스템에 의해 조율되는 소득배분을 둘러싼 계급과 계급 내부 투쟁을 강조했다. 이런 이론들은 1970년대에 밥 로손, 톰 웨이스코프 등이 발전시켰는데, 1970년대의 스태그플레이션에 대한 설명으로는 큰 설득력이 있다. 그런 스태그플레이션은 재발할 수 있을 뿐만 아니라 오늘날 여러 나라, 즉 아르헨티나, 짐바브웨 등에서 바로 지금 일어나고 있다.

부자나라들에서도 재발할 수 있느냐고? 미래의 스태그플레이션을 장황하게 얘기할 수 있는 여러 타당한 시나리오가 있다. 가장 그럴듯한 것들 중에는 기후변화가 들어간다. 기후변화는 가뭄, 기아, 물 부족, 특히 실질적인 소득배분을 둘러싼 국가적, 전 지구적 투쟁을 야기하게 될 전형적인 공급부족을 초래하기 쉽다. 우리의 현재 금융 시스템은 매우 유동적이며, 중앙은행들은 이런 충격들을 수용하려는 일부(또는 수용하지 않으려는 다른 일부)의 압력 아래 놓일 것이고, 분쟁으로 촉발된 인플레 수준은 1970년대와 1980년대에 그랬듯이 다시 중요한 정치투쟁으로 발전할 것이다. 대부분 낮은 인플레와 지속적인 경제성장이 진행되는 오늘날에 그런 상황이 오리라고는 믿기 어려운 줄 알고 있지만, 기후와 연관된 그런 문제들은 곧 바로 들이닥치기 직전 상황까지 와 있다.

중앙은행장들이 여전히 선출되지 않은 정책입안자들이기 때문에, 지난 금융위기는 중앙은행 업무와 그 적법성에 대해 다시 중대한 의문을 제기했다. 하지만 대중이 정치인과 전문가들을 믿지 않는 시대에 누가 중앙은행을 운영해야 하며, 통화정책을 실행할 최선의 방책은 무엇인가?

중요하지만 어려운 문제다. 내 경력의 대부분을 차지하는 기간에 나는 '민주적으로 통제되는' 중앙은행을 주창했고, '독립적인' 중앙은행이라는 통념을 비판해왔다. '중앙은행 독립'이란 부적절한 말이며 유명무실하다고 주장했고 지금도 그렇다고 믿고 있다. '독립적인' 중앙은행 같은 것은 존재하지 않는다.

중앙은행은 모든 중요하고 힘이 있는 경제제도들이 그러하듯 정치적 산물이다. 미국에서 연방준비제도이사회는 원칙적으로 의회의 통제를 받으며, 행정상으로 임명권을 지닌 대통령에 의해 공식적으로 영향을 받는다. 하지만 연방준비제도이사회는 지금 상당한 자치권을 갖고 있으며, 의회와 대통령으로부터 그 독립성을 보호해줄 강력한 지지 유권자 층을 양성함으로써 그 자치권을 유지하려 한다. 미국과 다른 나라들에서도 그렇지만, 그런 지지 유권자들은 주로 은행가들과 금융업자들, 주로 월스트리트에 의해 양성된다. 그런 많은 사람 중에 밀턴 프리드먼은 몇 년 전에 다음과 같은 말을 했다.(여기에서는 내가 표현을 바꾼다.) "중앙은행들이 정부로부터 독립적일 때, 그들은 상업은행들에 너무 의존하게 될 것이다." 따라서 문제는 중앙은행이 얼마나 '독립적'이냐가 아니다. 중앙은행이 누구에게 기댈 것이냐다. 월스트리트냐, 다른 어떤 자본 분파냐, 또는 더 일반적으로 말해서 사회냐.

월스트리트와 '국민' 중에 선택해야 한다면, 나는 언제나 '국민'을 택했다. 하지만 대부분의 일들이 그렇듯 악마는 디테일 속에 있다. 중앙은행을 어떻게 민주적으로 만들 것인가? 정치 시스템이 부패하거나 독재자들 또는 과두집단에 의해 통제될 때 중앙은행 민주화를 어떻게 수행할 것인가? 미국에서는 트럼프가 자신의 재선을 위해 연방준비제도이사회에 대한 통제권을 더욱 강화하려 했다. 트럼프의 반대자들은 심지어 좌파의 일부까지도 '중앙은행 독립'의 존엄성을 부르짖었다!

우리는 이 모든 것을 어떻게 해야 할까? 내 생각에는 중앙은행의 민주화는 여전히 원칙적으로 옳다. 하지만 정치제도가 부패했다면 단지 은행들만이 아니라 공동체와 노동기관들에도 응답해야 할 기술 관료들이 더 많은 통제를 가해야 한다는 의미일 수도 있다. 예컨대 밥 폴린이 썼듯이, 미국에서는 연방준비제도이사회의 지역 준비은행들이 더 많이 통제한다는 의미일 수 있으며, 반대로 연방준비제도이사회가 더 많은 공동체와 노동 통제를 통해 민주화됐음을 의미할 수 있다.

이런 아이디어들을 깊이 숙고할 때, 우리가 신자유주의 정책을 비평하며 얘기했듯이 한 가지 사이즈로는 모든 것에 맞출 수 없음을 기억하는 것이 중요하다. 최선의 제도적 구조는 각기 다른 장소와 환경마다 다르게 대처할 수 있도록 다양해질 것이다. 현장의 제도와 사실들이 매우 중요하다.

금융화financialization**는 최근의 연구 어젠다에서 중요한 요소였다. 금융화는 자본주의 진화의 새로운 단계에 해당하는가? 그것은 신**

자유주의와 글로벌화(세계화)와 직접 연결되는가? 정보기술의 전례 없는 확장은 금융시장 확장과 금융자유화 프로그램에 어느 정도로 기여하고 있는가?

'금융화' 아이디어는 우리가 최근의 몇 가지 중요한 자본주의 동역학을 개념화하고 연구할 수 있게 해주는 유용한 우산을 제공했다고 생각한다. 그 개념은 사회학, 정치경제, 경제학, 역사 기타 여러 분야의 많은 훌륭한 연구와 연결돼 있다. '금융화'에 대한 정의는 주로 그 다면적인 현상 때문에 다양하다. 내가 보기에 핵심 아이디어는 금융적 사고, 금융 목표들, 금융 그룹들, 금융기관들이 점차 경제와 정치 활동 및 결정들을 지배해가고 있다는 것이다.

하지만 다른 학문적 개념이나 유행어들처럼, 그것은 남용되고 (그것이 단어라면) 지나치게 학구화됐을 수 있다. 따라서 다른 생각들처럼, 우리는 그것이 마치 자본주의 동역학과 사회 정치적인 삶을 유용하게 분석할 수 있는 유일한 렌즈처럼 여기지 않도록 조심해야 한다.

'금융화'를 생각하는 최선의 방법은, 그것이 신자유주의 및 글로벌화(세계화)와 밀접하게 연결돼 있다는 점을 생각하는 것이라고 본다. 그런 힘들이 서로를 강력하게 보강하며 밀고 나가기 때문에 그것들을 명확하게 구분하기는 불가능하다. 물론 전체 동역학 속에서 작동하는 구성요소들과 세력의 분석은 유용할 수 있지만, 그것들이 통합적으로 이루고 있는 전체를 간과해서는 안 된다.

그렇게 할 때 물론 정보기술, 그리고 디지털화의 중요한 역할을 빠뜨려서는 안 된다. 그리하여 여기에서는 자본주의 발전의 여러 방면에서 그러했듯이, 마르크스가 말한 '생산력'의 발전이 매우 중요하다.

금융화가 자본주의의 새로운 단계에 해당하느냐고? 나는 그런 질문들에 대답하기 어려운데, 왜냐면 나는 마르크스주의와 기타 이론적 문헌에서 '단계'와 같은 개념들이 엄청난 논란에 휩싸여 있다는 걸 알기 때문이다. 그 문제가 중요할 수 있겠지만, 나는 그런 논란에 가담하지 않음으로써 제정신을 유지하려 노력해왔다.

금융화를 둘러싼 가장 논쟁적인 문제들 중의 하나는 금융화와 현실 경제의 관계인데, 다수의 진보적 정치경제 분석들은 금융화가 현실 경제에 끼치는 영향은 주로 일종의 기생적 성격의 것임을 시사하고 있다. 금융화에 대한 이런 완전히 부정적인 관점에 동의하나?

이건 대단히 중요한 문제다. 나는 이 문제에 대해 배심원단은 아직 결정을 내리지 못했다고 말하고 싶다. 하지만 사실은 실망스럽게도 이 문제엔 배심원단이 없다. 이 문제는 모두가 다들 자기 의견을 갖고 있는 듯하지만 아무도 '진실'이 무엇이지 밝혀낼 진지한 탐구를 하지 않는 주제들 중의 하나다. 나는 대학원생들과 다른 연구자들이 이 문제를 진지하게 연구할 탐구전략들을 개발해서 이념적 논의가 아닌 정보와 지식을 통한 논의가 이뤄지기를 바란다.

그것은 대단한 연구 프로젝트 시리즈가 될 것이다. 연구자들은 다른 중요한 현상들의 연구에 사용된 많은 도구를 활용할 수 있을 것이다. 예컨대 금융화가 경제에 영향을 끼칠 수 있는 통로들의 확인, 그런 통로들과 그들 간의 상호작용의 영향에 대한 평가, 계량경제학, 비교 사례연구 등이다.

이런 문제들 중의 일부에 대한 좋은 이론적 작업들이 이미 이뤄지고 있다. 하지만 더 나아가기 위해서는 엄밀한 경험적 증거가 필요하다.

금융화가 기후변동 완화 움직임을 지연시킬 수 있다는 우려도 커지고 있다. 이 문제에 대한 생각은 어떤가?

불행하게도 나는 이 문제 전문가가 아니다. 질문에 대한 내 대답을 아래에서 볼 수 있겠지만, 이것은 조만간 내가 관심을 돌리고자 하는 주제다.

나는 지금 이에 대한 몇 가지 요점을 지적할 수 있다. 두 가지 방향으로 움직이는 세력들이 나타나고 있다. 한편으로, 금융화란 단기적 이익을 노리는 사고방식과 관련됐다고 알려져 있다. 이는 기후변동 완화와 회피를 위해 일부 영역에 필요한 장기 투자를 위축시키는 경향이 있다.

또 한편으로는, 금융화가 금융이익을 추구하는 유동성의 거대한 풀 창출과 관련이 있다. 기후변동 투자가 이런 자원들을 활성화하는 만큼 실질적으로 기후변동 완화에 기여할 수 있다. 이미 말한 대로 나는 이 문제에 대한 전문가가 (아직은) 아니지만, 장차 더 많이 배우고자 한다.

신자유주의는 이제 40년째에 접어들고 있고, 진보적 급진적 정치경제학자들은 이를 우리가 안고 있는 모든 문제들의 뿌리로 여기고 있다. 신자유주의가 어떻게 발흥하고 확산됐는지 설명해줄 수 있는가? 그리고 그것의 지속성에 놀라고 있는가?

그 질문에 대답하려면 도서관 하나가 필요하다. 사실 이 문제에 대해선 여러 개의 도서관을 채울 만한 책과 글이 쓰였다. 신자유주의가 어떻게 이토록 오래 지속할 수 있는지 정말 궁금하다.

나는 우리가 새로운 시대로 들어가고 있을지도 모른다고 생각한다. 다른 모든 시대의 전환처럼 그것은 새롭고 낡은 그리고 심지어 더 오랜 요소들을 품고 있으며, 거기에는 어느 시대의 것이든 사회 속에 축적된 수많은 경제적·사회적 관계의 층들이 있다. 따라서 물론 신자유주의 요소들도 거기에서 이익을 누리는 세력으로 남아 있을 것이며 그것을 지키기 위해 필사적으로 싸울 것이다. 하지만 내 생각에 신자유주의는 전 지구적 기후변동이 지배하는 새로운 시대와는 잘 맞지 않을 것이다.

앞서 얘기했듯이 앞으로 자원, 국경, 이익, 그리고 생명에 기본적으로 필요한 것들을 둘러싼 분쟁들이 증가할 것이다. 각국 정부는 자원배분 결정, 소득과 복지 분배과정, 국가안보와 국경문제에 훨씬 더 깊이 개입하게 될 것이다. 그런 과정들은 더욱 권위주의적으로도 또는 더욱 진보적으로도 될 수 있겠지만, 시장과 자유화, 자유주의의 역할은 신자유주의의 상승기보다는 줄어들 듯하다.

지금의 암울한 과학 연구와 학문 상황 속에서, 경제학자들이 전체적으로 제대로 된 문제들을 풀기 위해 노력하고 있다고 보는가? 질문을 달리 하자면, 경제학은 과학적 객관성이라는 기준에 합당한 진정한 과학인가?

내 생각에 학문으로서의 경제학은 더 다양해졌다. 경제학은 한때 그랬듯이 자본주의와 시장의 명백한 장점으로서의 보이지 않는 손 등으로 모두 수렴하지 않는다. 경제학에서 지배적인 비전이 없다는 점은 개선이기도 하지만, 많은 비주류 경제학자의 입장에서는 어떤 면에서 결점이기도 하다. 그리고 확신하건데, 보이지 않는 손의 두드러진 덕목이라는 역행적인 비전을 지닌 핵심적인 신자유주의자들이 여전히 많은 학과에 현존할 뿐만 아니라 경제학과 학술지 편집통제 훈련을 받고 있는 많은 대학원생을 여전히 지배하고 있기도 하다. 이것은 여전히 강력한 신자유주의 사슬을 깨뜨리고 해방하는 학문으로서의 경제학의 전망에 대한 중대한 문제다. 이념의 지도를 받는 학문은 그 본래의 개념으로 보면 '진정한 과학'이 아니다.

한편, 비주류 경제학은 내가 보기에 지난 수십 년간 더 강해졌다. 비주류 경제학은 순수한 이념적 태도는 약화되고, 세계를 이해하고 그것을 어떻게 바꿀 것인지 공부하는 일에 대한 진지한 탐구는 강화됐다. 다른 어떤 요소들보다 젠더, 인종, 민족, 그리고 환경에 대한 실로 중요한 작업을 통합함으로써 폭이 더 넓어졌다. 우리가 비주류 경제학의 제도적 기반을 보존하고 가급적 키우기만 한다면, 계속 전진할 수 있을 것이다.

사실 이것은 밥 폴린과 내가 정치경제연구소PERI를 설립한 주요 목적이었다.

자신의 연구 어젠다는 어떠한가? 그것은 앞으로 어느 방향으로 갈 것인가? 그리고 진보적 정치경제가 2020년대의 10년간 초점을 맞춰야 할 새로운 주제는 무엇이어야 한다고 보나?

나 자신의 연구 어젠다와 관련해, 나는 기후변동 문제에 더 많이 관여해서 종국적으로 그 연구에 기여하기를 바란다. 내 전공 분야는 금융과 정치경제이기 때문에, 그것들이 기후변동과 기후변동을 완화시키는 문제에 대한 내 연구의 시발점이 될 수 있을지 걱정스럽다.

진보적 정치경제가 어떤 일을 해야 하는지에 관한 질문에 대해, 나는 정치경제학자들이 기후변동 문제에 대처하기를 진심으로 바란다. 문제의 심각성에 비춰볼 때, 나는 대학원생들이 이들 주제에 어떻게 이토록 무관심한지에 대해 아직도 놀라고 있다. 이것이 바뀌기를 바란다.

그러나 물론, 중요한 사안은 많다. 나는 많은 비주류 경제학자가 경험적, 역사적, 그리고 제도적 연구에 관여해서 정책 관련 작업에 종사하고 있어 기쁘게 생각한다. 이론적 작업은 정치경제를 포함한 어느 학문분야에서든 언제나 중요할 것이다. 나는 무엇보다도 응용연구 쪽에 대한 비중을 조금 더 높여서 우리가 좀 더 용이하게 진보적 정치투쟁에 보탬이 될 수 있기를 바랄 뿐이다.

코로나19 팬데믹에 대하여

코로나 위기에서 평등주의적 경제 프로젝트를 추진하는 데 있어 가장 실행 가능한 방안에 대해 어떤 교훈을 얻었는가?

코로나19가 오래 지속돼온 우리 경제 및 사회 시스템의 기존 불평등에 스포트라이트를 비추면서 그것을 더욱 악화시켰다는 얘기는 이제 거의 진부한 말이 됐다. 그건 사실이지만, 그럼에도 그 문제를 이런 식으로 얘기하는 것은 좀 이상한 면들이 있다. 그 불평등들과 그것의 파괴적인 영향은 지난 수십 년 동안 이미 명백했다. 불평등들의 전 지구적 영향은 분명히 엄청나다. 미국에 초점을 맞추면, 지난 몇 년간 노동조건, 건강의료 돌봄 제공 분야에서의 이들 불평등과 사회안전망의 실패는 인종적 민족적 소수자들, 수많은 여성 그리고 노동계급 사람들의 삶을 급격히 악화시켜왔다. 하

200

지만 자본가 및 정치 엘리트들은 이런 문제들을 무시했을 뿐만 아니라, 약자들의 삶을 악화시키면서 자신들은 번창했다.

특히 미국에서 분명해진 사실은 자본주의적 관행과 구조가 우리 사회와 경제를 아주 견고하게 지배하게 되었다는 것이다. 내 생각에 평등주의적 프로젝트를 전진시키기 위한 해결책은, 진보적 정치경제정책을 혁신하고 개혁함으로써 이런 정치 현실에 정면으로 맞서는 것이다.

물론 이에 성공적으로 맞서는 것은 동시에 여러 전선에서 이뤄져야 한다. 즉 흑인의 생명도 소중하다Black Lives Matter, 해돋이운동(Sunrise Movement, 기후변동에 대처하는 정치적 행동을 옹호하는 미국의 정치행동단체-역주)과 같은 진보적 정치세력의 지속적인 활성화와 노동조합운동 내의 진보 세력의 재활성화, 각계각층 진보주의자들의 당선력 강화, 학술계 안팎의 진보적 경제학자와 다른 사회과학자들 및 전문가들을 훈련시키기 위한 프로그램 구축, 그리고 효과적인 정책 수립을 위한 선출된 관리들의 동원 및 효과적인 행동 등이다.

그리고 우리 사회와 경제가 직면한 수많은 문제가 있지만, 우리는 반드시 다음과 같은 몇 가지 분야에 초점을 맞출 필요가 있다. 예컨대 기후변동에 맞서 싸우기, 좋은 보수를 주는 일자리들에서 완전고용 만들어내기, 보편적이고 공정하며 효과적인 보건의료 돌봄 시스템 창출, 교육과 돌봄 분야에 대한 적절한 지원 제공, 체계적인 인종차별과 젠더 차별 배제 등이다.

따라서 내가 보기에 코로나 위기의 핵심적인 교훈은, 각계각층의 진보주의자들이 진보적 경제학자들을 비롯한 여러 사람이 개발한 수많은 뛰어난, 잘 짜이고 발전된 정책을 실현할 공간을 창출할 수 있는 곳이면 어디서든 정치권력을 획득하기 위한 끊임없는 정치 동원을 계속해야 한다는 것이다. 이에는 그린 뉴딜, 전 국민 의료보험, 사법제도 개혁, 돌봄 노동 제공, 생활임금, 공공지향적인 신용 창출 및 배분(예컨대 공공은행 활용) 등이 포함된다.

요컨대 우리가 전 지구적 행진을 가로막고 있는 강력한 자본주의적 반동세력을 약화, 중단, 그리고 역전시키려 한다면, 진보적 정책의 개발과 정치권력의 배양은 반드시 손을 맞잡고 가야 한다.

코로나 위기 체험이 학문으로서의 경제학, 더 구체적으로는 연구하면서 답을 찾아왔던 문제에 대해 영향을 미쳤는가?

그렇다. 앞서 얘기한 내 답변에서 제시했듯이, 코로나 위기와 이에 대한 정책적 대응은 개혁과 혁신을 위한 중요한 정책 분석들과 함께 가기 위한 정치경제 권력 분석의 필요성을 강화했다.

또한 코로나 팬데믹 경험은 경제학자들이 자본가 및 시장 세력과 결탁한 기획과 행정 과정에 대한 연구 필요성이 점점 커지는 점을 표면화했다고 생각한다. 우리는 코로나 위기의 여파를 다루기 위한 정부들의 시도 대부분이 실패하는 것을 목격했으며, 그 뒤 더 성공적이었던 백신 개발 과정을 지켜봤다. 이들 백신을 전 세계 인구 대부분에게 주사하기 위한 대규모 수송 수요가 다음 어젠다이며, 국가 계획 및 행정 프로세스 능력이 결과에 매우 중요한 영향을 끼칠 것이다. 이들 요소는 또한 그린 프로젝트로의 이행을 수행할 우리의 능력, 그리고 다른 국가적·세계적 문제들을 풀어낼 우리의 능력에 큰 부담을 안겨줄 것이다.

신자유주의의 발흥과 소련의 몰락은 중요한 연구 주제인 국가계획과 행정의 소외를 야기했다. 하지만 이제 다시 한번 이런 문제들이 얼마나 중요한지 분명해졌다. 이와 관련해서 정치경제 연구자들은 자본주의 인센티브, 정치권력, 재산권과 계급, 젠더 그리고 인종편견과 불평등과 같은 문제들을 다룰 것이다.

코로나 바이러스 사태가 국가, 계획, 행정의 필요성을 우리에게 상기시킴에 따라, 우리 경제학자들은 이들 문제를 더 충실하고 엄밀하게 우리의 연구 분야로 다시 편입시켜야 할 것이다.

대표 출판물과 영향

출판물

Gerald Epstein and Thomas Ferguson (1984). Monetary Policy, Loan Liquidation, and Industrial Conflict: The Federal Reserve and the Open Market Operations of 1932. *The Journal of Economic History*, 44(4), 957–983.

Gerald Epstein (2019). *What's Wrong with Modern Money Theory? A Policy Critique*. Palgrave/Macmillan.

Gerald Epstein (2019). *The political economy of central banking: Contested control and the power of finance, selected essays of Gerald Epstein*. Edward Elgar Publishing.

영향을 준 인물

짐 크로티Jim Crotty, 카를 마르크스Karl Marx, 존 메이나드 케인즈John Maynard Keynes, 그랜트 트리펠Grant Trippel, 톰 퍼거슨Tom Ferguson, 제인 다리스타Jane D'Arista, 밥 폴린Bob Pollin

영향을 준 문헌

Raford Boddy and James Crotty, "Class Conflict and Macropolicy: The Political Business Cycle", *Review of Radical Political Economics*, April 1975.

James Crotty (2009). "Structural causes of the global financial crisis: A critical assessment of the "new financial architecture." *Cambridge Journal of Economics*, 33(4), 563–580.

James Crotty (2019). *Keynes against capitalism: His economic case for liberal socialism*. Routledge.

낸시 폴브레
Nancy Folbre

젠더 불평등을 위해 싸우는
페미니스트 경제학자

낸시 폴브레는 매사추세츠 애머스트대학의 경제학과 명예교수이자 정치경제연구소 선임 연구원이다. 폴브레의 연구는 돌봄의 경제학economics of care에 초점을 맞추고 있다. 폴브레는 《누가 아이들을 위해 돈을 내나?Who Pays for the Kids》(1994), 《보이지 않는 심장The Invisible Heart》(2001), 《탐욕, 정욕 그리고 젠더: 경제사상사Greed, Lust and Gender: A History of Economic Ideas》(2009), 그리고 《가부장제의 흥망The Rise and Decline of Patriarchal Systems》(2021) 등을 포함한 많은 책을 썼다. 국제 페미니스트 경제학협회International Association for Feminist Economics, IAFFE 회장, 1995년 이래 학술지 《페미니스트 경제학Feminist Economics》 부편집장, 《여성 저널Journal of Women》, 《정치와 정책Politics & Policy》의 편집위원회 위원 등을 역임했다. 일명 '천재상'Genius Prize으로 불리는 '맥아더 펠로십'MacArthur Fellows을 수상했다.

경제학은 언제나 남성이 지배하는 분야였고 지금까지도 그렇다. 이는 최근에 연방준비제도이사회와 국제통화기금IMF과 같은 국제기구들의 고위직을 여성들이 차지하게 된 상황에서도 그렇다. 경제학을 공부하고 연구하도록 영감을 준 것은 무엇이었나?

나는 생산적 기여와 개인적 보상 간의 단절이 특히 심했던 가정에서 자랐다. 아버지는 다소 문제가 있던 텍사스 백만장자 가문의 해결사였다. 그는 그들 가문의 투자를 관리하고, 그들의 세금을 최소화했으며, 그들의 사냥여행을 주선해주고, 자기파괴적인 그들의 습관을 막았으며, 숱한 당혹과 불편에서 구제해주었다. 아버지는 종종 내게 돈으로 행복을 살 수 없다고 끈기 있게 설명했다. 그에 반해 내가 뭔가를 절실히 원하는 사람들은 행복을 돈으로 살 수 있다고 하자, 아버지는 내가 크면 그 문제를 이해하게 되리라고 말했다.

정치경제 연구를 시작했을 때 중요한 영향을 끼친 사람들은 누군가? 더 일반적으로 얘기하는 정치경제와 우리가 지금 페미니스트 경제학이라고 부르는 것을 어떻게 연결지었나? 지적 발전에 영향을 끼친 페미니스트 경제학 초기의 주요 기여자들은 어떤 사람들이었나?

이것은 '누구'보다는 '무엇'과 더 관련이 있다. 나는 반전운동에 가담하고 있었고, 그 뒤 경제학을 정치적으로 연관시키는 더 큰 반제국주의 및 환경운동에 가담했다. 나는 내게 페미니스트에 관심을 갖게 해준 여성 활동가 몇 사람을 알게 됐고, 반혁명적 여성해방주의자로 낙인찍힌 것도 부분적으로 작용했다. 나는 벤세레모스 여단(Venceremos Brigade, 1969년에 쿠바의 '민주사회를 위한 학생들'과 공무원들이 설립한 정치적 동기를 지닌 국제기구 – 역주)에서 숙청당하는 경험을 했다. 나와 마찬가지로 낙인찍힌 우리 그룹의 다른 멤버들은 자기비판에 동의했다. 나는 하지 않았다.

매사추세츠 애머스트대학의 대학원에 가기 위해 텍사스를 떠난 뒤에야 나는 페미니스트 이론과 제대로 접촉했다. 그곳의 내 멘토들 가운데 한 사람인 샘 보울스Sam Bowles는 철학과 교수로, 내게 사회주의 페미니스트 사상을 소개해 준 앤 퍼거슨Ann Ferguson과 좋은 친구 사이였다.

페미니스트 경제학에 중요한 기여를 해왔다. 많은 경제적 원칙이 성차별적으로 형성된 사실을 의식한 상태에서 시작한 것인가, 아니면 시간이 지나면서 진화한 것인가?

성과 생식권 문제들issues of sexual and reproductive rights과 관련한 내 개인적 경험을 통해 꽤 중요한 교훈들을 얻었다. 자본주의와 가부장적 위계 사이의 유사성이 내게는 상당히 이른 시기에 확실해보였지만, 그것들을 어떻게 분명하게 표현할지 알게 되는 데는 시간이 좀 걸렸다.

페미니스트 경제학의 핵심 원칙들은 무엇이라고 보나?

내 생각에 가장 중요한 정치적 원칙은, 여성들이 남성들의 집단적 이해와는 때때로 상충되는 여성으로서의 집단적 이해를 갖고 있다는 것이다. 이들의 이해를 분명하게 표현하는 과정은 생산과 가계소득뿐만 아니라 재생산(reproduction, 생식)과 가족 돌봄 과정에 대한 주의를 요한다. 그리고 재생산과 가족 돌봄 과정에 대한 주의는 개인적 사리추구에 대한 단순한 정의와 충돌한다. 나는 늘 다음과 같은 페미니스트의 3가지 이론적 문제를 강조해왔다. 즉 젠더에 입각한 집단적 이해, 비시장적 노동의 중요성, 그리고 부양 가족들의 복지에 대한 헌신의 경제적 영향이다.

페미니스트적 전망이 경제 현실의 모든 또는 대부분의 영역을 조명하는 데 보탬이 된다고 생각하나? 페미니스트적 관심사가 비교적 협소한 관심사로 제한되고 있지는 않은가?

페미니스트적 전망은 젠더 평등에 대한 관심 영역을 넘어섰지만, 계급과 인종 그리고 시민권에 토대를 둔 불평등이라는 유사한 차원에 대한 관심 때문에 종종 뒷순위로 밀려나왔다. 좀 더 협력적이고 평등주의적인 사회를 발전시키고자 한다면, 위계적 시스템이 어떻게 왜 진화해가는지에 대한 폭넓은 설명부터 해야 한다. 환경 경제학과 마찬가지로 페미니스트 경제학은 시장 교환을 넘어 단체교섭력에 영향을 주는 제도적 틀을 지향한다. 가부장적 제도가 인류 역사의 매우 초기 단계에 등장했으며, 노예제도, 폭력적인 자산 횡령, 그리고 사유재산의 상속과 같은 다른 착취적 제도들의 표본을 제공했다고 믿을 만한 충분한 이유가 있다.

페미니스트 경제학이 좀 더 전통적인 마르크스주의의 자본주의관으로부터 유용한 것을 얼마나 더 끌어낼 수 있다고 보나?

페미니스트 경제학은 제도변화를 이해하고 설명하려는 초기의 노력인 마르크스의 역사적 유물론으로부터 많이 배울 수 있다고 생각한다. 그러나 마르크스 이론의 가장 중요한 특징은 집단적 갈등을 강조한 점이라고 생각한다. 하지만 전통적인 마르크스주의 이론은 종종 계급투쟁에 초지일관 초점을 맞추고, 세계의 모든 잘못된 것들을 다소 추상적인 '자본주의' 탓으로 돌리는 경향을 특징으로 갖고 있다.

"자본주의는 돌봄을 별로 돌보지 않는다"capitalism doesn't care that much about care**고 주장해왔다. 이 비판적인 깨달음이 기본적으로 부당하고 비인간적인 사회경제 시스템으로서의 자본주의에 대한 전통적인 좌파의 비평을 향상시키는 데 어떻게 보탬이 되는지 좀 더 자세히 설명해줄 수 있는가?**

자본주의 체제만이 부당하고 비인간적인 체제는 아니며, 종종 계급 불평등을 발생시키는 젠더, 인종, 그리고 시민권에 토대를 둔 불평등들에 대한 모든 책임을 질 수도 없다. 전통적 마르크스주의자들은 이상화된 포스트 자본주의 사회관, 또한 비현실적으로 낭만적인 포스트 자본주의 사회관에 집착하는 경향이 있다. 이른바 많은 사회주의 혁명이 극단적으로 비민주적인 결과로 이어졌으며, 그 결과를 가지고 사회주의 혁명이 실제로 자본주의의 위장된 형태일 뿐이라고 주장한다면 이는 부족한 설명이다.

정치적·경제적으로 지속 가능한 협력적이고 평등주의적인 제도들을 고안해내기는 쉽지 않은 일이며, 그 작업은 단지 자본주의를 '끝장내는 것'으로 완수할 수 있는 것도 아니다.

《보이지 않는 심장》에서 사회가 상호책임을 지는 새로운 규칙을 만들어내야 한다고 주장했다. 글로벌 신자유주의 경제질서 시대에

무엇이 그런 규칙들이 될 수 있을까?

나는 아이들에게 지켜야 할 규칙이 무엇인지 얘기해주는 고지식한 여교사가 아니다. 나는 단기적인 경제이해가 종종 장기적인 경제이해와 충돌한다고 지적하는 경제학자다. 우리의 자연적인, 그리고 사회적인 환경을 돌보는 것은 그 책임을 진 사람들에게 비용을 부담하게 하면 된다. 그 비용은 공평하게 분담돼야 한다. 만일 그렇게 하지 않으면, 우리 모두는 취업한 처녀들(그리고 총각들)이 꼴찌가 되는 밑바닥으로 굴러 떨어지는 경쟁에 휘말릴 것이며, 미취업자들은 서로 경쟁하다 결국 녹초가 될 것이다.

노동력에서 여성들의 참여 부분은 전 세계에서 실질적으로 증대했다. 여성의 노동력 참여도가 어떻게 경제적 복지를 향상시킬까?

왜 여성 노동력 참여가 남성의 노동력 참여와 다른 효과를 낸다고 생각하는가? '노동력'을 유급노동에의 참여로 정의하는가? 그런 정의definition가 근본적으로 잘못된 이해로 이끈다고 생각해본 적은 없는가?

여성의 고용 증대가 우리의 생활수준을 높이고 사람의 능력을 지속 가능한 방식으로 향상할 수 있다면, 그것은 경제적 복지를 증대할 가능성이 있다. 경제적 복지가 어떻게 배분되느냐에 많은 것이 달려 있다는 점은 분명하다. 또한 남성들이 비시장 노동에 더 기꺼이 기여하게 될지의 여부에 많은 것이 달려 있다.

왜 무급 노동이 노동으로 대우받아야 하는가, 그리고 무급 노동과 관련해 가장 우려하는 바는 무엇인가?

다음과 같은 질문을 독특한 방식으로 표현했다고 생각한다. 왜 무급 노동이 노동으로 대우받아서는 안 되는가? 노동이 어떻게 정의돼야 한다고 생각하나? 대가를 지불받는 모든 활동으로? 더 일반적으로 노동은 다른 누군가가 당신을 위해 행하는 어떤 활동이다. 여성들은 아이들과 환자, 장애를 지닌 개인들, 그리고 자신들의 시간의 많은 부분을 유급 노동을 위해 투입하는 성인 남성들을 위해 많은 양의 무급 노동을 한다. 여성들이 이런 노동의 대가로 받는 경제적 보상은 종종 빈약하며, 일반적으로 믿을 수 없을 정도다.

매사추세츠 애머스트대학의 대학원생이었고, 직업적 경력의 대부분을 애머스트대학 교수로 보냈다. 애머스트대학은 페미니스트 경제학의 발전에 어떻게 기여해왔나?

이 대학 경제학과는 비주류와 비전통적인 관점들에 언제나 열려 있었다. 교수와 학생들 모두의 다양성이 윤택한 지적 환경에 기여했다. 마르크스주의 전통은 종종 페미니스트 이론에 매정하지만, 일반적으로 '여성 해방'이라는 대의를 지지해왔다.

향후 5년 당신의 주요 연구 관심사를 우리에게도 알려줄 수 있나?

나는 가부장 체제의 흥망, 그리고 더 구체적으로 가부장과 자본주의 동역학간의 복합적이며 모순적인 상호작용에 대해 좀 더 논리정연한 설명을 발전시키고 싶다.
나는 또 가족, 공동체, 유급 고용에서 돌봄 노동의 저평가를 보여주는 경험적 증거를 제공하기 위해 노력하고 있다. 이런 저평가가 젠더 불평등의 주요 결정요인이라고 생각한다.

코로나19 팬데믹에 대하여

코로나19 위기에 대한 여러 국가들 또는 지역들의 서로 다른 대처방식들을 공중보건 개입과 경제정책들의 관점에서 어떻게 평가하나?

유효성 비율effectiveness ratio이라고 부를 잠재적 대응능력 대비 실제 대응력을 따져 상을 주는 세계공공보건의료 팬데믹 대응상이 있다면, 그 최악의 상을 미국이 받아야 한다고 생각한다.

미국인들은 세계의 다른 대다수의 나라들보다 더 부유하며 더 좋은 교육을 받고 있다. 또 비교적 인구밀도도 낮다. 우리는 세계 최고의 연구 과학자, 의사들 그리고 공공보건의료 전문가들을 보유하고 있다. 이 모든 것이 비뚤어진 리더십, 사회적 분열과 당파 정치 앞에서 소용이 없었다.

나는 경제 정책들을 구체적으로 분석해보진 않았으나, 공저자와 함께 미국의 '유급 돌봄 분야' 필수직업군들(보건의료, 교육, 그리고 사회복지 분야의 피고용자)의 상대적 임금을 살펴봤다.[5] 그들은 분명히 다른 필수직업군들보다 적게 받고 있고, 이는 그 직업들을 여성들이 지배하고 있기 때문만은 아니다.

나는 또 레일라 고섬Leila Gautham, 프랜지스카 돈Franziska Dorn, 마사 맥더널드Martha McDonald와 함께 주나 지방에 따라 정책이 상당히 다른 미국과 독일, 캐나다 등 모든 연방정부 구조를 지닌 나라들의 필수노동자들에 대한 위험수당 정책들을 비교해봤다.[6] 미국 정부가 이 분야에서 한 일은 사실상 아무것도 없었다.

미국에서 코로나19의 치명률은 특히 흑인과 라틴계(히스패닉) 쪽에서 높았는데, 그것은 주로 그들이 감염 위험성이 크지만 재택근무 기회가 적은 일자리에서 근무하는 경향과 관련이 있다고 보

도됐다.[7]

그러나 미국은 사망 진단서의 직업 관련 데이터를 수집하지 않았기 때문에, 코로나19 노출에 따른 직업적 위험도에 관한 체계적인 정보가 사실상 전무하다. 이는 산업안전 및 보건행정 원칙Occupational Safety and Health Administration principles에 대한 심각한 위반이며, 예방접종 분류를 위한 효과적인 계획을 방해할 것이다.

코로나 위기에서 평등주의적 경제 프로젝트를 추진하는 데 있어 가장 실행 가능한 방안에 대해 어떤 교훈을 얻었는가? 코로나 위기 체험이 학문으로서의 경제학, 더 구체적으로는 연구하면서 답을 찾아왔던 문제에 대해 영향을 미쳤는가?

두 질문에 대한 내 대답은 거의 같다. 일반적 교훈은, 내 생각엔 미국 유권자들의 거의 절반이 평등주의 경제 프로젝트와 같은 것에 초점을 맞출 능력이 없다는 것이다. 역설적이게도 그 이유는 주로 그 프로젝트의 약화와 관련됐을 가능성이 있다.

경제적 안정감 감소와 활력 저하는 외국인 혐오와 인종차별적 편집증, 유독성 오보의 급증, 그리고 민주적 제도들에 대한 악랄한 공격의 요인이 된다. 팬데믹은 다른 '외부'의 공격처럼 애국적 연대와 상호부조에 대한 헌신을 이끌어내리라고 생각했다. 하지만 지금까지 그런 일은 없었으며, 그 정반대였다.

부문 간 동역학에 일부 책임이 있을 수 있다. 왜 그런지 인종/민족, 젠더, 성, 그리고 연령에 따른 분열이 다른 모든 것을 압도했다. 또 계급 차이가 재산 소유보다는 교육(연간소득의 일종의 대용물)에 따라 갈라지면서 새로운 차원으로 발전했다.

계급이 새로운 형태로 바뀐 듯하다. 한때 금융자본당이라고 불렸던 공화당은 이제 부동산 투기꾼들과 화석연료 회사들의 이해를 대표하는 것으로 보인다. 한때 국민의 당이라고 불렸던 민주당은 이제 인적 자본, 즉 증대된 글로벌 경쟁과 저돌적인 기술 변화로 특징지어지는 새로운 경제 환경에서 최소한의 경제적 안정을 확보하는 데 필요한 자격증 그리고(또는) 시장성이 있는 기술 보유자들의 당이 된 듯하다.

내 연구의 대부분은 돌봄 경제에 집중되고 있으며, 이 집중이 미국과 기타 국가들에서 진보적 연합을 결성하는 데 보탬이 될 수 있다고 생각한다. 또한 나는 팬데믹이 결국 가족 돌봄에 대한 더 많은 공적 지원과 더불어 단일 지불자 의료보험, 어린이 돌봄, 노인 돌봄 서비스의 이점에 대한 대중의 인식을 높인다고 믿고 있다.

바이든 대 트럼프의 선택에서 젠더 차별에 관한 한 내가 생각했던 것만큼의 둘 사이에 큰 차이는 없었지만, 2016년에 역사적 정점에 도달했던 차별은 여전히 유지되고 있다. 심지어 더 큰 인종적/민족적 차별도 기본적으로 유지되고 있다. 상호교차적인 정치경제는 미국인 절대 다수가 평등하고 환경적으로 지속 가능한 형태의 성장으로 얼마나 많이 얻을 수 있는지를 보여줌으로써 성공적인 연합을 구축할 수 있는 잠재력을 표출했다.

미국에서 낡은 정치 종교적 도그마들이 새로운 소셜미디어와 결합해 정보의 생태학을 바꾸고 있다는 게 꽤 분명해 보인다. 과학적 지식의 비합법화는 공공보건의료뿐만 아니라 사회과학을 손상시킨다. 무엇이 그것을 추동하고 있는지에 대해 우리가 좀 더 잘 이해할 필요가 있다.

대표 출판물과 영향

출판물

Nancy Folbre (2001). *The Invisible Heart: Economics and Family Values*. The New Press.

Nancy Folbre (2009). *Greed, Lust and Gender: A History of Economic Ideas*. Oxford University Press.

Nancy Folbre (2021). *The Rise and the Decline of Patriarchal Systems*. Verso.

영향을 준 인물

어거스트 베벨August Bebel, 헤이디 하트먼Heidi Hartmann, 수잔 몰러 오킨Susan Moller Okin

영향을 준 문헌

August Bebel (1910). *Woman and Socialism*. Socialist Literature Co.

Heidi I. Hartmann (1979). The unhappy marriage of Marxism and feminism: Towards a more progressive union. *Capital & Class*, 3(2), 1-33.

Susan M. Okin (1989). *Justice, gender, and the family* (Vol. 171). New York: Basic Books.

제임스 K. 갤브레이스
James K. Galbraith

개방과 개혁을 주창하는 경제정책 자문가

제임스 K. 갤브레이스는 오스틴에 있는 텍사스대학의 정부·기업 관계 강좌의 로이드 벤슨 주니어 석좌교수Lloyd M. Bentsen Jr. Chair in Government/Business Relations이자 행정학 교수다. 그는 또 레비 경제학연구소Levy Economics Institute 선임연구원이며 글로벌 조직인 '평화와 안보를 위한 경제학자들'Economists for Peace and Security 네트워크의 의장이다. 그는 수십 편의 글을 썼으며 다음과 같은 책들을 포함해 많은 책을 썼다. 《독이 든 성배로의 초대: 그리스의 파멸과 유럽의 장래Welcome to the Poisoned Chalice: The Destruction of Greece and the Future of Europe》(2016), 《불평등: 모두가 알아야 할 것Inequality: What Everyone Needs to Know》(2016), 《약탈 국가: 보수주의자들은 어떻게 자유시장을 버렸나? 그리고 자유주의자들도 그래야 했던 이유The Predator State: How Conservatives Abandoned the Free Market and Why Liberals Should Too》(2008), 《만들어진 불평등: 미국의 급여 위기Created Unequal: The Crisis in American Pay》(1998).

경제학자로서 어떤 교육을 받았는지 얘기해줄 수 있나?

내가 경제학자로서 받은 교육은 1975년 6월에 미국 하원의 은행 금융 및 도시문제 위원회Committee on Banking, Finance, and Urban Affairs 의 직원이 되면서 시작됐다. 바로 그때 뉴욕시의 재정위기가 시작됐고, 위원회도 통화정책에 대한 의회 차원의 중요한 감독업무를 처음으로 시작했다. 그 업무는 1980년대 초에 내가 합동경제위원회Joint Economic Committee 상임이사가 되어 레이건 행정부의 이른바 '경제회복 프로그램'Economic Recovery Program에 대한 전면적인 반대를 추진하고 지도하는 책임을 맡으면서 크게 강화됐다. 그 책임은 전 세계의 재정정책에 대한 뜨거운 논의와 흥미로운 개입이 벌어졌던 1980년대의 대외채무 위기 때도 계속됐다. 그 이전과 그 시기 동안 여러 차례에 걸쳐 나는 하버드대학과 케임브리지 및 예일대의 대학원에 다녔지만 그것은 대부분 지적 관광이었다. 나의 진짜 교육은 현장에서 이뤄졌다.

이후 1990년대엔 중국에서 국가계획 거시경제개혁위원회의 수석 기술고문으로, 그리고 2015년에는 그리스에서, 또 2008년에는 금융위기에 대한 미국 의회의 리더십 자문을 하면서 나는 더 많이 배웠다. 나는 대통령 선거 캠페인에도 참여했는데, 1972년에 진지하게 조지 맥거번George McGovern과 함께 시작(1971년에《이슈들에 대한 맥거번의 처방McGovern on the Issues》이라는 책을 썼다.)해서 1976년에는 모 유덜Mo Udall과, 1984년에는 재시 잭슨Jasse Jackson과 월터 먼데일Walter Mondale, 1987년에는 게리 하트Gary Hart, 그리고 1992년에는 토머스 하킨Thomas Harkin과도 잠시 함께했다. 대통령 후보들을 위한 정책안과 연설문을 쓰는 일은 경제교육에 유용한 훈련이 됐다.

1985년 이후 이곳 텍사스에서 나는 지금도 20년 넘게 이어지고 있는 경제적 불평등의 효과적인 측정과 그 데이터의 공통 패턴 분석에 관한 대형 프로젝트를 하면서 학생들의 도움을 많이 받았다. 그 '텍사스대학 불평등 프로젝트' 작업을 통해 관련서적 6권과 약 70편의 조사보고서가 작성됐으며 그중 다수가 학술지들에 게재돼 나의 학문적 기여에서 중요한 부분을 차지한다.

나는 또한 일련의 역사, 특히 케네디가 1963년에 베트남에서 미군의 전면 철수를 시작하기로 한 결정에 대해서도 연구했다. 그것과도 어느 정도 관련이 있지만, 나는 20년 동안 '평화와 안보를 위한 경제학자들' 소속 동료들과 함께 작업을 해왔는데, 그들은 시종일관 내가 전쟁과 평화 문제에 더 깊이 관여할 수 있게 해주었다.

경제학을 공부하기로 한 결정에는 당신의 아버지가 20세기의 가장 유명한 경제학자들 중의 한 사람이었다는 사실도 영향을 끼쳤는가?

그렇지 않다. 내가 아버지(존 케네스 갤브레이스John Kenneth Galbraith, 1908~2006)로부터 물려받은 것은 어떤 특별한 야망이 아니라 몸과 생각, 특정 기술들, 특히 명확한 표현력에 대한 공감, 일부 가치들과 유용한 습관들이다. 아버지 세대의 경제학자들이 내게는 개인적으로 모두 젊은 사람으로 알려져 있었다는 사실이 아마도 차이를 만들었을지도 모르겠다. 그들은 나를 포함한 뒷 세대들보다 훨씬 더 흥미롭고 이룬 것이 많았다.

당신의 부친이 끼친 영향 외에, 당신의 지적 발전과 경제관 형성에 핵심적인 역할을 한 경제학자들을 꼽는다면?

바실리 레온티에프Wassily Leontief는 나의 첫 경제학 교수로, 경험적 사실들에 대한 조사에 깊이 몰두했다. 케임브리지에서 알게된 니컬러스 칼도Nicholas Kaldor는 대부분 그의 집에서 일요일 저녁을 함께 먹으면서, 나에게 경제학자라는 직업은 당대의 정책문제들에 관여하는 것이라는 인상을 심어주었다. 조앤 로빈슨도 조금 알았다. 로버트 아이스너Robert Eisner는 내 친구였는데 엄격했으며, 1980년대 초의 논의들에 깊숙이 관여했다. 루이지 패시네티Luigi Pasinetti는 모범적 이론가로 지금까지 나의 가까운 친구다. 에이드리언 우드Adrian Wood는 1974~75년간 나의 케임브리지 지도교수였다. 복합체계 모델의 초기 창안자 피터 앨빈Peter Albin은 내가 평등과 수량분류학에 관한 생각을 발전시키기 시작했을 때 나의 길을 가도록 설득하는 데 도움을 주었다. 예일대에는 똑똑한 교수들이 있었지만, 나는 그 누구하고도 친밀하게 작업을 함께 하지 못했는데, 유일하게 마음이 통하고 관대했던 학위논문 석좌교수 시드니 윈터Sidney Winter의 감독을 받았다.

더 큰 영향을 받은 멘토들 중에서는 1970년대에 은행위원회Banking Committee 의장, 그리고 나중에 합동경제위원회 의장을 지낸 헨리 류스Henry Reuss가 있다. 나는 온오프를 통해 8년간 류스를 위해 일하면서 사고, 쓰기, 정치학 그리고 경제학을 그로부터 배웠다.

좀 더 먼 작가적 영향을 끼친 점에서 나는 상투적으로 다음과 같은 인물들을 들 수 있다. 마르크스. 베블런Thorstein Veblen, 슘페터Joseph Schumpeter, 케인즈. 아마도 제오르제스쿠 로에겐Georgescu-Roegen도. 그리고 내가 불평등에 관해 작업할 때 활용한 분석틀을 제공한 계량경제학자 헨리 테일Henry Theil. 친구와 동료들 중에서는 필 미로브스키Phil Mirowski, 랜스 테일러Lance Tayler, 샌디 대리티Sandy Darity, 안와르 샤이크Anwar Shaikh, 던컨 폴리Duncan Foley, 핑 천Ping Chen, 그르제고르즈 콜로드코Grzegorz Kolodko, 쿠니버트 래퍼Kunibert Raffer, 브루노 아모로소Bruno Amoroso, 그리고 야니스 바루파키스Yanis Varoufakis를 들 수 있다. 최근의 경제학과 풍토에서 살아남아서 번창하고 중요한 일을 한 사람은 그리 많지 않다. 물리학자, 생물학자, 사회학자, 인류학자, 역사학자, 그리고 정치학자들조차 종종 경제학자들보다 더 흥미롭다.

당신의 작업은 크게 봐서 포스트 케인즈주의적 분석틀 안에 있어 보인다. 그 틀의 핵심적인 특성은 무엇인가? 주류 신자유주의 경제학과 그것의 차이는 무엇인가? 일반적으로, 그리고 가장 큰 관심을 갖고 있는 거시경제학 및 불평등 분야 연구에서 이 틀이 주류 신자유주의 경제학보다 더 나은 토대를 갖고 있다고 보는 이유는 무엇인가?

나는 나 자신이 실용적이고 제도주의적이며 케인즈주의적 배경을 지닌 정책경제학자라고 생각하지만, 주로 관심을 갖고 있는 부분은 경제적 불평등과 공공정책의 양적 측면에 대한 응용연구다. 근래 나는 징 천Jing Chen과 함께 경제적 사고를 위한 생물물리학적 틀을 발전시키려 했으나, 그 주제는 비주류경제학자들도 많은 영향력을 끼칠 수 있는 안전지대와는 아직 너무 동떨어져 있다.

통화정책은 지난 1970년대에 내가 통화정책 관련 의회 청문회를 위한 험프리-호킨스 틀Humphrey-Hawkins framework을 발전시킨(내가 기획을 도운 완전고용과 가격안정이라는 이중의 명령 아래서) 이후 나의 중요한 주제였다. 나는 케인즈를 킹스칼리지에서 읽었으며, 따라서 나는 구식이다. 물론 나는 포스트 케인즈주의자들과 현대통화이론Modern Monetary Theory으로 알려진 새로운 운동에 동조하지만, 어느 쪽도 그 중심이라고 주장하지 않는다. 수백 편의 논문 중에서 나는 단 3편만 《포스트 케인즈주의 경제학 저널Journal of Post Keynesian

Economics》에 실었고, 1편은《포스트 케인즈주의 경제학 핸드북Oxford Handbook of PostKeynesian Economics》에 실었는데, 그것은 소득배분에 관한 것이었다.

주류 신자유주의 경제학에 대해, 1973년 무렵 하버드대에 있을 때 내가 잘 알던 조교수가 내게 말했다. "이건 장난이야!" 그 이후로 나는 그 문제에 꼭 필요한 최소한도 외에는 내 시간을 허비하지 않았다. '거시경제학 및 불평등'에 관한 작업의 흥미로운 특징들 가운데 하나는《경제문헌 저널Journal of Economic Literature》에는 '불평등의 거시경제학' 연구를 위한 분류코드가 없다는 점이다. 신자유주의 경제학자들은 불평등을 미시경제적 현상으로 정의한다. 그것은 불평등의 거시경제적 결정요인들에 관한 글이 적대적이거나 적어도 무관심한 심판 앞에 불려나갈 게 뻔하다는 의미이기 때문에 짜증 나는 일이다.

2008년에 제25주년 밀턴 프리드먼 특강을 '자유시장'과 통화주의에 대해 통렬한 비판을 가하는 계기로 활용했다. 하지만 적어도 벤 버냉키에 따르면, 대공황조차 능가하는 현대사 최악의, 역사적으로 전례가 없는 수준의 불평등과 글로벌 금융위기 분출에도 불구하고 신자유주의 경제는 계속 대세를 장악하고 있다. 이런 경제적(그리고 정치적) 이상사태를 어떻게 설명할 것인가?

"홉스 씨가 말한 대로, 부(富, wealth)가 힘이다." 애덤 스미스 Adam Smith는 그렇게 썼다.《국부론Wealth of Nations》에서다. 뭘 더 알기를 바라는가?

몇 년 전 피케티의《21세기 자본Capital in the Twenty-First Century》이

정치와 경제계를 폭풍처럼 휩쓸었다. 그러나 당신은 세계화 시대의 자본에 대한 피케티의 경제적 분석에 비판적이었다. 그에 대해 좀 더 자세히 설명해줄 수 있나?

나는 피케티의 책에 나와 있는 여러 사항에 대해 썼고, 다시 그 얘기를 하고 싶지 않다. 나는 《세계경제사회 리뷰》에 '21세기 자본의 데이터 시각화'라는 제목으로 실린 나의 예전 제자 노아 라이트Noah Wright의 글을 권하겠다. 라이트는 피케티의 책에 인쇄돼 있는 핵심 증거가 그의 주장을 뒷받침하지 못한다는 사실을 보여준다.

2015년 초, 전 그리스 재무장관 야니스 바루파키스의 고문이었고, 특히 유럽 중앙은행이 그리스 은행들에 유동성 공급을 중단할 경우에 대비한 비밀계획 플랜 B 작성 임무를 맡고 있었다. 플랜 B의 실체는 무엇인가?

그리스 정부는 유럽중앙은행이 은행들을 도산시킬 가능성에 대비할 필요가 있었다. 나는 최선을 다해 그 준비작업을 도왔다. 나는 그 일을 2016년에 예일대학 출판부에서 간행된 내 책《독이 든 성배로의 초대: 그리스의 파멸과 유럽의 장래》에서 매우 자세하게 다뤘다.

경제학의 향후 행방에 대한 생각은? 구체적으로 말하자면, 신고전주의 사상이 계속 경제학을 지배할까?

경제학에는 두 가지가 필요하다. 글라스노스트glasnost와 페레스트로이카perestroika다. 글라스노스트는 개방이고, 이는 연구의 기여도가 지금처럼 부족적 패거리에 의해 통제되는 학술지의 고정된 위계가 아니라 그들의 업적에 따라 판단돼야 한다는 의미다. 나는 학술지《구조적 변화와 경제 동역학Structural Change and Economic Dynamics》의 편집장을 하면서 거기에 기여하려고 노력 중이다.

페레스트로이카는 개혁이고, 이는 더 작고 더 유연하며 더 다양한 새로운 학문 단위들을 건설해 이른바 주류에 의해 통제받지 않는 경제학자들을 위한 다양한 진로를 만든다는 의미다. 그것을 위한 결정은 학무관리자들 손에 맡겨져야 한다. 주류 경제학자들이 흔히 학장이 되는 현실에서, 나는 낙관적이지 못하다. 따라서 나는 경제학에서의 지적 발전은 선동당한 학생들의 불만과 경제적 성과의 명백한 실패를 통해 직업적 위계의 가장 바깥쪽에서만 일어날 것이라고 생각한다.

향후 자신의 연구 어젠다를 위해 무엇을 준비하고 있나?

잘 모르겠다. 야니스 바루파키스와는 유럽운동에서의 민주주의Democracy in Europe Movement, 구체적으로 유럽 뉴딜 프로그램European New Deal에 관한 작업을 하고 있고, 베누아 아몽Benoit Hamon과는 1717 프로젝트를, 그리고 이탈리아에서도 몇몇 그룹과 함께 작업하고 있다. 나는 버니 샌더스 주변의 팀과 연결돼 있지만 매우 느슨하고, 또 지금 미국 정치는 전반적으로 매우 다루기 힘든 상태다. 불평등 프로젝트는 계속되겠지만, 이전의 작업 속도에 비해 상당히 느리게 진행될 것이다. 지금 러시아에서 갤브레이스 부흥 현상이 일어나고 있고, 나는 2018년 말에 거기에 가서 내 아버지의 업적에 관해 몇 차례 강연을 했다.

나는 경제학자들에게 가끔 찾아오는 운명인 같은 책을 계속 쓰는 짓은 하고 싶지 않다. 따라서 나는 다음의 붕괴를 기다리고 그때 쓸모 있는 사람이 되고자 노력하겠다. 나처럼 금융위기를 뒤쫓는 늙은 앰뷸런스 추적자(ambulance chaser, 특종보도를 위해 사건현장으로 달려가는 앰뷸런스를 뒤쫓아 가는 기자 등을 의미 – 역주)는 대개 할 일을 찾을 수 있다.

코로나19 팬데믹에 대하여

코로나19 위기에 대한 여러 국가들 또는 지역들의 서로 다른 대처방식들을 공중보건 개입과 경제정책들의 관점에서 어떻게 평가하나?

세상에는 코로나 바이러스를 억제하고 진압하는 데 실제로 성공한 사례들이 엄청 많다. 거창한 중국 사례 외에 베트남, 한국, 싱가포르, 홍콩, 대만, 뉴질랜드, 아이슬란드, 쿠바에선 성공적으로 대처하고 그 상태를 유지하고 있으며, 슬로바키아, 그리스에서는 상당한 기간 성공적으로 대처했다. 이탈리아도 첫 몇 개월간 엄청난 희생자를 냈고 최근에 다시 유행하고 있지만 그럼에도 상당 기간 잘 대처했다. 남미에서도 아르헨티나와 우루과이가 비교적 잘 대처했다.

이들 국가와 지역이 예외 없이 공통적으로 갖고 있는 특징은 그들이 팬데믹 초기, 즉 세계보건기구WHO와 중국이 2020년 1월 3일 경고를 발한 직후부터 거기에 진지하게 대처했다는 점이다. 많은 경우 그들은 2003년의 SARS(중증급성호흡기증후군) 경험에서 배운 덕에 팬데믹 태스크 포스, 운영위원회를 설치해 대비태세를 갖췄다. 그들은 국경을 봉쇄하고 검사를 실시해 접촉자들을 모두 격리했으며 국내에선 거리두기 조치를 시행했다. 이는 바이러스의 확산을 검사와 추적이 가능할 정도의 수준으로 낮췄다. 바이러스에 노출된 사람들에 대한 격리는 강력하게 이뤄졌다. 많은 경우 사람들은 집에 남아 있지 못하고 특수시설로 옮겨져 격리됐으며, 증상이 있든 없든 2주간 보살핌을 받았다. 9700만의 인구를 지닌 베트남에선 당 간부들이 봉쇄 수준의 사회적 거리두기를 강행했다. 2월에 첫 감염자가 나온 쿠바에서는 의사와 의과대학생들이 모든 집을 방문해 거의 매일 증상을 체크했다. 한국에서는 사태진행이 매우 낮은 수준으로 유지돼 전국 차원의 시간표에서 구체적인 감염확산들이 확인되고 이 교회 저 스타벅스들로 감염경로가 연결됐으며, 그 결과 바이러스는 단지 억제됐을 뿐만 아니라 진압됐다. 성공적인 대처를 한 이 모든 나라에서 바이러스에 대처하기 위한 대중 동원은 전면적이고 거의 보편적인 협력이었으며, (그 결과) 그 성공은 강한 국민적 자부심이 됐다.

이는 신속하게 한결같이 사회적 연대로써 대처하지 못한 나라나 지역들과는 대조적이었다. 미국은 가장 악명 높은 사례지만, 특히 브라질, 인도, 러시아 등 광대한 지리적 거리, 분산된 행정, 정부에 대한 불신이라는 요소들을 지닌 나라들의 실패 사례도 있다. 스페인, 프랑스, 벨기에, 영국 등 크게는 유럽 전체가 그렇다고 할 수도 있다. 늦은 시작, 흔들리는 지도자, 행정적 분산, 그리고 정치적 양극화들이 결합돼 바이러스에 걸리고 계속 걸리도록 길을 터 주었다.

그리고 내부 봉쇄와 외부세계로부터의 엄격한 격리가 영원히 지속될 수 없다는 문제가 있다. 유럽 국가들은 봄에는 성공적으로 대처했으며, 여름에는 효과적으로 봉쇄했으나, 가을에는 새로운 감염파도에 압도당했는데, 미국에서도 그랬다.

대체로 경제적인 관점에서 단기적인 경제적 결과를 고려하지 않고 바이러스를 효과적으로 제압한 나라들은 그들이 잃었던 경제적 손실을 대부분 되찾을 수 있었다. 단기적으로 경제적 이해와 공중 보건의료의 균형을 맞춘 나라들은 결국 코로나 바이러스 질병의 기하급수적인 확산에 압도당했다.

코로나 위기에서 평등주의적 경제 프로젝트를 추진하는 데 있어 가장 실행 가능한 방안에 대해 어떤 교훈을 얻었는가?

위기는 우리의 포스트 산업경제 시스템, 금융화된 세계화, 그리고 대부분의 사람들이 각기 독립적인 서비스에 의해 주로 유지되고 막대한 사채들로 떠받쳐지고 있는 경제의 취약성을 분명하게 보여준다. 동시에 그것은 신자유주의적 재분배주의의 부적절함, 시스템의 결함들은 시장 결과들에 따른 징세 후, 양도 후 분배를 바꾸는 조치들에 의해 치유될 수 있다는 생각의 부적절함을 지적하고 있다.

문제는 시장 제도 자체의 구조 안에 존재한다. 해결책이 있다면 세 가닥이다. 첫째, 에너지, 정보, 항공, 건설 기타 분야의 선진적인 시스템 기술력이 공공의 목적을 위해 활성화되고 용도를 바꿀 필요가 있을 것이다. 둘째, 서비스업계의 구조들이 일정한 대중적 지지 및 안전장치로서의 연방정부 고용보장과 함께 대체로 협력적인 방향으로 재편될 필요가 있을 것이다. 셋째, 팬데믹 때문에 상환될 수 없는 사채를 연관 금융부문의 조직재편과 함께 감축하거나 탕감하는 쪽으로 구조조정을 할 필요가 있을 것이다. 이런 조치들은 단지 저임금을 올리거나 부자들에게 세금을 부과하는 차원을 넘어선다. 그것은 좀 더 평등한 사회, 하지만 더 중요하게는 덜 취약하고 덜 불안정한 사회를 가져다줄 것이다.

코로나 위기 체험이 학문으로서의 경제학, 더 구체적으로는 연구하면서 답을 찾아왔던 문제에 대해 영향을 미쳤는가?

나는 두 가지 반응이 전문가들을 지배했다고 판단한다. 하나는 '담수' 관점'freshwater' view인데, 2020년 봄에 'V자형 회복'에 관한 바보 같은 이야기의 토대가 된 것으로, 코로나 바이러스가 치유되기만 하면 금방 모두 정상으로 돌아가리라는 관점이다. 5월이 되자 3~4월의 붕괴 뒤에 부분적인 회복이 오리라는 게 분명해졌고, 그것이 현실화되자 같은 얘기를 했던 사람들은 그들의 초기 주장을 입증하는 증거로 받아들였다. 하지만 부분적인 회복과 이전 세계로의 완전한 복귀는 전혀 다른 것이라는 점도 마찬가지로 분명했으며, 그런 현실을 우리는 지금 느끼고 있다.

그리고 또 하나 '염수' 관점'saltwater' view인데, 직원과 회사에게 수표를 발행하는 정책은 기본적으로 토론과 결론의 끝점이라는 것이다. 이 관점은 여진히 지배적인데, 물론 현금 지원이라는 임시방편은 필요하다. 그러나 그걸로 충분하다는 생각은 (특히) 경솔하다. 우리는 시간이 지나면서 세계가 이전의 상태로 되돌아가고 있지 않다는 사실을 발견하게 될 것이며, 그때 우리는 엄청난 대가를 치르고 많은 기회를 잃으리란 걸 알게 될 것이다.

요컨대, 위기는 경제학계의 주류가 굴러가는 방식에 대한 내 생각을 개선시키는 데 아무런 기여도 하지 못했다.

대표적 출판물과 영향

출판물

James K. Galbraith (1984). Galbraith and the Theory of the Corporation. *Journal of Post Keynesian Economics*, 7(1), 43-60.

James K. Galbraith (1997). Time to Ditch the NAIRU. *Journal of Economic Perspectives*, 11(1), 93-108.

James K. Galbraith (2012). *Inequality and instability a study of the world economy just before the great crisis*. Oxford University Press.

영향을 받은 인물

바실리 레온티에프Wassily Leontief, 니컬러스 칼더Nicholas Kaldor, 루이지 파시네티Luigi Pasinetti, 필립 미로프스키Philip Mirowski, 헨리 러스Henry Reuss, 카를 마르크스Karl Marx, 쏘스테인 베블렌Thorstein Veblen, 조지프 슘페터Joseph Schumpeter, 존 메이너드 케인즈John Maynard Keynes, 헨리 쎄릴Henri Theil

영향을 받은 문헌

Luigi Pasinetti (1975). *Growth and Income Distribution*, Cambridge University Press.

Nicholas Kaldor (1985). *Economics Without Equilibrium*, Routledge.

Philip Mirowski (1989). *More Heat Than Light: Economics as Social Physics, Physics as Nature's Economics*. Cambridge University Press.

테레사 길라두치
Teresa Ghilarducci

퇴직 후 보장 분야의 연금개혁 설계자

테레사 길라두치는 뉴스쿨의 '버나드 L. 및 이레네 슈워츠'Bernard L. and Irene Schwartz 강좌의 경제학 교수이자 경제정책분석 슈워츠센터Schwartz Center for Economic Policy Analysis. SCEPA의 소장이며, 뉴스쿨의 퇴직자산연구소Retirement Equity Lab. ReLab 소장이다. 길라두치는 노동경제학자로서 퇴직 후 보장 분야에서 전국적인 지명도를 지닌 전문가다. 그녀의 최신작 《은퇴 구제Rescuing Retirement》(해밀턴 '토니' 제임스Hamilton 'Tony' James와의 공저, 2016)는 모든 미국 노동자들을 위한 퇴직보장계정Guaranteed Retirement Accounts. GRAs 창설에 대해 저자들이 제안하는 개요를 담고 있다. 길라두치는 이밖에도 퇴직 후 보장에 관해 《노동자 자본: 고용자연금의 경제학과 정치학Labor's Capital: The Economics and Politics of Employer Pensions》(1992년 미국출판협회상 수상)을 비롯한 여러 권의 책을 썼다.

당신의 교육적 배경이 궁금하다. 그리고 경제학 연구를 택한 이유는 무엇인가?

나는 캘리포니아 밸리타운의 공립학교를 다녔다. 당신이 생각하는 두 개의 캘리포니아가 만일 북캘리포니아와 남캘리포니아라면, 그건 잘못된 것이다. 캘리포니아는 해안지대의 낙원사회para-dise communities와 센트럴 밸리의 가난한 내륙도시들poorer interior cities로 나뉘어져 있다. 나는 새크라멘토 인근의 조그마한 철도 타운인 루즈빌에서 자랐다. 아버지도 루즈빌에서 태어났다.(그는 3학년 무렵까지 영어를 쓰지 않았다.)

내가 다닌 고등학교는 8학년 수준에서 읽거나 쓸 수 있는 학생이 충분치 않아 캘리포니아 주로부터 인증받지 못했다. 다행히 내가 태어난 해에 소련의 스푸트니크 발사로 교육비 지출이 확대됐다. 나중에 로스앤젤레스의 가난한 이웃 워츠Watts가 불탔고 이는 (린든 존슨 정부의) 위대한 사회 프로그램Great Society program의 전조가 됐다. 미국과 소련의 우주경쟁과 도시의 폭동은 공립전문대학과 주립대학들, 그리고 캘리포니아 대학UC 시스템으로 돈이 쏟아져 들어간다는 것을 의미했고, 위대한 사회 프로그램은 나와 같은 가난한 아이들이 그 지원 대상이 된다는 걸 의미했다. 대학 3학년 때 나는 4학년생인 척했다. 나는 1학년 때 캘리포니아 대학 샌디에이고 캠퍼스에 지원했고 다음해에 캘리포니아대학 버클리 캠퍼스로 옮겼다.

그들은 내게 묻지 않았고 나는 말하지 않았다. 나는 16세 때 고등학교를 떠났지만 고교 졸업장이 없다. 로 대 웨이드Roe v. Wade 판례가 공표됐을 때 나는 16세가 됐고, 서굿 마셜Thurgood Marshall 대법관은 낙태권리가 합헌이라는 결정을 내렸으며, 그날로 모든 16세 소녀들에게 자신들의 운명을 스스로 결정할 권리가 주어졌다. 위대한 사회와 더 많은 여성해방과 나의 전기가 내가 왜 경제학을 택했는지 그 이유를 설명하는 데 보탬이 될 것이다.

11세 때 부모가 이혼했고 아버지는 실직했다. 나는 늘 돈 걱정(사실을 있는 대로 다 밝혀야 한다면 먹을 것 걱정까지도)을 했다. 그때의 긴급한 과제는 환경과 복지 개혁이었는데, 나의 한 부모 가족이 저소득층 아동지원 프로그램Aid to Families with Dependent Children. AFDC과 저소득층 의료보장제도Medicaid의 혜택을 누릴 자격이 있는가 하는 것도 나의 걱정거리였다.

경제학이 '고치는' 직업이라는 사실이 내 구미를 당겼다. 생일선물로 15달러를 받았을 때 3권의 책을 샀다.《공산주의 선언The Communist Manifesto》,《선택할 자유Free to Choose》, 그리고《공짜 점심은 없다There Ain't No Such Thing as a Free Lunch》. 그리고 어떤 성자가《세계의 철학자들Worldly Philosophers》사본을 내 고등학교 홈룸home room 시간에 놓고 갔다. 자동차 면허를 땄을 때 나는 지역 전문대학 경제학 야간반에 들어갔다. 따라서 내가 15세가 되기 전에 읽었던 책은 그 4권이었다. 헤일브로너(Robert Heilbroner,《세계의 철학자들》저자)가 최고였고, 밀턴 프리드먼의 책《공짜 점심은 없다》는 가장 잘 쓴 책들 중 하나였다. 프리드먼은 뛰어난 스타일리스트였다.

당신에게 가장 큰 영향을 끼친 경제학자들은 누구인가?

나는 열다섯 살 때부터 경제학자들 책을 읽었기 때문에 경제학자로서의 나와 개인으로서의 나 사이에 별 차이가 없다. 십대 시절에 우리는 장기적인 기억을 위한 사실과 틀을 정한다. 나는 내 고등학교 시절부터 알게 된 세상 떠난 남성 경제학자들에 대해 이미 언급했다.

내 대학 학부생 시절의 선생 스티브 골드먼Steve Goldman 교수는 버클리 캠퍼스에서 케인즈와 액셀 레이욘후부드Axel Leijonhufvd 세미나를 가르쳤고, 빌 탭Bill Tabb과 마이클 라이히Michael Reich는 마르크스를 가르쳤는데 큰 영향을 받았다. 로이드 울먼Lloyd Ulman은 내게 시드니 웹Sidney Webb과 베아트리스 웹Beatrice Webb, 그리고 슐리히터Summer Slichter, 힐리James Healy, 리버내쉬Robert Livernash가 쓴 하버드 노동경제학자 바이블을 읽게 했다. 《단체교섭의 경제학The Economics of Collective Bargaining》은 성장하는 경제에서 서로를 수용해가는 노동자와 고용주 그리고 산업 투쟁과 교양 얘기로 가득 차 있는 책이다. 에드 래지어Ed Lazear의 책 《인사관리 경제학Economics of Personnel Management》은 관리규범의 신고전파적 기능 설명이다. 클레어 브라운Clair Brown의 시간 활용 및 생활수준에 관한 책들은 상상력의 중요한 원천이었다. 개리 벡커Gary Becker와 낸시 폴브레는 여성과 남성이 서로 어떻게 살아가는지, 그리고 고용주들이 남녀 간의 계층화를 어떻게 이용하는지를 묘사했다.

마이클 피오레Michael Piore, 폴 오스터먼Paul Osterman, 톰 코찬Tom Kochan은 기업 및 산업구조와 노동관계 사이의 안정적이고 근본적인 연관성을 규정한다. 나는 고용주들을 작업강도와 보상을 활용해 잉여(surplus, 흑자)를 증대하는 존재로 보게 됐다.

조지 애커로프George Akerlof, 조지프 스티글리츠Joseph Stiglitz, 그리고 빌 디킨스Bill Dickens는 자본과 노동으로 갈라진 사람들 간의 일상적 상호작용을 공식화했다. 실업, 임금, 그리고 차별에 대한 설명의 뼈대를 세우고 노동시장의 복잡성을 고려하느라 애쓴 나의 초기 고투에 대한 설명은 노트르담 대학에서 수년간 내 곁에 있어주었던 척 크레이포Chuck Craypo를 언급하지 않고는 불가능하다. 우리는 10년 넘게 세분화된 노동시장에 관한 연례 회의를 개최했는데 척은 전략적이었다. 그는 수퍼스타 종신 교수용보다는 교대로 돌아가는 석좌교수용 기부금을 활용해 케임브리지대학에서 프랭크 윌킨슨Frank Wilkinson과 아지트 싱Ajit Singh을 데려왔다.

우리는 NBER(미국경제연구소, National Bureau of Economic Research)의 세미나, 그리고 IZA(노동경제연구소, Institute of Labor Economics)와 《노동경제학 저널Journal of Labor Economics》이 주관한 세미나들과는 매우 다른 제도노동경제학에서 정말로 뭔가를 했다. 얼마나 다르냐고? 노동경제학은 언제나 경험적이며, 세분화된 노동시장 분석도 결코 예외가 아니다. 전통적인 노동경제학은 종종 고용과 임금을 개별적인 노동/여가 선택의 결과로 설명한다. 우리의 세미나와 분석틀은 고용주들을 운전자와 대리인들로 보고 면밀히 주시했다.

노동경제학과 연금정책 연구를 가장 중요한 연구 분야로 정하고 집중하게 된 이유는 무엇이었나?

경제학은 13세 이후 내게 가장 중요한 연구주제로 여겨졌고, 내 삶은 어머니의 일자리에 기대고 있었다. 그러나 13세짜리들은 이상주의자들이었고, 또 어린 내게 미래 비전을 창출해줬던 지구의 날(Earth Day, 1969년 1월의 캘리포니아 앞바다 기름유출 사고를 계기로 1970년 4월 22일에 발표된 지구환경 보호 선언 기념일 – 역주)은 화석연료의 상대적 가격 변화에 좌우되고 있었다.

가정사 차원에서, 우리는 어머니가 일자리를 바꿀 때마다 식권과 메디케이드(Medicade, 저소득층의 65세 노년층과 19세 미만 청소년, 임신부, 장애인 등에게 지급되는 공공의료보험 프로그램 – 역주) 혜택을 받기도 하고 받지 못하기도 했기 때문에, 나는 경제학이 중요하다고 생각했다. 내 사춘기 급우의 어머니가 전화회사에서 일을 했는데, 그 때문에 우리 집 전화가 (요금을 내지 못해) 끊긴 것을 그녀가 알게 되고 그 아들도 알게 됐다. 그 일로 그는 나를 놀렸지만, 그의 엄마는 공짜로 우리 집 전화선을 다시 이어 주었다. 리처드의 어머니, 파이팅!

사회정책은 살아있는 생생한 십대의 경험이었다. 사회보장과 연금에 대한 집중은 나중에 두 가지 경로를 통해 형성됐다. 나는 노동에 관해 더 배우고 싶은 대학원생들에게 주는 전국자동차노동조합 장학금United Auto Workers 'scholarship'을 받았다. 포상은 어퍼 미시간의 블랙 레이크에서 열린 노동조합원 수련회에 참석하는 것이었다. 거기에서 나는 미국자동차노동자연합UAW과 크라이슬러의 단체교섭 합의 때 연금 협상을 벌인 노조 경제학자의 강의를 들었다. 협상의 세부사항은 사회보장과 노약자 의료보험에 대한 국가정책을 고용주와 함께 모은 저축금의 복잡하고 정치적인 처리방식과 연관이 있었다. 나중에 받기 위해 지금 돈을 포기하는 노조, 고용주 그리고 금융시스템에 대한 신뢰를 생각해보라.

또 다른 연원은 내가 대학원에 다닐 때(나는 스무 살의 이른 나이에 들어갔다.) 버클리 노동센터의 연구 조수였다는 점이다. 나는 교섭 때 노조를 위한 교육과정을 마련해서 제공하는 일을 했는데, 연금계획이 복잡한 분야였다. 그런 (연금)계약들 중의 하나가 내 어머니가 〈새크라멘토 비Sacramento Bee〉에서 안내광고 파는 일을 할 때 체결한 계약이었다. 〈새크라멘토 비〉는 몇 안 되는 신문조합Newspaper Guild 소속 지방지들 가운데 하나로 광고계의 '소녀들'을 조직했다. 나는 스탠포드대학 피고용자들의 계약 협상도 돕고 있다.

당신의 연구 작업은 어떤 경제사상학파에 속하나?

나는 제도노동경제학자다. 뉴스쿨의 내 동료 일부는 내가 신고전주의 틀을 활용한다는 의미라고 얘기할 것이다. 상황에 접근할 때 나는 돈과 인센티브를 뒤쫓는데, 대체로 지대(rents, 임차료)를 둘러싼 투쟁과 논쟁이 내가 모델링하고자 하는 결과를 설명해준다는 사실을 발견한다.

내 모델들은 지대와 고용, 그리고 임금 불확정성 개념들로 가득 차 있다. 나는 종종 신고전주의 개념인 '지대'를 쓰는데, 그것이 노동의 지분 하락에 관한 서사를 제공하기 때문이다. 신고전주의 모델은 공급에 대한 상대적 제약이 지대를 발생시킨다는 점을 이해하는 데 도움을 주지만, 그 이상적인 모델은 너무 많은 것을 배제해버리기 때문에 실용적이지 못하다. 기업이나 가족의 재산으로 영향력을 행사하는 이해당사자들이 정치적 절차를 통해 규칙을 만든다는 경험적 관찰은 배제된다. 경험적 관찰은 아무리 단순해서 잊어버릴 수 없다고 해도 너무나 중요한 것이므로 결코 배제돼서는 안 된다.

그래서 내 작업이 나를 무엇으로 만드느냐고? 제도주의자다. J. E. 킹John Edward King이 1980년에 다음과 같이 썼다. "노동경제학은 항상 논쟁의 여지가 있는 영역, 잔뜩 늘어선 신고전주의 군대들에 장악당한 전장이었다. 반드시 그리고 늘 공격당하지는 않지만……."

나는 경제학에서의 제도주의는 경제행위자들의 이기적 지대 추구 행위, 그리고 복지국가가 그런 행동들을 어떻게 만들어내는지에 중점을 두고 있다고 얘기한다. 자격(권리)과 기대가 어떻게 형성되고 복지국가가 그런 기대들에 어떻게 영향을 끼칠 수 있는지도 고려해야 한다. 가끔 자본주의 기능에 대한 지배적인 해석이 바뀌면 그에 따라 복지정책들도 바뀐다. 케인즈주의에서 통화주의로의 변화는 복지국가의 정치경제 형성 방식의 패러다임적 변화의 한 예다.

대니얼 해머메쉬Daniel Hamermesh는 노동경제학의 특색을 얘기하면서 매우 재치 있는 말을 했는데, 필요한 학제적 측면들을 강조했다. 노동시장은 다른 투입시장들과 같지 않다. 다르다. 왜? "떠나버릴 수 있으니까."It can walk away. 마르크스주의자들도 그랬지만, 데이비드 고든David Gordon, 샘 보울스Sam Bowles, 허브 긴티스Herb Gintis, 조지 애커로프, 조지프 스티글리츠, 아먼 앨키언Armen Alchian, 해럴드 뎀세츠Herald Demsetz 등과 같은 비마르크스주의자들도 지적하는 바와 같이, 노동은 노력하지 않을 수 있다. 다른 말로 하자면, 노동경제학은 노동이 인적 투입이기 때문에 다른 것들과는 다르다.

차이는 크지 않지만, 제도주의는 제도주의적 사상의 다수가 시장에서 이뤄지는 계약들, 즉 정직과 의지로 만들어질 수도 있고 아닐 수도 있는 동등한 힘의 특이성들에 초점을 맞추고 있기 때문에 정치경제와는 다르다. 클라크 커Clark Kerr와 올리버 윌리엄슨Oliver Williamson은 '신 제도주의자들'이 시장 왜곡에 신경을 쓰면서 그것이 일어나기를 기대한다고 썼다. 그들은 정보 또는 개입의 변덕들은 예외가 아니라 규칙이라고 본다.

정치경제학자는 거의 개입 없이 이뤄진 계약들이 상호 이익이 되는 타협들의 공정한 표현이라며 이상화하는 것에 대해서도 도전한다. 정치경제학자들은 당연하게도 노동은 상하기 쉬운 상품이어서 거래가 긴급하게 이뤄지고 반드시 교환돼야 하며, 그래야 떠나버릴 가능성을 줄일 수 있다는 결론을 내린다. 모든 구매자와 판매자의 이해는 거래를 빼고는 서로 상반된다. 상품 또는 서비스는 구매자에게 가치가 있으며, 판매자가 그것을 제공하는 데는 비용이

든다. 샘 보울스와 허브 긴티스는 시장을 경쟁적 교환을 불러일으키는 주장과 합의의 체제라고 불렀다.

노동시장에서의 주장과 합의도 다를 게 없다. 그것은 경쟁과 투쟁으로 특징지어지는 시장이다. '노동예비군'reserve army of labor(이는 마르크스의 개념이 아니다.)의 현명한 활용이라는 샌디 대리티Sandy Darity의 잉여인구 구상surplus population idea은 높은 임금을 요구하는 노동자들과 사람을 죽이거나 불구로 만들지 않는 일자리를 대신할 인구를 보유하면 고용주들이 노동 강도를 강화하고 보상액을 낮게 유지하는 데 도움을 준다고 설명하는데, 이는 예비군 이론 틀과 일치한다. 대리티는 '잉여인구' 활용을 찰스 디킨즈Charles Dickens의 1843년 작 《크리스마스 캐럴A Christmas Carol》에서 따왔다.

"감옥들은 없나?"

"많은 감옥이…"

"그리고 구빈원들은," 스크루지는 물었다. "아직도 운용 중인가?" …

"둘 다 매우 바쁘지요, 선생님…"

"가난뱅이들은 거기로 가야 돼."

"거기에 많이 갈 순 없습니다. 다수는 차라리 죽기를 바랄 겁니다."

"그들이 차라리 죽기를 바란다면," 스크루지는 말했다. "그러는 게 나아. 잉여인구도 줄어들 거고 말이야."

노동경제학 연구가 당신이 시작했던 시절과는 달라졌는가? 그렇다면 어떻게 달라졌나?

내가 1980년대에 UC 버클리에서 내 논문과 함께 학술노동시장에 투신했을 때, 대학들은 홈리스와 실업이 사상최고치를 나타내던 당시 상황에서 주택수요와 노동공급 전문 경제학자들을 찾고 있었다. '경제학자 채용 공고'Job Openings for Economists가 존 올리버 John Oliver의 풍자 코미디 쇼를 위한 재료가 될 수 있었다. 레이건 행정부는 섹션 8 주택(Section 8 housing. 저소득층을 위한 임대료 지원 바우처 프로그램—역주) 및 공공주택 보조금 지원을 대폭 삭감했고 (트럼프 행정부도 똑같은 조치를 취하겠다고 위협했다.), 그로 인해 무주택자가 급증해 1980년대 중반에 연간 증가율이 22%에 달했다. 또 1982년 말에 불황이 최고조에 달해 전국적인 실업률은 거의 11%를 기록했는데, 이는 대공황 이래 최고치였다.

노트르담 대학 경제학과는 채용 중이었고, 그때 경제학과장 척 윌버Chuck Wilber는 가톨릭 주교회의에 불평등과 경제성장에 대해 조언했다. 윌버 교수는 노동, 빈곤, 공공정책, 그리고 개발 전문의 경제학자들을 구하고 있었다. 나는 1984년에 조교수로 채용됐고, 학문적 엄격함과 사회정의에 전념하는 훌륭한 동료들과 함께 중급 거시경제학과 대학원 노동경제학을 포함하는 10개의 각기 다른 대학원 및 학부 강의를 진행하면서 25년을 근무했다.

본론으로 돌아가자. 당신은 노동경제학이 1980년대 이후 어떻게 바뀌었는지 물었다. 1980년대 초로 돌아가면, 두 편의 논문이 이 분야를 대표했다. 하나는 마틴 펠드스타인Martin Feldstein의 것인데, 그는 실업보험이 더 많은 실업의 원인을 제공한다고 주장했다. 그리고 또 하나는 리처드 버크하우저Richard Burkhauser의 것인데, 그는 국민건강보험 제도가 젊은 미국인들이 65세가 되면 의료보험이 무료가 된다는 점을 알게 해줌으로써 그들의 나쁜 의료건강 습관을 야기했다고 충고했다. 이 두 가지 주장은 희화적이며 초기 단계의 신고전주의 경제학에서 파생됐다. '레몬 시장'(The Market for Lemons, 공급자가 소비자보다 판매에 관한 정보를 더 많이 알고 있는 시장—역주)의 형식주의는 물론 '훈련장치로서의 실업'Unemployment as a Discipline Device은 경영자와 노동자들 간의 경쟁적 교환의 미시적 기반이라는 점에서 내가 노동경제학자가 되는 데 도움을 주었다.

그리고 노동경제학자들은 더 나은 데이터를 고집함으로써 장족의 발전을 이루었고, 그것은 더 나은 모델로 이어졌다. 미국에서 노동경제학자들은 점차 고용자와 피고용자를 연결하는 데이터 세트 활용도를 늘려가고 있는데, 이 데이터는 '성배'이자 미국 노동부 내의 선지자들을 포함한 선견지명자들의 프로젝트다. 새로운 노동경제학은 이들 데이터를 활용하게 될 것이다. 이 작업을 하는 주요 경제학자들로는 존 어바우드John Abowd, 클레어 브라운Clair Brown, 데이비드 오터David Autor, 틸 폰 워치터Till Von Wachter 등이 있다. 고용주들의 데이터를 조심스럽게 활용하는 것도 진전이다.

헨리 펠프스 브라운Henry Phelps Brown은 미국과 영국의 노동경제학을 비교했는데, 이데올로기보다는 데이터와 방법론이 어떻게 이데올로기를 형성하는지에 중점을 두었다. 영국에서 데이터 연구는 기업, 중개자로서의 기업, 그리고 실력자로서의 기업을 대상으로 하고 있다. 따라서 노동시장에서의 결과는 그 행위자, 고용주의 인센티브와 실천을 통해 설명될 수 있다. 이와 비슷하게 조합들도 연구되고 있다. 노동자 조직이 노동시장 구조에 어떻게 영향을 끼치는지에 관한 질 루버리Jill Rubery의 글이 대학원생 노동경제학 강의 요목들에서 발견되고 있다.[8]

미국은 개인적 선택과 효용 극대화 이데올로기와 더불어 개별 노동자들에 대한 포괄적인 데이터를 수집했으며, 그 결과들은 개인적 욕구, 필요, 선호를 토대로 설명이 된다. 미국 경제학자들은 여성들이 저임금, 장래성이 없는 일자리에서 일하는 이유는 그들이 가족을 부양하기 위한 시간을 갖기 위해 스스로 원해서라고 설명한다. 사회학자 폴라 잉글랜드Paula England는 결혼하지 않은 여성과 아이가 없는 여성들이 결혼한 어머니들과 그 결과가 비슷하다는 사실을 발견했다.

규범경제학과 실증경제학 사이의 차이가 얼마나 중요한가? 또는 달리 말해서, 경제학은 가능한 한 가치 중립적이려고 애써야 한다는 점을 믿는가?

경제학자들, 그리고 모든 사회과학자들은 이론이나 패러다임을 자동판매기처럼 이용한다는 비난을 들을 수 있다. 윤리학자 낸시 카트라이트Nancy Cartwright는 이렇게 묘사했다. "원하는 결과를 얻기 위해 소정의 양식대로 먹이를 준다. 당분간 그것을 반복한다. 그런 다음 추구하던 형상을 접시 위에 털썩 떨어뜨리면, 모양이 완성된다. 마치 제우스의 머리에서 아테나가 나오듯이."[9]

그리고 경제학은 사회의 작동 방식에 대한 비전이나 정치적 공작에서 비롯된 규칙이나 규제에 의해 만들어지고 또 그것을 드러내 보이기도 하는 시장의 형성에 관한 것이어서, 규범경제학과 실증경제학 사이에 큰 차이는 없는 듯하다.

예를 하나 들어 보자. 리처드 탈러Richard Thaler는 행동경제학 분야를 개척한 공으로 노벨 경제학상을 받았는데, 그는 공공정책에 영향을 끼치기를 열망해 베스트셀러 《넛지Nudge》를 썼다. 그와 공동 저자 캐스 선스틴Cass Sunstein은 사람들은 사회적으로 유익한 행위(예컨대 퇴직 후를 위한 저축)를 선택해야 하며 국가는 그것을 이끌어내기 위한 인센티브들을 설계해야 한다고 주장했다. 그들은 퇴직 후 저축의 '의무화'는 실현 가능성이 없다며, 자신들이 고안한 규칙과 세금 감면의 복합적인 체제를 '자유주의적 가부장주의(온

정주의)'libertarian paternalism라고 불렸다.

탈러와 선스틴의 정책 권유는 규범경제학에서 나온다. 그들은 비록 대다수 사람들이 노후에 연금과 가난에 대비해 보험에 드는, 사회보장에 대한 추가 퇴직금계획이 필요하지만, 거기에 의무적으로 등록하라고 권유하지는 않는다. 노동자들이 저축하고 싶다고 적극적으로 선언하게 하기보다 그들에게 고용주들의 퇴직금 적립 계정 계획에 자동적으로 등록하는 '선택 설계'를 제공해야 도덕적으로 더 정당하다고 탈러와 선스틴은 주장한다. 그들의 출연금은 자동적으로 투자되며, 저축 증가분은 자동으로 추가된다. 자동 등록, 자동 투자, 자동 추가적립 제안은 모두 규범적이다. 거기에는 강화된 401(k)(미국 기업에서 제공하는 퇴직후 연금플랜 – 역주)가 능률적이고, 효과적이며, 공정하다거나 생산성을 높인다는 주장조차 없다. 일부 미국 사회정책들은 가부장적이기 때문에 의무화돼서는 안 된다는 것은 전적으로 규범적인 진술이다. 탈러에게 노벨 경제학상이 주어진 이유는 생존 중인 가장 규범적인 정책경제학자들 가운데 한 사람이기 때문이다!

학계 경제학자들의 책임 문제로 되돌아가서, 학문이란 신뢰와 특권으로 구축된 사회의 직업이자 지위다. 2012년에 갤럽 여론조사는 응답자들에게 정직과 윤리적 기준으로 직업군의 순위를 매겨 보라고 요청했다. 대학 교수의 순위는 7위였고 간호사가 1위였으며, 그 다음이 약사, 의사, 엔지니어, 치과의사 그리고 경찰관 순이었다. 성직자는 8위. 자동차 판매원이 꼴찌였다. 개인들 중 오직 10%만이 대학 교수들이 매우 낮은 윤리기준을 갖고 있다고 생각했다. 믿음에는 책임이 따른다.

저널리스트들은 대중에 대한 자신들의 신뢰도에 대해 얘기하는데, 우리 학자들도 그래야 한다. 미국경제학협회가 금전적 갈등을 공개하고 학술논문 저자의 자금 출처를 밝히도록 하는 규칙을 채택해서 기쁘다. 얼마 전 어느 저명한 경제학자가 자신이 연구 중인 문제들, 예컨대 최저임금 같은 것에 대해 자신의 입장을 취하지 않는다고 말한 것이 내게는 매우 흥미로웠다. 내 생각에 그는 호기심에 찬 눈으로 데이터 분석에 접근하는 사람인데, 중립적 권위를 획득하기 위해 노력하고 있다.

행동주의 경제학과 경제철학이 대두된 이후 우리 경제학자들은 우리의 믿음이 어떻게 우리의 판단과 모델의 뼈대를 형성하는지에 대해 더 잘 알게 됐다. 경제학자들이 할 수 있는 최선의 일은 가치 중립적으로 되도록 노력할 것이 아니라 자신들이 지니고 있는 가치에 대해 유념하고 솔직해지는 것이다.

요점: 우리가 전면적으로 우리의 가치를 (겸손하게) 인정한다면, 우리는 신뢰를 유지하게 될 것이다. 경제학자들은 자신들의 철학을 이해해야 하며 실증적 결과들로 보이는 것들 속에 얼마나 많은 규범적 판단이 들어있는지를 매우 분명하게 말해야 한다.

근대적인 퇴직 시스템은 1800년대 말 독일 재상 오토 폰 비스마르크 이전까지는 시작도 되지 않았으나, 연금은 긴 역사를 갖고 있다. 연금은 어떻게 그리고 왜 생겨났나?

하나의 시각은, 평생 자신의 노동력을 판 '너무 노쇠한' 사람들에게 지급하는 체제인 국가연금이 복잡하고 산업화된 선진 자본주의 경제에서 가계들이 퇴직 후를 대비해 개별적으로 저축할 수 없기 때문에 발전했다는 것이다. 너무 노쇠한 사람들이란 말은 매우 냉정하고 가슴 아픈 개념이다. 나는 그 낡은 단어가 미국에서 되살아나기를 바란다. '퇴직연금'은 당신이 일이 필요하고 또 기꺼이 하고자 하나 노년의 어떤 면 때문에 당신을 고용하려는 고용주가 아무도 없다는 의미다.

왜 연금이 존재하는지에 대한 또 다른 시각은 개인적 선호와 권리의 원천으로서의 소득 및 부의 탄력성에 대한 신고전주의적 개념에서 나온다. 우리는 부유해지면 하루 8시간, 주 5일 노동을 요구한다. 사람이 팔 수 있는 시간, 일수, 주수, 달수, 그리고 연수가 얼마나 되느냐는 것은 경합영역이다. "노동자는 빵이 있어야 하지만, 장미도 있어야 한다."

세 번째 시각은 '노동계약' 시각이라 불리는 것인데, 이는 복잡한 제조 및 서비스 생산 기업들(중앙무대의 배우나 다름없는 기업을 주목하자.)이, 기업에 남아 특수하고 구체적인 기술을 익히면서 고용주를 위해 자신들의 '한계 생산'을 제공하도록 훈련받는 노동자들을 위한 암묵적 계약과 인센티브를 요구한다고 주장한다. 기업에 더 오래 남도록 만드는 인센티브 중 하나가 '재직기간에 가중치를 주는'tenure-weighted 혜택이다. 이런 시각으로 보면 연금이란 내부 노동시장을 확보하기 위한 장치이자, 노동자와 기업 모두로부터 가장 평화로운 방식으로 가장 높은 생산성을 끌어낼 수 있는 장치다.

역사적으로 살펴보자. 연금은 군대가 등장한 이후 줄곧 그 주변에 있어왔다. 군인은 최초의 연금수급자들 중 하나였다. 로마인들은 불만에 찬 전직 군인들이 위험하다는 것, 그리고 연금이 그들의 반란을 진정시킨다는 것을 알고 있었다. 키케로는 처음으로 연금을 cum dignitate otium(명예로운 휴가)이라 얘기한 사람으로 알려졌는데, 그 말은 연금이 정치적 범주였고, 퇴직이란 '위험 없이 온갖 궁리를 하는 평화로운 여가'를 의미했다는 뜻일 수 있다.

로마시대에 드러난 또 다른 현실은 퇴직을 '평화로운 여가'라고 한 초기 로마의 말인데, 그것은 상류층을 위해 마련됐다. 시장 기반

민주주의가 가져다 준 행복한 결과들 중의 하나는 부자와 노동자들 모두 퇴직을 포함한 상품화되지 않은 노동의 권리를 주장해왔다는 것이다!

폴 하브레히트Paul Harbrecht 신부는 1950년대에 미국노동연맹American Federation of Labor, AFL과 산별노조협의회Congress of Industrial Organizations, CIO의 차이점에 대해 언급했다. AFL(미국노동연맹, 대다수가 미국에서 태어난 기술직 노동자들로 구성된 좀 더 보수적인 연맹)은 임금교섭 때 연금을 미뤄진 자신들의 임금, 즉 자신들이 벌었지만 수령이 연기된 정규직 노동자의 수당이라 여겼다.

CIO(산업별조합회의, 다수가 최근에 이주해온 산업 노동자들로 구성된 신생 노동연맹)는 연금을 다르게 이해한다. 연금에 대한 노동자들의 권리는 사람의 신체 가치를 떨어뜨리는 일의 성격에서 나온다. 이 감가상각은 연금이 노동이 아니라 '자본' 감가상각 충당금의 형태로 자본에 의해 지불돼야 한다는 의미다. 더 전투적이고 급진적인 노동조직인 CIO는 연금에 대한 권리가 자본주의적 착취와 인간의 재능과 정신 및 물리적 능력의 감가상각에서 나온다고 주장한다. 요컨대 '일은 사람을 죽이기' 때문에 고용주들은 감가상각 비용을 지불해야 한다.

나의 시각? 미국 노동자들은 중요한 이유 때문이 아니라 정치경제적인 이유로 안전한 연금을 거부당한다. 연금은 고용주들에게 돈을 벌게 해주는 노동자들의 능력과 고용주들이 노동자들에게 임금을 지불할 능력에서 나온다. 노동조합이 약할수록 노동자들이 노후에 자신들의 노동을 상품화하지 않을 능력도 그만큼 약화된다.

최근 연금제도를 점검해야 한다는 수많은 요구가 사실상 선진산업 세계 전체에서 제기돼왔다. 국가 차원에서 사회보장제도를 개혁하

고 공무원 연금제도를 개편해야 한다는 요구가 레이건 혁명 이후 강해지고 있는 미국 얘기부터 해보자. 당신은 '연금 반대계획'에 대해 쓴 적이 있다. 연금 정비를 지지하는 주장의 핵심은 무엇이며, 그것은 얼마나 유효 또는 무효한가?

내가 말한 '연금 반대계획'은 1940년 미국 대통령선거에서 프랭클린 루스벨트 대신에 원조 파시스트proto-fascist 찰스 린드버그 Charles Lindbergh가 당선됐다면 어떻게 됐을지를 그리는 필립 로스Philip Roth의 디스토피아 소설《미국에 대한 음모Plot against America》의 인용이자 그에 대한 암시다. '음모'는 계획으로 이익을 보려는 사람들의 계획을 의미한다. 연금을 삭감하고 노년층이 일자리를 찾게 강제하는 것은 많은 연금(그리고 의료 혜택들)이 정부의 재정지원을 받기 때문에 낮은 세금을 원하는 일부 고용주들과 정당들에 이익을 안겨준다.

미래 혜택을 약속받은 민간 또는 공공 노동자에게 되돌아가는 몫이 더 많다면, 미래에 약속된 보상금 전액 지불의 연기는 합리적일 수 있다. 경찰관이나 교사에게 선불 현금으로 지급하지 않는 것은, 그들에게 계속 직장에 다니면서 발전하고, 충성심과 소속감을 보이도록 인센티브를 제공한다는 의미다. 이런 특성들은 대중의 신뢰를 받으면서 노동의 품질을 제대로 평가받지 못하고 있는 노동자들에게 중요하다. 노후에 연금을 지급하겠다는 믿을 만한 약속은 품질 개선에 즉각적인 도움을 준다. 연금은 인간이 관여할 때 모든 종류의 모니터링 과정들을 해결한다.

미국 시스템 내의 더 구체적인 문제들로 돌아가서, 미국이 레이건 행정부 때인 1983년에 사회보장 혜택을 계산하는 공식을 바꿈으로써 중후반 베이비부머 세대(1945~1962년 출생자들)에 대한 사회보장 혜택을 삭감한 사실을 상기해보라. 그 개혁은 '이른바' 완전한 은퇴 연령full retirement age, FRA까지 '정년을 연장'했는데, 그것은 혜택이 13% 줄어든다는 의미였다.[10] 레이건 행정부의 노동부 부장관 맬컴 로벨Malcom Lovell은 노년층 소득에 시련이 닥칠 것을 예상하면서, 노년층이 일을 더 많이 해야 한다고 의회에서 말했다.

현행의 401(k)플랜과 개별퇴직플랜IRP은 3가지 이유로 대다수의 사람에게 필요한 것보다 더 낮고 위험한 수익을 가져다준다. 세금 혜택이 후퇴했다. 부자들은 납세 뒤에 더 많은 수익을 얻고, 저소득 노동자들이 더 비싼 수수료를 낸다. 부자들은 수수료 납부 뒤 더 높은 수익을 얻는다.

그리고 변함없는 유동성 포트폴리오를 위해 리스크 조정이 이뤄져야 한다. 부자는 유동성이 적은 계정에서 더 높은 수익을 얻는다. 하위 60%의 개인들 또는 하위 60%의 가구(소득별)들이 낮은 한계세율 때문에 세금 감면을 거의 받지 못하며, 이들 가구의 퇴직금 계정들은 수수료 공제 뒤 쉽게 실질 수익이 마이너스가 될 수 있다. 이것은 공정하지 못하며 비효율적이다.

401(k)/IRA(개별퇴직계정) 시스템을 가장 잘 활용하는 수익자들은 소득이 더 많고 안정적인 일자리를 가진 사람들이다. 상위 10%와는 다른 하위 90% 소득자들의 경제생활은 중산층 노동자들이 나이가 들어감에 따라 활동성을 낮추도록 한 사회보장시스템의 디자인과 상호작용하고 있다. 40%, 또는 850만 명의 노인 중산층 노동자들과 그들의 배우자들이 퇴직으로 활동성이 낮아지고, 부족한 퇴직계좌 잔액 때문에 노후에 빈곤층 또는 준빈곤층으로 전락할 것이다.

나는 뉴스쿨의 '퇴직 공정성연구소The Retirement Equity Lab'에 활발한 연구팀을 두고 있는데, 거기에서 우리는 대다수 노인들이 불충분한 연금을 받고 있음을 입증했다. 이 냉혹한 사실은 노인들이 선택의 여지없이 최저임금을 받고도 필사적으로 일하게 된다는 의미다.

저임금 가구들은 부자들보다 퇴직연령 이전에 돈을 인출할 가능성이 높아서 조기 인출에 따른 세금 과징금을 물 가능성도 높다. 게다가 저소득 저축자들은 세금 감면 혜택을 거의 받지 못한다. 어떤 사람들에게는 돈을 인출하기가 너무 쉽다. 개별퇴직계정IRA들은 쉽게 접근할 수 있는 당좌예금 계좌에 연결돼 있다. 이는 많은 미국인에게 퇴직금을 맡길 수단으로는 과도한 수수료를 요구하지 않는 매트리스가 IRA보다 더 낫다는 의미다. 안전한 퇴직금을 갉아먹는 현상은 사소한 수정들로는 고칠 수 없다.

1966년과 1975년 사이에 태어난 사람들(X세대)은 노후에 소득의 40%를 보장받고 믿을 수 있는 보험기반의 재원인 사회보장과 확정급여플랜에서 얻고, 나머지는 일을 해서 벌어야 한다고 예상한다. 빈곤율과 준빈곤율은 퇴직 인구의 소득 불평등과 함께 증가할 것으로 예측된다.

사회보장 퇴직연령이 늘어남에 따라 혜택은 줄고 의료보험료는 늘어나는데, 이는 사회보장 대체율을 줄인다. 사회복지의 금융화, 자유화, 개인화는 더 많은 가구가 노후에 부와 소득, 안전의 분배에 영향을 끼치는 재정적 위기를 더 많이 감수하게 된다는 의미다.

간단히 말해서, 37년에 걸친 미국 퇴직금의 금융화는 대다수 미국인에게 실패작이었다. 401(k)와 IRA 시스템은 퇴직 재산과 퇴직소득, 퇴직 시간에 불평등을 만들어냈다. 안정된 생활, 지속적인 고용, 그리고 최고의 소득을 누리는 상위 10%의 노동자들은 가장 많은 세금 보조금을 받고 가장 낮은 투자 수수료를 내면서 최고의 투자 자문을 받는다. 상위 10%야말로 금융화된 시스템의 승자다.

연금 축소와 연금의 '금융화' 방식은 유럽으로 퍼져나갔으나, 각기 다른 유럽 정부마다 그 형태가 많이 다르다. 경제협력개발기구 OECD 가맹국들 중 다수의 국가가 미국의 노동자 퇴직 방식의 일부 특징을 채택했는데, 이는 더 많은 노인이 그들의 퇴직 소득을 개인 저축이나 투자 자산을 통해 얻는 방식이다. 리스크의 민영화(사유화) 그리고 리스크 대비책의 민영화는 OECD 국가들의 연금 대책 형태에서 가장 극적인 변화였다.

요점: 소득보장은 그릇되고 부적절하게도 금융시스템에 의존하기 시작했으며, 이는 노후와 복지에 대비한 보험을 손상시킨다. 하지만 대다수 사람들은 보험료가 자신들의 돈을 초과하지 않기를 바란다. 보험은 우리 모두가 비슷한 리스크에 직면할 때, 그리고 우리 모두가 일하기에는 너무 늙었고 죽기에는 너무 젊어 위기에 처할 때 필요하다.

선진 자본주의 사회들은 국민소득의 표준측정치로 보면 지금보다 부유하지 않았을 때도 더 관대한 연금계획을 지지할 수 있었는데, 어떻게 그럴 수 있었는가?

좋은 질문인데, 이런 질문은 법정에서 주도적인 질문이라고 부르는 것으로, 질문하는 방식 안에 이미 그 답이 내포된 그런 질문이다. 복지국가들이 지금처럼 부유하지 않았을 때도 어떻게 복지에 더 관대할 수 있었는지 당신이 밝히고자 하는 그 역설에 대해 검토해보자. 당신 얘기는 감당할 수 있는 비용과 부富가 국가가 노인들을 어떻게 돌볼 수 있는지 그 수준을 결정한다는 암시 같다.

그것은 사실일까. 복지국가를 위해 감당할 수 있는 비용은 왜 일부 국가들의 사회보험 시스템이 중산층 노동자들을 중산층 퇴직자로 있을 수 있게 해주는지, 또는 국가의 안전망이 빈곤 감소에 도움이 되는지 그 이유의 일부를 설명해준다. 더 많은 경제학자가 사회학자와 정치학자들에게 남겨진 영역인 복지국가에 대해 연구하도록 이끌어주기를 바라면서 몇 가지 거친 데이터와 분석을 제시해보겠다. 서구 자본주의국가에서 사회보험과 안전망의 '비용을 감당할 능력'을 1인당 GDP 지표로 측정한다면, 오직 근소한 상관관계만을 발견하게 될 것이다.

연금에 대해 관대한 것은 국가의 부 때문이 아니다. 경제학자들이 자본주의의 다양성과 복지국가의 다양성에 대한 이해에 얼마나 도움을 주었는지는 명확하지 않다. 정치경제학자는 국가의 부와 인구를 빈곤선 이상으로 유지하는 제도 사이의 빈약한 상관관계를 보여주는 OECD 조사 결과를 보고 틀림없이 충격을 받을 것이다. OECD의 조사는 중위 가구 가처분소득의 50% 이하 소득 공유자들이 그 대상이다.

노르웨이는 부유할 뿐만 아니라 낮은 빈곤율을 유지하고 있지만, 미국은 1인당 GDP가 높은데도 노인 빈곤율(그리고 전체 인구의 빈곤율도) 또한 높다. (대다수 나라들은 전체 인구 빈곤율보다는 낮은 노인 빈곤율을 보이지만 미국과 영국, 일본, 오스트레일리아, 그리고 스위스는 노인 빈곤율이 더 높다.) 연금에 대해 관대한 것과 감당할 수 있는 비용 사이의 상관관계는 미약하다. 그리고 미국은 분명히 퇴직자 소득안전 시스템을 현대화하지 않고 축소하고 있다.

존엄의 동등한 배분과 노후 소득 및 퇴직연금의 보장에 관한 공정성 사례에 대해 얘기를 좀 해보겠다. 사회과학자들과 노인학자들은 노년을 인생과정에서 퇴진과 갱신의 기간으로 생각했다. 경제학, 특히 자유주의적 관점의 경제학에서 경제학자들은 퇴직기간을 사람들이 축적된 자산과 신용으로 자신의 여가를 살 수 있는 기간으로 본다. (자영업자들과 자칭 주부들65세까지은 비록 직속 상사는 없을지라도 자신들의 노동력을 직접 또는 간접적으로 시장에 팔거나 교환하기 때문에 퇴직한 것으로 간주되지 않는다. 자영업자들은 고객들에게 노동력을 팔고 주부들은 주소득자의 노동능력을 재생산한다.)

그리고 낮은 사회경제적 계급의 사람들은 직장에서 종속적인 낮은 지위에 있는 것을 포함해서 상대적으로 더 많은 정신적·육체적 스트레스를 안겨주는 일자리를 가질 가능성이 있기 때문에, 우리는 낮은 사회경제적 계급의 사람들이 노후에 건강을 악화시킬 다양한 형태의 누적된 불이익을 경험하리라고 예상한다. 작업환경이 건강에 해롭기 때문에 짧은 여생을 보상하려고 훨씬 일찍 퇴직하는 사람들을 위해, 퇴직기간의 균등한 소득배분에 도움을 준 전통적인 확정급여제도가 사라진 것은 너무나 안타까운 일이다.

연금에서 불이익을 당하는 그룹에게 그들의 더 짧은 기대수명과 더 높은 사망률(종종 제조업과 금속, 채취산업에서 노동조합 규약에 의한 결과)에 맞춰 다른 사람들보다 일찍 퇴직할 수 있게 해주기 위해 우리는 좀 더 진보적인 연금 디자인 쪽으로 시선을 돌렸다.

미국은 그 취약한 퇴직제도와 동떨어져 있다. 다른 선진 시장경제에서는 정부 정책, 노조의 요구, 그리고 고용주(사용자) 인적자원 관리 관행들이 대다수 노동자들이 퇴직할 수 있게 모두 제 역할을 한다. 이런 동역학이 미국에서는 상당히 약화됐다. 지난 5년간 나는 동료들과 함께 퇴직 및 건강한 퇴직 시간의 배분 문제를 연구했고, 당연한 사실을 발견했다. 낮은 사회경제적 지위를 지닌 미국인들이 더 높은 사망자 수와 사망률을 기록하고 있으며, 흑인은 사회경제적 지위와 무관하게 백인보다 더 일찍 병에 걸리고 죽는다. 그리고 소수자와 저소득 개인들은 충분한 퇴직 자원을 얻을 가능성이 더 낮다.

리스크의 이동도 안전성을 해친다. 많은 나라, 특히 미국에서 퇴직자 안전을 위한 재정적 책임이 401(k)계획이 등장한 1980년대 이후 '스스로 하기 연금' 실험 속에 개인에게로 옮겨갔다. 국가는 자신의 역할을 제한했고 시민들은 자신들의 복지에 더 큰 책임을 지게 됐다.

요컨대 당신의 질문은 (어떻게가 아니라) 무언가에 대한 질문이다. 미국은 과거보다 더 부유해졌으나 사회보장 혜택을 줄이고 있으며, 대다수 인구에게는 그 효력을 잃어가는 자발적인 고용주(사용자) 기반의 시스템을 감독해왔다.

덜 부유한 나라들에서 폭넓은 형태의 연금들이 더 빡빡하지 않다는 사실은 주목할 만하다. 달리 말하면, 미국과 같은 일부 서구 자본주의 나라들에서는 복지가 축소되고 있고, 장기간의 실업을 처벌하지 않는 노르웨이 등 다른 나라들에서는 복지가 현대화되고 있는데, 이는 여성들을 해치는 접근법이다. 하지만 미국은 유별나다. 미국은 사회보장 대체율이 가장 낮은 나라에 속하며, 이는 사용료를 먼저 내는 다른 나라의 종량제 시스템의 대체율과 대비된다. 미국의 사회보장 대체율은 66세에 퇴직(대부분은 64세에 퇴직)한 중간 소득자들의 경우 40%다. OECD 국가들 평균은 63%이며, OECD 국가들 중에서도 가장 크고 가장 관대한 나라들 중 하나인 프랑스의 경우 대체율이 75%다. 대체율의 관대성은 빈곤과 연관돼 있다. 미국의 노인 빈곤율은 무려 21%에 달한다. OECD 평균은 12%, 프랑스는 4%다.

몇 년 전 연금위기 해소 방안은 더 많은 연금이라고 주장하는 기사를 썼다. 그에 대해 좀 더 자세히 얘기해줄 수 있나?

우리가 안고 있는 문제는 연금 자금 위기가 아니라 퇴직 소득과 안전 위기다. 재단과 저널리스트들이 연금이 국가나 지방정부에 높은 비용을 떠안긴다고 보도할 때 그들은 그 두 가지를 혼동하고 있다. 퇴직연령이 다 돼가는 미국인의 절반 이상이 그들의 생활수준을 유지할 수 없게 되고, 나이 많은 중산층 노동자의 약 40%는 빈곤층 또는 준빈곤층 노인이 될 것이다. 해결방법은 더 많은 연금이다. 그리고 미국은 모든 국민에게 연금을 줄 수 있다. 미국은 도와줄 필요성이 가장 적은 가구들에 혜택을 주는 연금에 대한 세금 감면을 위해 매년 1,000억 달러 이상을 쓴다. 그 1,000억 달러는 6,500만 명의 연금 없는 사람들에게 재분배될 수 있고, 그것은 모두의 퇴직 후 보장을 납세자의 추가 부담 없이 개선하게 될 것이다.

의회는 해마다 퇴직 후 소득 안전성 위기를 조장하는 데 보탬이 되는 일을 해왔다. 의회는 개인 퇴직금 계정에 대한 규제를 관대하게 하는 한편으로 확정급여제도에 대한 규제는 엄격하게 하면서 401(k)에 대한 기여 한도를 지속적으로 상향 조정함으로써 그 제도가 확장될 수 있게 해주었다. 2017년에 피고용자와 고용주의 연간 총 기여금은 6만 1000달러에 달할 수 있는데, 이는 미국 정규직 노동자 중위 소득자들의 연간 소득(4만 4,000달러)보다 훨씬 더 많다. 그들은 더 큰 세금혜택을 받고 있기 때문에 더 높은 소득자들이 401(k)형 플랜(확정 기여형 퇴직수당제도)에 종종 더 많이 기여한다.

또한 고소득 가구들은 재무 상담자를 고용하고 관리하는 데 필요한 사회적이고 기술적인 측면들을 다루기 위한 장치들을 더 잘 갖추고 있다. 오직 최고소득자들만 완전한 세금감면 혜택 또는 그 제도 자체가 주는 이익을 충분히 누릴 수 있다. 이 예상 수입의 7%만이 하위 40%의 소득자들에게 가고, 누적 수입의 66%는 상위 20% 소득자들에게 간다. 이 66% 중에서 세금 인센티브의 4분의 3에 가까운 돈이 상위 10% 소득자들 몫이 된다. 예를 들면, 소득

20만 달러인 어느 변호사는 자신의 소득세로 1,000달러를 내고 350달러를 절감하는데, 이는 한계세율을 35%로 가정했을 경우다. 그 변호사의 소득 2만 달러인 접수 담당자는 같은 1,000달러의 소득세를 내고(훨씬 더 적을 수 있다.) 한계세율이 15%이므로 고작 150달러 세금을 절감한다.

미국은 숨겨진 복지를 갖고 있다. 그것은 특정 종류의 행위들을 선호하는 세법상의 조항들이다. 연금 기여금과 소득에 부과되지 않은 세금은 연간 사회복지 기여금의 4분의 1과 같은 1,140억 달러를 넘는데, 이는 1,510억 달러를 약간 넘는 가구 총저축액에 비하면 비정상적으로 많다.

사회보장 외의 의무연금을 위한 어떤 계기가 있을 수 있다. 2018년 초반에 각기 다른 정치적 견해를 지닌 4명의 전문가가 실패한 '스스로 하기'의 자발적인 연금체제를 대체하기 위한 의무적인 퇴직금 적립계정 신설을 요구했다. 거기에는 나와 내 책《퇴직자 구하기Rescuing Retirement》의 공저자로 사모 주식회사 블랙스톤의 사장을 지낸 토니 제임스Tony James, 전 부시 행정부의 이코노미스트이자 조지 메이슨대학 코흐형제의 머캐터스센터Koch brothers' Mercatus Center 멤버인 제이슨 피처너Jason Fichtner, 그리고 민주당의 중도파 싱크탱크 '제3의 길'Third Way이 참여했다. 나는 공공 선택권을 촉구하는데, 정년퇴직금 적립계정을 바라는 공통의 요구들이 있다. 나는 다른 해법들에 동의하지 않는다. 왜냐하면 그것들은 사회보장을 무시하거나 그 축소를 바라고 있기 때문이다. 퇴직 위기에 대한 완전한 해법은 사회보장의 보호와 확장을 무시할 수 없다.

자, 내가 망상을 갖고 있다고 생각하지 마라. 모든 사람에게 적용되는 퇴직 이후 보장에 대한 정치적 지지가 존재한다. 미국 대중은 여론조사원들에게 사회보장이 대단히 인기가 높다는 것과 자신들이 국가적 해법을 바라고 있다는 것을 변함없이 얘기해왔다. 사회보장에 전액 출자(GDP의 약 0.9%)해서 노후 빈곤(GDP의 0.5% 이하)을 막을 수 있도록 확장하고, 사회보장에 더해 개별퇴직금 적립계정을 의무화하는 것(정부에 전혀 비용을 부담시키지 않는다.)은 경제적으로 실현 가능한 일이다.

모두에게 연금을 지급하는 것은 그렇게 비싸게 치이지 않는다.

첫째, 사회보장비 확보에 급여지불총액의 2.78%가 필요하다.(필요 재원을 마련하기 위한 많은 방안 중의 하나다.) 이는 노동자들에게 전액 보장된 사회보장 혜택을 보장해줄 것이며, 퇴직자들에게 그들의 퇴직 이전 소득의 평균 36%를 제공할 것이다.

두 번째, 거기에 0.02%를 추가하면 거의 모든 노년층에게 빈곤상태를 벗어나게 해줄 특별최저급여를 올릴 수 있다. 특별최저급여는 평생 저소득자들의 급여를 안정시켜주지만, 계속 약화되다가 지금은 새로 청구할 자격을 아예 주지 않는다.

세 번째, 퇴직자들을 위한 개별퇴직금 적립계정에 들어갈 3% 기부금이다. 이 기부금만으로는 모든 노동자가 퇴직 뒤에 그들의 생활수준을 유지할 수 있게 해주지는 못할 것이다. 하지만 이것은 퇴직자들의 월별 사회보장급여에다 이를 추가함으로써 그들이 빈곤 또는 준빈곤선 이상으로 살 수 있게 해주기 위해 고안됐다. 우리는 호주의 의무적인 퇴직금 적립 프로그램을 따라갈 수 있다. 호주는 그것을 3% 기부금으로 시작해 지금은 12%로 올렸다. 호주의 프로그램은 더 많은 기부를 하고 싶어 하는 사람들에게도 기부를 허용할 것이다.

요약해서 이야기하면, 모든 노동자의 퇴직 이후 보장과 노후 빈곤을 종식하기 위해서는 퇴직 기부금에 노동자와 고용자, 정부가 5,000억 달러를 추가로 더 내야 한다. GDP의 3% 이하라고 하지만

5,000억 달러는 적은 돈이 아니다. 하지만 이는 공화당 정부의 최근 감세정책에 들어갈 10년간 총 5조 5,000억 달러와 비슷한 규모다.

연금정책이 경제위기를 최소화하는 데 도움이 될 수 있다는 주장도 했다. 그것이 어떻게 가능하며, 그런 사회보장 시스템의 실제 거시경제적 안정화 효과는 무엇인가?

사회보장은 자동적인 안정자automatic stabilizers로 기능하지만 401(k)와 개별퇴직계정은 자동적인 불안정자destabilizers로 기능한다. 자동적인 안정자는 경기순환에서 지출을 늘리거나 줄임으로써 총수요를 조절한다. 그것이 '자동적'이라 불리는 이유는 이른바 불황기에 가계나 기업 수입 또는 정부 프로그램 지출을 늘리기 위한 재정투입을 할 때 입법기관을 거칠 필요가 없기 때문이다. 자동적인 안정자는 신속하게, 연방준비제도이사회나 의회는 말할 것도 없고 심지어 통계기관들보다 더 빨리 경기 침체나 확장을 인지할 수 있도록 고안돼 있다.

가장 효과적인 자동 안정자는 연방 개인소득세인데, 그것은 누진성 때문이다. 호경기 때는 소득이 늘고 가계가 예상 외의 안정된 자본소득을 현금화하며, 납세자들은 늘어난 소득에 따라 더 높은 납세 신고를 하고 더 많은 세금을 낼 것이다. 그 효과는 경기확장기에 소비승수를 줄인다. 불경기 때는 개인소득과 소비승수에 그 반대현상이 일어난다.

2007~09년의 경기 대침체 때 소비자와 기업들은 2008년 4/4분기와 2009년 1/4분기에 갑자기 지출을 극적으로 줄였다. 2009년 1월과 12월, 미국 연방정부는 일회성 경기자극 프로그램에 7,000억 달러를 투입했다. 한편 내장돼 있던 자동적인 안정자는 수십억 달

258

러를 경제의 소비 흐름에 투입함으로써 '제 역할을 다했다.' 실업보험UI, 도움이 필요한 가족 임시지원Temporary Assistance for Needy Families. TANF프로그램, 보충영양지원 프로그램Supplemental Nutritional Assistance Program. SNAP, 그리고 가장 큰 효과를 내는 프로그램인 누진세제(더 많은 사람이 더 낮은 납세자가 되면서 평균한계세율이 낮아진다.)와 같은 전통적인 자동 안정자들이 경기 대침체가 엄청난 불황으로 진행되는 걸 피하는 데 도움을 줬다.

실업과 복지가 자동 안정자들에 의존하지만 나의 공저자들인 엘로이 피셔Eloy Fisher와 조엘레 사드-레슬러Joelle Saad-Lessler는 사회보장이 초기 케인즈주의 경제학자들과 지금의 거시 교과서들이 일찍이 알고 있던 것보다 총수요 안정화에 훨씬 더 큰 효과를 낸다는 사실을 발견했다. 상해보험이 축소되는 실업보험 시스템보다 더 중요한 자극제였다.

401(k) 플랜이 불안정화하고 있다는 것을, 특히 401(k)산업의 고용자와 참여자, 그리고 브로커들이 알고 있었다는 것을 우리는 알게 됐다. 여기에 길이 있다. 낡은 사회보험 프로그램과 금융화된 퇴직플랜인 401(k)플랜은 세 개의 통로를 통해 거시경제에 영향을 끼친다. 소득, 재산, 노동시장이라는 통로다.

사회보장은 자동 안정자 기능을 하는데, 부분적으로는 그 규모가 큰 데서 오는 효과도 있다. 공공 그리고 민간 부문 노동자들의 93%가 사회보장에 참여하고 있으며, 1500만 명의 국가 및 지방 공무원들도 비슷하게 짜인 플랜을 갖고 있다. 혜택은 연금으로 지급되며, 금융자산의 가치에 따라 변동되지 않는다는 이들 플랜의 디자인은 노년층 노동자들이 형편이 어려울 때 혜택을 받고 노동시장에서 철수할 수 있도록 해준다. 따라서 사회보장과 다른 확정급여 시스템은 경기순환 대응수단이다.

반대로 개별금융퇴직계정들인 401(k)와 개별퇴직계정(대다수 개별퇴직계정들의 자산은 401(k)에서 염출된다.)은 총 기부금, 투자 성과, 그리고 수수료에 의존한다. 가계(가정)는 부분적으로 계정의 크기에 맞춰 퇴직계획을 짠다. 가계들은 또한 '숫자', 특히 큰 숫자에 맞추기 때문에, 그들의 금융화된 퇴직 계정, 그들의 401(k)와 개별 퇴직계정 잔액의 자산가치는 그들의 인식과 행동에 영향을 준다.

달리 말하면, 자산효과(값비싼 재산목록을 가진 투자자들일수록 더 많은 자신감을 갖고 더 많이 소비한다.)는 실재하며, 바로 그 때문에 가계 소비는 401(k)와 개별퇴직계정 잔액과 연동돼 있다. 금융화된 계정들은 가계의 노동공급과 지속적인 상품소비가 시장변동에 민감하게 반응하도록 만든다. 이건 좋지 않다.

금융화된 계정들은 경기순환 친화적인, 반경기순환적이지 않은 노동과 소비 행태를 낳는다. 금융화된 퇴직계정을 가진 가계들은 경제가 위축되는 어려운 시기에 정확하게 맞춰 노동공급을 늘리고 연금을 줄인다. 나는 자동 안정자들이 효과가 있는지 없는지에 대한 더 많은 연구를 촉구한다!

토니 제임스와 함께 쓴 최근 저서 《퇴직 구출-모든 미국인을 위한 퇴직보장 플랜》에서 노동자들이 노동 뒤 품격 있는 삶을 살 수 있게 해주는 포괄적인 계획을 제안했다. 미국에서 퇴직 이후를 보장하기 위한 그 계획을 뒷받침하고 있는 핵심 아이디어는 무엇인가? 당신들이 제안한 것과 같은 계획이 미국이나 다른 나라들에서 채택될 수 있다고 보나?

좋은 소식은 다가올 퇴직 위기를 수습할 수 있다는 것이고, 나쁜 소식은 그 수습이 빠르지도 쉽지도 않다는 것이다. 좋은 소식은 그 수습책이 많은 노동자가 예전에 가지고 있던 품위를 잃지 않고, 종종 노조가 주도하는 계획에서 급진적으로 분리되지 않는다는 것이다. 나쁜 소식은 우리의 계획이 낮은 비용, 비영리, 그리고 기존 401(k)와 개별퇴직계정의 플랜들을 효과적으로 대체하리라는 점 때문에 소매금융관리산업의 저항을 야기한다는 것이다.

우리는 자발적 방식이자 기업 베이스의 확정급여 방식, 이른바 '전통적' 연금의 과거 시스템으로 되돌아가자고 제안하지 않았다. 기업들 간의 경쟁 기준이 바뀌었다. 기업들은 임금과 복지급여를 낮출 가능성이 커졌고, 따라서 회사가 연금을 지급한다면 더 나빠질 수 있다. 설사 개별 회사가 좋은 퇴직플랜을 제공한다 하더라도 추가비용을 경쟁회사들과 함께 분담하지 않으면 그것은 더 나빠질 것이다. 연금보험공사와 같은 연금보험계획은 전체 산업이 동시에 실패할 경우 노동자들을 보호해줄 수 없다.

우리는 새롭고 보편적인 공공옵션으로 모든 미국인이 가능하다면 기업의 확정급여에 가까운 플랜(그 긍정적인 면은 모두 갖되 부정적인 면은 버린)으로 사회보장을 보완할 수 있도록 하자고 제안한다.

보장 퇴직계정에 관한 포괄적인 플랜은 우리 책《퇴직 구출Rescuing Retirement》에 기술돼 있다. 이 계획은 대침체 직전에 결성된 이해당사자 조직인 '퇴직 USA'Retirement USA의 12가지 원칙을 모두 충족한다. 이는 4개의 주요 원칙으로 요약할 수 있다. (1)보편성-모든 노동자를 대상으로 한다. (2)공동투자-개별계정은 더는 필요 없다. (3)연금 지급-사람들은 일시불이 아니라 종신급여를 받는데, 관리하기가 어렵다. 그리고 (4)세금 감면분이 재분배돼 최저소득 저축자들이 가장 높은 비례급부를 받는다. 그리고 좀 덜 중요하지만 일부 정치 선거구들과 어떤 정책 환경 속에서 진지하게 다뤄지는 실질적인 문제에는 중요한데, 우리가 제안한 보장 퇴직계정플랜은 새로운 세금을 요구하지 않고, 적자를 증가시키지 않으며, 실은 플랜을 후원하는 기업들에게 행정부담을 경감시켜 준다.

요컨대, 우리가 제안한 플랜은 보편성을 확보하고 있고, 모든 사람에게 사회보장을 보완해준다. 이 플랜은 더 낮은 위험과 더 높은 보상을 제공한다. 보장퇴직계정Guaranteed Retirement Account plan. GRAs의 적립금은 공동으로 투자된다. 이것은 자본화한 시스템과 사회보장 간의 혼합물로, 사회보장을 대체하지 않고 보완한다.

앞으로 어떤 주제의 연구를 해나갈 생각인가?

나는 내 연구팀과 슈워츠 경제정책분석 연구소에서 입법자들 및 변호단체들과 협력해서 미국이 퇴직소득보장 프로그램을 강화하지 않을 때 발생하는 피해를 보여주기 위해 열심히 일하고 있다.

나는 악화되고 있는 연금을 벌충하기 위해 퇴직할 수 없거나, 일해야 하거나 일자리를 찾아야 하는 노년층의 증가를 걱정하고 있다. 더 좋지 않은 경우, 이들 노동자는 적절한 퇴직 이후 소득도 없이 퇴직할 수밖에 없고, 그럴 경우 그들은 저소득자로 고립된 비참 속에서 살아가게 될 것이다.

내가 계획하고 있는 새 책(나는 당신이 다음과 같은 책 제목에 대해 어떻게 생각할지 궁금하다.)《은퇴를 찬양하자 – 고령 노동자들을 다시 생각한다Let Us Now Praise Retirement-Second Thoughts about Older Workers》는 다음과 같은 한 가지 문제에 집중할 것이다. 즉, 노년의 노동은 인구 고령화로 야기된 문제들에 대한 해법이 아니라는 것이다. 나는 노인들을 새로운 방식으로 묘사할 것이며, 노년층 노동자들의 연령차별에 대해 탐구할 것이고, 노년층 노동자들 사이의 수요 독점

착취, 노년층 노동자들의 지속적인 저임금과 우발사태, 그리고 일자리가 노인들의 능력을 넘어서는 것을 요구하는 방식 등에 대해서 볼 생각이다.

미국은 부자나라들 중에서 모든 국민에게 적절한 연금을 줄 수 있는 유일한 나라다. 하지만 그럼에도 미국은 또 부적절한 퇴직소득보장에 대한 해법으로 노동에 지나치게 의존하면서 거기에 강하게 집착하고 있는 유일한 나라다.

나는 퇴직 이후 빈곤과 의료보험과 비만 때문에 벌어지는 과로 문제를 연구해보고 싶다. 부적절한 퇴직 적립금 문제를 야기하는 것은 결함이 있는 사람이 아니라 결함이 있는 설계 때문이다.

미국에서 은퇴를 찬양하는 책을 쓰는 것은 은퇴에 대한 매우 격앙되고 심히 상충되는 감정들 때문에 어려운 일이다. 어떤 사람들은 '은퇴'라는 말조차 할 수 없다. 60대 노동자들에게 은퇴하겠느냐고 물으면, 그 대답은 그들이 화이트칼라일 경우 특히 다음과 같다. "아니, 아니, 아니야. 나는 뭔가를 해야 해!" 그것은 마치 그들에게 스스로를 내버릴 거냐고 묻는 것과 같다. 하지만 만일 블루칼라나 핑크칼라 노동자에게 묻는다면 아마도 그들은 몇 달 몇 날 만에 그와는 다른 대답을 할 것이다. 그 대답을 누가 하든 거기에는 계급적인 차이가 점차 없어지고 있다. "지금, 장난 치냐? 나는 쓸 만한 퇴직계정이 없고, 사회보장은 충분하지 못할 거야."

결어: 내 새 책은 노동과 은퇴를 예찬할 것이다. 좋은 사회는 수치감과 박탈감 없이 은퇴할 수 있게 해주며, 작동 중인 문명화된 모든 시장경제가 일하기를 원하는 모든 성인에게 일자리를 제공해 줄 수 있도록 행동해보자. 그리고 노동경제학자의 한 사람으로서 나는 우리 모두의 유보임금(reservation wage. 특정 유형의 직업을 기꺼이 수락할 수 있는 최저 임금 비율 – 역주)을 올리는 데 보장된 소

득의 가치가 얼마나 큰지를 알게 됐을 것이라는 결론을 내린다. 즉 좋은 연금이 노년층 노동자들이 좋은 일자리를 가질 수 있게 도와 준다.

코로나19 팬데믹에 대하여

코로나19 위기에 대한 여러 국가들 또는 지역들의 서로 다른 대처방식들을 공중보건 개입과 경제정책들의 관점에서 어떻게 평가하나?

나는 지금 이 글을 새로운 바이러스에 대해 미국에 비해 전반적으로 훨씬 더 조율되고 다채로운 대응을 하고 있는 유럽연합(EU) 국가들이 미국과 함께 코로나19 제2파를 겪고 있는 11월에 쓰고 있다. 따라서 바이러스는 제 길을 가고 있고 (인간의) 정책들은 중요하지 않은 것처럼 여겨질 수 있다. 하지만 대다수 서구 민주주의 국가들은 자국의 코로나 질병을 완화시키면서 학교 문을 계속 열어 불평등 역시 완화시켰다. 미국은 마스크 착용 의무화와 같은 비의약품적 개입을 충분히 하지 않을 것이고, 학생들과 학교 기반 개인보호장비PPE를 위한 더 많은 공간을 위해 자금을 대지도 않을 것이기 때문에 개인적인 모임과 인터넷, 어른의 감독, 그리고 사립학교의 혜택을 받지 못하는 많은 어린이가 뒤처지게 될 것이다. 동시에 다른 사람들은 단지 불편할 뿐이다. 추가적인 재난지원금과 풍성한 실업수당을 계속 제공하지 않아, 경제적으로 취약한 대다수 가정들의 소득대체율을 낮췄기 때문이다.

코로나 위기에서 평등주의적 경제 프로젝트를 추진하는 데 있어 가장 실행 가능한 방안에 대해 어떤 교훈을 얻었는가?

코로나19에 대처하기 위해 경제학자들이 만들어낸 복잡한 모델들은 두 가지 목표인 건강과 재산을 극대화하려 한다. 이들 모델은 경제적 활동을 최대화하고 질병은 최소화하는 방법을 보여주려 애썼다. 하지만 우리 경제학자들은 제3의 목표인 형평성이 필요하다. 건강, 재산 그리고 형평성을 최대로 달성하게 해줄 모델이 필요하다. 그런 모델들은 빈곤층을 위한 성장 모델인데, 우리가 그런 모델을 활용하면 대다수 기업들을 계속 가동하게 할 수 있고, 불황 때문에 일하는 가정들의 소득을 대체할 수 있으며, 대면 학교 수업 일수와 연수_{年數}를 확대함으로써 높은 수준의 돌봄을 유지하고, 마스크 착용을 의무화하고, 모임을 억제하며, 학교들이 계속 문을 열게 재원을 제공하고, 개인보호장비를 제공하고, 실내 식사와 바, 스포츠 이벤트를 금지하고, 바텐더 등을 고용해 감염 추적자가 되게 할 수 있다.

코로나 위기 체험이 학문으로서의 경제학, 더 구체적으로는 연구하면서 답을 찾아왔던 문제에 대해 영향을 미쳤는가?

나는 팬데믹 위기에 대한 경제학자들의 신속한 대처에 놀랐다. 그들은 정책입안자들이 표준적인 경제 및 통화정책의 지혜, 즉 재난지원을 정당화하고 보호작업 관행들을 만들어내고 자동 안정자들_{automatic stabilizers}을 활용하는 등의 지혜를 볼 수 있도록 돕는 데 열심인 듯했다. 그들은 정책들을 평가하기 위한 기술들, 즉 차이점 안의 차이점을 활용하는 데 재빨랐다. 많은 경제학자가 록다운으로 인한 불평등과 억압으로 인한 건강 불평등의 증대, 그리고 대다수의 실업이 경제적 배분상의 하위 50%에 집중된 사실에 놀랐다. 대다수 경제학자들은 자신들 내면의 정책경제학자적 자아inner policy-economist self를 발견했는데, 그것은 좋은 일이다.

대표 출판물과 영향

출판물

Teresa Ghilarducci, Joelle Saad-Lessler, and Eloy Fisher (2012). The macroeconomic stabilisation effects of Social Security and 401(k) plans. *Cambridge Journal of Economics*, 36(1), 237–251.

Teresa Ghilarducci (1992). *Labor's capital: The economics and politics of private pensions*. MIT Press.

Teresa Ghilarducci (2008). *When I'm sixty-four: The plot against pensions and the plan to save them*. Princeton University Press.

영향을 받은 인물

로버트 실러Robert Shiller, 카를 마르크스Karl Marx, 시드니 웹Sidney Webb, 베아트리스 웹Beatrice Webb

영향을 받은 문헌

Sidney Webb and Beatrice Webb (1975). *Methods of social study*. London School of Economics and Political Science.

Beatrice Webb (1979). *My apprenticeship*. Cambridge University Press.

Sidney Webb, Beatrice Webb, and Robert A. (1896). *The History of Trade Unionism*. Longmans, Green and Company.

자야티 고쉬
Jayati Ghosh

보편적 기본소득을 중시하는
인도의 개발경제학자

자야티 고쉬는 매사추세츠 애머스트대학 경제학과 교수이자 인도 뉴델리의 자와할랄 네루대학 경제학 명예교수, 정치경제연구소 수석 연구위원, 국제개발경제학협회 IDEAs 사무국장이다. 그녀의 연구 중심 분야는 국제경제학, 개발도상국들의 고용 패턴, 거시경제 정책, 그리고 젠더와 개발 관련 문제들이다. 그녀는 수십 편의 글과 많은 책을 썼는데, 다음과 같다. 《위기 정복: 동아시아에서 배운다Crisis as Conquest: Learning from East Asia》(찬드라세카르C. P. Chandrasekhar와 공저, 2001), 《실패한 시장: 인도의 신자유주의 경제개혁The Market that Failed: Neoliberal Economic Reforms in India》(찬트라세카르와 공저, 2004), 《미완성 그리고 저임금: 글로벌화한 인도의 여성 노동 Never Done and Poorly Paid: Women's Work in Globalising India》(2009), 《대재앙 만들기: 인도의 코로나19 팬데믹 경제파탄The Making of a Catastrophe: The Economic Fallout of the 코로나19 Pandemic in India》. 그녀는 2010년에 국제노동기구ILO의 양질의 노동연구상Decent Work Research Prize을 비롯해 많은 상과 명예상을 받았다.

어떻게 경제학을 자신의 학술연구 분야로 삼게 됐으며, 무엇 때문에 최우선 연구 분야로 개발경제학을 선택하게 되었는가?

학부학생 때 나는 내 전공과목(major subject. 인도에서는 이를 honours라고 한다.)을 사회학으로 시작했다. 기본적으로 사회와 사회관계가 어떻게 형성되고 시간이 지나면서 어떻게 진화하고 변화하는지에 큰 흥미를 갖고 있었기 때문이며, 그것은 지금까지 이어지고 있다. 그러나 얼마 뒤 나는 내가 여전히 수박 겉핥기식으로 하고 있었고, 그리고 사회과정은 내가 모르는 더 깊은 경제적인 힘들을 반영하며, 경제를 모르면 사회를 알 수 없다고 느끼기 시작했다.

그것이 내가 석사과정을 경제학 연구로 바꾸고, 그 분야 연구를 계속한 이유다. 개발경제학development economics에 초점을 맞춘 것은 내 관심 분야의 성격상 나로서는 어느 정도 불가피한 선택이었다. 내가 아직도 한창 개발 중인 나라 인도 출신이어서가 아니라, 내게 모든 의미 있는 경제는 바로 개발경제학, 즉 경제가 어떻게 진화하고 변화하는지를 분석하는 것이었기 때문이다. 사실 유럽과 세계의 초기 정치경제학자들(주류 경제학 종사자들은 거의 알지 못했던)은 모두 개발경제학자들이었다. 한계효용 혁명과 함께 시작된 반역사적인 접근이 경제학 분야를 대단히 협소하고 결국은 유용하지 못한 틀 안에 가두려 한 일은 대단히 유감스럽다. 이 신고전주의적 접근이 결국 지배적인 조류가 되면서 개발경제학을 그 주제의 변두리로 내몰고 매력을 떨어뜨렸다. 설상가상으로 그런 접근은 개발경제학에도 스며들기 시작해 그 융통성 없고 비현실적인 가정들을 도입하고, 역사에 대한 관심 부족, 각기 다른 다양한 관점들을 개발연구에 통합하지 못하는 무능을 드러냈다.

내 생각에 경제발전(이는 모든 사회에서 일어나는 일이며, 이른바 선진경제들이 '초월'해온 과정이 아니다.)은 다른 학문적 관점들을 통합해내는 좀 더 전체적인 접근을 통해서만 제대로 이해할 수 있기 때문에, 그런 신고전주의적 접근은 정말 걱정된다. 그렇게 해서, 어떤 면에서 나는 나의 지적인 이해에 하나의 완전한 원을 그려왔는데, 왜냐면 나는 이제 사회와 정치를 모르고는 경제를 이해할 수 없다고 아주 확고하게 믿고 있기 때문이다.

정치경제학 분야에서 어떤 특정한 방법론적, 인식론적 접근을 지지하는가? 이런 질문을 하는 이유는 좌파 정치경제는 제2차 세계대전 이후 다른 분파와 학파(예컨대 종속이론과 세계체제론)로 발전했으며, 제3세계에서의 반식민주의 투쟁은 선진국과 개발도상국 모두에서 정치경제 연구 어젠다 재구성에 중요한 역할을 했기 때문이다.

크게 봐서 나 자신을 마르크스주의/포스트 케인즈주의 정치경제학자로 분류하지만, 융통성 없이 거기에 집착하진 않는다. 그리고 또 나 자신이 페미니스트이자 사회주의자라는 확신을 갖고 있는데, 그런 편애 역시 내가 연구 주제를 선택하고 거기에 접근하는 방식에 대한 정보를 제공한다.

하지만 최근 수년간 나는 인식론적 접근의 관점에서 그렇게 낙인이 찍히는 데 대해 점차 경계하게 됐다. 이는 나의 근본적인 게으름이나 엄밀성의 결여를 반영하는 것일 수 있지만, 아마도 젊은 시절 너무나 많은 시간을, 이제는 내가 비교적 무의미하다고 보는 마르크스와 다른 저자들에 대한 '정확한' 이해를 두고 벌인 논쟁들을 헤쳐오느라, 그리고 이론적 위치에 대한 개념적 구별과 순수성에 대한 난해한 주장들에 사로잡혀 낭비했다.

따라서 나는 특정 학파(그중에서도 종속이론과 세계체제론적 접근을 포함한)의 중요성을 알고 있지만, 경제과정에 대한 이해에 보탬이 된다면 나 자신의 이해를 높이기 위해 다른 학파들로부터 통찰력을 얻는 데 점점 더 관대해졌다.

반식민주의 투쟁이 개발도상국들에서 많은 경제학자의 이론적 틀과 연구관심사에 일정한 토대를 제공하는 데 큰 역할을 했다는 건 사실이다. 하지만 그것들이 오늘날에는 진보적 경제학자들 중에서조차 얼마나 중요하게 받아들여지고 있는지 잘 모르겠다. 그 이유는 제국주의를 새롭고 다른 형태로 드러나게 만들고, 따라서 그에 상응한 미묘한 분석을 요하는 더 복잡해진 국제경제 처리방식 때문이다.

현대 자본주의의 역동성과 모순을 이해하기 위한 최선의 방법은 무엇인가?

지금 더욱 확산되고 있는 생산량 회복에 대한 용감한 이야기들에도 불구하고 글로벌 자본주의가 곤경에 빠져 있는 사실은 명백하다. 그러나 동시에 대안체제 도입을 바라고 움직이는 사람들이 도처에 흩어져 있고 미약하며 사기가 떨어져 있다는 점 또한 사실이다. 사실 현대의 글로벌화한 자본주의는 그 자체가 너무 성공적이어서 자신이 만들어낸 모순들과 맞서야 한다. 그것은 전 지구상으로 퍼져나가 인간의 활동이 가 닿지 않은 지리적 영역은 남아 있지 않다. 그것은 또 자본의 협상력을 줄일 수 있는 노동자 협회, 그들의 활동과 이익을 제한하고 통제하는 규제 구조를 낳을 수 있는 민주적 책무, 그리고 지금은 거의 완전히 제한받지 않게 된 지점까지 더 큰 사회적 선을 요구하는 공동체들과 같은 반대자들을 짓밟고 정복해왔다. 그 결과 과거 여러 시기에 경제적 변동성을 줄이고 사회적 안정성을 증대시켰던 것과 같은 견제와 균형이 사라져버렸다. 먹이-약탈자 관계prey-predator relationship라는 생물학적 주장의 거의 교과서적인 가운데, 자본주의는 이제 거의 모든 먹이들을 생존 자체가 위협받을 정도로까지 말살해왔다.

경제적 관점에서 이 '성공'이 의미하는 것은, 그 시스템이 자체 논리로 계속 추구해야 하는 생산물에 대한 수요의 확대 추세가 약화된다는 것이다. 이는 또한 매우 느슨한 통화정책에도 불구하고 금융화와 신용거품이 제 갈 길을 갔듯이, 새로운 수요의 원천을 만들어내는 능력이 약화됐음을 의미하기도 한다. 불평등과 금융시장 변동성의 증대, 그리고 느린 성장 또는 정체는 따라서 서로 불가분으로 연결돼 있다. 사회정치적 관점에서 이는 더 광범위한 절망과 소외, 개별화한 대응을 야기해 사회가 작동하는 바탕 자체를 위협한다. 이는 선진 자본주의경제들에만 국한된 문제가 아니라 개도국들에도 만연해 있으며, 수많은 가난한 나라에서 더 극단화할 수 있다.

인도와 같은 개도국들이 직면한 가장 시급한 문제는 무엇이라고 생각하나?

인도 경제가 직면해 있는 문제들은, 다른 개발도상 지역들에서도 분명히 비슷한 걱정들을 하고 있지만, 아시아에서 좀 특이하다. 인도 개발 프로젝트의 주요 실패들 가운데 하나는 낮은 생산 활동에서 높은 생산 (그리고 더 나은 보수를 받는)활동 쪽으로 노동을 바꿔야 한다는 점에서 구조 전환을 해야 하는데, 그러지 못했다는 것이다. 대다수의 노동자들을 고용하는 농업과 서비스업 부문의 이런 낮은 생산성이 지닌 지속적인 의미는, 그것이 다음과 같은 다른 많은 명백한 실패들에 영향을 끼쳤다는 점에서 어떤 점에선 '원죄'라고 할 수 있다. 때로 엄청난 부를 축적한 한 줌의 부자들에도 불구하고 국토와 인구의 대부분을 상대적 빈곤 속에 방치한 고르지 못한 개발, 수십 년간의 비교적 빠른 총소득 증대에도 불구하고 저고용 세대와 끔찍한 인간개발지수, 만연한 여성의 무급 그리고 저임금 노동에 대한 의존 등. 이런 경제적 문제들은 카스트 제도처럼 아직도 인도에서 없어지지 않고 있다. 이런 독특한 형태의 사회경제적 차별로 특징지어지는 사회경제적 맥락 속에 신자유주의적 시장 기반의 정책들을 도입함으로써 더욱 악화됐다.

신자유주의 경제학이 지닌 가장 근본적인 문제들이 무엇인지, 그 이론적인 틀과 정책 틀 양면 모두에 대해 말해달라.

신자유주의 경제학은 실제 경제에서는 전혀 적용될 수 없다고 보편적으로 인식되고 있는 완전히 비현실적인 가정에 토대를 둔 단순한 이론적 틀 위에 구축돼 있다. 완전 경쟁, 완전 고용, 모든 시장에 제공되는 대칭적인 정보 등이 그것이다. 이런 가정들이 무너져 그와 같은 틀의 정책 처방들 대다수가 간단하게 붕괴했음에도 그 지지자들이 그런 주장들을 이용해 생산, 노동, 그리고 금융시장을 포함한 모든 시장의 더 큰 자유화와 규제완화 쪽으로 밀고 나가는 것을 막지 못했다. 그것은 점차 인프라와 생활편의시설들, 건강, 교육처럼 예전엔 국가가 지배하는 영역으로 보였던 활동들의 민영화와 규제완화를 밀고 나가는 데 활용되고 있다. 이는 종종 경제활동 영역에서 '국가의 철수'withdrawl of the state처럼 보이지만, 실제로는 그렇지 않다. 이것은 오히려 국가가 개입의 성격을 바꾼 것이며, 자본의 요구에 시민들의 권리보다 우선하는 특권을 주는 쪽을 선택한 것이다. 국가는 노동자들이 행사할 수 있는 민주적 권리를 막고 잉여 추출을 극대화하는 법률적 제도적 조건을 보장하는 등의 사유재산권을 강화한다는 점에서는 여전히 중요한 존재일 뿐만 아니라 심지어 결정적인 존재로 남아 있다. 2008년 국제금융위기 이후 그 자체 행위의 결과들로부터 금융을 보호하기 위한 과감한 조치들(납세자들로부터 거둬들인 재정 자원을 활용하고 그에 따라 납세자들은 정당한 권리를 부정당하게 된 조치들)은 이것을 다시 한번 더 상기시켜주었을 뿐이다.

따라서 신자유주의 경제학은 사실상 다양한 형태의 거대 자본의 이데올로기이며, 스스로 시장 친화적이라고 주장하듯이 거대 자본의 이해에 봉사하기 위해 정부 개입을 활용할 때 주저하지 않는다. 하지만 동시에 국가정책이 이런 식으로 명백히 왜곡되기 때문에 국민들 사이에 불신과 소외가 점차 자라나게 된다. 신자유주의는 또한 모든 것을 상업화하고 모든 인간의 노력과 상호작용을 이익과 손실이라는 이기적인 계산 속에 속박하면서 가장 극단적이고 퇴행적인 형태의 개인주의와 일상생활상의 경쟁적 경향을 사실로 상정한다.

현대 자본주의의 정치경제를 받아들이려 할 때, 젠더 기반의 준거 틀이 전반적인 신자유주의적 자본주의 비판에 기여하는 가장 중요 한 방법은 무엇인가?

고전적 마르크스주의 정치경제학의 중요한 실패들 중의 하나는 경제 과정을 형성할 때 생겨나는 사회적이고 상호관계적인 불평등의 중요성을 간과한 것이었다. 고맙게도 지난 세기에 이뤄진 많은 통찰력 있는 작업이 이를 바로잡으려 했다. 나는 젠더적 통찰력이 자본주의를 이해하는 데 기본이 된다고 믿고 있는데, 그 것은 젠더화된 노동 분업(성별 노동 분업), 그리고 그것이 노동시장 과 사회적 재생산에 영향을 끼치는 방식들의 중요성 때문만이 아 니라, 현대 세계화의 중요한 특징들 대다수가 어떤 면에서 사회의 젠더 구조에 의존하고 있다는 점 때문이기도 하다. 이런 것들은 식 량 공급과 분배, 전 지구적 가치사슬의 생산 패턴과 그것의 경제적 중요성, 예컨대 돌봄 경제의 국제화, 그리고 다른 많은 특징에 영향 을 끼친다. 게다가 현대 자본주의는 또 결정적으로 젠더 관계에 의 해 결정되는 다양한 형태의 무급노동에 대한 고려 없이 간단히 이 해될 수는 없다.

개념으로서의 제국주의는 개발연구들, 심지어 좌파 정치경제학자 들 연구에서조차 거의 공감을 얻지 못하고 있다. 당신은 제국주의 가 21세기 경제현실에서 분석구조로서의 가치를 잃어버렸다고 생 각하나?

제국주의의 지속적인 중요성을 무시하는 것은 중대한 실책 이라고 생각한다. 우리가 제국주의를 광의로 정의해서, 경제영역 을 통제하려는 거대자본의 노력으로서 경제적·정치적 이해의 복 합적인 혼합물로 본다면, 제국주의는 실제로 전혀 쇠퇴하지 않았 음이 분명하다. 제국주의는 지난 반세기 동안 형태를 바꿨으며, 특 히 '경제 영역' 구성의 더 확장된 개념을 받아들인다면 더욱 그러하 다. 내 생각에, 여기에는 땅과 천연자원, 그리고 노동(이 모든 것들 은 여전히 격렬한 싸움의 대상이다.)과 같은 더 분명한 형태뿐만 아 니라, 물리적 위치와 경제과정의 형태에 의해 정의되는 새로운 시 장도 들어간다. 이들은 신자유주의와 긴밀하게 연결돼 있다.

예컨대 예전에는 공적 공급의 유일한 영역으로 여겨졌던 기본 생활편의시설들과 사회복지사업의 상업화는 세계의 다른 지역들에서 새로운 시장들을 창출하고 제공한다. 글로벌 경제 질서의 제도들(국제통화기금IMF, 세계무역기구WTO, 세계은행WB, 세계경제포럼까지도)이 모두 경제영역에 대한 통제를 위해 좀 더 복잡해졌지만, 여전히 공격적인 모습을 보여주면서 예전의 공적 부문에 대한 민간투자를 적극 장려하고 있다. 비슷하게, '지적 재산권'을 통한 지식과 그 보급의 상업화 및 민영화는 다국적 기업들이 생산을 독점하고 높은 가격을 책정하거나 높은 로열티를 요구하고, 그들의 협상력과 산업 집중 추세를 더 강화하는 데 기여함으로써 그들에게 지나친 보상을 안겨주고 있다. 그리하여 이는 글로벌 가치사슬에서의 이익 배분에 반영되고 있다.

반면에 노동자들과 소생산자들(대다수가 개도국에 있다.)은 생산 이전과 생산 이후 과정에서 (전자는 특허와 디자인을 통해, 후자는 마케팅과 브랜딩을 통해) 이익과 지대(임차료)를 창출해내는 다국적 기업들에 비해 얻을 게 아무것도 없다.

따라서 제국주의는 그 중요성이 줄어들지 않았고, 그 형태를 바꿨다. 19세기와 20세기 상반기에 그것은 명백히 식민통치와 연관돼 있었으며, 20세기 후반기에는 잠재적인 공산주의 세계의 위협에 대처하는 글로벌 패권국과 자본주의 세계의 리더로서의 미국의 확고한 지배가 만들어낸 지정학적이고 경제적인 통제의 조합에 의존했다. 이제 제국주의는 노동에 대한 자본의 지배권을 확립하기 위해 점점 더 강화된 국제적인 법률과 규제 체제, 다양한 다자 간 그리고 양자 간 협정들에 의존하고 있다.

지배적인 경제관과는 대조적으로 당신의 인도 경제상황에 대한 분

석은 고용과 투자, 금융과 관련한 국가의 역할을 더 강화해야 한다고 제안한다. 이는 인도 그리고 더 일반적으로, 글로벌 경제 환경에서 사회적 케인즈주의social Keynesianism로의 복귀가 가능해졌다는 얘긴가?

확실히 기업 주도의 금융 세계화로 전 세계의 나라들이 자주적인 정책, 특히 케인즈주의적 다양성을 실행하기가 더 어려워졌다. 자본 도피 위협은 확장적인 재정정책을 펴고자 하는 정부들을 상시적으로 제약하며, 금융 자유화는 정책금융(이것 없이는 세계 어느 나라도 산업화를 성공적으로 이룩할 수 없다.)의 손실을 의미할 뿐만 아니라 국경을 넘나드는 자본흐름으로 개별 국가경제들이 국내 정세 불안정에 시달리게 만든다. 따라서 신케인즈주의적 거시경제 정책들이나 개발을 위한 구조개혁을 촉진하는 더 장기적인 정책들을 실현하기 위해서는 민간 금융흐름의 추가 제한이 절실하다.

그런 점에서 최근의 세계화 기간 중에도 성공적이었던 경제들 대다수는 상당한 정도로 정책 자주성, 무엇보다도 금융 흐름과 금융시장 통제에 대한 자주성을 유지했음을 기억할 필요가 있다. 예컨대 대다수 은행 시스템에 대한 중국의 통제와 원하는 지역에 자금을 공급하는 국가의 지속적인 능력은 2008년까지의 급속한 산업화와 수출의 성공에 중요한 역할을 했으나, 그 이후의 점진적인 금융 자유화는 부채에 기댄 성장의 취약성과 의존성을 더 키웠다.

인도 경제에서 문제점은 우리의 개발계획이 구조개혁의 관점에서 아직 유아기 단계로, 농업과 전통적 서비스업 분야의 대다수 노동자들이 낮은 생산성의 비공식 일자리라는 틀에 박힌 상태에 놓여 있고, 최근의 급속한 성장이 저고용 또는 공식적인 고용확장이 없는 상태로 이뤄졌다는 것이다. 인도에는 총수요 수준을 조절하고 생산의 구성을 좀 더 고용집약적인 활동으로 바꿀 수 있는 지렛대도 없다. 따라서 무역 및 산업 정책과 함께 거시경제 정책들을 통한 더 큰 (좀 더 민주적으로 책임을 지는 국가에 의한)공적 개입이 필수적이다. 이에는 자본과 무역계정에 대한 관리가 어느 정도 필요하다. 이는 바로 몇 년 전까지만 해도 극단적이거나 불가능했겠지만, 지금은 그런 것 같지 않다. 정치적 흐름이 바뀌었기 때문이다. 선진국들을 포함한 세계의 모든 나라에서 세계화에 대한 불만이 불행으로 표출되는 경향이 강해지면서, 신자유주의 세계화의 숭배자들로부터 (거짓)지혜를 전해들은 이들의 일부가 그에 대해 의문을 제기하고 있다.

'보편적 기본소득'이라는 아이디어가 점차 관심을 끌고 있는데, 주로 서구의 특정 국가들에서 그렇다. 그 문제에 관한 좌파와 우파 경제사상의 융합 같은 것들도 있다. 이런 역설을 어떻게 보는가?

보편적 기본소득UBI은 선진국들에서 가까운 미래에 심각하게 늘어나리라 예상되는 기술요인 실업technology-induced unemployment에 대처하기 위한 하나의 방안이자 불평등을 줄이고 정체된 경제에서 소비 수요를 늘리는 방안으로 받아들여지고 있다. 이와 관련한 우익의 방안은 (그중에서도) 밀턴 프리드먼까지 거슬러 올라갈 수 있는데, 그는 이를 다른 정부 사회보조와 복지 프로그램의 '잡동사니 모음'ragbag의 대체물로 봤다. 그는 그것이 법제화된 최저임금 요구를 제거하고 값싼 노동의 유용성을 증대해 기업들에 혜택을 안겨준다고 생각했다. 좌익의 관점은, 기존의 사회보조 프로그램들보다 더 일반적이고 관대하며, 동시에 덜 의존적인 보장 최저소득이 급속한 자동화로 인해 매우 부정적인 사회적 충격과 더불어 노동력이 대체되는 문제에도 대처할 수 있다는 것이다.

이 아이디어에 대해서는 정말 해야 할 얘기가 많은데, 특히 보편적 기본소득이 부유층과 특히 사회적으로 별로 바람직하지 못하거나 기술변화로 더 많은 잉여를 산출하는 활동들에 대한 징세를 통해 달성된다면 더 그렇다. 하지만 이런 형태의 개입은 겉보기엔 불평등한 소득배분 문제에 대처하기 위한 목적이라 하더라도 사실상 분배효과를 무시하며, 그런 전환이 초래할 인플레이션 영향 때문에 빈곤을 줄이거나 없애겠다는 목적은 의도한 결과를 얻지 못할 수 있다. 반대로 고용 프로그램과 같은 '일자리 기반 전략들'은 다양한 형태로 노동의 존엄을 확인하고, 완전 고용을 경제의 영원한 특징으로 삼는 쪽으로 나아갈 수 있다.

인도와 같은 나라들에는 다른 걱정거리들도 있다. 건강, 교육, 영양 등의 분야에서의 기본적인 공공서비스의 질과 범위를 확장하는 것에 더해 현금지원까지 해온 일부 나라들에서의 성공적인 현금지원 프로그램 사례들과는 달리, 인도의 시도는 그것들을 이미 너무 빈약한 상태인 기본적인 공공지출을 대체하는 데 활용하려 했다. 현금지원 프로그램 지지자들은 정부가 보조금만이 아니라 분석가들이 비생산적이라는 점을 알아낸 예산지출의 많은 부분도 삭감할 수 있으며, 그것을 간단하게 은행계좌로 직접 송금하는 쪽으로 바꿀 수 있다고 주장한다. 따라서 역설적이게도 '기본소득'을 가장한 현금 직접지원 제공으로의 이런 전환은 공공지출을 늘리지 않고 사실상 오히려 줄일 수 있다! 이것은 진보적 UBI(보편적 기본소득) 주창자들이 일반적으로 제시하는 것과는 정반대다. 일반적으로 보편적인 사회보호층의 요소들 전부 또는 일부를 획득하는 것은 모든 사회가 진지하게 받아들여야 하는 부분인데, 이는 기본상품과 서비스의 공적인 제공을 대체하는 것이 아니라 오히려 거기에 추가되는 것으로 봐야 한다.

최근에 지금의 글로벌 신자유주의 경제에 대해, "우리는 지금 미래의 역사학자들이 하나의 분수령으로 돌아보게 될, 전혀 다른 경제 사회 체제로 이행한 역사적 변동의 순간들 가운데 하나를 살아가고 있는지도 모른다."라고 주장했다. 대안은 무엇인가?

명백히 역사는 복잡하고 난해한 방식으로 움직이며, 새로운 사회경제 체제가 반드시 더 바람직하리라는 보장은 없다. 하지만 진보적 대안들이 여전히 뚜렷한 가능성으로 남아 있다. 개도국이라 불리는 데서 살아가는 사회주의 페미니스트로서 당연히 나는 진보적 대안들이 승리하기를 바란다. 이는 결국 사회주의의 어떤 변종을 의미하는데, 그것은 더 많은 공공의 관여를 요구하지만 공공 또는 정부 영역에 대한 더 큰 민주적 통제 속에서 이뤄져야 한다.

나는 이런 것들이 몇 가지 중요한 방식에서 '사회주의' 체제의 예전 경험과는 달라야 한다고 주장한다. 첫째, 선거든 다른 방식이든 민주주의에 강조점이 두어져야 한다. 둘째, 과도한 중앙집중화와 '큰 것'에 대한 예찬을 거부할 필요가 있다. 그렇게 해서 '큰 것'과 '작은 것' 사이에 사회적으로 적절한 균형을 이뤄야 한다. 셋째, 개인이든 공동체든 권리의 인정이 매우 중요하며, 인권은 재산권보다 우선돼야 하고, 재산권의 일부 형태는 예전에 시도했듯이 없애려 해도 완전히 없앨 수는 없다. 넷째, 계급 구분은 분명히 중요하지만 젠더와 사회적 카테고리(카스트 제도와 같은), 민족 또는 인종 그룹 등의 다른 형태의 사회적 차별과 배제가 존재한다는 사실을 인정하고 해소해야 한다. 마지막으로, 생태적 지속 가능성 문제는 다른 무엇보다도 중요한데, 이는 인간사회와 자연 간의 관계에 대한 훨씬 더 깊은 질문을 함축하고 있다.

이상사회를 꿈꿔야 한다면, 누군가의 기본 조건과 기회가 출생이라는 우연적 사건에 따라 결정적으로 좌우되지 않고, 또한 지역, 계급, 사회 그룹 그리고 젠더에 의해 결정되지도 않는 사회라고 얘기할 것이다. 그런 사회에서는 모든 삶의 기회는 많게 보아 비슷할 것이고, 동시에 다른 문화적 차이들은 존중받고 소중하게 여겨질 것이다.

2017년 9월에 우리는 《자본론Das Kapital》 출간 150년을 기념하며 축하했다. 마르크스의 대표작이 21세기에도 여전히 매우 중요한 의미를 지니고 있는 가장 중요한 이유는 무엇인가?

《자본론》에 자세히 기술돼 있는 개념들 대부분은 오늘날에도 매우 의미 있고 중요하다. 자본의 핵심은 다음과 같다고 본다. 마르크스에게 자본은 그 자체로 그냥 자원, 즉 토지·노동과 비슷한 단순한 생산 요소가 아니라 매우 구체적인 생산의 사회적 관계의 표현으로, 노동자들에게 이중적 의미에서 '자유'로울 것을 요구한다. 먼저, 자신들의 (다른 사회경제적 관계나 제약에 묶이지 않는)노동력을 팔 '자유'와 생산수단의 소유에서 '자유'로와서 자신들의 물질적 생존을 위해 자신들의 노동력을 파는 것 외에 달리 수가 없는 상태. 하청제도와 '임시직 선호 경제'의 출현으로 일이 더 복잡해 보일 때도 이 기본적인 사회관계는 변함없이 중요하다.

또 다른 중심개념은 '상품 물신숭배'commodity fetishism다. 사람들 사이의 관계가 사물들, 즉 상품과 돈 사이의 관계에 의해 중재된다. 상품(교환을 위해 생산되는 제품과 용역)은 단순히 사물이나 대상물이 아니다. 왜냐하면 이들에게는 사용가치(사람의 필요나 바람을 충족한다.)와 교환가치(다른 것들과 서로 교환될 수 있다.)가 있기 때문이다. 하지만 가치는 노동의 산물이 아니라 상품에 내재하는 본질적인 것으로 간주되며, 상품의 교환과 시장 기반의 상호관계는 역사적으로 특정한 사회적 관계가 아니라 모든 대상물을 다루는 '자연스런' 방법으로 간주된다. 이것은 자본주의의 사유재산 중심성에서 비롯된 환상으로, 사람들이 어떻게 일하고 상호작용하는지뿐만 아니라 그들이 현실을 어떻게 받아들이고 사회적 변화를 이해하는지도 결정한다. 구매 충동, 물질적 욕구 충족에 대한 집착, 그리고 인간의 행복을 다른 상품들을 조종하는 능력 순에 맞추는 것은 모두 상품 물신숭배의 형태로 묘사될 수 있다. 정책 입안자들과 일반대중의 GDP 성장 자체에 대한 집착은 극단적이지만, 오늘날 널리 퍼져 있는 상품 물신숭배의 사례일 뿐이다.

생산수단 소유가 소수에 집중돼 있기 때문에 자본이 생산에서 그 역할을 효과적으로 수행할 수 있게 해준다. 하지만 이 집중은 반드시 그 전에 그것을 소유하고 있던 사람들, 예컨대 자작농과 소규모 자작 장인들로부터 몰수한 토대 위에 구축됐다. 이 '원시적 축적'primitive accumulation은 종종 폭력적 과정을 통해 이뤄졌으나, 지역과 분야마다 다른 고르지 못한 자본주의 발전 때문에 더 복잡한 다른 방식으로 일어날 수 있으며 지금도 일어나고 있다. 따라서 결국 이는 한 분야에 국한되지 않고 모든 사회적 경제적 관계의 특징이다.

따라서 생산력 확대와 생산된 상품에 대한 수요를 충족할 만큼 생산할 수 있는 경제 시스템의 능력 사이에는 내재된 긴장이 존재한다. 고정자본과 유동자본의 확장 사이에는 불균형이 존재하는데, 이는 이익 창출을 더욱 어렵게 만든다. 축적과정에서 생겨나는 분야들 사이에는 불균형이 존재한다. 이런 지리적 불균등 발전은 '개발된' 지역과 '저개발' 지역을 동시에 만들어낸다. 이는 제국주의 이해에까지 확장될 수 있는데, 그것은 다른 종류의 경제영토들을 통제하려는 투쟁으로 이해될 수 있다. 교환 수단으로서의 통화와 가치측정 수단으로서의 통화 사이의 불균형은 신용과 금융의 발달로 증폭되면서 더 많은 위기 추세를 만들어낸다.

그 시스템은 많은 갈등과 모순을 낳는데, 그중 일부만 주기적인 위기로 발전한다. 자본의 기본적인 역동성은 동시에 스스로를 크게 강화해 노동자 농민들과 같은 다른 계급들을 국내적 그리고 국제적으로 빈곤하게 만들기 때문에 명백히 계급투쟁을 야기한다. 그러나 그 시스템은 또한 계급 내부 투쟁도 야기해 개별 자본들끼리 그리고 개별 노동자들끼리 싸우게 만든다. 다원적 생존투쟁이 끊임없이 벌어지기 때문에 개인주의, 분쟁, 그리고 경쟁이 그 시스템의 추진력이 된다. 이는 또 '시장의 무정부상태'the anarchy of the market 와 피할 수 없는 위기 추세를 야기하는데, 자본주의가 만들어내는 불평등이 그것을 추동한다.

마르크스가 묘사한 자본주의 시스템의 근본적인 특성은 소외 alienation다. 이것은 사회나 공동체로부터 멀어진 개인적 소외감이라는 고립된 체험이 아니라, 자신들의 일에 대한 통제력을 상실한 광범위한 임금 노동자들의 일반화된 상태를 가리키는 말이다. 자본주의 아래서 노동자들은 결코 자립적이고 자기실현적인 인간, 그리고 사회적 존재가 될 수 없다. 상품 물신숭배와 결합된 이 소외는 종종 특이한 종류의 비자유를 만들어내는데, 개인의 해방이 '보편적인 판매 가능성'에서 나오는 것처럼 보이기 때문에 그것은 종종 널리 인식되지도 못한다. 따라서 모든 생물은 효과적으로 재산으로 전환되며 모든 사회적 관계는 거래가 된다.

분명히 이런 많은 아이디어에 관해 현대인들이 강력히 공감하고 있기에, 《자본론》에서 다뤄지지 못한 중요한 문제들(무임 노동, 특히 사회적 재생산과 가족 내의 돌봄 노동: 경제 시스템과 자연환경 사이의 관계)이 있음에도 불구하고 그것은 오늘날에도 기본적인 읽을거리로 남아 있다.

코로나19 팬데믹에 대하여

코로나19 위기에 대한 여러 국가들 또는 지역들의 서로 다른 대처방식들을 공중보건 개입과 경제정책들의 관점에서 어떻게 평가하나?

코로나19 팬데믹은 글로벌 자본주의 체제의 중대한 불평등과 실패를 드러내는 엑스레이 기계와 같은 역할을 했다. 그것은 대공황 이후 어떤 위기보다 더 깊고 광범위한 전례 없는 경제적 위기를 초래했으며, 앞으로 그 손실이 얼마나 더 지속될지, 얼마나 가혹할지, 그리고 확산될지 여전히 불확실하다. 우리가 이미 알고 있는 것은 끔찍하다. 전 지구적으로 극심한 빈곤이 급속히 증대되고 있다. 기아가 더 확산되고 있으며, 보건의료 상태는 코로나 바이러스 전염 확산보다 더 빠른 속도로 나빠지고 있다. 생계와 소득은 무너졌으며, 많은 경우 완전히 또는 부분적으로라도 복구가 불가능하다. 많은 나라에서 소득과 자산의 불평등은 상상할 수 없는 수준으로 악화됐다. 젠더(성별) 불평등과 같은 관계상의 불평등이 악화됐다. 다양한 정부들이 더 강력한 중앙집중력, 통제력, 반대의견 억압력을 장악함에 따라 힘의 불균형이 커지고 있다.

팬데믹으로 인한 글로벌 불평등의 급증은 예상할 수 있었으나, 그럼에도 그 속도와 강렬함은 놀라울 정도였다. 개도국들(중국은 예외인데, 중국은 코로나 감염이 시작됐고 처음 몇 개월간 타격을 받았으나, 그 뒤 상당히 회복됐다.)은 대규모로 불균형하게 그 영향을 받았다. 대부분 그 충격은 질병의 확산 때문만이 아니라 정책적 대응, 특히 공세적인 봉쇄(록다운) 때문이기도 했다. 이는 특히 비공식 부문이 큰 나라들, 따라서 사회적 보호장치들을 통해 적절한 보상을 받지 못해 경제적 붕괴와 인도주의적 비극으로 이어진 나라들의 생계에 영향을 끼쳤다.

무엇보다도 그 재정적 대응의 다양성에 주목할 필요가 있다. 선진국들의 정부는 일반적으로 중앙은행의 강력한 개입과 함께 공공지출을 크게 늘린 반면, 개도국들 정부는 이번 팬데믹 사태가 글로벌 금융위기보다 훨씬 더 큰 비극임에도 그때보다 재정 투입을 덜 하는 등 얌전하게 대응했다.

이는 위기의 범위가 글로벌 차원(보건의료와 경제적인 면에서)에 걸쳐 있고 단일 국가의 국가적 조치로는 수습될 수 없어서 글로벌 차원 대응의 중요성을 부각시킨다. 이것이 이미 펼쳐지고 있는 닥쳐올 기후위기와 결합돼 있다는 사실은, 인류 생존의 갈림길이 될 수 있기 때문에 더욱 절실하게 통합되고 조정된 대응이 필요하다. 따라서 우리에게는 분명히 글로벌 뉴딜이 필요하다.

하지만 글로벌 뉴딜은 그린(Green, 녹색)을 넘어 다양한 색깔이 돼야 한다. 왜냐하면 1930년대 미국의 경험이 얘기해주듯 회복은 좀 더 체계적인 자본 및 다른 시장 규제와 함께 기본적으로 대폭 증대된 공공지출에 토대를 둬야 하기 때문이다.

물론 그것은 그린이 돼야 한다. 왜냐하면 공공지출의 상당 부분과 규제변화의 주요 부분이 환경을 인식하고 존중하며 보존하는 쪽으로 가야 하며, 따라서 탄소와 온실가스 배출을 줄여 기후문제에 대처하면서, 더 나은 적응력과 탄력성을 가질 수 있고, 생산과 소비 패턴도 바꾸는 쪽으로 가야 하기 때문이다.

그것은 또한 물과 우리의 공용 수원水源을 사람들이 함부로 취급하여 이미 크게 오염시켰을 뿐 아니라 그 피해가 더욱 커져간다고 인식하고, 바다와 강, 수역들을 보전하며, 깨끗한 물에 대한 공정한 접근을 보장하는 블루(Blue, 파랑)가 돼야 한다.

하지만 팬데믹이 표면으로 끌어낸 다른 절박한 문제들이 있다. 그것은 수십 년에 걸친 건강보건 분야 공적 자금 부족과 돌봄 노동의 사회적 약화라는 끔찍한 결과를 가져왔다. 따라서 뉴딜은 또한 돌봄 경제와 향상되고 개선된 돌봄 활동에 대한 대규모 투자와 함께 퍼플(Purple, 보라)이 돼야 한다. (유급, 저임금, 그리고 무급)돌봄 노동의 다른 형태들을 인식하고, 돌봄 노동자들을 위한 더 나은 조건을 보상하고 보장하며, 가정과 공공 및 민간 공급 사이 그리고 가정 내의 젠더 간 무급 노동 줄이기와 재분배를 요구하고, 돌봄 노동자들을 대표하고 그들에게 더 큰 목소리를 내게 해야 한다.

신자유주의 정책이 헤게모니를 쥔 지 수십 년 만에 부국이든 빈국이든 마찬가지로 1인당 공공보건비는 급격하게 줄었다. 이것이 단지 불평등 불공정 전략이 아니라 어리석은 전략임이 이제 더욱 분명해졌다. 엘리트의 건강이 사회의 가장 가난한 구성원들의 건강에 의존하고 있으며, 따라서 공공 보건비 지출 삭감과 건강보험 민영화를 주장하는 사람들은 스스로를 위험에 빠트린다는 점을 제대로 알게 해준 것이 전염병이었다. 이것이 또한 전 지구적 차원의 일이며, 따라서 보호주의 장치와 의약품에 대한 접근권을 둘러싸고 벌어지는 지금의 한심한 국가주의적 다툼이 그 야수의 본성에 대한 완전한 인식 결여를 드러낸다는 점도 밝혀졌다. 이 질병은 모든 지역에서 통제되지 않는 한 통제되지 않을 것이며, 따라서 다시 한번 국제적 협력은 바람직할 뿐만 아니라 절대 필수적이다.

뉴딜은 자산, 소득, 식량 접근권, 기본적인 공공서비스, 그리고 고용기회의 불평등 해소와 축소에 중요한 초점을 맞추는 레드(Red, 빨강)여야 한다. 이들 불평등은 다른 모든 차원들, 예컨대 젠더, 인종, 민족, 신분, 지역, 나이에 걸쳐 축소돼야 한다. 이는 금융시장, 노동과 토지 시장을 포함한 시장에 대한 좀 더 신중한 규제를 요구하며, 자연환경과의 상호작용에 대해서도 마찬가지다. 그것은 또 더 적극적인 재분배를 요구하는데, 예컨대 부유층에 대한 징세(극도의 자산 불평등 때문에 매우 절실해진 공공수입을 가져다줄 수 있는 소규모 부유세를 통해)와 법률상의 구멍을 이용해 세금을 회피해온 다국적 기업들에 대한 징세, 모든 나라 단일과세와 공동 최저세율 시스템에 의한 자금으로 조성되는 새로운 공공지출을 통해 달성할 수 있다.

이 모든 것은 국제적 협조가 필요하다. 이는 이 다양한 색깔의 뉴딜Multicolored New Deal이 집중적이고 독점적인 지대추구rent-seeking를 막고 양질의 고용 창출을 장려하는 적절한 국제적 설계, 조정된 금융 및 자본 흐름, 더 공평하고 공정한 외채관리 규칙, 무역규칙 개정, 초국적 투자, 그리고 지적재산권을 토대로 반드시 전 지구적 규모로 시행돼야 하는 이유다. 이는 다음과 같은 조치를 통해 즉각 개도국들이 유동성에 접근할 권리를 대폭 증대시킬 것을 요구한다. 즉 국제통화기금IMF 특별인출권SDI 발행, 채무 정지와 곤궁한 경제국들에 대한 효과적인 채무 면제, 자본 유출입 증대를 억제하고 통화와 자산가격의 급격한 변동을 막기 위한 자본통제를 활성화하고 지원(지금은 지역적으로만)하는 것이 필수적이다.

이것은 불가능한 과제처럼 보일지 모르지만, 제약(장애물)은 주로 대기업들의 대규모 로비력, 그리고 국가와 기업 리더들 간의 유착을 반영하는 정치적인 것들이다. 결국 이들 제약은 세계의 시민들이 자신들의 지도자들이 진로를 바꾸도록 충분히 압력을 가하지 않기 때문에 구속력을 갖는다. 팬데믹과 진행 중인 다른 위기들은 여전히 필요한 대중적 압박을 가하는 역할을 할 수 있다.

대표적 출판물과 영향

출판물

Jayati Ghosh (2010). The Unnatural Coupling: Food and Global Finance. *Journal of Agrarian Change*, 10(1), 72-86.

Jayati Ghosh (2012). Women, labour and capital accumulation in Asia. *Monthly Review*. 63(8), 1-14.

Jayati Ghosh (2013). Microfinance and the challenge of financial inclusion for development. *Cambridge Journal of Economics*, 37(6), 1203-1219.

영향을 받은 인물

아쇼크 미트라Ashok Mitra, 프라바트 팟나이크Prabhat Patnaik, 크리시나 마라드와Krishna Bharadwaj, 조앤 로빈슨Joan Robinson, 제프 하코트Geoff Harcourt

영향을 받은 문헌

Michał Kalecki (1976). *Essays on Developing Economies*. Harvester Press.

Prabhat Patnaik (1995). *Whatever happened to imperialism and other essays*. Tulika.

Paul Baran and Paul Sweezy (1966). *Monopoly Capital*. Monthly Review Press.

아일린 그레이블
Ilene Grabel

글로벌 금융 거버넌스를 연구하는
국제금융정책 전문가

아일린 그레이블은 덴버대학University of Denver의 석좌교수이며, 글로벌 금융, 무역, 경제통합 과목 대학원 과정을 운영하는 덴버대학 국제학부 조지프 코벨 스쿨Josef Korbel School의 공동 학장을 맡고 있다. 그녀의 연구와 가르침은 국제 금융정책, 제도, 금융 흐름의 정치경제, 글로벌 금융 거버넌스, 글로벌과 지역 그리고 지역횡단 금융 설계, 금융과 경제 발전에 초점을 맞춘다. 그녀의 최근 저서 《허물어지지 않을 때: 글로벌 금융 거버넌스와 생산 부조화 시대의 개발금융When Things Don't Fall Apart: Global Financial Governance and Developmental Finance in an Age of Productive Incoherence》은 2019년 진화적 정치경제 뮈르달상Evolutionary Political Economy Myrdal Prize의 유럽협회상, 2019년 국제연구협회 국제정치경제 베스트 도서상, 그리고 2018년 국제정치경제 북 프라이즈 영국국제연구협회상을 받았다.[1]

당신의 이력에 대해 간략하게 말해달라.

나는 뉴욕에서 자랐고 공립학교를 다녔다. 아버지는 여성복이 아직도 맨해튼에서 만들어지고 있을 때 의복센터의 생산 부문에서 일했다. 그는 열정적인 독서가였다. 어머니는 커뮤니티 칼리지의 비서였다. 그들은 얌전한 사람들이었고, 내가 교수가 된 것은 엄청난 도약이었다. 학교에 대한 나의 사랑 때문에, 그리고 또 내 생각에는 아버지의 독서 열정 때문에 나는 오랫동안 교수가 되기를 열망했다.

왜 경제학 공부를 선택했고, 매사추세츠 애머스트대학에서 박사과정을 밟았나?

퀸스 칼리지(Queens College, 뉴욕 시립대 네트워크 소속 대학들 중의 하나)에서 학사과정을 시작했을 때, 경제학을 공부하겠다는 생각밖에 없었다. 그런 결정에는 몇 가지 이유가 있었다고 생각한다.(상상력의 실패라고 생각할 사람들도 있을지 모르겠다!)

나는 고등학교 때 사회과목 수업들을 아주 좋아했다. 그 당시 사회과목은 경제학, 개인 재무관리, 역사, 공민학을 아우르는 스튜와 같았다. 경제학을 공부하기로 한 결정은 레이 프랭클린Ray Franklin이 가르친 퀸스 칼리지의 첫 수업 '거시경제학 입문'의 첫 시간에 바로 이루어졌다. 레이는 매혹적인 선생이었으며 내 진로는 그것으로 결정됐다. 나는 몇 년간 그의 연구 조교로 있었다. 퀸스 시절에 나는 킴Kim 및 에델 매트Edel Matt와 매우 친숙해졌다. (킴은 도시학과, 매트는 경제학과 도시학과 공동 직책을 맡고 있었다.) 이제 학자가 된 입장에서 생각해보니, 킴과 매트가 나와 다른 학생들이 그들의 사무실에서 얼마나 많은 시간을 얼쩡거리게 해줬는지 믿을 수 없을 정도다. 그들은 또 통 크고 관대한 집주인들이었다. 나는 자주 그들의 집에서 퐁듀(fondue, 여러 가지 치즈를 냄비에 넣고 녹인 뒤 빵과 함께 먹는 음식-역주)를 즐기면서 저녁시간을 보냈으며, 그들이 "아, 그런데. 안드레 군더 프랭크Andre Gunder Frank(그리고 다른 좌파 저명인사들)가 우리와 함께 저녁 먹으러 온대."라고 말할 때마다 늘 놀라고 겁을 먹었다.

그들이 매년 여름 뉴잉글랜드로 여행을 떠나면 나는 그들의 집을 봐줬고 그들의 방대한 도서관, 그리고 냉장고 속의 믿을 수 없을 정도로 이색적인 조미료류로 보이는 것들에 매료됐다. 빌 탭Bill Tabb과 카를 리스킨Carl Riskin은 퀸스 칼리지에서 나의 멘토들이기도 했다. 나는 앞서 언급한 교수들과 내 대학원 지원서를 놓고 많은 논의를 했다. 킴과 매트는 언제나 내 논문들을 관대하게 읽어주고 그 과정에 대한 많은 지침을 제공했다.

내가 빈곤, 개발, 제국주의, 차별 그리고 중앙아메리카에 대한 미국의 개입 문제에 큰 흥미를 가졌던 점도 나를 경제학 쪽으로 이끌었다. 내게 경제학은 그런 현상들을 이해하고 세계를 더 나은 곳으로 만들기 위한 최선의 방법처럼 여겨졌다. 나는 또 캠퍼스 내 운동가 정치에도 참여했다. 좌파 교수들은 매달 점심 도시락을 싸들고 오는 토론그룹과 만났다. 그 그룹에 초청받은 학생이 되는 것은 대단한 명예였으며 그 점심은 나의 발전에 중요한 역할을 했다.

나는 특별한 교수 그룹으로부터 많은 격려를 받았으며, 그들은 내가 경제학 박사과정을 밟아야 하며 그것을 할 수 있는 곳은 매사추세츠 애머스트대학뿐이라고 이구동성으로 명확하게 얘기했다. 나는 그렇게 했다.

매사추세츠 애머스트대학 대학원 시절 전반적인 분위기는 어떠했나? 그때 영향을 준 중요한 인물들을 든다면 누구인가?

매사추세츠 애머스트대학은 공부하기에 매우 좋은 곳이었다. 우리 초급반은 급속도로 매우 가까워졌다. 우리는 모든 것, 예컨대 연구노트를 준비하고 공유하는 것, 공유용 실물 사진복사 아카이브 만들기(왜냐하면 우리는 pdf와 e-메일이 없던 시절에 공부하고 있었으니까. 지금은 믿기 어렵겠지만!), 시험공부, 그리고 논문 '지원 그룹들'에서 함께 작업하기 등을 함께하면서 집단주의에 대한 우리의 약속 이행이 중요하다는 걸 느꼈다. 그 반에서 나는 조지 데마르티노George Demartino(몇 년간 내 연구 단짝이었고 지금 29년째 내 남편이다.), 에이미 실버스틴Amy Silberstein(지금은 결혼해서 크레이머Cramer), 그리고 린다 유잉Linda Ewing과 절친이 됐다. 그리고 반 전체(그 반 친구들 중 많은 수가 지금도 살아 있다.)에도 깊은 우정이 있었으며, 나는 우수한 학생들일수록 대학원생으로서의 장애 극복에 필요한 지원과 조언을 해주는 데 매우 관대함을 알게 됐다. 다른 기관들에서 공부한 동료들과 이야기하면서 그들의 프로그램이 끔찍했는데도 동료 학생들과 교수들로부터 거의 지원을 받지 못했다는 이야기를 들을 때, 나는 지금도 놀란다. 내가 받은 지원이 없었다면 나는 대학 생활을 견뎌내지 못했을 것이다. 매사추세츠 애머스트대학에서 쌓은 우정과 네트워크, 지원이 없었다면 나는 내 경력을 시작하지도 쌓지도 못했을 것이다.

매사추세츠 애머스트대학 대학원생들의 학문적 접근법이 매우 급진적이라는 점은 놀라울 게 못 된다. 이 대학 학생조직인 경제학 대학원생기구Economics Graduate Student Organization, EGSO는 매우 전투적이었다. EGSO는 매 학기 초에 만나 누가 조교가 돼 어느 교수를 지원할지를 정했다. EGSO는 학생 한 명당 몇 차례의 토론을 할당해야 하는지를 결정하게 돼 있었다. 또 그 조직은 일부 연구직을 배정했고 교수 채용과 일부 교수회의, 커리큘럼 논의와 변경에 참여했다. 나는 내가 EGSO의 일원이라는 사실을 좋아했고 1년간 공동의장을 맡기도 했다. 지금 교수인 나는 우리가 한 일에 대해 그것을 실행하고 얘기할 수 있는 공간(또는 신경)이 있었다는 사실을 믿을 수가 없으며, 그런 일이 다른 기관에서도 일어나리라고는 상상도 할 수 없다는 걸 알고 있다.

많은 EGSO 멤버가 대학원생 피고용자들의 노동조합 결성에도 열심히 참여했다는 건 놀랄 일이 못 된다. 나는 그 첫 시도에 가담하는 걸 즐겼고, 그것은 매우 성공적이었다.

EGSO 경험은 다른 대학들에서는 쉽게 할 수 있는 것은 아니겠지만, 오늘날 많은 대학에서 나타나고 있는 행동주의를 보면서 나는 정말 기분이 좋다. 대학 거버넌스와 리더십 선택, 기부금 투자관행, 교수 채용, 다양성과 융합 그리고 고등교육과 #미투운동에서 보이는 암묵적 편견과 관련된 일들에 대해 매우 적극적으로 움직이고 있는 수많은 기관의 학생들 덕에 만사가 잘 돼갈 것이다.

나는 매사추세츠 애머스트대학 교수들이 지원에 매우 적극적임을 알았고, 몇몇 교수와 금방 매우 긴밀한 관계를 맺었다. 짐 크로티Jim Crotty와 함께 거시경제학을 공부했는데, 그것이 나의 모든 것을 바꿔 놓았다. 나는 매사추세트 애머스트대학에 와서 마르크스 이론, 노동 그리고 당시 우리가 비주류(이단) 규범의 전통적인 부분이라고 생각했을 다른 주제들에 초점을 맞출 작정이었다. 하지만 거시경제학 수업이 나를 케인즈와 민스키, 그리고 금융, 금융 불안정, 금융 위기에 푹 빠지게 만들었다. 이런 주제들은 지금까지도 나의 핵심 관심사다. 짐은 나의 절친이 됐고, 지금도 그렇다. 그와 내 논문에 대해 함께 얘기를 나누거나 그의 집에서 그의 멋진 아내 팸 크로티Pam Crotty와 저녁식사를 하는 시간은 내게 매우 소중하다. 짐은 학계 아웃사이더로서 공통의 계급적 배경을 지니고 있다는 점에서도 내겐 매우 소중하다.

전에도 그랬고 지금도 그렇지만 제리 엡스타인Jerry Epstein도 내겐 소중한 교수들 가운데 한 사람이다. 짐이 내 관심을 금융과 거시경제학 쪽으로 돌려놓았다면, 제리는 국제금융과 국제금융의 흐름 및 정책 쪽으로 나를 안내했는데, 이들 영역은 지금까지도 내 작업의 중심에 놓여 있다. 제리의 집에서 그의 아내 프랜 도이치Fran Deutsch와 여러 번 저녁을 함께 보냈으며, 지금도 내가 애머스트 지역을 방문할 때면 제리의 집에 머물면서 밤늦도록 그들 부부와 함께 얘기하며 즐겁게 보낸다.

나는 데이비드 코츠David Kotz와도 친해졌는데, 나는 2년간 그의 연구조교로 일했다. 나는 데이비드와 내 논문 일로 함께 작업하진 않았지만, 그는 너그러운 자문역이자 멘토였다. 우리는 지금도 매우 친하다. 나는 데이비드를 통해서, 그리고 내가 논문을 쓴 마지막 해를 스미스 컬리지Smith College에서 강의하면서 데이비드의 아내 캐런 파이퍼Karen Pfeiffer를 알게 되는 특권을 누렸다.

최근 저서의 머리말에 나는 내게 멘토 역할을 해준 교수진들에 대해 썼는데, 그들은 학부생 그리고 대학원생이던 내게 그런 역할을 해주었고, 내가 학생들을 가르치고 있는 지금까지 모델로 남아 있다. 나는 그들이 내게 해준 만큼 관대하고 영감을 주는 존재가 된 적이 없다고 생각한다. 하지만 나는 계속 노력할 것이다.

앨버트 허쉬먼은 당신의 최근 작업에 분명히 중요한 영향을 끼쳐왔다. 허쉬먼을 연구하면서 얻어낸 중요한 관점 몇 가지를 얘기한다

면 무엇인가?

앨버트 허쉬먼의 작업은 내 작업, 특히 지난 몇 년간 글로벌 금융위기와 그것이 글로벌 금융 거버넌스 및 개발금융에 어떤 의미를 갖고 있는지에 대한 내 작업에 깊은 영향을 끼쳤다. 그 작업은 나의 최근 저서 《무너지지 않을 때: 생산적 비일관성 시대의 글로벌 금융 거버넌스와 개발금융When Things Don't Fall Apart: Global Financial Governance and Developmental Finance in an Age of Productive Incoherence》(MIT Press, 2017)으로 마감됐다. 그 책에서 나는 허쉬먼의 작업을 글로벌 금융 거버넌스 설계의 변화와 구조전환의 성격을 규명하기 위한 핵심적 분석 틀, 그러니까 우리가 그것을 어떻게 이해할 것인가, 그런 일이 벌어질 때 어떻게 그것을 알게 되는가, 그 중요성을 어떻게 평가할 것인가, 그리고 제도적 변화의 규모와 확장성 문제를 어떻게 생각할 것인가 등에 활용했다.

나는 글로벌 금융 거버넌스 설계는 오늘날 '생산적 비일관성'productive incoherence으로 특징지을 수 있다고 주장한다. 내가 보기에 생산적 비일관성은 내가 '허쉬먼적 사고방식'이라고 부르는 것을 통해 가장 잘 이해할 수 있다. 허쉬먼적 사고방식이란 앨버트 허쉬먼의 핵심적인 인식론적·이론적인 작업을 통해 알게 되는 사회적, 제도적, 그리고 관념적인 변화에 대한 이해를 의미한다.

허쉬먼의 작업은 매우 급진적이다. 그는 사회 및 제도의 변화, 사회 공학, 경제 전문가들의 역할과 힘과 수사법, 그리고 지식의 한계에 대해 다르게 생각하라고 우리를 도발한다. 내가 책에서 기술한, 허쉬먼의 작업을 특징짓는 핵심적인 업적을 반영하는 변화의 대안적 비전은 도전과 기회에 대한 부분적이고 제한적이며 실용적인 반응의 확산을 통해 만들어진다. 그리고 그 비전은 제도와 정책에

300

서 종종 연결이 끊어지고 실험적이며 일관되지 못한 조정 결과로서 의미 있는 변화가 일어날 수 있고 또 일어나야 함을 인정한다. 그 비전은 역사적으로 드물게 일어나지만, 학자들로부터 과도한 관심을 받는 경향이 있는 획기적인 파열로부터 우리의 관심을 돌려놓는다. 그 대신 허쉬먼의 접근은 의미 있는 전환이 될 수 있는 것들의 원천으로서 더 일반적으로 퍼져 있지만 평범하고, 소규모에, 실험적이며, 진화적인 변화들에 관심을 갖게 만든다.

허쉬먼의 관점에서 개발은 일련의 전환들로 인식되는데, 그런 전환들은 직접 하거나 다른 사람들로부터 배워 알 수 있게 되는 사회적 실험에 해당한다. 사회적 배움 과정으로서의 이런 개발 개념의 중심에 실험, 특히 병렬 실험에 대한 허쉬먼의 강조가 자리 잡고 있다. 마찬가지로 매우 중요한 점은 이전에 예측하지 못했거나 과소평가했던 도전들에 대처하는 문제해결의 중요성이다. 이것이 허쉬먼의 '숨긴 손'Hiding Hand 개념이었다.

허쉬먼의 숨긴 손의 핵심은 불확실성, 무지, 그리고 실수가 진화하는 도전들에 대한 실용적 대처방식을 개발하는 정책 모험가들에 의한 생산적 행동의 원동력이 될 수 있다는 그의 시각이다. 지금 트럼프에 대처하기 위해 전 세계에서 진행하고 있는 정책 모색을 잠시 생각해보라. 여기에는 표준 플레이북은 없다. 각국은 각자 실행 가능한 대응책을 구사하고 있다.

사회적 배움과 실험 과정으로서의 개발에 대한 허쉬먼의 이해의 핵심은 종종 사회과학자들이 개입 결과에 대해 예단함으로써 처음부터 그들이 어떤 개발이 '근본적' 변화 또는 '피상적' 변화를 나타낸다고 선언할 수 있게 해주는 경향을 거부하는 것이다. 그런 사고의 예가 일부 사람들이 브라질, 러시아, 인도, 중국, 그리고 남아프리카 공화국(브릭스, BRICS)의 세계적 흥기가 게임 체인저라고 결론을 내리게 만드는 한편으로, 다른 사람들은 비슷한 확실성으로 그들 그룹(특히 중국)이 준제국주의자들일 뿐이라고 묵살하게 만드는 인식론적 확실성이다. 허쉬먼의 관점에서는 실험적 실패조차도 그 뒤에 후속 노력을 할 수 있게 해주는 중요한 연결고리, 부작용, 네트워크, 그리고 지식을 남길 수 있다는 점도 지적해두겠다. 이런 관점은 또한 BRICS의 가능한 유산들에 대한 생각과도 관련돼 있다.

그가 말한 '가능성론'과 '희망 편향'에 대한 헌신을 포함한 허쉬먼 작업의 또 다른 측면들은 나 자신의 작업에 풍성한 통찰력을 제공한다. 허쉬먼의 가능성론은 소규모의 어수선한 이질적인 혁신들이 무엇이 될 수 있는지를 보여줄 것이라는 생각을 수반한다. 허쉬먼은 가능성론을 사회과학, 특히 개발경제학에서 그가 지배적인 '무용론(無用論, futilism)'이라고 불렀던 것과 대비시켰다. 무용론은 거대 이론 및 사회공학 프로그램들과 완전히 일치하지 않는 구상들은 실패할 수밖에 없다는 관점이다.

허쉬먼의 가능성론에서 핵심은 근본적인 불확실성에 대한 그의 겸손과 인식론적 헌신이다. 불확실성의 포용은 허쉬먼을 바로 케인즈와 나이트Knight, 그리고 셰클Shackle과(따라서 현대의 포스트 케인지언 전통과도) 연결해준다. 불확실성에 대한 인식론적 헌신과 허쉬먼이 (하이에크Hayek, 포퍼Popper와 함께) 복잡한 세상에서 이해의 한계를 인정하는 것은 상호 연관돼 있다.

'출구, 목소리, 충성'exit, voice, loyalty에 대한 허쉬먼의 작업이 아마도 가장 잘 알려진 작업일 것이다. 이들 개념은 행위자가 자신들의 요구를 들어주지 않는 제도들에 참여하거나 관계를 끊는 환경에 관한 것이다. 이런 개념 틀은 개발도상국 경제들이 브레턴우즈 체제에서 탈퇴하겠다고 위협하는(그들 중 일부는 결국 병렬구조로 발전했다.) 문제를 생각해보는 데 유용하다. 까다로운 얘기이긴 하나,

나는 그런 병렬구조로의 발전이 제도의 변화를 압박하기 위해 내부에서 목소리를 내게 하는 동시다발적인 노력들을 이끌어내고 있다는 점에 주목한다.

마르크스주의 그리고 포스트 케인즈주의적 접근과 관련해 허쉬먼이 어떤 위치에 있다고 보는가? 허쉬먼의 핵심적 통찰과 관련된 다른 작업에는 무엇이 있나? 그리고 거시경제학 및 금융 영역에서 당신의 좌파적 연구에 중심을 이루고 있는 마르크스주의 및 포스트 케인즈주의적 틀과 관련해 당신 작업의 어떤 부분이 그것과 합치하는가?

내가 앞서 얘기했듯이, 근본적인 불확실성에 대한 허쉬먼의 헌신이 그의 작업과 케인즈주의적 전통 속의 작업 사이를 연결하는 핵심 포인트다. 그렇긴 하지만, 허쉬먼이 '주의'ism, 거대 이론, 또는 사회공학의 기미가 보이면 모조리 깊이 의심하고 진정으로 거부했다는 사실을 이해하는 것이 중요하다. 야심적인 유토피아 프로젝트와 다른 형태의 사회공학에서 완벽 추구에 대한 그의 거부감은 다른 모든 방면, 즉 사회주의자들과 '대대적인' '균형 성장' 개발 모델들, 수력학 케인즈주의hydraulic Keynesianism 옹호자들, 그리고 신자유주의자들의 계획들에 대해서도 마찬가지였다.

유토피아주의에 대한 거부는 미국 연방준비제도이사회의 후원 아래 실시된 마셜 플랜과 유럽 재건에 참여한 그의 실제 경험들, 콜롬비아에서의 컨설턴트 활동, 더 넓게는 라틴 아메리카와의 깊은 연관, 1952년에서 1956년까지 세계은행이 파견한 콜롬비아 정부 자문관 그리고 그 뒤의 프로젝트 디자인, 경영, 평가 분야 연구 자문관 등 두 차례의 세계은행 관련 체험, 그리고 파시즘 치하에서 탈출한 망명자로서의 개인사 등을 포함한 허쉬먼의 개인적, 직업적인 자서전에 깊은 뿌리를 박고 있다. 그의 전기 작가 제러미 애덜먼Jeremy Adelman은 망명자로서의 체험이 허쉬먼으로 하여금 거대 유토피아 프로젝트들이 끔직한 결과를 낳으리라고 생각하게 만들었을 공산이 크다고 본다.

허쉬먼은 사회공학 대신에 그가 '특수성에의 몰입'immersion in the particular이라고 지칭한 것, 그리고 포괄적인 동종의 프로그램들에 정당성을 부여하는 환원주의 모델의 구속으로부터 실천을 해방시킬 필요성이 있다고 주장했다. 대신에 허쉬먼의 접근법은 때 묻지 않은 원래의 정책 청사진을 구현하는 것이 아니라 다수의 개발 방안들을 추구하는 즉흥곡과 같은 것이었다. 그는 자신이 보기에 이론적으로 인정받은, 패러다임에 기반을 둔 균일한 해결책과 대비되는 복잡성, 혼란스러움, 특수성, 그리고 우발성을 선호했다. 자신의 작업을 뒤돌아보면서 허쉬먼은 이렇게 말했다. "이와 같은 결론을 토대로 나는 적어도 내 사고 지속성의 한 요소, 즉 '단 하나의 최선의 방책'이라고 정의하는 것을 거부할 권리를 주장할 수 있다."[12]

이런 관점은 다양한 국가적 맥락 속에서 펼쳐지는 개발 궤적들의 복수성과 특수성을 보여주었던 경제사학자 알렉산더 거센크런Alexander Gerschenkron의 작업과도 합치했다.

허쉬먼이 보기에, 근본적으로 불확실하고, 무질서하며, 우발적이고 복잡한 것을 길들이려는 사회과학자들의 시도는 개발도상국들에게 어려움을 안겨준다. (그가 감탄하며 의지했던) 하이에크처럼 허쉬먼이 보기에 '우리의 복잡한 세계에 대한 이해력에는 한계'가 있었다. 허버트 사이먼의 '유한한 합리성'bounded rationality이라는 개념은 사회가 본래 복잡해서 부분적으로만 이해할 수 있을 뿐이라는 유사한 인식에서 나왔다. 허쉬먼이 현대 경제학이 본질적으로 단순하고 자급자족적인 시스템으로서의 경제를 이론화하는 쪽에서 조정 가능한 복합적인 시스템으로서의 경제로 인식하는 쪽으로 방향을 바꾸리라고 예상한 것은 놀라운 수준이다.

허쉬먼의 글에는 역설적이게도 마르크스주의자로서 루이 알튀세르Louis Althusser는 그가 얘기한 '확고한 패러다임 애호가'여야 한다고 지적하면서도, 이론가 알튀세르를 칭찬하는 구절이 있다. 혁명과 같은 전환기적 경험에 대한 설명 속에서 알튀세르가 말한 '과잉결정'은 더 정확하게 고유성이라고 해야 한다고 허쉬먼은 지적하는데, 이는 명백히 허쉬먼이 매우 진지하게 생각한 것이다.

내 작업에 대해서 말하자면, 상당히 다방면에 걸쳐 있다고 할 수 있다. 허쉬먼 전통에 대한 작업 외에 나는 케인즈와 포스트 케인즈주의자들, 사회경제학, 마르크스의 영향을 받은 작품, 페미니즘, 그리고 포스트구조주의 양상들로부터 계속 큰 영향을 받고 있다. 국제 정치경제 분야에서 구성주의 전통을 지닌 정치학자들의 작업에도 의지하고 있다. 나는 국제학파 연구자였고 동료 중에 정치학자가 많아 구성주의에 대해 배우게 됐다.

당신의 작업들 중의 많은 것이 금융 위기와 글로벌 금융 구조의 전환을 중심으로 했다. 2007~09년의 글로벌 금융 위기의 주요 원인들은 무엇이었나? 당신의 관점은 좌파 경제학자들뿐만 아니라 주류 경제학자들까지 포함해서 다른 관점들과 어떻게 일치 또는 불일치하는가?

글로벌 위기에는 물론 많은 뿌리가 있다. 그중에서 중요한 것들은 맹목, 편협, 과학적 허세, 그리고 기나긴 신자유주의 시대를 지배해온 신자유주의 경제 패러다임의 오만이다. 많은 것이 그런 접근법, 예컨대 금융 행위자들이 내린 결정을 검증하는 위험 평가에서의 잘못된 모델 사용, 위기가 닥치기 전 몇 년간 뚜렷했던 '이번은 다를 것'이라는 환상, 금융 자유화를 위한 급진적 프로그램들, '가벼운 터치'의 금융 규제, 그리고 시장과 가격 신호의 광범위한 이상화, 가능한 한 모든 것의 금융증권화, 금융화와 일상생활의 금융화, 그림자 금융과 (파생금융상품과 같은)불투명한 금융 자산의 거래, 금융계와 금융 규제자들의 회전문 인사, 그리고 신용평가 업계가 정하는 방식에 익숙해지는 이해충돌 등이 지배적인 상황이 되면서 초래됐다. 금융업계의 파워도 행위자들과 관행들이 위기로 몰아가는 데 중요하게 기여하며 핵심적인 역할을 했다.

글로벌 위기의 원인에 대한 내 관점은 대다수 비주류 경제학자들의 그것과 일치한다고 생각한다. 점점 더 많은 주류 경제학자가 그 위기에 대해 분명하게 얘기해온 방식이 비주류 경제학자들의 그것과 닮았다는 사실을 알게 되어 대단히 흥미롭다. 종종 그들은 비주류 경제학자들의 선행 작업을 인정하지 않는 방식으로 그렇게 한다. 그럼에도 나는 케인즈와 민스키, 마르크스, 폴라니Polanyi, 존 케네스 갤브레이스John Kenneth Galbraith의 '재발견'으로, 그리고 경제 저널리스트들, 주류학계 경제학자들, 국제통화기금IMF과 같은 정책입안 기관들에서 일하는 경제학자들을 통해 기운을 얻는다. 나는 허쉬먼의 작업도 그가 항의하고, 퇴장하고, 성실히 수행해온 점을 넘어 널리 평가받기를 바란다. 그런 일이 일어나고 있음을 보여주는 증거가 있다고 생각한다.

금융위기의 기원에 관한 비슷한 얘기긴 하지만, 나는 내 작업이 글로벌 금융 거버넌스와 개발금융의 관점에서 위기의 유산에 대해 이해하려 할 때 대다수 다른 경제학자들의 그것과는 상당히 다르다고 얘기할 수 있다. 글로벌 금융위기(그리고 그 이전의 위기들, 말하자면 1990년대의 동아시아와 멕시코 위기, 1980년대의 개도국 부채 위기, 그리고 1970년대의 위기들도) 뒤에 추진된 개혁 어젠다의 실패는 많은 사회과학자와 다른 관찰자들이 금융 거버넌스의 지속성을 강조하게 만들었다. 나의 최근 저서 《허물어지지 않을 때When Things Don't Fall Apart》에서는 이를 '지속성 태제'continuity thesis라고 불렀다. 이는 글로벌 위기에 의해 조성된 의미 있는 개혁 기회가 사라지고, 유의미하게 바뀐 것은 아무것도 없으며, 특히 개도국들에서 그러하다는 널리 유포된 주장을 가리키는 말이다.

나는 이 책에서 지속성 태제가 핵심을 벗어났다고 주장한다. 나는 동아시아, 특히 글로벌 위기가 글로벌 금융 거버넌스의 몇 가지 차원에 걸쳐 이질적이고 단절된 혁신을 촉발했음을 보여준다. 나아가 이런 단절들은 개도국들에서는 중대한 문제가 된다고 주장한다. 하지만 분명히 얘기하는데, 이것이 글로벌 위기가 어떤 글로벌 금융 거버넌스 체제를 다른 거버넌스 체제로 갑작스레 바꾸게 했다는 얘기는 아니다. 분명 그렇지 않다. 오늘날 일부 영역에서의 지속성은 실로 단절만큼이나 두드러진 현상이다. 하지만 나는 또한 (그리고 이것이 핵심 포인트인데) 사회과학자들이 변화를, 체계적 체제 교체가 유일하고 진정한 변화 테스트라는 단순한 이진법으로 이해하는 경향을 지니고 있는 것이 중요한 문제라고 주장한다. 브레턴우즈 시대와 신자유주의 혁명은 체제 교체의 전형적인 예들이다. 이런 이진법적 사고의 또 다른 끝은 날카롭지 않거나 분명하지 않은 단절은 단지 사소하고, 국지적이며, 개량적이고 덧없기 때문에 묵살당해야 한다는 시각이다. 무미건조하면서 인식론적으로 분명한 사고가 내게 호감을 불러일으키지 못하는 것은 분명하다.

그 책에서 내가 추구한 주요 목표는 이런 단순한 변화 개념을 넘어서서 내가 '생산적인 비일관성 테제'productive incoherence thesis라고 부른 것을 지켜내는 일이다. 오늘날 우리가 마주하고 있는 변화들은 즉흥적이고 단편적이며 진화적이라고 이해하는 것이 최선이라고 주장한다. 이런 의미에서 글로벌 금융 거버넌스는 오늘날 전반적으로 '일관성이 없다.' 제멋대로인 근육질의 실용주의가 제도적 디자인, 거버넌스, 정책 입안에서 파생했다. 새로운 실용주의적 정신은 필요에 따라 그리고 새로운 도전에 대응하면서 경험으로부터의 배움, 타인들로부터의 배움, 그리고 성공과 실패 모두로부터의 배움을 수반한다. 지금까지의 결과는 점차 밀도 높고 '다극적인' 일련의 신생 금융 거버넌스 기관들과 거대 비전에 일관되게 부합하지 않는 제도적, 그리고 정책관행상의 다양성의 출현이다. 내가 사용하는 다극성이라는 말은 금융 거버넌스 풍경 속의 점증하는 다양성, 이질성, 그리고 비일관성을 가리킨다.

그리고 내가 분명히 해두고 싶은 것은 비록 글로벌 금융 거버넌스에서 비일관성이 출현한다는 데서 용기를 얻고 있지만, 그것이 비일관성엔 중요한 위험들이 없음을 의미하진 않는다는 점이다. 나는 이 책에서 비일관성이 지닌 위험들에 대해서도 매우 자세하게 썼다.

2007~09년 세계금융위기의 도래를 예상했나? 만일 그랬다면, 그런 전망을 하게 된 주요 관찰 지표들은 무엇이었나? 예상하지 못했다면, 당신이 보고자 했던 걸 보지 못하게 한 것은 무엇이었나? 또 다른 위기가 고조되고 있는지 아닌지에 대해 우리가 그와 비슷한 정확한 예측을 하기 위해서 알아둬야 할 것은 무엇인가?

우리 중 다수는 위기가 발생하기까지 10여 년간 조성돼가는 무수한 금융의 취약점들에 대한 글을 오랫동안 써왔다. 취약성을 나타내는 지표들에는 높은 수준의 기업과 가계 부채가 포함(그런 부채만 포함되는 건 아니지만)된다. 또 주택 및 상업용 부동산과 주가 거품, 증권화 자산 변동, 대량의 싸구려 신용대출과 쉬운 담보대출, 그림자 금융 부문 활용, 졸음운전을 하고 있는 (월스트리트에서 일했거나 앞으로 일하고 싶다는 희망 때문에 더 위태로울 수 있는)규제 당국자들의 존재 등도 거기에 포함된다. 싸게 사서 손본 뒤 비싸게 파는 부동산 투기로 부자가 되는 텔레비전 쇼의 인기를 생각해보면, 심지어 대중문화도 이들 중 다수를 반영하게 됐다.

나의 허쉬먼 및 케인즈적 뿌리는 내가 위기를 예측하는 사람이 아니라는 걸 의미한다. 하지만 내가 앞서 예를 든 지표들의 종류를 주의 깊게 관찰하는 것은 또 다른 위기가 다가오고 있는지에 관한 어떤 논의에도 고려돼야 한다.

가까운 장래에 우리가 또 다른 중대한 금융 위기를 맞을 것으로 생각하나?

분명히 또 다른 금융위기들이 다가오고 있다. 우리는 수많은 위험이 널려 있는 세계를 보고 있다. 예컨대 트럼프의 트위터가 유발한 충격들, 트럼프 행정부의 깊어가는 약탈정치적 경향, 그와 함께 미 행정부의 뜻에 따르지 않을 경우 금융규제 체제를 해체하고 브레턴우즈 체제에서 미국의 역할을 축소(지난 수십 년간 그랬던 것보다 훨씬 더 세게)하겠다는 약속, 민족주의적이고 외국 공포증을 지닌 정부와 정치운동들이 발산하는 충격들, (브렉시트를 야기한 것들과 같이) 세계의 많은 부문에서 나타나고 있는 반세계화 경향, 전후 다자주의 전통의 쇠퇴와 무역분쟁, 암호화폐 시장과 대출채권담보부증권collateralized loan obligations. CLO과 같은 새로운 공채들과 관련된 알려지지 않은 위험요소들, 중국과 중국이 돈을 빌려준 나라들에서 벌어지고 있는 과도한 대출비율과 부채상환 연장 위험들, 부자 나라들의 확장적 통화정책으로의 복귀에 자극받은 자본 유출이 개도국들 통화에 가하는 압박, 중국 정부의 금융 시스템과 통화 자유화 계획과 관련된 불안정 가능성, 그리고 기후변동에 따른 금융위기 등이다. 이런(또는 다른) 위기의 계기가 될 수 있는 것들 중 무엇이든 심화될 경우 그것은 글로벌 금융 시스템의 회복력을 가늠하는 시험장이 될 것이다. 따라서 언제든 새로운 금융위기들이 발생할 것이며, 가장 취약한 나라들과 그런 나라들 중에 경제적으로 혜택 받지 못하고 정치적으로 공민권이 없는 그룹들이 가장 큰 짐을 떠안게 되리라고 가정하는 것이 신중하고 현명하다.

글로벌 금융위기는 내가 최근 저서에서 기술했듯이 글로벌 금융 안전망들의 확장과 심화를 촉진하는 효과가 있었다. 핵심적인 문제는 정책입안자들이 다음 위기들에 대처할 준비가 돼 있느냐다. 우리는 조만간 그것을 알게 될 것이다. 이와 관련해서 중요한 것은 중앙은행들이 대부분 화력이 바닥났고, 중앙은행들의 전문지식이 일부 국가(미국이 가장 현저하지만)적 맥락에서 공격을 받고 있으며, 2007년 위기 때 특징적이었던 협력이 향후 당분간 이뤄질 것 같지 않고, 국제통화기금IMF 총재가 국제적 경쟁과정을 통해 선출(한 번도 그런 적이 없다.)되지 않는다면, IMF의 거버넌스와 할당제 개혁절차가 진행되지 않는다면(그럴 것 같지만), IMF의 정당성이 위태로워질 수 있다는 사실이다.

당신의 (여러 상을 받은) 책 《허물어지지 않을 때》에서 지난 위기 이후 글로벌 금융 거버넌스에서 많은 것이 바뀌었다고 주장했다. 그런 결론을 뒷받침하기 위해 모은 증거들 중 핵심적인 것들 몇 개

를 얘기해줄 수 있나?

나는 1990년대 말의 동아시아 금융위기의 모순적인 효과들을 탐구했는데, 그것이 글로벌 위기 및 그 이후와 관련된 평탄하지 않고 진화적인 변화들의 토대를 깔았다고 생각한다. 책의 4개 사례 연구 장들에서 나는 우리가 연속, 불연속, 그리고 경우에 따라서는 내가 '모호성'이라고 부르는 것을 발견한 금융 거버넌스 영역들을 조사했다. 나는 이제 그 4개의 경험적 장들 중 3개의 장에서 펼친 경험적 주장들의 일부에만 초점을 맞출 것이다.

내가 매우 깊이 조사하는 사례는 IMF다. 글로벌 위기는 그 기관에 복잡하고 평탄하지 않은 효과를 가져다주었다. IMF의 경우 장부의 연속성 측면에 대한 대단히 많은 증거가 있다. 예컨대 그 위기는 IMF의 재정과 위기관리상의 중심적 역할, 잘 짜인 경기조정 각본에 따른 지원방안들(우리는 최근인 2019년 아르헨티나에 대한 지원방안들에서도 그것을 볼 수 있었다.)을 회복하게 해주었다.

그리고 개도국들은 아주 미미한 의결권 증가밖에 확보하지 못했고, 미국과 유럽은 예컨대 유럽 국가들에게 체계적으로 위기를 벗어나게 해주는 브레턴우즈 체제의 리더십에 대한 전후의 '신사협정'을 유지함으로써 IMF에서 부당하게 큰 영향력을 행사했으며, 미국 의회는 극도로 미미한 의결권 재편성조차 5년 동안 피했다. 나는 트럼프의 재정팀과 IMF의 미국 전무이사가 다자간 기관들에 드러내보인 아직도 확인되지 않은 집행부 특유의 적대적 행위에 주목할 것이다. 최근 데이비드 맬패스David Malpass의 세계은행 총재 임명은 리더십 선정 관행의 연속성과 관련한 또 하나의 표지다.

브레턴우즈 기관들에 대한 트럼프 정부의 임명은 중요한 불연속을 야기할지도 모르는데, 그것은 이들 기관에 대한 미국의 관여와 영향력이 줄어든다는 의미며, 이미 그런 일이 일어나기 시작했다. 이것은 아마도 트럼프 정권에서 유일하게 밝은 부분일 것이다.

하지만 트럼프 정부의 그런 임명 추세가 드러나기 전에도 중요한 불연속 현상은 나타나고 있었는데, 특히 IMF에서 그러했다. 글로벌 위기 동안의 불연속성이라는 점에서 위기에 빠진 나라들과 함께 일한 IMF 리더십, 연구자들, 그리고 직원들은 자본 통제방식 활용을 정상화했다. 개도국들은 IMF로부터 돈을 빌리기보다 오히려 빌려주는 전례 없는 조치를 두 번(2009년과 2012년)이나 취했다. 그리하여 이 기관의 고객 기반은 개도국들에서 유럽 지역 쪽으로 많이 넘어갔으며, 그리스의 부채 지속 가능성, 더 많은 유로존 대출 패키지에 대한 예외적 접근을 허용하는 결정, 위기를 맞은 일부 나라들의 가장 가혹한 긴축 형태, 그리고 유럽 주변국들 경제에서 유로와의 연계를 유지할 것인지 등을 놓고 IMF와 유로존 당국들 사이에 긴장감이 조성됐다는 증거가 있다.

게다가 그 위기는 몇몇 나라, 특히 중국에게 IMF에 대한 비공식적 영향력을 증대할 수 있게 하는 통로를 열어주었다. 이와 관련해 그 위기는 부총재를 비롯한 요직들이 중국 관리들에게 주어지는 새로운 규범을 IMF에 도입하게 만들었다. 다른 맥락이지만, IMF의 불연속성에 대한 생각에 걸맞게 중국은 2015년에 IMF가 자국 통화를 특별인출권SDR 배스킷에 포함시키게 만드는 오랜 숙원사업을 성취했다.

우리는 또 IMF가 발신하는 레토릭, 조사와 그것들이 개별 국가들의 실행 사이에서 불일치가 늘고 있다는 사실을 알고 있다. 나는 IMF의 레토릭, 조사와 실행 사이의 갭을 '애매성'이라고 부르는데, IMF의 몇 가지 핵심 애매성들에 대해 조사하고 있다. 한 가지 애매성의 예는 불평등에 대한 IMF의 레토릭과 조사에 관한 것인데, 그것들은 어느 정도 진보적이었으나 그리스와 아르헨티나와 같은 나라들에 적용되는 실제 프로그램들은 매우 불평등했다. 레토릭, 조사와 실행 사이의 갭은 홍보(선전)와 조직적인 위선(케이트 위버Kate Weaver의 어법에 따르자면, 이는 분명히 이야기의 일부일 뿐이지만)뿐만 아니라 IMF 내에서 증대되고 있는 논쟁과 혼란도 반영한다.

생산적인 비일관성은 남반구와 아시아에서의 금융 거버넌스 체제 혁신으로도 입증된다. 글로벌 위기 발생 이전의 기관들에서 우리는 활동과 지리적 규모의 확장, 그리고 새로운 메커니즘의 도입을 찾아볼 수 있다. 이런 변화들은 위기의 시기에 금융지원을 제공한 기관들, 그리고 장기 대출을 제공한 개발은행들에서 뚜렷했다. 경기조정을 위한 위기 지원책을 제공하기 위해 자신들의 역할을 확장한 남반구와 아시아 지역 기관들의 예로는 동남아국가연합ASEAN의 치앙마이 이니셔티브 다원화Chiang Mai Initiative Multilateralization를 들 수 있고 여기에 3개국(일본, 한국, 중국)이 추가되며, 또한 라틴아메리카 준비기금Latin American Reserve Fund, 아랍 통화기금Arab Monetary Fund을 들 수 있다. 라틴아메리카 개발은행Development Bank of Latin America은 위기 때 자체 역할을 확장한 개발은행의 예다. 혼성화hybridization의 사례들로는 브라질의 경제사회개발은행Bank of Economic and Social Development, 중국 개발은행, 그리고 라틴아메리카 개발은행을 들 수 있다.

또한 우리는 위기 때 설립된 남반구와 아시아 지역 기관들을 볼 수 있는데, 그들 중에 어떤 기관들은 경기조정 지원에, 어떤 기관들은 개발금융에 초점을 맞췄고, 또 일부는 그 두 가지 조치를 모두 취한 기관들도 있다. 기관 설립의 예로는 유라시아경제공동체Eurasian Economic Community의 안정화 및 개발을 위한 유라시아 기금Eurasian Fund for Stabilization and Development, 브릭스BRICS의 긴급준비금약정Contingent Reserve Arrangement과 새개발은행New Development Bank, 아시아 인프라 투자은행, 그리고 중국이 일대일로 구상을 지원하기 위해 설립한 다른 기금들을 들 수 있다. 이들 기관 중 다수가 서로 협력협정에 서명했다.

그리고 아시아 통화기금 제안(동아시아 금융위기가 시작될 때 일본정부가 제안)에 반대한 것과는 대조적으로, IMF는 이들 기관들의 확장과 상호연결을 장려했다. IMF는 '개입 규칙'rules of engagement 논의에 참여하고 있으며, 이들 기관에 지원금융을 제공하는 장치도 개발하고 있다. 이 전부를 통해서, 우리는 이질적이고 서로 겹치는 기관들의 확장에서 브레턴우즈 체제를 대체하기보다는 보완하는 생산적인 비일관성을 관찰하고 있다. 이 모든 점으로 미뤄볼 때, 이런 발전은 금융계의 밀도와 다양성을 증대시키고 있다.

생산적 비일관성의 또 다른 차원은 자본통제에 관한 것이다. 대다수의 나라가 2차 세계대전 이후 수십 년간 이를 활용했으며, 그때는 지배적이었던 케인즈 이론이 그 활용을 뒷받침해주었다. 자본통제는 1970년대에 총애를 잃었으며, 오래 지속된 신자유주의 시대에 그런 상태로 그냥 남아 있었다. 신용등급 평가기관들이 그것들을 효과적으로 활용해 감히 그런 추세에 대드는 나라들의 등급을 깎아내렸다.

자본통제 아이디어와 관행에 대한 변화는 1990년대에 순탄하지 않게 주춤거리며 나타나기 시작했지만, 그것이 깊어지고 더 일관되게 진행된 것은 글로벌 위기 때였다. 많은 개도국이 위기 때 미국과 유로존 국가들 그리고 영국이 투기꾼들에게 매력적인 기회들을 거의 제공하지 못한 가운데 그들 나라로 쏠리는 자본 유입 속도를 늦추기 위해 다양한 자본통제들을 활용했다.

자본통제에 대한 사고와 관행의 변화는 드라마틱하다. 자본통제는 합법적인 정책 수단으로 브랜드 이미지를 바꿨다. 심지어 매우 보수적인 경제학계의 중심인 신용평가회사들, 그리고 위기 때 대출과 비대출국으로 분리 처방했던 IMF조차 그렇게 했다. 경제학계의 신고전주의세력 중심부가 지금은 '자본 흐름관리' 기술이라는 새로운 중립적 테크노크라트 라벨을 붙이고, 그것들을 '정책수단들의 합법적인 부분' 목록에 올려놓음으로써 자본통제 아이디어를 길들인 일부 IMF 연구자들의 지도에 따랐다는 것은 주목할 만하다.

경험론에서 벗어나, 나는 내가 검토해온 제도적 측면과 혁신들이 시스템 변화라는 영웅적 서사에 헌신해온 사람들을 설득해낼 수 없을지도 모른다고 본다. 그건 불행한 일이다. 내가 보기에 최근의 위기들은 논쟁적이고 평탄하지 않으며 장기간에 걸친 금융 거버넌스의 실용적인 조정 과정에서 중대한 터닝 포인트로 이해할 수 있을 듯하다.

국제금융에서 '생산적 비일관성의 시대'가 신자유주의하에서 지배적이었던 것보다 더 진보적인 정책 아키텍처를 만들어내리라고 낙관하나? 신자유주의 이후의 금융 아키텍처는 무엇이 될 것 같은가?

비일관성의 시대와 관련된 심각한 위기들에도 불구하고, 나는 우리가 신자유주의 시대의 일관성 있는 나날들과 그것을 뒷받침한 일체화된 거버넌스 아키텍처에 향수를 느끼게 되리라고 생각하는 건 순진한 생각이라고 본다. 결국 개도국들에겐 트럼프 정부가 능률적인 브레턴우즈 아키텍처를 마음껏 활용해서 그 힘을 정책 자율성을 제한하고 유엔의 지속 가능한 개발목표로의 진전을 좌절시키거나, 아니면 대혼란을 일으키며 사소한 원한들을 풀게 하는 게 더 나을까? 지금까지 트럼프의 충격이 컸던 만큼 그가 진화하는 글로벌 금융 아키텍처 아래서 자신의 비전을 (적어도 신자유주의 챔피언들이 누렸던 정도의 성공만큼) 타인들에게 강요할 수 있는 수단이 없다는 얘기는 적어도 논란의 여지가 있다.

그리고 최악의 상황은 아직 오지 않았을지도 모른다. 신자유주의의 일관성이 최고조기였던 1990년대 말에 트럼프가 집권했다면 틀림없이 개도국들에 더 큰 위협을 가했을 것이다. 게다가 제도적으로 드물고 일관성이 있으며 구심적인 지난 수십 년간의 금융 및 지적 아키텍처로 되돌아가면 개도국들의 열망이 더 잘 수용된다고 생각하는 건 받아들이기 어렵다.

내 생각에는, 지금을 고장 난 브레턴우즈 단일지배체제와 다른 어떤 것, 아직 모르고 알 수도 없는 변수 사이의 대궐위시대interregnum로 보는 것이 최선이다. 따라서 아키텍처가 좀 더 진보적인 성격이 될지 그렇지 않을지는 지금 우리가 당장 그 답을 알 수 없는 질문이다. 하지만 진화하는 풍경evolving landscape이 글로벌 금융 위기 이전 세계의 질서정연함과 비슷한 새로운, 일관된 글로벌 금융 아키텍처로 주조될 것 같지는 않다고 보는 것이 안전하다고 생각한다. 중국이 주도하는 일련의 기관들은 돈을 빌려주는 선진경제와 빌리는 개발도상 경제 사이의 선이 분명하게 그어졌던 브레턴우즈 체제를 보완하고, 경쟁하고, 그것을 급진적으로 재편하며, 그리고 무엇보다 복잡하게 만들고 있다. 최근 미국의 다자주의 거부로 인해 조성된 진공상태는 중국이나 다른 나라들이 빈자리에 발을 들여놓을 더 큰 공간과 더 긴급한 필요성이 생겨날 것임을 시사한다. 그리고 이는 물론 개도국 경제들과 미국의 권력과 그 주변, 그리고 다자주의 형성에 기회와 현실적 위험들을 안겨주고 있다.

대두하고 있는 생산적인 중복성이 능률적인 톱다운식 브레턴우즈 세계의 일관성을 위협하고 있다. 브레턴우즈 세계는 효율성을 약속했지만 실제로는 사회화된 극도의 위험을 낳고 전염되는 위기들에 대한 취약성을 만들었으며, 개도국들을 심각하게 소외시켰다. 남반구와 아시아 지역의 기관들, 그리고 그들과 IMF 간의 협력의 중복성과 네트워크는 위기 지원 기회의 규모와 범위를 증대시키고 장기 프로젝트를 위한 금융 확보에 필요한 새 통로를 제공함으로써 금융 회복력(resilience, 탄력성)을 증대시킬 수 있다.

엔지니어들은 심한 스트레스를 받을 때 시스템이 제대로 작동할 수 있게 해주는 안전체제 중복성의 필요를 자연스레 이해한다. 글로벌 금융 아키텍처를 점차 밀도 높고 네트워크화하는 것은 마찬가지로 중요하다. 비록 지금의 형태가 다음의 거대 금융 위기(앞서 얘기했듯이 그것이 언제 일어날지는 불확실하지만 일어날 게 확실한 위기) 동안 안정성을 유지하기에는 결코 적합하지 않을지라도 말이다.

내 말은 모든 것이 무너져내리진 않으리라고 생각한다는 얘기는 아니다. 모든 것은 무너질 수 있고 앞으로도 늘 그럴 것이다. 하지만 그렇게 될 때, 정돈돼 있지 않고 다극적인 허쉬먼의 글로벌 금융 아키텍처가, 브레턴우즈 기관들이 그들의 전통적 역할을 수행하도록 트럼프 정부가 허용할 생각이 없을 것 같은 세계에서, 개도국들에 대처하기에 더 좋은 위치를 갖고 있을까? 현재의 상황은 우리가 조만간 이 질문에 대한 답을 알게 될 것임을 시사한다.

최근 중요한 책 쓰기를 마쳤는데, 향후 몇 년간 연구과제를 어느 방향으로 잡고 있나?

나는 글로벌 금융 거버넌스에서 다자주의와 다극성의 미래에 깊은 관심을 갖고 있고, 앞으로 이들 문제에 대한 면밀한 추적을 계속할 계획이다. 금융연구에서 대단히 흥미로운 점은 현장의 변화가 매우 빠르고 내가 알고 싶은 새로운 것들이 언제나 널려 있다는 것이다. 개발금융의 민영화에 관한 새로운 연구들을 시작했는데, 그것은 세계은행과 G20이 지명한 워킹그룹이 추진하고 있다. 나는 또 정치경제와 암호화폐 관련 위험들에 관한 새로운 연구를 시작했다. 또 기후변화와 관련된 금융 위험에 대한 작업도 시작할 것 같다. 이제 기후변화의 파급효과가 우리가 직면한 유일하고도 가장 중차대한 문제라는 걸 생각하지 않을 수 없다.

코로나19 팬데믹에 대하여

코로나19 위기에 대한 여러 국가들 또는 지역들의 서로 다른 대처방식들을 공중보건 개입과 경제정책들의 관점에서 어떻게 평가하나?

나는 정부기관이 가능성의 장으로 떠오르는 공간의 탐구에 여전히 많은 관심을 갖고 있다. 앞서 논의한 바와 같이, 내 책의 중심 테마는 비일관성이 비록 심각한 위험들을 만들어내지만, 많은 공간을 제공한다는 것이다. 실제로 제8장에서 나는 비일관성과 관련한 위험들을 꽤 길게 다뤘다. 올해 작업에서 나는 코로나19에 대한 다양한 정책 대응이 생산적인 가능성과 매우 파괴적인 가능성 모두를 드러내보이는 비일관적인 '질서'의 작동으로 가는 문을 열어준다고 주장해왔다.

코로나19 위기에 대한 미국의 실패한 대응은 파괴적인 비일관성의 완벽한 사례다. 코로나19에 대한 연방 차원의 대응 대신에, 거기에는 프로파간다와 부정, 혼돈이 있었다. 온갖 종류의 파괴적인 비일관성이 코로나19 위기가 퍼지면서 미국의 일상에서 더욱 뚜렷해졌다. 백신 배포 과정(이 글을 쓰기 시작할 때 시작됐다.)에 대해서도 똑같이 얘기할 수 있다. 주state와 지방자치체 차원의 균형예산 원칙들이 재정 능력을 제한하고, 부적절한 코로나바이러스 지원법 CARES Act. The Coronavirus Aid, Relief, and Economic Security Act과 관련된 연방 재정확대주의의 효과를 많은 부분 상쇄시켰다. 동시에 학교와 일터의 폐쇄와 개방 조치, 그리고 산소호흡기와 개인보호장비 확보에 대한 연방의 리더십 부재는 인명 손실과 심리 치료, 실업, 빈곤, 홈리스, 식품 불안정, 그리고 교육에 대한 접근 면에서 계속 끔찍한 결과를 낳았다. 이런 결과 중 다수가 여러 세대에 걸쳐 파급효과를 미칠 게 분명하다.

코로나19 위기에 대한 연방의 대책 부재 속에 미국 주들과 지방자치체들은 자신들을 스스로 지킬 수밖에 없었다. 일부는 보호정책들을 수립했다.[13] 우리는 이것을 비일관성과 빈틈이 가져다준 공간 활용의 예로 보고 싶어 할 것이다. 분명한 사실이다. 하지만 여기서 분명히 해두고 싶은 점은 필사적인 주 내부 대응들이 찬양받기 어렵다는 것이다. 연방 리더십의 부재는 범죄적 방임과 다를 게 없었다.

코로나19 위기는 트럼프 정부가 대기업들에 긴급 금융지원을 해서 정실주의적 의제를 더욱 밀어붙일 기회를 제공한 반면에 많은 자금이 필요한 주와 지역 정부들 그리고 병원들을 굶주리게 하고, 또한 반아시아 종족주의를 부추기고 흑인과 미국 흑인들에 대한 역사적 인종주의를 악용하게 했다. 코로나19 위기 동안 세계보건기구WHO에 대한 자금 제공을 중단하기로 한 트럼프 정부의 결정은 반세계화 충동, 그리고 다자간 기관을 중국에 (실제로 그리고 과

장되게)편향적이라는 이유로 처벌하려는 신념이 얼마나 강한지를 반영한다.

위기에 대한 전 지구적인 또는 유럽연합 차원의 대응 실패 속에서 파괴적인 비일관성 또한 적나라하게 드러났다. 그럼에도 많은 유럽적 문맥 속에서 국민국가 정부들은 확장적이고 보편적인 사회 보호 쪽으로 재빨리 움직여갔다. 많은 유럽적 문맥 속에서 국가들은 해고 노동자들을 미국에서는 상상할 수도 없는 방식으로 지원했다. 그리고 독일조차 코로나19 위기 초기에 적자에 대한 강박관념에서 벗어났다.

남반구와 아시아 지역 나라들은 코로나19 위기의 경제적·재정적·공적 건강영향에 대처할 재정적 여유가 없다. 이것이 글로벌 위기 때 많은 나라가 누렸던 유리한 조건들과는 다른 점이다. 코로나19 위기 이전에 경제적 조건은 이미 나빠지고 있었다. 부채 위기는 여러 맥락 속에서 대두되고 있었고 많은 나라가 그 방향으로 질주하고 있었다. 브레턴우즈 기관들에서부터 민간 채권자들, G20, 그리고 기부국 정부들에 이르는 외부 행위자들은 말은 많이 했지만, 남반구와 아시아 지역의 국가들이 직면한 위기에 대한 실제 대응 조치는 거의 아무것도 취하지 않았다. 이 글을 쓰면서, 이들 나라가 코로나 바이러스 백신을 구하려는 행렬의 맨 꼴찌에 서게 될 것이며, 지적 재산권과 관련한 지대rents를 보호하는 독점체제는 백신을 그들의 손이 닿지 않는 곳에 두게 만들 것이라고 생각할 충분한 이유가 있다.

코로나19 위기는 유엔의 지속 가능한 개발목표 추구와 새로운 사회협정 전망과 같은 기본적인 국제적 프로젝트들을 위태롭게 만들고, 난민과 환경 그리고 코로나19 위기와 같은 글로벌 공동문제들에 대한 집단적 대응을 상당히 약화했다. 세계경제는 코로나19 위기의 결과로 또 다른 대공황을 향해 가고 있다. 코로나19 위기는 인간개발 면에서 이미 광범위한 국가적 그리고 국제적 불평등을 악화했으며, 인종차별주의와 다른 형태의 구조적 폭력들을 드러내고 심화했다. 그리고 임박한 금융위기 대처를 위한 글로벌 협력 전망도 한마디로 어둡다고 해야 할 것이다.

코로나 위기에서 평등주의적 경제 프로젝트를 추진하는 데 있어 가장 실행 가능한 방안에 대해 어떤 교훈을 얻었는가?

코로나19 위기로 인해 나는 어떤 정책과 글로벌 거버넌스 개혁이 진보적이고 공정하고 평등하며, 페미니스트적, 반인종주의적이고 지속 가능한 프로젝트를 실행할 환경을 제공할 수 있을지 깊이 생각했다. 우리는 모든 위기의 충격효과가 언제나 성차별적이고, 인종차별적이며, 지역 및 국가, 그리고 글로벌 질서 속에서 계급, 권력, 지위가 거기에 깊이 아로새겨져 있음을 알고 있다. 위기들은 불평등, 제도적이고 정책적인 결함들을 확대할 뿐만 아니라 겉으로 드러낸다. 그것들은 진보적 개혁을 보장하지 않는다. 칼 폴라니가 인정했듯이 그것들은 오직 파시스트 운동으로만 몰아가는 경향이 있다. 그 모든 것을 염두에 두고, 나는 내가 실현 가능한 진보적 목표들이라고 여기는 글로벌 거시경제 거버넌스를 위한 몇 가지 방향을 대략적으로 제시하고자 한다.[14]

재구성된 관대한 다자주의가 경제적 사회적 복지, 포용력, 회복력, 공유재산, 지속 가능성, 그리고 코로나19 위기의 경제적 공공적 보건비용에서의 회복을 촉진함으로써, 권리를 박탈당한 공동체적 삶의 조건들을 향상하고 증폭하는 전략들과 관련한 실험과 혁신을 위한 정책공간을 극대화한다는 점은 중요하다. 나는 관대한 다자주의들이 통합되고 조율된 (제2차 세계대전 이후의 시기를 특징지은)글로벌 거버넌스 시스템을 향한 잘못된 향수nostalgia에 대한 대안이라고 주장한다.

관대한 다자주의들에게는 만일(내가 바라듯이) 미국 선거가 국가 리더십에 의한 글로벌 참여의 재개를 의미한다면, 기회가 될 수 있다. 이는 지난 4년간의 벌거벗은 이기주의적 내셔널리즘을 바로잡는 것일 수 있다. 그리고 그것은 공중보건, 기후, 그리고 경제(만연한 불평등을 포함해서) 분야에서의 지속적이고 심각한 도전과 같은 명백한 사실들이, 자원이 풍부하고 합법적이며 포용적인 글로벌 경제 거버넌스 기관들의 탄탄하고 관대한 다자적 협력 없이는 해결될 수 없음을 받아들이는 것일 수 있다. 선출된 차기 바이든 정부는 협력정신과 글로벌 시야를 어필하는 신호를 내보내고 있다. 그것이 실제로 실행되기를 바라자. 하지만 자유화된 세계화의 미덕으로 상정된 것들에 대해 트럼프 정부가 품고 있던 회의주의보다 더 큰 회의를 품도록, 또 정부가 미국 내의 진보세력과 맺은 부서지기 쉬운 타협이 민간부문에 포박당하지 않도록 바이든 정부가 지켜줄 수 있기를 바라자. 실용적으로 말하면, 관대한 다자주의는, 내가 최근 논문에서 우리의 지금을 가리켜 얘기했던 '주의主義가 없는 포스트 아메리카 시대'ism-less Post American moment에 거대계획에 대한 욕구가 없는 대중에게는 그것이 실현 가능한 전부일 수 있다.

국가부채 어젠다의 요체는 지난 수십 년간 제기됐다가 폐기되곤 했던 국가부채구조조정 메커니즘SDRM. Sovereign Debt Reconstructing Mechanism이 시급히 필요하다는 것이다. 남반구와 아시아 지역에서의 광범위하고 지속적인 부채위기는 또 다른 '잃어버린 10년'을 예고하고 있는 코로나19의 지속적인 유산의 하나라는 건 확실하다. 유엔무역개발회의UNCTAD와 시민사회 단체들 같은 많은 행위자가 틀을 개발하고 SDRM 아키텍처를 옹호했다. (세계은행 관리들이 과거에 그랬듯이)IMF 관리들은 최근에 SDRM의 필요성을 확인했다. SDRM의 실행은 정치적 의지의 문제다. 이 문제와 관련해 민간부문이 논의 대상에 올라야 한다. 이제 부채 재조정과 탕감을 민간부문이 자발적으로 준수하리라는 것이 순진무구한 환상임을 브레턴우즈 기관들과 G20이 인정했다는 점이 대단히 중요하다.

SDRM 외에 공공부문과 민간부문 채무를 모두 포함하는 포괄적인 부채 경감과 최빈국들에 대한 부채 탕감이 필수적이다. 그렇게 하지 않으면 우리는 그들 나라를 긴축상태로 몰아가게 된다. 진보적 어젠다에 그것보다 더 해로운 것은 있을 수 없다. (G20의 채무상환유예구상Debt Service Suspension Initiative과 같은) 채무 정지debt standstill는 다만 문제를 뒤로 미룰 뿐이다. 최소한 국가부채 재조정으로 상환을 미루고 장래의 부채상환을 경제성장(또는 다른 경제적, 사회적, 환경적 지표들)과 연결시키는 것이 하나의 대안이 될 수 있다. 하지만 포괄적인 부채 감면이 훨씬 더 우선돼야 한다.

자본통제는 실험을 위한 정책 공간, 특히 수용적이고 확장적인 거시경제 정책들을 위한 공간을 넓히는 수단이다. 자본통제는 그것을 통해 자본 소유자들이 이용할 수 있는 입구와 출구의 선택지를 제한함으로써 어느 정도 정치적 목소리를 조절할 수 있다. (앞에서 한 허쉬먼에 관한 내 이야기 참조) 앞서 얘기했듯이, 자본통제는 글로벌 위기 동안 급속히 다시 정당화됐다. 하지만 IMF의 자본통제에 대한 '제도적 관점'에 약간의 모호함이 남아 있다. 더 포괄적인 제도적 관점은 명확하게 자본 유입과 유출의 통제에 대한 지지를 포함하고 있어야 하며, 통제를 최후의 수단이 아니라 안팎의 조건 보증자conditions warrant로 투입되는 더 폭넓은 신중하고 경기조정적인 수단의 항구적이고 역동적인 부분으로 봐야 한다.

또한 통제는 얌전하고 협소한 목표를 지닌 일시적인 것보다는 솔직하고 포괄적이며 중요하고 지속적인, 그리고 차별적인 것이어야 할 필요가 있다는 관점을 반영해야 한다. 자본통제 틀의 개발을 모색하는 통치체제는 모두 일반성, 유연성 그리고 관대함에 극도로 신경을 써야 하고, 자본 제공국과 수령국 모두의 협력을 포함하고 촉진해야 하며, 자본통제와 같은 통화정책들이 어떤 형태로든 부담의 일부를 나눠 가질 수밖에 없게 만드는 긍정적이고 부정적인 글로벌 파급효과(부작용)가 있다는 공명정대한 인식을 구현해야 한다. 자본통제는 세계경제를 'K자'K-shaped 패턴(K자 패턴에서는 금융은 번창하지만 나머지 경제 분야와 인구는 정체하거나 고통을 당하게 된다.)에서 벗어나는 쪽으로 국내외 금융의 힘을 통제하고 다시 균형을 잡기 위한 더 폭넓은 프로그램의 일부로 이해돼야 한다.

코로나19 위기로 인한 경제와 공공보건 문제들에 대한 브레턴우즈 기관들의 대응은 매우 실망스러웠다. 방대한 수요에 비해 지출은 느리고 적었다. 긴급 구제를 위한 비상금융지원은 시한을 넘겼다. 브레턴우즈 구상BWIs은 코로나 시대 대응이라는 명령을 넘어 더 폭넓게, 더 나은 그리고 더 안정적인 자원공급이 필요하다. 그 기관들은 또 정당성을 되찾고 현대화될 필요도 있다. 리더십 선택 과정(이는 1944년의 힘과 경제적 역동성을 반영한다.)은 투명하고 성과 기반적이고 포용적이어야 한다. 남반구와 아시아 지역 국가들의 목소리와 투표권을 증대해 (브레턴우즈) 기관들이 정회원들에게 책임을 지게 하는 조치가 취해져야 한다.

기관들은 또 (이들 기관 내에서 전통적인 대표권이 없는) 다양한 주주들에 대처하면서 책임을 질 필요가 있다. 기관들은 또한 글로벌 경제역할, 수요, 정회원들의 인생경험을 반영하고, 의사결정과 분석에서 다양한 관점들을 끌어내는 쪽으로 개혁돼야 한다. 그리고 그들은 공정한 내부 분쟁 해결절차를 발전시켜야 한다.

더 인구밀도가 높고 꽉 짜여 있지 않은 글로벌 금융 거버넌스 아키텍처가 실험과 경제 모델 및 접근의 다양성에 관대하고 도움이 되는 듯하다. 관대함과 같은 것은 중력이 온통 이상화된 단일 모델을 향해 작동하는 단색조의 아키텍처 아래서는 보통 존재하지 않는다. 사실 이것(단색조의 아키텍처)은 이런 연결들이 자율적으로 짜이지 않을 경우, 남반구와 아시아 지역에서 자원의 흐름을 금융기관들 쪽으로 증가시키고, 이들 기관에 그리고 이들과 BWIs 사이에 개입과 방어식 금융 규칙을 강화한다는 의미가 된다.

국제 및 국내 공공재정과 공적개발원조ODA는 진보적 기관들의 성공에 필수적이다. 북반국 선진국 많은 나라의 정서를 대변하는 내향적인 정치적 방향선회에도 불구하고 개발, 페미니스트, 환경, 그리고 사회적 정의를 추구하는 글로벌 공동체들의 행위자들은 자원 풍부한 BWIs의 필요성에 대해 계속 명확하게 얘기함으로써 그들이 공공재정을 공급하게 하고, 해외원조 단체에서 활동하는 사람들이 ODA를 제공할 수 있도록 새로운 약속들을 활기차게 내놓아야 한다.

코로나19로부터 실행 가능한 진보, 평등, 페미니스트, 그린, 정의 그리고 반인종주의적인 회복을 지향하는 계획에 도전하려면 방대한 전 지구 차원의 포용적인 공중보건·돌봄 경제·녹색전환 분야의 공공투자 프로그램이 필요하며, 보편적인 사회적 보호와 보편적인 기본소득, 고용유발 활동, 교육, 그리고 (다른 무엇보다도)디지털 접근에 대한 지원이 필요하다. 앞서 얘기했듯이, 이런 류의 구상들을 위한 재정공간을 코로나19 이전의 남반구와 아시아 지역의 많은 나라는 활용할 수 없었다. 그런 구상들에 대한 지출은 적자재정 강경반대파들이 거부했고, 이는 재정적 여유가 있던 나라들에서도 마찬가지였다. 지금과 코로나바이러스 사태가 수습된 이후 경제학자들과 시민사회 단체들이 수용적인 거시경제 정책 틀을 만들어내고, 강경 긴축정책론자들과 인플레 반대론자들이 유포한 신화들에 문제를 제기하는 것은 코로나19 사태 이후에 그들이 그런 주장을 다시 들고 나오는 상황(그들은 틀림없이 그럴 것이다.)에서 특히 중요하다.

광범위한 주주들이 정책 입안과 거시경제 정책 충격의 분석 작업에 참여하는 것도 중요하다. 국내기업 및 다국적 기업들 그리고 세계 슈퍼 부유층의 조세회피 문제를 해결하고, 불법 재정유출을 방지하는 것은 국내 자원 동원을 위해 필수적이다. 많은 사람이 지금 기업 조세회피 방지책으로 다국적 기업들에 대한 단일과세를 제안하고 있다. 그리고 소득과 재산에 대한 누진 과제, 조세회피 통로 차단, 그리고 금융 및 기타 기업들에 대한 증세가 자원동원과 공정성 증대를 위한 핵심 장치들이다.

코로나19 위기 체험이 학문으로서의 경제학, 더 구체적으로는 연구하면서 답을 찾아왔던 문제에 대해 영향을 미쳤는가?

코로나19 위기는 분야들을 넘나들며 작업하는 학문의 중요성을 확실히 보여주었다. 그리고 오랫동안 불확실성과 복잡성에 관심을 기울여온 사람들에게겐 전혀 놀라울 게 없겠지만, 이들 문제는 그 분야 전반의 핵심적 관심사가 될 것이다. 나는 또 불평등, 계층화, 그리고 회복력이 일반적으로 경제학 전문가들에게 더 큰 관심사가 되리라고 보는 편이 안전하리라고 생각한다. 나의 경우, 내 연구의 일부를 내가 금방 언급한 방향 쪽으로 좀 더 분명히 옮겨가는 한편으로, 관대한 다자주의와 포스트 아메리카 질서 개념을 구축해볼 생각이다.

코로나19 위기는 일찍이 학부시절에 나를 경제학 공부로 이끌었던 동기 쪽으로 나를 다시 데려가 내 작업을 계속하게 만들고 있다. 나는 내 작업이 조금이라도 세상을 더 공정하게 만들기를 바라고 있다.

참고문헌

Crotty, James R. "On Keynes and Capital Flight." *Journal of Economic Literature* 21:1 (1983): 59-65.

− − −. *Keynes Against Capitalism: His Economic Case for Liberal Socialism.* Abingdon, Oxon and New York: Routledge, 2019.

Hirschman, Albert O. *Exit, Voice, and Loyalty: Responses to Decline in Firms, Organizations and States.* Cambridge, MA: Harvard University Press, 1970.

− − −. *A Bias for Hope: Essays on Development and Latin America.* New Haven, CT: Yale University Press, 1971.

− − −. "Political Economics and Possibilism." In *The Essential Hirschman,* ed. Jeremy Adelman. Princeton, NJ: Princeton University Press, 2013 1971, 1-34.

Weaver, Catherine. *Hypocrisy Trap: The Rhetoric, Reality and Reform of the World Bank.* Princeton, NJ: Princeton University Press, 2008.

영향을 받은 출판물

Ilene Grabel (2000). The political economy of 'policy credibility': the new-clasÝ-sical macroeconomics and the remaking of emerging economies. *Cambridge Journal of Economics,* 24(1), 1-19.

Ilene Grabel (2015). The rebranding of capital controls in an era of productive incoherence. *Review of International Political Economy,* 22(1), 7-43.

Ilene Grabel (2017). *When Things Don't Fall Apart: Global Financial Governance and Developmental Finance in an Age of Productive Incoherence.* The MIT Press.

영향을 받은 인물

제임스 크로티James Crotty, 존 메이너드 케인즈John Maynard Keynes, 하이먼 민스키Hyman Minsky, 제리 엡스타인Jerry Epstein, 알버트 히시먼Albert Hirschman

영향을 받은 문헌

James Crotty (1983). On Keynes and Capital Flight. *Journal of Economic Literature,* 21(1), 59-65.

Albert O. Hirschman (2013[1971]). "Political Economics and Possibilism." In *The Essential Hirschman,* edited by Jeremy Adelman, 1-34. Princeton, NJ: Princeton University Press.

Albert O. Hirschman (1967). The principle of the hiding hand. *The public interest, 6.*

코스타스 라파비차스

Costas Lapavitsas

그리스 좌파 정부를 이끌었던 정치경제학자

코스타스 라파비차스는 런던대학 동양아프리카연구원School of Oriental and African Studies, University of London 경제학과 교수다. 그의 연구와 강의는 무엇보다도 화폐와 금융, 그리고 유로존 위기에 대한 마르크스주의적 접근 및 다른 비판적 접근에 집중 돼왔다. 그는 《생산 없이 이윤 챙기기: 금융은 어떻게 우리 모두를 착취하나Profiting without Producing: How Finance Exploits Us All》(2013)와 《유럽연합에 반기 든 좌파 사례 The Left Case Against the EU》(2018) 등 많은 책과 글을 썼다. 라파비차스는 화폐와 금융, 그리고 현대 자본주의 진화에 집중하는 정치경제학자들의 국제적 네트워크인 통화금융연구소Research on Money and Finance, RMF를 설립했다. 그는 그리스 의회 의원으로 재직했다.

무엇이 당신을 경제학 연구로 이끌었나?

나는 그리스에서 대령들의 우익 군사독재정치가 끝난 직후인 1970년대 중반, 10대 초의 나이 때 우연히 경제학을 처음 접했다. 정치적 격변기였고 지적 에너지가 엄청나게 뿜어져나오던 시기였다. 30년에 가까운 세월 만에 공산당이 합법화되면서 마르크스주의가 당당하게 복귀했다. 모든 것이 가능해 보였으며, 마치 역사의 수레바퀴가 사회주의를 향해 굴러가는 것처럼 보였다. 내게 경제학은 세상을 바꾸고 싶다고 그냥 생각만 하지 않고, 실제로 어떻게 바꿀지 그 방법을 알아내기 위한 최선의 길이었다.

정치·경제·사회관을 형성한 중요한 지적인 영향에는 어떤 것이 있나?

결정적인 영향을 준 것은 명백히 마르크스주의였다. 나는 매우 어렸을 때 마르크스주의를 만났고, 거기서 들은 애기는 내가 정치, 경제, 사회에 관해 완벽하게 이해할 수 있게 해주었다. 그때 이후 나는 그 생각을 바꾼 적이 없다. 내가 더 확신하고 있는 바는 개방적이고 정보에 기반을 둔 마르크스주의가 문제에 접근하기 위한 최선의 길이라는 점이다.

그러나 나는 또 내게 더 큰 영향을 끼친 두 가지를 애기하지 않을 수 없다. 첫 번째는 역사 저술물이고, 두 번째는 고전 소설, 특히 프랑스와 러시아의 고전 소설들이다. 이 두 가지는 당시 그리스 문화의 강력한 일부였으며, 동지중해와 중동 지역의 다른 문화들에도 마찬가지로 중요한 영향을 끼쳤다. 나는 어릴 적부터 역사물과 고전문학을 탐독했으며, 그것은 정치, 경제, 사회에 대한 나의 이해에 선명한 자국을 남겼다.

가장 존경하는 경제학자들은 누구이며, 그 이유는 무엇인가?

나의 대학시절 경제학 공부는 영국의 신고전주의 전통에 푹 빠져 있었다. 말할 필요도 없이, 그 시절의 나는 앵글로-색슨 정치 경제에 정통해가고 있었다. 그런데 일본의 마르크스주의, 특히 우노 고조宇野弘蔵 류의 마르크스주의를 알게 됐고, 그것이 내게 중요한 계기가 됐다. 나는 정치경제에 깊고 세련된 사고로 접근한 사상가들의 우주를 발견했다.

여전히 나의 자본주의 경제 이해의 기반은 고전 경제학자들을 공부하는 것이었다. 애덤 스미스는 통합적인 지적 체계를 구성하는 비범한 능력이 돋보인다. 《국부론》을 읽고 나면 자본주의 경제가 어떻게 작동하는지 파악했다는 생각이 든다. 또 한편으로, 데이비드 리카도는 순수하고 간명한 경제 분석 능력에서는 타의 추종을 불허한다. 나는 그가 경제학을 전공한 사람 중에서 가장 현명했던 인간이라고 생각한다. 카를 마르크스는 경제학에서 그만한 분석 능력을 갖고 있진 못했지만, 폭과 역사적 통찰이라는 점에서 완전히 다른 차원이었다. 마르크스는 바다요, 세계에 질서를 부여하는 지적 연결의 광대한 땅이었다. 그는 믿을 수 없을 정도의 놀라운 재능을 갖고 있었다.

통화 이론가들 중에서는 토마스 투크Thoma Tooke를 언급하지 않을 수 없는데, 그는 그의 시대의 제도적 실증적 디테일에 대해 탁월한 이해력을 지니고 있었을 뿐만 아니라 통화 문제에 순수하게 접근하는 방법을 잘 안내해준 인물이기도 하다. 투크는 내가 돈에 관한 복잡한 문제에 부닥칠 때마다 늘 되돌아가 보는 사상가 중의 한 사람이다. 존 메이너드 케인즈John Maynard Keynes는 그런 면에선 내게 덜 유용하지만, 그의 시대가 안고 있던 중대한 정책문제들을 화려한

산문을 통해 명료하게 다룰 수 있는 방식으로 얘기했던 능력을 나는 존경한다. 마지막으로, 하지만 내겐 마지막 순위가 아닌 사람으로 루돌프 힐퍼딩Rudolf Hilferding을 들어야겠는데, 그는 통화이론가들과 어깨를 나란히 한 20세기의 유일한 마르크스주의 경제학자다. 힐퍼딩이 없었다면 화폐와 금융에 관한 마르크스주의 조류는 생겨나지 않았을 것이다.

한때 좌파와 어울렸다가 최근 주류 경제학적 관점으로 전향한 많은 지식인과는 달리, 초기의 지적 영향에서 벗어나지 않고 자본주의와 일반적인 주류경제학적 분석에 대한 고도의 비판적 관점을 견지해왔다. 그런 점에서, 좌파 정치경제가 자본주의 세계경제의 변화에 제대로 대응해왔다고 보는가? 말하자면, 정치경제가 지난 몇 년간 지금의 세계를 이해하고, 분석하고, 나아가 기대한 대로 더 합리적이고, 인도적이며 공정한 사회경제 질서 쪽으로 이행할 수 있도록 해줄 적절한 분석 도구들을 개발했는가?

정치경제는 지난 40년간 독특한 방식으로 발전해왔다. 두 가지 특징이 두드러진다. 첫 번째이자 가장 주목할 만한 것은 앵글로-색슨류의 대두인데, 이는 주로 전 세계에서 앵글로-색슨 대학들이 지배적인 지위를 차지하게 된 현실을 반영한다. 세계의 마르크스주의 정치경제학자들이 미국, 영국 또는 호주의 대학에서 자주 훈련을 받아온 사실을 알 것이다. 이런 발전의 강점은 자료 및 분석의 데이터와 그것을 실증적으로 정교하게 다듬은 데 있다. 약점은 활발한 정치로부터 거리를 두고 있다는 것과 지적 생산물의 학술적 성격이다. 앵글로-색슨 마르크스주의는 역사적으로 마르크스주의의 가장 약한 흐름이었고, 불행하게도 지금 그런 모습을 전 세계에 보여주고 있다. 이는 유럽 대륙, 특히 프랑스와 이탈리아 마르크스주의의 급속한 쇠퇴로 훨씬 더 나빠지고 있는 문제다.

두 번째 특징은 마르크스주의 내부에서 정치경제 대신에 정치철학과 윤리비판이 점차 상승세를 보여왔다는 것이다. 이런 변화는 신자유주의가 주류 경제적 사고를 지배하게 되면서 일어났다. 이는 전후戰後 초기의 시기와는 달라진 주목할 만한 변화인데, 전후 초기에는 마르크스 자신의 작업이 그랬듯이 정치경제가 여전히 마르크스주의 흐름의 중심으로 여겨졌으며, 이는 우리가 고전적 마르크스주의라고 부를 수 있는 시기, 즉 제1차 세계대전 전후前後 시기에도 그랬다.

사정은 포스트모더니즘이 대두하면서 특히 악화됐다. 그 시기에 마르크스주의 정치경제 사상과 방법론에 대한 신뢰가 거의 모두 무너졌다. 다소 방어적인 경향으로는 부차적이고 종종 순수하게 기술적인 문제들에 사로잡힌 약간 기계적인 마르크스주의 경제학도 등장했다. 이는 지금도 여전히 존재하면서 묘하게 주류 경제학의 개념적 부동성conceptual immobility을 연상하게 만든다. 이윤율 하락 추세라는 점에서 대위기Great Crisis였던 2007~2009년의 국제금융위기를 해석하기 위해 나온 가정적인 '마르크스주의 설명들'의 일부만 보면 알 것이다.

하지만 포스트모더니즘의 후퇴가 자본주의 핵심부에서 '물질'과 '실제'를 재발견하게 만들면서 훨씬 더 희망적인 신호들도 나타나고 있다. 계급관계를 잘 알고 있는, 세련되고 신선한 정치경제가 되돌아오고 있으며, 우리 시대를 위한 마르크스주의의 핵을 형성하고 있다.

금융화financialization에 관해 연구해왔는데, 많은 사람이 금융화를

자본주의의 역사적 진화에서 마지막 단계로 보고 있다. 지금의 금융화가 금융자본 및 20세기 전환기의 저명한 마르크스주의 사상가들, 예를 들어 부하린, 힐퍼딩, 레닌 등이 분석한 것들과 어떻게 다른가? 그리고 그것은 새로운 형태의 제국주의를 의미하는가?

금융화는 마르크스주의 정치경제에 등장하는 가장 흥미롭고 참신한 아이디어지만, 지난 40년간 비판적 사회과학에서도 더 폭넓게 등장했다. 그것은 그 기간에 성숙한 자본주의 국가들에서 진행된 금융시스템의 이례적인 성장, 그리고 일상생활의 모든 구석과 구멍에 침투한 금융과 손을 잡으려 했다. 내게 그 시기는 1970년대 말에 시작되고, 1990년대 초부터 정점에 도달한 뒤 2000년대 중반까지 지속했으며, 지금은 침체기에 들어갔다고 요약된다. 그것은 선진 자본주의 역사에서 금융이 발흥한 두 번째 시기로 볼 수 있는데, 20세기 전환기 무렵의 고전적 제국주의 시기의 첫 번째 금융 발흥은 힐퍼딩, 레닌, 부하린, 그리고 다른 위대한 마르크스주의자들에 의해 분석됐다.

그런데 그 두 시기의 차이점이 무엇보다 중요하다. 첫 번째이자 가장 중요한 것은, 원래 힐퍼딩이 제안하고 레닌에 의해 채택된 금융자본 개념은 산업자본과 은행자본의 혼합체로, 은행자본이 지배적인 역할을 해야 하는데, 오늘날에는 그렇지 못하다는 점이다. 반면에 산업자본은 은행자본과 비교적 분리돼 있는데, 특히 생산적으로 투자되지 않는 막대한 규모의 유동성 화폐자본을 보유하고 있다. 오늘날 은행이 산업자본을 지배하고 있다는 생각은 잘못됐다.

또 한 가지 중요한 차이는 금융이 담보대출과 소비대출 등의 전례 없는 방식으로 사회생활과 개인생활에 침투하고 있다는 것이다. 금융의 탐욕스럽고 고리대적인 면은 고대 이래 유지돼온 특성이지만, 우리 시대에 새로운 형태를 취하면서 내가 금융 징발finan-cial expropriation이라고 부르는 사태를 야기했는데, 그것은 말하자면 개인소득과 화폐재산에서 이윤을 직접 뽑아내는 것이다. 게다가 금융화 시기에 세계경제의 생산구조는 제조업의 무게중심이 점차 아시아, 특히 중국으로 옮겨가면서 바뀌었다. 생산성 증대가 일어나는 곳은 아시아와 중국이지 금융화가 많이 진행된 서방 국가들이 아니다.

금융화는 분명 새로운 제국주의에 해당하지만, 세계 영토의 재분배, 배타적 교역지구, 처녀지의 공식 제국 영토 병합 같은 것은 없다. 미국이 너무 지배적인 강자기 때문에 강대국들 사이의 군사적 경쟁도 줄어들었다. 지난 30년간 군국주의와 제국주의 침략은 작은 국가들을 파괴해 광대한 무법지대를 만드는 개입 형태를 취했는데, 특히 아프리카와 중동 지역에서 그런 일이 벌어졌다. 세계평화에 중대한 위협을 가하고 있는 것은 명백히 앵글로-아메리칸(영미) 군국주의다. 그러나 세계경제의 생산구조가 바뀌면서, 우리는 분명히 중국과 다른 나라들의 정치, 군사적인 힘이 커지는 모습을 보게 될 것이다. 군국주의는 아마도 앞으로 훨씬 더 심한 악순환을 겪게 될 것이다.

2008년에 글로벌 금융위기가 터지고 뒤이어 유로 위기가 발생한 뒤 대략 유럽연합의 정치경제로 정의될 수 있는 것에 당신의 연구와 분석 역량의 많은 부분을 쏟아부었다. 유럽통합에 늘 회의적인가? 아니면 최근의 그리스 부채 위기와 관련된 사태 전개와 그 이후에 더 회의적으로 변한 것인가?

아니, 나는 지금도 나 자신이 유럽통합에 회의적이라고 얘기하지 않을 것이다. 나는 유럽인들, 특히 노동자와 가난한 사람들의 기본적인 연대와 문화적 친밀감을 굳건하게 믿는다. 유럽의 좌파는 늘 국제주의자들이었다. 하지만 유로존의 위기, 그리고 특히 그리스 사태는 EU(유럽연합)와 그 EMU(Economic and Monetary Union, 경제통화동맹)와 공동화폐 유로euro화에 냉혹한 빛을 던지고 있다. 이런 것들은 신자유주의를 강요하고 자본의 이윤을 위해 노동을 규율하게 만드는 경직된 구조들이다. 이에 대해서는 더 이상 의심의 여지가 없다.

반론의 여지가 없는 또 한 가지 사실은 이런 구조들이 노동과 가난한 이들을 위해 개혁될 수 없다는 점이다. 위기 발생 이후 EMU에서 일어난 모든 변화들은 노동자들에게 적대적이었다. 유럽 좌파의 많은 부문이 EU와 EMU가 국제주의의 이름으로 지켜내야 할 투쟁의 영역이라고 계속 믿고 있다는 사실이 놀랍다. 이것은 좌파가 극우의 품속에 자신들을 내맡기면서 유럽의 노동자와 가난한 이들로부터 자신들을 분리시키는 가장 확실한 방법이다. EU와 EMU의 제도들과 맞서 싸우고 뒤집을 각오 없이는 유럽의 자본주의에 도전할 수 없을 것이다. 이에 대해서 나는 일말의 의심도 없다.

2005년에 그리스 의회의 급진좌파 정당인 시리자(Syriza, 급진좌파연합) 소속 의원으로 선출됐다. 부르주아 의회의 의원 자격으로 그리스 정계에 뛰어들 결심을 한 이유가 무엇인가?

내가 한 일에 특별한 점은 없다. 반대로 그것은 내가 그 이전 시기에 공공무대에서 한 주장들에 대한 판단을 대중에게 맡기는 자연스런 행동이었다. 사회주의자들은 항상 선거에 참여하며, 정치투쟁을 하기 위해 의회에 들어가려 한다. 생각과 정치적 신념은 실천의 테스트를 통과해야 한다. 그렇지 않으면 그 대부분은 말로만 남는다.

선거와 의회 참여 경험은 내게 매우 소중했다. 보통사람들에게 중요한 것, 즉 그들의 주장을 듣고, 그들의 질문을 받으며, 그들을 대변할 방법을 찾으면서 그들을 행동으로 끌어들이는 데 정치를 대신할 수 있는 것은 없다. 노동자와 가난한 자들의 자아 해방은 이론에서보다 현실에서 훨씬 더 어렵다. 특히 독립적인 노동자 조직들이 약화되고 의회의 관행은 민주주의의 마지막 흔적마저 잃어버린 냉소적인 금융 자본주의 상황 속에서는 더 그렇다.

내 경험으로 보건대, 의회는 행정결정들에 대한 감시가 사실상 거의 불가능한 위계적인 말잔치 경연장이 됐다. 그 맛보기로 얘기하자면, 2015년에 시리자 정부가 서명한 제3차 긴급구제금융 협정은 그 서류가 무려 1,000쪽이 넘었다. 그리스 의회 의원들이 그것을 읽고 투표하는 데는 24시간도 채 주어지지 않았다. 그리고 대다수 의원은 그들의 당이 하라는 대로 찬성표를 던졌다. 이는 바로 카를 슈미트Carl Schmitt가 얘기한 '예외 상태'로, 대출자들이 그리스에 강요한 의회 민주주의의 완전한 거세였다. 나는 선출된 국가의 대표들이 사회와 국가 모두에 파괴적인 협정을 읽어 보지도, 심지어 그 주요 조항들이 무엇인지도 모르는 채 입법화한 그리스 의회에서의 그 끔찍했던 밤만큼 내 삶에서 외로웠던 순간들을 거의 떠올릴 수 없다. 우리 시대의 의회 민주주의는 졸렬한 모조품이다.

시리자가 집권했을 때 급진 좌파 정부가 브뤼셀과 베를린이 그리스의 경제적 앞날을 좌우하도록 내버려두지 않으리라는 높은 기대가 있었다. 사태 전개 결과에 대한 평가는 어떻게 내리고 싶은가?

시리자의 항복은 유럽 좌파 역사에서 가장 어두운 부분의 하나로, 실로 부끄러운 한 순간이었다. 그것을 이해하기 위해서는 시리자 정부가 채권자들과 유럽연합으로부터 그리스 은행들에 대한 유동성 공급을 중단시켜 경제를 점차 질식 상태로 몰아가겠다는 극도의 협박을 받았다는 사실을 아는 것이 매우 중요하다. 시리자는 여러 갈래의 생각과 논거들을 통합한 광대한 조직이었는데, 그중에서 두 그룹이 지배적이었다.

첫 번째 그룹은 총리 알렉시스 치프라스Alexis Tsipras와 그의 작은 모임을 중심으로 재무장관 야니스 바루파키스까지 포함하는 그룹이다. 그들이 보기에 선거에서의 승리는 채권자들이 타협을 수용함으로써 시리자 정부가 다른 정책을 채택할 수 있게 해줄 정통성과 힘을 시리자에게 부여했다. 분명히 그들은 그것을 EMU 탈퇴나 채권자들과의 결정적인 분열 없이 달성할 수 있으리라고 생각했다.

두 번째 그룹은 사실상 그것은 불가능하며, 파열 그리고 양립할 수 없는 분쟁이 일어날 수밖에 없다고 주장했다. 우리가 성공하려면 사람과 당 모두 준비할 필요가 있다고 주장했다.

치프라스와 그의 그룹은 승리했고, 제3차 긴급구제금융을 거부하고자 했던 그리스 국민의 바람은 2015년 7월 국민투표에서 뒤집혔다. 사실상 채권자들에 대한 무조건 항복이었다. 시리자 정부는 위기가 시작된 이래 역대 그리스 정부 중 구제금융 조건을 충실히 이행한 가장 순종적인 정부가 됐다. 그 결과는 지속적인 경제 정체stagnation, 빈곤율 증가, 무감각한 정치적 무관심이었다. 그리스는 확실히 역사적인 쇠퇴기에 들어섰고 국민들은 그것을 바꿀 힘이 없다는 무력감에 빠졌다.

그것이 시리자를 떠난 이유인가?

엄밀히 말해서 우리는 시리자를 버리지 않았다. 우리 중 35명쯤이 제3차 긴급구제금융에 반대표를 던져 우리를 뽑아준 사람들에 대한 약속을 지키고 우리 입장을 고수했다. 결국 치프라스와 그의 그룹이 틀렸고 우리가 옳았다. 채권자들과 EU가 EU의 제도적 틀 안에서 시리자 정부가 급진적인 정책을 추구하도록 허용하는 수밖에 없다는 게 실제로 입증됐다. 치프라스는 항복 뒤 2015년 9월에 시리자 내부 논의도 없이 선거를 강행했다. 당연히 우리는 다른 기치를 내걸고 선거에서 맞서 싸웠다. 불행하게도 시리자를 팔아넘긴 뒤 그리스에서 점차 나타나기 시작한 낙망스런 분위기 속에 독립적인 좌파 입지를 유지하기가 극도로 어려워졌다.

유럽연합의 임무, 목표와 목적을 어떻게 설명할 수 있나? 그리고 지금의 EU가 개혁될 수 있다고 생각하나?

1986~87년의 단일시장 창출에 이어 1992년에 마스트리히트 조약, 2009년에 리스본 조약이 체결된 뒤 EU는 신자유주의를 굳히는 길로 거침없이 달려왔다. 이는 전혀 놀랍지 않다. 단일시장은 무자비한 자체 논리를 갖고 있으며, 그것을 회원국들의 행동을 통해, 또 EU라는 초국가적 메커니즘을 통해 강제해왔다. 회원국들이 통째로 받아들여야 하고, 유럽사법재판소European Court of Justice에 엄청난 권력을 안겨주는 유럽법의 거대한 본체는 EU의 신자유주의적 전환을 뒷받침하는 보증자다. 유로존 위기에 대응하면서 EU는 그 신자유주의를 한층 더 강화했다. 재정협약Fiscal Compact과 은행연합Banking Union을 통해 그것을 제도화했다. EU의 메커니즘은 지금

340

회원국들이 재정협약이 허용하지 않는 적자를 기록하기 전일지라도 긴축정책 준수 여부를 감시할 권한을 갖고 있다.

EU가 국가 및 국민 주권을 침해하고, 노동에 대한 자본의 이윤에 봉사하는 리바이어던the leviathan임에는 의심의 여지가 없다. 유럽의 노동자와 국민에게 통화동맹을 제거하고 EU의 제도들과 결별하는 것은 대단히 중요한 일이다.

이런 점에서 정말 큰 문제는 유럽 좌파 다수가 여전히 EU에 대한 깊은 환상을 갖고 있다는 점이다. 좌파는 사회헌장Social Chapter이 투쟁을 통해 확장할 수 있는 EU 헌법 내의 사회민주주의적 핵심이라는 증거라고 믿고 있다. 그런 관점에서 문제는 EU의 구조 자체가 아니라 신자유주의적 정치라는 게 드러난다. 아마도 좌파가 함께 행동해서 좌파 정부가 주요 국가들에서 선거를 통해 집권한다면 사정은 바뀔 수 있고 개혁이 이뤄질 수 있을 것이다.

이런 관점은 정말 혼란스럽고 또 혼란스럽게 만든다. 시리자의 경험은 EU라는 조직이 어떤 급진적인 도전도 허용하지 않으며 그런 도전들을 물리치기 위해 하늘과 땅을 움직일 것이라는 사실을 보여주었다. 이런 점에서 그리스와 같은 작은 나라와 프랑스와 같은 큰 나라 사이에는 아무런 차이도 없다. 급진적인 프랑스 정부는 만일 좌익의 도전에 직면하면 EU라는 조직이 얼마나 적대적이고 효율적일 수 있는지 금방 알아차릴 것이다. EU의 개혁을 실행할 수 있는 방법은 없다. 사회주의를 지향하는 급진적인 반자본주의적 정책들을 위해서는 그것과 직접 대적하고, 공동통화를 거부하며, 지시에 불복하는 것이 필수적이다. 그것이 탈퇴를 의미한다면, 그렇게 하라. 영국은 EU 가입이 되돌릴 수 없는 일이 아니며, 거기서 떠나는 것이 세상의 종말도 아니라는 사실을 보여주었다. 진짜 문제는 좌파가 그렇게 하는 방법을 제안해서 자본권력에 도전하고 유럽 국민들 속에 협력과 진정한 연대를 위한 새로운 길을 여는 것이다. 그것이 언제나 유럽 좌파의 중심이었고 이제 그것을 재발견해야 할 때다.

코로나19 팬데믹에 대하여

코로나19 위기에 대한 여러 국가들 또는 지역들의 서로 다른 대처방식들을 공중보건 개입과 경제정책들의 관점에서 어떻게 평가하나?

팬데믹 위기의 가장 충격적인 면은 그것이 국가를 최전선으로 몰아가는 방식이다. 국가는 현대의 세계화하고 금융화한 자본주의의 진정한 중심축이다. 위기는 국가가 그 질병에 대처하기 위해 봉쇄라는 중세시대의 관행과 사회적 거리두기를 강제한 이후 주로 국가 자체에 의해 초래됐다. 더 나은 대처는 대량의 테스트와 추적, 감염자의 격리, 그리고 초기 단계에서 대다수 취약계층에 대한 강력한 지원이었다. 코로나19는 사회적으로 가난하고 약한 자들, 오래된 건강질환을 갖고 있는 사람들에게 더 가혹한 계급적 특성을 갖고 있다. 하지만 풀뿌리 전략은 상당한 자원, 그리고 더 중요하게는 공공정신으로 가득 찬 전략적 계획이 필요하다. 세계의 주요 신자유주의 국가들, 예컨대 미국과 영국은 그것을 전달할 의지도 능력도 없다. 봉쇄는 기본 옵션이며, 그것은 노동자와 가난한 이에게 매우 무거운 짐을 지운다.

세계경제가 2007~09년의 지난 대위기에서 제대로 회복되지 못한 상태였기 때문에 봉쇄는 광범위하고 전례 없는 위기를 불렀다.

지난 10년간 대다수의 중요한 지표들이 중심부와 주변부 나라 모두에서 추세를 밑돌았다. 봉쇄는 총수요와 공급에 엄청난 충격을 안겨 국가들이 전례 없는 대응에 나서게 만들었다. 자본주의 역사에서 이에 비견될 만한 사태를 생각할 수 없다.

법정화폐 통제를 통해 중앙은행은 시장에 유동성을 투입해 명목금리를 제로로 몰아간다. 공세적인 재정정책은 민간기업의 임금청구서와 손익계산서를 사실상 국유화했다. 환어음들을 가족과 가정에서 사용할 수 있게 했다. 민간기업들의 차입금이 엄청나게 불어나, 종종 매우 단기간에 국가신용의 지원을 받았다. 이런 사례들은 계속된다. 국가는 질병에 대해서는 공공적 전략을 제공할 의지도 능력도 없을지 모른다는 사실을 보여주었으나, 그럼에도 경제에 대해서는 막대한 권한을 휘두른다. 우리는 실로 국가기반의 금융화·세계화된 자본주의 시대에 살고 있다.

당연하게도 나라들 간에는 국가 제도와 메커니즘들, 국가 기관과 그들의 관습, 전통, 다른 관행들, 그리고 국가경제 구조를 지배하는 다양한 이데올로기들을 반영하는 큰 차이들이 나타났다. 미국과 중국 간의 경쟁은 새로운 추동력을 얻었다. 미국 자본주의는 세계 통화를 통제하고 있고, 이는 전례 없는 불황의 한복판에서 또 다른 엄청난 금융 버블(거품)을 만들어낼 수 있는 주요 잉여역량 가운데 하나다. 하지만 다른 모든 면에서 볼 때, 그것은 중국 자본주의에 뒤처지고 있는 듯하다. 게다가 세계경제가 핵심부와 주변부로 나뉘면서 새로운 양상을 띠고 있다. 유럽은 이제 확실히 핵심부와 궤적을 달리하는 여러 주변부로 나뉘고 있다. 개도국들에서는 종속적 금융화가 빠른 속도로 진행돼왔다. 미래는 국가에 의해 주도되며 더 큰 차이가 나는 세상 가운데 하나가 될 것 같다.

코로나 위기에서 평등주의적 경제 프로젝트를 추진하는 데 있어 가장 실행 가능한 방안에 대해 어떤 교훈을 얻었는가?

미래를 위한 평등한 경제 프로젝트, 사회적 균형을 친노동과 반자본 쪽으로 바꿔 사회주의를 향한 새로운 길을 열 프로젝트의 주요 요소를 확인하기는 어렵지 않다.

다음은 중요한 점인데, 비주류 경제학자들 사이에는 다음과 같은 일반적 합의가 돼 있다. 가계 소득을 유지하고 노후화하는 인프라를 갱신하는 공공투자를 증대시킴으로써 총수요를 끌어올린다. 임금과 고용조건을 보호한다. 주간 노동시간을 단축하고 공공사업 프로그램을 촉진해 완전고용을 보장한다. 대대적인 세제개혁을 포함한 소득과 부의 재분배를 통해 현대 자본주의의 터무니없는 불평등에 제동을 건다. 특히 진정한 공중보건 서비스의 증진을 통해 사회복지를 강화한다. 금융 시스템에 개입하고 소액거래와 투자를 위한 공공은행을 함께 설립해 '탈금융화' 과정을 시작한다. 환경을 보호하고 더 나은 삶의 조건을 창출할 개발전략을 발전시키는 데 필수적인 생산의 '재지역화'를 추진한다.

리스트를 어렵지 않게 더 늘어놓을 수 있으며, 이런 제안들에 대한 실질적인 반대는 많지 않을 것이다. 진짜 문제는 실현 가능한 대안 정책들을 찾는 것이 아니다. 그보다는 자본주의의 핵심에 도전하려는 좌파의 자신감을 되찾는 것이 진짜 문제다. 그 자신감은 지난 수십 년간의 패배 뒤 간단히 사라져버렸다. 또 좌파와 노동계급, 빈곤층, 추방당한 사람들, 그리고 자본주의 사회의 잉여층을 다시 연결하는 것도 문제다. 이 또한 지난 수십 년간의 패배 뒤에 사라져버렸다. 금융화된 자본주의는 점점 더 기능부전이 돼가는데, 좌파는 철저한 개혁에 앞장서기를 두려워하고, 일하는 사람들과 빈곤층은 해결책을 우익 포퓰리즘에서 찾으려 하는 기이한 광경을 마주하고 있다. 이것이야말로 평등주의 프로젝트가 맞서야 할 진짜 문제다.

대표적 출판물과 영향

출판물

Costas Lapavitsas (2009). Financialised Capitalism: Crisis and Financial Expropriation. *Historical Materialism*, 17(2), 114-148.

Costas Lapavitsas (2011). Theorizing financialization. *Work, Employment and Society*, 25(4), 611-626.

Costas Lapavitsas (2013). Profiting without producing: *How finance exploits us all*. Verso.

영향을 받은 인물

카를 마르크스Karl Marx, 애덤 스미스Adam Smith, 데이비드 리카르도David Ricardo, 토마스 투크Thomas Tooke, 루돌프 힐퍼딩Rudolf Hilferding, 코조 우노Kozo Uno, 폴 스위지Paul Sweezy

영향을 받은 문헌

Rudolph Hilferding (2006 [1910]). *Finance capital: A study of the latest phase of capitalist development* (T. Bottomore, Ed.; M. Watnick & S. Gordon, Trans.; Reprinted). Routledge.

Paul Sweezy (1942). *Theory of capital development*. Monthly Review Press.

Kozo Uno (1980). *Principles of Political Economy. Theory of a Purely Capitalist Society*, [Keizai Genron, 1964], translated by T. Sekine, Brighton, Atlantic Highlands, New Jersey.

중진 리

Zhongjin Li

동아시아 경제발전에 정통한
정치경제 분석가

중진 리는 미주리-캔자스시티대학University of Missouri-Kansas City 경제학과 조교수다. 그녀는 아시아정치경제프로그램Asian Political Economy Program 공동책임자이며, 정치경제연구소 경제학과 조교수다. 리의 연구는 동아시아 지역에 초점을 맞춘 정치경제와 경제개발에 집중되어 있다. 중진 리의 저작은 다음과 같다.《중국 파업China on Strike》(공동편집, 2019),《생활임금, 연장노동 그리고 중국 경제 지속 가능성A Living Wage, Overtime Work and China's Economic Sustainability》(공저, 2014),《베이징의 지오반니 아리기: 개혁시대 중국농촌의 역사적 전환Giovanni Arrighi in Beijing: The Historical Transformation of Labor Supply in Rural China of the Reform Era》(공저 2019).

가족과 교육적 배경에 관해 듣고 싶다.

나는 상하이에서 약 100킬로미터 떨어진 중국 남동부지역
의 노동계급 집안에서 자랐다. 그 지역은 수백 년간 농업상의 진보
와 지적 풍요로움으로 유명했으며, 최근 30년간은 민간경제와 수
출부문 성장으로 널리 알려졌다. 내 조부모는 일본의 침략과 내전
으로 농촌에서 도시로 이주했으며, 인민공화국의 제1세대 공장노
동자로 일한 데 긍지를 갖고 있었다. 부모님과 그들의 형제자매들
은 모두 도시에서 자랐고, 중학교를 졸업한 뒤 공장에서 일을 시작
했다.

집안 배경을 생각할 때 세 가지가 바로 머리에 떠오른다. 열심히
일하기, 교육, 그리고 성(젠더) 평등이다. 부모님은 내가 열 살이 되
기 전에 장시간 노동을 했으며, 종종 수련과정에 참여하거나 출장
을 갔다. 그것이 일에 대한 나의 첫 인상이었다. 쉽지 않았다. 나중
에 많은 학자가 '철밥통'을 가진 노동자들이 그랬다고 주장한 것과
달리 그들은 결코 게으르지 않았다. 그들도 자신들의 일에서 높은
성취감을 느꼈으며, 단위작업장들(당시는 국영기업들)과 강력한 정
서적 연대를 형성했다. 이는 또한 왜 그들이 나중에 그들의 단위작
업장들이 2000년 이후 민영화됐을 때 어려운 시절을 겪어야 했는
지 그 이유를 설명하는 데 도움이 된다.

두 번째는 교육의 중시다. 내 부모 세대의 친인척들 중 대학에
간 사람은 아무도 없었으나 그 자식들, 즉 나와 내 사촌들은 모두
대학에 갔고 대학원에 진학하기도 했다. 나는 아마도 중국에서 공
공교육에 가장 강력한 드라이브를 걸었던 정부 및 지역사회의 지
원을 받던 시기에 공부할 수 있었던 행운을 누렸으며, 부모님은 늘
내게 학업에 호기심을 갖고 매진하도록 격려했다.

마지막이지만 역시 중요한 것이 젠더 평등이다. 한 아이 갖기 출산제한 세대의 중국 도시 출신 소녀들은 1970년대 말 이후 엄격하게 시행된 이 출산통제정책으로 가장 많은 혜택을 받았다는 얘기를 종종 듣는다. 하지만 내 부모는 그들 자신이 오직 정책상의 압박 때문에 그랬을 때보다 지금 훨씬 더 젠더 평등에 진지하다. 내 성(중진)은 명백히 부모님의 두 성을 합친 것인데, 어머니의 성이 아버지 성보다 앞에 놓였다. 이런 배열은 당시에는 절대로 일반적이지 않았으며, 오늘날에도 전형적인 게 아니다. 가족의 모든 결정은 민주적으로 이뤄졌으며, 소녀인 나는 내가 할 수 있는 일에 대해 의심한 적이 없다. 이 모든 것은 나의 개인적이고 지적인 발전에 영향을 끼쳤다.

무엇이 경제학 분야로 이끌었으며, 어떻게 해서 매사추세츠 애머스트대학에서 박사학위과정을 밟기에 이르렀나?

나는 베이징에서 학부과정으로 국제관계를 전공하며 시작했는데, 늘 더 큰 세상에 대한 호기심을 갖고 있었기 때문이다. 작은 도시에서 자라면서 나는 우선 더 큰 세상을 알기 위한 최선의 방법은 '세계'라는 주제를 목표로 삼는 것이라고 생각했다.

내가 전공을 정했을 때 나는 그에 대해 아는 게 거의 없었다는 사실을 고백해야겠다.(중국에서 학생들은 일반적으로 대학에 들어가기 전에 전공과목을 정하도록 요구받는다.) 하지만 나는 그 결정을 후회하지 않았다. 왜냐하면 내 전공인 국제관계 과목은 폭이 넓고 얽매이지 않도록 설계돼 있어서 다른 과목들을 탐구할 여지를 주었기 때문이다. 나는 학제간적interdisciplinary이진 못했을지라도 분명 다학제적multidisciplinary인 학생이었다. 나는 중심과목인 정치학 외에 경제학, 심리학, 사회학, 역사, 수학, 컴퓨터과학 등의 강의를 들었다.

내가 마르크스주의적 접근법에 깊은 흥미를 갖기 시작한 것은 정치경제 과목을 들었을 때다. 중국 학생들은 고교 시절에 마르크스주의 교과서를 읽고 암기하도록 요구받는다. 따라서 마르크스주의 용어는 내게 새로운 것이 아니었지만 대학에서 그 강의를 듣기 전에는 마르크스의 원본 저작을 한 번도 접해본 적이 없었다. 나중에 내게 매사추세츠 애머스트대학에 유학 신청을 해보라고 독려했고 지금까지도 나의 지적 멘토인 푸성 시에Fusheng Xie 교수는 마르크스의 《자본론》과 해리 브레이버먼Harry Braverman의 《노동과 독점자본Labor and Monopoly Capital》을 읽는 법, 20세기 중국 경제사를 다시 생각하는 법을 가르쳤다. 내가 들은 역사 강의에서는 내게 모리스 마이스너Maurice Meisner의 책 《마오쩌둥의 중국과 그 이후Mao's China and After》를 소개해주었는데, 그 책은 마오 주석에 대해 생각할 수 있도록 내 마음을 열어주었다.

사회학 강의에서는 내가 초등학교에서 베이징과 내 고향의 스웨터 공장에서 일하는 이주 농민공들의 아이들을 위한 현장실습을 해볼 기회가 있었는데, 그것은 내 주변세계의 정치경제에 대한 나의 첫 탐사였다. 동시에 나는 또 폭넓은 정치 및 이념적 스펙트럼을 지닌 교수들로부터 정치학 훈련을 받았다. 하지만 시간이 지나면서 나는 내가 사회변화의 거죽만 알고 있을 뿐 그 밑에 깔려 있는 더 깊숙한 힘에 대해서는 여전히 모르고 있는 듯하다는 느낌을 갖기 시작했다.

내가 공부를 좀 더 해야겠다는 결심을 했을 때 매사추세츠 애머스트대학에 가서 정치경제 공부를 해보라는 격려를 받았다. 그리고 그때 나는 이미 데이비드 코츠David Kotz 교수의 소련에 관한 책 《위로부터의 혁명Revolution from Above》을 읽었고, 그런 형태의 국제관계가 내게는 더 잘 이해가 됐다. 나는 정말 운 좋았고 그 대학에 입학허가를 받은 데 매우 감사하고 있다. 그 대학에서 나는 비주류 경제학에 대한 다양한 접근 기회를 얻었으며, 많은 교수 및 동료 대학원생들로부터 배우고 그들과 함께 작업할 수도 있었다.

중요한 영향을 끼친 경제학자들은 누구이며, 그들은 경제학 연구에 어떻게 영향을 주었나?

마르크스와 엥겔스, 그리고 일반적인 마르크스주의 경제학자들이 그들의 역사적 유물론과 변증법적 유물론을 통해 내게 직접적인 영향을 끼쳤다고 할 수 있다. 노동 착취, 계급 프로세스, 경제 위기 분석이 나의 연구 관심사가 됐다. 해리 브레이버먼의 노동 프로세스에 대한 명확한 초점, 폴 바란과 폴 스위지의 개발과 독점자본 논의, 이매뉴얼 월러스틴Immanuel Wallerstein의 세계체제론, 에릭 올린 라이트Erik Olin Wright의 계급과 권력 재개념화가 내게 가장 큰 영향을 주었다. 고든David Gordon, 라이히Michael Reich, 에드워즈Richard Edwards의 1982년 책《분업Segmented Work》과 축적의 사회구조Social Structure of Accumulation. SSA 학파의 다른 마르크스주의 경제학자들도 내가 자본주의 위기와 노동운동을 역사적 관점에서 이해하는 데 중요한 영향을 끼쳤다.

중국경제 분석에 관해서는 윌리엄 힌턴William Hinton과 민치 리Minqi Li가 특히 사회주의 경험과 자본주의적 전환에 대한 나의 이해에 영향을 주었다. 매사추세츠 애머스트대학에서 내가 경험한 최고의 것 중 하나가 경제학과의 대학원생 동료들과 함께한 중국 연구 소그룹이었는데, 거기에서 우리는 정기적으로 책과 글들을 읽고 논의했으며, 중국의 정치경제와 직접 관련된 경제, 정치, 사회에 관한

352

다양한 주제를 놓고 토론했다. 우리는 생활임금 캠페인, 철도민영화 반대투쟁과 같은 몇 가지 중요한 프로젝트 작업을 벌였다. 우리는 졸업 뒤에도 계속 연락을 취했는데, 그들과의 논의는 항상 내게 도움이 됐고 나의 지적 발전에 대단히 중요한 영향을 끼쳤다.

박사과정 연구주제가 동아시아 3개국인 일본, 한국, 그리고 중국 경제의 '성장 기적들'을 비교하는 것이었다. 이들 3개 기적들의 원천은 무엇인가? 이들 3개국의 경험에서 무엇이 닮았고 무엇이 다른가? 이들 3개 모델의 가장 중요한 특징을 하나만 든다면 수출주도 성장전략의 성공이라고 해도 좋을까?

동아시아 경제들은 역사상, 그리고 국제적 기준으로도 예외적으로 빠른 성장을 경험했다. 사실 동아시아는 자본주의 세계경제에서 생활수준이 서방 나라들의 그것을 따라잡고 있는 유일한 지역으로 도드라진다. 나는 그 '기적' 뒤에 있는 특별한 이유 4가지를 얘기해보겠다.

하나는 지주들의 권력을 해체하고 산업 발전의 토대를 놓은 토지개혁과 노동력 동원labor mobilization을 통한 성공적인 경제잉여의 축적이다. 일본과 한국은 이를 냉전시기에 미국의 압력 아래 실시했고, 중국은 더 독자적인 과정을 거쳤다. 나중에 일본과 한국은 농촌지역 농민들을 몰아내 도시의 산업적 자본축적을 위한 저렴한 노동력을 창출하는 자본주의적 궤도를 따라갔지만, 중국의 사회주의 체제하에서는 농촌지역을 집단화해서 노동력을 축적했고, 개혁시기에는 비슷한 (농민) 몰아내기와 잉여 노동력을 이용하는 과정을 거쳤다.

두 번째는 강력한 국가의 존재, 특히 적극적인 산업정책의 집행이다. 일본과 한국에서 국가는 특정 프로젝트들을 중심으로 변화하는 동맹들에 의존하면서 선택적인 산업화 정책과 보호무역 정책을 실행할 수 있었다. 중국은 1978년 이전까지는 의식적으로 그런 과정을 추구했지만 또한 자립적인 산업 시스템을 구축할 수밖에 없었고, 1978년 이후에는 특정 산업부문들과 거시경제적 규제에서 비교적 강력한 국가 지배와 통제를 유지했다.(그 통제가 최근 수십 년간 약해지기는 했지만.)

세 번째는 한정된 소득과 부의 불평등이다. 일본과 한국은 토지(농지)개혁, 노동계급의 약화와 나중에는 재분배 정책의 혜택을 받았으나, 시장개혁을 통한 중국의 급속한 성장은 사회주의 유산, 즉 산업과 인프라 건설뿐만 아니라 상대적으로 평등했던 사회적 자원 배분의 혜택까지 받았다. 이것이 개발국가의 등장과 효과적인 개발을 가능하게 해 준 사회적 토대다.

네 번째는 유리한 국제적 상황이다. 이들 세 나라는 모두 수입대체 전략 시기를 거쳐 좀 더 수출 의존적인 전략으로 전환했다. 냉전은 일본과 한국에게 유리한 교역환경을 제공했는데, 이런 환경을 최근에 다른 개도국들은 점점 더 누리기 어려워졌다. 내 연구는 노동체제, 힘의 역동성, 그리고 분배적 관점에서 특히 앞의 세 가지 측면에 초점을 맞췄다.

앨리스 앰스던, 장하준, 그리고 로버터 웨이드와 같은 영향력이 큰 일부 진보적 분석가들이 개진한 동아시아 모델관과 당신의 모델관은 어떻게 다른가?

앨리스 앰스던, 장하준, 로버트 웨이드의 작업은 동아시아 경제들의 성공이 '올바른 가격 책정' 덕분이라는 시장적 접근방식의 통념에 대처하는 데 매우 중요한 역할을 했다. 국가의 역할과 관련해 실제로 어떤 일이 벌어졌는지에 대한 그들의 자세한 분석과 강조는 무엇이 경제성장을 가능하게 했고 가능하게 할 것인지에 대해 다시 생각해보게 만들었다. 세계은행의 1993년 보고서 《동아시아의 기적The East Asian Miracle》은 그들의 그런 비판에 다소 마지못한 반응이었다고 생각한다.

국가 주도 접근방식은 실제 정책의 집행과 빠른 발전을 촉진하는 데 국가 개입이 중요한 역할을 한다는 사실과 더 합치한다. 하지만 그것만으로는 전체 그림을 다 보여주진 못한다. 무엇보다 우선 개발상의 국가 자율성이라는 그 이론적 가정이 계급투쟁 및 권력관계 재생산을 위한 경쟁영역으로서의 국가를 간단하게 거부한다. 그 방식의 초점은 사회로부터 분리돼 있고, 국가가 노동계급에 대해 직접 권력을 행사해서 자본을 축적하는 이유와 방법을 설명해주지 못한다. 그리고 왜 시장이 어떤 경우에는 통치되지만 다른 경우에는 그렇지 않은지에 대해서도 거의 설명해주지 않는다. 놀랄 것도 없이, 그것은 신자유주의 시대에 국가가 나중에 어떻게 자본가 계급, 특히 그 금융부문의 권력기반으로 재구성되는지, 그리고 왜 이들 세력이 경제위기와 불황으로 사태를 몰아가는지에 대해 설명하지 못한다. 이는 마르크스가 《철학의 빈곤Poverty of Philosophy》에서 쓴 다음과 같은 구절을 상기시킨다.

"경제학자들은 우리에게 주어진 조건하의 생산과정에 대해 설명한다. 하지만 그들은 그 조건들 자체가 어떻게 만들어졌는지, 즉 그것을 존재하게 만든 역사적 흐름에 대해서는 우리에게 설명해주지 않는다."

계급 역동성과 분배에 대한 더 깊은 설명이 없다면, 그들의 분석은 불완전하며 오도할 가능성이 있다고 생각한다. 게다가 분석의 출발점으로 시장과 국가를 양분하는 것은 매우 문제가 많다. 그것은 더 의미 있는 개발을 보장하는 강력한 사회기반을 어떻게 건설할지가 아니라, 개발 어젠다를 '얼마나 많은' 국가 개입이 필요한지에 대한 과도하게 단순화된 틀로 축소한다. 요컨대 나는 그 진보적 학자들의 작업에서 영감을 얻었고 지금도 그것들을 존경하지만, 개발국가developmental state의 그것보다 더 급진적인 접근법을 지지한다.

중국 모델 또는 더 일반적으로 동아시아 모델이 오늘날 어떻게 세계의 저개발 국가들을 위한 지침 역할을 해낼 수 있다고 생각하나?

첫째, 개발은 역사적 맥락이 중요한 지식축적과정이라는 말을 하고 싶다. 따라서 동아시아 모델의 물질적 조건과 역사적 배경을 세심하게 알아야 할 필요가 있다. 지역적 조건에 대한 면밀한 조사 없는 단순한 모사(복제)는 실패하기 쉽다. 그런 교훈을 생각해서, 나는 지역적으로 잉여노동을 흡수하고 동원하는 노동력 축적, 자급자족을 달성하기 위한 좀 더 지역화된 산업개발, 그리고 시장개혁 이행 이전의 평등을 통해 중국이 쌓아온 경험을 강조하고 싶다. 동아시아의 경험은 또한 부자나라들을 따라잡고 인구를 빈곤에서 벗어나게 만들어줄 누적적인 생산성 증가를 위한 적극적인 산업정책, 특히 제조업 부문 정책들의 중요성도 반영한다.

또 비교적 평등한 소득과 재산의 분배는 개발국가의 출현과 효과적인 개발에 결정적으로 중요하다. 이는 국가와 자본가 계급이 비교적 강력한 노동계급과의 협상에서 적당히 타협해서, 빠른 성장이 가져다줄 혜택에서 소수 엘리트들을 완전히 배제하거나 특정 노동 그룹들을 궁핍하게 만들지 않을 것임을 어느 정도 보장해주도록 요구한다. 불평등한 분배가 점점 늘어나면서 국가는 성장을 촉진할 의욕이 떨어지고 그 실행 효율성도 떨어진다. 이는 내가 앞서 지적한 얘기, 즉 우리가 국가를 더 구체적이고 역사적인 문맥 속에서, 개발 권한developmental mandate을 주어진 것 또는 보장된 것으로 받아들이기보다는 국가와 신흥계급간의 내부 투쟁, 그리고 글로벌 자본주의가 경제에 부과한 외부의 제약들이라는 렌즈를 통해 이해할 필요가 있다는 얘기로 거슬러 올라간다.

지난 40년간의 중국의 성장 경험은 중국인 전체, 특히 노동자들과 농민들의 삶의 조건을 더 나은 것으로 만들었나? 이 문제를 불안정한 노동자, 여성 노동자, 그리고 이주자들과 관련지어 다소 자세히 다뤘다. 그 작업을 통해 내린 일반적 결론은 무엇인가?

내 생각에 GDP니 1인당 GDP니 하는 상투적 수단들을 통해 중국의 성장경험을 판단할 경우 그것은 경이적이며, 경제 풍경을 의미심장하게 변모시켰다고 보게 한다. 하지만 그것은 짧은 기간에 놀랄만한 불평등을 야기해, 중국을 1970년대 말까지 세계에서 가장 평등한 곳에서 오늘날 가장 불평등한 경제 가운데 하나로 바꿔놓았다. 경제적 집중과 분산은 국가 내부에서 모두 찾아볼 수 있다.

마르크스주의 정치경제에 대한 내 관심은 중국 농민공과 노동 불안정성의 증대, 그리고 중국 경제에서 대두하는 자본주의적 발전의 함의에 대한 실제 관찰에서 시작됐다. 나는 분산과 좌파 노동 계급에 더 많은 주의를 기울여왔다. 예컨대 나는 최근에 농촌 노동력 공급에 대한 잉여노동 전환의 역사적 과정을 분석했다. 플랫폼 노동에 관한 작업은 금융 지원을 받는 플랫폼과 승차호출 서비스ride-hailing 산업이 활용한 불안정한 노동 과정에 노동자들이 종속당하는 현실을 드러낸다.

여성 이주 노동자들에 대한 작업을 통해서는, 이 그룹이 널리 칭송받는 (언제든 머물거나 되돌아갈 수 있는)유연성이 실은 농촌의 토지 사용권 계약, 도시의 불안정한 고용, 그리고 노동 재생산을 위한 미미한 지원 등의 차별이 커지는 상황 속에서 여성 노동자들에게 불공평한 부담을 지운다는 사실을 보여준다. 지금까지의 내 일반적인 결론은 중국인 노동자들, 특히 2억 9천만 농민공들은 그늘 속에 살면서 기적을 만들어내고 있다는 것이다. 그들의 종속과 박탈감은 점차 지금의 자본주의 성장 노선의 지속 가능성과 정당성에 의문을 제기하고 있다.

지금 미국의 주요 문제는 중국이 성공적으로 미국 시장에 침투하면서 미국 경제에 끼치고 있는 영향력이다. 이는 미국과 중국 사이에 트럼프 대통령이 주도한 무역전쟁을 야기했다. 미국에 살고 있는 진보적인 중국인 경제학자로서, 이런 사태발전을 어떻게 보고 있나?

한편으로 미국의 수입 증대와 대규모 무역 적자는 지금의 세계화가 심화되면서 자본 이득은 늘어나지만 미국 노동력은 꾸준히 줄고 있는 현실을 반영한다. 중국의 수출품에 무거운 관세를 물리더라도 해외로 이전한 제조업 일자리들이 값싼 노동력과 환경규제가 덜한 다른 나라들로 빠져나가지 않고 미국으로 되돌아온다고 보긴 어렵다. 또 한편으로 무역전쟁은 중국 경제의 깊숙한 근본 문제들도 반영하고 있는데, 그것은 글로벌 질서 속에서 중국의 지배계급과 자본주의 발전이 얼마나 의존적이고 취약한지를 보여준다.

중국 내에서 무역전쟁은 무역협상의 각기 다른 단계마다 (프로파간다 준비의 필요성에 따라) 미국 제국주의에 대항하는 민족주의 캠페인 또는 국제협력을 강화하기 위한 진심어린 노력으로 묘사되

358

고 있다. 미국 제국주의와 조우한 중국 경제의 발전에는 분명히 일말의 진실이 있지만, 더 중요한 것은 그것이 좌파 사람들에게 중국 경제의 현실을 깨닫도록 지난 40년간 경각심을 불러일으키면서 외쳤던 민족주의 구호들에 현혹되지 않아야 한다는 점이다. 중국은 여전히 자본주의 세계체제에서 반¥주변부 경제semi-periphery economy로, 미국에 의존해 시장을 제공하고, 주변부 나라들로부터 에너지와 원료를 공급받는 글로벌 안보를 유지한다. 중국에서 핵심 기술부문들, 예컨대 반도체와 공작기계들은 여전히 미국과 유럽 나라들에 크게 의존하고 있는데, 이는 시장개혁과 개방정책을 수용한 자립적 산업체제를 포기한 결과다. 따라서 무역전쟁이 많은 분석가가 주장하듯이, 중국이 미국의 지배에 도전할 수 있음을 보여준다고 생각하지 않는다. 그와는 정반대로, 그것은 중국이 미국의 지배에 왜 도전할 수 없는지, 중국 자본가 계급이 왜 감히 도전하지 못하는지를 보여준다.

중국이 여전히 중국공산당에 의해 통치되고 있는 사실에도 불구하고 자본주의 경제가 됐다고 할 것인가? 거기에는 아직도 중국 성장 모델의 중요한 특징들인 공산주의적 요소들이 존재하나?

나는 중국에는 우리가 인식해야 할 특정한 사회주의 유산들과 경로의존들이 존재하지만, 중국이 '자신의 색깔을 바꿔' 자본주의 경제가 됐음을 추호도 의심하지 않는다. 예컨대 대규모 인프라 프로젝트들을 추진하기 위해 국가가 여전히 거대 국영기업들과 국영은행들을 지도할 수 있다. 이는 여전히 상대적으로 가난한 중국과 같은 거대국가에게는 지역개발을 위한 중요한 환경을 조성하는데 필요한 국가 자원들을 끌어모을 때 엄청나게 유리하다. 또 국가는 사회적 안정에 더 많은 신경을 써야 하며, 그것은 완전고용과 직결돼 있다. 하지만 그렇게 하는 것이 반드시 사회주의나 공산주의를 뜻할까? 그렇지 않을 것이다. 신자유주의적 자본주의 국가들에서는 긴축의 속박 속에서 살아야 하기 때문에 그런 목표를 달성하기가 분명 쉽지 않다. 그러나 자본주의 초기 단계의 미국과 같은 나라들에서 그런 프로젝트가 불가능하진 않았다. 이것이 내 연구에서 그 뒤에 놓여 있는 더 깊숙한 사회세력을 탐구하기 위해서는 국가와 시장 너머로 가봐야 한다고 강조한 이유의 일부다. 중국 경제의 주요 모순은 지금 성장모델의 특징인, 강화되고 있으나 지속 불가능한 노동과 환경 착취에 있다고 생각한다.

오늘날 중국에서 가장 영향력이 있는 경제사상학파는? 마르크스주의 경제학의 사정은 어떠한가? 포스트 케인즈주의 경제학처럼 중국에서 주목받고 있는 다른 비주류 경제사상학파들이 있는가?

요즘 중국의 경제 문제를 고려하자면 고전적 자유주의와 신제도주의 경제학neo-institutionalist economics이 마르크스주의 경제학과 역사적 유물주의를 대체했다. 스티브 콘Steve Cohn의 중요한 작업은 경제 연구와 교육에서 변화의 파악이 중국 경제와 사회의 전환이 품고 있는 사회학적 현상 또는 패러다임의 변화를 이해하는 최선의 방법임을 깊이 있게 보여준다. 마르크스주의 경제학은 예전만큼은 아닐지라도 공식적으로는 여전히 강조되고 있다. 하지만 그것은 정책입안 부문에서는 말할 것도 없고 출판과 교육에서도 사실상 소외되고 있다.

그런데 사회 모순이 심화되면서 마르크스주의 정치경제가 학생들이 주도하는 연구그룹과 노동활동가 그룹에서 더 큰 관심을 끌고 있다. 케임브리지 논쟁과 포스트 케인즈주의 경제학의 전통을 고수하는 조앤 로빈슨Joan Robinson, 피에로 스라파Piero Sraffa, 그리고 루이지 패시네티Louigi Pasinetti의 작업들도 중국 명문 대학들에 남아 있는 비주류경제학과들에서 영향력을 갖고 있다. 중국과 나머지 세계 사이에 학술교류가 증대하면서 더 많은 비주류적 접근법이 중국에 빠른 속도로 소개돼왔다.

당신의 연구에서 한 가지 매우 특이한 점은 계량경제학과 같은 공식적인 정량적 방법론뿐만 아니라 현장실습이나 인터뷰와 같은 질적 접근법도 즐겨 활용한다는 것이다. 이들과 다른 연구 접근법들 각각의 장점과 약점이 무엇이라고 보나? 더 제한된 수의 연구 방법론들에 초점을 맞추는 것과는 달리 이들과 다른 연구 접근법들을 결합하는 것의 이점이 있다면 그것은 무엇인가?

나는 내 연구 과제들의 요구에 따라 방법론을 선택한다. 다른 과학적 접근법들에 스스로 개방적이려고 노력하면서, 나는 방법론들이 우리가 연구자로서 민감하게 생각해야 할 특정한 가정들을 수반한다고 생각한다. 정량적 접근법들은 현실세계가 더 역동적이라고 가정한다. 정량적 접근법이 좀 더 사실의 발견을 배려한다면, 질적 접근법은 현상 뒤에 있는 '왜'라는 물음을 이해하는 데 좀 더 초점을 맞춘다. 양자를 적절히 활용한다면 모두 풍부한 데이터를 안겨줄 수 있다. 인터뷰는 스토리가 있는 데이터라고 말한 사람이 누군지 잊었지만, 인터뷰를 하면 할수록 그 말에 나는 더 동의하게 됐다.

시간이 지나면서 나는 아마도 계량경제학, 특히 신용혁명의 영향 아래서, 경제에 대한 통계의 중요성뿐만 아니라 무작위대조연구의 (지나친) 강조에 대해 좀 더 비판적인 입장을 취하게 됐다. 그러나 나는 또 계량경제학, 특히 비고전적 빈도학파 접근법nonclassical frequentist approach이 완전히 거부돼서는 안 될 추론에 대한 일정한 가치를 여전히 지니고 있다고 생각한다. 우리는 인식론적으로 더 건전한 계량경제학을 비롯한 정량적 접근법에서 좀 더 근거가 충분한 대안들을 생각하고, 동시에 데이터 측정과 수집 과정에 대해 좀 더 신중한 질문을 던질 필요가 있다. 그것은 내가 최근의 내 프로젝트들에서 실험해온 질적인 접근법으로 이어진다.

마오쩌둥이 이런 말을 했다. "조사하지 않으면 말할 권리도 없다." 현장연구에서의 인터뷰는 더 나은 연구주제 그림, 사회적 관계 지도, 궤도 역학을 확보하는 데 도움을 줄 수 있지만, 우리는 또한 있을 수 있는 과도한 일반화와 경험주의 경향을 조심할 필요도 있다. 개인적으로 나는 필요하다면 더 혼합된 접근법을 선호하는데, 그것은 다른 연구단계들에서는 두 가지 접근법 모두 누적적인 지식 축적과정에 기여할 수 있을 듯하기 때문이다. 폴 바란은 이런 말을 하곤 했다. "중요한 것을 불완전하게라도 처리하는 것이, 중요하지 않은 것을 처리하기 위해 고도의 기술을 익히는 것보다 낫다." 이는 여전히 사실이다!

중국 경제가 향후 20년간 진화해갈 가능성이 높은 방안은 무엇인가? 향후 중국의 궤적에 영향을 끼칠 마르크스주의 경제학자들의 역할에 대해 어떻게 생각하나?

2017년에 중국공산당은 2035년까지 기본적으로 사회주의 현대화를 달성하고, 2050년까지 중국을 '번영하고, 강하며, 민주적이고, 문화적으로 발전된, 조화롭고, 아름다운 위대한 현대사회주의 국가'로 발전시키겠다는 목표를 처음으로 발표했다.

앞으로 20년간 사회, 경제, 정치적 모순들이 펼쳐지거나 더 심화할 가능성이 매우 높다. 중국의 반½프롤레타리아화 과정semi-proletar-ianization process이 지속 가능할 것 같지 않은데, 그 이유는 지난 30년간 중국 정부가 도시와 해안지대에 관심을 집중하는 바람에 농촌 지역이 이미 붕괴되면서 중국 경제가 침체될 경우 제2세대 이주 농민공들은 돌아갈 곳을 찾기가 거의 불가능해졌기 때문이다. 이주 노동자들은 먼저 농촌 지역의 쇠퇴와 몰수로 대규모로 밀려났다. 도시 지역은 이미 승차호출서비스업과 식품배달산업 등의 저임금과 불안정한 일자리에 따른 고용 부족과 취업 불안 속에서 성장을 경험해왔다. 동시에 중국의 노동력은 2018년까지 7년 연속으로 줄어들었고, 이는 노동비용(임금)을 밀어올렸다. 이 노동비용 상승에 따른 이윤율 저하로 민간 자본축적의 둔화(감속)는 더욱 뚜렷해져, 민간자본은 점차 금융부문으로 흘러들어갈 것이다.

그 다음에 무슨 일이 일어날까? 우리는 노동비용의 추가상승으로 이어지는 주택가격 인플레 상승과 그림자금융의 확장을 이미 경험해왔다. 우리의 금융지원 플랫폼 경제 연구를 통해, 공저자인 하오 치와 나는 벤처 캐피털 지원 플랫폼이 실제로 금융부문을 투자와 투기의 대안적인 출구로 활용함을 보여주었다. 더 많은 사회복지 문제와 환경문제들이 사회적 분쟁의 기폭제로 작용할 수 있다.

나는 마르크스주의 경제학자들이 지금의 성장모델의 경제적 모순들을 드러내고, 지배적인 개발 패러다임에 문제를 제기하며, 지난 40년간의 역사적 교훈들을 되돌아볼 책임이 있다고 생각한다. 이제 중국에서 다양한 수요와 다수 대중의 이해를 충족하기 위한 과감한 사회주의 정책들을 고안해야 할 때다.

중국 경제의 미래를 개선하기 위한 방안을 중국 정부에게 권유하라고 한다면, 어떤 방안을 권하겠는가?

단기적으로, 더 이상의 민영화를 중단하고 적극적인 녹색개발 산업정책을 고수하면서 금융부문 자유화 추세의 방향을 되돌려 놓아야 한다. 중장기적으로는, 더 균형 잡힌 개발을 이루기 위해서는 더 많은 자원을 원거리에 있는 광대한 농촌 지역에 배분해야 한다. 동시에 증대되는 불평등을 저지하고, 초점을 빠른 성장에서 일반대중을 위한 더 많은 사회복지와 환경적 편익 쪽으로 옮겨가야 한다.

향후 연구 방향은 무엇인가?

나는 응용정치경제 분석 작업을 계속할 것이다. 동아시아의 계급 역동성을 더 자세하게 살피는 책을 쓸 생각인데, 내 논문에 썼던 것들과 연결하고 또 되돌아보고 싶다. 그 책에서 내 주장을 더 다듬어서, 매우 착취적이며 경제적으로 불안정한 동아시아 모델이 자본주의 발전에서 예외적인 것도 긍정적인 모델도 아님을 밝히고, 남반구 저개발국을 위한 대안들도 좀 더 살펴보고 싶다.

내가 작업 중인 두 번째 프로젝트는 2008년 이후 자본과 노동의 이중 잉여dual surplus라는 경제상황 속에 벌어지는 노동 불안정과 금융 투기 사이의 근본적인 연계성을 탐색하는 것이다. 내 공저자와 나는 중국의 각기 다른 도시에서 몇 차례의 인터뷰를 했는데, 이는 나의 애초 기대조차 넘어선 매혹적인 프로젝트가 됐다.

나의 또 다른 프로젝트는 자본 축적과 사회적 모순이 벌어지는 공간으로서의 도시 개발에 초점을 맞추는 것이다. 인종적으로 심하게 분리되고 주택고급화gentrifying가 진행된 도시 내의 캠퍼스가 매일 내 학문적 관심을 도시적 토픽(주제) 쪽으로 돌리라고 요구한다. 비록 도시개발과 불평등에 관한 나의 이전 작업 중 다수가 중국에 초점을 맞췄지만, 나는 다른 지역의 경험들을 지닌 좀 더 일반적인 논의에 대한 연구가 내게 유리하다는 걸 점점 더 깨닫고 있다. 나는 또한 많은 도시적 토픽들에 관해 연구하고 있는 나의 비판적인 학제간 동료들로부터도 배우고 있다. 이런 모든 새 연구 아이디어들이 나를 흥분시키고 동시에 불안하게 만든다. 나는 탐구해야 할 게 너무 많다!

코로나19 팬데믹에 대하여

코로나19 위기에 대한 여러 국가들 또는 지역들의 서로 다른 대처방식들을 공중보건 개입과 경제정책들의 관점에서 어떻게 평가하나?

세계보건기구가 코로나19 팬데믹을 선언한지 이제 10개월이 됐다. 온 세계가 바이러스에 대항해 싸우고 있지만, 정치적/대중적 의지와 동원능력 면에서 더욱 단합된 대응과 집단동원으로 대처한 나라와 지역은 감염확산 통제에 비교적 성공을 거두었다. 나는 우리의 코로나19 대처가 이윤과 이기보다 사람을 우선하고 있는지 생각해봐야 한다고 본다.

나 자신의 생활경험은 미국 중서부 지역에 있지만, 내 연구의 다수가 초점을 중국과 나머지 동아시아에 맞추고 있어서, 나는 주로 그곳(중국과 동아시아)의 측정값과 결과들을 따른다. 공중보건에 대한 개입이란 점에서, 국가와 지역의 협력 속에 이뤄지는 엄격한 봉쇄와 철저한 격리가 초기 대응으로서 확산 통제에 효과적임이 드러났다. 그것은 일본과 한국에서는 좀 덜했지만, 중국에서는 확연했다. 그곳에서는 확진자든 의심자든 코로나19 환자들은 무료로 치료받고, 대규모 검사와 접촉자 추적도 진행됐는데, 그것은 대중적 신뢰를 얻었다. 이는 미국이 팬데믹에 접근한 방법과는 놀랍도록 달랐다. 모두가 감염될 수 있으므로 공중보건 자원에 대한 무료의 동등한 접근 보장은 매우 중요하다. 대다수 국가가 의료장비 부족을 경험했듯이 대응의 효율성도 중앙의 공동 지침과 행동을 통한 국가적, 지역적 자원의 동원에 좌우된다. 마지막이지만 중요한 것은 공중보건에 대한 개입은 마스크 착용에서부터 상호 돌봄에 이르는 모든 수준의 사회적 관여와 지원을 요구한다는 점이다.

중국의 대응에서 한 가지 중요한 요소가 지역사회 중심의 사회적 인프라에도 들어 있는데, 학계로부터 아직 큰 관심은 끌지 못하고 있다. 지역사회 병원, 지역 위원회 등을 비롯한 중국 지역사회 중심의 사회적 인프라는 사람들, 특히 가난한 사람들의 음식, 건강, 생계에 대한 권리보호에 보탬이 돼 코로나19 팬데믹 대처에 효과적으로 판명됐다. 제도권과 지역사회에서 일하는 사람들은 재난 구제만을 위해 특별히 동원될 수 있지 않으며, 지역적으로 비독점적인 서비스를 사회적 재생산을 위해 조정하는 장기적인 사회적 인프라 위에 그 기반을 두고 있다. 코로나19 시대에 '상승세 완화'fattening the curve의 책임과 비용을 개인이 지게 하는 대신에 국가가 보조하고 지역적으로 지원하는 공동체 서비스는 비용을 사회화하고 효율을 극대화한다. 이것이 예시하는 바는 긴급구제만이 아니다. 많은 나라에서 더 많이 필요한데, 더 사회화된 대처, 그리고 가족들이 대처하느라 본질적으로 취약해지는 위기 대처를 위한 준비에 재투자하는 것도 포함된다.

　경제정책 면에서 국가들이 경제의 재개보다 국민들의 건강과 안전을 우선하는 것이 오히려 더 빠른 회복을 이룰 수 있게 해주었다. 정치적 의지와 경제적 능력에 따른 더 표적화된 재정 확대가 중요하다. 하지만 국가들은 자신들이 필수 노동자들에 의존하고 있음을 알면서도 그들 중 다수가 그 노동자들을 신자유주의 시대에 시작돼 팬데믹 기간에 심화된 불안정으로부터 보호하는 데 실패하고 있다. 일자리와 생계 불안정 해결 없이 단순한 현금보조만으로는 임대료를 받아먹고 사는 자본가들만 혜택을 받을 가능성이 더 높다. 글로벌 동서지역, 남북지역을 불문하고 부자와 빈자 사이에 더 벌어지는 소득과 재산의 갭은 지금의 정책들이 생명을 살리고 우리에게 더 나은 세상을 만들어주는 데 실패하고 있음을 보여준다.

코로나 위기를 통해 평등주의 경제 프로젝트를 추진하는 데 있어 가장 실행 가능한 방안에 대해 어떤 교훈을 얻었는가?

　사실 내가 끌어낸 첫 번째 교훈은 지금의 자본주의 세계에서 지속 가능한 평등주의 경제 프로젝트를 발전시킬 가능성에 대한 환멸이 커지고 있다는 점이다. 생활 조건과 생활 자원 접근상의 불평등, 그리고 환경의 지속 가능성에 대한 무시가 바로 코로나19 팬데믹 배후의 조건이며, 그것은 팬데믹이 세계의 다른 지역들을 덮치면서 더 나빠지기만 했다. 이 불평등은 '사회 전체의 혁명적인 재구성' 없이는 불가능하다. 만일 우리가 이 불평등을 근본적으로 해결하지 못한다면, 그것은 마르크스와 엥겔스가 《공산주의 선언 The Communist Manifesto》에서 얘기했듯이 '경쟁하는 계급 모두의 공멸'

로 귀결될 것이다. 왜냐면 우리는 아마도 틀림없이 전염병, 팬데믹, 그리고 다른 도전들, 무작위적으로 찾아오는 비극이 아니라 정기적으로 찾아오는 참사들과 더 자주 부닥치게 될 것이기 때문이다. 코로나 위기는 기존의 자본주의 체제를 구원하기 위한 정책 대응들이 세계의 장기적인 경제적, 인종적, 성별 차이들이 더 커지는 것을 막기보다 어떻게 더 확대하는 데 기여하는지를 보여준다.

두 번째 일반적인 교훈은 평등주의를 위한 돌봄 불평등 해결이 대단히 중요하다는 것인데, 이는 페미니스트 정치경제학자들이 오랫동안 주장해온 강조점이다. 개인보호장비 부족 초기 단계에서 부당이득을 취하거나 민간부문의 노동력 재배치 면에서 시장논리에 따르는 것으로는 사람들의 생명을 구하는 의료보험제도뿐만 아니라 모두를 위한 제대로 된 돌봄 체제를 만들어낼 수 없다. 코로나 위기는 이들 공공적 도전들에 맞서려면 공공부문을 강화하고 지역사회 인프라를 건설하도록 우리를 일깨운다. 우리의 돌봄 대응은 우리가 서로 의지하며 생존하고 번창할 수 있는 사회적 형태와 제도들을 만들고 유지하기 위해 우리의 집단적인 상상력과 노력을 형성할 기회로 활용해야 한다.

코로나 위기 체험이 학문으로서의 경제학, 더 구체적으로는 연구하면서 답을 찾아왔던 문제에 대해 영향을 미쳤는가?

코로나 체험은 우리가 자연 그리고 인간사회의 다른 부분들과 관계를 맺는 방법을 가르쳐주었다. 그것은 글로벌 자본주의 세계에서 우리가 서로 얽혀 있는 취약성 속에 어떻게 갇혀 있는지, 그리고 왜 모든 전선에서 급진적인 변화가 필요한지를 전에 없이 드러내고 강조한다. 나는 학문으로서의 경제학이 이 딱딱한 교훈을 흡수해서 협소한 초점이 이 간힘 효과를 강화하고 우리의 안일과 맹목을 유발한다는 점에 대해 반성의 시간을 갖길 바란다. 또한 이 위기는 건강하고 제대로 된 생활을 모두에게 제공하기 위해서는 어떻게 대안을 모색하고 추구해야 할지에 대해 더 많은 반성과 급진적인 사고를 하도록 자극하게 될 것이다.

나는 사회적 재생산에 대한 동등한 접근권을 보호하고 개선하기 위한 핵심 요소로서의 지역사회 인프라 건설에 관한 국제비교 프로젝트를 시작했다. 상품을 운반하기 위한 물리적 인프라가 필요하듯, 사회적 서비스, 특히 건강과 같은 공공재 요소들을 지닌 서비스를 운반하기 위한 사회적 인프라가 필요하다. 그 위기 체험은 또 경제적 위기에 대한 나의 초점을 예전보다 더 넓혀주었다. 나는 좀 더 생태적·생리학적·경제적인 위기들을 이해하고 더 나은 대안을 건설하는 데 도움을 줄 수 있는 사회적 동역학을 탐구하고 이해할 수 있기를 바란다.

대표적 출판물과 영향

출판물

Zhongjin Li and Hao Qi (2014). Labor Process and the Social Structure of Accumulation in China. *Review of Radical Political Economics*, 46(4), 481–488.

Ren Hao, Eli Friedman, and Zhongjin Li (Eds.) (2016). *China on strike: Narratives of workers' resistance* (English edition). Haymarket Books.

Hao Qi and Zhongjin Li (2019). Giovanni Arrighi in Beijing: Rethinking the Transformation of the Labor Supply in Rural China During the Reform Era. *Science & Society*, 83(3), 327–354.

영향을 받은 인물

카를 마르크스Karl Marx, 프리드리히 앵겔스Friedrich Engels, 해리 브레이버만Harry Braverman, 윌리엄 힌튼William Hinton, 민치 리Minqi Li

영향을 받은 문헌

Harry Braverman (1974). *Labor and Monopoly Capital: The Degradation of Work in the Twentieth Century*. Monthly Review Press.

David Gordon, Richard Edwards, and Michael Reich (1982). *Segmented Work, Divided Workers: The Historical Transformation of Labor in the United States*. Cambridge University Press.

Minqi Li (2008). *The rise of China and the demise of the capitalist world-economy*. Monthly Review Press.

윌리엄 밀버그

William Milberg

글로벌 가치사슬 이론에 정통한
국제경제학자

윌리엄 밀버그는 뉴스쿨의 학장이자 경제학과 교수이며, 뉴스쿨의 헤일브로너 자본주의연구센터Heilbroner Center for Capitalism Studies at The New School의 공동소장이다. 그의 연구는 세계화, 소득배분, 경제성장, 그리고 경제학의 역사와 철학 사이의 관계에 초점을 맞춘다. 그의 최근 저서(데보라 윈클러Deborah Winkler와의 공저)는《아웃소싱 경제학: 자본주의 발전 속의 글로벌 가치사슬Outsourcing Economics: Global Value Chains in Capitalist Development》(2013)이다. 이전의 저서는《현대경제사상의 비전 위기The Crisis of Vision in Modern Economic Thought》(2011)는 故 로버트 헤일브로너와의 공저다.

개인적인 성장배경에 대한 개략적인 소개를 부탁한다.

　　나는 인생 대부분을 뉴욕시에서 살았다. 뉴저지의 뉴욕 교외와 코네티컷에서 태어나 자랐고, 펜실베이니아대학에서 학부생활을 했으며, 럿거스대학Rutgers University에서 대학원을 다녔다. 결혼해서 3명의 아이를 낳았고 뉴욕시 북쪽에서 사는데, 여전히 교외다!

　　부모님은 13세에 성인식bar mitzvah을 치른 아들 4명을 대학에 보낸 리버럴 유대인들이었다. 어머니는 코네티컷 브리지포트에서 빈곤퇴치 활동을 한 뒤 대학의 기부금 작성직원이 됐다. 그녀는 지역정치에 참여해, 20세기 후반에 코네티컷 웨스트포트의 민주당을 운영한 영리하고 역동적인 여성들로 구성된 소그룹의 멤버로 활동했다. 아버지는 제2차 세계대전 참전용사로 육군항공대의 조종사였으며, 전쟁이 끝난 뒤 경영 컨설턴트가 됐다. 사업이 망해 1973년 불황 때 문을 닫았다. 그 뒤 독립적인 증권 중개업자로 재기했다. 어떻게 보든 그는 대단한 조종사였으나, 증권 중개업자로서는 그다지 성공하지 못했다.

　　부모님은 뉴저지, 정확하게 말하면 뉴워크Newark와 저지 시티Jersey City에서 자랐다. 그들은 정치 중독자들이었다. 프랭클린 루스벨트를 숭배했으며, 공화당원들을 경멸했고, 이스라엘의 우익 정부에 대해 극도로 비판적이었다. 1974년으로 거슬러 올라가는 그들의 디너파티 아이디어는 참석자 한 사람 한 사람의 등에다 복잡 미묘한 워터게이트 수사에 나오는 수많은 사람 중의 한 사람 이름을 쓴 종이를 핀으로 꽂는 것이었다. 그리고 나서 그들은 각각의 사람들에게 그 파티에 참석한 다른 사람들과 나눈 대화를 토대로 자신의 등에 붙은 사람이 누구인지 생각해내라고 했다.

대학원에서 경제학 공부를 하도록 만든 것은 무엇이었나?

경제학에 대한 내 관심에는 많은 근원이 있고, 그것들을 풀어내기는 어렵다. 나는 당시의 정치에 순종하며 자랐는데, 급진적인 생각에 눈을 뜨게 된 건 펜실베이니아대학에 진학하고 나서의 일이었다. 신입생 시절에 들은 마르크스와 프로이드(역사학 전공 대학원생이 가르쳤다.)에 관한 수업이 나를 허버트 마르쿠제Herbert Marucuse와 선진 자본주의의 대중심리에 대한 길고도 밀도 있는 논문을 쓰게 만들었다. 나는 마르크스를 게걸스럽게 읽었고, 모든 정치의 뿌리에 경제가 있다는 사실을 금방 알아차렸다. 나는 완전히 꽂혀서 독서그룹에서 마르크스를 읽었고, 경제학을 전공했다. 그것은 투쟁이었다.

경제학과에는 급진적 경제학 강의는 없었기에 역사학과나 문학과에서 찾을 수밖에 없었다. 나는 내가 배운 경제학 교과서 대부분을 거부했다. 그것을 견뎌내기는 했지만, 그때는 이해할 수 없었다.(대학원에서 니나 샤피로Nina Shapiro 교수와 경제사상사를 공부하고 나서야 그것을 알게 됐다.)

두 개의 경제학 강의가 그때 내게 영향을 주었고, 그중 하나는 깊은 영향을 끼쳤다. 첫 번째 강의는 허브 르바인Herb Levine의 비교경제 시스템에 관한 강의였는데, 주로 소비에트 경제를 공부했다. 르바인은 친공산주의자가 아니고 관대했으며, 그 강의는 적어도 영리한 사람들은 자본주의의 대안들에 대해 합리적으로 생각할 수 있으며, 일반적으로 경제 시스템에 대한 어떤 관점을 가질 수 있게 된다고 생각하게 했다.

또 다른 강의(두 개였을 수도 있다.)는 시드니 웨인트로브Sidney Weintraub의 것이었는데, 그는 널리 알려진 포스트 케인즈주의 거시경제학자요 《포스트 케인즈주의 경제학 저널The Journal of Post Keynesian Economics》의 설립자였다. 웨인트로브는 중급 거시경제학을 가르쳤는데, 나는 그때 그가 한 얘기의 구체적인 부분까지 파악하진 못했으나, 이런 사고방식이 비판적이며 진보적이라는 것(그는 당시 소득에 기반을 둔 세금정책을 추진하고 있었다.), 그리고 자본주의에 대한 사고방식으로는 내가 배우던 다른 강의들보다 훨씬 더 설득력이 있음을 아주 명확하게 이해했다.

웨인트로브는 전인적全人的 인물이었다. 그는 한 손에 굵직한 시가 한 토막을 들고 강의했으며, 종종 자신이 프로야구를 하며 살았다면 더 좋았을지 모른다며 추억담을 늘어놓기도 했다. 나는 평범한 학생이었지만, 용기를 내서 그의 연구실에 몇 번인가 가봤고, 그의 작업방식대로 공부를 계속하고 싶다고 말했다. 그는 망설임 없이 내가 럿거스대학 대학원에 가야 한다고 말했다. 그의 예전 제자 폴 데이비슨Paul Davidson이 럿거스에서 강력한 포스트 케인즈주의 교수그룹을 구축하고 있었다.

나는 내가 유대인 중산층 집안 출신이라는 사회경제적 배경을 갖고 있어서 경제학을 전공할 만했다는 얘기도 해야겠다. 아버지는 내가 회계과목을 수강해야 한다고 주장했다. 나는 그것이 싫었고, 간신히 C학점을 받았다. 하지만 경제학 전공은 받아들일 수 있었는데, 이는 사업에 뛰어들고 싶어 하는 요즘의 많은 아이가 갈망하는 바와 비슷하다. 이것은 실용적이어 보이지만 실제로는 대부분 그렇지 않다. 아버지는 내가 실은 경제학의 철학적, 심리적, 역사적 기초와 마르크스와 반제국주의의 급진적 탐구 쪽에 관심이 있다는 사실을 전혀 몰랐다.

나는 다행스럽게도 3학년 때 프랑스에서 공부하며 1년을 보냈다. 1982년의 프랑스는 정치적으로 뚜렷한 좌선회를 경험하고 있었고(미테랑François Mitterrand과 마르쉐Georges Marchais가 사회당과 공산당 통합을 기뻐하며 춤을 추고 있었다.), 좌파는 거의 모든 선거에서 승리해 미테랑이 곧 대통령에 선출될 시절이었다. 나는 프랑스 신문들을 꼼꼼하게 읽었고(내가 워터게이트 시절에 자랐다는 게 많은 도움이 됐다.), 수많은 집회에 참가해 행진하며 구호를 외쳤다. 오늘날 이주민들과 빈곤층의 이해가 일치하는 문제를 놓고 벌어지는 논쟁을 들으면서 1982년에 외쳤던 구호들을 생각한다. "프랑스인과 이주민들은 같은 노동자 계급이다!!"Français/immigrés/une seule classe ouvrière!! 그 시절의 프랑스 정치는 정치적 가능성의 스펙트럼에 대한 나의 이해 폭을 엄청 넓혀주었다.

프랑스에서 1년을 지낸 뒤 다음해 여름에 나는 친구와 함께 히치하이킹(그렇다. 우리는 여전히 그러고 있었다.)으로 마르세유에 갔고, 배를 타고 알제Algiers에 갔으며, 그 다음에는 히치하이킹으로 사하라 사막을 건넜는데, 알제리, 니제르, 부르키나파소를 거쳐 목적지인 아이보리코스트까지 갔다. 거기에서 우리는 두 달간 자원봉사로 중부 아이보리코스트의 작은 마을에 의무실(양호실) 짓는 일을 했다. 이 모두가 저개발과 접촉하게 함으로써 나를 더욱 급진적으로 만들었다.

마지막 학년을 보내기 위해 펜실베이니아대학으로 돌아간 나는 아프리카의 탈식민화 역사와 반제국주의 이론(월터 로드니Walter Rodney, 프란츠 파농Frantz Fanon 등)을 공부했으며, 아프리카 경제보다는 정치 쪽을 연구해볼 생각을 좀 갖고 있었다. 당시 펜실베이니아대학의 훌륭한 교수들 가운데 한 사람인 어니 윌슨Ernie Wilson은 그것이 힘들고 일자리를 보장해주지도 않으리라는 점을 들며 내게 그런 생각 그만두라고 말했다. 10년 뒤에 어니 교수를 (미시간대학이 있는) 앤 아버Ann Arbor에서 재회하게 돼 행복했다. 그때 그는 지도적인 정치학자였고 나는 경제학과 조교수였다.

펜실베이니아대학에서의 마지막 학년 때 나는 캠퍼스 내의 남아프리카 투자회수운동을 이끈 멤버들 중의 하나가 됐는데, 그 운동으로 우리는 대학의 기금투자정책endowment investment policy에 항의하기 위해 캠퍼스 내에서 수많은 집회를 열었고 이사회를 점령했다.(훨씬 더 나이가 든 뒤에, 나는 남아프리카에서 겨울 집중강좌를 약 10회나 연속으로 했는데, 그때 깨달은 것이, 나는 20대를 남아프리카에 투자하지 말도록 사람들을 설득하며 보냈고, 40대가 되어서는 남아프리카에 투자하라고 사람들을 설득하려 애쓰고 있다는 사실이었다!)

하지만 나는 대학 생활의 대부분을 사회적 인간으로 지냈으며, 록앤롤이 아니라 엄청난 양의 재즈를 들으며 보냈다. 나는 트럼펫을 좀 불었고(내 형제들이 모두 뮤지션이다.), 펜실베이니아대학 캠퍼스 내의 지하 폭스홀 카페에서 많은 주말을 보냈다. 선 라Sun Ra, 소니 롤린스Sonny Rollins, 라산 롤랜드 커크Rahsan Roland Kirk, 맥코이 타이너McCoy Tyner, 듀이 레드먼Dewey Redman, 디디 브리지워터Dee Dee Bridgewater, 그리고 그 시절 폭스홀에서 연주한 다른 수많은 사람의 음악에 취해 흔들면서 보냈다. 필라델피아에는 매우 활기찬 재즈 장면들이 펼쳐졌고 우리는 그것들을 훤히 꿰뚫고 있었다.

그것이 내가 대학원에서 경제학을 공부하도록 재촉했을까? 내가 서부 필라델피아에 산 덕에, 주말에 대도시에 간 도시 교외 거주 아이의 눈으로는 볼 수 없는 미국의 빈곤과 불평등에 대해 눈을 뜨게 됐다는 얘기만 하겠다. 재즈는 서부 필라델피아 체험의 일부분이며, 나는 매우 일찍부터 그것을 알았기 때문에 재즈 트럼펫 연주자로 성공하진 못했을 것이다. 나는 1980년대에 레이건 혁명을 부른 카터James Earl Carter의 스태그플레이션과 1970년대 말 침체기의 그 불평등하고 명백히 불공정한 시절에 의미를 지닌 다른 무언가를 찾고 싶었다. 오늘날의 대다수 경제학자와는 달리 나는 헤일브로너의《세속의 철학자들Worldly Philosophers》을 고교와 대학생 시절에 읽지 않았다는 사실만 간단히 덧붙이겠다. 서부 필라델피아와 아프리카계 미국인의 재즈는 내가 급진적인 경제학 연구를 추구하게 되는 데 매우 큰 영향을 끼쳤다.

대학원 공부를 위해 럿거스대학에 가서 앨프리드 아이크너와 함께 공부했다. 아이크너의 작업에서 가장 끌렸던 점은 무엇이었나?

앨프리드 아이크너는 럿거스대학에서 내 멘토가 됐지만, 사실 나는 그와 함께 수업을 들은 적이 없고, 그가 내 생각에 큰 영향을 준 것은 럿거스에서의 마지막 1~2년뿐이었다. 그는 1988년 51세 때 심장병으로 사망했는데, 내가 럿거스대학원을 졸업하고 난 다음해였으며, 어떤 면에서는 내게 영향을 끼친 그의 생각의 힘이 그저 멘토로서의 대단한 기술의 힘 이상으로 컸음을 깨달은 시기는 그가 죽고 난 뒤였다. 그것은 부분적으로는 럿거스가 당시 신자유주의자들과 포스트 케인즈주의자들 사이의 싸움터였다는 사실에서 기인한다. 포스트 케인즈주의자들은 마르크스주의자 로데스 베네리아Lourdes Beneria, 미셸 네이플스Michelle Naples, 그리고 제도주의자 제임스 스트리트James Street와 같은 비주류 타입의 다른 연구자들과 동맹을 맺었다. 포스트 케인즈주의 교수단은 폴 데이비슨Paul David-son이 결성했는데, 거기에는 얀 크레겔Jan Kregel, 니나 샤피로, 그리고 앨 아이크너가 들어 있었다. 폴은 단장이었다. 그는 그들 중 럿거스에 가장 오래 있었고 그 직종에서 다른 사람들보다 더 많은 지위를 갖고 있었으며, 그들을 채용한 책임자이기도 했다.

포스트 케인즈주의 교수단 멤버는 20명이 넘었던 신자유주의 교수들보다 수가 적었다. 하지만 양쪽은 서로 상대를 물리치기 위해 열심이었는데, 무슨 목적으로 그렇게 했는지 나는 아직도 확실히 모르겠다. 학계에서 흔히 있는 일이지만, 그것은 생각의 싸움이었으며, 에고ego의 싸움이 되기도 했다. 아이크너에게는 대학원 핵심 강의가 허용되지 않았다. 라디카 발라크리슈난Radhika Balakrishnan(나와 같은 해에 박사학위 프로그램을 시작했다.)과 내가 필수 계량경제학 강의들을 듣기 전에 니나 샤피로의 경제사상사 강의를 들어보라고 제안했을 때, 우리는 대학원장과 긴 논쟁을 벌여야 했다.(우리가 이겼다.) 나는 데이비슨 및 샤피로와 함께 공부했으며(크레겔은 내가 도착한 직후에 떠났다.), 그 두 사람으로부터 큰 영향을 받았고 그들을 사상가로서 매우 존경한다. 특히 니나는 가까운 친구가 됐고 결국 책도 함께 썼다. 그녀는 올해 71세의 나이로 세상을 떠났다. 나는 또한 케인즈주의 국제경제학자 피터 그레이H. Peter Gray로부터도 큰 영향을 받았는데, 그는 교역과 금융에 폭넓은 관심을 갖고 있었으며, 경제를 운용하고 성과를 내는 데 제도와 조직이 중요하다는 사실을 알고 있었다. 그와 나는 다국적 기업들의 이윤에 관한 논문도 함께 썼다.

아이크너는 과점 가격인상 이론theory of oligopoly markup pricing을 발전시켰는데, 나는 그것이 신자유주의 이론보다 더 현실적인 기업이론에 근거를 두고 있고, 특히 미시경제학(기업과 소비자 행동)과 거시경제학(투자, 저축, 소득결정) 사이를 강력하게 연결해주기 때문에 매우 설득력이 있음을 알았다. 그 작업은 1970년대에 내가 럿거스에 가기 전에 이뤄졌고, 그것은 아이크너에게 그 직업 분야의 일부에서 약간의 명성을 얻게 해주었다.

내가 럿거스에 갔을 무렵 앨(아이크너)은 계량경제학적 평가를 위한 운용체제인 대규모 다중방정식 케인즈주의 거시경제 모델

massive multi-equation Keynesian macro model을 구축하는 또 다른 프로젝트에 착수했다. 그 프로젝트는 대단히 야심만만한 것이어서 그의 사망 때까지 완성되지 않았던 그 책 원고는 800쪽이 넘었다. 아이크너는 케인즈주의 성장이론에서 영감을 받았을 뿐 아니라 국제무역 분야의 루이지 패시네티의 다부문 모델multisectoral model에서도 영향을 받았다.

내 논문은 국제무역 분야에서 패시네티 모델을 실증적으로 검증한 것이었다. 그것은 노동가치론과 함께 매우 고전적인 것으로, (외생적인)기술적 변화가 상대적인 노동가치(그리고 가치운동도)를 높이고, 그 결과 국제무역 패턴에 변화를 일으키리라고 기대됐다. 내 작업은 미국-캐나다의 기술적 변화와 무역에 관한 대규모 입출력 연구input-output study였다. 아이크너는 깊이 지지해주고 많은 격려를 해주었다. 하지만 몇 년 뒤에 나는 기업과 가격책정에 대한 그의 초기 작업이 실은 내게 더 많은 영향을 끼쳤음을 깨달았다. 나의 《아웃소싱 경제학》은 패시네티의 다부문적 접근보다는 아이크너의 가격인상, 이윤, 그리고 투자이론에 훨씬 더 많이 기대고 있다. 그래서 나는 내가 그 책에 있는 문제들을 풀어나가는 작업을 앨이 도와주었으면 얼마나 좋았을까 하고 생각한다. 그랬다면 그 책을 몇 년 더 일찍 끝낼 수 있었을 듯하다.

1991년에 뉴스쿨에 들어간 뒤 계속 거기에 있다. 2013년 이후 뉴스쿨 학장직도 맡고 있다. 뉴스쿨 경제학 프로그램은 경제학에서 '비주류'적 접근법을 발전시키는 데 기여한 것으로 세계적 명성을 얻고 있다. 경제학에서 비주류가 된다는 것이 정확하게 무엇을 의미하는가? 뉴스쿨 프로그램이 전반적으로 이런 질문들을 추구하는 주요 방식은 어떤 것인가?

나는 1992년부터 뉴스쿨에서 일해왔는데, 조교수로 출발해 정교수가 되고 학장이 됐다. 뉴스쿨은 생각하고 배우고 가르치기에 좋은 대단히 비옥한 환경을 갖추고 있고, 나는 여기에서 지루함을 느껴본 적이 (거의) 없다. 나는 처음부터 뉴스쿨 경제학과의 특별한 소임을 굳게 믿고 있었다. 그리고 학장으로서 나는 뉴스쿨의 각 학과가 지적 차별성을 느끼고 있고, 여기에서 리더십을 제공할 수 있다는 사실을 참으로 명예롭게 여겨왔음을 알게 됐다. 처음엔 학과장으로, 그리고 지난 6년간은 학장으로서 말이다. 예컨대 나는 평소에 자금조달을 부담으로 여기지 않았다. 왜냐하면 나는 큰 사회적 정치적 문제들을 매우 용감하고 탄복할만한 방식으로 탐구하고자 하는 학생들을 위해 자금을 모으고 있기 때문이다.

뉴스쿨에서 로버트 헤일브로너가 2005년에 세상을 떠나기까지 그와 대단히 긴밀하게 함께 작업했다. 당신과 헤일브로너가 직업적으로 그리고 개인적으로 함께 손을 잡은 방식을 몇 가지 사례로 든다면 어떤 것이 있나? 그와 함께 일하면서 알게 된 것들 중에서 가장 중요한 것들을 든다면 무엇인가?

최근에 오래 된 파일들을 훑어보다가 밥 헤일브로너가 자신의 '또 다른 자아'alter ego라고 내게 얘기했던 유럽의 어느 경제학자에게 보낸 타자로 친 편지를 발견했다. 나는 밥(헤일브로너)과 만나게 돼서 대단한 행운이었다고 생각한다. 우리는 자본주의, 경제학, 그리고 학문에 대해 아주 비슷한 감수성을 갖고 있었다. 우리가 경제학 얘기만 한 것은 아니고 정치와 가족에 대해서도 얘기했다. 그리고 공동강의를 하는 교실에서든 커피 마시는 카페테리아에서든 우리는 서로의 얘기를 경청했다.

나는 그의 앞에서 농담 삼아 《세계의 철학자들》에 대해 언급했다. 나는 대학을 나온 뒤에야 결국 그 책을 읽었다. 나는 헤일브로너의 대중적인 글도 〈뉴욕 리뷰 오브 북스〉나 〈뉴요커〉 같은 데서 챙겨서 읽었다. 내가 대학을 나와 뉴욕 연방준비제도이사회Fed에서 일할 때 나는 밥의 경제사상사 강의를 들었다.(Fed는 전공 분야 강의에 대한 수강료를 내주는 관대한 혜택을 베풀었다. 이 혜택을 활용해서 나는 뉴스쿨에서 안드레 군더 프랭크Andre Gunder Frank, 테레사 터너Teresa Turner, 그리고 헤일브로너의 사상사 강의를 들었다. 또 프리츠 매클럽Fritz Machlup의 국제금융 강의도 뉴욕대학에서 들었는데, 놀랍게도 그는 꼬리가 달린 완전한 턱시도 차림을 하고 가르쳤다! 그것은 수지조정 매커니즘에 관한 내 학습을 방해할 정도로 흥미로웠으나, 나는 그가 경제학에서 '인플레이션'inflation이란 단어를 부적절하게 사용한 것을 분명하게 기억한다. 무엇이든 오를inflated 수 있기 때문에 항상 '가격물가 인플레이션'임을 명시해야 하며, 따라서 그 말inflated을 물가 수준을 가리키는 것으로 간주해서는 안 된다.)

밥(헤일브로너)의 경제사상사 강의는 매혹적이어서, 어느 날 밤 강의가 끝난 뒤 나는 그에게 다가가 강의에서 새뮤얼슨Samuelson의 교과서가 매우 이념적이라고 얘기했는데, 정말로 그렇게 믿느냐고 물어봤던 것을 기억한다. 나는 그의 대답을 자세히 기억하진 못하지만, 이 유명하고 세련된 학자가 그토록 차분하게 그런 이단적인 관점을 분명하게 얘기할 수 있다는 사실에 나는 더욱 감동했다. 나는 내가 마침내 그 강의를 그와 함께 진행할 수 있게 될 줄은 상상도 하지 못했으며, 하물며 두 권의 책을 공동으로 집필하고, 그가 뉴스쿨을 떠날 때 그 강의를 물려받게 될 줄이야.

내가 뉴스쿨에 조교수로 온 직후, 밥이 내 사무실에 와서 털썩 주저앉아 자신과 함께 경제사상사를 가르쳐보고 싶은 생각이 없느냐고 물었다. 돌이켜보면, 그는 지쳤고, 새로운 에너지, 나아가 새로운 아이디어를 지닌 누군가가 필요했다고 생각한다. 물론 나는 즉각 승낙했다. 우리는 급속도로 가까운 친구가 됐다. 내가 그와 같은 작가나 사상가가 될 순 없음을 알고 있었다. 나는 실증적이고 약간 기술적인 이론작업을 계속했는데, 그는 그것을 존중했으나 충분히 관심을 기울인 적은 없었다.

나는 그의 가까운 친구가 됐고, 그로부터 엄청나게 많이 배울 수 있었다. 밥은 매우 개방적이고 탐구적인 정신을 가지고 있었으며 그의 관심사는 경제사상사를 넘어 심리분석, 인류학, 역사(당연히), 정치, 예술, 그리고 음악에 이르기까지 광범위했다. 그는 엄청난 양의 독서를 했으며, 나는 그가 내게 넘겨준 책들을 소중히 간직하고 있다.(생의 말기에 시력을 잃었을 때 그는 내게 경제사상사에 관한 다수의 놀라운 텍스트를 내게 제공했다.) 밀John Stuart Mill과 믹Ronald Meek에서 케네Francois Quenay와 케인즈에 이르는 그 텍스트들은 여백에 그가 자필로 쓴 코멘트들이 가득했는데, 텍스트의 하드커버들은 그가 빨간 매직펜으로 쓴 텍스트에 대한 반응들로 채워져 있었다.

헤일브로너는 생각이 깊은 위대한 작가였고, 그 두 가지 특성이 연결돼 있었다. 밥(헤일브로너)의 생각은 그의 글에 드러나 있다. 쓰기는 그의 생명소였으며, 쓸 수 없게 되면 완전히 좌절감을 느꼈다. 《현대 경제사상의 비전 위기The Crisis of Vision in Modern Economic Thought》라는 짧은 책을 쓸 때 내가 초고를 쓰고 그가 자신의 헤일브로너 문체로 손질하기로 노동 분업이 돼 있었다. 나는 그 책의 장들 중 초고 하나를 그해 여름 어느 금요일에 들고 가겠다고 약속했다. 나는 그렇게 하지 못했고, 그날 오후에 해변 휴양지 숙소에서 그가 내게 전화했다. 그리고 그날 중에 내가 약속한 장 원고를 넣은 우편봉투를 받을 수 없다는 걸 알게 돼 언짢아진 그는 이렇게 말했다. "당신이 그 장을 갖고 오지 않으면 내 주말을 망칠거야." 그 때 나는 그에게 일하고 글 쓰는 것이 얼마나 중요한지, 해변에서 주말을 편하게 보내기보다 그에겐 그것이 훨씬 더 즐거운 일임을 이해했다.

우리가 대학원생들에게 경제사상사와 경제학 방법론 강의를 함께 진행한 이후, 나는 밥한테서 경제학에 관해 많이 배웠다. 그에게는 아주 잘 준비된 노트가 있었고 스미스, 마르크스, 마셜Alfred Marshall에 관해 뛰어난 강의를 했다는 걸 누구나 상상할 수 있을 것이다. 그들은 내가 가장 잘 기억하고 있는 사람들이다. 그는 대체로 리카도David Ricardo를 싫어했는데, 그것은 리카도가 역사와 문화의 역할을 몰아내려고 했기 때문이다. 그의 케인즈 강의들은 영감을 주었으나 포스트 케인즈주의 사상의 최근 전개에 대해서는 특별히 관여하지 않았다.

밥한테서는 경제학 외에 나는 또 작가는 세련됨이나 뉘앙스를 희생시키지 말고 선명하게 묘사할 책임이 있다는 것도 배웠다. 나는 긴 복문을 썼고 밥은 그 문장의 3분의 2를 잘라내고 문장 뒷부분을 앞자리에 놓았다. 그 결과 문장은 전혀 의미 손상 없이 더 명료해지고 강력해졌다. 그리고 그가 문서작성 소프트웨어를 사용하지 않고 이런 작업을 했음을 기억해야 한다. 그는 펜, 백색 수정액, 가위, 스테플러를 사용했다. 그는 그런 도구들을 쓰는 데 주저하지 않았다. 그는 자신의 작품도 마찬가지로 세심하게 편집했다. 그 결과, 그 많은 아름다운 책은 마치 단어들이 그의 펜에서 부드럽게 굴러 떨어진 듯 힘 안 들고 간단해 보인다. 그렇지 않다. 모든 문장들은 세심함, 그리고 의미와 아름다움을 찾아내려는 무자비한 욕망으로 정교하게 다듬어졌다.

비주류 경제학의 토대 중 두 분파는 존 메이너드 케인즈와 카를 마르크스의 저작들이다. 케인즈주의, 포스트 케인즈주의, 마르크스주의, 네오 마르크스주의, 그리고 포스트 마르크스주의 등 다양한 학파들의 사상이 지난 수십 년간 출현했다. 케인즈와 마르크스의 관점들을 당신의 저작에서 어떻게 통합했나? 연구의 학문적 특징을 그 다양한 사상학파 중 어느 하나에 딱 맞춰 얘기할 수 있나?

나의 학문적 훈련은 웨인트로브에서 시작해서 폴 데이비슨, 앨 아이크너, 그리고 니나 샤피로에 이르는 포스트 케인즈주의 전통 속에서 이뤄졌다. 내 사상은 고전경제학의 독점자본학파의 그것을 따랐고, 포스트 케인즈주의 미시경제학의 전통으로부터 큰 영향을 받고 있다.

국제무역에 관한 내 작업의 전제는 생산과 교환 관계의 핵심에 힘의 비대칭이 존재한다는 것이다. 비대칭은 과점적 생산시장oligopoly product markets과 구매과점적 생산요소 시장oligopsony factor markets 부분 모두에 존재한다. 많은 산업국가의 특징이자 개도국들에 중대한 장애가 되고 있는 역사적으로 높은 수준의 불평등을 동반한 저성장 뒤에는 20세기 말과 21세기 초에 이뤄진 이 두 비대칭의 우연한 강화가 배경으로 깔려 있다.

국제무역론에 대한 내 접근법은 내가 이윤 및 이윤율 그리고 총수요에 초점을 맞춰왔듯이, 신고전주의적 접근보다는 고전주의적 접근법에 가깝다. 이것은 마르크스보다는 더 리카도적이지만, 분명히 반신고전주의anti-neoclassical적이다. 이는 두 가지 의미에서 그러한데, 하나는 헤크셔-올린의 관점Heckscher-Ohlin view에서처럼 그것이 국제 노동 분업에 관한 정태적 이론을 피한다는 점이고, 또 하나는 글로벌 공급사슬에서 업그레이드 개념이, 주어진 저임금 평형을 받아들이기보다는 생산성을 높이기 위해 비교우위를 거부하려는 노력 위에 자리 잡고 있다(장하준의 구절을 활용)는 점이다.

덧붙이자면, 내가 곧이곧대로 한 학파만 고수했다면 아마도 내 글은 (마르크스주의와 포스트 케인즈주의 사상의 혼합을 제안함으로써 얻은)기대한 만큼의 파급효과를 내지 못했을 것이다. 게다가 나는 기업과 노동시장의 젠더 역동성에 초점을 맞췄는데, 이들은 포스트 케인즈주의(또는 케인즈주의) 사상의 전형적인 강점이 아니다. 따라서 그 그룹에 나를 맞추는 것은 불편했다. 나는 앨프리드 아이크너와 니나 샤피로의 영향을 많이 받았는데, 그들 모두 너무 일찍 세상을 떠나, 얘기하자니 슬프다.

아이크너, 하코트Tim Harcourt, 케넌Peter Kenyon 그리고 다른 사람들은 투자를 통해 미시경제적 행동과 거시경제를 연결하는 가격인상 모델을 제안했다. 하지만 그들은 기업 이윤율이 저축을 늘리고 통화 공급량도 늘린다고 주장했기 때문에 이 또한 통화체제를 통해 거시경제에 영향을 끼쳤다. 이것은 내인성 통화이론endogenous theory of money인데, 대다수 포스트 케인즈주의 통화이론가들이 거기에 맞춰주기에는 불편했다. 나는 늘 경제의 생산 면에 더 많은 흥미가 있었고, 금융화를 내가 앞에서 얘기한 바란/스위지/아이크너의 '힘의 비대칭성'에 대한 원인이요 결과로 이해해왔다.

샤피로의 영향력은 엄청나서, 신고전주의와 마르크스·케인즈·슘페터Joseph Schumpeter의 조합에 대한 그녀의 비평은 자본주의 이해에 새로운 감수성을 불러일으켰으며 내게 깊은 영향을 끼쳤다. 라디카 발라크리슈난과 내가 샤피로에 대한 최신 평론을 쓸 때 우리는 데이비드 레빈David Levine과 얘기를 나눴는데, 그는 바란과 스위지의 작업이 자신과 니나에게 중요한 영향을 끼쳤다고 했다. 그 이유로 착취와 독점력에 초점을 맞춘 틀에 수요를 도입해 그들을 노동가치론에 대한 고정관념에서 해방시키고 급진적인 케인즈주의를 받아들일 수 있게 해주었기 때문이라고 말했다.[15]

이것을 알게 됐을 때 나는 비슷한 감수성이 나 자신의 사고에도 스며들어 있음을 깨달았다. 니나는 이 문제를 1970년대 말부터 《포스트 케인즈주의 경제학의 혁명적 성격The Revolutionary Character of Post Keynesian Economics》이라는 중요한 논문에서 탐색했다.

무엇보다 헤일브로너는 위대한 경제사상사가였다. 경제학자들이 경제사상사를 진지하게 자신들의 기초로 삼는 것이 어느 정도로 중요한 일이라고 생각하나?

경제학자들은 경제사상사 공부를 피해야 한다. 만일 동태확률 일반균형dynamic stochastic general equilibrium, DSGE 모델링에서 진보를 공식화하려면, 왈라스의 균형공식Warlasian formulation of equilibrium을 생각해서는 안 된다. 왈라스의 균형공식에는 인공적인 경매인이 있어서, 그가 가격을 책정해서 시장을 원활하게 돌아가게 함으로써 비로소 거래가 이뤄진다.

무역 이론가는 리카도의 무역론(비교우위론의 원천 공식 가운데 하나)이라는 관념의 짐을 지고 있어서는 안 된다. 리카도의 무역론은 자본 축적과 경제 성장, 특히 자유무역이 실질임금을 줄이고 이윤율과 총이윤을 증대해 투자를 늘리고 경제성장을 가져다준다고 보고 그 결과를 이해할 목적으로 쓰였다.

공공재정 미시경제학자public finance microeconomist라면 스미스의 《국부론》을 꼼꼼하게 읽어서는 안 된다. 스미스는 《국부론》에서 국가가 적극적인 역할을 해야 할 이유 14가지를 펼쳐놓는다. 그리고 《도덕감정론Theory of Moral Sentiments》은 정말로 읽어서는 안 된다. 이

책은 왜 경제행위의 심리적 차원들이 사회적인지, 개인들이 어떻게 사회화와 타인들(공정한 구경꾼)의 견해로부터 영향을 받는지, 그리하여 타고난(내재적) 선호도가 현실에서 어떻게 존재할 수 있는지 세부사항을 정교하게 펼쳐놓고 있다.(그것도 1759년에!)

어쨌든 균형 모델링을 하는 사람은 사회생활과는 무관하게 균형에만 관련이 있는 균형조건들이 왜 경제사상사에서 핵심 역할을 하는지 스스로 묻게 될 케인즈나 슈타인들Josef Steindl 등의 저작들은 읽어서는 안 된다. 일반적으로 혁신적인 경제사상가들의 원저작들을 읽을 때 거기에서 나는 그 창작 과정에서 부닥친 많은 어려움, 후속작의 표현에서 누락된 생각의 미묘한 차이들, 그 순간의 매우 특별한 논의와 문제들의 중요성 등이 드러남을 발견한다. 그것은 모두 산만하다. 그래서 나는 경제학자들에게 경제사상사 공부는 절대로 피하도록 권하고 싶다.

데브라 윈클러와 함께 쓴 당신의 2013년 책 《아웃소싱 경제학: 자본주의 발전에서의 글로벌 가치사슬》은 현대의 세계화에 대한 우리의 이해에 중요한 기여를 했다. 이 책의 주요 테마와 결론들을 요약해줄 수 있나?

《아웃소싱 경제학》은 국제무역과 글로벌 가치사슬에 대한 수년간의 연구 결과였다.[16] 그 책의 전제는 지난 20세기 리버럴 시대가 국제 노동 분업과 그것을 만들어낸 산업조직이 새로운 형태를 갖추게 된 시기라는 것이다. 자본은 생산과정을 여러 개로 나누고 그 나뉜 각기 다른 과정을 각기 다른 나라에 배치함으로써 새로운 이윤 기회를 확보할 수 있었다. 국가보다(그리고 노동보다는 훨씬 더) 기업business이 이런 생산의 지역화에 관한 결정을 내리는 데 명백한 우위를 점했다. 그리하여 글로벌 가치사슬global value chain, GVC 은 자본이 상품과 화폐 흐름에 대한 규제로부터 해방됐을 때 취한 산업조직형태였다. 그 특수한 형태의 근본은 공급자 시장을 확립한 주요 기업들의 구매과점력이다. 그 책은 세계화가 초래한 특수한 방식인 이런 현상의 범위와 그 함의를 탐색한다.

중요한 함의 중의 하나는 각 나라의 발전전략 선택에 관한 것이다. 나라들은 주로 새로운 생산구조를 채택하고 글로벌 가치사슬에 들어가 산업화해서 지위를 '업그레이드'하는 길을 추구했다. 우리는 실증적으로 다음과 같은 것을 보여주려고 노력했다. (1) 산업적 업그레이드는 매우 어렵고 흔치않은 일이다. (2) 산업적 업그레이드가 반드시 고용과 임금 상승, 곧 우리가 얘기하는 '사회적 업그레이드'로 이어지지는 않는다. (3) 그 과정은 매우 성차별적이며, 거기에는 (최근까지) 여성노동력을 국제적 생산 네트워크 속으로 부적절하게 끌어들이는 현상도 포함한다. (4) 그 과정은 비금융 기업들의 금융화를 지원했다. 이 책 앞부분에 나오는 주장이 이런 실증적인 발견들을 뒷받침하는데, 그것은 많은 국제무역을 위한 조직구조로서의 글로벌 가치사슬의 출현이 국제무역론의 재고再考를 요구하고 있다는 내용이다. 업그레이드라는 개념은 주어진 비교효율성 우위에 따르는 것이 사회 최적화라며 이를 요구하는 고전주의적 그리고 신고전주의적 무역론과 정의definition상으로 상충된다.

따라서 글로벌 가치사슬 접근법은 내가 오래 견지해온 국제무역론 비판에 호소하는 바가 있다. 글로벌 가치사슬은 먼저 사회학에서 출현했는데, 그것은 긍정적이기도 하고 부정적이기도 했다. 긍정적인 면은 기업과 그것의 내적(노무관리), 외적(회사들 간의) 관계의 조직적 성격을 풍부하게 대우하는 것이다. 어떤 의미에서 이것은 입출력 접근법input-output approach이라는 뼈에 고기를 얹는 것으로, 내가 몇 년간 한 작업이었다. 부정적인 면은 사회학자들이 시장 구조, 가격책정, 투자의 경제학, 그리고 경제학이 제공하는 이윤을 피하는 경향이 있다는 것이다. 그 책에서 우리는 사회학적 접근법의 가장 좋은 점과 경제학의 가장 좋은 점을 합치려고 했다.

글로벌 가치사슬의 현실이 여러 나라에서 경제정책 입안에 대한 결정적인 제약이 되고 있는 주요 방식들은 무엇인가? 예컨대 글로벌 가치사슬은 선진 고임금 경제가 강력한 제조업 부문을 유지하는 건 기대할 수 없게 됐다는 의미인가?

이는 매우 흥미로운 질문이다. 왜냐하면 글로벌 가치사슬에 대한 관심은 정치경제의 스펙트럼을 넘어 신자유주의적인 세계무역기구wto와 세계은행wb에서부터 사회학과 개발연구 분야의 진보적 개발주의 학자들, 정치학과 경제학계의 일부 마르크스주의 학자들에 이르기까지 그 범위가 확장돼왔기 때문이다.

《아웃소싱 경제학》 출간 이후 나는 글로벌 가치사슬과의 타협을 추구하는 급진적 관점에서 수십 편의 글을 검토해달라는 요청을 받았고, 세계무역기구에서의 강의와 세계은행과의 저서 출판 작업에 불려다녔다.

글로벌 가치사슬은 정치적 스펙트럼 전반에 걸쳐 상상력을 발휘하게 했다. 전 WTO 의장 파스칼 라미Pascal Lamy는 글로벌 가치사슬이란 틀이 무역 자유화의 새 시대를 상상할 가능성을 제시했다고 주장했다. 그리고 내 공저자 세드릭 뒤랑Cédric Durand은 파리대학에서 학생들과 함께 글로벌 가치사슬이 어떻게 저개발과 금융화의 새로운 자원이 되는지에 관한 일련의 글을 출판했다. 그 학생 연구자 중에는 글로벌 가치사슬을 산업화를 추진하려는 국가에게 새롭고 까다로운 역할을 요구하는 현실로 바라보는 개리 제레피Gary Ger-effi와 팀 스터전Tim Sturgeon이 있다. 이 모든 작업은 온갖 부류의 학자들과 정책입안자들이 가치사슬의 확장에 따른 정부 정책에 대한 제약을 확인할 필요가 있다는 생각을 말해준다. 내 생각에 이 모든 일에는 일종의 정신착란 현상이 작용한다. 글로벌 가치사슬은 자유무역, 증대된 자본 유동성과 주요 대기업의 힘을 전제로 한다. 이런 점에서 산업 발전은 명백한 도전이며, 정책 제약은 선험적으로 중요하다. 이 도전은 대다수 글로벌 가치사슬 연구의 초점이 돼왔다.

이런 연구 문헌에 대한 내 비판은 주로 사례연구에 토대를 두고 있는데, 글로벌 가치사슬 연구는 대단한 일이지만, 성공한 사례들을 선택하는 경향이 있다. 게다가 그 성공도 단기간에 정의되는 경향이 있다. 산업화는 생산성과 임금뿐만 아니라 기술과 사회적 보호, 재정 능력과도 엮여 있는 긴 과정이다. 이런 것들을 구축하는 데는 시간을 들여야 하며, 특별한 시간에 구축된 특별한 산업은 잘못될 수 있다. 즉 글로벌 가치사슬 정책 작업은 고도의 총수요를 가정하는 경향이 있으며, 따라서 어떤 산업이 세계 수준의 질을 제공한다면 그것은 어떤 수요 제한도 없다고 가정하는 경향이 있다는 관점으로 이어진다.

여기에는 적어도 세 가지 문제가 있다. 첫 번째 문제는 지난 45년간의 글로벌 가치사슬 확장기의 경제사적 배경에 지속적인 과잉생산이 존재한다는 점이다. 이는 글로벌 가치사슬이 마치 선도적 기업들처럼 값싼 잉여노동을 이용하고, 강력한 기업들의 역량을 끌어올려 공급자인 기업들 간의 경쟁을 부추길 가능성에 기여해왔다. 윈클러와 나는 이를 글로벌 가치사슬에서 시장 권력의 내재적 비대칭성endogenous asymmetry of market power이라고 부른다.

두 번째 문제는 선진 경제들조차도 주기적 수요 침체의 영향을 받는다는 것이다. 2007년 대불황(국제금융위기)이 닥쳤을 때 수출 주도 발전전략의 미래는 의심스러워졌고, 중국이 축 처진 세계 수요를 끌어올릴 수 있으리라는 바람이 있었으며, 좀 더 내수 위주, 국내 창출의 수요 증가 전략을 곳곳에서 요구했다.

세 번째 문제는 주요 기업의 성숙 및 그와 관련된 이들 기업의 금융화인데, 이는 우리가 다음 경제 침체기로 가고 있는 지금 다시 나타나고 있는 스태그네이셔니스트(stagnationist, 슈타인들의 구절을 활용) 성향에 따른 투자 감소와 엮여 있다.

이전의 문제로 돌아가, 글로벌 가치사슬의 현실은 선진 경제들에서 고임금을 감당할 수 없다는 의미인가? 그것은 동시에 노동계급의 복지를 지원하기 위해 자본주의하에서 개발된 제도들, 특히 다른 무엇보다도 노동조합들이 엄청난 역경에 맞서 싸우고 있다는 의미인가?

앞에서 언급하지 못한 글로벌 가치사슬 개념의 추가적인 매력은 선진 경제들에서의 권력 투쟁, 제도, 시장 구조가 어떻게 개도국들에서의 사회적·경제적 결과들에 직접적인 영향을 끼치느냐다. 예컨대 미국 최대급 회사들의 기업통치구조는 방글라데시와 같은 개도국들의 임금과 노동조건에 분명한 영향을 끼친다. 이와 비슷하게, 예컨대 중국의 혹독한 노동규제력은 미국 경제의 생산, 고용, 이윤율에 엄청난 영향을 끼친다.(폭스콘이 애플의 이윤율과 국내고용에 어떤 역할을 하는지 생각해보라.) 이는 무역정책과 무관해 보이는 정책들이 관세와 할당량보다 더 무역정책의 초점이 돼야 한다는 의미다. 독점금지 규제, 법인세, 금융 규제, 노동시장 보호, 적극적인 노동시장 정책 등이 그렇다. 그저 세계화에만 관심이 있는 사람들은 무역보호에 대해 걱정하기 전에 이런 정책 문제들부터 생각해보라는 조언에 귀를 기울이는 게 좋겠다.

나는 트럼프의 무역정책을 둘러싼 지금의 논쟁이 글로벌 가치사슬이 노동에 가한 규제들과 관련이 있는 일부 문제를 제기해왔다는 사실을 덧붙이고 싶다. 좌파 정책 옹호자들은 대체로 트럼프의 보호주의를 지지해왔다. 하지만 관세에 반대하는 몇몇 친노동 주장들이 있다. 첫째, 관세가 가격을 올리고 결국 실질임금을 깎아내린다는 사실이다. 둘째, 보복으로 세계무역과 경제활동을 위축시키는 하향 악순환을 불러 고용에 부정적인 영향을 끼친다는 점이다. 세 번째 주장은 글로벌 가치사슬과 관련이 있는데, 관세가 중간생산재 가격을 올려 효과적인 공급사슬망을 파괴한다는 것이다.

그러나 이 세 번째 주장은 실은 이윤에 관한 것이며, 따라서 노동의 영향은 투자수익과 연관돼 조건부적이다. 나는 이를 리카도식으로 '무역에서 얻는 역동적인 이윤'이라고 불러왔다. 이 세 번째 주장과 관련된 문제는 내가 일련의 논문에서 공을 들여왔는데, 금융화, 그리고 특히 주식 매입과 배당금 지급이 이 역동적인 이윤의 경로를 통해 흘러나왔다. 이런 정신에 입각해서, 나는 친노동자 글로벌 경제에서는 금융 규제가 무역 보호보다 더 중요하다고 주장하고 싶다.

동아시아 경제들은 수출주도 경제 개발을 통해 빠르고 지속적인 경제성장률을 달성했다. 물론 중국은 성장 면에서 가장 놀라운 성공을 거두고 있으나, 그 전의 한국, 대만, 싱가포르, 그리고 그보다 더 전의 일본 또한 주목할 만하다. 이런 수출 주도 성장모델의 특징을 《아웃소싱 경제학》에서 발전시킨 분석 틀로 어떻게 설명할 수 있나? 더 일반적으로 말해서, 이런 성장모델의 유리한 특징과 불리한 특징이 무엇이라고 보나?

수출 주도 성장은 일부 동아시아 나라에 큰 도움을 주었지만, 그것은 단순히 수출시장 개방 덕이 아니라 앰스던, 웨이드, 장하준 등이 면밀히 연구하고 기술한 전체 개발전략 덕이었다. 그것은 확실히 가치사슬 발전전략의 초기 형태를 구축했지만, 나는 글로벌 가치사슬의 중요성이 전통적인 수출 주도 산업화 전략을 다시 보게 만들었다고 주장해왔다. 그러는 이유 한 가지는 중간재 생산과 판매가 중간재 구매자들과의 밀접한 협력을 요구하기 때문이다. 하지만 이런 역동성은 선도적 기업-공급자 기업 관계의 구매과점적 성격이 갖는 문제를 야기한다. 이것은 글로벌 가치사슬 시대에는 어떤 개발계획에서든 반드시 따져봐야 할 문제다.

지난 10년간 네오파시스트 포퓰리스트 우익이 전 세계에서 엄청난 세를 불려왔다. 이런 사태 전개의 주요 동인들 가운데 하나는 신자유주의 세계화 세력에 대한 원한으로 보인다. 반신자유주의, 구체적으로 얘기해서 강력한 사회복지국가, 완전고용 정책, 그리고 효율적인 노동조합과 같은 평등주의적 제도를 지지하는 세계화 프로젝트를 그려낼 수 있나?

제2차 세계대전 이후 1970년대 초까지의 '자본주의의 황금시대'가 실로 그런 시기였다. 그 시절 무역은 어느 정도 자유화됐고 자본 흐름은 통제됐으며, 미국에서조차 뉴딜 시대에 등장한 사회적 보호가 자리를 잡았다. 그 시절에도 심각한 문제들이 있었다. 예컨대 카츠넬슨Ira Katznelson은 뉴딜과 그 파장에 대해 쓴 그의 책에서 인종 불평등 및 접근권 문제를 보여준다.[17]

그러나 그 시절은 글로벌 자본주의가 통제되고 사회적 보호는 확대됐으며, 경제 성장률도 탄탄할 수 있었다. 사실 이런 관점에서 1975년 이전과 이후 시대를 비교해보면(앤드류 글린이 엄정하게 비교했다.), 통제된 자본주의일수록 경제성장에 유리하다는 사실이 드러난다. 물론 다들 잘 아는 정령 지니는 도로 램프 속에 들어갈 수 없고, 문제들을 없애고 그 좋았던 시절로 돌아갈 수 있다는 생각 또한 잘못이라고 생각한다.

그 이유 중의 일부는 생산구조의 변화, 가치사슬 측면과 보상의 불평등 측면에서의 변화, 그리고 방대한 금융 역할의 변화다. 따라서 통제와 사회적 보호를 받는 새로운 자본주의 시대가 가능하지만, 황금시대의 축적구조와는 다르게 보일 것이다. 그것은 훨씬 더 많은 기업행동 규제와 노동조합 결성과 협상의 자유, 조세 피난지를 활용해서 피해갈 수 없는 법인이윤세의 강화 등을 요구할 것이다.

비주류 경제학자들이 향후 10년간 추구해야 할 가장 중요한 프로젝트는 무엇이라고 보는가?

나는 동료인 테레사 길라두치와 함께 휼릿 재단Hewlett Foundation의 자금지원을 받아 미국에서 비주류 경제학의 성공을 가로막는 장애들에 관해 연구하는 프로젝트에 참여하고 있다. 우리는 긴 보고서를 썼는데, 조만간 출간되기를 바라고 있다. 우리는 다른 학문 분야들과의 더 깊고 더 진지한 참여를 통해 자본주의를 설명하는 지적인 프로젝트의 확장을 요구하고 있다. 오늘날 비주류 경제학은 마르크스, 케인즈, 그리고 칼레츠키Michal Kalecki에서부터 페미니즘, 포스트 케인즈주의, 계층화, 제도주의, 그리고 네오 마르크시즘 등 동시대의 사상에 이르기까지의 성찰 위에 구축된 다양한 이론들로 구성돼 있다. 진행 중인 이 지적 프로젝트의 확장은 다른 사회과학들, 역사, 법률 그리고 젠더 연구, 흑인 연구, 환경 연구, 사회적 혁신, 도시 연구와 같은 학제 간 분야들과의 더 깊은 연결을 요구할 것이다.

비주류 경제학을 발전시킬 중요한 동기는 이런 분야들에서 성찰을 얻어내고 모든 학문 분야, 나아가 더 다양한 사람에게 유용한 자본주의 동역학의 서사를 구축하는 것이다. 초점은 권력, 불평등, 제도(기업, 가족, 그리고 국가)의 개념들, 그리고 일반적으로 가치의 창조와 배분에 맞춰져야 한다. 비주류 경제학은 또 정책을 짜고 지원하는 데 훨씬 더 과감할 수 있다. 예컨대 칼레츠키식 구조주의 거시경제학은 임금 억제에 저항하는 노력을 지원할 수 있다. 페미니스트 경제학은 돌봄 노동에 임금을 지불하고 GDP 측정을 재정립하기 위한 정책을 수립해왔다. 제도주의자들은 기업 차원의 거버넌스 구조와 세력 균형을 위한 국가의 독점금지 활동을 바꿈으로써 불평등을 바로잡기 위한 정책을 오랫동안 추구해왔다. '이중운동'double movement이라는 폴라니 전통Polanyi tradition도 국가의 강력한 역할을 통해 시장을 합법화할 필요가 있다는 생각을 지지할 수 있다.

둘째, 우리는 비주류 경제학자들이 자선사업과 출판사들의 지지 속에 자본주의 이해를 위한 비주류적 접근에 관한 모든 수준의 교육에 필요한 일관된 자료들을 만들어내는 작업을 계속해야 한다고 주장한다. 거기에는 접근 가능한 수업계획서, 교육자료, 그리고 새로운 접근과 필요에 관한 엄선된 학자들 간의 상호 토론 등이 포함된다. 사례연구 분석과 문제해결을 위한 새로운, 고품질의 교과서(아마도 무료)가 필요하다. 이런 노력들의 일부는 비주류적 아이디어를 실천하기 위한 실용적 기술들을 구축하는 정책 분석에 초점을 맞출 수 있을 것이다.

셋째, 우리는 전체 경제학계, 주류와 비주류를 다양화할 필요가 있다. 미국경제협회American Economic Association는 전미교육협회National Education Association, NEA와 경제학계의 여성지위위원회Committee on the Status of Women in the Economics Profession, CSWEP를 후원하고 있으나, 경제학 자체는 교수들을 다양화하는 데 별다른 진전을 보여주지 못하고 있다. 교육과정과 훈련시간이 모든 수준의 설명에 필요한 어퍼머티브 액션(affirmative action, 소수자 차별 시정정책)의 각 단계에 들어 있다. 매사추세츠 애머스트대학이 업계에서 과소 대표되는 그룹 출신자들을 위해 제안한 비주류 경제학 훈련 여름학교summer institute providing heterodox economics training가 하나의 모델이 될 수 있다.

그리고 넷째, 우리는 업계의 주류와 좀 더 적극적으로 교류할 필요가 있다. 비주류 경제학자들은 적극적인 비주류 조직들이 많이 있는데도 주류와 충분히 교류하지 않았다. 워크숍, 공유 펀딩, 미팅 협조패널, 고용기회 목록작업, 커리큘럼과 교육 공유 등을 통해 좀 더 의식적으로 조정, 소통하고 조직들에 참여할 필요가 있다. 이런 참여들은 새로운 자원을 요구한다. 한 가지 고려해야 할 문제는 '비주류'라는 말을 삭제하는 것이다. 우리의 인터뷰에서 나타난 공통된 주제의 하나는 다음과 같다. 많은 경제학자는 자신들을 비주류 경제학자라 지칭하는 것을 좋아하지 않는다.

앞으로 작업하려고 계획 중인 프로젝트에는 무엇이 있는가?

계획한 저술 프로젝트가 2개 있는데, 언젠가 학장을 그만두고 그 작업으로 돌아가면 행복할 것이다. 하나는 글로벌 가치사슬에 관한 대중적인 책이다. 그것은 기술, 생산, 기업 전략, 마케팅과 판매, 그러니까 야구공, 테니스공, 골프공, 축구공, 그리고 농구공

판매에 관한 일련의 사례연구들을 통해 풀어가는 글로벌 자본주의 이야기가 될 것이다. 마르크스의 상품 물신숭배에서 영감을 받았는데, 스포츠 관련 인기 상품을 통해 사물들의 사회적 '삶'을 보여주겠다는 아이디어다.

야구공을 둘로 자르면 구성 성분들이 보일 것이고, 그러면 미국 기업들이 중국 업체가 모르게 세심하게 보호하는 가죽 처리에 담겨 있는 교역 비밀들, 공 바느질(아직도 기계화되지 않았으며, 아이티 제품은 품질이 너무 낮아 코스타리카로 옮겨갔다.)과 관련된 노동 관행, 그리고 바느질공의 임금과 노동조건, 그리고 가치사슬의 맨 꼭대기에 있는 야구선수들과 오너들을 탐구하지 않고는 배겨낼 수 없을 것이다. 골프공을 절반으로 자르면 먼저 두 매사추세츠 공과대MIT 졸업생들이 개발한 고무 기술을 발견하게 될 것이다. 그 졸업생들의 작업은 제1차 세계대전 때 그들이 미국 육군과 가스 마스크 생산을 위한 중요한 계약을 체결하도록 이끌었다. 그들 중 한 명은 골프를 치는 사람이었는데, 그가 친 공이 언제나 왼쪽 또는 오른쪽으로 휘는 이유는 공 알맹이가 완전한 구체가 아니기 때문이라는 가설을 세웠다. 그는 (이 경우에는 말 그대로)공을 잘라 속을 열어 봤고 자신의 가설이 옳다는 걸 알아냈다. 그리하여 그는 완벽하게 둥근 알맹이를 만드는 작업에 착수했다. 그 프로젝트는 골프 장비회사 타이틀리스트Titleist사가 됐고, 그 회사는 지금도 연구개발 공장을 매사추세츠에 두고 있다. 그 책의 가제는 이렇다. "공에 주목하라-세계화와 프로 스포츠."

또 하나의 프로젝트는 유대인 경제학자들의 역사적 대우에 관한 것이다. 그 아이디어는 유대인성jewishness을 자신들 사고의 원동력으로 삼은 마르크스, 프로이드, 레비 스트로스Lévi-Strauss에 대해 쓴 존 머레이 커디하이John Murray Cuddihy의 논쟁의 여지가 있는 책에서

가져왔다.[18]

내 책은 리카도와 마르크스로 시작할 것이며, 다음에 1930년대에 뉴스쿨로 온 망명 경제학자들, 콤Gerhard Colm, 레더러Emil Lederer, 로우Adolph Lowe 그리고 다른 몇 사람에 초점을 맞춘 장으로 이어질 것이다. 그 다음엔 일반균형general equilibrium, GE 이론이 이들 경제학자를 민족적 동화의 이상으로 여기게 하는 심리적 역할을 했다고 주장하는 애로Kenneth Arrow, 새뮤얼슨Paul Samuelson, 솔로Robert Solow, 드브뢰Gérard Debreu, 기타 몇 사람의 작업을 활용한 일반균형이론에 관한 장으로 이어진다. 마지막으로 완전히 동화된 오늘날의 유대인 경제학자들인 폴 크루그먼Paul Krugman, 조지프 스티글리츠Joseph Stiglitz, 래리 서머스Larry Summers, 제프리 삭스Jeffrey Sachs, 앨런 블라인더Alan Blinder를 다루는 장이 나오는데, 이들은 학계에서 크게 성공해 대체로 경제적 이론화 프로젝트는 포기하고 저널리스트나 정책 제안자로서의 공적인 역할을 수행해왔다. 요령은 그들의 '유대인성'이 경제학의 모든 것을 설명해준다는 '본질주의'essentialism를 피하는 것이지만, 동시에 가장 창조적인 경제사상은 인류에 대한 보편적인 주장이 아니라 그 순간의 문화와 정치에 깊이 새겨져 있음을 주장하는 것이다.

친구가 내게 이렇게 말한 적이 있다. "탐구란 나를 찾는 것이다." 나도 그런 면에서 전혀 예외가 아니라고 생각한다.

코로나19 팬데믹에 대하여

코로나 위기에서 평등주의적 경제 프로젝트를 추진하는 데 있어 가

장 실행 가능한 방안에 대해 어떤 교훈을 얻었는가?

미국 경제를 이해하는 데 필요한 대단히 중요한 몇 가지 정치경제적 교훈들이 팬데믹의 결과로 지난해에 전면 부각됐다. 이 교훈들은 다음과 같이 선진 자본주의경제들의 가장 기본적인 제도적 구성 일부와 관련이 있다. 사회적·지적 재산 보호에서 국가의 역할, 기업의 민주적인 관리 그리고 인종차별주의의 유산과 심히 불평등한 부의 분배를 초래하는 국가의 역할 등이다. 이런 특징들 가운데 새로운 것은 전혀 없으며 다듬을 필요도 거의 없다. 그러나 팬데믹은 그것들이 미국 자본주의에 제기한 새로운 도전들을 날것으로 드러냈다. 예컨대 국가와 관련해 사회적 보호, 특히 건강보험 및 퇴직 이후 (노후)보장과 고용의 분리(비동조화, decoupling)가 복지에 가하는 참상을 배가시킬 수 있음이 팬데믹 상황에서 매우 분명해졌다.

대다수의 유럽 복지체제는 처음부터 이런 보호장치들의 개별적 획득을 개별적 고용상태로부터 분리해놓았고, 그 결과로 팬데믹의 부정적 영향은 많이 줄었다. 아프리카계 미국인들의 불균형한 바이러스 발생률은 특정 직업군이 질병 위험에 취약하다는 냉혹한 현실을 상기시켰으며, 미국 흑인들이 겪는 개인재산의 빈곤에 따라오는 파괴적인 불안정이 그것을 분명히 보여주었다. 기업 관리의 미국 모델도 팬데믹으로 인한 실업률의 급증이 노조의 쇠퇴와 단기적인 주주 가치를 선호하는 기업 관리가 강화되면서 더욱 가중됨에 따라 의문에 붙여졌다.

백신 개발과 배포도 소수 기업들 손에 장악당한 지적 재산권의 엄격한 보호로 인한 잔인한 현실을 보여주었다. 신속한 백신 개발로 이어진 연구는 주로 공공자금의 보증 속에 이뤄졌다. 혁신이 만들어낸 이윤의 사적인 장악은 사회 환원을 제한하며, 지적 재산권 체제의 엄격함은 전 지구적으로 큰 혜택을 줄 수 있는 상품이 부유한 나라들을 넘어서 더디게, 그것도 제한된 방식으로 이용될 수밖에 없다는 의미다.

내가 말했듯이 이런 문제들은 당대의 정치 상황 속에서 널리 논의되고 있으며, 나는 그 어떤 전문지식도 주장하고 있지 않다. 나는 이런 문제들에 대해서 쓰고 있는 많은 급진적인 경제학자와 급진적이지 않은 일부 경제학자의 최상의 분석을 소비하는 사람이다. 하지만 나는 교육과정에서 이런 문제들을 다루는 것이 학계의 모든 경제학자(심지어 비전문가들까지도)의 책임이라고 생각한다. 우리가 학부 경제학 수업에 들어오는 수백만 명의 경제학도들에게 이런 문제들을 해결하려고 노력할 기회를 제공하지 못하고 그것을 분석할 방법들을 가르칠 수 없다면, 우리는 우리가 해야 할 일을 하지 않는 것이다.

코로나 위기 체험이 학문으로서의 경제학, 더 구체적으로는 연구하면서 답을 찾아왔던 문제에 대해 영향을 미쳤는가?

나는 이 질문에 대해 협의의 대답과 광의의 대답을 해보겠다. 협의의 문제는 글로벌 가치사슬의 회복력인데, 내가 지금 스티븐 겔브Stephen Gelb와 함께 탐구하고 있는 주제다. 코로나19 팬데믹 기간 중에 많은 나라가 겪은 개인보호장비와 의약품 같은 의료용 소모품 부족은 많은 사람에게 자급자족을 통한 공급 회복과 국가 안보를 위해 '리쇼어링'(re-shoring, 해외 진출 기업들의 국내 복귀)과 더 짧은 가치사슬을 촉구하도록 만들었다.

나는 현재의 위기가 글로벌 가치사슬의 종말을 의미하지는 않는다고 주장하고 싶다. 비록 일부 글로벌 가치사슬은 구조와 지형이 바뀌겠지만 리쇼어링은 제한적일 것이다. 지속적인 심각한 국제적 임금 갭과 주요 기업들과 공급업체들 간의 깊은 관계는 세계경제가 팬데믹 이후 회복되면서 글로벌 가치사슬 무역의 회복으로 이어질 가능성이 높다. 잘 발달된 공급업체와 배급망 그리고 전면적인 아웃소싱 준비체제로의 전환 비용은 많은 주요 기업에겐 너무 높다.

게다가 글로벌 거시경제 환경과 특히 팬데믹 이후의 느린 회복 가능성은 주요 기업들이 직면할 경쟁 압박감을 증대해, 실질적인 구조조정 비용을 감당할 의지나 능력에 영향을 줄 것이다. 겔브와 나는 이것이 '회복력'에 반드시 나쁜 결과를 가져다주지는 않는다고 주장하는데, 특히 금융, 기후, 기술 등과 같은 새로운 위기들은 새로운 범주의 필수 상품들을 만들어낼 수도 있고, 또 국내 지역 공급의 혼란이 국제적 연쇄붕괴와 같은 결과로 이어질 수 있기 때문이다.

광의의 답변은 경제학을 가르치고 정책 수립에 활용하는 방법을 확대하기 위한 지속적인 필요성에 대한 것이다. 자본주의 역사가 그랬듯이, 비주류 경제학에서 나온 아이디어들은 경제적 결과들을 이해하고 개선하는 일과 모두 관련이 있고 또 중요하다. 대학생과 대학원생들이 권력, 역사, 불평등, 그리고 공급과 수요에 더한 경제적 민주주의에 대해 더 명료하게 생각할 수 있도록 훈련하는 학문적 프로그램의 역할이 팬데믹 이후의 오늘날보다 더 중요한 적은 없었다.

대표적 출판물과 영향

출판물

William Milberg and Deborah Winkler (2013). *Outsourcing Economics: Global Value Chains in Capitalist Development*. Cambridge University Press.

Robert Heilbroner and William Milberg (1996). *The Crisis of Vision in Modern Economic Thought*. Cambridge University Press.

William Milberg and Peter Spiegler (2013). Methodenstreit 2013? Historical Perspective on the Contemporary Debate Over How to Reform Economics. *Forum for Social Economics*, 42(4), 311-345.

영향을 받은 인물

알프레드 에치너Alfred Eichner, 니나 샤피로Nina Shapiro, H. 피터 그레이H. Peter Gray, 로버트 헤일브로너Robert Heilbroner

영향을 받은 문헌

Alfred Eichner (1976). *The megacorp and oligopoly: Micro foundations of macro dynamics*. Cambridge University Press.

Alfred Eichner (1991). *The macrodynamics of advanced market economies* (1991 ed). M.E. Sharpe.

Alfred Eichner (2008). *The megacorp and oligopoly: Micro foundations of macro dynamics*. Cambridge University Press.

레온스 은디쿠마나
Léonce Ndikumana

거시경제와 경제개발을 중시한
아프리카 지역경제 전문가

레온스 은디쿠마나는 매사추세츠 애머스트대학의 경제학과 석좌교수다. 또한 정치경제연구소의 아프리카 개발정책 프로그램 책임자다. 그의 연구는 아프리카 경제개발, 거시경제 정책, 글로벌 조세문제, 그리고 자본 흐름에 우선적으로 초점을 맞춘다. 은디쿠마나는 아프리카 개발은행의 운영정책 책임자와 연구 디렉터, 그리고 유엔 아프리카경제위원회UNECA의 거시경제 분석 총책임자로 일해왔다. 그는 최근 아프리카 국가들에서의 자본유출의 규모, 원인, 효과에 대한 조사를 진행하고 있다. 그는 60편이 넘는 글과 보고서, 그리고 여러 책의 저자이자 공저자다. 《개발연구저널Journal of Development Studies》에 실린 수상작(제임스 보이스James K. Boyce와 공동 집필)을 토대로 한 《아프리카의 끔찍한 부채: 외채와 자본도피는 어떻게 대륙의 피를 뽑아갔나Africa's Odious Debts: How Foreign Loans and Capital Flight Bled a Continent》(제임스 보이스와 공저, 2011), 《아프리카의 자본도피: 원인, 효과, 그리고 정책문제들Capital Flight from Africa: Causes, Effects and Policy Issues》(아자이S. I. Ajayi와 공동편집, 2015).

부룬디의 가난한 농촌지역 출신으로 미국의 경제학 학계에 자리 잡은 것은 흔치않은 일이다. 부룬디의 농촌 출신으로 어떻게 미국의 경제학 교수가 될 수 있었나?

나는 부룬디 남부의 농장에서 태어나 자랐다. 부모님은 농부들이었고 암소, 염소, 양들을 길렀다. 어릴 때 나는 적극적으로 농장 일을 하면서 여러 작물들을 키우고 소를 몰았다. 우리는 다행히 기름진 땅을 가져 대부분의 식량을 자급했고, 농장에서 자라지 않는 작물과 학용품들을 구입하는 데 필요한 현금 수입도 창출했다. 그리고 아버지는 대단한 사업가 기질이 있어서 항상 농작물과 농장 바깥의 물품 교역을 통해 추가 현금 수입을 얻는 방법을 강구했다.

나는 초등학교와 고교 시절을 가톨릭 학교에서 보냈다. 내 나이 또래의 아이들 대다수는 초등학교에 다닐 수 있었으나 고교까지 진학하는 행운을 누린 아이는 거의 없었다. 그들이 지적 능력이 없어서가 아니라, 단지 몇 안 되는 기숙 고등학교에 입학 지원자를 더 받아들일 자리가 없었기 때문이다. 나는 고교에 진학할 수 있었던 몇 안 되는 아이들 중 하나가 된 진짜 행운아였다.

나는 거기에다 운 좋게도 정부와 캐나다 퀘벡의 가톨릭 형제단 Les Frères de l'Instruction Chrétienne 신도들이 풍부한 자금을 지원한 가톨릭 학교를 다녔다. 루토부Rutovu의 에콜 노르말(교사 양성 고등학교)에서 받은 훌륭한 전방위적 교육은 내가 대학에 진학해서 성공할 수 있을 만한 적절한 자격을 갖추게 해주었다. 루토부의 에콜 노르말 입학은 경쟁이 아주 심했다. 그 학교는 일반적으로 가톨릭 초등학교들에서 수재들을 모집했다. 나는 1980년에 고교를 졸업하고 같은 학교 중학교 과정을 가르치는 교사로 채용돼 2년간 근무했다.

당시에는 대학 학력을 지닌 교사가 부족한 탓에, 고등학교들이 졸업생 중 우등생들을 중학교 교사로 채용하는 일이 일반적이었다.

나는 부룬디대학에 들어가 경제학을 전공했는데, 그것은 의학, 법률, 엔지니어링 학과들과 함께 내가 탐내던 학과였다. 1986년에 졸업한 나는 1987년 그 대학 경제학과에 주니어 강사(조교수)로 채용됐다. 1989년에 나는 그 대학 재무부장에 임명됐고 바로 얼마 뒤에 행정과 재무 책임자로 승진해 1990년 8월에 대학원 진학을 위해 학교를 떠날 때까지 그 자리에 있었다.

아프리카 대학원프로그램AFGRAD을 통해 USAID(미국 국제개발처)의 후원을 받아 미주리주 세인트루이스에 있는 워싱턴대학에서 박사학위 과정에 들어갔다. 나는 1990년 가을 학기를 카번데일Carbondale의 서던 일리노이대학SIUC 제2외국어 프로그램 영어과정 공부로 보내면서 대학원 진학 준비에 필요한 수준의 영어를 익히고 다듬었다. 1991년 1월에 나는 워싱턴에서 새 삶을 시작했다.

세인트루이스에서 보낸 6년은 미국생활 중 가장 즐거웠던 기억으로 남아 있다. 나는 그때 열심히 공부했지만 사회적 삶을 즐기기도 했는데, 특히 나의 가족(아내 고든스Gaudence와 위의 두 아이들—올리비어는 1998년에 미국에서 태어났다.—크리스와 엘리스)이 1993년 8월에 나와 합류했다. 나는 지금도 동급생들과의 좋았던 시간뿐만 아니라 오래 지속된 내 가족의 유대, 그리고 내 민박집 가족인 톰슨 가족과의 유대(켄과 앨리스와 내 자매와도 같은 그들의 딸 로라와 줄리)를 비롯한 세인트루이스 시절의 기억들을 좋아한다.

대학원에 지원할 때 내 관심사는 공공경제 분야 쪽에 쏠려 있었는데, 그것은 내가 개도국의 공공부문 기능에 흥미가 있었기 때문이다. 하지만 나는 주로 스티브 파짜리Steve Fazzari 교수 덕에 결국 거시경제학 쪽에 관심을 키웠고, 더글러스 노스Douglass North(1993년 노벨

경제학상 수상자) 교수의 영향으로 경제개발에 관심을 갖게 됐다. 파짜리 교수는 결국 내 논문 지도교수이자 배구 팀원이 됐다. 파짜리 교수와의 관계도 노스 교수와의 관계만큼이나 중요했다!

졸업 뒤 1996년 9월, 나는 매사추세츠 애머스트대학에 조교수로 채용됐다. 지금 나는 디스팅귀시드 대학교수이자 2017년 가을 이후엔 학과장도 맡고 있다.

1980년 말과 1990년대 초의 르완다와 부룬디 집단학살은 삶에 어떤 영향을 끼쳤나?

부룬디와 르완다는 크고 작은 민족분규 소동을 겪었다. 내가 부룬디에서 목격한 첫 번째의 주요 민족분규는 1972년에 내가 6학년일 때 일어났다. 아버지와 외삼촌들 모두를 포함한 많은 친인척이 그 해에 세상을 떠났다.

1988년 8월에 또 다른 민족분규가 북부지역에서 일어났다. 나는 그때 26명의 다른 후투Hutu족 지식인들로 구성된 그룹이 대통령에게 전면적인 위기를 막기 위한 적절한 조치를 취하도록 촉구하며 보낸 공개서한에 서명했다. 그 서한은 나라가 1972년의 그것과 비슷한 위기에 빠져들 엄중한 위험에 직면해 있다며, 대통령과 정부에게 시골지역에서 벌어지는 폭력을 막기 위한 적절한 조치를 취할 것, 후투족 지식인들에 대한 보안부대의 자의적인 체포와 살해를 중단할 것, 국가적 정치 개방 절차를 시작하기 위한 제도화된 민족분리와 차단에 관한 공개대화에 참여할 것을 촉구하기 위해 공표됐다. 이 민주적 표현의 실천행위로 나와 동료 몇 명은 5개월간 삼엄한 보안 속에 음핌바Mpimba 교도소에 구금당했다.

그 몇 개월의 구금기간이 나에게만 고통스러웠던 것은 아니다.

특히, 나는 우리가 어떤 법률도 위반하지 않았으며 오히려 평화와 제도 건설을 위한 가치 있는 대의에 기여했다고 확신했다. 그러나 가장 고통스러웠던 사람들은 내 가족이었는데, 그들은 음핌바 교도소와 관련해 정치범이 처형당하거나 '실종'된 그 어두운 역사에 내 운명을 비춰보면서 몹시 걱정했다.

나는 국제사회와 지역 지도자들이 부룬디 대통령에게 압력을 가한 덕택에 1989년 2월에 동료들과 함께 석방됐다. 나는 그 어려운 시기에 믿을 수 없을 정도의 용기와 지혜, 인내를 발휘한 아내와 가족들, 친구들, 그리고 국제사회의 지원에 무한한 감사를 드린다. 감옥에서 석방된 뒤 나는 부룬디대학의 원래 자리로 복직했고 얼마 뒤엔 재무와 행정 과장에 임명됐으며, 나중에 행정과 재무 책임자로 승진했다.

삶과 생각에 끼친 중요한 지적 영향은 어떤 것인가?

내 삶과 사고에 끼친 중요한 지적 영향을 한 가지로 얘기하긴 어렵다. 나는 어린 시절부터 고교, 대학, 대학원 그리고 오늘날에 이르기까지 내 주변 사람들로부터 많은 영향을 받았다. 부모님은 내 삶과 생각에 가장 중요한 족적을 남겼다. 그들은 내게 근면과 결단력을 불어넣었으며, 또한 가족과 공동체에 대한 깊은 유대감을 새겨넣었다. 가족은 나의 동기motivation이자 내 궁극의 목적이다.

나는 또 내 고교, 대학, 대학원 시절의 일부 교사들로부터도 영향을 받아왔다. 고교 시절 교사들은 내가 그냥 최고가 아니라 늘 더 높이높이 올라가려고 노력하는 최고가 되라고 밀어주었다. 대학원 시절, 더글러스 노스 교수는 경제개발에 대한 사랑, 그리고 정부기관들의 행동과 국가경제의 성과를 이해하는 데 필요한 제도의 역할에 대한 감사를 내 속에 단단히 심어주었다. 스티브 파짜리 교수는 내가 거시경제학에 대한 비시장적 접근과 신중한 정책분석의 중요성에 대해 감사하도록 만들었다. 이 두 사람은 내가 연구자로서 그리고 교육자로서 성장하는 데 중요한 영향을 끼쳤고, 나는 영원히 그들의 지도에 감사할 것이다. 매사추세츠 애머스트대학 경제학과의 일원이 된 것도 경제 분석에 대한 다원적 접근과 현실의 경제와 사회 문제들을 이해하는 데 필요한 지적 개방성의 가치에 대해 내가 감사하도록 마음먹게 했다. 아프리카 개발은행과 유엔의 '정책계'policy world에서 일한 경험도 내게 경제정책 입안의 복잡성과 현실의 경제적 결과를 설명하는 경제이론의 한계에 대해 인식할 기회를 제공했다.

경제학자로서 우리가 탐구하고자 하는 경제적 사회적 현상의 복잡성과 변동성을 생각한다면, 경제 연구는 열린 마음과 겸손한 자세로 접근하는 것이 최선이라는 내 신념을 더욱 강화시켰다. 만일 내가 그것을 다시 해야 한다면, 아마도 나는 내 교육과 직업적 경력에서 꼭 같은 궤적을 따라갈 것이다.

어떻게 해서 매사추세츠 애머스트대학에서 가르치게 됐나? 세계 유수의 좌파 경제학 프로그램이라는 평판을 얻은 프로그램에 참여하게 된 것을 어떻게 생각하나?

매사추세츠 애머스트대학은 내가 대학원을 다니고 싶어 하게 만든 매우 매력적인 곳이었다. 케인즈주의 전통, 정확하게는 신케인즈주의 거시경제학에 토대를 둔 내 연구 작업에 매사추세츠 애머스트대학은 매력적이었고 풍요로웠다. 나는 경제학에 대한 다원적 접근을 포용하는 전통을, 특히 현실의 경제 작동방식을 이해하고자 하는 젊은 학자의 전문적 성장에 좋은 토양이라고 생각했다. 그때나 지금이나 내 관점은 우리가 경제학자로서 이해하고자 하는 복잡한 현상, 즉 경제개발, 실업, 빈곤, 불평등, 성장과 스태그네이션, 그리고 이런 경제적 현상들을 해결하는 데 필요한 정부 정책의 역할을 설명하는 데 딱 들어맞는 단 하나의 이론적 전망은 존재하지 않는다는 것이다.

주요 전문 분야가 거시경제학과 아프리카 경제개발이다. 경제학의 대안적 사상학파와 관련해서 이 분야에서의 접근법은 무엇인가?

경제학에 대한 나의 접근법은 무엇보다 실증적이고 제도적인데, 이는 정부기관들의 행위와 국가 차원의 현상 뒤에 있는 요소들의 복잡한 동인들을 국내 및 글로벌 차원에서 찾아내려는 흥미에 이끌린 결과다. 내 작업은 특정한 '사상학파'school of thought에 속해 있지 않다. 대신에 나는 경제 분석의 모든 접근법을 활용해서 내 생각을 정하고, 실증적 탐구를 안내하면서 내가 발견한 것들을 해석하려 한다. 내 작업을 통해서 제도가 중요하고, 정부 정책이 실제 경제적 결과에 중요한 역할을 하며, 시장은 사회적 관점에서 바람직한 결과들을 낳기 위한 강력한 지원이 필요하다는 것을 분명히 믿게 됐다. 일부는 내가 그렇게 훈육을 받았기 때문에, 또 일부는 나의 훈련과 연구를 통해, 나는 경제적 정치적 공평성과 포용성 문제를 매우 진지하게 다룬다. 불평등과 배제에 둘러싸인 경제는 언제나 능력 이하의 성과를 내게 되며, 불평등과 배제로 홍역을 치르는 국가는 정치적 사회적 안정의 기회조차 확보할 수 없다. 공평함과 포용이야말로 경제적 번영과 평화의 기둥들이다.

과거에 콰메 은크루마, 세쿠 투레와 같은 아프리카의 많은 지도자는 아프리카의 개발 수준이 외부의 개입과 지배가 만들어낸 결과라고 굳게 믿었다. 그런 관점을 오늘날의 대다수 아프리카 지도자들도 여전히 갖고 있나? 이에 대한 생각은 어떠한가?

예전의 아프리카 지도자들은 서방이 아프리카의 경제와 정치체제를 통제하는 가운데 지배와 복종으로 특징지어진 글로벌 환경 속에서 성장했다. 아프리카 대륙이 식민종주국들의 경제에 연료를 제공하는 인적 물적 자원의 원천으로 이용당했다는 것은 당시에는 사실이었다. 따라서 아프리카의 개발문제들은 대부분 서방에 의한 지배와 복종이 낳은 결과라고 결론을 내리는 게 자연스러웠다.

오늘날의 아프리카 지도자들도 세계의 힘의 배분이 선진경제들에 유리한 쪽으로 불평등하게 이뤄지고 있음을 알고 있다. 그들은 글로벌 거버넌스가 거대 경제와 부자나라들(예컨대 G7과 G20)의 엘리트 클럽들에 의해 지배당하는 세계에서 살고 있으며, 그 세계에서 개도국들은 기껏해야 '옵저버 자리'나 차지한 채 그런 클럽들이 고안하고 결정한 규칙에 사로잡혀 있다. 따라서 아프리카의 지배와 소외는 바뀌지 않았다. 다만 시간이 지나면서 다양한 모습을 하고 있을 뿐이다.

내 생각엔 경제적 번영이 앞으로도 계속 글로벌 의사결정의 토대가 될 것이다. 그것은 모두 경제학에 관한 것이다. 그리고 아프리카가 글로벌 거버넌스에서 공정한 몫을 확보할 기회는 강력하고 포용적인 개발을 시작해서 지속할 수 있느냐, 그 성공 여부에 달렸다.

다수의 동아시아 국가들은 20~30년 또는 그 이상의 기간에 걸쳐

엄청난 경제성장을 경험해왔다. 사하라 이남 아프리카에서는 그런 일이 지금까지도 일어나지 않았다. 당신이 보기에 아프리카의 강력한 성장을 가로막고 있는 주요 원인은 무엇인가? 외부원조는 거기에 어떻게 맞춰져 있나? 도움인가 짐인가?

동아시아 경제들에 비해 아프리카 경제들은 특히 3개의 주요 전선들에서 부족한 점들이 있다. 그것은 혁신 주도의 생산성 향상, 경제적 전환, 성장 친화적 제도다. 이는 많은 요인이 작용한 결과인데, 그중 일부는 대륙 전체에 해당하고, 일부는 나라마다 다르다. 일부 요인은 국내적인 것이며, 일부는 외부적이고 글로벌 차원의 것이다.

독립할 때 아프리카 나라들은 식민종주국들과 글로벌 경제의 이윤에 봉사하는 쪽으로 구조화된 추출식의 외향적인 경제를 물려받았다. 신생국가들이 시작한 정부 주도 개발 모델은 결국 정부 예산에 지워진 무거운 부채와 취약한 기술력 때문에 지속 불가능한 상태가 됐다. 외부 차용을 통한 정부 개발 프로그램 자금조성은 젊은 경제들을 부채에 시달리게 해 결국 1980년대에 국제 금융기관들의 처분에 맡겨지게 됐고, 더 큰 자금조달 조건으로 구조조정 프로그램을 강제 당했다. 이 1차 산업 주도 경제들은 취약해져 무역 면에서 아프리카 경제의 열악한 대외 지위를 더욱 손상시켰다.

게다가 아프리카는 분쟁과 정치적 불안정을 불균형하게 분담함으로써 거시경제적, 구조적인 문제들의 부정적 효과가 더욱 심화됐고, 그것은 그들의 개발전망을 위태롭게 만들었다.

외부 원조는 아프리카 개발을 도와줬는가, 아니면 방해했는가? 일반적으로 개발 원조의 효과에 관한 실증적인 문헌상의 공통 인식은 없지만, 아프리카 나라들의 경우 특히 미시경제 차원의 분석에서 드러나는 증거는 특정 목표를 겨냥한 원조가 의도했던 긍정적인 결과들을 낳았음을 보여준다. 예컨대 방충 처리된 모기장 제공을 통한 말라리아 예방, 깨끗한 물과 위생에 대한 투자를 통한 설사병 예방과 같은 특정 목표들을 겨냥한 보건 분야 원조, 그리고 학교 점심 프로그램 제공을 통한 출석률과 수업률 개선과 같은 교육 부문 원조에서는 긍정적인 결과들을 보여주는 기록들이 있다.

원조의 효과가 있음이 드러나고 있지만, 지원국가들과 수원국가들 간의 효율적인 협력을 통해 효과적으로 관리하고 면밀하게 모니터할 필요가 있다. 또 한 가지 분명한 것은, 지금 아프리카 나라들에 배분되는 원조 규모가 그들 나라가 직면하고 있는 크고 넓은 재정적 틈새를 메우는 데 필요한 수준에는 이르지 못하고 있다는 점이다. 원조가 아프리카 경제 추진 지원에 중대한 역할을 해서 지속 가능한 개발 가도에 오르게 하려면 원조의 규모와 효율성 증대가 필수불가결하다. 그것은 원조의 혜택을 늘리고 종국적으로는 아프리카 국가들을 원조에서 졸업시키는 데 보탬이 될 것이다. 좋은 원조란 결국 원조 자체를 필요 없게 만드는 것이어야 한다.

사하라 이남 아프리카 경제들은 어떻게 지난 30년간 빈곤을 줄이는 데 성공했나? 지금까지의 실질적인 성취와 주요 실패들은 무엇인가?

아프리카의 빈곤 감소 스토리는 잡다하다. 한편으로는 많은 나라가 다양한 척도에서 실질적인 빈곤 감소를 기록했는데, 기본 수요를 충족하기 위한 자원 부족(괜찮은 수준의 소득 부족) 또는 충격 대비를 위한 자원 부족(자산 부족) 면에서든, 능력 부족(기량skill, 지식, 기술technology, 사회적 자본 등) 면에서든, 복지의 다양한 척도

(보건, 서비스에 대한 접근, 영양 등) 면에서든 그렇다.

확실히 오늘날 아프리카의 아기들이 30년 전보다 생존율이 높고, 기대수명도 훨씬 더 길어졌다. 초등 보통교육은 대다수 아프리카 국가에서 거의 달성됐다. 공공의료 서비스는 30년 전에 비해 더 접근하기 쉬워졌다. 반면에 사회개발 면에서의 이런 성과들은 다른 지역들의 그것에 비해, 그리고 아프리카의 자원 능력에 비해 빈약하다.

요컨대 아프리카 나라들은 다른 지역의 비슷한 처지의 나라들에 비해, 그리고 그들 자신의 능력에 비해 그 기량을 발휘하지 못했다. 이런 부진한 성취의 원인들은 내가 앞서 얘기한 느린 성장의 원인들과 같다. 그러나 우리는 한 가지 중요한 요소를 추가해야 하는데, 그것은 불평등이다. 아프리카 국가들이 의미 있는 수준의 성장을 이룰 수 있었을 때조차 이 문제는 그에 비례한 빈곤의 감소로 이어지지 못했는데, 그 이유의 일부는 성장의 성과 배분에서의 심한 불평등 때문이었다. 많은 경우 성장은 석유와 광물과 같은 자본집약적인 부문이 주도했는데, 그런 부문들은 일자리를 거의 만들어내지 못했고, 다른 부문들에 대한 긍정적인 파급효과를 낳는 데도 충분하지 못했다.

더욱이 아프리카 정부들은 인구 구성에서 '낙오한' 부분을 지원하기 위한 효과적인 재분배 메커니즘을 디자인하고 실행하는 데 성공하지 못했다. 성장의 조류는 모든 배를 다 띄우진 못했다. 아프리카에서 빈곤을 충분히 빠른 속도로 줄이는 데 실패한 것은 높은 성장을 유지하는 데 실패하고 성장의 성과를 재분배하는 데 실패한 것과 마찬가지로 모두 실패한 이야기다.

당신의 연구는 자본도피가 대다수 사하라 이남 아프리카 나라들에

416

서 심각한 문제가 됐음을 보여준다. 주요 연구결과와 그것이 지닌 중요한 함의들에 대해 얘기해줄 수 있나? 아프리카의 자본도피를 극적으로 줄이기 위한 현실적인 프로그램이 있다면 무엇인가?

자본도피는 자본이 바깥으로 흘러나간다는 의미인데, 국가 공식 통계에는 국제수지에 통합돼 기록되지 않는다. 그것은 국가에 들어왔다고 기록돼 있으나 공식 통계에서는 그 용도를 추적할 수 없는 자금들로 구성돼 있다. 거기에는 정치 엘리트들이 횡령한 정부 자금들과 세금을 피하거나 그 출처의 적법성 여부에 대한 조사를 피하기 위해 불법적으로 해외로 이전한 사적私的인 재산들이 포함된다.

우리의 조사는 자본도피가 자본에 굶주린 대륙 아프리카에서 금융자원을 심각하게 고갈시키고 있음을 보여준다. 우리의 최근 평가는 1970년에서 2015년까지 30개 표본국가들(적절한 데이터가 있는 국가들)이 총 1조 4천억 달러를 자본도피로 잃었음을 보여준다. 우리는 또 그런 현상이 21세기에 들어 더욱 악화됐음을 알아냈다. 그 기간은 아프리카에서 성장의 가속화와 개선된 정책 환경이 목격됐고, 그것은 국내 투자를 장려하고 자본도피 의욕을 꺾었어야 마땅하기 때문에, 그런 사실은 우리를 당혹스럽게 한다. 그 수치들은 아프리카로부터의 자본도피가 해외에서의 더 큰 수익 추구가 그 동인이거나 동기가 아니라는 우리의 오랜 발견을 확인해준다. 이는 그 대신 그 재산 소유자들이 해외의 금융센터들이 제공해주는 익명성을 이용해 법적 조사로부터 자신들을 보호하려 한다는 걸 시사한다.

자본도피는 아프리카의 지역적 조건과 관련된 경제적, 제도적 요소들뿐만 아니라 도피재산이 은폐되는 해외 시장의 기관들과 정부기관들의 지원에 의해 유도되고 촉진된다. 그 뒤에는 아프리카로부터의 자본도피를 줄이기 위해 두 개의 전선에서 수행돼야 할 싸움이 뒤따른다. 국내의 전선에서는 차입자금를 비롯한 국가 자원 관리의 투명성과 책임성을 높이는 한편으로, 차입금 그리고 국경을 넘는 금융과 거래 흐름에 대한 기록과 추적, 모니터링을 하기 위한 효과적인 규제 장치를 마련하는 일에 노력을 집중해야 한다. 실제로 도피자본의 상당부분은 잘못된 송장 작성과 국경을 넘는 밀무역을 통해 발생한다.

글로벌 전선에서는, 아프리카의 개발과 무역 파트너들이 금융기관들에서 사유재산 소유자들에 대한 익명성의 베일을 벗겨내기 위해 금융활동의 투명성과 책임 원칙을 진심으로 이행해야 한다. 또 아프리카를 드나드는 수출입에 대해 체계적이고 정확한 보고를 해야 하며, 그들의 다국적 기업, 특히 아프리카의 자연자원 부문에서 사업을 벌이는 기업들의 세원잠식base erosion을 막아야 한다. 그 전략에서 중요한 요소는 아프리카에서 사업 중인 다국적 기업들이 이윤과 세금납부에 대해 자동적이고 체계적으로 국가별 보고를 하는 것이다.

이런 글로벌 전략들이 성공하기 위해서는 아프리카 나라들에게 불법적인 금융흐름 및 기업의 탈세와 싸우는 일과 관련된 정책들을 다루는 모든 글로벌 기관의 테이블에 앉을 자리(옵저버가 아니라 합법적이고 대등한 투표권을 가진 멤버로서)를 내주어야 한다. 어떤 의미에서 그 전략은 글로벌 의사결정에서 아프리카의 목소리와 대표권을 높이기 위해 글로벌 거버넌스가 더 포용적이고 참여적일 필요가 있다는 의미다.

당신의 연구는 또 외채와 그것이 자본도피와 직접 연관돼 있는 문

제에도 초점을 맞춰왔는데, 그것은 《끔찍한 부채》라는 논문이 됐다. 무엇이 부채를 '끔찍하게' 만드는가?

우리의 실증적인 연구는 아프리카 국가들에 공공차관으로 들어가는 자금과 자본도피로 빠져나오는 자금 흐름간의 밀접한 관계를 입증한다. 우리는 차입된 자금이 개발을 위한 자금 조달이 아니라, 상당부분이 아프리카의 정치 및 경제 엘리트들의 사적 자본 축적을 위한 돈 대주기에 이용되고 있다는 결론을 내렸다. 우리가 '끔찍한 부채'odious debts라고 얘기하는 이유다.

공공부채가 끔찍한 것은 다음과 같은 3가지 조건이 갖춰질 때다. (1)국민의 동의 없이 차관 계약을 맺었을 때. 예컨대 독재적인 억압 체제가 그랬을 때. (2)차관이 국민의 이윤을 위해 쓰이지 않을 때. 말하자면 실제로 개발활동에 자금을 조달하지 않았을 때. (3)대출자들이 앞의 두 가지 사실을 알고 있었거나 알고 있었어야 했을 때. 이럴 경우 차관은 불법적인 것이고 국민은 그 상환의무에 문제 제기를 할 수 있다. 달리 말하면, 국민은 차입된 자금이 그들이 의도한 합법적인 목적에 사용됐음을 입증할 책임을 대출자들에게 지움으로써 부채 상환을 거부할 권리를 발동할 수 있다. 그들이 그것을 입증할 수 없다면, 채무국 국민은 대출 상환 비용을 지불할 의무가 없다.

아프리카 개발은행 운영정책 책임자와 조사 책임자로 일했다. 공평한 성장을 촉진하고 취업 기회를 확대하며, 아프리카의 빈곤을 줄이는데 아프리카 개발은행과 다른 개발은행들이 할 수 있는 중요한 기여는 무엇이라고 보나? 소액금융이 어떻게 개발은행에 적합한가?

아프리카 개발은행에서의 내 경험은 공공개발 금융기관들이 아프리카와 다른 지역들의 경제개발을 지원하는 데서 수행한 중요한 역할을 평가하는 데 도움을 주었다. 지역 개발은행들의 임무는 다음과 같이 3가지 전선에 있다. 개발을 위한 자금조달, 정책 조언, 기술적 지원. 이는 개발금융의 동원 및 배분을 통해, 그리고 지식창출과 정책대화를 통해 수행된다. 자원이 한정돼 있기 때문에 지역은행들은 전략적으로 자신들의 역량과 지역 특유의 수요에 맞춰 투자를 집중시킬 때 가장 효과적으로 기능한다. 내가 아프리카 개발은행에 있었을 때, 아프리카 경제개발의 두 기둥인 인프라와 민간부문 개발을 위한 자금조달에 우선적으로 초점을 맞췄다.

일반적으로 개발은행들은 상업은행들의 서비스를 받지 못하는 분야들에 대한 자금조달상의 빈틈을 메우는 데 매우 중요한 역할을 한다. 그런 분야들은 종종 농업을 비롯한 전략분야들로, 상업은행들이 위험하다고 여기는 분야들이다. 이런 맥락에서 아프리카 경제에서 중요한 틈새를 메워주는 또 다른 형태의 금융기관이 소액금융이다. 그런 기관들은 상업은행들이 신용할 수 없다고 여기는 자영업자들, 영세기업, 중소기업들의 수요를 채워준다. 아직도 소액금융 기관들은 이런 경제의 사각지대들에 대한 자금조달을 통해 빈곤을 완화하고 고용을 창출하는 데 효과적일 수 있다는 게 입증됐다. 내 생각엔, 소액금융 기관들의 발전은 모두가 금융에 접근할 수 있게 해주고, 아프리카의 민간부문 주도 개발을 촉진한다는 목표를 달성하는 데 매우 중요하다.

최근에 아프리카 개발은행은 아프리카의 '녹색 성장'을 촉진하기 위해 노력해왔다. 당신은 아프리카 녹색성장의 길을 어떻게 구상하고 있나? 아프리카가 기후변동에 큰 영향을 끼치지 않았다는 게 분명한

데도, 아프리카 국가들에게 글로벌 기후 안정 프로젝트에 기여하라고 요구하는 것이 현실적이거나 심지어 정당하다고 할 수 있을까?

아프리카 개발은행은 기후변동에 맞서 싸우면서 청정에너지로의 전환을 지원하고 녹색 성장을 촉진하는 환경보전 운동의 최전선에 있다. 아프리카의 녹색 성장은 바람직할 뿐 아니라, 실은 중장기적으로 볼 때 향후 유일한 길이다. 아프리카가 글로벌 기후변동과 오염에 끼친 영향이 미미한데도, 산업화된 경제들이 촉발시킨 환경 악화로 인한 부담을 불공평하게 지고 있음은 잘 알려진 사실이다. 하지만 아프리카 나라들도 기후 보호와 환경 복원을 담아내지 못하는 생산과 소비 시스템의 폐해로 고통을 당하고 있다. 아프리카 개발은행은 모든 업무 분야에서 환경보호를 주류화하는 데 앞장서왔다. 또 자체 연구와 정책대화를 통해 기후변동 적응과 녹색 성장에 관한 지식을 증진하는 데 중요한 역할을 할 수 있다.

아프리카 경제들이 글로벌 환경 악화에 대한 책임이 거의 없고 기후보전과 기후변동 적응에 자금을 댈 자원도 한정돼 있는데, 기후 안정화를 위한 글로벌 프로젝트에 기여하기를 기대하는 것이 과연 현실적이고 정당한가? 내 대답은 '그렇다!'다.

무엇보다 먼저, 아프리카 경제들은 보호받고 사려 깊게 활용돼야 할 환경 자원들, 특히 땅, 물, 그리고 숲에 크게 의존하고 있다. 따라서 아프리카 개발전략이 자원 사용을 최적화하고 환경에 대한 부정적 영향을 최소화하는 쪽에 집중돼야 한다는 점은 중요하다.

두 번째로, 그런 목표들이 하룻밤 사이에 달성될 수 없다는 사실을 이해하는 것이 중요하다. 아프리카는 특히 발전 분야에서 기존의 생산 시스템을 환경적으로 더 효율적인 시스템으로 꾸준히 전환할 수 있게 해주는 길로 스스로 나아갈 필요가 있다. 기후 안정화 프로그램은 당연히 비용이 많이 든다. 아프리카 경제들이 환경 보전과 기후변동 적응을 위한 글로벌 자금의 공평한 배분을 통해 그런 목표를 달성하기 위해서는 국제사회로부터 강력하고 신뢰할 수 있는 지원을 받아야 한다.

향후 몇 년간 추진할 연구 프로젝트는 무엇인가?

향후 몇 년간 나는 아프리카 국가들이 글로벌 환경에 도전하는 맥락 속에서 자신들의 개발 목표를 성취하는 과정에서 직면할 도전과 잠재력에 대한 이해에 보탬이 될 연구를 계속할 계획이다. 내 작업은 자본도피에 대한 좀 더 세밀한 제도적 분석, 외국의 원조 효과 분석, 포용적이고 지속 가능한 성장을 촉진하기 위한 거시경제 정책들의 개발, 그리고 아프리카가 성공적으로 글로벌 경제에 통합될 수 있게 해줄 전략 모색 등을 포함하게 될 것이다.

코로나19 팬데믹에 대하여

공중보건에 대한 개입과 경제정책 측면에서 각기 다른 나라나 지역들이 코로나19 위기에 각기 다르게 대응한 것에 대해 어떻게 평가하나?

세계는 전 지구적으로 인명 손실과 생계 파탄 모두 엄청났던 전례 없는 팬데믹을 경험했다. 대체로 대다수 국가들(또는 대다수 정부들이라고 해야겠지만)이 자국 사람과 경제에 끼친 팬데믹의 영향을 최소화하기 위해 다양한 조치를 취해왔다. 하지만 가장 눈에 띄었던 것은 그 위기에 대처하는 역량상의 격차였다. 특히 개도국들은 위기에 대응하기 위해 금융 자원과 인적 기술역량을 동원하는 데 큰 어려움에 부닥쳤는데, 그것은 만성적인 금융 격차와 보건 부문의 장기화된 자금 부족 때문이었다. 이들 나라의 사회 안전망 부족은 봉쇄나 원격 재택근무와 같은 예방조치를 취할 수 없게 만들었다. 만성적인 재정 부족 상태인 남반구 저개발국의 정부들은 일자리를 잃은 노동자들과 수요 붕괴에 직면한 기업들을 지원하기 위해 필요한 개입에 자금을 댈 준비가 돼 있지 않다.

지금까지 남반구 저개발국의 코로나 감염사태 발생과 사망자 수는 선진 경제들보다 훨씬 적었다. 하지만 이것은 국제여행 중단에 따른 일시적인 현상일 수 있다. 팬데믹이 미국과 유럽에 가한 손상을 보면, 남반구 저개발국에서 바이러스가 확산될 경우, 보건의료 시스템 역량이 부족하고 인구 대다수의 생활조건이 불안정하다면, 무참한 파괴가 일어날 것이 분명하다. 따라서 실행 가능한 유일한 전략은 예방이다.

코로나 위기에서 평등주의적 경제 프로젝트를 추진하는 데 있어 가장 실행 가능한 방안에 대해 어떤 교훈을 얻었는가?

코로나 위기의 영향이 균일하지 못했고, 그 효과는 대부분 이미 경제 배분의 밑바닥에 있던 사람들에게 쏠렸다는 걸 새로운 증거가 보여준다. 저임금 노동자들, 저소득 지역의 가정, 그리고 유색인이 인명 손실과 경제적 박탈 면에서 팬데믹의 영향을 더 많이 받아왔다. 이번 위기로 배우게 된 교훈들 중의 하나는 경제적 생계와 건강이 서로 얽혀 있다는 점이다. 빈곤층에게 팬데믹은 종종 그들의 생명과 그들의 생계 중에서 하나를 고르는 불가능한 선택을 하도록 강요했다. 일하러 가지 않으면 그들은 자신과 그 가족들을 부양할 수 없다. 하지만 안전하지 못한 환경에서 일하러 가는 그들은 자신과 가족들을 코로나 바이러스로 인한 죽음의 위험에 노출시킨다.

팬데믹과 다른 형태의 위기에 대한 회복력이 있는 사회를 구축하려면, 소득뿐만 아니라 건강관리와 위생을 비롯한 기본 서비스에 대한 접근 면에서도 불평등의 구조적인 문제를 해결해야 한다. 이런 목적을 달성하려면 모든 사람이 괜찮은 수준의 일자리에 접근할 수 있게 해주는 필요한 제도와 역량을 구축하고, 주택 소유권과 같이 모든 시민에게 소득에 대한 충격을 흡수하는 데 중요한 기본재산을 형성할 기회를 주어야 한다.

코로나 위기 체험이 학문으로서의 경제학, 더 구체적으로는 연구하면서 답을 찾아왔던 문제에 대해 영향을 미쳤는가?

코로나 위기는 내가 학문으로서의 경제학에 대해 생각하는 여러 방법을 다시 두드러져 보이게 만들었는데, 그것은 나 자신의 연구방법을 알려 준다. 두 가지 예로 설명해보겠다. 첫째, 국가 차원에서, 위기는 왜 경제학계가 불평등 문제를 심각하게 다뤄야 하는지 그 이유를 드러내주었다. 한편으로 팬데믹의 부정적인 효과들은 고르지 않게 파급됐는데, 사다리의 바닥에 위치한 인구가 그로 인한 손상의 대부분을 짊어졌다.

또 한편으로는, 부분적으로 첫 번째 효과의 결과이기도 한데, 그 위기 동안 빈곤층을 지원하기 위한 정책들은 인구의 지배적인 부분에서 거의 지지를 받지 못했다. 왜냐하면 그들은 위기로 인한 피해를 빈곤층처럼 심하게 입지 않았기 때문이다. 사실 부유층 인구는 팬데믹이 시작된 이후 대기업들, 특히 디지털 부문 대기업들의 금융자산과 이윤의 엄청난 증가가 보여주듯 위기 동안에 매우 잘나갔다. 따라서 권력의 중심부에서는 체제변화를 꾀할 인센티브가 거의 없었다. 경제학계, 특히 진보진영 학계에겐 사회적 불평등의 유해한 효과에 대한 증거를 찾아내고 확산시켜 현대사회의 불평등과 배제라는 구조적 문제들을 풀어줄 가능한 해법들에 대한 논의를 이끌어갈 책임이 있었다.

둘째, 글로벌 차원에서, 팬데믹은 그 장점과 단점 모두의 측면에서 세계화가 엄청난 중요성을 지님을 입증했다. 세계화는 위기와 그 결과들이 국가적 경계 안에 한정될 수 없음을 보여준다. 그것이 어디에서 시작됐는지와는 상관없이, 팬데믹과 경제위기는 결과적으로 전 세계의 모든 사람에게 영향을 끼친다. 그것은 2008년의 국제금융위기 동안에도 입증됐다.

세계화는 또한 팬데믹 문제를 해결하기 위해서는 글로벌 차원의 파트너십이 필요하며 어느 나라든 단독으로는 해결할 수 없음을 보여준다. 특히 남반구 저개발국 정부들의 노력을 지원하기 위해 국제사회가 효과적인 메커니즘을 고안해내고 적절한 자원들을 동원하는 것이 대단히 중요하다. 그렇게 해야 위기로 인한 충격을 최소화하고 그들의 경제를 위기 이후 신속하게 회복시킬 수 있다.

따라서 지금이야말로 유엔과 산하 전문기구들과 같은 국제적 참여기관들이 집단적인 위기대응 프로그램들과 자원들을 동원하고, 필요한 지원을 도움이 필요한 전 세계의 사람들에게 제공하기 위한 틀을 마련할 수 있도록 그 기관들의 힘을 강화하는 작업이 어느 때보다 중요하다. 다시 한번 강조하지만, 글로벌 위기와 빈곤 및 박탈이라는 구조적 문제를 풀기 위해서는 자원과 역량의 불평등한 배분 문제를 국가적 그리고 글로벌 차원에서 해결해야 한다. 세계는 모든 사람을 부양할 충분한 자원을 갖고 있다. 현존하는 세계의 박탈 문제는 오로지 일부 국가들과 인구층이 그들에게 필요한 것 이상의 것을 갖고 있는데 반해, 다른 사람들은 생존에 필요한 만큼도 갖고 있지 못하다는 사실 때문이다. 국제적 개발상의 문제는 자원 부족의 문제가 아니라 불평등한 배분 문제다.

대표적 출판물과 영향

출판물

James K. Boyce and Leonce Ndikumana (2001). "Is Africa a Net Creditor? New Estimates of Capital Flight from Severely Indebted Sub-Saharan African Countries," 1970-96. *Journal of Development Studies*, 38(2), 27-56.

Leonce Ndikumana and James K. Boyce (2011). *Africa's odious debts: how foreign loans and capital flight bled a continent*. Zed Books Ltd.

Linda Pickbourn and Leonce Ndikumana (2019). "Does Health Aid Reduce Infant and Child Mortality from Diarrhoea in Sub-Saharan Africa?" *The Journal of Development Studies*, 55(10), 2212-2231.

영향을 받은 인물

더글라스 노스Douglass North, 스티브 파짜리Steve Fazzari

영향을 받은 문헌

Steven Fazzari and Hyman Minsky (1984). "Domestic monetary policy: If not monetarism, what?" *Journal of Economic Issues*, 18(1), 101-116.

Steven Fazzari, Glenn Hubbard, and Bruce C. Petersen (1987). "Financing constraints and corporate investment," *Brookings Paper on Economic Activity*, 1, 141-195.

North, D. C. (1990). *Institutions, Institutional Change and Economic Performance*. Cambridge University Press

외즐렘 오나란
Özlem Onaran

경제적 세계화와 임금 주도 성장을 주창한
페미니스트 경제학자

외즐렘 오나란은 그리니치대학University of Greenwich 경제학과 교수이며, 그리니치 정치경제연구센터Greenwich Political Economy Research Centre 책임자이자, 정치경제·거버넌스·금융과 회계 책임 연구소Institute of Political Economy, Governance, Finance and Accountability 공동 소장이다. 오나란의 연구는 불평등, 임금 주도 성장, 고용, 세계화, 젠더, 그리고 위기에 초점이 맞춰져 있다. 그녀는 유럽진보연구 과학위원회Scientific Committee of the Foundation of European Progressive Studies, 한스뵈클러재단 과학자문위원회Scientific Advisory Board of Hans Böckler Foundation, 그리고 여성예산그룹 정책자문그룹Policy Advisory Group of the Women's Budget Group의 멤버. 그녀는 70편 이상의 글을 책을 비롯하여 동료의 심사를 받는 다음과 같은 학술지들에 실었다. 《케임브리지 경제학 저널Cambridge Journal of Economics》,《세계 개발World Development》,《구조 변화와 경제 동역학Structural Change and Economic Dynamics》,《동유럽 경제학Eastern European Economics》,《정치경제 리뷰Review of Political Economy》.

당신은 튀르키예에서 나서 자라고 교육받았다. 교육적 배경과 박사 학위를 취득한 이스탄불기술대학에서 가르치고 연구할 때의 지배 적인 경제이론에 대해 듣고 싶다.

나는 기계 공부를 하고 싶었으나, 1988년 당시 장학금 때문 에 산업 엔지니어링 연구 쪽으로 선택을 바꿨다. 역사의 아이러니 처럼, 엔지니어링을 공부하다 마르크스주의 경제학, 특히 어니스 트 맨델Ernest Mandel의 자본주의 장기파동과 데이비드 하비David Harvey 의 저작과 가까워졌다.

나는 노동 프로세스와 기술변화를 연구하고 싶었다. 나는 마르 크스가 얘기했듯이 "그냥 세계를 이해할 뿐만 아니라, 그것을 바꾸 고 싶기도 했다." 그래서 나는 앙카라의 빌켄트대학Bilkent University에 서 경제학 석사학위 과정을 밟기로 결정했다. 그 경험은 매우 실망 스러웠는데, 그 이유는 거기에 정치경제 요소가 빠져 있고 현실세 계와 아무런 연관도 없이 가르치는 신고전주의 경제학이 지배하고 있었기 때문이다. 계량경제학 강의마저 우리의 호기심을 자극하고 학생들에게 우리 시대의 긴급한 문제들을 탐구할 수 있도록 기본 기술을 익히게 해주는 것과는 거리가 멀었다. 예외는 에린츠 엘단 Erinç Yeldan 그리고 에롤 발칸Erol Balkan뿐이었는데, 그들로부터 나는 대안경제학을 배웠으며, 사람들의 삶에 중요한 것들을 탐구할 영 감을 얻었다.

내 석사과정 마감은 1994년의 튀르키예 경제 대위기와 시기가 겹쳤다. 그리하여 박사학위 과정 자금조달을 위한 연구조교 자리 를 대안적 경제이론을 연구할 수 있는 곳에서 찾으려던 내 노력은 물거품이 됐다. 결국 나는 이스탄불에 있는 대형 민간은행 조사부 의 경제학자로 취직했는데, 그 조사부는 학계에 있다가 1980년의 군부 쿠데타 뒤에 대학을 떠나야 했던 하산 에르셀Hasan Ersel이라는 사람이 책임자였다. 그는 현실세계의 거시경제학, 주류뿐만 아니라 대안석인 케인즈주의, 마르크스주의 그리고 제도주의 이론가들에 대해서도 깊은 이해를 갖고 있었는데, 그것이 결국 내게는 큰 기회가 됐다. 그는 우리가 은행에서 거시계량경제학적 모델링에 대해 훈련하고, 박사과정까지 시작할 수 있는 연구 환경을 조성했다. 하산 에르셀의 인생체험에서 배우고, 지금은 튀르키예의 중요한 경제학자들이 돼 있는 다른 주니어 연구자들(옐다 위셀Yelda Yücel, 아흐메트 치메노글루Ahmet Çimenoğlu와 같은)과 함께 뛰어난 작업환경을 공유한 것은 내게 매우 교육적인 효과를 안겨주었다.

그럼에도 나는 계속 학술 쪽에서 일자리를 구했고, 1998년에 대학으로 복귀할 기회를 처음으로 붙잡았다. 이번에는 이스탄불 기술대학Istanbul Technichal University. ITU이었고, 월급쟁이 연구조수 자리였는데, 월급은 은행에서 받던 것의 7분의 1밖에 되지 않았다. 그곳은 노동과정과 기술변화에 대한 나의 원래 연구 아이디어로 돌아갈 수 있었던 곳이었고, 또한 내 지도교수 누르한 옌튀르크Nurhan Yenürk, 하세르 안살Hacer Ansal, 그리고 레르잔 옌튀르크Lerzan Yenürk가 비주류 경제학 분야에서 상당히 기여한 곳이었다. 내 연구는 점차 마르크스주의 노동과정에서 구조주의적 관점으로부터 노동시장을 분석하는 쪽으로 진화했다.

다양한 사상학파와 관련해 경제학자로서 당신의 접근법은 어떤 특징을 갖고 있나? 경제학자들 중에서 사고에 가장 큰 영향을 끼친 사람은 누구인가?

나는 나 자신을 마르크스주의, 케인즈주의, 그리고 페미니스트 경제학에서 배운 사람으로 여기며, 그런 사상학파들을 내 연구에서 종합하려고 노력한다. 미하우 칼레츠키, 그리고 성장과 고용에 끼친 임금 효과에 대해 스티븐 마글린Stephen Marglin과 함께 작업한 아미트 바두리Amit Bhaduri는 마르크스주의, 케인즈주의 또는 신고전주의 가설들마저 특수한 사례로 만들어버린 임금 주도 대 이윤주도 수요체제의 '일반이론'을 발전시킨 점에서 특히 내게는 중요하다. 포스트 케인즈주의 경제학의 한 갈래인 이 포스트 칼레츠키주의 경제학이 나의 분석 작업과 엥겔버트 스톡햄머Engelbert Stock-hammer와 공동연구의 대부분을 형성했다. 특히 실증영역에 대한 정통과 이단 간의 경쟁을 초래한 밥 폴린, 제리 엡스타인, 필립 아레스티스Philip Arestis의 응용연구는 내게 우리 시대의 가장 화급한 사회관련 문제들을 해결할 경제학자가 되도록 영감을 주었다. 최근 페미니스트 경제학자들인 다이앤 엘슨Diane Elson과 여성예산그룹의 수 힘멀웨이트Sue Himmelweit, 아이펙 일카라칸Ipek Ilkaracan, 엘리사 브론스틴Elissa Braunstein, 그리고 스테파니 세귀노Stephanie Seguino는 페미니스트 포스트 칼레츠키주의 연구 어젠다를 개발하기 위한 페미니스트 거시경제 모델링을 시작하는 나를 도와주었다. 마지막으로 나는 생태적 경제학자들, 그리고 평등, 완전 고용, 그리고 생태적 지속 가능성을 함께 실현하려는 정책들에 관한 그들의 생각을 배우고 있다.

어떻게 비엔나대학에서, 그리고 나중에는 영국의 대학들에서 경제학과 비즈니스를 가르치게 됐나?

나는 개인적인 이유 때문에 비엔나로 갔고, 오스트리아 학술계 취업시장의 불안정성과 작은 규모 때문에 조만간 다른 나라의 학술계 일자리를 찾거나 오스트리아에서 비학술계 연구직 일자리를 찾아야 할 처지였다. 나는 사상적 자유는 대학 내의 일자리에 있다고 확신했기 때문에, 결국 전자를 선택했다. 영국에는 대단히 큰 학술시장이 있었고, 거기에서는 일부 기관들에서 비주류 경제학자들이 목소리를 낼 수 있는 일정한 수를 형성할 수 있었다.

결국 필립 아레스티스의 뒤를 따라, 나는 2012년 그리니치대학에서 새 출발을 했다. 필립은 1974년부터 1988년까지 템스 폴리테크닉Thames Polytechnic(내가 갔을 때는 그리니치대학이 돼 있었다.)에서 《정치경제 템스 페이퍼Thames Paper in Political Economy》 편집 일을 했다. 이 유산을 기반으로 해서 나는 정치경제 전통을 되살리고, 그리니치 정치경제연구센터(지금은 정치경제, 거버넌스, 금융과 책임연구소)를 설립했으며, 《정치경제 그리니치 페이퍼스Greenwich Papers in Political Economy》 일을 시작했다. 젊은 강사진과 함께 우리는 전면적인 다원주의 경제학 커리큘럼을 대학 학부와 대학원 모두에서 시작한 이 세상에서 몇 안 되는 대학들 중의 하나가 됐다. 그 커리큘럼은 '경제학 다시 생각하기 운동'Rethinking Economics movement의 학생 지도자들로부터 인정을 받았다. 우리에겐 박사학위 과정의 학생들로 구성된 큰 단체가 있었는데, 우리는 그들이 연구와 정책 분야 경력을 시작하도록 지도했다. 우리는 학술계 바깥의 지역사회에도 적극 관여했다.

그리고 최근엔 '운동가들을 위한 경제학'Economics for Campaigners이라는 제목의 무료 강의 시리즈를 시작했다. 제레미 코빈Jeremy Corbyn 지도하의 노동당의 정책 자세 변화도 내가 정치인들, 특히 예비내각 재무장관 존 맥도넬John McDonnell의 팀과 교류할 수 있는 공간을 늘려주었다. 이후 5개국 9개 대학에서 일했고, 나는 당분간 영국을 떠날 생각이 없다.

구조조정 프로그램이 튀르키예의 임금 및 노동시장에 준 충격은 젊은 학술 연구자 시절에 초점을 맞췄던 연구 주제들 중의 하나였다. 이 분야에 어떻게 관여하게 됐나?

나는 튀르키예가 구조조정, 긴축정책, 그리고 신자유주의를 시행하던 시절에 자랐다. 아버지는 공공은행 자리에서 자발적인 정리해고 형식으로 조기퇴직을 해야 했다. 나는 긴축정책이 가족들에게 무슨 짓을 했는지를 체험했다. 나는 어머니가 집에서 만든 재료들로 온갖 요리를 하고, 소파와 의자 덮개를 재활용해 그녀 자신과 동생의 재킷 두 벌을 꿰매어 내는 모습을 봤다. 그것은 바로 《이상한 나라의 앨리스》의 추상적인 자유화 이론이 아니라 긴축(내핍)생활이었다. 내가 페미니스트가 되고 사회주의 정치활동가가 돼 경제학 박사학위 과정을 선택했을 때, 나는 구조조정이 일하는 사람들의 생계에 떠안기는 실질적 비용을 보여주는 데 내 작업이 활용되기를 바랐다.

이 작업 분야에서, 특히 '유연한' 노동시장이 임금에 끼치는 영향에 관한 문제에서 찾아낸 중요한 발견은 무엇인가? 왜 유연한 노동시장이 생산성 증대에 중요하다고 주장하는가?

노동시장의 유연성은 조직 노동자들과 노동조합의 권리를 공격하기 위해 내세우는 점잖은 말이다. 이 모든 정책이 이뤄낸 성취는 곧 국가소득 중에서 노동소득이 차지하는 몫이 그만큼 극적으로 줄었다는 얘기다. 이 저임금노동시장 정책과 그에 따른 저임금은 선진경제와 신흥경제 모두의 수요와 성장에 해로웠고, 기업 투자와 혁신에도 인센티브에 반하는 역효과를 냈다. 물리적인 기계 및 장비 투자의 건전한 증가 없이는 생산성도 정체됐다. 현실세계의 침체는 수수께끼가 아니다. 그것은 신자유주의 노동시장 정책과 불평등 증대, 그리고 공공지출 삭감과 금융화 확대의 결과다.

최근에 젠더 경제학의 영향력이 커졌다. 자본주의 경제의 작동을 이해하는 데 젠더 문제가 왜 중요한가?

지난 수십 년간의 법률적 권리와 교육이 개선됐음에도 소득과 재산상의 젠더 격차는 전 세계적으로 여전히 매우 큰 수준이다. 예컨대 최근 영국 대기업들의 성차별적 임금 격차에 관한 보도들은 남성들 평균 수입이, 수십 년간의 법률적 권리와 교육의 개선에도 불구하고 여성들보다 거의 20%나 많다고 한다. 이에 대해 한 가지 가능한 설명은, 여성들이 낮은 시급 또는 파트타임 일자리에 집중적으로 취업한다는 점이다. 또 한 가지는 조직의 위계질서에서 위로 갈수록 나타나는 '유리 천장'glass ceilings의 존재다. 이런 것들은 우리 사회의 어떤 기본 특성들과 연관돼 있다. 예컨대 여성들은 가정 내에서 아이들이나 노인들을 돌보는 데 남성보다 더 많은 시간을 쓰는 경향이 있다. 또 시장에서 돌봄 서비스는 공급이 부족하거나 너무 비싸다. 이런 특징들이 성차별적인 경제적 결과들을 낳았다. 젠더 불평등은 세계적으로 생산성의 정체와 인구 및 돌봄 위기를 비롯한 핵심적인 경제·사회 문제들에 중대한 영향을 끼친다. 여성들의 손에 많은 수입이 들어올수록 아이들 교육과 보건의료에 들어가는 가계지출이 늘어나 장기적인 생산성에 영향을 미친다.

경제에서 돌봄 또는 재생산 노동의 역할을 인정하는 것은 공공정책에서 중요한 함의를 갖는다. 사회적 인프라에 대한 수요는 이 분야에 대한 공공지출이 부적절하게 낮은 지금의 환경 속에서는 충분하게 충족될 수 없다. 지금은 사적인 공급자들이 그 틈새를 그런 서비스들로 채우고 있는데, 매우 낮은 임금과 낮은 질(적절한 이윤을 보장하기 위해)로 제공되거나 부자들을 위한 호화로운 서비스로 제공된다. 이는 충족되지 못한 거대한 사회적 서비스 수요를 남기고, 충족되지 못하고 남은 돌봄 부족의 큰 부분이 가정 내의 사적 영역에서 벌어지는 성차별적인 노동 분업 속의 보이지 않는 여성의 무급 노동에 의해 메워지고 있다.

이런 돌봄 서비스 부족분을 메우기 위해서는 국가나 비영리/지역사회 조직들의 사회적 인프라에 대한 지출이 크게 증대돼야 한다. 결정적으로, 사회적 인프라에서 공공 서비스에 대한 강력한 투자가 젠더 평등을 개선시키고, 우리 사회 불평등의 가장 고질적인 차원들 중의 하나를 뒤바꿀 수 있다. 왜냐하면 그렇게 투자하지 않을 경우 가정 내 여성들의 보이지 않는 무급 노동으로 메워지는 돌봄 서비스를 제공하기 때문이다. 이런 서비스들의 공적 제공은 여성들에게 그들이 원하기만 하면 사회·경제적 삶에 더 평등하게 참여할 수 있는 진정한 선택권을 제시한다. 이는 다시 여성들의 잠재력을 충분히 발현하게 함으로써 생산성을 더욱 향상한다. 그리고 성차별적이고, 직업별로 차별적인 지금의 노동시장에서 이런 요인들에 의해 대다수 여성들을 고용할 것이고, 더 많은 사회적 공공지출이 고용의 성차별적 갭을 메우게 해줄 것이다. 이것이 바로 그들에게 페미니스트 경제학자들이 '보랏빛' 공공투자라는 꼬리표를 달아주는 이유다.

하지만 이런 일자리들은 급료와 노동 조건, 직업 만족도 그리고 이런 산업들에 요구되는 훈련과 교육을 개선함으로써 남성과 여성 모두에게 매력 있도록 바꿔야 할 필요가 있다. 사회 인프라 부문의 정책을 지금처럼 저임금 서비스 일자리와 허약한 노동조합에 의존하는 대신 고급 기술의 괜찮은 일자리들을 만들어내는 쪽으로의 새로운 방향전환을 추진해야 한다. 그런 정책은 급료와 고용의 젠더 평등을 평등 주도 개발전략의 중심에 놓을 것이다. 하지만 여성들이 더 높은 임금 지불 전망이 존재하지 않는 종류의 유급 노동에 집중돼 있다면, 그런 정책은 여성들의 소득과 평등을 유의미하게 개선하기에는 여전히 충분하지 못할 수 있다. 임금 정책은 사회를 위한 사회적 인프라의 부가가치를 반영해야 하며, 직업별 차별 문제도 서서히 겨냥해야 한다. 공공부문은 무엇이 우리 사회에 중요한지를 우리가 적절하게 평가하도록 하는 데 기여할 수 있다. 그것이 대다수의 여성을 고용하고 있는 돌봄 부문의 저임금과 공공부문 노동자들의 임금동결이라는 지금의 정책과 확실하게 결별하는 길이다.

　GDP(국내총생산)와 같은 표준 국가회계와 측정에 계상되지 않는 여성들의 가정 내 무급 돌봄 노동 시간의 방대함과 그 중요성을 인정해야 한다. 그런 정책은 필요한 사회적 서비스를 공개적으로 제공해서, 말하자면 그런 활동들을 사회화하고 무급의 사적 돌봄 노동 시간을 급속히 줄이기를 목표로 하고 있다. 예컨대 보편적인 어린이 무료 보육은 엄마아빠들에게 노동생활과 사회·문화·정치적 생활의 균형을 잡기 위한 동등한 기회를 제공함으로써 그들이 충분히 긴 시간의 혜택을 누릴 수 있는 길을 열어준다. 말할 필요도 없이 가정 내의 사적 영역에는 가족 구성원들이 아이들과 노인들에게 제공하는 돌봄 노동의 필요성과 욕구가 늘 있을 것이며, 또 충분히 긴 유급 육아를 마찬가지로 엄마아빠들에게 사용 가능하게 맡기는 규정, 그리고 돌봄과 노동을 남성과 여성 모두를 위한 것으로 묶어서 돌봄을 위한 시간을 남성과 여성이 함께 공유할 수 있게 해줄 노동시간 조정에 대한 필요와 욕구도 상존할 것이다. 다이앤 엘슨은 무급 돌봄 노동의 '인정, 감소, 재분배'를 겨냥한 경제정책으로의 방향전환을 촉구했다.

녹색 개발 어젠다를 지지하는 사람들과 젠더 평등을 지지하는 사람들 사이에서는 중요한 잠재적 동맹도 있다. 상호 돌봄을 위해 사용된 사회의 시간society's time의 많은 부분도 그것이 유급이든 무급이든 탄소 농도 면에서 훨씬 낮은 활동이기 때문에 친환경적 대안이다. 게다가 사회적 인프라 서비스는 매우 노동집약적이며, 따라서 이 부문에 대한 공공투자는 국민생산의 일정한 성장률을 위해 더 많은 고용을 만들어내는 수단이다. 이는 낮은 탄소 배출에 더 부합하는 목표다.

경제적 세계화에 대해 많은 작업을 해왔다. 현대 세계경제에서 세계화와 관련된 주요 세력은 무엇이라고 생각하나? 세계화가 튀르키예 및 다른 중간소득 경제들에 영향력을 끼친 주요 방식들은 무엇인가?

가장 중요한 것은, 20세기 말의 세계화는 경제정책이 긴축정책, 민영화, 복지국가 재정긴축, 금융화, 노동시장의 규제완화, 그리고 노동조합의 위력 및 단체교섭의 약화와 엮인 신자유주의 쪽으로 대거 이동하면서, 그 일환으로 일어났다는 점이다. 자본은 선진 경제에서도 개발·신흥 경제에서도 이 세계화 과정의 승자가 됐고 다수의 노동자들은 패자가 됐다. 1980년대 이후 전 지구적으로 국민소득에서 차지하는 노동소득 비중은 바닥을 향해 극적으로 질주한 반면, 자본수익의 비중은 증가했다.

나의 예전 박사학위 과정 학생인 알렉산더 구샨스키Alexander Gus-chanski와 함께 진행한 새경제사상연구소Institute of New Economic Thinking

연구 프로젝트에서 우리는 선진경제 및 신흥경제에서 발흥한 글로벌 가치사슬의 영향이 특히 흥미롭다는 걸 발견했다. 선진경제에서 해외로 나간 생산과 신흥경제 쪽으로의 생산 이전이라는 글로벌 가치사슬의 양극에는 노동 분배율에 대한 부정적 영향이 존재한다. 신흥경제에서 생산된 중간재의 선진경제로 수출 증대, 그리고 선진경제의 신흥경제 생산 중간재 수입 증대 형태의 글로벌 가치사슬로의 통합, 그리고 금융 세계화는 두 세계의 임금 비중을 실질적으로 감소시켰다. 이는 세계화가 자본의 협상력 증대를 통해 전 세계적으로 노동에 악영향을 끼쳤다는 의미다.

세계화는 어떤 방식으로 유럽의 사회구조와 문화에 영향을 끼쳤다고 생각하나?

불평등의 증대가 유럽 사람들의 큰 걱정거리였다. 실로 이것은 2016년 영국에서 실시된 유럽연합EU 주민투표에서 브렉시트Brexit에 찬성표를 던진 궁핍한 노동계급 사람들의 핵심 관심사였다. 탈퇴 쪽에 표를 던진 사람 대다수는 자신들의 소득 손실, 괜찮은 일자리의 부족이나 보건의료 서비스, 학교, 또는 주택공급에 대한 접근성 부족이 늘어나는 이주민, 특히 2004년 EU 확대 이후 동유럽에서 밀려드는 이주민 때문이라고 생각했다. 흥미롭게도, 우리 연구는 이주민이 영국 또는 유럽에서 증대되는 불평등의 원인이 아니었으며, 총소득에서 차지하는 임금의 몫이나 대부분 낮은 기술의 노동자를 고용하고 있는, 많은 이주민을 고용하고 있는 서비스 부문의 실질임금에도 부정적인 영향을 끼치지 않았음을 보여준다.

반대로, 불평등이 증대된 이유는 늘어난 수입, 특히 중간재 수입의 증가와 연계된 자본의 예비 옵션(fallback options. 만일의 사태에 대비하기 위한 조치 – 역주) 증가 때문이었다. 그것은 생산시설의 해외 이전, 해외 직접투자FDI 형태의 자본 이동과 금융화였고, 그에 따라 단체교섭력의 약화, 노동시장 규제 완화, 무노동 무임금 계약, 허위 자영업 계약, 긴축, 주택 파동, 그리고 늘어나는 가계부채와 연계된 노동의 예비 옵션은 감소했다. 이것은 새로운 현상은 아니었으나 1980년대 이후에 탄력이 붙은 사태 진행이다. 다른 모든 요소의 영향에 대한 적절한 분석도 없이, 이주민이 불평등 증대에 영향을 끼쳤다고 재빨리 결론을 내린 것은 상관관계가 인과관계는 아니라는 점을 간과했다.

이주민과 불평등의 동시 증대가 곧 이주민 때문에 불평등이 증대됐음을 의미하진 않는다. 이주민에 관한 논의 대부분이 해외무역과 자본 이동에 대한 진보적 접근과 무관하게 진행되고 있다. 이주자들은 사람들 눈에 띈다. 수입이나 기업들 이전도 일자리 상실을 유발하지만, 그런 과정은 이주민들보다는 덜 눈에 띈다. 문제는 노동의 이동이 아니라 통제되지 않는 자본 이동이며, 노동과 자본 간의 옵션과 힘의 비대칭성, 약탈적인 고용주들, 미조직 이주민들과 미조직 지역 노동자들, 그리고 늘어나는 인구 충격을 완화하기 위한 인프라에 대한 공공지출의 부족이다.

실로 이주 노동자들은 노령화 사회에서 수요가 많은 돌봄 노동자들로, 생산성에 긍정적으로 기여하고, 혜택 면에서 그들이 누리는 것보다 정부 예산에 세금 형태로 더 많이 낸다. 하지만 신자유주의 정부는 이런 세금수입을 공공지출로 돌리지 않으며, 그 결과 사람들은 높은 임대료와 붐비는 병원들로 인한 타격만 느낀다. 우리는 사람들의 불만을 이해할 수 있지만, 이런 걱정거리들에 대한 진정한 해결책은 불평등과 권한박탈의 진짜 원인들에 맞서 싸우는 것이다. 만일 힘의 균형이 노동에 유리한 쪽으로 이동하고, 노동조합들이 이주민들이 일하러 올 때 강력한 발언권을 갖게 된다면, 그들의 노동 기간과 노동 조건을 정할 수 있게 될 것이다. 반대로 이주민들의 입국이 허용되지 않는다면, 자유로운 자본 이동이 허용되는 지금과 같은 상황에서는 기업들이 값싼 노동력이 있는 곳으로 떠날 것이다. 임금이 바닥을 향해 곤두박질치는 전 지구적 경쟁을 피하기 위해 해외의 노동조건을 정하는 것은 국내에서 지역과 이주 노동자들을 조직하는 것보다 훨씬 더 어렵다.

최근에 해온 많은 연구는 '임금 주도'와 '이윤 주도' 자본주의 경제 간의 차이들을 분석하는 것이었다. 그 주요 쟁점들을 설명해줄 수 있나?

신자유주의 경제정책들은 임금을 사업에 들어가는 비용으로 간주해왔다. 주류 경제학은 임금 비중이 떨어지면 이윤 비중이 증가하고 성장률이 올라가며, 기업의 투자가 호전되고, 낮아지는 노동비용 덕에 수출 경쟁력이 올라간다고 추정한다. 이런 생각이 전 세계의 정책 지침이 돼 임금 억제를 촉진했다.

이런 정책들의 핵심은 임금을 단지 비용항목으로만 취급한다는 점이다. 하지만 임금은 경제에서 이중역할을 한다. 임금 인상은 고용주들에겐 비용이면서 또한 신규 판매를 위한 잠재적인 재료다. 우리가 작업해온 포스트 케인즈주의/포스트 칼레츠키주의 모델들은 임금의 수요 사이드 효과를 분석 대상으로 삼아 그 이중 역할을 인정한다.

2012년에 우리가 수행한 유엔 국제노동사무국(ILO. International labor Office. 국제노동기구International Labor Organization의 상설 사무국－역주) 연구 프로젝트에서 나와 기오르고스 갈라니스Giorgos Galanis는

G20 국가들의 총수요에 대한 소득분배 효과를 평가하기 위해 이 포스트 케인즈주의/포스트 칼레츠키주의 이론에 입각한 글로벌 거시경제 분석을 제시했다. 중소득과 저소득 사람들 다수가 임금에 의존하고 있기 때문에, 임금 비중의 저하는 중소득과 저소득 가정들의 소득이, 자신들의 소득 중에서 소비하는 비중이 소득수준이 바닥인 사람들의 그것보다 더 적은 고소득 가정들 쪽으로 재분배됐다는 걸 의미한다. 따라서 임금 비중의 저하는 가정의 소비 저하로 이어지고, 그것은 다시 수요 감소로 이어져 결국 기업의 투자에 영향을 끼친다. 하지만 동시에 높은 이윤율은 총수요 수준이 정해져 있는 상황에서 투자를 자극하리라는 기대를 갖게 한다. 마지막으로 수출과 수입은 상대적 가격에 좌우되고, 이는 다시 명목적인 단위 노동비용에 좌우돼, 임금비중과 밀접하게 관련이 있다.

총수요에 대한 임금비중 저하의 총체적인 효과는 소비, 투자, 그리고 순수출고net exports의 상대적인 크기에 따라 달라진다. 낮은 임금비중이 소비에 끼치는 부정적 효과나 투자와 순수출고에 대한 긍정적 효과, 어느 쪽이 더 크냐는 질문은 경제 구조에 좌우되는 실증적인 것이다. 예컨대 임금과 이자소득 외에 소비성향의 차이, 매출 대 이윤율에 대한 투자의 민감성, 가격에 미치는 노동비용의 효과, 생산의 노동 강도, 해외가격과 연관돼 있는 국내가격에 대한 수출과 수입의 민감성, 그리고 경제규모와 관련한 해외시장의 중요성 등이다. 만일 총체적인 효과가 부정적이라면 그 경제의 수요 체제는 임금 주도형wage-led이고, 그렇지 않다면 이윤 주도형profit-led 체제다. 신자유주의 경제정책은 경제가 언제나 이윤 주도형이라고 가정하며, 반면에 포스트 케인즈주의 모델들에서는 임금비중과 소비의 관계가 실증적인 문제며, 경제의 구조적 특성에 따라 달라진다고 본다.

우리의 글로벌 모델을 토대로 G20 국가들의 동시적인 임금 비중 하락 효과를 계산해보니, 전 지구적으로 임금 비중이 바닥을 향해 질주하고 있었다. 3가지 중요한 점이 드러났다. 첫째, 국내의 민간 소비(소비와 투자 총액)는 G20의 모든 나라에서 임금 주도형이며, 그것은 소비가 투자보다 이윤 비중의 증가에 더 민감하기 때문이다. 둘째, 해외무역은 큰 나라들의 총수요에서 작은 부분만 차지하고 있기 때문에, 순수출고에 끼치는 임금 비중 감소의 긍정적인 효과는 국내 수요에 끼치는 부정적인 효과를 상쇄할 정도로 충분하지 못하다. 마지막으로, 이윤 주도형 국가들이 일부 있지만, 지구 전체로 보면 임금 주도형이다. 고도로 통합된 글로벌 경제에서 동시적인 임금 삭감은 대다수 국가들에 부정적인 국내수요 효과, 그리고 글로벌 경제 수축을 초래했을 뿐이다. 게다가 일부 이윤 주도형 국가들은 임금 비중을 줄였을 때 수축했으며, 그런 나라들의 일부 교역 상대국들도 비슷한 전략을 구사했다. 이웃을 거지로 만들어 자신이 부자가 되는 정책Beggar-thy-neighbor policy은 각국의 경쟁력 우위를 상쇄시키며, 반反생산적이다. 우리가 화성과 거래를 하지 않는 이상, 이는 똑같은 결과를 낳을 것이다. 나는 과학소설을 많이 읽었고, 언젠가는 우리가 은하수 너머의 다른 지적 생명체와 교류하게 되리라 믿고 있지만, 아직은 아니다!

글로벌 임금 주도형 성장체제는 경제적으로 실현 가능하다. 우리는 또 대안 시나리오도 제시했는데, 임금 주도형과 이윤 주도형 나라들이 모두 임금 비중을 개선함으로써 성장할 수 있으며, 그럴 경우 글로벌 GDP가 3.05% 올라간다.

소득분배에서 친자본적 변화의 미시경제적 근거는 거시경제적 근거와 충돌한다. 첫째, 임금 주도형 경제는 국가 차원에서 높은 이윤율이 낮은 수요와 성장으로 이어진다. 따라서 기업 차원에서 높은 이윤율은 개별 고용주들에게는 이익이 된다고 여겨질 수 있으나, 거시경제 차원에서는 임금비중의 전반적인 하락은 수요 부족으로 인한 이윤 실현 문제를 낳는다. 둘째, 이윤율 증가가 이윤 주도형 국가들의 국가 차원에서는 성장을 촉진한다고 보일 수 있으나, 글로벌 차원에서 동시적인 임금비중 하락은 글로벌 수요 부족과 낮은 성장으로 이어진다.

국가 차원에서, 유럽, 미국, 한국 또는 튀르키예와 같은 임금 주도형 국가에게 임금비중 하락으로 이어질 저임금노동시장 정책은 성장에 해롭다. 경제의 성장 잠재력을 손상하지 않고 소득 불평등을 낮출 정책의 여지는 있다.

역내intra-regional무역 비중이 높고 역외extra-regional무역 비중이 낮은 지역들에서는 거시경제와 임금 정책 조정으로 성장과 고용을 개선할 수 있다. 유럽이 그 좋은 예인데, 유럽위원회Europe Commission의 임금억제 정책은 성장에 도움이 되지 않았다.

금융 규제완화와 주택 거품으로 가능했던 부채 주도debt-led 소비는 금융공황Great Recession 때까지 미국, 영국, 스페인, 아일랜드, 튀르키예, 그리고 남아프리카 공화국의 총수요 부족 문제에 대한 단기 해결책을 제시한 것으로 보였다. 이들 나라의 경상수지 적자와 부채는 수출이 노동비중 하락으로 인한 국내 수요 부족을 보완해주는 독일, 일본, 그리고 중국의 수출 주도 모델 및 경상수지 흑자와 대비된다. 하지만 이 모델도 세계 다른 나라들의 수지 불균형과 부채 누적을 대가로 공존할 수 있을 뿐이어서 지속 불가능하다.

정의상으로는 임금 주도 경제가 이윤 주도 경제보다 더 평등할 것이다. 이윤 주도에서 임금 주도로 경제를 성공적으로 전환하는 방법에는 무엇이 있나? 이윤 주도에서 임금 주도로의 전환에 가장 큰

장애가 되는 것은 무엇인가? 그런 장애들은 주로 자본가들의 반대, 이윤수혜 계급의 반대처럼 정치적인 것인가, 아니면 중요한 경제적 장애들도 있는가?

무엇보다 우선, 고임금이 수요에 끼치는 긍정적인 효과들은 평등이 성장을 방해하는 걸림돌이 되지 않는다는 의미에서 고무적이다. 하지만 긍정적인 효과의 크기는 경제적으로 작고, 특히 그것이 일국 차원에서만 시행될 경우 그러하다. 따라서 평등 주도equality-led 성장은 높은 고용과 발전을 달성하기 위한 묘책이 아니다. 평등 주도 개발 정책들의 효과는 그것이 투자 촉진, 특히 물리적 사회적 인프라를 겨냥한 공공투자를 통한 투자 촉진 정책들과 결합될 때 크게 증폭된다.

두 번째로, 이윤 주도 경제에서 더 평등한 임금 주도 체제로의 전환에는 생산과 수출 경쟁력을 저임금 정책보다는 고임금, 고생산성 정책에 의존하는 쪽으로의 구조 변화가 필요하다. 이 전환은 공공투자와 산업정책을 통해 실질적으로 이뤄질 것이다. 공공투자 증대는 단기적으로 성장을 촉진하고, 중기적으로는 수출수요 의존을 줄이고 수출지향 구조를 덜 노동집약적인 상품과 낮은 가격 탄력성을 지닌 수요 쪽으로 경제의 균형을 다시 잡게 만든다. 이는 더 다양한 경제구조를 발전시키고, 장차 잠재적으로 더 높은 생활 수준을 달성하는 데 도움이 될 것이다.

이런 정책들이 더 큰 효과를 거두기 위해서는 국제적인 조정 또한 매우 중요하다. 2014년에 나는 5년간 각국 GDP의 임금비중을 1~5%포인트 높이고 사회적 물리적 인프라에 대한 공공투자를 GDP의 1%까지로 올리는 것을 목표로 한 G20 국가들의 조율된 정책혼합coordinated mix of policies이 가져다줄 효과를 보여주는 시뮬레이

선을 발표했다. 이 정책 혼합은 G20 국가들의 GDP를 3.9~5.8% 올려줄 수 있다. 임금과 재정 정책들의 효과는 정책들이 큰 블록에서 동시에 시행될 경우 더 커지는데, 그것은 수요에 끼치는 강력한 긍정적인 파급효과 때문이다. 국제노동조합연맹Trade Union Confederation, 그리고 G20 국가들의 노동조합들을 묶은 L20(Labor 20. 노동20)을 이끄는 OECD의 노동조합자문위원회Trade Union Advisory Committee가 2014년 G20 회의에서 이 연구를 정책 옹호에 활용했다.

2017년에 나는 동료 마리아 니콜라이디Maria Nikolaidi 그리고 예전 박사학위 과정 학생이었던 토머스 옵스트Thomas Obst와 함께 유럽진보연구재단Foundation for European Progressive Studies의 의뢰로 공공투자와 더 누진적인 과세, 그리고 EU 15개국 노동비중을 동시에 증가시키는 조율된 정책혼합 효과에 관해 연구했다. 그 결과는 각국에서의 긍정적인 효과와 더불어 EU의 GDP가 6.72% 증가한다고 나타났다. 민간투자도 늘어났는데, 전체적인 공공지출은 이윤에 대한 세율 인상에도 불구하고 민간투자를 밀어내는crowd out 것이 아니라 오히려 '끌어들이는'crowd in 것으로 나타났다. 공공지출 증가에도 불구하고 유럽의 재정수지는 더 높아진 경제성장과 세율의 유익한 재정 효과 때문에 전반적으로 개선됐다. 성장, 민간투자, 그리고 재정수지는 유럽 주변부와 중심부에서 모두 개선된다고 나타났다. 따라서 확장적인 재정정책은 임금과 공공지출 정책들이 누진조세 정책과 엮일 때 지속 가능하며, 그 효과는 이들 정책이 조율된 방식으로 시행될 때 더 강력해진다고 나타났다. 그런 조율된 정책혼합은 적절하게 설계된 산업정책과 함께 진정한 지역융합과 사회적 응집을 보장하고, 글로벌 경제 전반에 걸쳐 평등 주도 개발을 위한 공간을 열어준다.

한 가지 중요한 교훈은 평등을 진작하기 위한 노동시장정책들이 거시경제정책 속에 포함될 경우 세력관계와 경제구조의 균형을 다시 맞추기 위한 완전고용을 보장하는 쪽으로 나아간다는 점이다. 공공서비스와 사회보장에서의 높은 공공지출을 통한 사회적 임금의 증가, 복지국가의 회복과 강화, 일자리 창출 지원, 그리고 물리적 투자와 사회적 인프라에 초점을 맞춘 대규모 공공투자 프로그램을 통한 구조조정이 평등 주도 거시경제 전략의 핵심 요소들이다.

신흥경제에서 평등과 국내 수요 증대를 통한 재균형 성장rebalancing growth은 글로벌 불균형 시장에도 도움을 줄 것이다. 하지만 이런 재균형은 선진국들이 개발주의정책들을 위한 공간을 마련하고 기술 이전을 지원할 뿐만 아니라 확장적인 글로벌 환경을 창출하는 국제적인 환경 속에서만 일어날 수 있다.

개방적인 다수의 작은 개도국들이 이윤 주도 구조인 상황에서, 평등 주도 개발전략은 일부 경제대국들이 한 걸음 먼저 자국의 저임금노동 시장정책을 근본적으로 뒤집는다는 관점에서 더 용이하게 작동될 수 있다. 조율된 글로벌 임금 인상은 희망사항으로 보일 수 있으나, 실은 그 정반대의 일이 노동과 자본 간의 전 지구적 '격차 해소'를 표방한 지난 40년간 일어났다. 그것은 IMF, 세계은행, 그리고 유럽위원회European Commission와 같은 국제기관들에 의해 조율된 정책에 따른 결과였다. 우리 연구의 결과는 고도로 통합된 글로벌 경제 속에서 임금 경쟁에 토대를 둔 국제경쟁 전략의 한계를 선명하게 부각시켰다. 이제 이런 추세를 역전시켜야 할 책임은 선진국들에 있다.

평등 주도 개발을 위한 글로벌 정책 조율은 개도국들에서 저임금에 토대를 둔 협소한 수출지향보다는 국내의 수요 주도 평등주의 성장을 위한 공간을 만들어낼 수 있다. 만일 선진국들이 그런 움직임을 만들어내는 데 실패한다면, 남-남 협력South-South cooperation

이 큰 블록 속에서 번성하면서 임금경쟁을 피할 수 있는 옵션이 될 수 있다.

마지막이지만 중요한 것은, 예전의 내 박사과정 학생 다니엘레 토리Daniele Tori와 함께 진행한 우리 연구가 보여주듯이, 금융화 과정을 억제하지 않고는 정책 효과뿐만 아니라 글로벌 개발을 위한 정책공간도 제한된다는 점이다. 배당금 지불과 주식환매를 줄이기 위한 인센티브(배당금 지불과 자본 소득에 대한 높은 세금 부과와 같은)를 제공할 적절하게 설계된 조세와 기업 거버넌스, 그리고 경영진의 보수와 주가의 분리가 공평한 경쟁의 장을 마련하기 위한 핵심적인 정책 수단들이다. 글로벌 차원에서 적절한 자본통제와 조율된 금융거래세를 통한 금융 세계화 길들이기가 자본과 노동의 협상력의 균형을 다시 잡는 데 기여할 것이다.

이것은 정치적으로 실현 가능한가? 글쎄, 칼레츠키는 '완전고용의 정치적 측면'Political Aspects of Full Employment에 관한 자신의 중요한 글에서 자본가들은 완전고용을 조성하는 정책들에 결코 동의하지 않는다고 썼는데, 그것은 그들이 해고 위협을 할 수 없게 되거나 공장에서의 계급 훈련을 포기하고 싶어 하지 않았기 때문이다. 우리가 마르크스를 통해 알게 됐듯이, 자본주의 경제는 언제나 불안정하다. 그러나 그것이 자본주의 경제에는 노동운동 활동영역을 확장하기 위한 정책의 여지가 없다는 걸 의미하진 않는다.

향후 연구 어젠다에서 지향하는 방향은 어느 쪽인가?

현재 나는 영국과 유럽 그리고 기타 지역에서 이런 정책들을 위한 캠페인을 벌이고 실행하는 정치 및 노동조합 운동에 깊이 관여하고 있다. 진보적인 한국의 새 대통령 문(재인) 정부가 정책

제언서 '경제 패러다임 전환'을 발표했는데, 거기에는 '소득 주도 성장'이 4개의 정책기둥 가운데 하나로 포함돼 있다. 이것은 '임금 주도 성장' 개념을 확고한 기반으로 삼고 있다. 나와 엥겔버트 스톡해머Engelbert Stockhammer는 2017년 10월에 칼 폴라니 사회경제연구소 Karl Polanyi Institute Asia Conference와 한국개발연구원에 연사로 초청받았다. 우리는 한국의 일간지 〈한겨레〉와 한 면짜리 인터뷰를 했는데, 그 제목이 "분배는 성장의 결과가 아니라 성장의 동력", 그리고 "임금이 올라가면 생산성도 올라간다"였다. 2018년 7월에 로버트 블렉커Robert Blecker와 나는 문재인 정부의 정책 1년을 평가하는 자리에 패널로 참석해 발언했다.

연구에서 중요한 새 프로젝트는 성차별적 거시경제학이다. 우리는 '소득, 젠더 그리고 부의 불평등 효과와 영국의 거시경제적 성과에 대한 경제정책'에 관한 새로운 프로젝트를 시작했다. 거시경제학 네트워크 재구축/경제·사회연구위원회Rebuilding Macroeconomics Network/Economic and Social Research Council가 자금을 대고, 내가 셈 오이뱃Cem Oyvat과 나의 예전 박사학위과정 학생 유리디스 포토폴로Eurydice Foto-polou와 함께 진행한 프로젝트였다. 우리 프로젝트의 목표는 젠더, 소득, 그리고 부의 불평등이 거시경제적 성과에 끼친 효과의 조사였다. 우리는 다원적인 '불평등'들에 대해 얘기했다. 급료와 고용의 지속적인 젠더 불평등은 다른 차원의 불평등들, 특히 지난 40년간의 노동비중 하락 및 부의 집중 증가와 상호 작용할 가능성이 높다. 여성예산그룹, 스테파니 세귀노Stephanie Seguino, 엘리사 브라운스틴Elissa Braunstein, 그리고 아이펙 이카라칸Ipek Ikkaracan과 같은 일부 주목할 만한 예외들도 있지만, 거시경제학자 대다수는 젠더 문제가 없는 모델들을 다뤄왔다.

프로젝트에서 우리는 학제적인 성차별적 거시경제 분석을 목표로 삼았다. 우리는 구조주의, 포스트 케인즈주의 및 페미니스트 경제학, 젠더 연구들, 그리고 사회학을 아우를 것이다. 이는 성차별적 행위와 호혜, 돌봄, 이기적이지 않은 동기들과 같은 사회 규범들의 현실적 특징들을 통합할 것이다. 우리는 불평등, 사회 인프라와 물리적 인프라에 대한 공공지출의 다른 형태들, 그리고 재분배적 조세정책들의 변화 효과를 분석하는 데 그 모델을 활용할 것이다. 또한 생산성, 성장, 남녀 고용, 공공 및 민간 부채, 그리고 민간투자에 대한 효과에 초점을 맞출 것이다. 정책 혼합이 다른 사회그룹들에 영향을 끼치는지, 끼친다면 어떻게 끼치는지를 검토할 작정이다. 남녀 간 임금의 상향 통합을 통한 성차별적 임금 격차 줄이기가 여성과 남성의 고용에 어떤 영향을 줄 것인가? 물리적 인프라와 사회적 인프라(보육, 교육, 보건의료와 사회적 돌봄)에 대한 공공지출이 여성과 남성에게 어떤 차이를 가져다줄 것인가?

우리는 고용과 불평등에 초점을 맞춤으로써 정책효과 분석을 GDP 관련 차원 너머까지로 확대하려 한다. 그 결과는 정책 입안자들에게 노동시장과 재정정책의 적절한 혼합이 무엇인지 알려줄 수 있을 것이다. 이는 여러 차원의 불평등 문제에 맞서 안정적인 거시경제 환경과 사회통합을 이뤄내는 데 보탬이 될 수 있다. 이는 또한 정책입안을 할 때 성차별적인 거시경제 분석과 성차별 철폐를 하도록 강력하게 요구한다.

마지막이지만 중요한데, 나의 박사학위 과정 학생이었던 벤 티펫Ben Tippet과 스테파니 매니어Stephanie Manea, 그리고 동료들인 토머스 로타Tomas Rotta와 라파엘 윌도어Raphael Wildauer와 나는 생태적, 거시경제적, 재정적 불안정이라는 관점에서 부의 편중의 원인과 결과를 추적하고 있다.

코로나19 팬데믹에 대하여

코로나19 위기에 대한 여러 국가들 또는 지역들의 서로 다른 대처방식들을 공중보건 개입과 경제정책들의 관점에서 어떻게 평가하나?

영국 상황을 보자면, 지난 몇 년간의 공공부문 삭감, 무노동 무임금 계약과 부실한 자영업 관행의 노동시장 규제완화, 저임금, 높은 가계부채가 팬데믹 영향을 훨씬 더 악화하고 긴급정책의 효율성을 떨어뜨렸다. 빈곤율과 지역사회가 조직한 푸드뱅크에 대한 의존이 심지어 직장인들 사이에서도 극적으로 증가했다. 실업과 빈곤의 실질적인 증가를 막을 만한 휴가(일시 해고) 계획도 수립되지 않았다. 검사, 추적 그리고 격리와 같은 기본절차에 대한 계획을 세우고 조정할 국가 역량도 독일, 한국, 중국, 뉴질랜드 등에 비해 눈에 띄게 떨어진다. 결국 코로나는 사회적 돌봄 인프라의 대량 결손들을 적나라하게 드러냈다.

코로나 위기에서 평등주의적 경제 프로젝트를 추진하는 데 있어 가장 실행 가능한 방안에 대해 어떤 교훈을 얻었는가?

팬데믹으로부터 얻은 두 가지 중요한 교훈이 있다. 첫째, 위기와 계급, 인종, 젠더 불평등은 서로 악화시키는 작용을 한다. 모든 위기는 분배상의 상처를 남긴다. 직업과 노동시장의 분할과 차별에 관한 인종적 젠더적 자료 수집을 보면 노동자들, 유색인들, 그리고 여성 노동자들이 봉쇄와 제한이 실시될 경우 가장 불리한 영향을 받는 소매업과 접대업 분야에 집중해 있고, 위험한 업종과 파트타임, 무노동 무임금 계약 아래 일하고 있을 가능성이 더 높다.

이는 그들의 소득 손실과 불안을 증대시켰다. 비슷하게, 요양원이나 슈퍼마켓에서 일하는 사람들과 같은 최일선 노동자들, 여성과 유색인이 대다수를 차지하고 있는 이들은 적절한 보호를 받지 못하는 건강상의 높은 위험에 노출돼 있다. 임대 가구 또는 빚을 진 가구들은 임박해오는 부채나 심지어 퇴거가 기다리고 있는 앞날에 직면해 있지만, 고소득 가구들이나 노동자들은 봉쇄기간에 재택근무를 계속하면서 저축을 늘려갈 수 있다. 이는 우리에게 다음과 같은 교훈을 가르쳐준다. 팬데믹 이후의 공공보건 위기와 경제적 퇴보에 맞서려면 우리는 불평등에 맞서야 한다.

두 번째 교훈은, 재생산 부문의 중요성을 알고 돌봄 인프라의 부족을 인정하는 것이다. 유치원과 학교의 폐쇄, 홈스쿨링으로 늘어난 무급의 가정 내 돌봄 시간의 부담은 부당하게 여성들의 어깨 위에 떨어졌다. 이는 여성의 시간적 빈곤을 상당히 증대시키고 젠더 평등을 위한 이전의 성과들을 뒤집었다. 무급 돌봄 노동의 존재를 인정하고 재분배하고 줄이는 일은 다이앤 엘슨의 말을 빌리자면, 어느 때보다 절박했다. 결국 이는 돌봄의 적절한 공적인 공급의 필요성과 돌봄을 단순히 경상지출이 아니라 사회적 인프라 투자로 인정할 것을 요구한다. 정책은 무엇이 중요한지를 평가해야 한다. 돌봄 노동자들을 '핵심 노동자들' 또는 '영웅들'이라고 부르기만 해서는 충분하지 않다. 우리에겐 돌봄 노동자들을 위한 괜찮은 임금과 노동조건과 적절한 직업 전망을 지닌 돌봄 일자리가 필요하다. 이는 단지 좋은 사회정책의 문제가 아니다. 우리 연구는 보건의료와 사회적 돌봄, 보육, 교육에 대한 공공지출이 경제의 다른 부문의 생산성에 많은 긍정적 효과를 미친다는 사실을 보여준다.

코로나 위기 체험이 학문으로서의 경제학, 더 구체적으로는 연구하

면서 답을 찾아왔던 문제에 대해 영향을 미쳤는가?

코로나 위기는 공공투자뿐만 아니라 사회적 물리적 인프라의 핵심 부문들의 공공소유의 역할을 다시 생각해볼 여지를 안겨주었다. 이는 진보적 경제학자들과 활동가들에겐 단기적인 긴급정책 대응을 코로나 위기 이후의 장기적인 우리 사회 재구성으로 연결시킬 기회다. 유연한 단기 노동시간 조정, 일자리 보장계획, 교육지원과 재교육 계획 지원, 그리고 유급 직업훈련과 같은 잘 짜인 단기적인 대응은 매우 중요하지만, 사회적 돌봄, 보건의료, 보육, 어릴 때부터 대학까지의 교육과 재생에너지에 대한 그린 공공투자, 공공운송, 그리고 주택에 긴요한 고품질의 보편적인 무료 기본 서비스를 제공하는 괜찮은 임금의 영구적인 공공부문 일자리를 창출하는 게 더 낫다. 이것이 내가 얘기하는 퍼플/그린/레드 뉴딜Purple/Green/Red New Deal이다.

포스트 칼레츠키주의와 페미니스트 경제학을 종합하는 우리의 최근 연구에서, 우리는 공립학교와 물리적 인프라 투자 증대, 젠더 격차를 줄이는 임금의 상향 통합을 통해 남녀 모두의 실질임금을 올리기 위한 노동시장 정책, 그리고 소득과 재산에 대한 더 진보적인 조세라는 정책 혼합을 탐구한다. 핵심은 위기 이후에 돌봄과 지속 가능한 사회를 건설할 수 있다는 것이며, 공공지출은 부분적으로 자체 조달해야 하지만, 재산세는 복수의 기후변동 위기와 돌봄에 대처하기 위해 아주 다른 수준으로 공공부문의 규모 확대뿐만이 아니라 불평등과 금융화에 맞서는 데도 보탬이 된다. 부의 집중과 진보적 재산세 도입의 필요성은 팬데믹 기간에 공공차입이 극적으로 증가하면서 재정 보수주의가 복귀함에 따라 더 중요해질 것이다.

마지막으로 아웃소싱된 민간서비스 그리고 관료주의적 공무원 군단에 의존하는 정부들의 처참하고 혼란스러운 위기관리가, 주요 부문들의 의사결정과 소유 등을 집단적이고, 지방자치적인, 그리고 협력적인 소유 및 민주적인 참여적 의사결정과 결합된 국가적 조정 쪽으로 근본적인 구조변화를 하도록 역설하게 만들 여지를 주었다. 보건의료와 사회적 돌봄, 교육, 에너지, 물, 그리고 운송이 이 주요 부문에 포함되는데, 이 부문들에서 민간의 영리추구적인 공급은 높은 가격과 낮은 품질, 불충분한 공급수준으로 이어진다. 그리고 경제위기의 다음 단계에서 저소득 가계들과 중소기업들의 부채 증가가 새로운 신용경색과 은행거래 위기를 야기하고, 그것은 사람들에게 은행거래를 그 리스트(2008년의 국제금융위기 뒤에 놓쳤던 교훈)에 추가하도록 상기시키는 시간이 될 것이다.

대표적 출판물과 영향

출판물

Özlem Onaran and Giorgos Galanis (2014). Income distribution and aggregate demand: National and global effects. *Environment and Planning A*, 46(10), 2489-513.

Özlem Onaran, Cem Oyvat, and Eurydice Fotopoulou (2021). A macroeconomic analysis of the effects of gender inequality, wages, and public social infrastructure: the case of the UK, *Feminist Economics*, forthcoming.

Alexander Guschanski and Özlem Onaran (2021). The decline in the wage share: falling bargaining power of labour or technological progress? Industry level evidence from the OECD, *Socio-Economic Review*, forthcoming.

영향을 받은 인물

아밋 바두리Amit Bhaduri, 미하우 칼레츠키Michał Kalecki, 스티븐 마진Stephen Margin, 다이앤 엘슨Diane Elson, 수 힘멜웨이트Sue Himmelweit, 엥겔버트 스톡해머Engelbert Stockhammer

영향을 받은 문헌

Michał Kalecki (1943). "Political Aspects of Full Employment." *Political Quarterly.*

Amit Bhaduri and Stephen Marglin (1990). "Unemployment and the real wage: The economic basis for contesting political ideologies," *Cambridge Journal of Economics*, 14(4), 375-393.

Diane Elson (2016). Gender budgeting and macroeconomic policy. Feminist economics and public policy: *Reflections on the work and impact of Ailsa McKay*, 27-37.

로버트 폴린

Robert Pollin

PERI를 공동 창립한
글로벌 뉴딜 정책의 선구자

로버트 폴린은 매사추세츠 애머스트대학 정치경제연구소 공동소장이자 경제학과의 석좌교수다. 그는 다음과 같은 책을 썼다. 《생활 임금The Living Wage: Building a Fair Economy》(공저, 1998), 《가계의 윤곽Contours of Descent: US Economic Fractures and the Landscape of Global Austerity》(2003), 《남아프리카의 고용 목적 경제프로그램An Employment-Targeted Economic Program for South Africa》(공저, 2007), 《글로벌경제 녹화Greening the Global Economy》(2015), 《모두를 위한 의료보험의 경제적 분석Economic Analysis of Medicare for All》(공저, 2018), 《기후위기와 글로벌 그린 뉴딜Climate Crisis and the Global Green New Deal》(공저, 2020). 그는 미국 에너지부, 국제노동기구ILO, 유엔산업개발기구UNIDO, 그리고 여러 국가와 미국 주정부 산하의 많은 비정부기구와 단체에서 높은 고용의 그린 경제 구축에 관해 다양한 측면에서 조언을 해주는 컨설턴트로 일했다. 그는 또 많은 미국 정부 기관과 주 및 지자체 차원의 생활임금 법령 입안, 금융규제정책, 그리고 미국의 단일자 지불 의료서비스 경제economics of single-payer health care에 관한 일들도 했다. 그는 《포린 폴리시》가 선정한 '2013년의 선도적 글로벌 사상가 100인'의 한 사람이었다.

당신의 성장 환경과 배경이 궁금하다.

　　나는 부유한 유대계 가정에서 태어나 워싱턴 DC의 메릴랜드 교외에서 자랐다. 하지만 이런 얘기는 사실 내 이력에 대해 제대로 알려주는 게 거의 없다. 친가 및 외가 조부모님들은 모두 러시아 유대인 정착지구의 우크라이나 지역에서 이주해온 사람들이었다. 그들은 제1차 세계대전 직전에 미국으로 왔다. 모두 유대인 촌에서 온 가난뱅이들이었으며, 교육도 거의 받지 못했다. 그들이 쓴 영어에는 평생토록 이디시어Yiddish의 흔적이 강하게 남아 있었는데, 그들은 그것을 '이잉글리시'Yinglish라고 불렀다. 외조부모는 정치적으로 공산주의자들이었으나, 그들이 그냥 공산주의자들이었는지 공산당원들이었는지는 확실히 알지 못한다. 외조부는 세인트루이스에서 살 때 1930년대 대공황 시절 우유 배달원 일을 했다. 그와 외조모는 나중에 세인트루이스 외곽의 아프리카계 미국인 거주지역에 작은 식품가게를 열었다. 그들은 결국 워싱턴 DC로 가서 주류 판매점을 열었다. 친조부모 쪽은 모두 16명의 형제자매들이 있었다. 나의 많은 종조부와 종조모들은 공장 노동자들이었는데, 나중에 트럭을 몰고 케이크를 팔러 다녔고, 그리고 다시 보잘 것 없는 식품가게, 수표현금 교환업, 그리고 부동산업을 전전했다. 그들 중 몇 분도 공산주의자였는데, 가족들 모임에서 자신들의 신념에 대해 꽤 목청을 높이는 분들이 있었다.

　친조부 모리스 폴린Morris Pollin은 시사문제를 열심히 연구했으나 그의 다른 많은 형세처럼 정치색을 드러내진 않았다. 그는 결국 가족 중에 유일하게 배관공이 됐다가 나중에 워싱턴 DC에서 배관공사 도급업자로서 상당히 성공한 사업가가 됐다. 그때가 1930년대 대공황 시기였다. 조부는 뉴딜 정책 아래서 연방정부가 급속히 확장되는 모습을 봤기 때문에 워싱턴으로 옮겨갔다. 워싱턴에는 건설업과 관련된 많은 일거리가 있었다. 그는 재주 좋게 그 물결을 타고 워싱턴 최대의 배관공사 도급업자가 됐다. 그는 평생 단 하루도 학교를 다녀본 적이 없었는데도 그 일을 해냈으며, 그 점을 나는 자주 자랑스럽게 생각했다. 조모 제니 폴린Jennie Pollin은 그녀가 더는 유대인촌 출신의 가난한 소녀가 아닌 존재로 내게 충분히 받아들여진 적이 없었던 듯하다. 평생의 대부분을 항상 자신이 어릴 적에 입었을 시마타스(shmatas, 대강 번역하면 '낡은 천')와 같은 것을 입었다.

아버지 폴린Abe Pollin은 먼저 30대 중반 나이에 다른 형제 두 명과 함께 조부와 부동산업에 뛰어들었다. 그때 나는 여덟 살쯤 됐다. 어머니는 집에서 나와 형제들을 돌봤는데, 이는 1950년대의 전형적인 미국 도시근교 생활방식이었다. 내 10대 때인 1964년에 아버지는 원래 볼티모어 불릿츠Baltimore Bullets였던 프로농구NBA 농구팀을 사들여 워싱턴에서 유명인사가 됐다. 그가 그 팀을 산 이유는 순전히 그가 대단한 스포츠광이었기 때문이다. 그런 결정을 하면서도 그는 재정적 계산을 전혀 하지 않았다. 뒤에 그는 팀을 워싱턴으로 옮겼고, 총기 폭력에 대한 가장 온건한 항의의 뜻으로 닉네임을 불릿츠에서 위저즈Wizards로 바꿨다. 그는 그 팀을 2009년에 자신이 세상을 떠날 때까지 46년간 계속 소유했다. 그는 다른 스포츠 분야에도 적극적이어서 워싱턴 DC에 두 개의 스포츠 경기장을 지었다.

프로스포츠 사업가로서 뿐만 아니라 아버지는 인도적이고 자유주의적인 정치적 대의들을 지지한 적극적인 자선가로 가장 잘 알려졌다. 예컨대 그는 유엔과 함께 글로벌 차원에서, 그리고 워싱턴 DC 지역에서도 빈곤과 싸우는 일에 매우 적극적이고 열정적으로 임했다. 2003년에 몽고메리, 매릴랜드에서 생활임금을 지지하는 일에 거침없고 전투적으로 나섰으며, 이런 점에서 말만 앞세우고 미적거린 일부 지역 랍비들을 공개적으로 비난했다. 더 얘기하자면, 아버지가 적극적으로 한 그런 일들은 훨씬 더 많았다. 그는 세련된 정치노선을 가진 사람으로서 그런 일을 한 것이 아니라 진심으로 연민을 가진 사람으로서 일했으며 최선을 다했다.

이런 환경 속에서 자라면서, 비록 따분하고 부유한 백인 거주 교외지역인 메릴랜드 벳세스다Bethesda에 살았지만, 1960년대의 워싱턴 DC 지역에서 살았던 내가 정치에 관여하게 된 것은 놀랄 일이 못 된다. 나는 중학생 때 시민권리운동, 그리고 바로 그 뒤의 베트남전쟁 반대운동에 대해 잘 알고 있었다. 10학년 무렵에 이미 나는 친구들 몇 명과 그런 일들에 어느 정도 가담하고 있었다. 그러나 고교시절 나는 독서와 책 쓰기처럼 정치가가 되는 것과 특별한 관련이 있는 지적 노동은 하지 않았다. 요컨대 나는 지적 노동자로 가는 길에 들어서기 전에 이미 열정적이고 꽤 활동적인 정치적 좌파(전혀 학교에서 배운 것은 아니었지만)가 돼 있었다.

학생시절에 정치적으로 활동적이었나?

1968년 가을에 나는 위스컨신-매디슨대학University of Wisconsin-Madison의 칼리지에 들어갔다. 고교 시절 록밴드에서 베이스기타를 맡았던 친구의 아버지가 1967년에 그 학교 학생주임이 되면서 매디슨으로 갔는데, 나는 처음엔 순전히 그 때문에 위스컨신에 흥미를 갖게 됐다. 하지만 나는 곧 위스컨신이 좌파의 정치적 온상이라는 낌새를 알아챘다. 그건 멋진 일이었다. 나는 조금도 실망하지 않았다. 위스컨신에서 첫 수업에 들어가기도 전, 말 그대로 매디슨에 모습을 나타낸 지 사흘 만에 나는 학군사관후보ROTC 훈련과정을 필수과목에서 배제하는 캠퍼스 운동에 가담했다. 우리는 실제로 요구사항대로 폐지하는 데 성공했다. 그것은 캠퍼스 반전활동으로서는 매우 이른, 의기양양한 승리였다.

위스컨신대학 학부생활 4년간 나는 정치적으로 적극적인 사고를 유지했다. 다시 한번 얘기하지만, 그건 어려운 일이 아니었다. 반전운동이 캠퍼스와 지역사회의 문화, 더 일반적으로 말해서 1960년대의 에토스ethos로 깊숙이 배어들어 있었다.

무엇 때문에 전공을 역사에서 경제학으로 바꿨나? 그리고 왜 대학원 진학을 매우 진보적인 평판을 얻고 있던 뉴스쿨 쪽으로 정했나?

위스컨신에서 역사를 전공한 것은, 다시 얘기하지만, 쉽고도 분명한 선택이었다. 내가 매디슨에 처음 갔을 때는 그런 것에 대한 생각이 없었지만, 당시 위스컨신에는 미국 그리고 아마도 전 세계에서 가장 유명한 좌파 역사학과가 있었다. 그곳에서 가장 유명한 인물은 미국 제국주의 역사가 윌리엄 애플먼 윌리엄스William Appleman Williams였다. 그러나 불행하게도 내가 진지하게 공부를 시작했던 그 무렵에 윌리엄스는 위스컨신을 떠났다. 하지만 그곳에는 여전히 역사와 다른 분야에서 내게 엄청난 영향을 끼친 뛰어난 교수들이 있었다. 주로 역사 분야에서 내게 영향을 끼친 4명의 뛰어난 좌파 역사가들은 다음과 같다. 외교사에서 윌리엄스 뒤를 따른 톰 매코맥Tom McCormack. 현대중국에 관한 뛰어난 좌파 역사가 모리스 메이스너Maurice Meisner. 유럽사회주의를 연구한 주요 역사학자 조지스 홉트Georges Haupt. 당시 위스컨신에서 거물이었던 하비 골드버그Harvey Goldberg. 엄격함과 깊이 그리고 열정을 겸비한 그의 능력 면으로 볼 때 나는 다른 어디에서도 골드버그에 가까운 강의를 들어본

적이 없다. 그는 1주일에 두 번 500~700명의 학생들 앞에서 강의했다. 그는 유럽 좌파, 사회주의 역사, 제3세계의 정치운동, 로자 룩셈부르크Rosa Luxemburg와 레닌Lenin, 베트남, 중국의 문화혁명에 대해 강의했는데, 그 어느 것이나 모두 기본적으로 당시의 뜨거운 이슈들이었으며, 달걀의 건축학적 구조와 같은 주제들에 대한 무작위적이지만 뛰어난 해석들이었다.

나는 대학 4학년 때 그와 조그마한 세미나를 함께하는 행운을 만났다. 골드버그의 제안에 따라 나는 학기말 리포트를 매디슨의 주요 제조업 공장 기숄트기계Gisholt Machine Company의 폐쇄에 관한 구술사로 만들었다. 골드버그가 그 주제들에 대해 얘기하기 전까지 나는 구술사나 기숄트에 대해 들어본 적이 없었다. 그 프로젝트를 통해 나는 예전의 기숄트 노동자들 여러 명을 그들의 집에서 인터뷰했다. 그들은 기숄트의 폐쇄가 그들 자신의 삶과 그들의 지역사회에 어떤 의미를 갖는지에 대해 얘기했다. 이는 이제 신자유주의 아래서 50년이나 진행되고 있는 산업 공동화deindustrialization 초기의 사례였다.

대학을 마쳤을 때 나는 분명히 정치적으로, 그리고 이제는 지적으로 모두 깊숙이 관여하고 있다고 느꼈다. 하지만 나는 그 관여를 그 이후의 삶 속에서 어떻게 추구해가야 할지에 대한 생각이 없었다. 그때 나는 학자가 되고 싶진 않다는 생각이 확고했다. 나는 학문적인 삶을 지나치게 특권적인, 대체로 골프를 치는 것보다 책 읽기를 더 좋아하는 컨트리클럽과 같다고 생각했다. 그래서 나는 건설업에서 지붕을 덮는 회사 사원으로 잠시 일하기도 했다. 그것은 내 나이대의 사람에겐 급료도 괜찮은 흥미로운 직업이었다. 그것은 미국 노동자계급의 직업에서 임금 정체가 일반화되기 전의 일이었다.

그 뒤 나는 대학시절부터 가까웠던 친구와 함께 남미로 여행을 갔다. 우리의 목적지는 칠레였는데, 그곳에 당도할 때까지는 스페인어를 적당하게 구사할 수 있게 한다는 목표를 세웠다. 칠레를 택한 것은 사상 처음으로 마르크스주의자로서 민주적으로 국가의 수장에 선출된 살바도르 아옌데Salvador Allende 대통령이 이끄는 나라가 어떤 발전을 이루고 있는지를 관찰해보고 싶었기 때문이다. 나는 1973년 7월 중순에 칠레를 떠났고, 불과 2개월 뒤 아옌데 정권은 파시스트 쿠데타로 무너졌다.

아옌데 정권이 전복되고 아우구스토 피노체트Augusto Pinochet 장군 치하에 파시즘체제가 수립되던 그 며칠간, 나는 피노체트 정부가 '시카고 보이즈'(los Chicago boys. 1970~80년대에 유명했던 칠레 경제학자 그룹. 대부분 시카고대학 경제학과에서 밀턴 프리드먼과 아놀드 하버거 밑에서 교육을 받았거나, 교황청 경제학부 소속.—역주)가 이끄는 그의 경제정책 팀을 어떻게 짜 맞추었는지에 대해 읽기 시작했다. 그들은 당시 숭배의 대상이었던 밀턴 프리드먼 교수가 이끌었던 시카고대학 우익 경제학의 보루에서 공부했던 경제학 박사들이었다.

내가 경제학 공부를 처음으로 진지하게 생각하기 시작한 것은 그 시카고 보이즈에 관한 글을 읽으면서였다. 나는 내가 시카고 보이즈가 칠레에 제시한 사항들에 맹렬하게 반대한다는 것을 본능적으로 깨달았지만, 또한 내 반대 이유를 다른 사람들이 납득하도록 설명해줄 수 없다는 사실도 깨달았다. 시간이 지나면서 나는 우익 시카고 경제학과 그 동맹자들을 좀 더 조리정연하게 반대하고 싶다면, 나아가 아옌데가 칠레에서 실행하고자 했던 평등주의 정치 프로그램에 대해 진지하게 생각해보려 한다면, 경제학을 체계적으로 공부해야 한다는 결론에 도달했다.

일단 그렇게 생각하자, 뉴스쿨에 진학하는 건 쉬운 선택이었다. 그때도 지금처럼 뉴스쿨은 미국 내에서 다양한 좌파적 관점에서 정치경제를 연구할 수 있는 유일한 프로그램들을 지니고 있는 곳 중의 하나였다. 게다가 뉴스쿨이 바로 뉴욕시에 있다는 사실이 내게는 중요한 매력 포인트였다. 또 내가 책 읽기를 좋아하는 사람들을 위한 컨트리클럽(말하자면 전형적인 대학 캠퍼스)에 가기보다는 거대하고 활기찬 다민족 도시의 심장부에 있는 것을 선호하는 관점과도 더 잘 맞았다. 그것은 그 도시의 거대한 땅덩이가 글로벌 억만장자들을 위한 놀이터가 되기 전의 일이다.

당신에게 큰 인상을 남겼고, 학문적 이력을 쌓기로 한 결정에 실제로 영향을 끼친 사람들 중의 한 명이 노엄 촘스키라고 알고 있다. 왜 촘스키인가?

내가 처음 노엄 촘스키의 글을 읽기 시작한 것은 1969년 대학 2학년 때였다. 그 당시 그는 〈뉴욕 리뷰 오브 북스New York Review of Books〉에 베트남전쟁을 비난하는 글을 연재하고 있었다. 매디슨 지역의 서점에서 나는 촘스키의 글이 실린 〈뉴욕 리뷰〉를 우연히 발견했다. 당시 나는 촘스키가 누구인지도 몰랐고 〈뉴욕 리뷰〉에 관해 들어본 적도 없었다. 촘스키는 그때 이미 언어학 분야의 대가로 이름이 알려져 있었다. 하지만 나는 당시 그 분야의 첨단 사상가들과 친숙하기는커녕 언어학이 어떤 것인지 한두 마디 얘기하거나 설명하기도 불가능한 수준이었다. 촘스키 또한 세계에서 가장 존경받고 영향력이 큰 대중적 지식인으로 널리 알려진 그 촘스키는 아직 아니었다.

내가 촘스키한테서 느낀 유일한 매력의 포인트는 폭풍처럼 거듭

밀려 온, 일반 독자들을 위해 쓴 그의 정치 관련 글들이었다. 나는 그때 18세의 대학 2년생이었으나, 추상같은 지적 엄밀함 그리고 마찬가지로 추상같은 도덕적 열정이 어우러진 그 글들에 홀딱 반했다. 또 그 글들은 열여덟 살의 대학 2년생 정도의 이해력을 지닌 내 수준의 사람들이 어떻게든 쉽게 접근할 수 있는 글이기도 했다. 그런 관점에서 촘스키의 글을 지켜보면서, 나는 지난 50년간 그랬던 것과 같은 글로벌 차원의 이성과 사회정의의 위대한 목소리로 그의 평판이 급속히 높아져가는 모습을 보면서 조금도 놀라지 않았다. 그런 배경을 생각하면, 한 번도 촘스키를 만난 적이 없고 단한 번 그와 편지를 주고받은 적이 있을 뿐이지만, 내가 학문의 길을 택한 결정에 촘스키가 직접적인 책임이 있다는 것도 사실이다.

남미에서 돌아온 뒤 나는 당시 워싱턴 DC에서 두 번째로 큰 주류 신문이었던 〈워싱턴 스타Washington Star〉에 취직했다. 내가 맡은 일은 '딕테이셔니스트'(dictationist, 받아쓰기 전문가)였다. 그것은 컴퓨터와 인터넷이 일반화되기 직전인 1973~74년 무렵의 일이다. 딕테이셔니스트로서 내가 맡은 일은 커다란 테이블에 다른 딕테이셔니스트들과 나란히 앉아 뉴스룸에서 멀리 떨어진 곳에서 걸려오는 기자들의 전화를 받는 일이었다. 기자들은 전화를 통해 자신들이 쓴 기사를 우리가 받아쓰게 했고, 우리 딕테이셔니스트들은 그것을 타이프로 쳐서 신문 편집자들에게 넘겼다.

어쨌거나 나는 어느 날 늦은 밤 새벽 3시에 야근을 했는데, 친구였던 딕테이셔니스트 바버라 파머Barbara Palmer도 함께 있었다. 바버라는 친절하게도 무얼 하고 살아야 할지 모르겠다고 투덜대는 내 이야기를 들어주었다. 그때 나는 이미 지붕 덮는 일을 경험했고, 주류 저널리즘에서 하는 일의 심각한 한계를 직접 목도하고 있었다. 하지만 나는 바버라에게 학계에 몸담고 싶지 않은 이유에 대해서도 얘기했는데, 진지한 좌파 정치활동을 하는 사람에게 그것은 너무 쉬운 일로 여겨지기 때문이라고 했다.

바로 그때 바버라가 불쑥 다음과 같이 말했다. "너는 어쩌면 그렇게 학계에 완전히 반대할 수 있니? 너의 영웅 노엄 촘스키가 학자인데?" 바버라의 얘기는 분명 사실이었다. 그리고 나 스스로도 분명히 그것을 생각해낼 수 있었다. 그리고 위스컨신대학의 내 역사학 교수와 같은, 내가 매우 높이 평가하는 사람들 다수도 학자들이라는 것도 사실이었다. 나는 그들이 지적인 컨트리클럽에서 그저 쉬운 삶을 추구하는 사람들이라고 생각한 적이 없었다. 그럼에도 바버라가 새벽 3시에 〈워싱턴 스타〉의 뉴스룸에서 노엄 촘스키가 학자라는 명백한 사실을 얘기했을 때, 비로소 그것은 내 인생에서 유레카Eureka!의 순간이 됐다. 내가 학자로서 촘스키가 해온 방식대로 지적인 노동을 해보겠다고 생각하기 시작한 게 바로 그 순간이었다.

나는 촘스키가 전공한 길, 언어학을 내 전공분야로 삼아 따라갈 생각은 없었으며, 내가 촘스키의 수준에 가까운 성취를 해낼 수 있다고 단 한 순간이라도 나 자신을 속인 적도 없었다. 하지만 내가 전투적인 반아카데미적인 인간에서 여생을 전부 경제학 대학원생과 교수로 살아가겠다고 마음을 고쳐먹은 반전이 나의 롤모델인 촘스키와 함께 시작됐다는 점은 의심의 여지가 없다.

당신의 경제학적 관점을 형성한 지적인 영향에는 어떤 것이 있는가?

나는 분명히 강력한 이데올로기적 책무, 또는 조지프 슘페터가 더 사려 깊게 얘기한 '선견지명'을 느끼면서 경제학에 발을 들여놓았다. 나의 선견지명은 헌신적인 좌파로서의 선견지명이었다.

하지만 그것이 지닌 더 구체적인 의미는 확정되지 않았고 지금도 미해결 문제로 남아 있다. 1975년에 내가 대학원 공부를 시작했을 때 지구 전체 인구의 3분의 1이 사회주의 또는 공산주의의 어떤 버전 아래 살고 있었다. 하지만 미국 제국주의는 폭력적으로 베트남의 공산주의 프로젝트를 파괴할 작정을 하고 있었고, 칠레에서는 민주적 사회주의 프로젝트를 막 파괴한 직후였다. 동시에 선진 자본주의 경제들은 크게 봐서 주로 자본주의의 사회민주주의적/케인즈주의적 변주 형태로 작동했다.

따라서 좌파 경제학자로서 내가 품고 있던 무엇보다 중요한 문제는, 모든 딱지labels를 제거하고, 마르크스 자신이 말했듯이 공산주의/사회주의의 모든 지배적인 모델들을 포함한 기존의 모든 것을, 또 그것을 위해 마르크스 자신을 포함한 모든 작가까지 기꺼이 '가차 없이 비판'하면서, 진실로 평등주의적인 민주적 사회를 가장 효과적으로 건설하는 대안적인 길이 무엇인지 알아내는 것이었다. 내가 가장 좋아하는 마르크스의 말은, "나는 마르크스주의자가 아니다."다.

그렇긴 하지만, 경제학에서 나의 중요한 지적 영향은 마르크스와 함께 시작돼야 한다. 두 번째 거인이 누구인지도 마찬가지로 명백한데, 바로 존 메이너드 케인즈다. 미하우 칼레츠키는 마르크스와 케인즈로부터 얻어낼 수 있는 두 가지의 가장 중요한 통찰을 통합하는 중요한 힘이다. 마르크스로부터 얻는 통찰은, 자본주의가 노동자를 착취하고 생산과정에서 이윤을 뽑아내기 위해서는 노동 예비군, 즉 대규모 실업을 필요로 한다는 점이다. 케인즈로부터 얻어낼 수 있는 통찰은, 적어도 기술적으로 자본주의하의 완전 고용은 경제에서 전체 수요를 높은 수준으로 유지하는 정책 개입을 통해서 성취할 수 있다는 생각이다. 칼레츠키는 명석하게도 마르크스와 케인즈로부터 얻을 수 있는 이 상호 모순되는 생각들을 다음과 같이 주장함으로써 기술적으로 조화시켰다. 즉 케인즈는, 우리가 적극적인 수요관리를 통해 자본주의의 완전고용 버전을 운용할 수 있다고 본 점에서 옳았다. 하지만 마르크스는 자본가들이 노동자들에게 너무 많은 협상력을 줌으로써 자본이익을 잠식하지 않는 한도 내에서 완전고용 자본주의를 받아들인다고 주장한 점에서 옳았다. 여기에서 칼레츠키의 통찰과 관련해 우리가 해결해야 할 깊은 미해결 문제는 정치적이고도 기술적인 문제다. 사실 지난 40년간은 마르크스가 옳다는 대답이 우세했다. 말하자면 신자유주의가 사회민주적/케인즈주의적 자본주의에 대한 해답이라는 의미인데, 그 이유는 근본적으로 신자유주의가 자본주의 운용방식의 훨씬 더 공격적이고 친자본주의적인 버전이기 때문이다. 신자유주의는 선진 자본주의사회들에서 노동자들로부터 협상력을 성공적으로 제거해왔다.

마르크스, 케인즈, 그리고 칼레츠키라는 분명한 인물들 외에 더욱 놀랍고 중요한 영향을 끼친 두 명의 우익 경제학자가 있는데, 바로 조지프 슘페터와 밀턴 프리드먼이다. 슘페터는 마르크스와 비슷한 방식으로 방법론적으로 얼마나 진지할 수 있는지를 보여준다. 즉 역사와 경제사상사에 진지하게 토대를 두고, 제도적 분석에 유의하며, 결국 더 높은 생활수준을 가져다줄 기술혁신을 가장 잘 이룰 수 있는 시스템으로서의 자본주의에 헌신하기 위해서다. 좌파는 이런 관점에 맞서서, 그에 반하는 자신의 성향을 점검해야 한다.

밀턴 프리드먼과 관련해, 나는 대학원 시절 자발적으로 프리드먼을 읽느라 아마도 마르크스와 케인즈를 뺀 다른 어느 경제학자들에 대해서보다도 더 많은 시간을 들였을 것이다. 이 모두는 칠레에서 파시스트 쿠데타가 일어난 뒤 조직된 시카고 보이즈를 내가 관찰하면서 시작됐다. 내가 프리드먼과 그의 학파에 반대하려면 그들이 무슨 짓을 했는지 알아야 한다는 생각이었다. 그것이 박사 학위논문을 쓸 때 내가 금융거시경제학을 연구하게 만들었던 중요한 요소들 중의 하나였다. 프리드먼은 금융거시경제학의 한 갈래인 통화주의monetarism의 선도적 주창자였다. 만일 내가 그것이 완전히 잘못됐다고 생각한다면(나는 그렇게 생각했다.) 나는 그것이 왜 잘못됐는지 정확하게 알아야 할 필요가 있었다.

이들 중요한 인물들 외에 나는 대학원에서 많은 교수, 특히 폴 스위지와 밥 헤일브로너, 안와르 샤이크, 그리고 데이비드 고든으로부터도 큰 영향을 받았다. 그들은 모두 좌파 정치경제 분야에서 중요한 인물이며, 경제학과 나와의 연결고리에 분명히 기여했다.

나는 처음에 당시 세계에서 가장 뛰어난 마르크스주의 경제학자였던 스위지와 함께 마르크스를 공부했다. 스위지와 해리 매그도프Harry Magdoff는 그때 정기 간행물 《먼슬리 리뷰Monthly Review》의 공동편집자들이기도 했다. 1960년대 초 스위지와 매그도프는 《먼슬리 리뷰》에 우리가 지금 금융화라고 부르는 것에 대해 정기적으로 글을 싣기 시작했다. 그들은 금융시장과 금융기관들이 어떻게 점점 자본주의의 지배적인 요소가 돼가는지 기록했다. 그것은 금융투기를 과도한 수준으로 증대시켰을 뿐만 아니라 비금융 자본에 대한 금융자본가들, 곧 월스트리트의 힘도 증대시켰다

밥 헤일브로너는 유행했던 그의 관점, 그리고 큰 질문을 던지고 거기에 대해 깊고 통찰력 있는 답을 내놓는 능력으로 큰 영향을 끼쳤다. 그의 일부 저서들 제목은 그 자체로 그의 접근법을 떠올리게 한다. 《마르크스주의: 찬성인가 반대인가Marxism: For and Against》, 《인류의 전망 탐구Inquiry into Human Prospect》, 《자본주의와 사회주의 사이에서Between Capitalism and Socialism》.

안와르 샤이크는 대단한 이론가였고 지금도 그렇다. 그는 마르크스한테서 많은 것을 가져왔지만, 그 뒤 그것을 밀어내고, 자신이나 제자들에게 뭐든 당연하게 여기는 것을 허용하지 않았다. 경쟁이란 과연 무엇일까? 비교우위 뒤에 있는 논리는 무엇인가? 복지국가는 얼마나 효과적으로 자본가로부터 노동자에게 소득을 재분배하는가?

　데이비드 고든은 내가 현대 통계학과 계량경제학이라는 도구들을 충분히 갖추고 가능한 한 효과적으로 작업할 수 있게 영감을 준 사람이었다. 그는 우리 좌파들이 우리 자신의 관점을 발전시키기 위해 이용 가능한 모든 기술을 활용해야 하며, 그 거대한 방법론적 분야를 정통 경제학자들에게 넘겨줘서는 안 된다고 주장한 사람들 중의 하나다. 데이비드는 또 현실세계의 좌파 정치경제에 중요하다고 여겨지는 질문이라면 그 어떤 것이든 두려움 없이 던졌다. 그가 특별한 문제에 대한 전문가냐 아니냐는 중요하지 않았다 그는 머리부터 먼저 뛰어들어 알아냈다.

　뉴스쿨의 내 멘토 교수들 외에, 대학원 시절에 내게 중요한 영향을 끼친 사람은 내가 박사학위를 딸 때까지 한 번도 만난 적이 없는 사람이었다. 그는 바로 하이먼 민스키다. 대학원 시절에 나는 민스키가 월스트리트 패러다임이라 불렀던 것에 대한 그의 저작 읽기를 시작했다. 그것은 월스트리트 패러다임 내의 자본주의의 체제적인 불안정의 근본 원인을 설명했다. 따라서 민스키의 저작은 스위지와 매그도프가 금융화에 대해 쓰고 있던 것과 명백한 연관성이 있었다. 민스키는 또 그 특유의 방식으로 케인즈를 확장했다. 박사학위 논문을 쓸 때, 그리고 논문을 쓰고 난 뒤 몇 년간, 내 연구는 스위지와 매그도프, 민스키, 그리고 더 넓게는 금융거시경제학에 관한 마르크스주의와 케인즈주의적 관점들까지 아우르는 실증적 분석을 개발하는 데 초점을 맞추고 있었다. 그것은 밀턴 프리드먼과 통화주의에 대한 나의 비판적 관점의 토대이기도 했다.

1982년에 대학원을 졸업한 나는 캘리포니아대학 리버사이드 캠퍼스, 그리고 매사추세츠 애머스트대학에서 많은 뛰어난 동료와 함께 작업하는 큰 행운도 누렸다. 내 가까운 동료들로는 먼저 하워드 셔먼Howard Sherman과 빅터 리피트Victor Lippit가 있었다. 몇 년 뒤 키스 그리핀Keith Griffin과 아지즈 칸Aziz Khan, 데이브 페어리스Dave Fairris와 게리 딤스키Gary Dymski가 가세했다.

키스 그리핀은 뛰어난 평등주의 개발경제학자였다. 전에도 그랬고 지금도 마찬가지지만, 나는 이런저런 사상학파를 대신해서 엄밀하게 학술적 논쟁을 벌이는 데 반대하면서 현실세계의 실제 문제를 풀려는 그의 헌신에서 영감을 받는다.

아지즈 칸 역시 뛰어난 개발경제학자였다. 그는 내가 만나본 사람 중에서 가장 창조적인 실증적 경제학자였다. 그의 작업은 개발경제학, 특히 개발경제 속의 빈곤층의 상태에 초점을 맞추고 있었다. 그는 자신의 프로젝트를 추진하면서 거의 언제나 심각한 데이터 한계에 직면했을 것이다. 그럼에도 그는 주어진 상황에서 어떤 데이터 한계에 직면하더라도 어떻게 하면 엄밀하고 의미 있는 무언가를 찾아낼 수 있을지를 생각해내는 데 달인이었다.

매사추세츠 애머스트대학에서 나는 영감을 주는 창조적인 동료들로 이뤄진 대단한 그룹과 함께하는 복을 누렸다. 나는 앞으로 몇 명의 다른 사람 이름을 거론할 것이다. 그중 한 사람이 1950년대 중반에 출범한 지 약 30년이 된 스웨덴노동조합연맹Swedish Trade Union Confederation의 루돌프 메이드너Rudolph Meidner다. 메이드너는 스웨덴 사회민주주의 모델의 주요 설계자들 가운데 한 사람이었다. 그 모델은 칼레츠키가 제기한 다음과 같은 깊은 의문에 대답하려고 노력했다. 완전고용과 평등주의적인 사회복지국가를 위한 지속적인 노력을 유지하는 자본주의 버전을 어떻게 작동시킬 수 있을까? 메이드너 등이 발전시킨 노르딕(북유럽) 사회민주주의 모델은 리버럴 자본주의 제도들을 욕망에 대한 통제력을 확보하기 위한 민주적인 정치와 평등주의적인 목표를 허용 가능한 극한까지 밀고 가게 만드는 데 가장 성공한 모델이었다. 그들의 성공과 실패에서 우리가 배울 수 있는 게 많다.

나는 또 내 작업이 정치활동가들의 작업에서 강력한 영향을 받았다는 점도 얘기해둬야겠다. 사회적 정의를 위해 일선에서 싸우는 사람들이 있다. 그들 중 일부는 가끔 내게 그들이 하는 일을 도와달라고 요청했다. 그것은 언제나 굉장한 도전이었다. 나는 가능한 한 그들의 노력을 지원해주기 위해 최선을 다하려고 애써왔다.

캘리포니아대학 리버사이드 캠퍼스에서 다년간 교수로 재직하며 가르쳤다. 매사추세츠 애머스트대학에는 어떻게 오게 됐나?

나는 뉴스쿨에서 박사학위를 받은 직후인 1982년 가을에 캘리포니아대학 리버사이드 캠퍼스에서 가르치기 시작했다. 나는 캘리포니아대학 리버사이드 캠퍼스에서 16년간 재직했다. 내가 그곳에서 재직했던 대부분의 세월 동안 우리는 정통파 경제학자들의 가차 없는 반대에 직면했으나, 정치경제 분야의 작업을 하기에 그곳은 아주 훌륭한 장소였다.

나는 1998년에 매사추세츠 애머스트대학으로 옮겨왔는데, 일부 개인적인 이유도 있었다. 워싱턴 DC 지역에 있는 가족, 그리고 로드아일랜드에 있는 장모님과도 좀 더 가까운 곳으로 간 것이다. 하지만 나는 매사추세츠 애머스트대학이 정치경제를 전공한 나 같은 사람에게 일생일대의 기회를 제공한다고도 생각했다. 나는 매사추세츠 애머스트대학이 세계에서 가장 강력한 정치경제 프로그램을 지닌 대학이라고 생각했다. 기회가 주어졌는데, 내가 어찌 거기에 가기를 마다하겠는가?

제럴드 엡스타인과 공동소장으로 있는 정치경제연구소의 비전과 소임은 무엇인가?

매사추세츠 애머스트대학에서 정치경제연구소Political Economy Research Institute를 해보자는 아이디어를 낸 사람은 당시 이미 그 대학의 시니어 교수였던 제리(제럴드) 엡스타인이었다. 제리는 그 아이디어를 냈을 뿐만 아니라, 그것을 실현시키기 위해 완전 따분하지만 결정적인 중요성을 지닌 요식적(관료적)인 작업에 2년이 넘는 엄청난 시간을 투입했다.

오늘날 정치경제연구소의 비전은 기본적으로 1998년 출범 때의 그것을 유지하고 있다. 그것은 첫째로, 오늘날 우리가 살고 있는 역사적 시기의 자본주의 작동을 평가할 수 있는 엄밀한 경제연구소를 키우고, 둘째로, 어떻게 하면 좀 더 민주적이고 평등하며 생태학적으로 건전한 사회(그런 사회를 '사회주의적'이라 지칭하든 다른 무엇으로 부르든 상관 없다.)를 만들 수 있을지를 모색하는 일에 보탬이 되자는 것이었다.

정치경제연구소의 에토스는 타계한 내 지도교수 밥 헤일브로너가 써서 남긴 다음과 같은 관찰 속에 아름답게 묘사돼 있다. "너무 자주 신비화의 도구로 오용되긴 하지만, 경제학은 우리가 그것을 도덕적 관점에서 실행 가능한 과학을 만들기 위해 분투, 노력할 때 그 수단으로 생각한다면, 최고의 계몽수단이 될 수 있다."

경제학은 과학인가, 아니면 더 많은 정책지침인가?

내가 생각한 대로 경제학을 실천하고 있다면, 그것은 과학이자 정책지침이다. 그 때문에 경제학은 오랫동안 '도덕학'moral science이라고 불려왔다. 한 가지 간단한 경우를 예로 들어 생각해보자. 최저임금과 '생활임금'법인데, 내가 작업해온 분야다. 도덕 문제로서, 일터에 나가 일한 모든 사람은 생활임금을 받을 자격이 있다고 주장하기는 쉽다. 생활임금이란 자신과 그 가족들이 최소한의 품위 있는 생활을 할 수 있게 해줄 정도의 임금을 가리킨다. 이것은 간단한 윤리적 판단이다. 하지만 곧 다음과 같은 골치 아픈 분석적 문제들이 대두된다. 만일에 최저임금을 생활임금 수준으로 올린다면, 사용자(고용주)들이 저임금 직원들에 대해 법률이 주라고 요구한 추가임금을 줄만한 가치가 없다고 생각할 경우, 저임금 직원들 채용을 꺼리게 만들지 않을까? 즉, 고용주들은 노동자들이 시간당 15달러가 아니라 8달러를 지불할 가치가 있다고 판단한다. 그럴 경우 생활임금 기준의 설정은 그런 조치를 통해 도와주려고 하는 바로 그 저임금 노동자들의 실업 가능성을 높임으로써 결과적으로 그들에게 손해를 끼치게 된다.

이는 이른바 경제정책에서 '의도하지 않은 결과의 법칙'으로 불리는 고전적 사례로 종종 다뤄진다. 즉 좋은 일을 하려다가 나쁜 결과를 낳는 것이다. 하지만 이 문제에 대한 분석적인 작업을 하기 전까지 우리는 그 의도하지 않은 결과가 실제로 일어날지, 또는 의도하지 않은 결과가 일어난다 하더라도 그 정도가 심각할지 아닐지 제대로 모른다. 도시들에서의 생활임금 규정을 확립하기 위해 내가 수행한 많은 작업은 저임금 노동자들과 그들의 가족 생활임금 인상을 돕기 위한 생활임금법의 '의도된 효과'와 저임금 노동자들의 실업 증대라는 의도하지 않은 효과 사이의 상대적인 크기를 측정하기 위해서였다. 내가 일관되게 찾아낸 답은 의도된 결과가 의도되지 않은 결과보다 훨씬 더 크다는 것이었다. 즉 노동자들은 생활임금 조치를 통해 적어도 완만한 생활수준 향상을 경험하는 반면, 부정적인 고용효과는 거의 무시할 수 있거나 아예 없다고 드러났다.

내가 찾아낸 답은 1990년대 중반 이후의 최저임금법 효과에 관한 더 광범위한 연구 문헌들의 그것과 일치했다. 이는 하버드대학 경제학자 리처드 프리먼Richard Freeman의 다음과 같은 말에 잘 요약돼 있다. "완만한 최저임금 인상이 아무런 고용효과도 낳지 못하는지, 완만한 긍정적인 효과를 낳는지, 또는 약간의 부정적인 효과를 낳는지에 대한 논의는 끝났다. 그것은 큰 부정적인 효과를 낳느냐 아니냐에 대한 논의가 아니다." 생활임금법을 생각할 때 이런 결론에 도달하려면, 경제학자들이 당면한 도덕적 문제와 객관적인 효과 분석이라는 두 가지 측면, 즉 의도된 결과와 의도되지 않은 결과 모두의 관점에서 이 문제를 다뤄야 할 필요가 있다.

지난 수년간 녹색경제 비전이라고 부를 수 있는 것을 발전시켜 왔고, 최근에는 워싱턴, 뉴욕, 콜로라도 등의 주들로부터 의뢰받은 녹색경제 관련 연구들을 해왔다. 녹색경제와 인간세Anthropocene epoch 에서의 그 중요성에 대해 얘기해줄 수 있나?

광범위한 그린 경제학에서 지금까지 내가 초점을 맞춰온 부분은 상당히 협소한 영역으로, 기후 안정화를 위해 실행 가능한 방도를 찾아내는 것이다. 나는 생물 다양성 상실과 공기 및 물 오염과 같이 전 지구적으로 연결된 생태학적 문제들에 대한 진지한 연구에 관심을 집중하지 못했다. 나는 기후위기가 가장 절박한 문제라는 단순한 이유 때문에 거기에 집중해왔다.

기후변동과 녹색 경제학의 관점에서 나의 기본적인 관심사는 다음과 같다. 기후변동에 관한 정부 간 패널IPCC은 2100년까지 전 지구적 기온 상승을 최대 1.5도 이내로 억제하는 목표를 달성하기 위해서는 전 지구적 이산화탄소 순 배출량을 2030년까지 약 45% 줄이고 2050년까지는 순 배출량을 제로로 만들어야 한다. 내 정의에 따르면, 그린 뉴딜의 핵심은 이 IPCC 목표치들을 달성하기 위한 글로벌 프로젝트 추진이며, 전 세계적으로 괜찮은 일자리 취업 기회를 확대하고 노동자와 빈민들의 대중적인 생활수준을 높이는 방식으로 이를 달성해야 한다. 간단한 문제다.

사실 이런 문제들 주변에 포진한 무수한 정치적 경제적 세력들과 무관하게 순수 분석명제와 정책과제로서, 글로벌 이산화탄소 순 배출량 허용치를 2050년까지 제로가 되게 만들기는 매우 현실적인 목표다. 내가 도출해낸 최고 추정치에 따르면, 연간 글로벌 GDP의 약 2.5%를 전 세계경제에 투입하는 수준의 평균 투자가 필요한데, 다음 두 분야에 집중한다. (1)건물, 자동차와 대중교통 체제, 그리고 산업생산 과정의 에너지 효율 기준을 극적으로 높인다. (2)화석연료와 원자력보다 경쟁력 있는 가격으로 이용할 수 있는 클린(청정) 재생에너지원(주로 태양광과 풍력) 공급을 모든 분야와 지구 모든 지역에 마찬가지로 극적으로 확대한다. 이런 투자는 다른 분야도 보완할 필요가 있는데, 가장 중요한 점은 삼림벌채를 막고 조림을 지원하는 것이다. 이는 무엇보다도 열대우림과 그 주변에 살면서 일하는 지역사회들을 지원해서, 그들이 토지개간식 개발업자들로부터 숲을 보호하는 중요한 일을 하면서 생계를 잘 꾸려갈 수 있도록 해준다는 의미다. 그런 한편으로 글로벌 화석연료

산업은 우리가 탄소배출 감축 목표를 달성하기 위해서는 앞으로 30년 안에 폐기해야 한다.

이 프로젝트에서 중요한 내 연구 분야는 고용기회와 지역사회에 끼쳐온 영향의 조사였다. 녹색경제 건설이 일자리 창출의 원천이 돼야 한다는 아이디어가 쉽게 받아들여져야 하는데, 종종 그와 정반대, 즉 일자리 킬러로 묘사된다. 그 이유는 녹색경제 건설이 반드시 건설을 수반하기 때문이다. 이는 에너지 효율 기준을 극적으로 높이고 재생가능 에너지 공급도 극적으로 확대하기 위한 대규모의 신규 투자가 이뤄진다는 의미다. 어디에든 돈을 쓰면 일자리가 창출된다. 그렇다면 그와 관련해 제기될 수 있는 유일한 의문은, 녹색경제 건설을 통해 얼마나 많은 일자리가 창출될지, 그리고 동시에 얼마나 많은 일자리가 화석연료 인프라의 감축과 종국적인 해체로 사라질지다. 실제로 공저자들과 함께한 내 연구를 통해, 모든 발전 단계의 나라들이 클린 에너지 투자를 통해 기존의 화석연료 인프라를 유지하는 쪽보다 상당히 더 많은 일자리 창출을 경험하게 된다고 밝혀졌다. 우리의 연구는 미국, 중국, 인도, 인도네시아, 독일, 브라질, 남아프리카, 한국, 스페인, 그리스, 그리고 푸에르토리코 등 우리가 검토한 11개국에서 모두 이런 관계가 성립됨을 밝혀냈다. 그것은 또 미국 내의 각 주들 차원에서도 마찬가지였다.

동시에 석유와 석탄, 천연가스를 소비하는 사람들의 생계를 의지하고 있는 세계의 노동자들과 지역사회들은 클린 에너지로의 전환으로 손해를 보게 될 것이다. 내 연구가 초점을 맞춘 또 하나의 영역은, 화석연료산업의 종말로 부정적인 영향을 받게 될 그들 노동자와 지역사회를 위한 정의로운 전환을 어떻게 보장해줄까 하는 부분이다. 지구의 운명이 그들 노동자와 지역사회를 위한 정의로운 전환정책들을 시행할 수 있느냐의 여부에 달렸다고 얘기하는 것은 약간 과장됐을 뿐(사실)이다. 대규모로 운용되는 그런 조정지원 프로그램이 없으면, 클린 에너지 투자 프로젝트로 인한 감축에 직면한 노동자와 지역사회가 자신들의 지역사회와 생계를 보호하기 위해 싸우리라는 점은 예상할 수 있고 또한 이해할 수 있는 일이다. 이는 결국 기후 안정화 정책들의 효율적인 추진을 지연시키는 용납할 수 없는 사태를 야기할 것이다.

녹색경제/그린 뉴딜에 관한 내 연구의 마지막 주요 파트는 이 프로젝트를 추진하는 데 드는 비용 부분이다. 앞서 얘기했듯이 2050년까지 순 배출량 제로라는 IPCC의 배출가스 감축목표를 달성하기 위해서는 30년 동안 매년 평균 글로벌 GDP의 최대 2.5%를 써야 한다. 동시에 그린 뉴딜의 핵심인 이 클린 에너지 투자 프로젝트는 시간이 지나면서 비용을 완전히 자체 충당하게 되리라는 점을 강조해두는 게 중요하다. 이는 엄격하고 전통적인, 세밀하게 초점을 맞춘 비용계산, 무엇보다도 생태학적 파국을 피하는 쪽으로 기여함으로써 오히려 중요한 이익을 안겨주는 부분을 제외하고 계산하더라도 그렇게 된다.

글로벌 클린 에너지 투자 프로젝트는 시간이 지나면서 세계 모든 곳의 에너지 소비자들에게 더 낮은 비용으로 에너지를 제공하게 되므로 돈을 절약할 수 있게 해준다. 이런 결과는 에너지 효율성 기준을 높임으로써 당연히 소비자들이 에너지 서비스를 더 적게 쓰게 만들 것이다. 예컨대 높은 효율의 하이브리드 플러그인 자동차는 1갤런의 가솔린으로 100마일을 갈 수 있는데 비해 오늘날의 미국 도로에서 보통의 자동차는 평균 1갤런으로 25마일밖에 갈 수 없다. 게다가 태양광과 풍력, 그리고 지열, 전기 에너지 공급 비용은 평균적으로 화석연료와 원자 에너지 비용과 대체로 같거나 그보다 더 낮다. 이처럼 초기 선불 투자비용은 시간이 지나면서 생겨날 비용절감으로 되돌려 받을 수 있다. 이는 성공적인 글로벌 그린 뉴딜을 성공적으로 구축하기 위한 가장 중요한 정책 과제가 자금조달임을 의미한다.

지구를 파멸적인 글로벌 온난화 효과로부터 구해낼 그린 뉴딜 계획안의 대안은 낭비와 지속적인 성장을 넘어선 새로운 경제로의 전환이다. 이런 류의 생각은 '역성장' 운동으로 모아진다. 역성장은 현실적인 것이며, 나아가 바람직한 것인가?

간단히 말해, 그렇지 않다. 하지만 왜 그런지 설명하기 전에, 먼저 나는 역성장을 주장하는 대다수 연구자들과 활동가들을 매우 존경한다는 점을 분명히 해두고 싶다. 사실 나는 그들의 가치와 관심사를 공유한다. 좀 더 구체적으로 말하면, 나는 통제되지 않은 경제성장이 가정과 기업 그리고 정부가 소비하는 상품과 서비스 공급의 증가와 함께 심각한 환경파괴를 야기한다는 데 동의한다. 또 지금의 글로벌 자본주의 경제에서는 생산과 소비의 상당 부분이 낭비적이며, 특히 전 세계의 소비에서 차지하는 고소득자들이, 그 모두는 아닐지라도 다수가 그러하다는 데도 동의한다. 경제적 범주로서의 성장 그 자체가 경제 확장의 비용과 이익의 배분에 대해 아무런 언급도 하지 않는다는 점 또한 명백하다. 경제성장을 측정하기 위한 통계적 구성인 국내총생산GDP의 경우, 소비재뿐만 아니라 환경'악재'도 생산하는 것에 대해 설명하지 못한다는 점은 논쟁의 여지가 없다. GDP는 또한 대부분 여성들이 담당하는 무급 노동에 대해서도 설명하지 않는다. 1인당 GDP 또한 소득과 부의 배분에 대해 우리에게 아무 얘기도 해주지 않는다.

이 모든 합의된 것들을 인정하더라도, 내 생각에는 기후변동의 구체적인 문제에 관해 역성장은 실현 가능한 안정화 틀 비슷한 것조차 제공하지 못한다는 점 또한 사실이다. 매우 간단한 약간의 산수를 생각해보자. IPCC가 밝힌 바대로, 우리는 글로벌 이산화탄소 배출량을 30년 안에 지금의 330억 톤 수준에서 제로로 낮춰야 한다고 알고 있다. 따라서 배출 감소 프로그램으로서의 역성장 의제에 따라 글로벌 GDP가 향후 30년간 10% 줄어든다고 가정하자. 그러면 그것은 우리가 2007~09년의 금융위기와 공황 때 체험한 것의 4배가 넘는 글로벌 GDP의 감소를 수반하게 될 것이다. 이산화탄소 배출 면에서 이 GDP 10% 감축의 순 효과는, 그 자체만 생각하면 배출량을 정확하게 10% 저감, 말하자면 330억 톤에서 300억 톤으로 줄여야 한다. 글로벌 경제는 그 정도의 성과를 달성하기 위해 공황과 같은 상태를 만들어내고도 배출량 제로에는 다가갈 수 없다.

게다가 글로벌 GDP 감축은 노동자들과 가난한 사람들에게 엄청난 일자리 상실과 생활수준 저하를 초래했다. 글로벌 실업은 공황 시기에 3천만 명 이상 늘었다. 만일 GDP가 2007~09년의 금융위기와 공황 기간 때의 2배만큼 감소할 경우, 우리가 어떻게 하면 대량 실업의 심각한 증가를 피할 수 있는지에 대해 역성장 옹호론이 신뢰할 만한 주장을 내어놓는 것을 본 적이 없다.

그렇다면 명백히, 역성장 시나리오하에서도 탄소 배출을 줄일 결정적인 요소는 전면적인 GDP 감축이 아니라, 에너지 효율성과 청정 재생에너지 투자를 크게 높이고(회계목적상 GDP 증가에 기여할 것이다.) 석유와 석탄, 천연가스의 생산과 소비를 극적으로 줄이는 것(이는 GDP 감소로 기록될 것이다.)이다. 달리 말하면, 청정 에너지산업을 대규모로 확장하는 한편으로 글로벌 화석연료산업은 2050년까지 제로로 '역성장'해야 한다.

우리가 알고 있는 문명생활이 끝장나기 전에 글로벌 온난화를 저지할 수 있는 능력이 우리에게 있다고 낙관하는가?

여기서 나는 다음과 같은 그람시Antonio Gramsci의 위대한 경구로 돌아가보겠다. "마음은 비관주의지만, 의지는 낙관주의다."

정책적 관점에서 대대적으로 다뤄온 또 하나의 문제는 한 나라만 제외하고 선진국들이 모두 도입한 보편적인 의료보장 프로그램 문제다. 어떻게 그런 프로젝트에 관여하게 됐나? 우리가 살아 있는 동안에 미국이 보편적인 의료보장 프로그램을 채택할 수 있을까?

미국의 단일지급자 의료보험 경제학에 관한 작업은 내가 정치활동가들에게 채용돼서 진행한 작업의 한 사례다. 2017년의 일인데, 당시 채용을 담당하고 있던 활동가들은 캘리포니아간호협회/전미간호연맹California Nurses Association/National Nurses United의 전무이사와 정책실장이었던 로즈앤 디모로RoseAnn Demoro와 마이클 라이티Michael Lighty였다. 로즈앤이 이끌었던 캘리포니아간호협회/전미간호연맹은 당시에 미국에서 가장 창조적이고 전투적인 노동조직이었다. 따라서 그들이 그 프로젝트를 맡아달라고 내게 요청했을 때 나는 그렇게 하겠다고 할 수밖에 없었다. 그렇지만 로즈앤과 마이클이 캘리포니아에서 후원하고 있던 단일지급자 법안 연구를 맡기기 위해 나를 만나기 전까지 나는 그 문제를 진지하게 생각해본 적이 없었다.

공저자와 내가 2017년 5월에 캘리포니아를 위해 그 연구를 수행한 뒤 우리는 로즈앤과 마이클에게 다시 채용됐는데, 이번에는 버니 샌더스Bernie Sanders도 채용자의 한 사람이었다. 샌더스가 2017년에 제안한 전국민의료보험 제도 도입에 대한 연구 의뢰였다. 우리는 2018년 11월에 그 연구를 완료했다. 나는 2019년에 하원에 법안을 제출한 여성 하원의원 프라밀라 자야팔Pramila Jayapal의 요청으로 최근까지 그 분야의 작업을 계속해왔다.

우리 연구는 기본적으로 다양한 특정 주제에 관한 기존 연구들을 검토하고 종합하는 것이었다. 그런 주제 가운데 하나는 다음과 같다. 개인의 직접적인 비용분담금을 모두 없앨 경우, 즉 보험료, 공제액 또는 고용인의 부담을 없앨 경우에 보건의료 서비스 수요가 얼마나 증가할까? 또 하나는 보건의료 서비스 제공을 위한 모든 행정 기능을 과감하게 단순화하고 민간보험업자들의 이익을 제거할 경우 저축은 얼마나 늘어날까였다. 세 번째 주제는, 왜 미국 보건의료 서비스 소비자들은 가장 일반적인 처방약 값을 다른 모든 고소득 국가의 국민들보다 약 2배나 내야 하나였다. 그리고 이 모든 문제에 걸려 있는 큰 질문은 다음과 같다. 지금의 미국 보건의료 서비스체제하에서 우리는 다른 고소득 국가들 국민들보다 약 두 배나 되는 비용을 지불하고 있으나, 전 국민 보편의료 서비스를 보장하는 다른 모든 국가가 평균적으로 더 나은 의료보건 서비스를 제공하는 이유는 무엇 때문인가?

미국의 이런 부실한 의료 서비스의 가장 근본적인 원인이 질 좋은 서비스에 대한 부적절한 접근 때문이라는 점은 잘 알려져 있다. 2018년 현재 미국 인구의 약 9%인 2800만 명이 보험에 가입하지 않았다. 26%인 8600만 명은 불충분한 보험 가입자들이다. 이는 그들이 보험에 들긴 했으나 공제금이나 본인부담금이 너무 높아 의료 서비스에 접근할 수 없다는 뜻이다. 나머지 65%의 인구 대부분은 제대로 보험에 가입했으나, 여전히 높은 비용을 지불해야 할 뿐만 아니라 심각한 건강문제가 생겼을 때 재정적으로 감당할 수 있을지 불안해한다.

지금 미국 의료보장체제의 현실을 직시할 경우, 거기에는 단일지급자 의료보험체제를 뒷받침하는 논거가 상당히 많이 쓰여 있다. 우리 연구가 내린 결론은, 미국의 단일지급자 체제가 대체로 캐나다나 프랑스의 시스템과 대등한 정도가 된다면, 모든 미국 주민에게 질 좋은 서비스를 기존 시스템보다 약 10% 더 싼 값에 제공할 수 있다는 점이 가장 핵심적인 내용이었다. 우리가 알아낸 것은, 샌프란시스코 캘리포니아대학의 짐 칸Jim Khan과 그의 공저자들이 2020년에 실시한 21개 연구 프로젝트들에 대한 메타분석이 보여주듯, 최근의 다른 연구들의 결론과 대체로 일치한다.[19]

보편적 보건의료 서비스가 미국에서 곧 실현될 수 있을까? 얘기하기 어렵다. 만약 그 질문이 2020년에 로즈앤과 디모로가 전미간호연맹 입장에서 단일지급자 보건의료 서비스 옹호 캠페인을 이끌던 초기단계에서 나왔다면, 터무니없는 몽상이라는 결론을 내렸을 것이다. 주류 정치 모임들 가운데 그 문제를 다룬 곳은 거의 없었다. 하지만 간호연맹과 다른 많은 진보 그룹, 그리고 버니 샌더스가 2016년, 2020년 두 차례에 걸쳐 대통령선거 캠페인을 벌일 때 그 문제에 대해 원칙적이고도 효과적인 주장을 펼치는 등의 노력을 기울인 덕에, 모든 국민을 위한 의료보험은 이제 미국 주류 내에서 진지한 토론주제가 됐다. 예컨대 2020년 민주당 대선 예비선거 기간에 모든 후보는 어떻게든 모두를 위한 의료보험 문제와 씨름할 수밖에 없었다. 그 문제는 민주당 전체 토론에서 민간 의료보험회사들과 제약회사들에 고용된 선동가들의 논점을 직접 가져다 쓴 여러 후보들이 진실을 모호하게 흐렸음에도 불구하고 주요 쟁점이 됐다.

그것은 명백하고도 근본적인 문제를 제기했다. 즉, 우리는 여전히 민간 의료보험회사및 제약회사들과 씨름해야 한다. 그들은 단일지급자 체제로 전환할 경우 수천억 달러의 이익을 날리게 된다. 그들이 워싱턴의 대다수 정치계급을 자신들의 수중에 넣고 단일지급자 체제의 나쁜 점들에 대한 선전선동을 쏟아내게 하는 것은 비용 대비 효과가 매우 높은 전략이다. 그 역동성이 앞으로 어떻게 전개될까? 아무도 모른다. 다시 그람시로 돌아가 보면 유익할 것이다. "마음은 비관적이지만, 의지는 낙관적이다."

장래 연구 어젠다의 비전이 있다면 무엇인가?

내가 앞으로 추진해보고 싶은 큰 주제를 하나 선택해야 한다면, 그린 뉴딜 경제학이다. 우리가 기후과학을 믿는다면, 기후변동에 관한 정부 간 패널IPCC이 제시했듯이, 우리는 기후변동과 함께 정말로 존재론적 위기에 직면하고 있다. 우리가 온실가스 배출 제로를 달성하기 위해 지구적 규모의 경제활동 궤도를 근본적으로 바꿀 수 있는 시간은 아마도 30년 정도 남았다. 이 과업을 수행하는 데는 엄청난 분석 그리고 정치 관련 도전들이 뒤따를 것이다.

그렇긴 하지만, 앞서 얘기했듯이 내가 보기엔 글로벌 그린 뉴딜의 기본은 간단하다. 매년 글로벌 GDP의 2.5%를 에너지 효율 개선과 재생가능 에너지 역량 증대에 투자하는 한편, 글로벌 화석연료 산업을 폐기해야 한다. 하지만 그 간단한 틀 속에 가능한 한 조심스럽게 대답해야 할 더 세세한 질문이 수백 개나 도사리고 있다. 그런 경제문제들은 다른 무엇보다 거시경제학, 산업정책, 재정, 그리고 노동시장 문제 등 내가 오랫동안 작업해온 모든 분야가 그 핵심부에 자리 잡고 있다. 내게는 기후 안정화가 전 세계적으로 괜찮은 일자리 취업기회를 확대하고, 대중의 생활수준을 높이며, 빈곤에 맞선 싸움과 어떻게 완전히 합치할지를 명확하게 입증하는 것이 중요하다. 이렇게 생각하면, 그린 뉴딜은 긴축(내핍)에 맞서 싸우고 신자유주의를 대체할 수 있는 실행 가능한 거시경제학 틀과 같은 역할을 할 수 있다. 장차 내 연구가 그런 면에서 일정한 기여를 할 수 있다면, 그런 노력을 하느라 시간을 보내서 잘 했다고 생각할 것이다.

코로나19 팬데믹에 대하여

코로나19 위기에 대한 여러 국가들 또는 지역들의 서로 다른 대처방식들을 공중보건 개입과 경제정책들의 관점에서 어떻게 평가하나?

우선 내 나라 미국에 초점을 맞춰 다른 몇 나라와 비교해보겠다. 동정의 여지조차 없는 지난 트럼프 정부의 코로나19 팬데믹에 대한 대처는 한마디로 재앙이었다. 무능과 무관심, 과학에 대한 적의, 인종차별주의를 유독하게 조합한 트럼프 때문에 미국에서 불필요하게 목숨을 잃은 사람들에 관한 수치로 이야기를 시작해보자. 2020년 12월 말까지 코로나로 인한 미국의 사망자는 33만 2000명으로, 베트남전쟁에서 싸우다 죽은 미국인 총 사망자의 6배에 가깝고, 제2차 세계대전 때 싸우다 죽은 미국인 40만 7000명에 근접한다. 백신 접종으로 바이러스를 통제할 수 있게 될 때까지의 사망자 수는 제2차 대전 사망자 수를 분명히 넘어설 것이다.

코로나로 인한 이런 사망자 수는 인구 100만 명당 1012명에 이른다. 이에 비해 같은 기간인 12월 말까지 캐나다의 코로나로 인한

486

사망자 비율은 미국의 절반 이하인 100만 명당 402명인데, 캐나다의 이런 수치도 비교적 신통찮은 성적에 속한다. 독일의 사망률은 100만 명당 372명으로 캐나다의 그것보다 낮았으며 미국보다는 63%나 낮았다. 하지만 이런 독일 역시 상대적으로 신통찮은 성적이었다. 강력한 방역국들을 보면, 2020년 12월 말까지 100만 명당 사망자 수가 호주는 36명, 일본은 25명, 한국은 17명, 그리고 중국은 3명이었는데, 중국은 바이러스가 처음 발생한 나라인데도 그랬다. 만일 미국이 코로나 팬데믹을 호주 정도로 관리할 수 있었다면 2020년 12월 말까지 사망자가 1만 2000명도 되지 않았을 것이다. 이는 실제 사망자 33만 2000명과는 현격한 차이다.

베트남은 코로나 팬데믹 기간 중에 가장 특이한 현상을 보인 경우다. 2020년 12월 말까지 9500만의 인구를 지닌 베트남의 총사망자는 35명이었는데, 사망률이 100만 명당 0.4명이었다. 이런 수치가 1인당 평균소득이 미국의 약 3%에 지나지 않는 나라에서 나왔다. 이 나라는 미국 제국주의자들이 50년 전에 파괴하려고 애썼던 나라이기도 하다. 만일 미국이 2020년 3월에서 12월까지 베트남 수준으로 팬데믹에 대처할 수 있었다면 33만 2000명이 아니라 131명밖에 죽지 않았을 것이다.

미국에서 코로나 효과가 인종과 계급에 따라 편차가 크다는 건 놀라울 게 없다. 사망률의 경우 아프리카계 미국인이 백인보다 68%나 더 높았고, 히스패닉의 사망률은 백인보다 30% 더 높았다. 감염률은 인종에 따라 그 비슷하게 차이가 났다. 소득 기준으로도 모든 저소득자의 약 절반이 청구서 지불에 어려움을 경험했고, 35%는 팬데믹 기간에 배고픔을 면하려면 푸드뱅크에 기댈 수밖에 없었던 점 역시 놀랄 일이 못 된다. 이런 수치들은 중소득자들에게서도 높아서, 중소득자 가정도 12%가 푸드뱅크에 생활을 의지했다. 팬데믹이 한창일 때 소득이 가장 낮은 25% 인구 중의 정규직 사원의 7%만이 주업무의 원거리 근무를 할 수 있었으나, 소득이 가장 높은 25% 인구의 56%가 재택근무를 할 수 있었다. 저소득 노동자와 흑인, 히스패닉, 기타 유색인종 간의 교류가 많기 때문에 팬데믹이 이들 공동체에 그만큼 더 큰 위험 속으로 몰아갔다.

팬데믹이 유발한 경제붕괴 관리 차원에서, 2020년 3월에 의회가 승인하고 트럼프가 서명한 2조 달러(미국 국내총생산GDP의 10%)짜리의 엄청난 경기부양 프로그램, 즉 코로나 바이러스 지원, 구제 및 경제안전Coronavirus Aid, Relief, and Economic Security. CARES법이 일자리를 잃은 노동자들에게 실질적인 지원을 했다. 미국 전체 노동자의 44%에 해당하는 약 7300만 명이 3월 중순과 12월 중순 사이에 신규 실업수당을 청구했다. 그들 중 대다수가 트럼프와 상원 공화당원들이 그 프로그램을 폐기하는 7월 말까지 추가지원으로 1주일에 600달러씩을 받았다. 그 프로그램이 살아 있을 때는 일자리를 잃은 대다수 노동자들은 그 프로그램이 없었을 경우 그 위기를 헤쳐 나가느라 받았을 지원의 두 배 이상을 받았다.

CARES법은 또 대기업들과 월스트리트에 엄청난 규모의 긴급 구제금융을 제공했다. 전부 합산하더라도, CARES법이 의회를 통과할 때조차 그 규모가 다가올 위기를 감당할 수 있을 정도에 근접하진 못했음은 분명했다. 또 다른 특징들 중에서도 특이했던 점은 팬데믹과 싸우는 일선의 병원들에 대한 지원은 최소한에 그쳤고, 주와 지역정부에 대한 지원은 더욱 적었다는 것이다. 2020년 5월, 업존고용연구소Upjohn Institute for Employment Research의 뛰어난 경제학자 티머시 바티크Timothy Bartik는 주와 지역정부들이 2021년 말까지 전체 예산의 평균 약 20%에 해당하는 9000억 달러의 예산 부족을 빤히 지켜보고 있다고 추산했다.

2020년 12월 말 이 글을 쓰고 있을 무렵, 약 9000억 달러가 훨씬 넘는 제2차 경제회복 프로그램(GDP의 4.4%)이 의회를 막 통과했으며, 레임덕에 걸린 트럼프 대통령이 마지못해 거기에 서명함으로써 법이 제정됐다. 하지만 공화당이 이 거래를 받아들이는 유일한 방법은 주 정부와 지역정부들이 그 조치를 통해 아무런 혜택도 받을 수 없게 하는 것이다. 신자유주의와 네오파시즘을 결합한 지금의 그 이념적 혼합물에서 공화당은 공적 자금으로 운영되는 보건의료 서비스와 교육에 대해 아무런 관심도 없다. 따라서 차기 바이든 정부 아래서 즉각적인 변화가 일어나지 않는다면, 2021년에 우리는 조만간 간호사, 교사, 소방관, 학교 관리인들, 그리고 학교와 병원의 사무지원 및 서비스 노동자들의 대량 해고를 맞게 될 것이다. 이들 분야에 대한 예산 삭감은 2021년에 코로나 슬럼프에서 벗어나는 과정에서 우리가 직면하게 될 어려움을 증대시킬 것이다. 그러나 설사 그렇게 되더라도 백신접종 프로그램은 애초에 트럼프 정부 때보다는 바이든 정부 아래서 훨씬 더 효과적으로 진행되리라고 가정할 수 있다.

미국 연방정부(주로 공화당이 지배하는 상원과 트럼프의 백악관)의 정책 실패는 여기서 끝나지 않는다. 예컨대 급여보장법Paycheck Guarantee Act의 운명을 생각해보자. 이 법은 2020년 4월에 하원 진보의원모임House Progressive Caucus의 리더인 워싱턴의 하원의원 프라밀라 자야팔이 제안했다. 자야팔의 제안은 연방정부가 규모를 불문하고 모든 민간 및 공적 분야의 고용주들에게, 팬데믹과 봉쇄로 겪게 될 수입 감소에도 불구하고 영업을 계속하면서 모든 직원에게 급료를 지불할 수 있도록 보조금을 지급하는 것이었다. 그 프로그램을 통해 미국은 2020년에 실업률의 심각한 급상승을 겪지 않을 수도 있었다. 또 노동자들은 의료보험료의 고용주 지불분담분을 잃지 않을 수도 있었다. 그 계획은 그 디자인과 범위가 독일과 영국, 덴마크, 프랑스를 비롯한 여러 유럽 국가에서 시행되는 정책들과 비슷했다.

자야팔의 제안을 통과시키지 못한 미국의 실패로 인한 파급효과는 금방 명백해졌다. 2020년 11월까지 이용 가능한 국가별 데이터를 보면, 미국의 실업률은 평균 9.9%인 반면, 자야팔 타입의 프로그램을 실시한 국가들의 실업률은 영국 4.0%, 독일 4.4%, 덴마크 5.8%, 그리고 프랑스가 가장 높은 7.0%였다.[20] 미국 경제의 경우, 9.9%의 실업률을 기록했는데, 예컨대 덴마크의 실업률 5.8%와 대비해 650만 명이나 더 많은 사람이 일자리를 잃었다는 의미다. 그것은 로스앤젤레스와 시카고의 전체 인구보다 더 많은 인구다.(두 도시만의 인구. 두 도시 주변지역까지 합친 광역도시권의 인구는 이보다 훨씬 더 많다.-역주) 게다가 적어도 1500만 명의 사람들은(일자리를 잃은 노동자들과 그들의 가족들을 포함해서) 실업률 증대로 의료보험료의 고용주 지불분담분을 잃었다.

평균적으로 유럽이 미국보다 코로나 팬데믹으로 인한 실업 위기에 훨씬 더 잘 대처했다는 건 분명하다. 그러나 우리는 또 유럽의 정책과 실행들에 대한 전면적인 지지에는 저항할 필요가 있다. 코로나 위기관리 측면에서 영국, 프랑스, 이탈리아, 스페인, 그리고 스웨덴조차 사망률이 미국과 맞먹는다. 2020년 4월에서 10월까지 스페인의 사회당 정부 아래서 실업률이 평균 16.1%나 됐고, 사민당 정부하의 스웨덴에서도 8.7%였다.

사실 유럽의 정책 입안자들은 1979년 영국에서 마거릿 대처Margaret Thatcher의 당선과 함께 시작된 신자유주의의 대두 이후 지난 40년간 그들의 복지국가 정책 기반을 약화시켜왔다. 나의 위대한 고 로버트 헤일브로너 교수가 얘기했던 '약간 상상속의 스웨덴'을 마음속에 그려보는 것도 우리에겐 가치 있는 일이다. 하지만 그렇게 하려면, 오늘날 스웨덴의 평등주의 정책들은 40년 전에 작동했던 원기왕성한 복지국가의 미약한 닮은꼴에 지나지 않는다는 걸 알아둘 필요가 있다.

더 넓은 의미와 교훈이라는 점에서, 코로나 방역이 신통찮았던 국가들은 공중보건정책의 일부 기본들을 호주와 일본, 한국, 중국, 그리고 대단한 역사적 아이러니지만, 아마도 특히 베트남에서 배울 필요가 분명히 있다. 미국에게 첫 걸음은 전 국민을 위한 의료보험을 확립해서, 모든 미국인이 코로나나 다른 질병에 걸리면 재정적으로 파산할 걱정 없이 질 좋은 보건의료 서비스를 받을 수 있도록 하는 일일 것이다.

미국은 전 국민을 위한 의료보험을 통한 최소한의 효과적인 공공의료 시스템 비슷한 것을 창출함으로써, 우리가 그린 뉴딜 기초의 지속 가능한 장기적 회복을 꾀하게 해줄 수 있다. 여기서 기후위기와 코로나 팬데믹이 서로 뒤얽혀 있는 중요한 방식들의 인식도 중요하다. 먼저, 코로나 그리고 에볼라Ebola, 웨스트 나일West Nile, 에이즈 바이러스HIV를 비롯한 최근의 다른 전염병들 발생의 근본 원인이 삼림벌채와 그와 관련한 인간의 침입으로 인한 동물 서식지 파괴, 그리고 잦아지고 심각해지고 있는 열파와 가뭄, 홍수의 증대로 인한 남은 서식지들의 파괴라는 점이다. 위험 수준의 공기 오염에 노출된 사람들이 깨끗한 공기를 호흡해온 사람들보다 더 심각한 건강문제에 부닥칠 가능성이 훨씬 더 높다. 코로나와 밀접한 관련이 있는 바이러스인 사스(SARS. 중증급성호흡기증후군)에 관한 한 연구는, 더러운 공기를 호흡한 사람은 감염 뒤 사망할 가능성이 약 2배로 높다는 사실을 알아냈다.[21]

결국, 공공의료와 코로나19 팬데믹의 경제적 결과들은 내가 코로나 앞부분에서 마무리한 이 논의의 논점을 강화해줄 뿐이다. 즉 평등주의와 민주주의, 대중적 생활수준의 제고, 그리고 생태학적 건전성의 토대 위에 글로벌 경제를 건설하기 위한 핵심 프로젝트로서의 그린 뉴딜 추진의 중심적 위치를 강조하는 것을 결론으로 삼고자 한다. 이런 문제들이 향후 내 작업의 초점이 되리라는 점은 분명하다.

대표적 출판물과 영향

출판물

Robert Pollin (1997). "Financial Intermediation and the Variability of the Saving Constraint," in R. Pollin ed., *The Macroeconomics of Saving, Finance and Investment*, University of Michigan Press, 309 – 365.

Robert Pollin (2003). *Contours of Descent: U.S. Economic Fractures and the Landscape of Global Austerity*, Verso.

Robert Pollin, Jeannette Wicks-Lim, Mark Brenner, and Stephanie Luce (2008). *A Measure of Fairness: The Economics of Living Wages and Minimum Wages in the United States*, Cornell University Press.

Noam Chomsky and Robert Pollin (2020). *Climate Crisis and the Global Green New Deal: The Political Economy of Saving the Planet*, Verso.

영향을 받은 인물

폴 스위지Paul Sweezy, 해리 마그도프Harry Magdoff, 로버트 헤일브로너Robert Heilbroner, 데이빗 고든David Gordon, 안와 샤이크Anwar Shaikh, 노엄 촘스키Noam Chomsky, 하이먼 민스키Hyman Minsky, 키스 그리핀Keith Griffin, 아지즈 칸Aziz Khan, 밀튼 프리드먼Milton Friedman, 조지 스 슘페터Joseph Schumpeter, 제리 엡스타인Jerry Epstein

영향을 받은 문헌

Robert Heilbroner (1980). *Marxism: For And Against*, Norton.

Harry Magdoff and Paul Sweezy (1987). *Stagnation and the Financial Explosion*. Monthly Review Press.

Hyman Minsky (1982). *Can "It" Happen Again? Essays on Instability and Finance*. M.E. Sharpe.

Keith Griffin and Jeffrey James (1981). *Transition to Egalitarian Development*, Palgrave Macmillan.

David Card and Alan Krueger (1995). *Myth and Measurement: The New Economics of the Minimum Wage*, Princeton University Press

맬컴 소여

Malcolm Sawyer

유럽 통화동맹을 심층 분석한
금융시장, 금융정책의 개혁가

맬컴 소여는 영국 리즈대학University of Leeds 경제학과 명예교수다. 그는 유럽연합EU
이 돈을 댄 5년짜리 대형 프로젝트 '금융화, 경제, 사회 그리고 지속 가능한 개발'Fi-
nancialisation, Economy, Society and Sustainable Development. FESSUD의 연구 책임자이며,
《응용경제학 국제리뷰International Review of Applied Economics》의 편집장을 역임했다.
소여는 통화와 재정 정책 및 금융시장 문제에 관한 10여 편의 글과 다음과 같은 책
들을 비롯한 많은 책을 썼다. 《환경정책의 금융과 거시경제학Finance and the Macro-
economics of Environmental Policies》(P. Arestis와의 공저, 2015), 《경제·통화동맹 거시
경제정책Economic and Monetary Union Macroeconomic Policies》(P. Arestis와의 공저,
2013), 그리고 《유로 위기The Euro Crisis》(2012).

옥스퍼드에서 수학을 공부했는데, 런던경제학교London School of Economics. LSE의 경제학과 대학원에 갔다. 그것은 자연스런 이동이었나, 그렇지 않으면 다른 요인들, 예컨대 정치적 관심이나 당시에 하던 일로 인해 경제학에 대한 관심이 커졌기 때문인가?

경제학자들의 수학적 훈련 수준을 높이려고 노력하던 그 시절에 그것은 비교적 쉬운 결정이었지만, '자연스런 이동'이라고 얘기하진 않겠다. 대학교육을 영국에서 받고자 하는 사람에게 학생 보조금이 비교적 후하게 지급되던(나중에 알고 보니) 시절의 일인데, 대학원생들도 수학과 졸업생들이 경제학과로 옮겨갈 수 있도록 정부 기금지원기관이 재정 지원을 해주었다. 나는 당시에 경제학 공부를 수학에서 옮겨가는 '자연스런 진행'으로 생각하지 않았고, 나의 수학 전공 이력을 내게 일종의 비교우위를 제공하는 학문적 수련으로 보지도 않았다.(런던경제학교에서의 대학원 공부는 수학을 전공하지 않은 동료들보다는 내게 훨씬 더 쉬웠지만.) 나는 지금도 그렇듯이 핵심 아이디어들에 집중했고, 수학이 때로는 어떤 아이디어나 분석의 함의가 제대로 작동하게 해준다는 생각을 지금도 하고 있으나, 수학 자체가 독창적인 아이디어나 통찰을 제공하진 않는다. 경제학에서 수학이 경제 분석 방법을 바꾼 연구 분야를 생각해내기는 어렵다.

나는 학교에서 경제학이나 정치학을 공부할 기회가 전혀 없는 작은 도시에서 자랐지만 대학에 들어가기 전부터 경제학과 정치학에 대한 관심이 컸다. 돌아보면, 조그맣고 내향적이며 사회적으로 보수적인 타운에서 내가 그런 분야에 대한 흥미를 키웠다니, 실로 놀랍다! 옥스퍼드에서 수학책을 읽을 수 있는 자리를 얻었을 때, 나는 수학에서 PPEphilosophy, politics, economics로 옮겨갈 수 있다는 자신감이나 지식이 없었다. 다행스럽게도, 옥스퍼드 대학생이라는 자리가 경제적 정치적 관심을 키울 많은 기회를 제공했다.

20세기 경제학의 많은 부분은 케인즈와 하이에크의 기본사상 간의 충돌이라는 관점에서 그 틀을 짤 수 있다. 학창시절 런던경제학교의 지적 분위기를 지배하고 있던 사람은 누구였나?

나는 1966년 10월부터 1968년 7월까지 런던경제학교에서 공부했다. 그때는 학생 저항운동이 한창이던 시절로, 런던경제학교에서는 1967년 1월 월터 애덤스Walter Adams의 학장 임명에 대한 항의와 함께 시작됐다. 그 항의는 애덤스가 로디지아Rhodesia와 니아살랜드Nyasaland(모두 영국의 옛 식민지 – 역주)대학 칼리지 학장을 지내고, 1965년에 일방적으로 영국에서 독립을 선언UDI했던 백인 스미스 체제(남로디지아 태생의 영국인 이언 스미스Ian Smith가 주도한 로디지아의 소수 백인독재체제 – 역주)에 협력한 것을 이유로 들었다. 이는 연좌농성과 폐쇄로 최고조에 도달했다. 더 일반적인 분위기는 학생들의 반란으로 표출됐는데, 이는 베트남전쟁 반대 및 반아파르트헤이트(anti-apartheid, 흑백인종차별 반대)와 함께 학생 파워와 참여student power and involvement 문제와 연결돼 있었다. 거기에 경제학이나 다른 과목들의 진지한 질문으로 이어진 파급효과는 거의 없었다.

경제학 강의와 관련한 지적 분위기는 케인즈주의적IS/LM 거시경제학과 신고전주의적 미시경제학에 토대를 둔 '신고전주의적 종합'neoclassical synthesis에 가까웠다. 계량경제학적 가설 검증과 함께 '긍정 경제학'(당시 영국에서 가장 널리 활용된 입문서인 립시Richard Lipsey의 《긍정적인 경제학 입문Introduction to Positive Economics》이라는 책 제목에 반영돼 있듯이. 그 책은 립시가 런던경제학교에서 강의하기 시작한 첫

해의 강의들을 토대로 했다.)에 대한 일반적인 선호가 있었다. 예컨대 마르크스주의 경제학 강의에 대한 빗발치는 반대 의견과 더불어 약간의 기회도 있었으나, 그것은 매우 제한적이었고 학위수여 프로그램에는 포함되지 못했다.

일반적인 정치 환경은 지금 생각할 수 있는 것보다 훨씬 더 개입주의적이었다. 영국에서 1964년 10월에 선출된 노동당 정부는 프랑스의 성공을 모방하겠다는 생각으로 지표적인 국가계획(지속되진 못했다.)을 도입했다. 대두되던 인플레 문제를 해결하기 위한 가격과 소득 정책이 당시의 시대적 풍조였고, 1960년대 초의 보수당 정부나 1964년부터 1970년까지의 노동당하에서 모두 그랬다. 거기에서 신자유주의의 부활이 시작됐다. 몽페를랭회Mont Pelerin Society의 영향력이 먹혀들기 시작했는데, 그것은 영국에서 경제문제연구소Institute of Economic Affairs의 출판물들 및 통화주의의 시작과 함께 이뤄졌다.

하지만 하이에크, 나아가 더 일반적으로 말해서 오스트리아 경제학자들은 대다수 경제 프로그램에서 그래왔듯이 전혀 모습을 드러내지 않았다. 미시경제학은 신고전주의 경제학의 정적 평형의 최적화였지, 근본적인 불확실성 속에서 이뤄진 오스트리아의 기업가적인 발견 접근법이 아니었다. 오스트리아보다는 시카고가 '자유시장주의자들'을 대표했으며, 프리드먼과 스티글러George Stigler(《가격론The Theory of Price》)가 독서목록에 많이 실렸다. 나로서는 시카고학파 분석의 불임성sterility보다는 오히려 하이에크식의 분석에 훨씬 더 큰 흥미를 갖지 않았을까 생각한다!

당신의 작업은 확실히 케인즈주의 교의의 영향을 받아왔다. 왜 하이에크가 아니고 케인즈에게 끌렸나?

진부한 대답이 될 수 있겠지만, 내가 하이에크나 다른 오스트리아 경제학자들, 예컨대 폰 미제스von Mieses와 같은 사람을 만날 기회가 없었기 때문이다. 오스트리아의 경제 분석은 일반적으로 경제 프로그램에서 거의 관심을 끌지 못했고, 내가 공부하던 시절에 바로 그랬다. 내가 정식으로 경제학 공부를 시작하기 전에 읽은 책 중 다수는 얀 펜Jan Pen의《현대 경제학Modern Economics》, 그리고 나중에는 갤브레이스Galbraith의《새로운 산업국가New Industrial State》, 바란과 스위지의《독점자본주의Monopoly Capitalism》처럼 비교적 인기가 있는 책들이었다. 우선 넓게 봐서 케인즈주의적 관점에서 쓰인 그런 책들은 호소력이 있었다. 나는 그것들을 이해할 수 있었으며, 완전고용에 가까운 뭔가를 보장하려 하고 성장을 끌어올리려는(당시에는 느린 경제성장이 영국의 주요 실패항목 가운데 하나로 여겨지고 있었다.) 긍정적인 정부의 행위에 대한 나의 순진한 느낌과도 맞아떨어졌다.

학계 경제학자로서 경력 초기 단계에서 마르크스가 당신에게 영향을 끼쳤다면, 그것은 어떤 방식이었나? 당신의 생각과 연구 작업에 마르크스가 아직도 중요한 영향을 끼치고 있다면 어떤 방식으로 그런가?

내 작업에 끼친 마르크스의 영향은 간접적이다. 마르크스에 대한 세세한 연구보다는 마르크스주의 전통을 이어받고 있는 작가들의 작품들을 읽으면서 받은 영향이 더 많다. 초기의 유명한 사례로, 바란과 스위지의《독점자본주의》를 들 수 있다. 좀 더 직접적인 영향을 받은 예로는 샘 아로노비치Sam Aaronovitch와의 공동작업(1975년에 출간된 공저《빅 비즈니스Big Business》로 이어졌다.)을 들 수 있는데,

산업 집중도의 증가, 자본집적 과정, 고도의 합병과 인수를 통한 자본집중에 초점을 맞췄다.

미하우 칼레츠키의 가장 중요한 공헌이 무엇이라 생각하는가? 칼레츠키의 생각들은 작업에 어떻게 영향을 끼쳤나?

한 가지 면을 보자면, 칼레츠키가 자본주의 경제와 관련해서 기여한 바는 유효수요 원리를 활용한 그의 거시경제 분석, 순환적이며 실업률이 높은 자본주의의 속성에 대한 강조, 투자의 중요성, 그리고 독점 정도에 대한 일반적 개념 부분이다. 예를 들면, 완전고용을 확보하기 위한 재정정책의 잠재적 활용에 대한 그의 글들, 그리고 그런 정책들의 실행을 가로막는 정치 사회적 장애물들에 대한 그의 경고들이다. 이런 저런 아이디어들은 내게 공감을 불러일으켰으며, 재정정책, 긴축, 더 일반적으로 얘기해서 거시경제학에 대해서 쓴 내 글 다수를 떠받치는 밑바탕을 이루고 있다.

칼레츠키의 작업이 내가 재정정책과 그 가능성에 대해 연구하도록 강력하게 영향을 끼친 직접적인 방식은 그가 1943~44년에 재정정책의 가능성, 그리고 그런 정책들을 통한 완전고용 달성을 제약하는 것들에 대해서 쓴 글들인데, 이에 담긴 통찰력을 넘어서기는 어렵다. 차이 나는 소비와 저축 성향과 같은 생각들을 통해서 강력한 영향을 받은 또 다른 방식들, 즉 칼레츠키는 임금과 이익에서 벗어나 다른 소득 범주들과 본질적으로 순환적인 자본주의의 속성으로 확장했다. 또한, 부문별 대차대조표 정리(예컨대 민간 부문, 정부, 그리고 해외 부문 사이처럼)는 수많은 포스트 케인즈주의자에게 영향을 끼쳤으며 잉여와 결핍에 대해 생각하는 데 매우 중요하다. 칼레츠키의 공헌에 대해 충분히 평가하려면 사회주의 계획과 개발도상국 경제들에 대한 그의 저작들도 포함해야 한다. 또 다른 면에서, 그의 경험적 관찰과 분석 사이의 상호작용, 그리고 주류 경제학을 지배하는 이론화 유형의 회피에 끌렸다.

당신은 경제학 분야의 과학 저널과 학술 출판물에 지울 수 없는 족적을 남겼고, 《응용경제학 국제리뷰 International Review of Applied Economics**》를 설립했으며, 시리즈 '현대경제학의 새로운 방향'**New Directions in Modern Economics**의 편집자, 그리고 연간 출판물 《정치경제 국제논문**International Papers in Political Economy**》의 공동편집자였다. 그런 경험에 대해 얘기해줄 수 있는가? 이런 매체들이 경제학 분야, 그리고 정책입안에 끼쳤을 영향에 대해 어떻게 생각하나?**

당신이 언급한 그런 출판물들이 대부분 비주류경제학자인 수많은 연구자가 자신들의 아이디어를 개발하고 발전시키는 데 필요한 플랫폼을 제공해주었다고 믿고 싶다. 하지만 또한 공동 관심 영역들(공동의 분석양식은 아니지만)에서 주류경제학자들과 협력하는 플랫폼들도 있을 수 있다. 전부는 아닐지라도 대다수 비주류 경제학자들은 그들의 작업이 아무리 좋고 단단해도 거기에는 주류 경제학자들이 그들의 작업에 함께하려는 관심과 의지가 결여돼 있음을 발견하곤 했다.

당신이 해온 또 다른 중요한 제도적 기여 중의 하나가 유럽위원회의 프로젝트 FESSUD(금융화, 경제, 사회 그리고 지속 가능한 개발. Financialisation, Economy, Society and Sustainable Development)를 지휘해온 것이다. FESSUD는 2007~09년 글로벌 금융위기와 공황 이후 유럽위원회의 지원을 받았다. FESSUD의 설계 프

로젝트에서 당신과 당신의 동료들은 금융시장과 제도들의 작동에 관한 정통적인 사고의 주요 실패들이 무엇이라고 봤나? 거시경제적 금융 문제들에 관한 좀 더 실행 가능한 문서들을 작성하는데 FES-SUD가 수행한 중요한 공헌은 무엇이라고 생각하나? FESSUD 프로젝트를 통해 알게 된 중요한 발견들을 금융위기 재발을 방지하기 위해 어떻게 활용할 수 있을까? FESSUD 이후 이 분야에서 더 많은 관심을 기울여야 할 비판적 연구영역들은 무엇이라고 보나?

FESSUD 프로젝트 15개 파트너 기관들(그중 하나는 NGO)로부터 연구자들을 끌어모았는데, 주로 유럽인들이었다. 경제학이 중심을 이루고는 있었으나, 명백히 학제적이고 다원적이었으며, 정치학자들, 사회학자들, 그리고 인문지리학자들도 중심적인 멤버로 가담했다.

FESSUD 프로젝트는 그 구성과 디자인을 기존의 비교적 비공식적인 네트워크에 크게 의존했다. 리즈대학의 동료들과 나도 가담하고 있던 그 네트워크는 넓은 의미에서 포스트 케인즈적, 칼레츠키적, 마르크스적이라고 할 수 있는데, 그 멤버들은 정기적인 국제회의와 워크숍 등을 통해 소통하고 있었다. 우리는 정통적 사고의 결함들을 명시적으로 논의하거나 지적하진 않았으나, FESSUD 프로젝트에 참여한 내 동료들이 여러 가지로 비판했을 게 분명했다. 실제로 우리는 주류적 접근의 취약성들, 특히 금융과 거시경제학 분야에서의 많은 취약성을 드러내는 데 기여한 FESSUD 프로젝트 내의 논문들을 통해 우리가 주류 경제학을 진지하게 다루고 있음을 (자금 조달자 등의 압력을 통해) 보여줄 필요가 있었다.

개인적으로 나는 주류 경제학 및 금융 비평에 대한 세 가지 방안을 강조하고자 한다. 첫 번째는 돈과 은행에 의한 돈의 내생적 창조endogenous creation 부분을 포함하지 않는 거시경제학의 구성('새로운 공감의 거시경제학'new consensus macroeconomics과 같은)인데, 그것은 금융과 신용을 일반적으로 무시하며, 그리하여 금융위기 발생에 은행과 금융부문이 수행한 역할에 대한 이해를 제한하고 심지어 배제하기까지 한다. 두 번째는 위험을 무릅쓰고 근본적인 불확실성을 무시하면서 평형분석을 중심에 놓는 효용 최적화를 통한 방법론적 개인주의의 토대가 될 것이다. 이는 금융위기를 이해하고 설명하는데 주요 걸림돌이다. 세 번째는 특히 금융 분야에서 기저를 이루는 효율성 가정인데, 이는 금융부문의 확대가 효율성과 성장을 끌어올리며, 따라서 금융부문에 대한 보상은 지대(rent, 임차료)라기보다는 생산성을 반영한다는 주장이다.

FESSUD의 공헌은 쉽게 요약될 수 없으며 한 줄의 제목으로 뽑아낼 수도 없다. 나는 제목에 반영돼 있는 광범한 범위를 강조하겠지만, 거기에는 경제, 사회 그리고 지속 가능한 개발이 포함되며, 금융과 금융화의 만연에 대한 생각을 반영한다.

- 1980년 무렵 이후 기간의 금융화 과정 지도 제작
- 2007~09년의 글로벌 금융위기에 대한 우리의 이해와 설명에 대한 추가
- 금융부문 규제를 위한 대안의 방법들
- '일상의 금융화'financialization of the everyday라고 할 수 있는 것, 특히 가계부채, 연금 규정 등에 대한 금융의 확장을 통한 금융의 포함과 배제 관점에서의 일상의 금융화 탐구
- 환경과 지속 가능성을 위한 금융화의 결과들
- 거시경제 정책들, 특히 유로 지역 거시경제 정책들의 개발

경제위기 발생기간에 여러 논문을 쓰면서 단일통화동맹 설계뿐만 아니라 위기 해결을 위한 EU 당국의 실제 정책들에 대해서도 비판했다. 통화동맹으로서의 유로가 금융위기에 기여한 바에 대해 어떻게 생각하나? 유로가 유럽에서 평등한 완전고용 어젠다를 추진하는데 건설적인 역할을 할 수 있다고 생각하는가? 지금의 동맹을 재구축할 수 있는 방법이 무엇이라고 생각하나? 그것을 완전히 포기해야 한다고 생각한다면, 제안할 수 있는 더 나은 대안은 무엇인가?

일반적으로 나는 유로 통화동맹 구축이 금융위기에 대한 정책적 반응을 제한하고 위기 자체에 대한 정책 대응들을 제약했다고 생각하지만, 통화동맹이라는 존재가 금융위기의 직접적인 원인이라고 보지는 않는다. 비록 금융위기 발생에 대한 관심이 대부분 미국의 서브프라임 모기지(비우량 주택담보대출)와 그 연쇄파급효과에 쏠렸지만, 유로지역 일부 회원국들(아일랜드 그리고 나중에 스페인)과 영국(그리고 아이슬란드)에서는 은행위기들이 있었다. 아일랜드와 스페인의 은행위기는 그 전에 지속 불가능한 신용과 자산가격 붐이 선행했다. 유로지역 구축과 가격안정을 유일한 정책목표로 삼고 있는 유럽중앙은행의 역할이 그런 신용 붐과 개별국가들의 필요에 부응하지 못하는 무능 문제를 해소할 수 있는 어떠한 개입도 불가능하게 만들었다고 주장할 수 있다. 게다가 유로통화지역 전체에 적용되는 이자율이라는 정책 수단에 대한 의존이 신용과 자산가격 붐이 일고 있던 국가들에 대한 다른 정책 접근을 불가능하게 만들었다. 하지만 영국의 이전 경험과 지금의 경험, 그리고 자산가격 붐으로 보건대, 신용 붐을 완화하기 위한 정책 대응이 설사 가능하다 하더라도 실제로 취해질 것임을 시사하진 않는다.

유로 지역 내에는 금융위기 이전에 어려움의 징후들이 나타났고 어느 정도는 그것을 인식하고 있었다. 경상수지 적자가 확대되면서 GDP의 10%를 넘어선 몇몇 국가(특히 그리스와 포르투갈)에서 뚜렷했다. 경상수지 적자에는 이들 국가가 점점 큰 규모로 외국에서 빌린 돈과 유로존 가맹국으로서 사실상 외화로 차입한 돈도 포함됐다. 그런 적자들의 지속 가능성 그리고 그것이 계속 커지는 경향에 대한 문제들이 이미 대두되고 있었다. 재정위기와 경기후퇴의 시작은 그런 문제들 중 일부를 표면화했다. 특히 이미 진행되고 있던 차입금의 영향이 컸다. 독일, 프랑스와 같은 나라들의 은행들과 금융기관들이 지중해 국가들에 개인과 기업이든 정부든(국채 매입을 통해) 대출해 준 방식들이 '긴급구제' 정책들에서 중요한 역할을 했다.

유로가 유럽의 평등한 완전고용 어젠다 추진에 건설적인 역할을 할 수 있다고 생각하나?

지금과 가까운 장래에 평등한 완전고용 어젠다에 가까운 무엇의 구축과 추진은 유럽 차원보다는 개별 국가 차원에서 이뤄질 것이다. 그런 어젠다와 관련돼 있다고 생각할 수 있는 정책들의 대부분이 개별 국가 정부 관장 아래에 있다. 그것이 교육이든, 임금정책, 고용, 징세 구조와 수준이든. EU 회원국이 되면 그런 정책들을 추구하는 데 직접적으로 정책합의를 통해서든 간접적으로든 제약을 받는다. 세금 영역에서는 부가가치세에 대한 요구가 있고, 자본의 자유로운 이동은 기업 법인세율을 제한할 수 있다.(그것이 국가들이 바닥치기 경쟁에 가담하는 심리를 막지는 못하지만.) 안정과 성장에 관한 협약, 재정협정, 그리고 유럽중앙은행 등을 포함한 유로의 구축은 어떤 평등주의 완전고용 프로그램과도 어긋나는 정책을 시

506

행하게 했다. 정책 어젠다를 유럽 제도 속에 끼워넣는 법적인 틀, 그리고 그 어젠다에 중요한 변화를 가할 경우 가맹국이 만장일치로 동의해야 한다는 요구조건은 모두 중요한 변화에 제동을 걸었다. 지금의 유로지역 재정협약 합의와 '균형 잡힌 구조적 예산'balanced structural budget 상태를 확보하려는 시도는 긴축 어젠다를 강요한다.

물론 평등주의 완전고용 어젠다를 개발하고 채택하는 데는 수많은 정치적 장애물이 존재한다. 단일통화 채택이 많은 경제문제를 야기하지만, 그것 자체가 완전고용 어젠다를 가로막지는 않는다. 마찬가지로 미국이나 중국이 단일통화를 갖고 있다고 해서 그것이 그런 어젠다를 가로막고 있지 않듯이.(이들 경우에는 중앙정부의 큰 역할이나 구성 지역들/주들 간의 상당한 재정이전이 수반된다.) 비록 유로는 그 자체에 재정정책에 대한 제약, 공공투자 제한 등의 장애가 있지만 말이다.

요컨대 나는 유로가 평등주의 완전고용 어젠다 추진에 건설적인 역할을 수행한다고 보기 어려우며, 지금의 구조와 정책 합의들은 오히려 파괴적인 역할을 한다고 생각한다. 비록 유로 프로젝트의 재구축이 완전고용 어젠다를 촉진할 뿐만 아니라 유로지역의 기능에도 도움이 되는 방식으로 이뤄질 수 있다고 하더라도 말이다. 그런데 그런 재구축 가능성은 내가 보기엔 제로에 가깝다.

통화동맹 구조조정을 할 수 있는 방법이 무엇이라 생각하는가? 모든 것을 다 버려야 한다고 생각한다면, 어떤 대안을 제시할 것인가?

통화동맹 구조조정에는 (최소한) 재정 및 통화 정책 디자인을 다시 해야 할 필요가 있다. 각국은 균형예산이라는 제단에 참배하기보다는 시민들 이익에 봉사하는 재정정책을 채택할 자유를 가져야 한다. 유럽 중앙은행의 권한을 (높은 수준의 고용과 재정 안정성을 포함하는 쪽으로)개혁할 필요가 있다. 가맹국들 간의 상당한 재정 이전 방안을 새로 개발할 필요도 있다.

EU 회원국들 간의 관계를 위해서는 청산동맹clearing union 내의 (다시 도입된) 국가통화들과 '통화 블록들' 간의 변동환율을 포함한 대안들이 있다. EU 회원국들 간에 좀 더 유연한 환율을 채택함으로써 공통의 인플레율을 보장해야 하는 등의 통화동맹의 어려움들을 일부 피해갈 수 있게 해줄 것이며, 무엇보다 분명한 점은 유로존 전체에 단일한 이자율을 설정하는 단일 중앙은행이 필요 없다는 것이다. 국가의 중앙은행은 이웃나라들과 상당히 다른 이자율을 어느 정도로 설정할 수 있을지 그 정도가 제한돼 있지만, 변동환율은(만일 정책수단이 발달돼 있다면) 자국 내의 재정 안정성에 초점을 맞출 수 있게 해줄 것이다.

재정과 통화정책 관련 정책 체제에 대한 영향력을 통해 단일통화에 대한 일부 개선점을 제안할 실현 가능한 대안 환율체제들이 있다. 문제는 대안의 사용 가능성(가용성)이 아니라 그렇게 할 수 있는 정치세력과 기회가 있느냐 여부다. 내 상상력이 부족한 탓일지 모르겠으나, 상호 연결된 국가통화 체제로 되돌아가기에는 정치적이고 현실적인 장애물들이 그런 해결방안을 허용하지 않을 정도로 너무 많은 듯하다.

유럽과 미국, 그리고 글로벌 차원에서 좌파 정치경제가 앞으로 나아갈 전망에 대한 전반적인 평가는? 좌파 정치경제가 어떤 방법으로 성공해왔다고 생각하나? 어떻게 하면 이 공동체가 더 잘할 수 있다고 생각하는가?

유럽의 비주류 정치경제 전망에 대해서는 다소 비관적이다. 지난 40년간의 일반적인 추세는, 내가 보기에는 그런 전망이 쇠퇴하는 쪽이었다. 물론 이는 균일한 추세는 아니었고, 전망이 개선되는 듯 보인 경우들도 있었다.

비주류경제학자들이 임명될 기회를 높여주고 비주류경제학을 진지하게 가르칠 수 있는 경제학과들의 수가 급격히 줄었다. 기껏해야 포스트 케인즈주의 그리고 마르크스주의 경제학에서 선택과목이 개설될 수 있을 것이다. 비주류경제학의 다음 세대의 훈련은 심히 제한당했으며, 대다수 경제학과 교육은 비주류경제학과 경제학자들을 거의 언급하지 않는다. 비주류 연구 어젠다를 추구하는 데 대한 전반적인 압박이 있다. 또한, 경제학에서 연구는 종종 그것이 '톱'top 학술지에 게재됐느냐의 여부로 판단되는데, 그 학술지들 중에는 비주류 논문들의 접근이 매우 제한돼 있는 주류 학술지들이 압도적으로 많다.

비주류 정치경제학자들이 학술지를 설립하고, 회의를 조직하며, 일반적으로 적대적인 환경에서 살아남는 공동체(또는 서로 겹치는 공동체들 집합) 건설에 성공한 사례들이 있다. 일부 영역에서 일관된 연구 어젠다들이 개발됐다. 두 가지 사례가 생각난다. 내생적인 화폐 및 신용 창출 분석, 그리고 임금 주도/이익 주도 프레임워크, 이는 철저히 분석돼 경제정책들의 개발에 중요한 함의를 갖고 있으며, 실증적인 지지를 받고 있다. 하지만 이들 어젠다는 경제정책이나 주류 경제학의 인식에 최소한의 영향만 끼치는 데 그치고 있다.

만일 이력을 전부 새로 시작할 수 있어서 달리 해보고 싶은 게 있다면, 그건 무엇인가?

뒤돌아보면 내 길은 계산에 의해서가 아니라 주로(완전히?) 우연으로 정해졌다. 1960년대 말의 정치적 분위기, 몇 번이고 생겨난 일자리와 다른 기회들, 가까운 동료가 된 사람들(특히 샘 아로노비치와 필립 어레스티스Philip Arestis)과의 만남, 결과적으로 정해진 나의 연구 방향 등. 어떤 의미에서 나는 기회가 생기면 그것들을 잡았으리라는 점에서 다르게 행동하지 않았을 것이다. 비록 내가 잡은 기회 중 일부가 나중에 후회했을지라도 말이다. 물론 내가 거절했던 것들의 결과가 어떻게 됐을지 모른다. 또 다른 의미에서 나는 신고전주의 경제학을 연구하고 가르치는 데 시간을 덜 쓰고, 그 약점에 골머리를 덜 썩기를 바랄 것이다. 나는 더 많은 시간을 비주류경제학을 발전시키고, 다른 사회과학 분야들을 다루는 데 쓰기를 바랄 것이다.

코로나19 팬데믹에 대하여

코로나19 위기에 대한 여러 국가들 또는 지역들의 서로 다른 대처방식들을 공중보건 개입과 경제정책들의 관점에서 어떻게 평가하나?

내 대답은 영국에서의 팬데믹 경험들에 주로 초점을 맞출 것이다. 나는 이 글을 2020년 12월에 쓰고 있는데, 제2파 감염, 질병, 사망이 한창 진행 중이며, 비록 정책들이 지역과 국가에 따라 다르고 자주 그리고 종종 혼란스런 기준에 따라 바뀌지만, 봉쇄, 우리가 만날 사람에 대한 제한 등의 형태로 되돌아가고 있는 상황을 경험하고 있다. 사회적 경제적 활동들에 대한 이런 변화하는 제약들과 함께 재정적 지원을 어떤 사람들에게는 제공하고 다른 사람들에게는 하지 않는 재정정책상의 변화도 있었다.

영국 정부는 때때로 팬데믹의 심각성을 인식하는 데 더디다가, 비상사태과학자문그룹SAGE. the Scientific Advisory Group for Emergencies 내의 최고 수준의 조언자들을 비롯한 여러 사람들로부터 조언을 받은 뒤에도 봉쇄정책을 첫 번째는 3월에, 그리고 10월에 다시 시행했다. 거기에는 '우리가 세계최고 수준의 추적 시스템을 개발할 것'이라는 영국 예외주의에 기대는 강한 경향이 있었는데, 개발된 그 시스템은 실패작이었다.

거시경제 정책 대응은 종종 가족과 기업들에 재정지원을 하고 보건의료 서비스를 제공하기 위해 "필요하면 무엇이든 하라."라는 말 속에 그 특징이 잘 드러나 있다. 이 글을 쓸 당시에 공공부채를 줄이려는 드라이브 속에서 정부가 장차 긴축을 하겠다는 생각을 갖고 있는 듯했으나, 균형예산과 부채 축소에 집착하는 생각이 적어도 일시적으로라도 폐기됐다. 큰 재정적자가 났지만 거기에는 심각한 자금조달 문제가 없었고(영국은행이 필요에 맞춰 자금을 댔기 때문에) 자금제공 문제도 없었는데, 그 많은 부분은 민간부문의 가계저축이 크게 늘어난 덕으로 돌릴 수 있다. 가계 저축의 증대는 많은 소매판매점, 서비스, 접대, 그리고 엔터테인먼트가 제한(종종 금지)되고 있던 시기여서 놀랄 일이 못 된다.

팬데믹은 10년간의 긴축정책이 끝나고 찾아왔는데, 그때는 의료보건 서비스, 교육, 기타 다른 분야 지출이 공공 서비스 증대 어젠다가 아니라 재정적자 축소 어젠다에 의해 추진되고 있었다. 10년간의 긴축 효과로 국민보건서비스National Health Service. NHS에는 팬데믹에 대처할 어떤 여력도 남아 있지 않았다.

팬데믹에 대처하는 관점에서 보건의료 서비스는 제일선이고, 영국의 경우 그것은 국민보건서비스인데, 이는 이용할 때 (대체로) 무료이며, 대다수 병원들은 공적으로 소유되고 운영된다. 지금의 노동당 정부의 멤버 다수가 보건의료 서비스의 부분적 민영화를 오래전부터 옹호해왔으며, 영국이 EU에서 이탈함에 따라 영국과 미국 간에 벌어질 수 있는 민간금융과 보건의료 서비스 공급에 관한 무역협상이 주요 관심사다.

주로 민간회사들에 위탁되는 검사와 추적의 조합은 신자유주의적인 민영화 어젠다 개발의 강력한 요소들을 지니고 있다. 상당한 문제들을 일으킨, 민간부문의 역할 및 공사公私간의 관계와 관련이 있는 보건의료 서비스와 관련된 두 가지 공급영역이 있다. 그것은 개인보호장비와 추적 시스템 공급이다. 이 두 영역의 사건들은 신자유주의적 시장 접근 문제들 중 다수를 부각시켰다.

코로나 바이러스 위기의 초기 몇 개월간 개인보호장비가 몹시 부족했다. 이것은 특히 요양원들에서 걱정거리의 주요 원인이었다. 그 부족은 팬데믹 대비가 돼 있지 않은 현실을 반영했다. 특정한 걱정거리 영역들은 잘못된 계약 합의, 모니터링의 어려움, 관련 경험 부족, 그리고 계약들이 체결되는 통로인 많은 기업과 보수당의 유착관계와 관련이 있다.

흔히 여러 단계의 하청이 겹쳐 있는, 민영화되고 종종 중앙 집중화돼 있는 검사와 추적 작업들은 공적 분야의 지역 공공 건강보호 팀들이 운영하는 기존의 확립된 접촉자 추적 시스템들을 손상시켰다. 민영화 작업의 실패들은 많은 경우 지역 당국들이 공중보건 접촉 검사를 부활하게 만들었다. 검사와 추적 시스템들은 코로나 바이러스 대처에 어려움을 안겨준 주요 원천이었다. 적절하게 자금을 제공받은 지역 전문지식 대신에 혼란스럽고 값비싼 민영화에 기대는 데서 핵심적인 어려움들이 발생했다고 설명할 수 있다.

흔히 자유시장주의자들과 정치적 우파들이 제기하지만, 보건의료와 경제 사이에는 종종 (잘못된) 이분법(경제를 인간존재와 분리된 무슨 기계처럼 취급하는)이 있었다. 경제활동 효과는 시장 생산과 GDP에 초점을 맞춤으로써 일반적으로 과장됐다. 거기에서 보건의료와 봉쇄의 사회적 효과, 장기간 고립, 잃어버린 학교수업 등이 정신건강에 끼친 효과는 도외시됐다.

코로나 위기에서 평등주의적 경제 프로젝트를 추진하는 데 있어 가장 실행 가능한 방안에 대해 어떤 교훈을 얻었는지, 그리고 원하는 방식으로 이 문제에 초점을 맞춰본다면?

코로나19로 인한 불평등과 격차는 가계들 간, 민족그룹들 간, 그리고 지역들 간에 이미 존재하고 있던 많은 불평등을 반영하고 강화했다.

질병률과 사망률에는 상당한 차이가 있었다. 박탈감이 높은 지역들은 코로나19로 인한 사망률이 가장 높았다. 사망률은 흑인, 아시아, 그리고 소수민족BAME 그룹들 쪽이 백인 그룹들보다 더 높았다. 재택근무를 할 수 있는 사람들은 소득 손실 면에서 거의 손해를 보지 않았는데, 그들은 사무직, 고임금 일자리에 취업해 있는 경향이 있었다. 그에 반해 낮은 소득배분을 받는 사람들(보건의료와 사회복지 분야의 핵심 노동자들을 제외하고)은 확대된 휴가계획(extensive furlough scheme. 일거리가 없어진 직원들을 해고하지 않고 계속 고용할 경우 정부가 고용주에게 손실분을 충당해주는 조치－역주)으로 수입을 상당 부분 지원받겠지만 일자리가 폐쇄당하는 분야에 종사했을 가능성이 높다.

아이들 교육에 해로운 영향을 끼쳤을 게 분명하며, 그 효과는 장기간 이어질 것이다. 이런 악영향은 특히 컴퓨터와 인터넷에 접근하지 못해(컴퓨터를 제공하려는 일부 어중간한 시도가 있었다.) 재택학습(재택근무하는 부모 쪽이 더 쉽게 해줄 수 있다.)을 받지 못했을 가능성이 높은 저소득 가정의 어린이들을 덮쳤다.

복지 '안전망'의 결함들이 드러났다. 실은 이런 결함들은 오래 전부터 잘 알려져 있었다. 예컨대 낮은 수준의 질병수당과 보편적인 신용 지불의 지연 같은 것들이다. 비록 제한적이긴 했지만 일부 수정되기도 했다. 앞으로 더 개선될 여지가 있을지는 두고 볼 일이다. 내 생각에는 긴축심리가 다시 돌아오면 그렇게 될 것 같지 않다.

코로나 위기 체험이 학문으로서의 경제학, 더 구체적으로는 연구하면서 답을 찾아왔던 문제에 대해 영향을 미쳤는가?

그것이 경제 분석에 관한 내 사고방식을 근본적으로 바꾸진 못했다. 내가 위기 이전에 사용했던 도구들을 위기 자체의 분석과 코로나 이후의 세계에 대한 생각에 적용해왔다.

코로나 위기와 그에 대한 대응은 근본적인 불확실성 속의 의사결정, 그리고 정부 등이 준비할 수 있는 방법에 관한 문제들을 제기했다. 코로나19를 다루는 것은 바이러스의 성질, 감염율과 감염방식, 건강에 끼치는 영향 등에서부터 개인의 행위가 반응하는 방식에 이르기까지 다차원의 근본적인 불확실성을 내포한 실행이었음을 쉽게 알 수 있다. 영국 정부는 2019국가안보위기평가2019 National Security Risk Assessment를 마련했는데, 이는 영국이 직면한 위기들과 이에 대비하기 위해 무엇이 필요한지를 정리한 포괄적인 계획문서로 알려졌다. 하지만 '인플루엔자 타입의 팬데믹'이 걱정거리 목록의 맨 처음에 나와 있음에도 불구하고, 거기에는 개인보호장비의 이용

가능성과 봉쇄에 직면한 상태에서 소득과 고용을 위한 재정적 조치들과 같은 분야에서 일반적인 준비가 부족했다.

팬데믹에 대한 정부의 재정적 대응과 그 효과를 더 검토하는 것이 적절하다. 그들 자체의 재정규칙을 유지하려는 시도를 포기하는 (올바른) 초기 대응들은, "돈이 어디에서 나오는데?" 쪽, 그리고 더 걱정스럽게도 공공부채 규모(GDP 대비 100%가 넘었다.)와 두드러진 부채를 줄이기 위한 예산 잉여분을 찾아내는 환상적인 탐색 과정의 긴축 위협 쪽으로 되돌아갈 조짐에도 불구하고 계속됐다. 거시경제적 대응들은 가처분 소득 수준을 높이려는 의지를 드러냈다. 재정정책과 통화정책적 대응에 대해 검토할 필요가 있고, 그 자체는 새롭지는 않으나 그 규모와 속도는 새로웠다. 그 디자인과 효과를 위한 구체적인 재정지원 패키지를 검토할 필요가 있다. 또 경제활동에 대한 대규모 충격에 대응하는 데 충분히 능숙하지 못한 재정정책 원칙의 유용성을 검토해볼 필요도 있다.

대표적 출판물과 영향

출판물

Malcolm Sawyer (1985). *The economics of Michal Kalecki.* London: Macmillan.

Malcolm Sawyer (2018). "Approaching budget deficits, debts and money in a socially responsible manner" in P. Arestis and M. Sawyer (eds.), *Frontiers of Heterodox Macro-economics*, Palgrave Macmillan. pp. 45-87.

Malcolm Sawyer (2022), *The Power of Finance: Financialization and the Real Economy.* Agenda Publishing.

영향을 받은 인물

미하우 칼레츠키 Michal Kalecki

영향을 받은 문헌

Collected Works of Michal Kalecki, volumes I to VII (edited by Jerzy Osiatyński, published by Clarendon Press, Oxford 1990 to 1997).

Michal Kalecki (1938). The determinants of distribution of the national income. *Econometrica: Journal of the Econometric Society*, 97-112.

Michal Kalecki (1944). 'Three ways to full employment' in Oxford University Institute of Statistics, The economics of full employment, Oxford: Blackwell, reproduced in Collected Works of Michal Kalecki vol. I pp. 357-376.

줄리엣 쇼어

Juliet Schor

**사회학의 대중화에 힘쓴
공유경제 주창자**

줄리엣 쇼어는 보스턴대학 사회학 교수다. 그녀의 연구는 소비, 시간 활용, 그리고 환경의 지속 가능성에 초점을 맞추고 있다. 쇼어는 다음과 같이 많은 책을 쓰고 폭넓게 책을 읽는다.《과로한 미국인: 예상하지 못한 여가의 쇠퇴The Overworked American: The Unexpected Decline of Leisure》(1992),《과소비한 미국인: 우리는 왜 불필요한 것을 원하는가The Overspent American: Why We Want What We Don't Need》(1998),《타고난 구매 체질: 상업화된 어린이와 새로운 소비자문화Born to Buy: The Commercialized Child and the New Consumer Culture》(2004),《진정한 부: 어떻게 그리고 왜 수백만 명의 미국인이 시간 많고, 생태학적으로 가벼우며, 소규모의 만족도 높은 경제를 창조하고 있나True Wealth: How and Why Millions of Americans Are Creating a Time-Rich, Ecologically Light, Small-Scale, High-Satisfaction Economy》(2011). 그녀는 15년 이상 이사로 일한 국가의 지속 가능성 기관인 뉴아메리칸 드림센터Center for New American Dream(newdream. org)의 공동설립자다. 쇼어는 '사회학의 대중적 이해'Public Understanding of Sociology로 미국사회학협회상을 받았고(2014), 미국 생태경제학협회로부터 2011 허먼 데일리Herman Daly상을 받았으며, 터프츠대학Turfs University의 글로벌 개발과 경제학연구소로부터 레온티에프 상을 받았다.(2016)

당신의 성장배경과 어떻게 해서 매사추세츠 애머스트대학에 가서 경제학 박사학위를 받게 됐는지 말해달라.

나는 남서부 펜실베이니아의 탄광과 제철소들 한가운데에 있는 소도시에서 자랐다. 뉴욕의 유대인들이었던 부모님은 1950년대에 블랙리스트에 올라 있었는데, 펜실베이니아에 가서 광산 노동조합 진료소를 개설했다. 그래서 나는 '빨간 기저귀 아기'red diaper baby가 됐으나 청소년이 될 때까지 그들의 과거에 대해 알지 못했다. 그럼에도 나는 어렸을 때 마르크스를 읽기 시작했고 정치활동에 가담했다.

대학에서 나는 경제학과 철학(좌파 청년이 다른 공부를 하겠는가!)을 공부했다. 내가 다니던 대학에는 좌익 경제학이 없었다. 나는 매사추세츠 애머스트대학 경제학자들의 프로그램에 흥미를 갖게 됐고, 그들에게 와서 얘기해달라고 손을 내밀었다. 나는 대학원 공부를 시작하려고 일찍 대학을 떠났다. 하지만 당시에 박사학위 코스가 반드시 진로결정이라고 보지 않았다. 순진하게도 나는 더 배울 필요가 있다고만 생각했고, 대학교육 수준에서 더 나아갈 필요가 있다고 느꼈다. 매사추세츠 애머스트대학에 바로 가고 싶었지만, 가족과 멘토들로부터 전통적인 프로그램 쪽으로 가라는 압력을 심하게 받았다. 나는 런던경제학교에서 시작했으나 실망했다. 1년 뒤 나는 매사추세츠 애머스트대학 학생이 됐다.

좌파 정치경제 쪽에 가장 끌리게 된 이유는 무엇이었나?

아마도 나는 노동계급 도시(소규모의 전문직 종사자와 소기업 공동체를 지닌)에서 자랐기 때문이겠지만, 언제나 계급 분석에 끌렸다. 나는 또 정치적으로 급진적이었는데, 좌파 정치경제는 그런 류의 정치와 잘 어울렸다. 나는 분석적 지향성을 지니고 있기도 한데, 그것도 경제학과 정치경제에 딱 맞았다. 마케팅 분야에는 '장갑처럼 딱 맞다'FLAG-Fits Like a Glove라는 개념이 있다. 그것은 나와 정치경제의 관계를 두고 한 말이다. 직감적으로 내게 딱 맞는다는 느낌이 들었다. 아마도 내가 무의식적으로 부모님으로부터 흡수한 바도 작용했을 것이다.

몇 년 전에 《과로한 미국인: 예상하지 못한 여가의 쇠퇴》라는 제목의 베스트셀러를 썼다. 그 책의 중심 주장들은 무엇인가? 그리고 그 책 출간 이후 일과 레저와 관련해 미국사회에는 어느 정도의 변화가 일어났나?

《과로한 미국인》의 중심 주장은 자본주의 경제가 더 많은 여가보다는 더 많은 산출이라는 형태로 생산성 성장 쪽으로 기울어져 있다는 것이다. 이는 마르크스주의자들과 독점자본학파가 흔히 하는 주장이었지만, 좋은 분석적 기반이 있진 못했다. 나는 노동 규율에 근거를 둔 산출 편향의 미시적 토대를 개발했다.(장시간 일하는 노동자일수록 통제하기가 더 쉬운데, 그들의 실직 비용이 더 높고 다른 것은 동일하기 때문이다.)

나는 또 봉급을 받는 생활과 1인당 부가수당이 고용자들이 '장시간 노동자들'을 선호하게 만드는 데 핵심적인 역할을 한다는 점도 확인했다. 그 책은 1969년부터 1989년까지 미국에서 유급 노동시간이 증가했다는 사실을 기록문서로 입증했다. 이는 노동시간 감소라는 초기 경향(제2차 세계대전 이전까지)으로부터, 그리고 우리가 전쟁 전까지 노동시간 감소라는 공통의 궤적을 그려 온 서유럽

520

국가들로부터 이탈한 것이었다. 이는 또한 늘어나는 두 가지 모드의 시간 분포bimodal distribution of hours에 관한 이야기이기도 했다. 증가하는 소수자들에게는 너무 시간이 적었는데, 그들의 저고용은 증가하고 있었다. 줄어드는 다수자들에게는 시간이 너무 많았는데, 그들의 시간은 늘어나고 있었다.

나는 내가 '일과 소비' 싸이클work and spend cycle이라고 부른, 노동자들이 장래의 임금증가와 더 많은 자유시간의 균형을 (사전에) 더 선호하지만 그것을 선택할 옵션은 주어지지 않는다는 사실도 확인했다. 그들의 임금이 올라가고 돈을 쓰면서 그들의 선호도는 (사후에) 그들의 새로운 시간/임금 균형에 맞추는 쪽으로 조정됐다. 그것은 태생적인 선호endogenous preference 이야기로, 나중에 학계에서 통용된 개념이었다.

그 책 출간 이후 일련의 변화가 있었다. 1990년대 그리고 2000년대 중반에 들어서면서 유급 노동시간은 평균적으로 계속 증가했다. 하지만 중요한 분화들이 발생했다. 교육을 많이 받은 노동자일수록 시간이 더 증가했다. 구조적인 저고용과 실업이 늘어났다. 2007년의 금융위기와 함께 시간은 극적으로 줄었고, 점진적으로 늘어나기 시작했다. 노동력 참여율은 곤두박질친 뒤 낮은 수준을 유지했다. 시간의 상승 추세는 멈췄다.

가정 내의 무급 노동이 당신의 과로(혹사) 평가에 기여한 역할이 있다면 무엇인가? 여성들이 유급 노동력으로 점차 이동하면서, 여가에서 노동으로의 전환과는 반대로 가사노동에서 이른바 사무직으로의 이동과 같은 무급노동에서 유급노동으로의 전환은 어느 정도로 일어났나?

나는 가사노동의 추세에 대한 평가도 넣었는데, 왜 가정 내의 노동절약 기술들이 일반적으로 노동을 줄이지 못하는지를 탐구하는 데 하나의 장을 할애했으며, 여성의 가사노동이 어떻게 그들의 유급노동을 증가하는 쪽으로 변화하는지를 보여주는 모델을 개발했다. 큰 그림으로 보면 여성들이 유급 노동에 가담하면서 그들의 가사노동은 줄었지만, 그것은 절반 정도에 그쳤다. 따라서 여성들이 노동력에서 그들의 시간을 늘림에 따라 그들의 전체 노동부담이 많이 늘었다. 이것이 사회학자들, 특히 알리 혹실드Arlie Hochschild가 확인한 가정 내 시간 짜내기의 핵심이다.

한 가지 이유는 남성들은 자신들의 가사노동을 많이 늘리지 않았고, 그 비대칭성이 전반적으로 유지되고 있기 때문이다.(그것은 부분적으로는 성별 비타협성으로, 또 부분적으로는 남성들의 유급노동이 여성들의 유급노동이 늘어난 만큼 줄지 않았다고 설명할 수 있다.) 기술 분야에서, 나는 기술 발전으로 기준들이 높아짐에 따라 여성들은 일을 더 많이 하게 됐을 뿐이라고 주장했다. 예컨대 옷과 집들은 더 깨끗해졌고, 요리에 대한 기대도 조금씩 더 높아졌듯이 말이다. 쓸 수 있는 시간을 채우기 위한 일거리가 늘었다.

《과로한 미국인》을 쓴 뒤에 《과소비한 미국인》을 쓰면서 미국의 상업주의와 소비주의에 초점을 맞췄다. 소비주의의 무엇이 잘못됐는가? 생활수준이 올라감에 따라 자본주의는 마땅히 그렇게 돼야 하지 않는가?

가장 큰 문제는 경제 시스템이 물적 재화와 서비스를 계속 증대시키는 데 전념함으로써, 대기에 온실가스를 축적하고 종의 대량 멸종, 다가오는 물 부족, 생태계 붕괴를 야기해 전 지구적인 파국을 초래하고 있다는 점이다. 원기 왕성한 소비자 생활양식을 남반구 저개발국 인구보다 훨씬 적은 북반구 선진국 인구에게 안전하게 제공하기도 불가능하다. 나는 이것을 소비자가 추동하는 과정으로 보지 않는다. 《과소비한 미국인》에서 내 분석은 노동시장의 동역학이 산출 편향을 이끌어가는 힘임을 확인한다. 하지만 그것의 소비자 차원이 경제 시스템의 정치적 정당성과 이념적 지지의 핵심이다. 따라서 소비자 생활양식은 자본주의 논의에서 일정 정도 그 중심을 차지한다.

그 책은 주류 경제학이 다루는 방식과는 반대로 소비가 매우 사회적인 과정이며, 사람들은 그들의 사회적 환경에 따라 소비한다고 주장했다. 나는 준거집단 비교가 소비를 촉진하며, 소비는 사회적 평가의 토대고(베블렌Thorstein Veblen과 부르디외Pierre Bourdieu처럼), 소비를 주로 기능적인 활동으로 보기보다는 그 사회적 상징적 차원들을 이해할 필요가 있다고 주장했다. 이는 지금 주류 경제학에서 더 많이 받아들이고 있다. 이것은 소비에서 죄수의 딜레마(더 많은 소비가 반드시 사람들을 더 잘 살게 해주지는 않으며, 오히려 기준을 높인다.)를 고려하게 만들었다.

내 접근법은 행복과 소득, 그리고 일정 수준의 소득 이후에는 소득 증가로 늘어나는 추가적인 복지 부분이 훨씬 적어진다는 생각에 관한 새로운 문헌의 등장과 관련이 있다. 물론 다른 면도 있었는데, 임금이 정체되면서 소비 증대는 점차 더 많은 노동력을 요구했다. 그런 동역학이 복지를 약화시켰다. 그 시기에는 불평등도 커졌다.

내 책 1장에서 나는 소비자의 열망은 점차 (당시에) 소득 점유율이 더 커지고 있던 상위 20% 인구의 생활양식을 따라 정해지고 있다고 주장했다. 물론 나중에 그것은 소비패턴이 훨씬 더 따라잡기 어려워질 상위 1%가 될 것이다. 핵심은 소비 열망이 소득보다 훨씬 더 빠르게 높아졌다는 것이고, 그것은 '소비열망 갭', 그리고 소비 좌절, 불만으로 이어졌다. 소비열망 갭은 소비자 부채 증가로도 연결됐다.

여가의 감소와 소비주의의 대두는 서로 어떻게 연결돼 있는가?

어떤 의미에서는 동전의 양면이다. 우리가 여가의 형태로 생산성을 증가했다면 소득은 안정됐을 것이고, 따라서 소비자 생활양식의 지속적인 상승도 피했을 것이다. 안정된 소득이 더 많은 여가 시간보다 더 빨리 확산하기 때문에 여가시간은 덜 '상품 집약적'이 될 것이다. 디즈니랜드 대신에 사람들은 캠핑을 더 많이 할 것이다. DIY(소비자가 직접 하기, Do-It-Yourself)가 예전보다 더 번성할 것이다. 우리는 더 참여적이고 덜 구경꾼 중심적인 문화를 선호하게 될 것이다. 또 다른 효과로는, 시간에 쫓기는 사람들이 답례, 보상, 그리고 돈독한 사회적 관계를 잃어버린 데 대한 대체재로 상품을 이용하는 것이다.

임금 정체의 장기 추세에 따른 과로의 증가와 여가의 감소를 어느 정도까지 추적할 수 있는가? 이건 말하자면, 먹고 살기가 점차 어려워지면서 사람들의 여가가 줄어든 것이다.

임금정체가 중요하고, 특히 소득분배의 하향조정이 그렇다는 건 의심의 여지가 없다. 임금이 줄어들면 가정이 수입과 시간을 보탰다. 하지만 일에는 다른 요소들도 있다. 고용주들은 특히 봉급받는 노동자들에게 노동시간과 관련해 점점 더 많이 요구하게 됐다. 좋은 일자리가 줄어들자 사람들은 순응했다. 여러 연구들이 보여주듯이, 정체뿐만 아니라 불평등도 더 긴 시간을 일하게 만들었다. 하지만 또 다른 면은 소비 기준이 계속 높아져 안정된 소득이 사회적으로 유발된 수요를 따라가지 못하면서 문제가 됐다는 것이다. 중상층은 그것을 따라잡으려는 헛된 노력 속에 상당한 빚을 지게 됐다. 이런 요소들을 파헤친 연구를 나는 보지 못해서 더 자세하게 얘기할 순 없다. 그러나 소득분배 정도에 따라 달라진다고 생각한다.

소비주의가 주로 미국 문화와 연관된 특성들을 지니고 있다고 할 수 있나? 비슷한 패턴을 다른 고소득 국가들에서도 볼 수 있나? 저소득, 중소득 경제들에서는 어떠한가?

소비주의는 상품과 서비스를 사회적 의미와 열망의 중심에 두는 이데올로기다. 많은 나라에 분명히 소비주의 경향들이 있다. 서유럽은 그들의 소비문화 일부에서 미국화 현상을 보이고 있지만, 소득과 부를 더 평등하게 분배하려는 지속적인 정책을 통해 그것을 어느 정도 막을 수 있었다. 서유럽의 대다수 국가들은 또한 산출 극대화의 경로로 빠져들지도 않았고 노동시간을 줄이는 노력을 계속해왔다. 남반국 저개발국의 신흥 중산계급 속에서 소비주의 경향을 볼 수 있는데, 그들은 세탁기, 스쿠터와 자동차, 그리고 전자제품과 같은 상품들에 대한 열망이 강하다. 누가 그들을 비난할 수 있겠는가?

지속적인 경제성장이 성공적인 경제와 생활수준 향상에 불가결하다고 여겨지고 있다. 지속적인 경제성장 없이도 생존 가능한 경제

가 있을까? 있다면 어떤 형태일까?

지금 시점에서 우리가 가질 수 있는 유일한 생존 가능한 경제는 지속적인 성장을 거부하는 경제다. 우리는 이미 주요 지표들에서 지구적 경계(한계)를 넘어섰기 때문에 지구상에서 인간의 발자국, 특히 탄소 등 온실가스를 긴급하게 줄여야 한다. 경제학자들은 성장이 비물질화될 수 있다고 낙관했기 때문에, 물리법칙이 적용되지 않는다고 생각한다. 하지만 '성장의 한계' 학파에 대한 전문가들의 확신에 찬 거부 이후 수십 년이 지나도록 우리는 전체적으로 비물질화에서 거의 아무런 진전도 이룩하지 못했다. 우리는 GDP와 관련해서 비물질화하고 있지만, '절대적으로'는 아니다.(이것은 비동조화decoupling라고도 한다.)

내가 보기에 부자나라들에서는 생산 확대가 아니라 노동시간 감축이 중요하다. 나는 노동시간을 줄인 국가들과 주들이 탄소배출을 줄였고 다른 것들도 그렇게 했음을 보여주는 다수의 논문을 썼다. 노동시간 축소는 환경 영향을 줄여 노동시장을 불안정하게 만들지 않는(점진적으로 공급을 줄일 것이기 때문에) 경로에 해당한다. 그것은 앞서 언급한 죄수의 딜레마 효과 때문에 늘어나는 복지와도 양립할 수 있다. 여가시간은 그런 동역학의 지배를 받지 않지만, 소득은 받는다. 따라서 소득과 노동시간 거래는 복지를 증진한다.

높은 만족, 낮은 환경 영향 경제의 핵심은 생산성 증대를 유지하면서 노동력 투입을 줄이는 것이다. 사람들은 소비기준이 올라가지 않는 맥락 속에서 시간에 대한 자신들의 통제력을 회복할 것이다. 그들은 더 사회적이고 더 낮은 비용을 통해 소비 수요를 충족할 수 있다. 물론 우리는 또한 공공재와 경제안보를 제공하기 위해 더 많은 일을 해야 할 것이다. 지금 당장 사람들은 파멸적인 결과를 피하기 위해 부를 축적할 필요가 있다. 하지만 공공재들의 품질이 높아지고 누구나 이용할 수 있게 된다면, 노동시간을 더 줄일 수 있을 것이다.

최근 저서 《풍요: 새로운 부의 경제학》에서 대체 에너지, 재활용, 그리고 일반적으로 현대 미국과 관련이 있는 소비주의 생활양식으로부터 벗어나기를 주장했다. 미국사회가 그와 같은 환경적, 경제적, 개인적 전환을 위한 준비가 돼 있다고 생각하나?

그렇기도 하고 또 아니기도 하다. 소비주의에 대한 수많은 사회적 비판이 있고, 소비주의 성향이 높은 사람들 사이에서조차 그러하다. 그래서 어떤 의미에서는 출구가 있다. 여론조사 자료는 덜 소비주의적인 길로 크게 열려 있음을 보여준다. 사람들은 기후변화 문제도 해결하고 자연환경도 보호하고 싶어 한다. 하지만 이는 미국에겐 거대한 변화가 될 것이다. 우리는 제2차 세계대전 이후의 소비모델을 70년 동안 뒤따라가고 있다. 나는 젊은이들 속에서 변화가 일어나고 있음을 본다. 그들은 이런 대안적인 삶의 방식에 훨씬 더 많이 열려 있다.

관건은 공공재가 그들이 '일과 소비' 생활양식을 거부할 수 있을 정도로 충분히 제공될 수 있느냐다. 그들은 자신들이 찾아낼 수 있는 가장 높은 임금의 일자리를 받아들이지 않고도 의료보건 서비스, 연금, 보육, 그리고 아이들 교육 문제를 해결할 수 있다는 믿음을 가질 수 있을까? 그들은 또한 더 많이 보장되는 민주적인 소유 형태(협동조합, 신탁 등)을 요구할 것이다.

그렇게 되기 위해서는 극도의 불평등, 과두 통치, 그리고 부적절한 사회자본 문제를 해결해야 한다. 나는 우리가 민주주의를 되살리고 공공재를 제공하고 공동의 안전보장을 구축하려면 지방자치체 차원에서 시작해야 한다고 생각한다. 그리고 그런 일이 어느 정도는 일어나고 있다.

그러나 나는 이런 변화가 환경이 강제할 때까지는 일어나지 않으리라는 의심을 품고 있다. 소비 관행에는 상당한 타성이 있다. 우리는 금융위기와 공황 뒤에 많은 대안적 실천이 꽃피는 모습을 봤다. 기후와 금융 불안정화는 그 길로 더 나아가는 작업을 더 강렬하고 매력적으로 만들어줄 수 있다. 고통스런 길이지만 달리 방법이 없을 듯하다.

미국과 그 밖의 국가들에서 느리거나 성장하지 않는 경제모델이 기후 안정화를 지원하는 데 얼마나 효과적인 틀이 될 수 있어 보이나?

'효과적인 틀'은 두 가지 문제를 제기한다. 첫째, 그것이 실행 가능한 길인가? 나는 경제를 급속히 확장하는 한 우리가 달성해야 할 탄소 배출 감축과 같은 목표를 달성할 수 없다고 본다. 과학자들은 미국과 같은 북반구 선진국가들은 매년 배출가스 8~10% 감축을 달성해야 한다고 말한다. 그러나 우리는 어디에서도 그 수치에 가까운 성과를 낸 적이 없다.

2007년에 미국의 이산화탄소 총배출량은 6,130톤이었다. 경기침체가 겹치고 석탄에서 가스로 전환하고 재생 가능한 에너지 사용을 확대한 이후 2016년까지 그 수치는 고작 13%, 연간 수치로는 겨우 1.4% 줄어들었을 뿐이다.[22] 2017년에 탄소배출 총량은 전력 부문의 전면적인 감소에도 불구하고 고작 0.66% 줄었다. 운송, 건축, 그리고 산업 부문의 배출량은 늘었다.[23] (항공 부문 배출량만 해도 전력 부문 감소분의 3분의 1을 상쇄했다.) 2017년 수치는 미국이 파리(기후협정)에서 한 부적절한 약속보다도 훨씬 낮았다.(게다가 이는 오직 미국 영토 내의 배출량일 뿐, 실질적으로는 미국에게 책임이 있는 교역상의 발생 배출량은 제외됐다.)

중대한 정책 전환이 없는 한 미래 전망은 밝지 않다. 석탄 사용 중단 효과의 큰 성과는 점점 줄어들다가 결국 사라질 것이다. 운송업은 미국과 기타 여러 나라에서 이미 가장 큰 배출 부문이 돼 있다. 육우와 젖소를 과감하게 줄인다면 많은 도움이 되겠지만, 계획적인 성장 둔화보다도 더 실현 가능성이 낮아 보인다. 절대적인 탈배출에 성공한 소수의 나라들(독일처럼)은 에너지 전환과 더불어 느린 성장/노동시간 감축과 결합했다. 재생가능 에너지 쪽으로의 대규모 전환과 탄소배출에 대한 무거운 과세에다 식생활 바꾸기, 그것이 진지한 기후변화 대응방안이다.

최근 연구로는 이른바 '공유경제'를 탐색해왔다. 그것이 무엇이며, 왜 공유경제가 지속 가능한 경제와 생활양식 변화를 위한 캠페인에 중요한가?

2008년에 《풍요》를 쓰고 있을 때 공유경제에 흥미를 갖게 됐다. 그 책은 다르게 살 수 있는 가정 모델을 제시했다. 원칙은 전통적인 고용에서 유급노동 시간을 줄이고, 고용 불안정을 헤쳐나가기 위한 복수의 소득원을 개발하며, 적은 돈으로 소비수요를 충족시키는 것이었다. 공유경제는 가정들이 이 모델을 뒤따라갈 기회처럼 보였다. 한편으로 그것은 더 싼 상품과 서비스, 내구재에 대한 대출 또는 증여 플랫폼을 통한 비현금성 접근, 그리고 많은 돈을 쓰지 않고 수요를 충족하는 다양한 다른 옵션을 제공했다. 여기에는 시간은행, (고장 난 물품 수리를 위한)수선 집단들, 식품 교환

등이 포함된다. 동시에 에어비앤비Airbnb, 태스크래빗TaskRabbit, 그리고 우버/리프트Uber/Lyft와 같은 화폐화된 플랫폼들이 사람들에게 추가로 돈을 벌 기회를 제공했다.

공유경제는 영리목적의 플랫폼이 새롭고 작고 대안적인 분위기였던 초기 시절 이후에 진화했다.(우버는 제외. 우버는 자신을 공유경제로 여긴 적이 없으며, 언제나 가짜 '자유시장' 지향성과 보수적인 성향을 갖고 있었다.) 설립 초기에 영리목적과 비영리목적이 공통의 좋은 담론을 공유했으며, 적어도 통상적인 기업 자본주의와는 다른 무엇을 창조하겠다는 주장을 내세웠다. 그 뒤 몇 년간 그중 영리목적 쪽이 많은 벤처 자본을 받아들였고 다양한 방식으로 통상적인 기업으로 바뀌어갔다. 비영리목적 쪽은 에어비앤비나 승차공유 플랫폼처럼 규모를 키우지는 못했다. 그러나 그들은 원래 '풍요로운' 가정들에서 추구했던 이익의 일부를 제공했다. 그들은 싼 옵션들과 돈 버는 방법을 제시했다.

우리 팀과 내가 2011년부터 진행해온 연구에서 그런 플랫폼들을 활용해 전통적인 유급 고용을 대체하려는 사람들을 발견했다. 우리는 그들이 다른 소득원들을 보충하는 일을 훌륭하게 해내고 있음을 알았다. 그리고 에어비앤비에 임대해줄 값비싼 아파트나 집이 있는 사람들은 상당한 돈을 벌 수 있었다. 하지만 우버나 태스크래빗과 같은 노동 플랫폼을 통해서만 모든 소득을 얻으려고 했던 사람들은 빈곤선 이상의 소득을 얻기는 어려웠다. 왜냐면 임금이 너무 낮거나(운전이나 배달 일처럼), 설사 임금이 높다 하더라도(태스크래빗 플랫폼처럼) 충분한 일거리를 찾을 수 없었다.

지속 가능성과 관련한 영리목적 플랫폼들의 주장은 입증되지 않았다. 그것은 표준적인 경제적 관점에서 예측할 수 있었다. 이들 플랫폼은 서비스를 더 싸게 만들 수 있었고, 그리하여 수요를 증대할 수 있었다. 우리는 에어비앤비가 여행을 유발한다는 걸 알고 있다. 우버와 리프트는 공공운송 수요를 줄이고 걷기, 자전가 타기, 그리고 비이동성(그냥 가만히 있기)도 대체했다. 따라서 지속 가능성 주장들은 옳지 않은 듯하다. 에어비앤비는 호텔 건설을 줄이고 일반 살림집의 에너지 사용을 줄인다는 점을 내세우지만, 그 절약 잠재력은 그런 값싼 수용이 유발할 수 있는 항공운행 증가로 인한 탄소 배출 증가로 줄어든다. 하지만 이 주제는 우리가 아직 많이 연구하지 못했다. 한편, 많은 여행의 증가가 혼잡과 가스 배출 그리고 탄소 배출을 유발함을 보여주는 승차공유에 관한 연구들은 늘어나고 있다. 결국 사람들이 공구, 잔디 깎는 기계, 또는 카메라 장비와 같은 가계 품목들을 공유하게 만들려는 플랫폼들은 거의 모두 실패했다. 미국에서는 아직 그런 종류의 일에 대한 수요가 부족한 듯하다.

내 느낌으로 지속 가능성은 진정한 '공유' 관계가 발전할 경우 '공유 부문'에서만 제공될 수 있을 듯하다. 나는 음식물 쓰레기(온실가스의 주요 배출원), 내구재, 주택공급 등 기타 높은 영향을 끼치는 품목들을 생각하고 있다. 운송 부문에서 우리는 더 많은 민간 자동차(누구의 소유이든)보다는 공공 옵션 쪽에 더 많이 투자해야 한다. 이런 류의 연대주의적 공동체 공유가 미국보다 유럽에서 더 앞서가고 있다. 나는 그것이 유럽 쪽이 그것을 구축하는 데 필요한 더 많은 사회적 자본과 집단행동의 역사가 있기 때문이 아닌가 생각한다. 그러나 나는 미국의 지역적 구상들을 포기하지 않았다. 우리는 다만 이런 서비스들 중 다수를 위한 설득력 있는 모델을 아직 갖고 있지 않을 뿐이다.

향후 5년간 연구작업이 어디로 향할 것으로 보나?

나는 기후변동에 관한 작업을 해야 할 필요성을 점점 더 느끼고 있다. 나는 이미 그런 방향으로 내 행동주의의 초점을 다시 맞춰왔다. 2010년 무렵부터 탄소배출 '운전자들'에 대한 일련의 논문 공동작업을 해왔다. 나는 기후활동 문화에 흥미가 있고, 경제와 소비활동의 변화를 통해 기후위기를 해결하는 방안에 대해 더 많이 생각하고 있다. 정책 환경이 바뀐다면, 노동시간을 줄이는 데 보탬이 될 수 있는 정책들을 연구하고 싶다. 지금 당장은 그런 류의 방향에 대해 들어줄 청중이 존재하지 않는 듯하다.

나는 또 기후와 불평등의 교집합에도 흥미를 갖고 있다. 내가 쓴 일련의 논문들 가운데 하나는 소득과 부의 국내 불평등이 높을수록(지니 계수가 아니라 분포농도의 상위로 측정) 탄소배출과 깊게 연관돼 있음을 보여준다. 공동저자와 나는 이런 현상이 모든 국가, 특히 모든 OECD 회원국, 그리고 미국의 모든 주에서 나타남을 보여주었다. 나는 왜 그런 관계가 드러나는지, 어떻게 하면 우리가 불평등과 기후변동 문제를 동시에 해결할 수 있을지 정확하게 탐구해보고 싶다. 약 10년간 해왔듯이, 양적이고 질적인 연구의 조합 작업을 계속할 듯하다.

코로나19 팬데믹에 대하여

코로나19 위기에 대한 여러 국가들 또는 지역들의 서로 다른 대처방식들을 공중보건 개입과 경제정책들의 관점에서 어떻게 평가하나?

물론 그 바이러스를 공중보건 차원에서 어떻게 감염 추적,

검사, 격리 요구 등의 대응을 해왔는지는 국가들 간에 커다란 차이가 있다. 뉴질랜드가 모범적인데, 신속하게 국민을 보호할 수 있었다. 사하라 남부 아프리카는 가난하지만 역시 팬데믹으로부터 국민을 보호하는 데 금융자원이 핵심 요소가 아님을 보여주면서 부러워할 만한 대처를 했다.

미국은 물론 완전히 실패했다. 이 글을 쓰고 있는 중에 우리는 9·11사태 손실에 버금가는 정도인 하루에 무려 3000명이 넘는 사망자를 내기에 이르렀다. 우리 정부가 기본적으로 거기에 대처하는 책무를 다하지 못했다는 사실을 믿을 수가 없다. 하지만 공중보건 차원뿐만 아니라 내 눈에 두드러져 보인 것은 그 경제적 차원이다. 유럽에서 프랑스, 스페인, 이탈리아, 영국 기타 다른 나라들 정부는 피고용자들이 일시 해고당하더라도 그들 봉급의 80%를 지급하는 고용 지원에 나서기로 재빨리 결정했다. 원래 단기 대응조치로 내놓은 이 프로그램은 이번 가을에 연장됐다. 독일 정부는 이 기금을 2021년까지 실시하기로 했다. 비록 비용이 많이 들었지만 이런 인도적인 대처는 그들 나라의 국민들을 바이러스가 경제적 복지에 타격을 가해 초래될 수도 있었던 고통으로부터 벗어날 수 있게 해주었다.

그와 대조적으로 미국에서 우리는 몇 마일에 걸쳐 늘어선 푸드뱅크 대열을 지켜보고 있다. 1천만 명이 넘는 미국인 실업자들 중 다수가 살던 집에서 쫓겨나는 퇴거 절벽과 광범위한 경제적 고통에 직면해 있다. 오늘 보도는 수백만 명이 굶주리면서 들치기 범죄가 증가하고 빵과 파스타, 유아 유동식까지 훔쳐가고 있다고 폭로했다. 팬데믹 초기에는 훌륭한 공동체 정신이 있었고 서로 협력했다. 지금은 흑인과 갈색피부 미국인들이 고통의 예봉을 맞고 있는 홉스적(만인의 만인에 대한 투쟁 – 역주) 잔혹이 펼쳐지고 있다.

코로나 위기에서 평등주의적 경제 프로젝트를 추진하는 데 있어 가장 실행 가능한 방안에 대해 어떤 교훈을 얻었는가?

팬데믹 초기에 기후 분야의 많은 내 동료는 필수품이 아닌 품목들의 구입 최소화와 더불어 봉쇄 경험으로 사람들이 여행과 통근을 줄이고 더 많은 시간을 가족과 함께하며, 연대와 공중보건에 대한 강조가 사람들이 무엇을 우선할지에 대한 생각을 영원히 바꿔놓으리라고 낙관했다. 그들은 우리가 경험하고 있는 더 깨끗해진 공기로 사람들이 통제되지 않은 공기와 탄소 오염 중단을 요구하고자 희망했다. 그런 전환은 일어나지 않은 것이 분명해진 듯하다.

한 가지 이유는 사람들이 전체 인구 가운데 특권층, 즉 가상세계(온라인)로 일자리를 옮겨 소득을 유지하면서 바이러스로부터 자신들을 보호할 수 있는 부유층과 중산층에 초점을 맞추고 있었다는 점이다. 그들의 생활상태는 일선의 노동자들, 흑인과 갈색 피부의 가정들 그리고 바이러스 공격의 예봉에 노출돼 있던 다른 사람들의 그것과는 크게 달랐다.

게다가 팬데믹을 문화전쟁에 끌어들이기 위해 우익들이 바이러스를 냉소적으로 이용함에 따라 초기의 연대가 산산조각이 나고 우리는 공화당이 유발한 죽음의 숭배와 싸움에 내몰렸다. 그리하여 우리는 어떻게 하면 이 진흙탕에서 벗어나 평등주의적인 길을 건설해갈 것인가? 초점을 맞춰야 할 첫 번째 분기점은 중산층/노동계급의 차이다. 우리는 이들 두 그룹을 하나로 뭉치는 정책들을 지지해야 한다. 지금 영국에서 검토하고 있는 일회성 부유세가 팬데믹 기간에 억만장자들이 일궈낸 급속한 부의 축적으로 초점을 이동시켜줄 것이다.

또한, 안전을 보장받기 위한 강력한 조치가 필요하지만, 그것은 매우 위험한 처지에 있는 사람과 광범한 중산층에게 그 혜택이 돌아가야 한다. 예를 들자면, 연간 15만 달러 이하를 버는 가정들을 위한 기본소득, 퇴거자 보호, 식품제공 혜택의 확대(적정량과 월간 규모 면에서), 그리고 대기업과 체인점들을 제외한 개편된 PPP 프로그램(급료 보호 프로그램. Paycheck Protection Program) 등이다. 이들 조치의 대부분은 적자일 것이고, 부유세와 무거운 탄소세가 우리가 추구해야 할 두 가지 수입원이다. 전자는 극도의 불평등에 조그마한 흠집을 내겠지만, 후자는 지구의 생존을 위해 반드시 이행해야 할 명령이다.

코로나 위기 체험이 학문으로서의 경제학, 더 구체적으로는 연구하면서 답을 찾아왔던 문제에 대해 영향을 미쳤는가?

경제학자들이 어찌나 빠르게 코로나 연구로 중심을 옮겨가는지에 깊은 인상을 받았다. 한 가지 통찰은 원자론적 모델들은 팬데믹과 생태파괴 시대에 오히려 쓸모가 더 적다는 것이다. 성장 분야인 네트워크 경제학은 더욱 중요해질 것이다. 나 자신의 연구 관점에서 볼 때, 코로나 위기가 긱경제 근무(gig work. 정규직보다는 임시직, 계약직을 선호하는 사회에서의 업무나 일 – 역주)에 대한 새로운 연구 프로젝트를 뒤집었지만, 우리는 우리의 채용전략과 우리가 살펴보고 있는 긱 플랫폼을 조정할 수 있었다. 팬데믹은 긱경제 근무자들에게 선행하던 불평등을 심화했지만, 새로운 분기점을 안내해주기도 했다.

나의 또 다른 연구영역은 노동시간과 탄소배출 간의 관계다. 팬데믹은 노동시간 줄이기, 특히 유럽에서의 노동시간 줄이기에 대한 대화를 확대시켰다. 내 생각에 그것은 대단히 중요한 탈탄소화 요소이며, 극도의 불평등과 경제회복 문제를 해결하는 데도 중요한 요소다. 나는 앞으로 그 문제에 대한 작업을 계속할 수 있게 돼 기쁘다.

대표적 출판물과 영향

출판물

Juliet Schor (1991). *The Overworked American*: *The Unexpected Decline of Leisure*. Basic Books.

Juliet Schor (2011). *True Wealth*: *How and Why Millions of Americans Are Creating a Time-Rich, Ecologically Light, Small Scale, High-Satisfaction Economy*. Penguin Random House.

Juliet Schor (2020). *After the Gig*: *How the Sharing Economy Got Hijacked and How to Win it Back*. University of California Press.

영향을 받은 인물

피에르 부르디외 Pierre Bourdieu

영향을 받은 문헌

Pierre Bourdieu (1977). *Outline of a Theory of Practice*. Cambridge University Press.

Pierre Bourdieu (1984). *Distinction*: *A Social Critique of the Judgment of Taste*. Harvard University Press.

Pierre Bourdieu (1993). *The Field of Cultural Production*. Columbia University Press.

안와르 샤이크

Anwar Shaikh

**자본주의 발달사를 심도 있게 연구한
거시경제 정책학자**

안와르 샤이크는 사회연구를 위한 뉴스쿨의 정치사회과학 대학원Graduate Faculty of Political and Social Science 경제학 교수다. 그는 고전적인 정치경제 분야에서 세계적으로 가장 중요한 학자들 가운데 한 사람이다. 고전적인 정치경제학의 폭넓은 전통 속에서 그는 거시경제학, 국제무역, 금융론, 정치경제, 미국 거시경제 정책, 국가 및 글로벌 불평등, 그리고 과거와 현재의 글로벌 경제위기들을 비롯한 많은 주제에 대해 글을 써왔다. 그의 가장 최근 저서는《자본주의: 경쟁, 갈등, 위기들Capitalism: Competition, Conflict, Crises》(2016). 그의 다른 책들로는《세계화와 자유무역 신화Globalization and the Myths of Free Trade》(2007), 그리고《국부의 측정: 국가회계의 정치경제Measuring the Wealth of Nations: The Political Economy of National Accounts》(아흐멧 토낙E. Ahmet Tonak과의 공저, 1996)가 있다. 2014년에 그는 이탈리아 페스카라브루초 재단Fondazione Pescarabruzzo이 문학과 과학 분야 공헌자에게 주는 노르드수드 국제상NordSud International Prize을 받았다.

어떻게 경제학에 입문하게 됐는지부터 얘기해볼 수 있을까?

인생의 많은 일이 그렇듯이, 그것은 우연이었다. 나는 프린스턴대학 공학부 학생이었고, 그 뒤 부모님과 함께 살러 쿠웨이트로 갔다.(아버지는 파키스탄 외교부 직원이었다.) 나는 사막에서 엔지니어로 일했는데, '사막 실명'desert blindness(열기와 습도로 인한 중증 결막염)에 걸렸다. 회복 기간에 나는 쿠웨이트 아메리칸 스쿨Kuwait American School의 해고당한 교사 자리를 대신 맡아달라는 제의를 받았다. 거기에서 나는 물리학, 수학, 사회과학을 1년간 가르쳤고, 그러면서 내가 가르치는 일을 정말로 좋아한다는 사실을 발견했다.

프린스턴에서 나는 마틴 루터 킹Martin Luther King과 맬컴 엑스Malcolm X의 대화에 참가했으며, 그들의 인종주의 비평(나 자신의 경험을 통해 어렵지 않게 이해했다.)에서 깊은 감명을 받았다. 카라치와 라고스, 그리고 쿠알라룸푸르에서 나는 최악의 빈곤과 엄청난 부가 나란히 공존하는 모습을 봤다. 한때 쿠웨이트에서는 돈과 관련한 문제가 없어보였다. 그럼에도 거기에는 상당한 빈곤이 존재했다. 나는 사막에서 중동 전체와 인도, 파키스탄에서 온 노동자들과 함께 일했는데, 그들은 타는 듯한 지독한 혹서 속에서 일하면서 최소한의 임금을 받았다. 그것을 보니 세상 일이 다르게 진행될 수 있겠다는 생각이 들었다.

다시 한번 우연히, 내 걱정거리를 해결하기 위해서라면 대학원 경제학 과정을 고려해보는 것이 어떻겠느냐고 제안한 사람과 이야기할 기회가 있었다. 나는 텍사스와 콜롬비아대학 대학원에 입학 신청을 했고 최종적으로 콜롬비아대학 쪽을 택했다. 하지만 당시에 이미 지배적인 학파가 돼 있던 신고전주의 경제학이 근본적으로 부적절한 토대 위에 서 있음을 금방 분명하게 알아차렸다.

뒤돌아보았을 때 자신의 사고와 연구가 진화해온 것과 관련해, 가장 큰 영향을 끼친 경제학자들은 누구이며, 또 왜 그렇게 생각하는가?

신고전주의 틀을 거부한다면, 어디로 가겠는가? 마르크스의 작업은 진정한 경쟁이 자본주의의 지배적인 힘이라는 확신을 심어주었다. 케임브리지 자본논쟁에 대한 제프 하코트Geoff Harcourt의 명석한 글은 엄청난 영향을 주었는데, 이전에는 몰랐던 활기찬 분석적 전통 속으로 나를 안내해주었기 때문이다. 칼레츠키는 거시경제학을 위한 다른 길을 그려냈다고 보았다. 로버트 헤일브로너의 기가 막힌 경제사상사 입문서(콜롬비아 비즈니스 스쿨의 한 강의에서 만났다.)는 내 사고에 오래도록 영향을 끼쳤다. 로널드 미크Ronald Meek의 용감한 신고전주의 경제 분석 비판은 대단했다. 나중에 루이지 패시네티Luigi Pasinetti가 콜롬비아에서 1년간 가르쳤을 때 그의 강의를 들었는데, 그는 내게 피에로 스라파Piero Sraffa의 얇은 타원형 책을 소개했다. 나는 정치 행동주의와 역사적이고 분석적인 깊이를 결합시킨 어니스트 만델Ernest Mandel도 만났다. 나는 인류학, 소비에트 산업화, 그리고 중국의 개발에 대해 공부했다. 그리고 거기에는 모두 마르크스가 있었다!

1968년에 나는 콜롬비아대학에 취직했고, 반전운동에 적극적이었으며, URPE(Union for Radical Political Economics, 급진적 정치경제학동맹)의 창립멤버가 됐다. 나는 할렘에서 살면서 뉴욕시티 공립학교 교육자들이 가르칠 수 없다고 생각한 젊은이들에게 수학과 사회과학을 가르쳤다. 이 모든 일이 나의 구체적인 미국사회 이해를 구성했다.

1970년대 초에 박사학위 논문을 쓸 무렵, 나는 표준 경제학에 분명히 반대하면서 이론적이고 경험적인 일관된 틀을 찾는 데 전념했다. 하지만 신고전주의 틀을 거부하면 어디로 가겠는가? 나는 진정한 경쟁이 자본주의의 지배적인 힘이라고 믿었으나, 신고전주의적 분석의 기초는 완전경쟁이었다. 완전경쟁은 독점 및 불완전 경쟁학파의 기준이었다. 그것은 자본주의가 더는 경쟁적이지 않다는 그들의 주장을 정당화하는 데 이용됐기 때문이다. 불완전 경쟁은 칼레츠키와 포스트 게인즈주의 경제학에서처럼 대다수 좌파 거시경제학의 토대가 돼, 채워야 할 또 다른 구멍을 만들어냈다.

내게는 스미스, 리카도, 그리고 마르크스가 일관되고 체계적인 대안을 제공했으나, 그것이 그 뒤의 담론에서 사라졌음이 점차 분명해졌다. 나는 또 케인즈가 경쟁은 그의 거시경제학의 토대라고 분명하게 주장했고, 불완전 경쟁을 명백히 거부했다는 사실도 알게 됐다. 이들 '4대 위인들'Four Greats은 그들의 이론적 이해를 실제 자본주의 역사와 동역학에 대한 치열한 관찰을 통해 이끌어냈다. 그들은 자본주의 경쟁의 갈등이 자본과 노동 간의 갈등과 함께 진행됐음을 알았다. 이들 토대를 재구축해서 그것을 기반으로 삼고 그들의 이론적 도달 범위와 현대세계에서의 경험적 효용을 입증하는 것이 나의 목표가 됐다. 이 프로젝트는 나를 신고전주의, 마르크스주의 그리고 급진적인 정통 담론들에서 벗어나게 만들었다.

내 출판물들은 1973년부터 1986년까지 내가 이론적 문제들, 즉 가치와 분배, 신고전주의적 생산기능, 이익률 저하, 국제무역론, 그리고 다양한 학파의 위기론들에 집중했다는 걸 보여준다.[24]

1987년부터 1994년까지 다음과 같은 나의 실증적인 작업이 (다년간의 노력 끝에) 나타나기 시작했다. 전쟁 뒤의 성장과 위기에서 수익성의 역할, 전후戰後 복지국가의 사회적 임금(아흐멧 토나크Ahmet Tonak와의 공동작업), 이윤과 자본주의 장기파동, 국제무역과

환율의 경험학empirics, 그리고 토나크/샤이크의 마르크스주의 범주
와 국가소득계정 간의 실증적 지도 만들기 등이 그러하다. 동시에
내 이론작업은 유효수요와 성장의 비선형 역학으로 확장됐다.

1994년부터 2000년까지 나는 인플레이션, 주식시장, 그리고 상
대가격에 대해 이론적, 실증적으로 설명하는 작업을 했다. 2000년
에서 2006년까지 실증적 거시경제 모델링이 나와 윈 고들리Wynne
Godley의 작업, 그리고 나중에는 레비연구소의 거시경제모델링그룹
Levy Institute Macromodeling Group 멤버로서의 작업에서 중요한 조사 분야
가 됐다. 2007년 이후 거시경제 및 국제경제 정책이 점차 중요해졌
고, 2010년대에 나는 그런 분석을 소득 불평등의 이론적 및 경험적
결정요인으로 확대했다.

그 기간 내내 나는 구체적인 요인들을 감안한 뒤 의식적으로 모
든 명제가 동일한 기본 바탕에서 파생된 고전경제학과 케인즈 경
제학에 대한 종합안의 논리적 구조를 발굴, 수리, 확장하는 작업을
하고 있었다. 1998년부터 나는 그 모두를 18년 뒤에《자본주의: 경
쟁, 갈등, 위기들》(옥스퍼드대학 출판부, 2016)이라는 제목으로 출간
될 책에 담아내기 시작했다. 그것은 많은 시간과 노력이 들었다.

**자본주의 경제 운용을 설명하는 마르크스주의의 힘에 대한 생각은
시간이 지나면서 바뀌었나?**

내 작업은 스미스, 리카도, 마르크스, 그리고 케인즈의 경제
적 해석들로부터 새로운 경제 틀을 구축하려는 시도다. 많은 마르
크스주의 경제학자가 내 주장이 경쟁에 지나치게 초점을 맞추고
있다며 거부했다. 대다수 케인즈주의 및 포스트 케인즈주의자들은
그것을 너무 고전적이라며 거부했고, 대다수 신리카도주의자들은

그것이 너무 마르크스주의적이라며 거부했다. 그러나 예전의 내 학생들을 비롯한 소수의 사람들이 그 프로젝트가 가치 있다는 내 믿음을 견지하게 해주었다.

마르크스와 마르크스주의는 다르다. 마르크스주의 경제 분석으로 통하는 것은 힐퍼딩, 레닌, 매그도프, 스위지, 그리고 바란에서 나왔다. 여기에서는 독점이 핵심 역할을 하는데, 나는 여러 글을 통해, 그리고 확실하게는 내 책《자본주의: 경쟁, 갈등, 위기들》(7장과 8장)에서 이를 비판해왔다. 마르크스는 자본주의 운용에 대한 자신의 다음과 같은 구체적인 분석들에서 경쟁에 의존한다. 이윤의 주요 토대로서의 잉여가치(하지만 내가 2부 6장에서 썼듯이 그의 유일한 토대는 아니었다.), 노동시간의 길이와 강도를 둘러싼 투쟁, 상대가격의 결정요소들, 노동 예비군의 동역학, 지역과 국가들을 넘나드는 자본과 노동의 유동성, 기술변화 뒤의 추동력, 차등 및 절대지대rent 이론들 등이 그렇다.

동시에, 통탄스럽게도 미완의 상태인 마르크스 작업의 특성(그는 제1권만 출판용으로 썼고, 제2권과 제3권은 미완성 원고들과 기록 조각들 뭉치를 엥겔스가 통합했다.)은 우리를 신용과 주기, 국제무역, 환율, 금융시장, 증권거래소, 세계시장, 임금과 노동 시장의 구체적인 움직임, 위기들의 재발, 유효수요의 역할, 그리고 다른 많은 중대한 문제의 어둠 속에 남겨놓았다. 마르크스는 이 모든 문제를 자세하게 연구했는데, 우리는 그가 그것들에 대해 쓰려고 했다는 걸 알고 있다. 하지만 그는 그러지 못했고, 그가 뒤에 남겨놓은 것은 매우 불완전했다. 내가 보여주고자 하는 바는 4대 경제학자들의 작업이 파생시킨 이런 문제들을 해결하기 위한 일관된 틀을 만들 수 있다는 것이다.

이윤율이 자본주의 운동법칙에 관한 분석에서 중심을 이룬다. 왜 그런가?

나는 내 책에서 이윤율은 실질 임금과 생산성 및 자본의 생산 강도 간의 관계에 좌우된다고 주장한다. 이것은 리카도, 마르크스, 스라파 등의 주장이다. 실제 경쟁에는 더 낮은 가격을 제시해 경쟁자들을 약화하려는 가격결정 회사들이 포함된다. 가격 인하로 인한 생존상의 이점은 더 낮은 비용을 제시하는 회사들에게 돌아간다. 따라서 가차 없는 비용 삭감, 더 낮은 임금 추구, 그리고 새롭고 더 낮은 비용의 기술 개발이 이뤄진다. 노동시간의 길이, 강도, 그리고 보수지급, 비용이 낮은 지역으로의 자본 이동, 끊임없는 기술변화를 둘러싼 자본과 노동 간의 투쟁이 여기에 근거를 두고 있다.

실제 경쟁은 상대가격, 주식과 채권, 이익률, 그리고 환율에 대한 이론적이고 경험적인 설명을 제공한다. 미시경제 차원에서 회사들은 그들이 기대한 투자수익이 이자율이 허용하는 안전 수익량safe yield을 초과할 때만 투자를 계속한다. 즉 투자에 대한 순 수익률 기대치가 긍정적일 경우에만 투자한다. 이 동일한 순 이익률이 산업 간의 자본 흐름에 동기를 부여하는데, 이익률이 높을수록 흐름이 빨라지며 낮은 곳에서는 느려진다. 최종 결과는 경제 전반의 평균 이익률 정도의 투자에 대한 산업 이익률의 맹렬한 평준화다. 이때 이 경제 전반의 평균 이익률을 반영하는 이론상의 가격(생산가격)에 의해 실제 시장가격에 상응하는 조절이 이뤄진다.

동일한 과정을 이자율, 주식시장, 환율 운용에서도 찾아볼 수 있다. 실제 환율은 수출과 수입품의 상대적인 실제 비용에 의해 조절되는 국제적인 상대가격이다. 따라서 고비용 국가들은 외채로 충당해야 하는 지속적인 무역적자에 시달리는 경향을 보일 것이다.

우리가 실제로 보고 있듯이 자유무역이 균형무역으로 이어진다는 개념은 모든 나라가 동등한 경쟁력을 갖게 만든다는 얘기지만, 이는 전통적인 경제학의 커다란 오류들 가운데 하나다. 불행하게도 이것은 대다수 비주류 주장들의 출발점으로 삼고 있는데, 그렇게 되면 그 사실을 설명하기 위해 독점력에 의존해야 한다. 나는 내 책 11장에서 진정한 경쟁이 관찰된 국제무역 패턴들을 설명해줄 수 있음을 보여준다.

이런 접근법은 또 유효수요 이론의 자연스런 토대도 제공해준다. 개별 투자와 마찬가지로 총투자는 수익률 기대치 총량(케인즈가 말한 자본의 한계효용)과 이자율 간의 차이에 의해 추동된다. 이제 이자율은 이익률에 의해서만 조절되며, 수익성에 대한 기대는 소로스George Soros가 제안한 반사적 방식으로 실제 수익성과 연관돼 있다. 미시와 거시 사이의 고리는 실제 경쟁의 바탕 위에서 닫힌다. 케인즈가 자신의 이론이 불완전 경쟁이 아니라 '원자론적 경쟁'atomistic competition에 토대를 두고 있다고 주장했고, 칼레츠키의 독자적인 유효수요 이론의 독창적인 공식이 자유경쟁 개념에 토대를 두고 있었던 점을 주목해야 한다. 내 책은 유효수요 이론을 그 적합한 토대 위로 되돌리려고 한다.

우리가 총공급과 총수요를 이야기할 때 그것은 합쳐진 공급과 수요, 즉 수익성에 의해 행동이 자율 규제되는 개인들이 내린 수백만 개 결정의 결과 총합을 의미한다. 개별 회사들은 운영의 단기 예상 수익성의 토대 위에서 생산(공급)에 참여하며, 그 과정에서 원료비, 노동비용, 배당금, 지대(임대료), 이자를 지불한다. 원료비 지불은 중간 투입 수요를 만들어내며, 다른 지불들은 소비수요를 창출하는 개별 소득의 토대가 된다. 동시에 회사들은 그들의 장기 예상 순 수익성을 토대로 새 공장과 장비 투자수요를 만들어낸다. 따라서 단기 수익성은 소비수요뿐만 아니라 모든 자본주의 공급을 제약하고, 장기 순 수익성은 민간 투자수요를 제약한다. 실제 거시경제학은 공급 측면도 수요 측면도 아닌 이익 측면이다. 물론 합쳐진 공급과 합쳐진 수요는 직접적으로 부합되진 않지만, 대신에 끊임없이 상호 변동한다. 이것이 이제 합쳐진 차원에서 다양한 기간의 비즈니스 주기와 파동으로 표현되는 또 한 번의 맹렬한 평준화다.

《자본주의: 경쟁, 갈등, 위기들》에서 자본주의 발달사가 부와 빈곤, 개발과 저개발, 갈등과 협력의 혼합이라고 본다. 이것은 자본주의 특유의 길인가? 우리는 비슷한 패턴들을 경제시스템과 상관없이 역사 전체를 통해 보고 있지 않은가?

물론 그렇다. 다른 요소들로부터 추출해낼 경우 우리는 비슷한 패턴들을 발견할 수 있다. 하지만 봉건 농노들, 노예들, 그리고 카스트 제도의 구성원들은 자본주의 노동자들과 같지 않다. 잉여분으로 살아가는 그들의 군주들은 자본가들이 아니다. 그것이 스미스와 마르크스의 전반적 관점이다. 즉 자본주의는 특유의 논리와 행동규칙을 지닌 사회조직의 새로운 형태다. 농노와 노예들의 '협력'은 노동자들의 그것과는 다른 양식을 만들어낸다. 노동자들은 일자리를 바꿀 수 있으나 농노와 노예들은 그럴 수 없다. 자본주의적 성장은 끊임없는 이익의 성장에서 동력을 얻는데, 그것은 또한 앞에서 다룬 끊임없는 기술변화에 의존하고 있다. 자본주의는 창과 창으로 싸우지 않는다. 가격을 놓고 서로 다툰다.

자본주의 경제들은 다르게 조직되고 다르게 운용된다. 우리는 동아시아 나라들과 미국, 또는 북유럽과 남유럽 간의 차이를 생각할 수

있다. 정책체계상의 차이, 특히 자본주의의 신자유주의적 변종과 사회민주주의적 변종의 차이도 생각할 수 있다. 자본주의 경제 운용에 그런 차이들이 있다면, 자본주의를 기본적으로 보편적인 법칙을 지닌 하나의 경제 시스템으로 생각하는 것이 그 첫 번째 근사치로서 효과적이지 않은가? 그렇지 않으면, 상당히 다른 행동법칙들을 지닌 각기 다른 자본주의 변종들이라고 생각하는 것이 더 합리적일까?

자본주의 경제학 속에서 명확한 차이들에도 불구하고, 그들은 세포 차원cellular level에서 수익성에 의해 추동되는 자본주의라는 기본적인 자질을 공유한다. 앞의 답변 때 얘기했듯이, 이 추동력은 노동자들이 노동시간의 길이와 강도, 그리고 생산성 대비 실질 임금을 둘러싼 투쟁을 벌이는 반면, 자본가들은 시장과 원료, 그리고 세계를 놓고 다투는 특수한 패턴들을 만들어냈다. 이들이 공통적인 패턴의 원천들이며, 이익 창출이 지배적인 매커니즘으로 존속하는 한 계속 유지될 것이다.

지구상에서 벌어지는 약탈은 자본주의의 본질적인 추동력에서 초래됐다. 자본은 결과가 사회적으로 바람직하냐 아니냐가 아니라 이익이냐 아니냐를 잰다. 이 틀 안에서 우리는 자본주의 국가들을 서로 구별하는 구체적인 요소들을 찾아낼 수 있다. 일본 음식은 미국 음식과 다르지만, 지금 두 나라에는 맥도날드와 스시 가게들, 그리고 고층건물들이 어디에나 있다. 그 차이의 효과들을 평가하기 위해서는 근본적인 공통성들을 알고 있어야 한다. 새들은 엄청나게 다른 크기와 색깔들을 지녔지만, 그들은 생물학적 의미에서는 기본적으로 비슷하다.

국제무역에 관한 수많은 분석에서, 나는 구체적인 요소들이 일부 변동들의 원인이지만, 동일한 힘을 통해 미국과 일본 환율의 중심운동을 설명할 수 있음을 보여준다. 초기 한국의 성장은 정책결정의 지원을 받은 급속한 산업화에서 그 동력을 얻었다. 그런 정책들의 효과를 평가하기 위해 우리는 성장, 국제무역, 그리고 국가 개입의 효과와 한계에 대해 알고 있어야 한다. 모든 경제이론은 일부 근본적인 방식에서 다르긴 하지만, 이런 식으로 진행된다.

"국가들이 교역을 하는 것이 아니라 기업들이 한다."라는 말을 했다고 알려져 있다. 이에 대해 좀 더 자세히 얘기해줄 수 있는가? 글로벌 무역 패턴들을 아는 게 왜 중요한가?

실제로 애덤 스미스가 그렇게 말했다. 국내 수출업자들은 그들 나라(수입국)의 생산자들보다 싼 상품들을 공급할 수 있기 때문에 해외시장에서 성공한다. 비슷하게 국내 수입업자들은 그런 식으로 해서 더 싸기 때문에 해외에서 상품들을 들여온다. 따라서 많은 싼 상품을 보유한 나라들이 무역흑자를 즐기고, 비싼 상품을 많이 보유한 나라들은 무역적자에 시달리는 경향성을 보인다는 결론에 이르게 된다. 이것이 스미스가 얘기한 절대우위 이론의 토대로, 논리적으로나 경험적으로나 리카도적/신고전주의적 비교우위 이론보다 뛰어남을 보여준다.(《자본주의: 경쟁, 갈등, 위기들》11장)
나는 또 이런 접근법이 환율의 경험적 운동을 설명해줄 수 있다고 본다. 중국, 그리고 초기의 독일, 일본, 한국이 그들의 무역흑자를 환율 조작으로 달성했다는 미국의 비난은 자유로운 시장이 각 국에서 균형무역으로 이어진다는 믿음에 직접적으로 근거를 두고 있다. 불행하게도 많은 비주류 경제학자가 그런 문제들을 논의하면서 신고전주의 이론으로 돌아섰다.

550

존 메이너드 케인즈, 그리고 상당한 정도의 포스트 케인즈주의 경제학자들 다수가 올바른 정책만 쓰면 자본주의하에서 완전고용을 달성할 수 있고 유지할 수 있다고 믿는다. 게다가 그들은 완전고용 자본주의하에서 빈곤은 추방될 수 있으며 상당히 공평한 사회가 유지될 수 있다고 생각한다. 이런 평가들이 괜찮다고 보나?

자본주의는 확실히 빈곤을 줄일 수 있고 소득분배를 개선할 수 있다. 하지만 내가 내 책 17장에서 실증적으로 보여주었듯이, 특징적인 세전稅前소득 분포를 생성하는 데는 시장이 기본적인 역할을 수행한다. 부자한테서 가난한 사람들에게로 재분배함으로써 세후稅後소득 분포의 조정은 복지국가의 오래된 어젠다다.

하지만 국가는 언제나 부자들의 저항으로 인한 한계 내에서 운영돼왔다. 세전 소득분포를 바꾸는 것은 이익 자체의 분포를 바꿔야 하기 때문에 더 어렵다. 만일 임금비중이 법규에 의해 높아지면 이익비중과 이익률은 자연히 낮아질 것이다. 그렇게 되면 저항이 더욱 거세질 뿐만 아니라 성장과 고용에도 부정적인 결과를 낳게 된다.

포스트 케인즈주의 경제학은 독점력이 이익비중을 수정한다고 가정함으로써 이 피드백을 얼버무린다. 칼레츠키가 인정했듯이, 이는 독점력이 임금비중(노동생산성 대비 실질임금 비율)도 수정한다는 의미다. 노동시간의 길이와 강도가 일정하게 정해지면 노동생산성도 기업들이 자신들의 기술선택을 통해 결정할 것이다. 그렇게 되면 노동자들, 나아가 국가는 노동자의 생활수준에 아무런 영향도 끼칠 수 없게 된다. 이는 노동계급 투쟁의 역사에 비춰볼 때 명백한 잘못이다.

말년에 칼레츠키는 충분한 노동 전투력이 자본가들에게 겁을 주어서 그들의 독점 가산 부분을 낮추게 만들 수도 있다고 상정함으로써 그 문제를 얼버무리려고 했다. 포스트 케인즈주의 경제학자들은 이익률에 관한 이론이 없기 때문에 이런 진퇴양난에 스스로를 몰아넣고 있다고 나는 주장해왔다.

완전고용과 관련해서, 나는 시장의 핵심 메커니즘이 정지되지 않는 한 그것이 지속 가능하다는 데 동의하지 않는다. 높은 수요는 가격과 이익률을 올리는 경향이 있으나, 높은 수준의 고용은 실질임금을 올리는 경향이 있으며, 그것은 결국 이익률을 낮추고 노동력 수입과 기계화를 통한 노동자 퇴출을 부추긴다. 제2차 세계대전 중에 대규모 (재정)적자가 경제를 완전고용 상태로 끌고갔는데, 그것은 정확하게 말해서 전쟁 수행노력을 통해 가격, 이자율, 임금이 동결됐기 때문이었다. 1970년대에 고용 증진을 겨냥한 온건한 경기부양 정책들로 임금, 가격, 이자율에 대한 규제가 사라지자 인플레이션과 스태그플레이션이 발생했다. 최근 저서에서 나는 이런 이해를 브라질 룰라/딜마Lula/Dilma 정책들의 초기 성공과 그 뒤의 문제들을 설명하는 데 적용했다.

최근 대표작 《자본주의》를 완성했다. 이 책에서 얘기한 것 이상의 중요한 과제들, 장래 탐구 작업으로 계획 중인 것들이 있는가?

나는 인종과 젠더를 비롯해서 소득분배의 경험적 결정요소들에 관한 작업을 해왔다. 제17장 섹션 2, 4쪽에서 그 실증적 증거와 이론을 소개한다. 내 홈페이지 www.anwarshaikhecon.org/에 떠 있는 몇 가지 논문이 이런 주장을 개발하고 확장한다.[25] 동시에 거시경제학과 개발을 위한 정책적 함의에 관한 작업도 해왔다.(예컨대 브라질의 룰라/딜마 집권기간)[26]

552

코로나19 팬데믹에 대하여

코로나19 위기에 대한 여러 국가들 또는 지역들의 서로 다른 대처방식들을 공중보건 개입과 경제정책들의 관점에서 어떻게 평가하나?

지금의 팬데믹은 바이러스와 인간을 비롯한 동물들 간의 오랜 상호작용에 의해 확산됐다. 이런 상호작용 대부분은 유순하지만, 돌연변이들을 끊임없이 발생시켜 때로 인플루엔자와 같은 기존의 바이러스 질병들을 악화하고 에이즈AIDS, 에볼라Ebola, 코로나19와 같은 무서운 새 질병들도 유발한다.

그들의 급속한 변이는 바이러스들을 특별히 강력하게 한다. 인간이 복제하는 데는 약 20년이 걸리지만, 바이러스는 단 하루면 된다. 돌연변이는 DNA 수선 메커니즘에 의해 교정되지 못한 DNA 복제 과정의 오류 때문에 일어난다. 그런 오류들 중 극히 일부분만 어떤 주어진 환경에서 이점을 제공하는데, 이 또한 스스로 변이한다.

자본주의는 그 자체가 지극히 변하기 쉬운 사회적 유기체다. 끊임없는 이익 욕구에 이끌려 쉴 새 없이 새로운 활동들과 새로운 시장들을 만들어낸다. 그리고 여기에서 요점은 자본주의의 변이성이 그 끊임없는 시행착오 과정에서 나온다는 것이다. 개별 기업은 잠재적 고객들에게 판매할 수 있다고 예상된 이익을 실현하기 위한 특정 품목들을 생산한다. 생산을 위해 기업들은 원료와 기계를 사고 노동자들을 고용한다. 그들은 또 주주들에게 배당금을 지불하고 채권 보유자들과 은행들에 이자를 지급한다. 따라서 각 회사의 계획된 생산은 직접적으로 일부 투입수요, 임금과 재산소득에 토대를 둔 일부 소비수요, 그리고 그들의 규모변경 계획에 토대를 둔 일부 투자수요를 만들어낸다. 각 회사들에서 나오는 이런 수요들은 다른 회사들에서 생산되는 공급들과 만나고, 그 반대 순으로도 진행된다.

마르크스와 하이에크는 모두 예상된 결과들에 토대를 둔 이런 수백만의 개별적인 계획들이 즉각 맞물리지 않으며, 맞물릴 수도 없다고 강조했다. 가장 좋은 시기에도 거의 50%에 이르는 새 기업들이 초기 5년 안에 실패한다. 개별 회사들에 제공되는 피드백은 개별 시장들을 통해 표출되는 계획과 기대들 사이의 충돌이다. 그리고 이런 토대 위에서 그들은 자신들의 행동과 생산을 수정한다. 그들이 돌연변이를 만든다. 그러나 그들은 유전암호의 핵심 부분은 유지하는데, 그것이 이윤 추구다. 이는 자본주의의 역동적 특성 뒤에 숨겨진 비밀이다.

마르크스는 자본주의를 언젠가는 더 나은 사회형태에 추월당할 낭비적이고 파괴적인 시스템으로 본다. 하이에크는 자본주의를 가장 역동적이며, 따라서 가능한 인간의 모든 사회 형태 중 최선이라고 본다. 두 사람 다 완전한 경쟁, 합리적인 기대, 최적의 결과라는 환상의 세계를 한사코 거부했다.

대표적 출판물과 영향

출판물

Anwar Shaikh (1979). Foreign Trade and the Law of Value: Part I. *Science & Society*, 43(3), 281-302. JSTOR.

Anwar Shaikh and E. Ahmet Tonak (1996). *Measuring the Wealth of Nations: The Political Economy of National Accounts*. Cambridge University Press.

Anwar Shaikh (2016). *Capitalism: Competition, Conflict, Crises*. Oxford University Press.

영향을 받은 인물

카를 마르크스Karl Marx, 아르기리 엠마누엘Arghiri Emmanuel, 제프리 하코트Geoffrey Harcourt, 루이지 파시네티Luigi Pasinetti, 조앤 로빈슨Joan Robinson, 로널드 미크Ronald Meek

영향을 받은 문헌

Arghiri Emmanuel (1972). Unequal Exchange: *A Study in the Imperialism of Trade*, New York, Monthly Review Press.

G.C. Harcourt (1969). "Some Cambridge Controversies in the Theory of Capital." *Journal of Economic Literature*, 7(2), 369-405.

Luigi Pasinetti (1977). *Lectures on the Theory of Production*. New York, Columbia University Press.

윌리엄 스프리그스

William Spriggs

노동시장의 인종차별 문제를 집중적으로 연구해온
노동경제학자

윌리엄 스프리그스는 하워드대학Howard University 경제학과 교수이자 전 학과장이다. 그는 현재 미국노동총동맹American Federation of Labor과 산업별노동조합회의Congress of Industrial Organizations(AFL-CIO)의 수석 경제학자이기도 하다. 그는 학술지에 주로 노동시장, 노동시장 차별, 그리고 교육기회 문제들에 대한 십여 편의 글들을 썼다. 2009년부터 2012년까지 그는 미국 노동부의 정책실 차관보로 있었다. 그는 또 비영리 단체들의 이사회에서 여러 직책을 맡았는데, 그들 중 다수는 노동조합운동과 관련이 있는 자리였다. 그는 미국의 전문 흑인경제학자들 조직인 전국경제학협회National Economics Association 회장을 역임했다. 스프리그스는 2016년에 사회보험 분야에서 뛰어난 업적을 이룬 공로로 전국사회보험학회National Academy of Social Insurances의 로버트 M. 볼 상을 받았으며, 2014년에는 전미흑인지위향상협회 NAACP가 주는 벤저민 훅스Benjamin L. Hooks의 불꽃수호상을 받았다.

개인적 성장배경에 대한 얘기를 좀 듣고 싶다.

나는 교육자 집안에서 자랐다. 아버지는 내가 유치원을 다닐 때 입자물리학 박사학위를 받았다. 어머니는 초등학교 교사였다. 부모님은 모두 2차 세계대전 참전용사들이었다. 아버지는 전쟁 발발 전에 자원입대했으며, 입대 초에 '버팔로 솔져스'로 배속됐다가 미국 육군 항공대US Army Air Corps로 전속轉屬돼 유명한 터스키기 항공대Tuskegee Airmen와 함께 전투기 조종사가 됐다.

어머니는 육군 여군부대원WAC으로, 수송부 병장이었다. 그런 자리에 있었음에도 불구하고, 두 분 모두 입대할 때는 그들 가족이 자동차가 없어 자동차 운전을 어떻게 하는지도 몰랐다. 그들은 대단한 학식이 있고 개인적으로 매우 단련된 사람들로, 목적의식이 강한 삶을 살았는데, 나는 그런 부모 밑에서 예상할 수 있는 양육을 받았다.

경제학 공부에 어떻게 흥미를 갖게 됐나? 무엇 때문에 경제학 박사가 되기로 마음먹었나?

나는 민권 변호사를 숭배하면서 자랐다. 아버지의 첫 학계 일자리는 하워드대학에서 가르치는 것이었다. 내 이웃은 하워드대학 수학과 학과장이었고, 그의 아내는 그곳 법대 교수였다. 하워드대학 법대 교수진은 내 영웅들이었다. 내가 자랄 때 거의 매월 하워드대학의 법대 교수들과 학생들 또는 동창들은 삶의 일부 영역들의 인종차별을 끝장내는 소송들에서 승소했다. 그리고 흑인 신문들은 어떤 일자리에 취직하거나 어떤 동네로 이사하거나, 또는 그런 노력 덕에 어떤 학교에 다니게 된 첫 흑인에 관한 뉴스들로 채워졌다. 하지만 우리 가족의 친구는 그런 승리들은 대부분 이뤄졌고, 이제 필요한 것은 소송이 아니라 장애물들이 어디에 놓여 있는지를 아는 경제학 훈련을 받은 사람들이라고 생각했다. 그들은 내가 로스쿨의 야망을 그만두고 장차 경제학에서 성공하려면 무엇이 필요한지 알아내야 한다고 주장했다.

중요한 영향을 끼친 경제학자들은 누구인가? 그들은 당신의 사고 형성에 어떻게 영향을 끼쳤나?

나는 아더 골드버거Arthur Goldberger의 영향을 많이 받았다. 그는 내가 위스컨신-매디슨 대학에서 공부를 시작했을 때 입문 수준의 대학원 계량경제학 강의를 했다. 그는 매우 강한 개인적 정의감을 갖고 있었다. 그는 일부 유전학과 정보 분야 작업에서 인종주의적인 많은 이론의 정체를 폭로하는 데 계량경제학을 활용하는 방법을 보여주었다. 그는 자신의 전공 분야에서 고위급 인물이었으나 대학원생들에게 입문 코스를 가르쳤으며, 교사로서 자신의 자세에 대한 얘기를 많이 했다.

내 논문에서 나는 데이비드 스윈턴David Swinton의 저작을 활용했는데, 그는 지금은 '계층화 경제학'stratification economics으로 일컫는 분야의 초기 이론을 갖고 있었다. 나는 흑인경제연구소BERC에서 그의 저작을 발견했다. 그것은 국립경제조사국NBER의 거울인 포드 재단의 자금지원을 받아 흑인사회에 중요한 질문들을 던지는 방식으로 경제학을 추구하는 실용적인 방법을 제시하기 위한 작업의 일환이었다.

나는 또 그의 동료이자 BERCBest Ways to Study for Economics Exams의 설립자인 로버트 브라운Robert Browne의 저작도 발견했다. 이건 매우 중

요한데, 왜냐면 1921년 이후 흑인의 토지재산 손실에 대한 브라운의 저작이 내 논문 주제에 영감을 주었기 때문이다. 나는 또 대학원에서 제프리 윌리엄슨Jeffry Williamson한테서도 큰 도움을 받았다. 그는 내 작업에 대단한 관심이 있었고 내 저작을 조심스레 읽고 진지하게 받아들였다. 나는 내 대학원생들에게 집중하려고 노력하고 있다.

1984년 박사학위 논문과 함께 시작된 연구의 주요 초점은 아프리카계 미국인들의 소득, 부, 그리고 생활수준에 맞춰져왔다. 지난 50년간 아프리카계 미국인들과 관련한 경제적 결과에서 주요 추세는 무엇이었다고 보나?

지난 50여 년간 미국에서 아프리카계 미국인들의 경제적 지위는 상대적으로 중요한 변화가 거의 없었다. 1950년대 말과 1960년대엔 개선을 가로막은 분명한 많은 장벽이 제거되면서 얻어낸 급속한 성과들이 있었다. 그 장벽들은 공정노동기준법Fair Labor Standards Act의 보호조항들 속에 완전히 통합돼 있었는데, 공공부문 고용에서의 차별 완화였다. 그것은 제2차 세계대전 때 활동한 공정고용실천위원회Fair Employment Practices Commission를 토대로 미국 심장부의 산업기반으로 확장돼 1950년대의 자동차, 타이어, 고무, 항공기, 철강 산업에서 흑인 조합원 수를 늘리고 공공연한 고용상의 차별을 종식시켰다. 흑인의 빈곤율은 1960년대에 그런 성과들 덕에 급락했다.

1970년대에 상황이 바뀌었다. 1970년대 말 일본에서 촉발된 글로벌 경쟁은 노동조합이 고도로 조직돼 흑인들의 소득을 끌어올린 중서부 위쪽 지역upper Midwest의 산업기반을 소멸시켰다. 산업별 노동조합들이 백인들 특권을 차단하는 최선의 장치 중의 하나였기 때문에, 중서부 위쪽 지역의 노동조합 일자리들의 소멸은 1960년대의 성과들을 완전히 파괴했다. 이상하게도 1970년 이후의 시기는 아프리카계 미국인들의 학력을 최고도로 끌어올렸고 학력을 비롯해 흑인단체가 영향을 끼칠 수 있는 격차들이 가장 의미심장하게 해소됐으며, 흑인 10대들의 임신과 흑인 미혼녀들의 출산율을 극적으로 줄였다.

하지만 그런 성과들은 백인 대비 아프리카계 미국인들의 소득을 개선하는 데는 아무런 역할도 하지 못했다. 그것은 주로 1980년대 이후 아프리카계 미국인과 백인 간의 고용 및 소득 격차가 학력 카테고리 내로 좁혀지지 못했기 때문이다. 그 어려운 장애물은 대법원이 인종을 의식한 소수자 차별시정정책affirmative action policies을 설계할 때 인종을 이유로 맞게 되는 체계적인 경제 장벽들을 해소할 수 없을 정도로 너무 어렵게 만들어놓은 탓이다.

요컨대, 우리 시스템은 짐 크로(Jim Crow, 흑백인종차별법 – 역주)를 재창조할 수 있게 해놓았다. 따라서 1980년대 말에 태어난 어린이들은 흑백 세대 간 이동성 융합이 일어나지 않았다는 라지 체티Raj Chetty와 그의 동료들의 연구 데이터는 놀라울 게 못 된다. 이 융합 부재는 아프리카계 미국인 어린이들이 그들 부모의 소득보다 훨씬 낮은 쪽으로 소득이 하향 이동한 데 깊이 뿌리박고 있다.[27]

미국 내 아프리카계 미국인의 일반적 상황에 인종차별주의의 결과가 어느 정도로 영향을 끼쳤다고 보는가? 인종주의가 아프리카계 미국인들의 경제 복지에 영향을 끼치는 구체적인 방식들은 무엇인가? 경제적 관점에서 미국 내의 인종주의에 대처할 수 있는 효과적인 정책수단들이 있었나? 있었다면 그것은 무엇이었나?

체티 데이터는 인종과 관련한 광범위한 영향이 존재함을 분명히 보여주었다고 생각한다.[28] 그 데이터는 아프리카계 미국인의 소득 증가에 따라 인종 간의 격차가 유의미하게 해소되지는 않았다는 사실을 보여준다. 이는 세대 간 학력이나 부의 축적이 지속적인지 아닌지에 관한 다른 데이터들도 거듭 보여준다.

　그리고 이런 인종 간 격차에 계급 요소가 내포돼 있음을 보여주는 믿을 만한 데이터는 없다. 인종주의는 미국의 경제 질서에도 스며 있다. 부의 격차와 주거지 분리가 그런 패턴들을 강화한다. 이는 인종 중립적인 프로그램의 디자인을 어렵게 만든다. 수많은 것이 인종과 연관돼 있기 때문이며, 하나의 화면만으로는 그 화면 내의 인종 간 격차들을 볼 수 없다. 예컨대 계급 기반의 소수자 우대정책에 따른 입학절차를 인종을 의식한 접근법에 활용하려는 욕망은 시험점수가 인종과 얼마나 밀접하게 연관돼 있는지를 무시하기 때문에, 수업시간에 백인이 여전히 유리하다. 또는 저소득의 백인 가정들도 고소득의 흑인 가정들보다 상당히 더 부유한데, 이는 장학금이 여전히 저소득 백인 가정들보다 고소득 흑인 가정들에 지원돼야 한다는 의미다.

　노동조합은 차별로 초래된 임금 격차에 대한 강력한 해소 수단이다. 노동조합들은 인종이 주요 요소가 될 수 있는 곳에서의 재량 행위를 제한함으로써 백인 특권의 행사를 막는다. 비슷하게, 공공부문 노동자들은 감독상의 재량권이 덜한 환경에서 일함으로써 혜택을 받는다. 아프리카계 미국인들은 큰 조직에서 일할 가능성이 높다. 큰 조직에서는 조직문제를 해결하기 위한 하급 관리들의 재량권이 작은 조직의 고용주들에 비해 제한돼, 구조화된 고용관계를 활용할 가능성이 낮다. 소수자 우대정책과 고용상의 반차별정책의 의미 있는 시행은 효력이 증명된 도구다. 그리고 그것이 달성할 수 있는 혜택을 생각하면 자금이 부족하다.

고압적인 노동시장도 마찬가지로 자유재량권을 줄인다. 1990년 대는 클린턴Bill Clinton 대통령 정부 아래서 공격적인 연방계약준수실 프로그램Office of Federal Contract Compliance Programs, OFCCP과 함께 완전고용에 가까운 경제운용이 이뤄졌음을 보여주는 명백한 증거다. 그들의 조합을 통해 흑인 공동체는 낮은 실업, 낮은 빈곤율, 높은 소득을 기록했다.

아프리카계 미국인 사회 내에서 시간이 지남에 따라 일어난 경제적 결과들의 중요한 차이들을 관찰했는가? 즉 미국의 전반적인 불평등 증가를 비춰주는 거울인 아프리카계 미국인 사회 내의 불평등 증가를 우리가 보고 있는가? 아프리카계 미국인 사회 내에서 관찰한 불평등 패턴들의 주요 원인은 무엇이라고 생각하나?

아프리카계 미국인 사회 내의 불평등이 전체의 불평등보다 심하다. 하지만 체티 데이터는 세대 간 불평등은 흑인 공동체 쪽이 상당히 낮음을 분명하게 보여준다. 왜냐면 고소득 흑인 가정들이 자식들과 함께 그들의 지위를 재생산할 방도가 거의 없기 때문이다.

인종차별주의와 함께 아프리카계 미국인 사회가 직면한 근본적인 경제문제는 미국 경제가 자본주의적이며, 그리고 더 구체적으로는 자본주의가 불평등을 키우고 인종주의를 번성하게 한다는 주장에 대해 어떻게 생각하나?

인종주의는 그 자체로 힘이다. 그것은 자본주의 국가와 사회주의 국가들에서 끝없는 경제적 결핍(부족)의 딜레마를 완화하기 위한 수단으로 이용된다. 미국에서 인종주의는 효과적으로 이용돼왔는데, 특히 남부에서 자본주의 구조 내에서 과두제의 비뚤어진 형태를 영구화하기 위해 활용됐다. 그러나 남부는 흑인이 남부 주의 큰 인구 비중을 차지했다는 점에서 특이했으며, 과두 지배세력이 사회적 관점을 재정립할 수 없는 상황에서 민주주의가 과두 지배세력에겐 또 다른 위협을 가했다.

남부 이외의 많은 주에서는 자본주의가 공공연한 인종주의로 되돌아가지 않았다. 북부 주요 도시들을 제외하고 공립학교들은 1960년대까지 사실상 분리되지 않았다. 카스트로 이후의 쿠바의 인종차별 역사, 그리고 라틴 아메리카 여러 나라들의 사회주의 정권 기간의 아프리카계 후손들의 경험을 보건대 인종차별 문제가 없었던 민족국가는 없었다.

연구 작업 중에 이전에 생각했던 것과 달라서 예상치 못한 놀라움을 느낀 적이 있나?

있다. 주요 북부 도시들을 제외하고 아프리카계 미국인들이 예전에 더 많은 교육 분리를 경험하진 않았다는 사실에 매우 놀랐다. 그리고 그 문제에 관해 사람들이 얼마나 관심이 없는지 놀라고 있다. 예컨대 1936년 올림픽 게임 때 아프리카계 미국인 선수들이 주축이 된 미국 육상 팀 100미터, 200미터, 400미터, 그리고 800미터에서 금메달을 땄고 4명이 100미터씩 달리는 400미터 릴레이에서 금메달을 따는 데 기여했으며, 110미터 허들에서도 메달을 땄다. 그 선수들은 모두 남부지역 외의 (흑백)통합 고교를 다녔다.

학계 경제학자와 연구자로의 활동 외에 경제정책 결정 기관들에서

폭넓은 경험을 했다. 거기에는 미국합동경제위원회US Joint Economic Committee와 미국 노동부, 경제정책연구소Economic Policy Institute와 어번리그Urban League와 같은 여러 싱크탱크들도 포함된다. 학계 활동과는 다른 정책결정 세계에서의 작업은 어떠했나? 당신과 다른 연구자들의 학술연구가 정책논의에 의미 있는 영향을 끼쳤나? 당신과 다른 사람들의 학술연구가 정책결정에 긍정적인 영향을 끼친 몇 가지 사례들, 그리고 정책결정이 연구를 무시하고 진행된 몇 가지 사례들을 얘기해줄 수 있나?

정책결정에서 학술연구를 무시한 주요 영역은 노동시장에서 차별과 맞서 싸우기 위한 더 나은 실천전략과 자금조달을 요구한 부분이다. 정책입안자들은 인종차별적인 소득 격차를 설명할 때 차별보다는 인적 자본에 너무 초점을 맞춘다.

정책결정 영역에서 특히 그것이 인종차별적인 불평등 해소를 위해서가 아닐 때, 학술연구는 대단히 중요하다. 정책 세계는 출판된 연구 성과들이 건전한 정책결정을 위한 공정한 중재자가 되도록 활용해야 한다고 주장하면서 출판 편향publication bias을 무시한다. 유감스럽게도 출판 편향은 누가 입력하게 될지, 그리고 정책이 성취할 수 있는 것에 대한 감각이 있는 질문이 무엇인지에 큰 영향을 끼친다. 그리고 더 중요한 문제는 성취할 수 없는 것에 대한 문제인데, 출판 편향의 주요 원천이 성과를 보여주지 못하는 연구들은 출판하지 않기 때문이다.

정책결정에서 내가 한 역할은 내 능력을 경제연구의 유효성을 독립적으로 평가하는 데 활용하면서 출판된 연구 과제에만 의존하지 않은 것이라고 생각한다. 특히 출판된 성과들이 모순적일 수 있을 때, 예컨대 최저임금의 경우에 그랬다.

미국 상무부에서 아다랑 대 페냐 소송(Adarand v. Peña case. 소수자 우대정책을 시행할 때 연방정부든 주나 지역 정부가 엄격한 심사를 받아야 한다는 원칙을 확립한 사건 – 역주) 때의 미국 소수자 조달 프로그램을 방어하기 위한 벤치마크를 개발할 때 나는 학술연구와 사상가들에 크게 의존했다. 최종 결과는 그 소송에서 이긴 새롭고 참신한 접근법이었다.

지금 하워드대학 경제학과 교수로, 그리고 AFL-CIO 수석 경제학자로 일하면서 학술과 정책결정 역할을 결합하고 있다. 그 두 세계가 작업에서 어떻게 상호작용하는가?

학자로서의 내 신뢰성이 내가 AFL-CIO 대변인으로 다른 학자들에게 얘기할 때 도움을 준다. 그리고 내가 연구해온 분야들에서의 내 기록이, AFL-CIO와 넓게는 미국 노동자들에게 도움을 주는 연구를 할 때 내가 다른 학자들에게 질문하는 데 도움이 된다. 내가 이전에 쌓은 인맥들이 AFL-CIO와 연방준비은행 간의 관계에 엄청 큰 도움이 된다. 왜냐하면 많은 연방은행 총재가 클린턴 또는 오바마 정부에서 나와 소통했기 때문이다. AFL-CIO의 플랫폼도 내가 내 대학원생들이 추구하는 연구를 구상하는 데 도움을 준다. 그리고 그것은 대학원생들이 그들의 작업을 발표하기 위한 데이터 또는 기회를 얻을 수 있도록 길을 열어주었다. AFL-CIO의 국가경제연구국National Bureau of Economic Research 소속이라는 지위는 내가 경제학을 다른 관점들에 더 열려 있게 만들려고 노력할 때 목소리가 돼주었다.

미국 노동조합들은 장기간 침체돼왔다. 이는 다시 장기간에 걸친

미국의 불평등 증대에 기여한 주요 요인으로 자주 인용되고 있다. 미국 노동운동 약화에 기여한 주요 요소들은 무엇인가? 이런 패턴을 되돌릴 수 있는 것은 무엇이라고 생각하나?

미국의 노동운동은 제2차 세계대전 이후 시대를 지배한 미국의 정책 공감대, 즉 세계에 널리 공유된 번영을 제공하는 데 자본주의가 사회주의보다 우월하다는 게 입증됐다는 통념에 크게 의존했다. 그런 정책 공감대는 사라졌고, 로널드 레이건이 연방 항공관제사들 파업을 즉각 해산시켰을 때 정부는 더 이상 그런 폭넓은 정책목표들을 보지 않겠다는 신호를 보냈다. 미국에서 파업은 정부가 드물게 동원했던 파업 노동자 영구 퇴출이라는 무기를 무제한 사용하겠다는 신호를 분명하게 보냈을 때 급속하게 줄어들었다. 파업은 미국의 단체협상 시스템에서 믿을 수 있는 유일한 협상 수단이다. 파업은 효과적인 조직 캠페인을 벌이는 데 필요하다.

노조 조직율 약화로 가는 주요 통로는 다수의 비노조원 노동자를 조직하는 데서 보여준 조합의 무능이었다. 기존 노조원들의 이탈은 그다지 많지 않았다. 사실 노조원 가입은 지난 10여 년간 거의 제자리걸음이었다.

노조 조직율의 쇠퇴는 국가와 지역 차원의 정치적 불균형으로 이어졌다. 한 자릿수 노조 조직율을 기록한 주들의 빠른 증가는 탄탄한 민주주의를 유지하기 위한 정치적 균형을 갖추지 못한 주가 그만큼 더 늘어난다는 의미다. 낮은 노조 조직율을 지닌 주들은 틀림없이 모든 생활 영역에서 노동자들에게 불리한 법률을 갖고 있다. 초등학교에서 고등학교 졸업까지의 교육K-12 education에 투자를 상대적으로 적게 하는 주들은 낮은 실업수당 접근권을 비롯한 취약한 노동자 안전망, 낮은 실업수당 대체율, 빈곤층 미혼모에 대한 낮은 수당, 열악한 노동자 보상보호, 그리고 높은 감금시설 투옥률을 보이고 있다. 그런 주들은 또한 투표권 제한, 저소득 가정들을 해치는 특별조치들을 규정한 법률들을 통과시킬 가능성이 더 높다. 그런 조건 아래서는 노동자들을 조직하기가 더 어렵다.

노동조합의 힘이 전쟁 전의 상황으로 되돌아갔기 때문에, 전쟁 전의 원래 와그너 법(Wagner Act. 단체 교섭권을 확립하고 전국 노동관계 위원회NLRB를 설립한 1935년 제정의 '전국 노동관계법'의 통칭 — 역주) 상황으로 되돌아갈 필요가 있다. 이는 1946년에 와그너 법을 수정한 태프트-하틀리 법Taft-Hartley Act의 대체를 의미한다. 지금 하원에서 이를 위한 법안을 심의하고 있다. 단결권보호법Protecting the Right to Organize Act은 우리의 노동법이 더 논쟁거리가 많은 관리와 노동 간의 관계를 반영하고 노동운동에 더 효과적인 조직과 공평한 경기장을 만들 수 있는 도구들을 제공할 것이다.

노동기준의 차익거래arbitrage of labor standards를 막기 위해 우리의 무역협정을 수정할 필요도 있다. 무역협정에서의 규제 차익거래regulatory arbitrage를 통해 미국 법 보호를 포기하는 것은 미국의 기준을 손상시키는 일이다. 결국 이런 규제 차익거래는 온실가스 감축을 위해 필요한 조치들을 실천할 능력도 없다는 의미다.

노동운동 안과 밖에서 미국 노동계급이 직면한 중대한 도전은 세계화, 특히 무역과 이민 정책의 형태를 띤 세계화다. 미국에서 무역과 이민 정책에 대한 공평한, 다시 말해 그것이 미국 노동자들의 복지를 지원한다는 의미에서 '공평'하지만, 또 한편으로는 생활환경과 세계의 다른 지역의 노동자들 및 빈곤층의 도전을 조심스럽게 인정한다는 의미에서도 그렇다. 이에 대한 접근법은 무엇일까?

무역협정은 저임금 일자리들만 제공함으로써 저소득 국가들의 노동자들에게는 도움이 되지 않는다. 그런 조건 속에서의 무역은 계속 오르는 임금으로 가는 길을 열어주지 않는다. 무역협정은 낮은 노동기준 바탕 위의 글로벌 경쟁을 중단시킬 때만 생활수준 향상으로 이어질 수 있다. 낮은 기준을 토대로 한 협정은 밑바닥까지 질주하게 했고, 너무 많은 나라가 수출을 토대로 성장을 도모하게 만들었다. 분명히 모든 나라가 수출로 무역흑자를 낼 수는 없다. 이는 또 국가들이 이주와 본국으로의 해외송금을 경화 획득의 주요 형태로 간주할 때 도움이 되지 않는다. 이는 그런 나라들의 중요한 성장요소인 노동을 도둑질해간다. 이런 정책들 중에서 정말로 지속 가능한 성장을 할 수 있게 도와준 정책은 지금까지 하나도 없었다.

지금의 무역이 입증해온 것은 일부 나라들은 기술격차 때문에 산업화할 수 없다는 오래된 믿음이 거짓이라는 점이다. 이제 지속 가능한 발전이 산업화만이 제공할 수 있는 높은 임금에 바탕을 둔 생활수준의 향상을 의미함을 이해하는 것은 세계에 달려 있다. 이주민 문제는 글로벌 생활수준이 올라가게 되면 신속하게 바뀔 것이다.

북미 자유무역협정 North American Free Trade Agreement. NAFTA**이 미국 노동자들에게 좋지 않다고 생각한다면, 왜 그런가? 미국, 멕시코, 그리고 캐나다 사이의 무역협정이 그 세 나라 모두의 노동자들 이익을 공정하게 떠받쳐준다고 생각할 수 있나? 만약 그렇다면, 그런 협정은 무슨 의미를 가질까?**

NAFTA는 멕시코를 점차 북미 제조업 쪽으로 통합한 결과

멕시코 노동자들의 임금을 전혀 올려주지 못했기 때문에 나빴다. 멕시코의 일자리는 바꿨으나 임금은 바꾸지 못한 결과 너무나 많은 멕시코인에게 저성장을 초래했고, 멕시코의 과두세력을 강화했다. 비슷하게 미국에서도 일자리와 임금의 소멸로 미국의 불평등만 심화했다. 자국의 산업 노동력을 북미 중산층의 일부로 변화시키려던 멕시코의 실패는 멕시코와 라틴 아메리카에게 저성장과 함께 생활수준의 악화를 막도록 더 큰 압력을 가했다. 그런 압력은 자국 산업의 일자리보다 미국으로 이주해 저임금 서비스 부문 일자리에 취직하려는 끊임없는 욕구 속에, 또는 더 큰 성장과 안정에 박차를 가할 수 있는 강력한 국내시장의 기반을 만들려는 욕구 속에 선명하게 드러나 있다. 최근 멕시코 노동법 개정이 그들이 받을 자격이 있는 임금을 요구해서 쟁취하려는 멕시코 노동자들이 진짜 목소리를 낼 수 있게 해주리라는 기대를 낳고 있다. 임금이 올라가면 북미의 성장에 박차를 가할 수 있고, 멕시코인들의 해외이주 압박을 완화할 것이다. 그런 협정은 의미 있는 노동법을 시행하게 하고 멕시코의 근로기준 향상을 꾀하게 만들 것이다.

향후 몇 년간 학술연구와 정책 관여 두 영역에서 작업이 어떻게 발전해갈 것이라고 보는가?

나는 불평등에 관한 내 작업을 계속해나가고 싶다. 불평등은 미국이 직면한 최대의 위협이다. 이것은 미국의 잠재성장을 극적으로 지연시키고 취약한 미국의 다문화 민주주의 실험을 악화하고 있기 때문에 지구 온난화보다 더 큰 위협이다. 미국은 지금 거대한 존재론적 위협에 직면해 있다. 이는 어느 길을 택해야 할지를 결정해야 했던 남북전쟁 전의 상황과 크게 다르지 않다. 즉 민주주의를 향한 더 진실된 길을 가느냐, 아니면 과두제와 인종 분열 쪽으로 나아가느냐다. 두 길 모두 미국에 늘 존재한다.

미국의 역사는 완전히 어느 한쪽도 다른 쪽도 아니다. 그리고 다양한 시기에 그 문제가 제기될 때마다 미국은 선택을 해야 했다. 하지만 전쟁(제2차 세계대전) 이후 시대를 지배해온 시장기반 시스템은 뉴딜 정책 아래 불평등을 성공적으로 해소한 뒤에야 성립될 수 있었다. 미국은 1980년대에 번영과 민주주의를 공유했던 지속 가능한 길로 되돌아가기 위해 뉴딜 이래의 정책 진행 방향을 따라가려고 스스로를 재창조할 필요가 없다. 우리는 1980~2020년 기간이 확실히 일탈로 보이기를 바랄 뿐이다. 한편 만일 우리가 1946~1980년 기간을 일탈로 본다면, 미국의 실험은 운이 다한 셈이 된다. 우리는 불평등이 국가의 틈새기를 찢어놓고 있는 세계에서 후퇴하는 미국의 글로벌 차원의 함의를 과소평가해서는 안 된다.

나는 정책입안 분야에서 계속 발언권을 갖기를 희망한다. 성공하는 정책들을 위한 실용적인 안목이 핵심이라고 생각한다. 그리고 그런 정책들에 기여할 수 있기를 바란다.

코로나19 팬데믹에 대하여

코로나19 위기에 대한 여러 국가들 또는 지역들의 서로 다른 대처방식들을 공중보건 개입과 경제정책들의 관점에서 어떻게 평가하나?

OECD 회원국들 중에서 미국은 두 가지의 두드러진 결함이 눈에 띈다. 첫 번째이자 가장 중요한 것은 새로운 코로나바이러스

안전규정과 일터에서 안전거리를 확보할 수 없는 노동자들(일선 보건의료 요원이든 비상대응 인력이든, 또는 원거리 근무를 할 수 없는 노동자든)을 위한 규약을 확립하는 데 실패했다는 점이다. 둘째, 미국이 노동자와 고용주들을 결속하려 했던 무모한 방식이다. 첫 번째 실패는 바이러스를 봉쇄로 억제하려다 수많은 노동자가 그들의 집 바깥으로 나가야 했기 때문에 그렇게 하지 못한 실패로 이어졌다. 결과적으로 사회적 결속이 깨지고 연대는 무너졌다. 이는 온갖 모습을 드러낸 국가 지도력 때문에 악화됐다. 위기로 내몰린 노동자들은 불균형하게 흑인이 많았기 때문에 미국으로서는 공격적으로 바이러스에 맞서 싸우기보다는 '집단면역' 정책을 추구하는 게 더 나았을 듯하다.

노동자-고용주 유대의 파괴는 이제 더 많은 영구적인 해고와 직장 복귀로 다시 연결되기 어려울 장기 실업 비율 증가로 이어졌다. 백신과 바이러스가 충분한 통제 아래 들어가 더 많은 이동을 허용할 때가 언제일지 분명한 시간표를 손에 든 유럽은 미국보다 훨씬 앞서 노동력을 다시 연결하고 빠른 속도로 일을 재개할 것이다. 여행, 호텔, 레스토랑과 같은 서비스에 대한 억눌린 수요가 있다면, 유럽은 더 적은 도전과 더 낮은 인플레이션 압력을 받을 것이다. 뉴질랜드는 공격적으로 바이러스에 대응해서 국가통합과 사회적 결속을 유지하는 데 지도력을 발휘함으로써 금메달을 받아 마땅하다.

코로나 위기에서 평등주의적 경제 프로젝트를 추진하는 데 있어 가장 실행 가능한 방안에 대해 어떤 교훈을 얻었는가?

앞으로 우리는 코로나 팬데믹과 같은 에피소드들을 다른 규모로 더 많이 만나게 될 것이다. 국가목표와 통합을 일깨울 수 있는 더 낫고 더 공감력이 좋은 리더십이 있어야 그런 문제들을 다룰 인내력을 갖게 될 것이다. 국가통합 문제가 당파적 문제가 되고 자연적 원인에 의한 경제적 실패가 당파적 비난거리가 되면서 큰 위기를 맞고 있다. 다음 재난은 미시시피 계곡의 대규모 홍수가 될 수 있고, 서부의 산불이나 다음의 대형 허리케인으로 더 큰 손실을 입을 수도 있다. 이런 가능한 재난들에 대한 대처는 지금의 정치풍토에서는 모두 당파적 분열 앞에서 취약하다. 우리 대다수는 지역경제가 재난에 직면해 붕괴될 때 가장 취약한 부분에 대해 적절한 지원을 제공할 용기가 없다.

코로나 위기 체험이 학문으로서의 경제학, 더 구체적으로는 연구하면서 답을 찾아왔던 문제에 대해 영향을 미쳤는가?

각각의 새로운 재난은 새로운 도전들을 안겨줄 것이다. 이는 모두 수요와 공급 기능을 제한하는 문제를 수반한다. 모든 현상을 시장이 주도한다고 보는 경제학자들의 조건반사적인 반응은 그 문제가 제한된 수요 또는 공급으로 인한 시장의 실패 상황에서 어떻게 균형을 잡아주는지를 볼 수 있는 상상력을 요구할 경우에 위험할 수 있다. 이는 시장주도 해결책에 반하는 계획된 해결책에 대한 믿음이 필요하기 때문이다. 경제학자들의 반사적 행동은 제한된 수요/공급의 다른 효과들을 받아들임으로써 손을 대서는 안 되는 시장주도 효과처럼 재난이 불평등을 키우도록 내버려두는 것이다. 예컨대 경제학자들은 아마존의 지배력을 시장의 힘에 의한 결과라고 재빨리 해석하고는, 전통적인 소매점들에게 팬데믹 기간의 (오프라인) 영업을 중단하라고 요구한 데서 생겨난 공정문제들은 모조리 무시해버렸다. 또는 테이크아웃 음식 부문에서도 맥도날드가 실내에 앉아서 먹는 식당들에 대해 가지고 있는 지배력을 실내 레스토랑에서 음식을 먹을 수 없도록 명령을 내렸기 때문에 생겨난 (해결돼야 할) 공정문제가 아니라 시장의 힘에 의한 결과로 본다. 우리는 그런 태도를 허리케인 카트리나 재난 뒤의 뉴올리언스를 바라보는 그들의 모습에서 이미 목격했다.

게다가 경제학자들은 대규모 정책들이 입증됐을 때만 그것들을 옹호하면서 스스로 족쇄를 채워왔다. 우리에게는 미국 역사에 대한 빅 데이터가 없기 때문에 1927년의 미시시피 홍수와 같은 과거의 비슷한 재난들을 다룰 '입증된' 정책들을 세울 수 없다. 그 결과 경제학자들은 '증명' 부족에 대한 유용한 해결책들을 제안할 상상력을 잃어버린다.

대표적 출판물과 영향

출판물

William M. Rodgers III and William E. Spriggs (1996). "What does the AFQT really measure: Race, wages, schooling and the AFQT score," *The Review of Black Political Economy*, 24(4), 13-46.

William E. Spriggs and Rhonda M. Williams (1996). "A Logit Decomposition Analysis of Occupational Segregation: Results for the 1970s and 1980s," *The Review of Economics and Statistics*, 78(2), 348-355.

William E. Spriggs and Rhonda M. Williams (2000). "What Do We Need to Explain About African American Unemployment?" *Prosperity for All? The Economic Boom and African Americans*, 188.

영향을 받은 인물

아서 골드버거Arthur Goldberger, 데이빗 스윈튼David Swinton, 로버트 브라운Robert Browne

영향을 받은 문헌

David H. Swinton (1977). A labor force competition theory of discrimination in the labor market. *The American Economic Review*, 67(1), 400-404.

David H. Swinton (1988). Economic status of Blacks 1987. *The State of Black America*, 130, 132.

Robert S. Browne (1973). *Only Six Million Acres: The Decline of Black Owned Land in the Rural South*. Black Economic Research Center.

피오나 트레겐나
Fiona Tregenna

성장 동력으로서의 제조업을 강조하는
남아프리카 공화국의 산업정책가

피오나 트레겐나는 인더스트리얼 디벨러프먼트Industrial Development의 남아프리카 공화국 연구의장이자 요하네스버그대학 경제학과 교수다. 그녀의 주된 연구 관심사는 구조변화, 탈산업화 그리고 산업개발 문제들이다. 그녀는 연구에 주어지는 많은 상과 장려금들을 받았다. 그녀는 다수의 고위급 위원회와 자문 패널, 협의회에서 활동했는데, 남아프리카 공화국 대통령 시릴 라마포사Cyril Ramaphosa에게 경제정책에 관해 조언하는 대통령 경제자문위원회도 거기에 포함된다. 또한 그녀는 국립노동경제개발연구소, 남아프리카노동조합회의, 여러 대학들, 그리고 다양한 연구소와 UNCTAD(유엔무역개발회의), UNIDO(유엔산업개발기구), ILO(국제노동기구)와 같은 국제기구들에 컨설턴트로 참여했다.

남아프리카 공화국에서 젊은 학생으로 정치에 관여했나? 그랬다면 어떻게 참여하게 됐는지, 주요 활동영역은 무엇이었는지 말해줄 수 있나?

그렇다. 나는 십대 때 정치적으로 적극적인 학생이 됐다. 아파르트헤이트(apartheid, 흑백 인종 차별정책 – 역주)가 죽어가던 시절의 일이다. 그때 나라는 여전히 아파르트헤이트 체제가 통치하고 있었고, 남아공의 흑인들에겐 투표권도 없었다. 넬슨 만델라Nelson Mandela와 다른 대다수 정치범 장기수들이 그 무렵 석방됐고 나라는 민주주의로 이행하고 있었다. 하지만 협상이 진행되고 있었는데도 그 이행이 어떻게 진행될지, 즉 아파르트헤이트 체제 또는 그 일부 정파들이 그런 쪽으로의 변화의 발걸음을 가로막고 민주화를 저지할지, 폭력이 더 강화될지, 또는 그것이 평화로운 이행이 될 수 있을지 전혀 분명하지 않았다. 내가 공부하고 있던 지역인 나탈 미드랜즈Natal Midlands의 피에터마리츠버그Pietermaritzburg는 해방세력과 아파르트헤이트 보안군의 지원을 받는 잉카타 자유당Inkatha Freedom Party 사이에 저강도 전쟁이 벌어지고 있었다. 나는 중산층 백인 대학생으로 이런 상황과는 분리돼 있었으나 그 지역 사람들 수천 명이 그 기간에 목숨을 잃었다.

대학생 시절에 나는 아프리카민족회의African National Congress, 그 계열의 학생운동 조직인 남아프리카 공화국 학생회의South African Students' Congress. SASCO, 아프리카 민족회의청년연맹African National Congress Youth League. ANCYL, 그리고 남아프리카 공화국 공산당South African Communist Party. SACP에서 활동했다. 그 무렵 나는 고교를 나와 이미 독자적으로 강력한 정치관을 형성하고 있었으며, 기회만 온다면 바로 정치판에 뛰어들게 되리라고 스스로 알고 있었다.

내 정치관은 주로 아파르트헤이트에 대한 대응, 그리고 내가 자랐고 특권적인 기회들을 부여받았던 체제에 대한 거부 과정에서 형성됐다고 할 수 있다. 내 십대 시절에 그것은 인종차별의 '불공평', 대다수 남아공의 흑인이 겪고 있던 극도의 빈곤, 자신들의 신념 등을 이유로 투옥당하고 있던 사람들에 대해 강력하게 느꼈던 부당성을 통해 더 가깝게 다가왔다. 시간이 지나면서 나는 억압체제로서의 아파르트헤이트의 구조적 성격, 그 바탕에 있는 경제적 구조 등에 대해 더 많이 알게 된 듯하다.

두 번째로, 나는 고교시절에 어설프게나마 키워갔던 좌익 사상에 지적인 매력을 느꼈다. 이는 나의 지적, 정치적 여행 기간에도 계속됐다. 15세 또는 16세 무렵에 나는 개인적으로 좌파인사들 중에 아는 사람이 아무도 없었고 여러 가지로 여전히 매우 순진했지만, 나 자신을 공산주의자라고 생각했다.

그 시절에 남아프리카 공화국에서 정치적으로 적극적이었던 것은 나를 형성하는 데 중요한 역할을 했고 또 나를 변화시켰던 체험이며, 이후에 내 삶이 택한 인생 여정에 근본적인 영향을 끼쳤다.

어떻게 경제학을 공부하게 됐나? 그것은 정치 참여와 직접적으로 연결돼 있었나?

그것은 내 정치 참여에서 직접 시작됐다. 실제로 대학생활 첫 1년간 나는 먼저 과학을 공부했다. 학교에서 몇 가지 새로운 과학적 조사를 하다가 나중에는 그 때문에 체코슬로바키아와 영국에도 갔다. 하지만 나는 대학에서 과학에 전념하진 않았고, 그때까지 나를 완전히 사로잡고 있던 정치학에 가까운 무엇인가를 하고 싶었다.

사회과학 쪽으로 방향을 바꿨을 때, 나는 원래 대학 학부 경제학 강의들을 보충과목으로 들었다. 학부 경제학은 일반적으로 지독하게 지루하고, 현실 경제문제의 이해와도 동떨어져 있다. 나의 학부 경제학도 다를 게 없었다. 지금 뒤돌아보면, 내가 그것을 끝까지 붙잡고 있었다는 게 놀랍다. 많은 학생이 자신들을 사로잡지 못한 경제학을 포기했다고 본다. 그 단계에서 그들은 흥미와 의미를 느낄 수 있는 단계(비록 많은 대학원 경제학 프로그램도 물론 이와는 무관하지만)로 나아가지 못했다. 남아프리카 공화국이든 국제적으로든 나의 학부 경제학 강의와 나를 사로잡은 경제문제들 간의 어떤 연관성도 실제로 보지 못했다. 소재는 건조하고 따분했으며, 가정假定은 웃음거리가 될 만했고, 당시의 경제문제들과는 완전히 동떨어져 있었다. 학부시절에 나는 정치학과 법학에 더 흥미를 느꼈다. 1990년대 초였던 당시에 남아프리카 공화국은 새 헌법 제정을 위한 협상이 벌어지고 있던 중심무대여서, 변호사가 거기에서 핵심적인 역할을 하는 흥미로운 영역으로 여겨졌다.

경제학에 재미를 느끼기 시작한 때는 우등학위(Honors level, Honors degree, 남아프리카 공화국의 우등학위는 미국이나 영국 대학 학위 체제에서 4년차에 해당하는 별도 학위) 단계에 가서였다. 처음으로 나는 진보적이고 경제학에서 의미를 느끼게 해준 교수 사이먼 로버츠Simon Roberts를 만났다. 사이먼은 그 무렵 영국에서 보츠와나를 거쳐 남아공에 도착했고, 나는 실제로 경제학을 현실세계의 문제들과 당시 남아공에서 진행되고 있던 경제정책 논의들에 적용하는 남아공 경제정책 문제들에 관한 그의 강의를 들었다. 사이먼은 지금 요하네스버그대학에서 나의 가까운 친구이자 동료다. 우리는 산업개발에 관한 연구를 진행하면서 긴밀히 협력했으며, 나는 그의 교수 취임 강연을 들었다. 최근에 우리는(안토니오 안드레오니Antonio Andreoni와 파멜라 몬들리와Pamela Mondliwa와 함께) 남아프리카 공화국 구조전환에 관한 책을 공동 편집했다.

내가 경제학 과목에 점차 더 많은 흥미를 갖게 되면서, 진보적인 경제학 기술들이 당시에 절실하게 필요하다는 사실이 점점 더 분명해졌다. 남아프리카 공화국에 새 헌법이 제정되자 민주적인 국가를 위한 정책토론들이 중심무대를 차지했고 경제정책 논의가 그 선두에 섰다. 1994년에 아프리카민족회의ANC가 집권세력으로 선출됐음에도 불구하고 처음에는 어떤 정책을 시행할지를 놓고 상당한 유동성과 불확실성이 존재했다. ANC와 3자 동맹(Tripartite Alliance. ANC, SACP 그리고 노동조합연맹인 COSATU남아프리카 공화국 조합회의로 구성) 안에서는 매우 다른 정책 어젠다를 추진하는 다른 이념그룹들 사이에서 많은 논쟁이 벌어졌다. ANC 안에서조차 일부 정파들은 신자유주의 구조조정 정책들을 옹호했고, 나머지는 생산수단의 국유화에 대한 ANC의 역사적 입장을 지지했다. 치열한 논쟁이 벌어졌다. ANC는 늘 이념적으로 '광교회파'broad church적인 입장을 취했으며 이들 논쟁도 그것을 반영했으나, 그 기간에 ANC 안에서 지배적인 경제사상은 확실하게 오른쪽으로 이동했다.

당시에 나도 노동조합운동과 가까워지고 있었고, 이미 SACP, ANC(특히 ANCYL), 그리고 학생운동에 깊숙이 관여하고 있었다. '딱딱한' 경제학 기술이 필요하다는 사실이 매우 분명해졌다. 운동 참여자들 중에서 공식적인 경제학 훈련을 받은 사람은 많지 않았으며, 개념들을 구사하고 '현실'에 대해 설명할 수 있었던, 보수적인 정책성향을 지닌 비교적 적은 수의 사람들에 의해 논의가 지배당하는 경향이 있었다. 운동 바깥의 경제논의에서 가장 큰 목소리를 낸 사람들은 은행 경제학자들이었다. 나는 경제학에 초점을 맞추고 그 공부를 더 하는 쪽으로 세게 '떠밀려'(배치돼)갔다.

내가 비주류 경제학 쪽으로 마음이 끌린 것은 어쩔 수 없는 일이었다고 생각한다. 대학에서 배운 전통적인 경제학에 대한 내 좌절감, 나의 좌파적 정치관, 나를 둘러싸고 있는 경제문제들을 이해하고 그 해결책을 찾고자 하는 내 욕구에는 신고전주의 경제학이 성에 차지 않았다.

경제학 작업을 시작한 초기에 중요한 교사 역할을 했거나 영감의 원천이 됐던 사람들은?

돌아보면 내게 용기를 주고, 동기를 부여하고, 영향을 끼치고, 가르치고, 영감을 주었던, 그래서 내가 감사하고 있는 사람은 경제학자들 중에도 경제학자가 아닌 사람들 중에도 무수히 많다. 여기에는 열성적인 17세짜리 학생이던 나를 마르크스 공부그룹에 넣어 준 선구적 공산주의자들, 내가 경제정책 업무와 대중경제학, 기타 많은 것을 배웠던 노동조합원들이 들어 있다.

앞서 나는 사이먼 로버츠에 대해 얘기했는데, 그는 내가 만난 최초의 진보적 경제학 교수였다. 나는 또 주류 경제학을 넘어서는 다양한 접근법에 관한 글들을 더 폭넓게 읽기 시작했다. 1990년대 중후반이었던 그 시기에 벤 파인Ben Fine과 일부 다른 SOAS(런던대 아시아아프리카대학) 경제학자들은 COSATU(남아프리카 공화국 조합회의)를 위한 대안적인 경제정책 개발을 도와주고 있었으며, 경제학의 활용 가능성을 지켜보는 것은 확실히 영향력과 영감을 안겨주었고, 신나는 일이었다. 벤은 마르크스 이론, 남아프리카 공화국 정치경제 기타 등등을 포괄하는 엄청난 작업반을 만들어냈다.

내 첫 직장인 COSATU의 연구소, 국립노동경제개발연구소NALED 소속 연구자로서 나는 제임스 하인츠James Heintz를 만났는데, 그는 지금 매사추세츠 애머스트대학의 유명한 경제학 교수다. 당시에 그는 그곳에서 샘 보울스의 감독 아래 박사학위 논문을 쓰고 있었다. 제임스는 당시 남아공에서 매우 활발하게 경제정책 논의에 참가하고 있었다. 내 생각에 제임스는 처음엔 1년 예정으로 왔으나 2년을 머물렀다. 당시에는 노동운동계에 경제학 전문가가 매우 드물어서, 제임스는 그 틈을 메우는 데 정말로 큰 도움을 주었다. 그는 기술력, 특히 거시경제 전문지식, 진보적인 헌신과 당시 남아공에서 일어나고 있던 일들에 대한 '정치경제'적 이해를 결합했다. 제임스와 나는 그때 이후 서로 연락하고 있고, 나는 언제나 그의 작업에 흥미를 갖고 따라가고 있다. 그가 최근에 내가 공동편집(아르케베 오추베이Arkebe Oqubay, 임라안 발로디아Imraan Valodia와 함께)한 책에 한 장(카르멘 나이두Karmen Naidoo와 공동집필)을 써주어서 기뻤다. 나는 제임스를 통해 매사추세츠 애머스트대학을 처음 알았고, 결국 대학원 공부를 위해 거기로 갔다.

매사추세츠 애머스트대학에서 나는 경제학에 대해 더 많이 배웠고, 건강한 범주의 비주류 관점들을 알게 됐으며, 나 자신의 관점을 분명하게 하는 데 도움을 받았다. 나는 많은 대학원 강의를 들으면서 경제학 분야의 지식과 기술들을 심화했다. 역동적인 대학원생들 공동체는 매사추세츠 애머스트대학의 자랑거리 중 하나다.

그 뒤 나는 케임브리지에서 박사학위를 받았다. 당시 케임브리지는 한창 때의 케임브리지 경제학 시절과는 많이 달랐다. 얼마 남지 않은 비주류 경제학자들은 내가 거기에 갔을 당시에는 거의 소외돼 있었고, 양적 모델링quantitative modelling에 관심이 집중되고 있었다. 다행스럽게도 나는 제조업, 구조변화, 탈산업화 연구를 시작하게 해주었던 가브리엘 팔마Gabriel Palma 교수의 지도를 받게 됐다. 나는 그로부터 많이 배웠으며, 또한 라틴 아메리카, 불평등, 기타 많은 것에 관한 그의 깊고 독창적인 생각도 배웠다. 케임브리지에서 나는 또한 장하준, 제프 하코트, 밥 로손, 그리고 세상을 떠난 아지트 싱Ajit Singh 교수와 많은 대화를 나눴고 그들의 안내와 피드백을 받았다.

전에 남아프리카 공화국 노동조합운동 쪽에서 일하는 동안 나는 산업정책에 관해 작업하면서 그 분야에 관한 COSATU의 제안들을 개발했다. 매사추세츠 애머스트대학에서 그것은 대다수의 다른 미국 경제학과들(비주류까지 포함해서)과 마찬가지로 전혀 집중적 관심대상 영역이 아니었다. 하지만 이 분야의 많은 중요한 작업(구조변화, 산업화, 제조업의 역할, 탈산업화, 산업정책 등)이 케임브리지에서 이뤄지고 있었고, 나도 가담했다. 이는 니컬러스 칼도Nicholas Kaldor, 루이지 패시네티Luigi Pasinetti, 조앤 로빈슨, 미하우 칼레츠키 등의 위인들이 케임브리지에서 경제의 부문구조sectoral structure를 포함한 문제들을 대상으로 진행했던 초기의 작업으로 거슬러 올라간다. 그리고 더 최근에는 밥 로손, 아지트 싱, 그리고 가브리엘 팔마의 탈산업화에 대한 작업, 그리고 산업정책에 관한 장하준의 작업까지. 이 분야에 대한 나 자신의 작업은 이런 케임브리지의 지적 혈통에 의지하면서 그것들과 맞물려(일부 도전까지 포함해서) 있다.

주력 연구 분야 가운데 하나는 성장의 동력으로서의 제조업 부문이다. 성장을 촉진하는 데 제조업이 왜 중요한가?

칼도적Kaldorian 그리고 구조주의적 접근법들에서 제조업은 발전과 성장의 동력으로서 태생적으로 다른 부분들보다 우월하다. 이는 각 부문sectors이 적지 않은 공통의 특성에 의해 구분되며, 성장에 부문별 특성을 부여한다는 믿음을 지닌 강력한 부문 기반의 관점이다. 제조업에서의 부가가치 단위 또는 일이, 경제의 그 밖의 분야에서의 부가가치 단위와 일보다 성장과 발전에 '더 중요하다.' 따라서 제조업 부문은 성장과정에서 특별한 역할을 하는 성장의 엔진으로 여겨진다. 제조업은 행동을 통해 배우는 학습능력, 누적 생산성 증가를 위한 규모 대비 및 전체 대비 수익 증대, 기술적 진보성, 그리고 성장과정에서 제조업에 특별한 역할을 부여하는 다른 특성들에서 더 뛰어나다고 여겨진다. 성장 외에도 제조업은 산업화가 사회적 관계도 변화시키고, 사회를 현대화하고 진보적인 영향을 끼칠 수도 있기 때문에 중요하다. 나는 최근에 '변화시키는 산업화'와 이것이 오늘날, 특히 아프리카 국가들에게 의미하는 바가 무엇인지에 대한 개념을 개발해왔다.

이런 관점에서 산업화는 개도국 경제가 선진국 경제를 따라잡는 중요한 통로다. 정책 분야에서 이는 개도국들의 근대화 추진과 산업화를 통한 '따라잡기'에 반영됐으며, 특히 1950년대에서 1970년대까지의 기간에 그랬다. 이런 관점은 탈산업화가 경제성장에 부정적 영향을 끼침을 시사한다.

내 생각은 이런 관점들에 크게 의지하고 있다. 하지만 나는 부문 내 활동들의 불균질성을 더 강조한다. 부문들 내에는 분명히 성장과 관련이 있고, 제조업이 특별한 역할을 하며, 산업화가 성장과 개발의 중요한 통로로 남아 있는 등 중요한 공통분모들이 있다. 그러나 나는 부문들 내의 불균질성의 정도를 인식하는 것, 그리고 성장은 부문별로 그리고 활동별로 다르게 이뤄진다는 점을 인식하는 것도 중요하다고 생각한다. 이는 하위 부문들과 그들 내부 활동의 특성을 찾아내기 위해 광범위한 부문들의 하위 차원으로 파고들어가 검색하는 드릴다운drilling down의 중요성을 가리키며, 또한 결과들에 미치는 우발성과 조건성에 의한 영향이 생각보다 크다는 점도 시사한다.

최근에 '너무 이른 탈산업화'에 대한 관심이 증가하고 있다. 그 말을 어떻게 이해하고 있나? 이 현상이 남북 무역과 관련한 문제들과 관련 있다면, 어떻게 연결돼 있는가?

너무 이른 탈산업화premature deindustrialization를 나는 국가의 고용과 GDP에서 차지하는 제조업 비중이 1인당 소득 수준을 토대로 추산한 기대치보다 더 낮은 경우, 또는 1인당 소득이 탈산업화의 국제적인 전환점turning point의 해당 수치보다 낮거나, 국가의 제조업 비중이 더 떨어지는 경우들로 정의하자고 제안했다. 이것은 고전적인 뒤집힌 U자 커브 곡선의 관점에서 개념화할 수 있으며, 밥 로손이 찾아냈고 가브리엘 팔마 등이 더 발전시켰다. 1인당 소득 기록을 좌표의 수평축 위에 표시하고 고용 또는 GDP의 제조업 비중을 수직축에 표시했을 때, 총고용 또는 GDP에서 차지하는 제조업 비중은 1인당 소득이 높아지면 내려가고, 낮아지면 올라간다. 이것은 제조업 비중이 전환점까지 올라갔다가 탈산업화가 시작되면서 내려감을 전형적으로 보여준다. 내가 개념화한 대로 생각한다면, 우리는 너무 이르게 탈산업화를 한 나라들을 좌표의 곡선 아래, 그리고 전환점의 왼쪽에 있는 나라들은 제조업 비중이 퇴조하는 나라들로 생각할 수 있다.

너무 이른 탈산업화는 선진 경제들이 점차 성숙해감에 따라 일어나기보다는 전형적으로 정책 전환에 의해 일어난다. 무역 자유화, 생산시장의 자유화, 긴축적인 통화정책, 그리고 금융 자유화가 너무 이른 탈산업화를 야기할 가능성이 높다.

탈산업화가 너무 이르면, 그것은 전형적으로 특히 부정적인 효과를 낳는다. 너무 이르게 탈산업화한 나라는 탈산업화가 시작될 때까지 제조업이 성장에 기여하는 이익을 그대로 다 누릴 수 없다. 더욱이 성장의 대안 동력 역할을 할 가능성이 있는 역동적이고 생산성이 높은 서비스 부문의 발전이 뒤처질 수 있다.

너무 이른 탈산업화의 부정적 효과는 아직 제대로 산업화되지 못한 저소득 국가에서 일어날 경우 뚜렷해지는 경향이 있으며, 사하라 이남의 여러 아프리카 국가들에서 그런 사태가 실제로 벌어졌다. 나는 이것을 '산업화 이전의 탈산업화'pre-industrial deindustrialization 라고 말해왔다. 이는 특히 사하라 이남 아프리카 지역에서 뚜렷한 현상인데, 거기에서는 탈산업화가 극도로 낮은 수준의 산업화 상태에서 시작된다. 이들 지역의 전환점(터닝 포인트)은 선진 경제들의 탈산업화 사례의 전환점보다 훨씬 더 낮을 뿐만 아니라 탈산업화한 지 10여 년이 지난 뒤에도 선진 경제들의 제조업 비중이 일부 사하라 이남 아프리카 국가들의 탈산업화가 시작된 그들 나라의 제조업 비중 '정점' 때보다 더 높다. 의미 있는 산업화의 실패가 적어도 지난 반세기 동안의 아프리카의 빈약한 성장과 개발의 원인들 가운데 하나임을 의심하지 않는다.

다시 나중 질문으로 돌아가면, 남북 무역은 확실히 선진경제들에서 탈산업화의 원천 가운데 하나였다. 단위비용이 더 낮은 생산자들의 수입시장 침투는 북반구 선진국 탈산업화의 장기적인 원천이 됐다. 너무 이른 탈산업화의 경우 남남 무역 역시 주요 원인제공 요소가 될 수 있다.

상대적으로 단위비용이 낮고 1인당 소득 수준에 비해 앞선 기술력을 지닌 데다 거대한 경제규모가 주는 이점까지 지닌 거대기업으로서의 중국의 등장은 많은 중소득국의 제조업을 약화시켰을 뿐 아니라 저소득 국가들이 산업화 사다리를 올라가는 발판 확보를 더욱 어렵게 만들었다. 동시에 중국뿐만 아니라 다른 아시아 경제들의 급속한 산업화와 성장도 다른 개도국들에게 그 가능성을 입증했다. 실행 가능한 산업화의 길을 찾는 일은 이제 1960년대보다 어려워졌지만 여전히 가능하다.

가장 잘 아는 구체적인 사례를 들어 남아프리카 공화국에서 성장 동력으로서 제조업이 해낸 역할에 대해 설명해줄 수 있나? 남아공이 조기 탈산업화 사례를 경험하고 있다고 생각하나?

나는 남아공이 오랜 세월 동안 너무 이르게 탈산업화돼 온 나라라고 생각한다. 부문 간 아웃소싱에 관한 내 분석에 따르면, 탈산업화는 실제보다 더 좋지 않아 보인다. 국내 아웃소싱이 탈산업화 규모를 실제보다 더 크게 보이도록 만들기 때문에 고용이 제조업에서 서비스업 쪽으로 재배치되어서다. 하지만 남아공이 1980년대 초 무렵부터 탈산업화의 길을 걸어온 것은 사실이다.

물론 남아공의 한심한 성장 실적에 대한 타당한 정치적 경제적 설명들은 다수 존재하지만, 나는 탈산업화가 관련 설명의 하나가 될 수 있다고 본다. 우리는 제조업 부문이 그 규모, 다양성, 고도화를 달성했더라면 얻을 수 있었던 잠재적인 성장 및 고용의 혜택들 중 일부를 놓쳤다.

나는 남아공에서 서비스 부문이 독자적으로 성장의 대안 엔진으로 기능할 수 있다고 보지 않는다. 이는 또 그 기간에 진행된 경제의 금융화와도 관련이 있다. 수도권에서 정책 논의를 지배한 것은 주로 금융 부문의 이해와 목소리들이다. 정부는 아파르트헤이트 기간에 시작된 탈산업화를 되돌리기 위한 결정적인 조치를 취할 의지가 결여돼 있었다.

민주화 이후 남아공이 의미 있는 산업화 정책을 시행하기 시작한 것은 약 15년 전이고, 그 기간에 탈산업화가 더 진행됐다. 우리는 이제 진지하게 산업정책을 보고 있지만, 나는 그것이 효과적으로 산업발전과 구조전환을 지원해줄 만큼의 규모에 가깝다고 보지 않으며, 그나마 보수적인 거시경제 정책과 다른 영역들에서의 결손들 때문에 완전히 약화됐다.

남아프리카 공화국은 고도로 발달된 금융 부문을 갖고 있다. 그 금융 부문이 국가의 성장궤적에서 어떤 역할을 하고 있다고 보나?

　　남아공의 금융 부문은 거대하고 고도화됐고, 글로벌 랭킹 기준으로 남아공은 이런 면에서 높은 점수를 얻고 있다. 하지만 그것이 우리에게 도움이 됐나? 이 '선진' 금융 부문 덕에 경제가 얻어낸 게 무엇인가? 간단히 말해서, 금융 부문은 궁극적으로 경제의 나머지 부문들이 잘 작동하게 지원해서 더 빠르게 성장하도록 만들어야 한다. 금융 부문에 흡수된 자원들은 금융 부문이 '실물 경제'와 적절하게 연결되지 않으면 빠져나가버릴 수 있고, 성장을 촉진하지 않는다. 금융 부문이 점점 경제의 다른 부문들보다 과도하게 커져 매우 절실한 자본과 기술을 흡수해도 생산 부문의 성장을 촉진하지 못한다면 전혀 축하할 일이 못 된다고 생각한다.

　　남아공에서 금융 부문은 또 대규모 자본 도피와 합법 및 불법적인 다른 형태의 자본 유출을 촉진했다. 자본의 금융 부분은 또 제조업 부문의 목소리들을 종종 지배한 은행들을 통해서 나온 재계의 목소리를 통해 정책논의에도 큰 영향을 끼쳤다. 이는 정책 결과들에 분명히 나타났다. 예컨대 국내 제조업을 지지하지 않고(또는 사실상 해치고) 금융 부문을 선호하는 거시경제 정책에서 그러했다.

금융 부문은 어느 나라든 성장과 발전에 대단히 중요한 역할을 하고, 남아공의 고도화된 금융 부문은 훨씬 더 큰 역할을 해낼 수 있지만, 그러기 위해서는 다양한 방식으로 변화하고 더 엄격하게 규제되고 단련을 받아야 한다고 생각한다.

아파르트헤이트가 폐지된 지 25년이 지난 지금까지도 빈곤과 불평등은 남아프리카 공화국에 심각한 구조적 문제들을 남겨놓고 있다. 실제로 세계은행의 2018년 자료에 따르면, 남아프리카 공화국는 세계에서 가장 불평등한 나라다. 이에 대한 평가는 어떠한가?

민주화된 지 25년이 지났는데도 그 빈곤, 불평등 그리고 실업이 그토록 높다는 사실은 집권 중인 우리 민주 정부의 기록에 대한 엄청 충격적인 고발이다. 1994년에는 이것이 25년 뒤의 결과가 되리라고 기대하진 않았을 것이다. 하지만 이런 결과는 많은 부분이 정책 선택의 귀결이다. 이렇게 돼서는 안 됐다. 우리가 할 만큼 했다고 어느 누구도 솔직하게 얘기할 수 없을 것이다. 일부 영역에서는 정책 선택들이 사태를 악화시켰다. 불평등, 빈곤, 그리고 실업은 무서울 정도로 높을 뿐만 아니라 인종차별적 특성이 여전히 남아 있다.

일부 진전이 빈곤 감소, 특히 사회 보조금social grants을 통한 빈곤 감소 분야에서 이뤄졌다. 남아공 인구의 많은 부분을 차지하는 사람들이 이 보조금을 받고 있는데, 특히 어린이지원금Child Support Grant과 노령 연금Old Age Pension이 큰 영향을 끼치고 있다. 이런 것들이 없다면 빈곤율은 훨씬 더 높을 것이다. 하지만 물론 사람들을 빈곤에서 구제하기 위해 사회 보조금에 기대는 것은 이상과는 거리가 멀다. 우리에게는 더 포용적인 경제로 가기 위한 구조전환이 절실히 필요하며, 그래야 대다수의 사람들이 생산적인 경제에 참여해 소득을 얻게 될 것이다.

남아공에서 불평등과 실업은 본질적으로 연결돼 있다. 우리가 실업률과 불평등 모두 세계에서 가장 높거나 대단히 높은 나라들 중의 하나란 사실은 결코 우연이 아니다. 나는 우리가 실업 위기에 단호하게 대처하지 않는 한 극도로 높은 수준의 불평등을 낮출 수 있으리라고 생각하지 않는다. 물론 그건 쉬운 일이 아니다. 하지만 우리가 지금의 정책을 계속 밀고 나가거나 그런 정책들 속에서 단지 점진적인 변화만 꾀한다면 불평등도 실업도 대처할 수 없다. 지금 상황은 어떤 의미에서든 지속 가능하지도 받아들일 수도 없다.

당신은 남아프리카 공화국 공산당 중앙위원회 위원이다. 오늘날 마르크스주의의 타당성은 무엇인가?

사실 나는 이제 중앙위원회 위원이 아니며, 남아프리카 공화국 공산당의 다른 어떤 조직의 멤버도 아니지만, 여러 해 동안 거기에서 일했고, 이전에는 1992년부터 지소, 지구, 지방 조직 일도 했다.

나는 마르크스주의가 분석적으로나 정치적으로나 계속 타당하다고 생각한다. 분석적으로 마르크스주의는 우리에게 자본주의를 이해하고 비판하는 강력한 도구들을 제공한다. 예컨대 내 연구에서 나는 마르크스주의 분석도구들을 부문sector의 특수성, 구조변화, 그리고 탈산업화를 더 잘 이해하는 데 활용했다. 약 150년 전에 쓰인 마르크스주의 분석 가운데 일부가 그동안 일어난 모든 정치적, 경제적, 기술적, 환경적, 그리고 사회적 변화들에 비춰 낡았거나 오늘날 응용하기에 적절치 않다는 건 분명하다. 예컨대 마르크스는 제1차 산업혁명과 제2차 산업혁명 초기에 글을 썼고, 그 시절은 그의 많은 저작에 생생한 맥락과 주제를 제공해주었다. 하지만 우리는 지금 19세기에 상상할 수 없었던 것은 차치하고 우리가 몇십 년 전만 해도 거의 상상할 수도 없었던 변화 속에 제4차 산업혁명을 겪고 있다. 마르크스의 분석이 바이블의 정본처럼 다뤄지고 기계적으로 응용되고 방어돼서는 안 된다. 내 생각에 그것은 사상의 생명체로서 해석만이 아니라 이론과 본질적인 분석 그 자체 속에서 계속 발전해가야 하며, 우리는 다양한 마르크스주의적 관점들에 익숙해져야 한다. 아울러 마르크스 사상의 요소들, 예컨대 구조주의 사상의 요소들과 종합하는 것에도 말이다.

정치적으로 이는 또한 해방적 프로젝트emancipatory project와도 여전히 관련이 있다. 마르크스주의가 청사진이나 투쟁계획 또는 어떤 나라를 위한 프로그램을 제공하지 않음은 말할 것도 없다. 나는 각 나라가 어느 시대든 각자 그 나라만의 특징들을 갖고 있어서, 보편적으로 적용할 수 있는 진리, 그리고 정치적 권력을 쥐거나 이용하는 데 실제로 응용할 수 있는 전략들을 제공하는 어떤 이념적 틀이 있을 수 있다고 생각하지 않는다. 예컨대 나는 일반적으로 반란(폭동)을 통해 권력을 탈취하는 방법은 지금 시대에는 실현 가능하지도 바람직하지도 않다고 생각한다.

그리고 환경적 지속 가능성을 강조하는 '그린' 접근법은 지금까지 전통적으로 대다수 마르크스주의 사상(그리고 더 광의의 좌파적 관점들)에서 그래왔던 것보다 훨씬 더 큰 우선순위를 부여해야 한다. 마르크스주의 접근법의 타당성과 가치는 시대와 장소에 따라 달라져야 하며, 민주주의 및 자유와 함께 가야 한다. 자본주의의 역동성과 그것이 낳은 물질적이고 기술적인 진보는 또한 모든 나라와 사람들에게 커다란 불균형을 안겨주었으며, 불평등, 분쟁, 환경

파괴를 불렀다. 가장 부유한 나라들에서조차 많은 사람은 여전히 자신들의 기본적인 필요도 충족하지 못하고 있고, 착취는 언제나 자본주의적 축적과정의 중심에 있다.

향후 몇 년간 정치경제 분야 작업은 어디를 향하리라 예상하나?

앞으로 내 작업의 대부분은 자연에 적용될 것이다. 내가 지금도 마음에 두고 있는 책이 있는데, 부문 구조와 변화를 이론화하는 것이다. 하지만 언제 그것을 할 시간을 낼 수 있을지 모르겠다. 나는 지금 혁신과 포용적인 산업화에 관한 중요한 연구 프로젝트를 이끌고 있다. 나는 지금 혁신과 기술 변화에 관해 예전보다 더 많은 작업을 하고 있다. 나는 그것이 구조전환과 '따라잡기'의 미시적 토대들의 중요한 측면들이라고 본다. 나는 또 사하라 이남 아프리카에 초점을 맞춘 산업화와 탈산업화에 관한 내 작업을 확장하고 있다. 왜 이 지역은 오랫동안 세계의 다른 지역들보다 산업화가 덜 됐는지, 이것은 성장과 발전에 어떻게 영향을 끼쳤는지, 오늘날 저소득 및 중소득 아프리카 국가들에서 실현 가능한 산업화는 무엇인지, 에티오피아와 같은 나라가 지금 하고 있는 일에 대한 전망 등에 대해 좀 더 살펴보고 싶다. 그리고 다른 많은 일들… 나는 많은 아이디어를 갖고 있지만 그 한 부분조차 해낼 시간이 없다!

글로벌 정치는 어디로 향할 듯한가? 시간이 지나면 좌파 정치경제와 좌파 정치 프로그램이 힘을 얻게 될 시대를 경험하리라고 보나?

학계의 좌파 정치경제는, 내 생각에 교수(강의)와 연구라는 완전히 고립된 좁은 영역 바깥에서는 여전히 상당히 약화돼 있다.

경제학계는 최근의 글로벌 금융위기의 영향을 아직 크게 받지 않고 있으나, 점점 자신들만을 위한 양적 방법론에 사로잡혀 비현실적인 가정에 제약당하고 호도되고 있으며, 현실의 경제문제들로부터 발을 빼고 있다. 학술적 경제학과 그 교과목의 상태에 대한 학생 주도의 도전들이 점점 강해지고 있다. 이곳 남아공에서 최근에 우리는 '아프리카를 위한 경제학 재검토'Rethinking Economics for Africa, REFA 페스티벌을 열어왔는데, 내 연구소가 그 파트너다. 이런 것들은 주로 학생들이 참여하는 환상적인 모임인데, 경제학에 비판적인 학생뿐만 아니라 대안을 생각하는 학생들도 함께한다.

글로벌 정치의 관점에서, 고르지는 않지만 나는 왼쪽으로의 대규모 이동은 확실히 본 적이 없다. 어느 쪽인가 하면 균형상 지금은 오른쪽으로의 이동이 일어나고 있는 듯하다. 동시에 지금 생산과 분배가 조직되고 있는 방식과 정치권력에 접근하고 행사하는 방식이 현대 민주주의 국가들에서조차 도덕적이지도 지속 가능하지도 않은, 정치적으로 사회적으로 생태학적으로 경제적으로 지속 불가능한 쪽으로 가고 있다. 사람들의 상상을 사로잡고 창조적이고 실행 가능한 대안들을 생각해내는 것, 그리고 우리가 정치권력을 위임받을 경우 구조를 바꾸고 사람들의 삶을 더 나은 방향으로 바꾸기 위해 그것을 대담하게 실제로 사용하는 것은 좌파인 우리에겐 하나의 도전이다.

코로나19 팬데믹에 대하여

코로나19 위기에 대한 여러 국가들 또는 지역들의 서로 다른 대처방

식들을 공중보건 개입과 경제정책들의 관점에서 어떻게 평가하나?

다양한 요소들이 코로나19가 모든 나라에서 야기한 공중보건과 경제적 결과들에 영향을 끼쳤다. 나는 한국과 베트남 같은 나라들이 비극적인 보건의료와 경제적 결과들을 낸 선진국과 개도국 모두에 비해 그렇게 잘 대처한 것이 전혀 놀랍지 않다.

중요한 여러 요인들 가운데 나는 특히 국가 능력의 중요성에 흥미를 갖고 있다. 여기서 내가 얘기하는 능력은 단지 국가 능력만이 아니라 광범위한 능력들이다. 이런 능력들은 기술적, 정치경제적 차원들을 포함한다. 이는 디자인(설계) 능력과 실제로 적절한 정책을 실행하는 능력, 국가와 시장(들) 간 연계의 성격, 공공정책과 공공기관들 사이의 수평적이고 수직적인 조정의 정도, 변화하는 상황에 제도와 정책들을 능숙하게 적응하게 만드는 국가의 민첩성과 역동성을 포함한다. '공동화된' 국가는 물론 효율적으로 수행할 수 없다. 국가의 크기보다는 국가의 성격과 더 관련이 깊다.

국가의 능력이 시간이 지나면서 퇴행하면, 이는 자연스레 공중보건 및 코로나19와 같은 위기의 경제적 차원들을 운영하는 능력들을 약화한다. 국가 능력은 쌓아올리는 데 시간이 걸린다. 위기 상황에서 하룻밤 사이에 개발할 수 없다. 그리고 기본적인 역할을 민간부문에서 아웃소싱하는 것은 이번과 같은 상황에서는 작동되지 않는다. 말할 것도 없이 여기에서 쟁점은 그런 국가 능력뿐만 아니라 그것들(이번과 같은 경우에는 공중보건과 위기의 경제적 측면들을 관리하는 것)을 사용할 정치적 의지에 관한 것이다.

내 연구에 초점을 맞춘다면, 나는 특히 제조업에 대한 위기의 영향, 위기에 대처하는 국가 제조업 부문들의 역할, 산업정책의 전진에 대한 의미를 탐구해왔다. 나는 공중보건과 위기의 경제적 측면 모두를 관리하는 데 중요하다고 판명된 국가 능력의 유형과 산업 정책에서 중요한 국가 능력의 종류 사이에 강한 상관관계가 있다고 본다. 이는 그냥 우연의 일치가 아니다. 산업정책의 성공적인 실행을 위해 요구될 뿐만 아니라 산업정책의 실행을 통해 사실상 형성되는 그런 능력은 공중보건 및 코로나19의 경제적 측면들의 관리와도 관련이 있으며, 장차 다른 비상사태들에 대처하는데 국가를 제대로 배치할 가능성도 높다.

코로나19는 긴급한 필요에 응할 수 있는 생산체제의 일부와 함께 제조업 부문의 생산용량과 능력(역량)의 중요성에 대한 관심을 불러일으켰다. 앞을 내다보면서 산업정책 또한 변화하는 국제적 생산조직(글로벌 가치사슬을 통해 수용), 기술 변화, 환경적으로 좀 더 지속 가능한 생산 쪽으로 나아갈 필요성을 고려해야 한다.

코로나 위기에서 평등주의적 경제 프로젝트를 추진하는 데 있어 가장 실행 가능한 방안에 대해 어떤 교훈을 얻었는가?

우리는 '위기 이전의 위기들'을 인식하고, 그것을 해결하기 위해 어떤 근본적인 변화가 필요한지 인식할 필요가 있다. 코로나 이전에 기후변동 위기, 국가들 내의 빈곤, 실업과 불평등 위기들이 있었다. 그리고 따라잡기보다 오히려 뒤쳐진 많은 개도국의 위기가 있었다. 코로나는 국가 내부 그리고 국가들 사이에 존재하는 그런 단층선들을 드러내고 심화했다.

코로나19는 또 세계가 어떻게 서로 연결돼 있는지 공중보건과 경제적인 면에서 전례 없이 분명하게 보여주었다. 이는 다원주의 강화와 전 지구적 해결의 중요성을 강조하고 있다. 예컨대 백신 개발 및 접종의 경우, 국가적인 또는 민족주의적인 접근들은 백신에 대한 접근성이 떨어지는 나라들에서 코로나 변종들이 출현해 단독으로 앞서가는 나라들도 직접 위협하기 때문에 실행할 수 없다.

비슷하게 국가들 내부에서, 이번 팬데믹은 사람들이 서로 연결돼 있는 방법과 자원에 대한 불평등한 접근으로 치르는 비용, 그리고 엘리트들이 사회의 나머지로부터 자신들을 완전히 차단하기가 불가능하다는 점을 만천하에 드러냈다. '출입제한 주택지', 민간경비, 사교육, 개인 의료보험 등에 의지하더라도 누구나 다 감염에 취약하다. 물론 부자들은 자신들을 훨씬 더 잘 보호할 수 있고 병에 걸렸어도 훨씬 좋은 의료보험 혜택을 받을 수 있지만, 사람들은 소득 스펙트럼이 어떠하든 모두 쓰러졌다. 위생시설과 다른 인프라 및 서비스에 대한 차별적인 접근이 광범위하게 존재하는 사회, 인구의 다수가 혼잡한 생활조건 속에서 사는 사회, 공중보건 서비스 분야 투자가 제대로 이뤄지지 않는 사회, 그리고 국가의 총체적 몰락 속에서 산다는 것은 모든 사람이 그만큼 더 높은 감염률과 위험 속에서 산다는 의미다. 이것은 극도의 소득 불평등이 지속 불가능해지는 한 가지 방식일 뿐이다.(근본적으로 잘못된 다른 방식들은 말할 것도 없다.)

하지만 포스트 코로나 세계가 과거보다 더 평등주의적인 세계가 될 것이 분명하다는 얘기는 결코 아니다. 엘리트들은 전형적으로 위기와 변화의 시기에 자신들의 이익을 보호하고 증진하는 데 가장 좋은 위치에 있다. 다른 세상을 꿈꾸는 사람들은 진보세력만이 아니다. 포스트 코로나의 경제정책을 둘러싼 치열한 논쟁이 계속될 것이다. 이런 가운데 학문과 정책영역 및 더 광범위한 대중투쟁 사이의 연계가 진보적 학자들에겐 중요하다.

대표적 출판물과 영향

출판물

Fiona Tregenna (2009). Characterising deindustrialisation: An analysis of changes in manufacturing employment and output internationally. *Cambridge Journal of Economics*, 33(3), 433-466.

Fiona Tregenna (2014). A new theoretical analysis of deindustrialisation. *Cambridge Journal of Economics*, 38(6), 1373-1390.

Bilge Erten, Jessica Leight. and Fiona Tregenna (2019). Trade liberalization and local labor market adjustment in South Africa. *Journal of International Economics*, 118, 448-467.

영향을 받은 인물

역사적 인물: 카를 마르크스Karl Marx, 조앤 로빈슨Joan Robinson, 피에로 스라파Piero Sraffa, 라울 프레비쉬Raúl Prebisch, 앨버트 허쉬먼Albert Hirschman, 니콜라스 칼더Nicholas Kaldor, 미하우 칼레츠키Michal Kalecki, 켈소 후르타도Celso Furtado, 홀리스 체너리Hollis Chenery

동시대 인물: 앨리스 암스덴Alice Amsden, 벤 파인Ben Fine, 가브리엘 팔마Gabriel Palma, 장하준Ha-Joon Chang, 제프 하코트Geoff Harcourt, 밥 로손Bob Rowthorn, 아지트 싱Ajit Singh, 제임스 헤인츠James Heintz

영향을 받은 문헌

Celso Furtado (1964). *Development and underdevelopment: A structural view of the problems of developed and underdeveloped countries*, University of California Press, Berkeley.

Albert Hirschman (1958). *The strategy of economic development*, Yale University Press, New Haven.

Nicholas Kaldor (1978). *Further essays on economic theory*, Duckworth, London.

토머스 웨이스코프

Thomas Weisskopf

사회적 축적구조 이론을 발전시킨
거시경제학자

토머스 웨이스코프는 미시간대학 경제학과 명예교수다. 그의 초기 연구는 제3세계 개발과 저개발 문제, 특히 인도에 초점을 맞췄다. 1970년대에 그의 연구 관심사는 선진 자본주의경제들의 거시경제 문제들로 옮겨갔고, 그중에서도 네오 마르크스주의의 정치경제적 관점에서 생산성 성장과 이익률의 흐름을 연구했다. 1990년대에 그는 주로 동유럽의 예전 사회주의 경제들에서의 경제적 전환과 제도적 발전 문제, 특히 러시아의 정치적 변화와 경제적 변화 사이의 상호작용에 집중했다. 최근에는 미국과 인도의 차별과 소수자 우대정책, 그리고 이 두 나라의 경제적 불평등 증대에 대한 연구를 해왔다. 웨이스코프는 《황무지 이후: 2000년을 위한 민주적 경제학 After the Waste Land: A Democratic Economics for the Year 2000》(새뮤얼 보울스Samuel Bowles 와 데이비드 고든David M. Gordon과의 공저, 1991)을 비롯해서 9권의 공저를 냈다. 그가 가장 최근에 낸 책은 《미국과 인도의 소수자 차별시정정책Affirmative Action in the United States and India: A Comparative Perspective》(2004)이다. 그는 또 여러 학술지에 경제 개발, 거시경제학, 비교경제 시스템, 정치경제, 그리고 공공정책에 관한 100편 이상의 글을 실었다.

당신의 성장배경과 어떻게 경제학을 주요 연구 분야로 삼게 됐는지에 대해 말해줄 수 있나?

의심의 여지 없이 물리학자인 아버지로부터 영향을 받아, 처음에 나는 수학과 물리학을 대학에서 전공할 분야로 여겨 흥미를 갖고 있었다. 하지만 대학에 들어가기 전에 여러 번(2년의 해외 체류를 포함해서) 서유럽 여행을 하면서 자극을 받아 정치와 사회 문제에도 강한 흥미를 느끼기 시작했다. 그 여행은 유럽 출신 부모를 둔 덕에 가능했다. 그 무렵인 하버드 2학년 말에 전공을 정했는데, 경제학이 분석적 엄밀성과 실세계의 정치 및 사회에 대한 관심의 바람직한 조합을 제시한다고 판단했다. 경제학 입문의 탁월한 교사 리처드 길Richard Gill이 나를 경제학의 길로 인도했다.

당신의 아버지는 저명한 핵물리학자 빅터 웨이스코프Victor Weiss-kopf다. 그는 핵폭탄을 만들기 위한 로스 알라모스 프로젝트에 중요한 공헌을 했지만, 나중에 핵 군비 축소를 위해 싸운 중요한 인물이 됐다. 아버지의 정치적 헌신과 행동주의가 당신에게 끼친 영향은 어느 정도인가?

정치적인 문제들에 대한 아버지의 관심과 관여는 분명히 내가 그런 일에 강한 흥미를 갖고 그와 흡사한 리버럴 사회민주적 세계관을 발전시키도록 영향을 주었다. 그의 행동주의는 실제로 1920년대에 빈 사회주의청년조직에 가입했을 때부터 시작됐다. 핵 군비 축소는 내가 대학에 들어가기 전에 아버지와 토론했던 많은 문제 중의 하나였을 뿐이다. 내가 정치에 눈을 뜨기 시작했을 때 아버지는 예전만큼 행동주의자는 아니었다. 내가 1960년대 초부터 행동주의를 점차 강화해간 것은 하버드대 학부 시절에 사귀었던 친구들의 영향 및 사례와 더 깊은 관련이 있다고 생각한다. 그들은 나를 토드 기틀린Todd Gitlin(그의 반핵조직 '토신'Tocsin의 리더십을 나는 잘 기억한다.)과 같은 행동주의자들이 이끌던 학생그룹들과 연결해 주었다.

1960년대의 연구경력 초기단계에 제3세계 경제들이 직면한 문제들에 양적인 경제방법론들을 적용하는 데 흥미를 갖고 있었고, 실제로 1960년대의 많은 기간을 뉴델리의 인도통계연구소Indian Statistical Institue. ISI에서 보냈다. 인도에서 작업할 때 주로 관심을 갖고 있던 것들은 무엇이었나? 그곳에서 배웠던 중요한 것들 중에는 무엇이 있나?

ISI에서 보낸 4년은 경제문제들에 대한 내 생각을 형성하는 데 중요한 영향을 끼쳤다. 하버드 졸업 뒤에 바로 경제 강사로 일했던 인도에서의 첫 해에, 나는 내가 시간을 보낸 다른 어떤 곳에 비해서도 엄청나게 달랐던 나라에 관해 가능한 한 많이 배우는 데 주로 관심을 갖고 있었다.

나는 특히 자본주의 서방과 공산주의 동방의 최선의 것들을 이용해 사회주의적인 '제3의 길' 개발방식을 찾으려 했던 네루 총리의 수석 경제고문이었던 ISI의 소장 마하라노비스P. C. Mahalanobis를 비롯한 인도 지도자들의 헌신에 매료됐다. 2년간 매사추세츠 공대MIT 대학원을 다닌 뒤 나는 인도 개발계획 모델에 관한 내 박사학위 연구를 위해 ISI로 되돌아갔다. 당시에 나는 그런 양적 방법론들이 인도의 경제적 미래에 매우 유익한 효과를 발휘할 수 있다고 생각했으므로, 장차 전문적인 경제고문으로 일해보겠다고 생각했다. MIT

에서 마지막 해에 논문을 마무리한 뒤 나는 ISI로 돌아가 초빙 부교수로서 경제학을 가르치면서 그 연구소의 경제정책연구에 참여했다. 그 기간에 나는 점차 기술적 경제전문가의 미몽에서 깨어났고, 인도 친구들 및 동료들과의 오랜 토론 덕택에 경제 정책입안에 영향을 주고 바람직한 사회주의 개발전략을 향한 인도의 명백한 헌신을 약화시키는 정치적 제약에 대해 훨씬 더 많이 알게 됐다.

나는 또 마르크스주의와 포스트 마르크스주의 경제사 및 분석 문헌들을 폭넓게 읽기 시작했다. 개발정책 조언자가 되겠다는 생각을 버리고, 내가 가장 관심 있던 문제들에 대해 더 급진적인 정치경제적 이해를 위한 작업을 해보겠다는 생각으로 나는 하버드의 조교수 제안을 받아들였다. 1968년에 미국으로 돌아왔을 때, 나는 내 생각의 흐름이 급진적 정치경제 공동체의 성장에 적극적인 미국인 친구들(일부는 전부터 알았고 일부는 새로운)의 그것과 완전히 일치한다는 사실을 알았다.

1960년대 말에 미국으로 돌아왔을 때 베트남전쟁이 여전히 한창이었고 뉴레프트 이데올로기가 대학 캠퍼스 전체로 퍼져 전면적인 정치운동이 펼쳐지고 있었다. 베트남전쟁의 경험과 뉴레프트의 출현이 급진적 정치경제 쪽으로 전환하는 데 얼마나 영향을 끼쳤나?

비일상적인 방식으로 얻은 베트남전쟁의 경험은 내가 리버럴에서 뉴레프트적 관점으로 이행하는 데 중요한 영향을 끼쳤다. 1965~66년에 MIT에서 박사학위 논문을 마무리하면서 나는 인도에서 미국경제개발처USAID 파견 수석 경제학자 보조원으로 2년간 일할 계획을 세우고 있었다. 하지만 그 해에 미국의 베트남전 개입이 가속되면서 나는 결국 그 일을 포기했다. 왜냐면 미국의 대외정책이 그렇게 수치스러운 시기에 양심상 미국을 대표할 수 없다는 생각이 강했기 때문이다. 매우 다행스럽게도 ISI의 친구들이 훨씬 더 수용 가능하고 보람 있는 2년간의 인도 복귀 기회를 베풀어주었다. 내가 들어갈 수 있었던 인도의 지적 환경은 정치경제적인 문제들에 대한 내 생각을, USAID에서 일했다면 가능했을 방향보다 훨씬 더 왼쪽으로 재정립하는 데 영감을 주었다.

1968년에 소그룹의 생각이 비슷한 경제학자들이 급진적정치경제학연합 Union for Radical Political Economics. URPE**을 설립할 때 거기에 합류했고, 놀랍게도 그 조직은 세월이 지난 뒤에도 아직 살아 있다. URPE 설립자의 한 사람으로서, 그 조직의 초기 목적에 대해 말해 달라. 그 시절 그토록 많았던 뉴레프트 조직들이 역사의 쓰레기통 속으로 그렇게 빨리 사라져갔으나 URPE가 50년간이나 살아남은 이유를 무엇이라고 생각하나?**

조직의 설립목적을 정리한 초기 URPE 자료가 많이 있고, URPE의 다른 멤버들은 아마도 우리가 수행하고자 노력했던 일들에 대한 좀 다른 기억들을 갖고 있을지도 모르겠다. 내 생각에는 URPE의 가장 중요한 초기 목표 중에는 다음과 같은 것을 포함하고 있었다. (1)경제문제들에 대한 급진적 정치경제 분석들의 개발. 이는 주류 경제학이 제공하는 분석들보다 훨씬 더 나을 것이다. 그 이유는 경제적 결과들에 영향을 끼치는 사회적, 정치적, 그리고 역사적 사실들에 대한 훨씬 더 폭넓고 깊은 이해를 토대로 이뤄지기 때문이다. (2)미국과 세계에 훨씬 더 정의롭고 인도적인 경제 시스템을 구축하고자 하는 조직들의 역량에 기여할 수 있는 경제문제 분석들의 개발.(마르크스에 따르면, 중요한 것은 세계를 이해하는 것이 아니라 세계를 더 나은 곳으로 바꾸는 것이다.) 좋은 URPE는 좋은 지적 작업(근본적인 연구와 가르침)과 좋은 정치 작업(진보적인 사회 정치 운동을 위한 적극적 참여와 유용한 경제 인풋 제공)을 모두 해야 한다. 불행하게도 급진적 정치경제학자들은 첫 번째 목표보다 두 번째 목표에서 훨씬 더 빈약한 성공밖에 거두지 못했다. 우리들 중 다수가 몇 년 동안 진보적 운동과 정책들을 지원하기 위해 적극적으로 일했으나 최근 수십 년간 세계 곳곳에 만연한 반동적인 추세를 막는 데 그다지 성공하진 못했다.

내 생각에는 URPE가 다른 대부분의 뉴레프트 학술 단체들보다 훨씬 더 오래 살아남았던 몇 가지 이유가 있다. 하나는 경제학이 매우 강력한 분석적 정통성, 특히 신고전주의 미시경제학을 토대로 한 정통성이 있었다는 점에서 여타 사회과학들과 다르다는 점이다. 급진적인 정치경제학자들은 이 정통성에 비판적이어서 전혀 달라 보이는 경향이 있으며, 여러모로 오히려 주류 경제학자들처럼 보이는 경향이 있다. 모든 다른 사회과학에는 지배적 정통성이라는 게 훨씬 약하고, 그래서 급진적인 것을 포함한 다른 흐름도 이미 자리 잡은 다소 이질적인 주류 학문의 일부로 받아들여질 여지가 훨씬 더 많다. 따라서 급진적 정치경제학자들은 반체제적 학술 단체가 제안하는 지적 공동체 같은 것에 대한 욕구가 훨씬 더 크다.

두 번째로, 경제학은 비즈니스 업계와 연결돼 있고 또 그것을 지원하는 만큼 다르다. 대다수 경제학자들은 경제학 및 정치학의 실천에 보수적이고 친자본주의적인 관점을 전달하는데, 이는 대다수의 다른 사회과학자들이 활동하는 환경과는 매우 다르다. 또 그것은 급진적 정치경제학자들이 URPE와 같은 반체제 지원 공동체를 설립할 필요성을 높인다. URPE에 처음부터 참여해온 멤버들은 학술잡지 《급진적 정치경제학 리뷰Review of Radical Political Economics》의 편집, 연례 비공식 여름회의 개최, 진보적 활동가들에 대한 다양한 형태의 봉사활동과 같은 수많은 집단행동을 통해 활기차고 지적인 활동가 공동체를 만들고 유지하는 데 큰 성공을 거두었다. URPE는 또 급진적 정치경제학자들의 교수와 연구에 대해 다양한 지원(그들의 소속 기관들 내에서는 그런 지원을 받지 못하는 경우가 흔했다.)을 제공하는 데 특히 중요한 역할을 했다.

개발과 저개발, 그리고 글로벌 자본주의 경제를 이해하려는 노력 속에서 특히 매력을 느낀 것은 마르크스주의 정치경제적 접근법의 어떤 부분이었나? 그런 틀에서 나온 제국주의 개념에 대한 이해는 어떠했나?

세력들 간의 상호작용과 생산관계, 그리고 토대와 상부구조 간의 관계에 관한 기본적인 마르크스주의 개념들이 형태가 자본주의 사회든 아니든 다른 사회들의 장기간에 걸친 동역학을 이해하는 데 엄청난 도움이 됨을 알았다. 마찬가지로 지배 계급들이 종속 계급들에게 휘두르는 권력에 대해 마르크스주의가 중점적으로 초점을 맞춘 것이 도움이 됐는데, 그것은 정치경제적 사건들에 대한 설명에서 필수불가결하다. 개발과 저개발의 이해는 특히 장기적인 역사 흐름을 파헤치고, 계급구조의 권력관계가 경제정책과 그 결과에 영향을 끼치는 방식을 조사하는 데 특히 중요하다. 카를 마르크스에서 폴 바란까지의 마르크스주의 정치경제는 내가 인도와 다른 개도국들의 경제에 어떤 일이 벌어졌는지를 설명하는 데 적합한 접근법 같았다. 종속국가들의 경우 그들의 내부 계급구조뿐만 아니라 지배적인 국가들(의 강력한 계급들)에 대한 관계 또한 그들의 개발에 중요하며, 따라서 제국주의도 중요하다. 나는 제국주의 개념에 대한 나의 이해가 독특하다고 전혀 생각하지 않지만, 제국주의에 대한 나의 접근법은 개발도상국들 출신의 유명한 사회과학자들의 저작물에서 많은 영향을 받았다.

《케임브리지 경제학 저널》에 쓴 논문 "마르크스주의 위기이론 및 전후 미국경제의 이윤율"은 거시경제적 불안정과 위기에 대한 마르크스주의적 이해를 분석하는 깐깐한 양적 접근법을 개발하려는, 영향력이 컸던 초기의 프로젝트였다. 그 논문에서 알아낸 중요한 것들의 특징을 말해줄 수 있나? 그 논문의 결과가 계속해서 지금 우리의 거시경제적 상황을 조명해주고 있는 것에 대해 어떻게 생각하나?

내 생각에 그 논문의 중요한 기여는, 자본주의 경제위기(위기들은 각기 위기를 촉발할 것으로 보이는 자본주의의 전반적인 이윤율의 심각한 저하에 대해 설명해준다.)에 대한 여러 다른 마르크스주의 이론들이 쉽게 이용할 수 있는 거시경제 데이터로 실증적인 테스팅을 하는 데 효과적임을 보여준 점이다. 나는 미국의 비금융 기업부문을 대상으로 (세전稅前)이윤율 저하에 관한 가장 유명한 세 가지 마르크스주의 이론을 시험해보려 했다. 1949~1975년의 26년간이라는 동일 기간에 그 기간 전체를 상정한 장기간, 그리고 한 경기순환에서 다음 순환까지의 단기간, 그리고 경기순환 내의 이윤율 저하 테스트다. 그 조사를 통해 알아낸 주요 내용은 (단기간의 대부분 그리고 26년의 장기간에 걸친)이윤율 저하가 주로 자본에 대한 노동 쪽의 힘의 증대로 야기됐으며, 이는 노동 예비군 규모의 감소(실업률로 조사)로 연결됐다는 점이다. 장기간의 비금융 부문 이윤 저하에는 미국 생산성 성장률 하락과 세계 자본주의체제 내의 미국 헤게모니 약화도 영향을 끼쳤다.

내 논문의 실증적 결과가 이 시대의 거시경제적 상황을 계속 조명해주고 있다고 주장하진 않겠다. 왜냐면 지난 50년간 너무 많이 변했기 때문이다. 그 논문이 다룬 그 기간의 미국 경제는 '규제된 자본주의'로 특징지어졌는데, 이는 사회적 축적구조SSA. social structure of accumulation 분석으로 알려진 방법론적 접근법의 용어다. 하지만 1980년대 초 이후 미국 경제는 '신자유주의적 자본주의'라는 이름이 붙은 SSA 후계자를 통해 그 특징이 가장 잘 드러난다. 이는 선행한 SSA의 후반기에 이윤율 저하와 관련된 위기에서 나온 말이다. 신자유주의 시대의 이윤율 추세의 완전히 새로운 실증적 분석은 그런 추세의 원천에 대한 구체적인 결론을 이끌어내는 데 필요하다. 하지만 그 논문 작업은 보울스와 고든을 우리의 미국 경제 장기파동 붐long-wave booms과 위기, 특히 '규제된 자본주의' SSA의 위기 분석에 끌어들이는 데 대한 내 관심으로 바로 이어졌다.

당신이 쓴 케임브리지 저널 기사에 따르면, 당신은 새뮤얼 보울스, 데이비드 고든과 함께 고든의 사회적 축적구조 이론을 발전시켜 그것을 특히 1980년대의 미국 경제에 적용하기 위해 그들과 협력하기 시작했다. 그것은 1984년의 《황무지를 넘어서》, 1991년의 《황무지 이후》의 출간으로 이어졌다. 그 시기에 당신이 보울스 및 고든과 함께 쓴 이들 책과 관련 연구 논문들의 주요 접근법과 발견들의 특징을 어떻게 얘기할 수 있을까?

보울스 및 고든과 함께한 미국 경제의 거시경제적 문제들에 관한 15년여에 걸친 내 작업은 신나고 보람찼다. 그것은 내가 운 좋게도 참가할 수 있었던 대학 내 협력의 멋진 사례다. 우리 작업의 기본적인 접근법은 관련된 통계적 데이터의 엄밀한 양적 평가를 통해 수행되는 SSA 분석 접근법이었다. SSA 분석은 많은 급진적 정치경제학자에 의해 미국 경제의 장기 진화를 이해하는 데 매우 유용하다고 입증됐다.

우리가 알아낸 기본적인 사실은 1970년대와 1980년대 초의 미국 경제는 그 잠재력보다 훨씬 낮은 성과를 냈다는 점이다. 생산성 성장은 느려졌고 이윤율은 떨어졌으며, 경제는 너무나도 많은 사람의 수요를 충족시키는 데 실패했다.(그래서 두 책의 제목에 모두 '폐허'waste라는 말이 들어갔다.) 우리는 그 실패가 제2차 세계대전 이후 미국의 '규제된 자본주의적' SSA의 소진 탓으로 돌릴 수 있는 많은 증거를 찾아냈다.

일반 대중을 위해 이 책들을 쓴 우리의 (야심만만한!) 목표는 낡은 것의 위기 뒤에 더 번성하고 더 공정한 새로운 SSA를 구축할 수 있는 정치운동을 지원하기 위해서였다. 두 책에서 우리는 크게 개선된 모델이 들어설 수 있도록 미국 경제의 근본적인 변화의 윤곽을 그려보려고 했다. 우리의 제안은 그 성격상 혁명적이 아니라 사회민주주의적이었는데, 왜냐면 우리는 그 제안이 정치적으로 현실적인 성공방안이라고 생각했기 때문이다. 경제학 학술지에 실린 다양한 글들에서 우리는 그 책들에서 다룬 주장들의 다수를 뒷받침하는 연구에 대해 자세히 보고했다. 하지만 슬프게도, 알고 보니 새 SSA가 낡은 것의 재 속에서 태어나긴 했으나 그 이전보다도 훨씬 더한 불평등, 불공정, 불안정을 만들어낸 무지막지한 신자유주의적인 SSA로 판명됐다.

사회적 축적구조 접근법이 마르크스주의 분석 틀 안에서 어떻게 작동하는지 말해줄 수 있나? 다른 중요한 영향들에는 무엇이 있나?

SSA 틀은 마르크스주의 분석 틀과 완전히 양립할 수 있다. 그것은 연속적인 생산양식의 마르크스주의적 분석에서 나왔으며, 역동적인 생산력과 (기존의 생산양식을 특징짓는)고정된 생산관계 사이의 모순이 커지면서 위기를 키우고 궁극적으로 현재의 지배계급이 패배하거나 무너지고, 새롭고 더 활기찬 생산양식과 관련된 새로운 지배계급으로 대체됨으로써 비로소 해소된다. SSA 분석은 자본주의 경제의 동역학에 이 논리를 적용한다. 연속적인 자본주의 체제 또는 사회적 생산구조의 분석이 연속적인 생산양식의 마르크스주의적 분석과 같은 노선을 따라서 진행된다. 계급에 맞춘 초점, 그리고 지배계급이 종속계급에 행사하는 권력에 맞춘 초점이 원래의 마르크스주의와 지금의 SSA 형태의 분석 모두의 특징이다.

SSA 접근법에 중요한 영향을 끼친 다른 존재가 프랑스 '조절'학파regulation school인데, 이 학파의 멤버들 역시 마르크스주의에서 영감을 얻었다. 미셸 아글리에타Michel Aglietta의 기본도서《자본주의 조절이론: 미국의 경험A Theory of Capitalist Regulation: The US Experience》이 1976년에 영어로 출간됐다. 마치 데이비드 고든 등이 미국에서 SSA 분석법을 개발하고 있었듯이 말이다. 로버트 보여Robert Boyer와 다른 좌편향 파리지앵 경제학자들이 같은 시기에 조절학파 아이디어들을 개발해서 퍼뜨렸고, 그것들을 영어를 사용하는 급진적 정치경제학자들이 널리 읽었다. 2차 세계대전 이후 시대의 선진 자본주의 경제를 묘사하는 데 사용된 조절이론가들의 '축적의 포드주의 체제'Fordist regime of accumulation 개념은 SSA 분석의 '규제된 자본주의' 체제와 공통점이 매우 많다.

미국의 거시경제적 문제들에 관한 작업에 이어 연구 초점을 동유럽과 예전 소련에서의 '실제로 존재(현존)하는 사회주의'actually existing

socialism의 후기 생장에 대한 이해 쪽으로 옮겨갔다. 또한, 시장사회주의의 이론과 실제에 대한 연구도 시작했다. 시장사회주의의 특징이 무엇이라고 보나? 어떤 시장사회주의 버전들이 예전의 소련과 동유럽에서 실행 가능한 옵션이 될 수 있었다고 생각하나? 왜 시장사회주의가 그 지역을 성공적으로 장악할 수 없었다고 생각하나?

시장사회주의는 사회주의 경제의 한 형태로, (1)생산수단을 사기업이나 개인적 소유주들이 아니라 공공단체들이나 노동자가 통제하는 기관들이 소유하며, (2)생산단위들의 산출물은 정부 계획에 따라 배분되기보다는 시장을 통해 소비자들에게 배분된다. 국가는 세금 부과, 지출, 경제 사안들의 규제에 중요한 역할을 수행하며, 경제 인프라의 주요 요소들의 일부를 소유할 수도 있지만, 포괄적인 경제계획을 수립하지도, 생산자와 소비자를 집단적인 비시장 의사결정자들로 조직하지도 않는다.

예전의 소련과 그 위성국가들의 정부가 1980년대 말과 1990년대 초에 무너졌을 때, 나는 그 상황이 적어도 그 후계국가들 중의 일부가 민주주의 틀 내에서 시장사회주의와 같은 체제로 발전하는 데 좋은 계기가 되기를 바랐다. 그들 나라에서 체제 전환이 일어났을 때, 견고한 기성 자본계급이 없는 상황이 상명하달식 관료주의적 계획을 탈중앙 시장지향 체제로 대체하자는 광범위한 욕구와 결합될 경우, 새로운 '혼합'식 시장 및 사회주의 대안체제market-and-socialist alternative의 도입 가능성을 열어줄 수 있을 듯했다. 그런 체제가 러시아와 상당수의 동유럽 국가들에 수립되기를 바라는 강력한 지지자들이 실제로 있었다.

그러나 그들 나라 중 어디에서도 시장사회주의체제가 수립되지 못한 데는 몇 가지 이유가 있다고 생각한다. 첫째, 사람들은 수십 년간 그들이 경험한 관료주의적 사회주의에 길들여져 있다가, 선진 자본주의 국가들이 성취한 훨씬 더 대단한 경제적 진보에 큰 감명을 받은 나머지, 어떤 형태의 사회주의든 신뢰하지 않았고 대신 자본주의적 대안체제에서 큰 희망을 봤다. 둘째, 구체제에서 권력을 쥐었거나 좋은 지위에 있던 사람들 중에서, 심지어 그들의 반대자들 중에서도 많은 기회주의자가 있었으며, 그들은 전환기의 불안정과 불확실성을 자본주의 게임규칙을 자신들 이익을 위해 유리하게 써먹을 기회로 활용할 수 있음을 알고 있었다. 더 공정하고 더 평등한 시장사회주의 체제 건설을 지지하는 사람들은 '야생' 자본주의 형태 속에서 개인과 가족들의 이익을 위한 엄청난 기회들을 목도한 자들을 이길만한 정치적인 힘이 없었을 뿐이다. 셋째, 서방에서 온 친자본주의 세력들, 즉 정부 관리들, 금융기관들, 경제고문들은 예전의 '제2세계'Second World(사회주의권 – 역주)로 쏟아져 들어가 그들 자신의 자본주의 경제 특유의 경제 제도와 관행을 확립하기 위한 자금조달, 자문, 그리고 기술지원을 제안했다. 돌아보면, 그 결과가 이들 나라 대부분이 미심쩍게도 민주적인 정실자본주의 체제라는 점은 너무 지나쳤다.

우리는 '신자유주의'라는 말을 많이 듣는다. 그 주요 교리가 뭐라고 생각하나? 그리고 왜 신자유주의가 지난 40년간 전 세계적으로 지배적인 경제 패러다임이 돼왔는가?

나는 신자유주의를 국가 규모에서 국제적 규모로 확장된 기업 지배적corporate-dominated 자본주의라고 얘기하겠다. 그것의 중심 교리는 표면적으로는 자유방임주의 또는 (이른바) 자유시장 제일주의지만, 실은 대기업을 선호하고 보통사람들의 요구를 충족하려는 정부의 노력을 제한하는 규칙과 규제를 좋아하는 재산권을 지닌 권력자들이 만든 경제시스템을 포함하고 있다. 신자유주의는 민영화(사유화), 자유화, 규제 완화, 그리고 종종 일반대중을 위한 지출을 줄이는 긴축재정 쪽의 정책들에 대한 지지를 동반한다. 우리는 이 모두를 예전 제2차 세계대전 이전에 봤지만, 지금처럼 글로벌 규모로 진행되는 모습은 본 적이 없었다.

1970년대 말 이후 신자유주의가 지배적인 지위를 차지하게 된 원인은 대다수 선진 자본주의 세계에서 이전의 규제된 자본주의의 SSA로 인해 어려움에 처한 일, 권력을 축적하는 우익 정치세력(먼저 영국에서 마거릿 대처의 총리 선출과 보수당, 그리고 미국에서 로널드 레이건의 당선과 공화당, 그 뒤에 거의 모든 다른 선진 자본주의 나라에서 그런 일이 일어났다.)의 부수적 능력 등과 관련이 있다고 생각한다.

1970년대에는 세계적으로 대두한 민중세력의 힘이 커지고 또 여러 경제적 충격이 가해지면서 기업 자본의 이윤율이 심각하게 떨어졌다. 규제된 자본주의의 SSA는 악화되고 있었고, 사회적인 것은 아닐지라도 경제적인 진보를 계속하기 위해서는 중요한 구조적 변화가 분명히 필요했다. 우익 정치세력은 구조적 변화를 지휘하는 데 더 능숙하고 결국 훨씬 더 큰 힘을 발휘할 수 있음이 분명해졌다. 경제 구조조정을 위한 정치권력을 일단 장악한 이들 정치세력과 민간기업 내의 동맹세력은 그들에게 수십 년간 계속 집권하거나 또는 적어도 큰 영향력의 유지를 보장해줄 제도와 기관들을 설치할 수 있었다. 이를 위해 신자유주의 이데올로기는 19세기 자유주의를 토대로 삼아 강력한 지원 역할을 할 수 있었고, 경제적 패러다임은 집권자들의 이해에 완벽하게 부합했다.

세계경제의 구조 그리고 그 지원 이데올로기를 근본적으로 바꾸려면 현재의 신자유주의적 SSA에 중대한 위기가 발생해야 한다. 신자유주의 기업과 정부 리더들로 이뤄진 강력한 글로벌 계급이 최근 수십 년간 권력을 유지하면서 힘을 키워가고 있는 만큼 신자유주의 SSA를 끌어내릴 수 있을 만한 위기는 특별히 더 깊은 위기여야 한다. 적어도 지난 세기 초 30년간의 리버럴 SSA를 끌어내린 1930년대의 그것만큼이나 깊어야 하며, 규제된 자본주의 SSA에 개입하게 한 위기보다 분명히 더 깊어야 한다. 2008년의 금융위기가 그런 조건을 충족할 만큼 충분히 깊은 위기를 야기하리라고 본 사람들도 있었으나, 권력자들이 손을 써서 그런 결과를 (적어도 단기적으로는) 가까스로 피할 수 있게 만들었다. 세계의 정치경제적 정세는 지난 2년간 혼돈을 더해왔고, 우리는 지금 아마도 다음번의 진짜 자본주의 위기의 시작을 보고 있는 중일 것이다.

자본주의(그리고 사회주의) 진화의 지금 국면에 대해 가장 우려하고 있는 바는 무엇인가?

자본주의와 사회주의의 진화와 관련해 걱정해야 할 일이 많다. 자본주의의 경우 선진 자본주의 세계의 지배적인 신자유주의 SSA는 임금이 정체되고 사회 프로그램들이 축소됨에 따라 그들 나라의 대다수 사람들, 특히 노동계급과 공공지원에 의존하는 사람들에게 해롭다고 판명됐다. 중국과 인도처럼 빠르게 발전하는 나라들 인구의 상당 부분이 최근 수십 년간 상당한 경제적 이익을 향유해온 것은 사실이다. 하지만 모든 인류는 그들의 경제적 지위를 불문하고 세계의 권력자들이 점점 가혹해지는 환경과 더불어 우리 모두를 위협하고 있는 지구 온난화를 늦추는 데 실패하지 않을까 몹시 걱정하고 있다.

사회주의 세계는 이젠 거의 존재하지 않는다. 추정컨대 중국, 베트남, 북한, 그리고 쿠바와 같은 사회주의 국가들은 기본적으로 정실 자본주의적crony capitalist(중국과 베트남)이거나 몇 세기 동안 진정한 사회주의자들에게 영감을 불어넣은 민주적 사회주의 비전에 대한 진지한 주장도 없는 리더들에 의해 통제되는 국가들이다. 세계가 그런 사회주의에 가장 가까이 다가간 형태는 스칸디나비아의 사회민주주의 국가들에서 찾아볼 수 있지만, 그들 나라는 진정한 사회주의를 대표하지 못하고 사회적으로 규제받는 자본주의의 한 형태일 수 있다. 현대 정치의 성질을 감안할 때, 지금의 신자유주의적 SSA가 무너진다면, 그것(사회민주주의)은 세계의 대다수 지역에서 바랄 수 있는 최선일 수 있다.

정치적으로, 그리고 경제학 연구 분야, 정책 자문 분야에서 최근에 일어난 긍정적인 발전이 무엇이라고 보는가?

도널드 트럼프가 요란하게 대통령 자리에 올라 지난 수십 년간 극우 쪽으로 방향을 바꾼 공화당의 묵인 또는 (더 자주) 열정을 등에 업고 위험한 극우적 조치들을 쏟아내기 시작한 이후, 미국 정치가 긍정적으로 발전한 부분을 찾아보기란 정말 어렵다. 그리고 대부분이 마찬가지로 우익적이고, 권위주의적이며, 자국중심주의 추세가 너무 널리 퍼져 있는 나머지 세계의 사정을 생각할 때 더 낙관하기 어렵다.

미국 정치를 보면, 그럼에도 나는 장차 자신들의 주장을 분명히 하는 긍정적인 발전이 이뤄지기 시작하리라는 희망의 어떤 근본을 본다.(중요한 문제는 돌이킬 수 없는 손상을 피하기에는 너무 늦었다고 하기 전에 그것이 이뤄질 수 있느냐다.) 트럼프 정부와 의회의 그 지지자들이 자행한 약탈이 미국 사회의 썩은 부분을 많이 노출했다. 그에 대한 반동으로 점점 더 많은 사람이 근본적인 변화를 요구할 것이다. 민주당 내에서 진보주의자들이 힘을 얻고 있고, 2020년 민주당의 대통령 후보 지명자는 당내 진보진영에서 나올 가능성이 커 보인다. 그리고 이는 트럼프(또는 공화당 후계자)를 교체할 아주 좋은 기회다. 지금의 신자유주의적인 SSA가 근본적인 변화에 대한 요구를 가속시킬 더 심각한 경제위기에 진입하게 될 경우, 그것은 틀림없이 그런 변화로 가기 위한 피할 수 없는 전제조건이 될 것이다. 물론 그 변화가 반드시 더 나은 것이 되리라는 보장은 없다. 하지만 전례 없이 많은 미국의 젊은이가 자본주의보다 사회주의를 택하겠다고 얘기하고 있는 사실은, 미국 사회와 그 통치방식에서 중대한 좌선회 움직임이 일어날 가능성이 커지고 있다는 신호다.

경제연구와 정책 자문 분야에서 URPE 멤버들은 오랫동안 노동조합과 풀뿌리 시민단체들, 그리고 진보적 정치 후보자들(버니 샌더스와 같은)과 같은 진보적인 그룹들에게 유용한 경제적 지원을 해왔다. 우리 앞에 놓인 의심의 여지없이 격동적일 세월 속에서, 좌파 경제학자들이 오래 갈망해온 정책 변화를 위해 일할 많은 기회가 있으리라고 기대할 온갖 이유들이 있다. 그런 긍정적인 변화들이 실제로 일어날지 여부는 물론 정치적 환경의 진화에 달려 있다.

당신을 비롯한 좌파 경제학자들이 대답해야 한다고 생각하는 지금의 중요한 연구과제들은 무엇인가?

80세가 다 돼가는 내 인생의 이 시점에서 내가 여전히 생산적인 경제 연구자라고 생각하지 않기에, 다른 좌파 경제학자들에게 그들이 가장 유용하게 해결할 수 있는 연구과제들이 무엇인지 제시하기가 망설여진다. 하지만 내가 좀 더 젊었다면, 나는 내 공부와 연구를 기후혼란의 정치경제 쪽에 집중할 것이다. 인류의 미래에 지구 온난화보다 더 중대한 위협은 없다. 기후혼란을 부르는 지구 온난화는 이미 세계 곳곳에서 파국적인 대혼란을 불러일으키고 있고, 지금의 이런 추세가 계속될 경우 상황은 더욱 악화일로를 걷게 될 것이다.

기후혼란은 특별하게 위협적인 현상일 뿐만 아니라 대처하기에도 특별하게 어려운 문제다. 위험은 분명하지만, 그 발현은 느리고, 장기간에 걸쳐 보상해줄 비용이 많이 드는 행동을 요구하며, 전 지구적 규모의 전례 없는 집단적 행동도 요구한다. 우리 자연환경의 건강과 다양성을 회복하고 유지하는 방법을 어떻게 개선할지 알아내기 위해서는 급진적 정치경제학자들이 URPE 설립 이후 계속 지지해온 종합적인 정치경제적 접근법이 필요하다.

대표적 출판물과 영향

출판물

Thomas E. Weisskopf (1979). "Marxian crisis theory and the rate of profit in the postwar US economy," *Cambridge Journal of Economics*, 3(4), 341-378.

Samuel Bowles, David M. Gordon, and Thomas E. Weisskopf (1986). "Power and profits: The social structure of accumulation and the profitability of the postwar US economy," *Review of Radical Political Economics*, 18(1-2), 132-167.

Samuel Bowles, David M. Gordon, and Thomas E. Weisskopf (1990). *After the waste land: A democratic economics for the year 2000*. ME Sharpe.

영향을 받은 인물

사무엘 보울스Samuel Bowles, 아서 맥이완Arthur MacEwan, 앤드류 글린Andrew Glyn

영향을 받은 문헌

Karl Polanyi (1944). *The great transformation: The political and economic origins of our time*. Farrar & Rinehart.

Maurice Dobb (1946). *Studies in the Development of Capitalism*. London: George Routledge and Sons, Ltd.

Paul A. Baran (1968). *The Political Economy of Growth*. Monthly Review Press.

1 Joan Robinson, "An Economist's Sermon: Economics Is the Dope of the Religious People," Economist's View blog, July 21, 2007.

2 Carmen M. Reinhart and Kenneth Rogoff, "Growth in a Time of Debt," American Economic Review 100 no. 2 (2010): 573-78, doi:10.1257/aer.100.2.573.

3 Paul Krugman, "How the Case for Austerity Has Crumbled", New York Review of Books, June 6, 2013.

4 See, for example, Sam Bowles and Herb Gintis, "The Invisible Fist: Have Capitalism and Democracy Reached a Parting of the Ways?" American Economic Review 68:2 (May 1978): 358-63.

5 Nancy Folbre, Leila Gautham, and Kristin Smith, "Essential Workers and Care Penalties in the US," forthcoming in Feminist Economics.

6 Franziska Dorn, Nancy Folbre, Leila Gautham, and Martha MacDonald, "Cheap Praise: Supplemental Pay for Essential Workers in the 코로나19 Pandemic," manuscript, Department of Economics, University of Massachusetts Amherst.

7 Gina Kolata, "Social Inequities Explain Racial Gaps in Pandemic, Studies Find," New York Times, December 9, 2020.

8 Jill Rubery, "Structured Labour Markets, Worker Organisation and Low Pay," Cambridge Journal of Economics 2:1 (1978): 17-36.

9 As quoted in Kwame Anthony Appiah, As If: Idealization and Ideals, Cambridge, MA: Harvard University Press, 2017, 13.

10 모든 사회보장 혜택을 위한 공식은 몇 살이 "완전 은퇴연령", 즉 모든 혜택을 받을 수 있는 나이로 간주되느냐를 축으로 해서 돌아간다. 1983년에 완전 은퇴연령(FRA)은 25년만에 65세에서 67세로 올라갔고, 1984년부터 시행됐다. 1960년 이후에 태어난 모든 노동자들의 정상적인 퇴직 연령은 67세다. 완전은퇴연령이 늘어날 때마다 혜택은 약 13%씩 줄어든다.

11 수라지 타파Suraj Thapa의 도움에 감사드린다.

12 Hirschman, A Propensity to Self-subversion, Cambridge, MA: Harvard University Press, 1995, 76.

13 비슷한 주 내부의 동역학들은 파리 기후변화협약과 미국 일부 주와 도시들에서 제정한 생활임금, 매사추세츠 주의 메디케어 프로그램, 캘리포니아 주의 이민, 환경, 사설 교도소에 대한 정책들에 대한 약속에서 뚜렷이 드러난다.

14 이 논의는 아일린 그레이블의 다음 글에서 끌어왔다. "Enabling Global Macroeconomic Governance: Pathways for Reforms That Support a Feminist Plan for Sustainability and Social

Justice," policy note prepared for Expert Group Meeting of UN Women, November 19, 2020.

15 R. Balakrishnan and W. Milberg, "Firm Innovation and Capitalist Dialectics: The Economics of Nina Shapiro," Employment and Labour Relations Review (October 2019).

16 William Milberg and Deborah Winkler, Outsourcing Economics; Global Value Chains in Capitalist Development (New York: Cambridge University Press, 2013).

17 Ira Katznelson, Fear Itself: The New Deal and the Origins of Our Time, New York: Norton, 2013.

18 J.M. Cuddihy, The Ordeal of Civility: Freud, Marx, Levi-Strauss and the Jewish Struggle with Modernity, New York: Delta, 1981.

19 James G. Kahn et al., "Projected Costs of Single-Payer Healthcare Financing in the United States: A Systematic Review of Economic Analyses," PLOS Medicine, January 15, 2020.

20 실업 수치들 출처는 OECD: data.oecd.org/unemp/unemploy\-ment-rate.htm, accessed 12/30/20.

21 Full references on these points are in Noam Chomsky and Robert Pollin, Climate Crisis and the Global Green New Deal, London and New York: Verso, 2020, 141–4.

22 See www3.epa.gov/climatechange/ghgemissions/inventoryexplorer/index.html# allsectors/all-gas/gas/all.

23 See rhg.com/research/final-us-emissions-numbers-for-2017/.

24 Listed at anwarshaikhecon.org.

25 Anwar Shaikh, "Income Distribution, Econophysics and Piketty," anwarshai\-khecon.org/; Anwar Shaikh, Nikolaos Papanikolaou, and Noe Wiener, "Race, Gender and Econophysics of Income Distribution in the USA," anwarshaikhecon.org.

26 Anwar Shaikh, "Successful Macroeconomic Stimulus," Progressive Economics Group Policy Brief 11 (September 2017), anwarshaikhecon.org; Anwar Shaikh, "Paths to Development," FIDE (December 2018), anwarshaikhecon.org.

27 Raj Chetty et al., "Income Segregation and Intergenerational Mobility across Colleges in the United States," NBER Working Paper 23618 (July 2017), in Quarterly Journal of Economics, forthcoming.

28 Raj Chetty et al., "Race and Economic Opportunity in the United States: An Intergenerational Perspective," NBER Working Paper 24441 (December 2019), in Quarterly Journal of Economics, forthcoming.

불평등에 맞서는 반주류 경제학
부의 양극화, 사회적 차별과 싸워온 좌파경제학자 24인의 이야기

로버트 폴린, C.J. 폴리크로니우 지음
한승동 옮김

초판 1쇄 인쇄일 2023년 4월 5일
초판 1쇄 발행일 2023년 4월 12일

기획편집	배소라
책임편집	이형진
디자인	조주희
홍보 마케팅	최재희 신재철
인쇄	예인미술

펴낸이	김현종
펴낸곳	㈜메디치미디어
경영지원	이도형 이민주 김도원
등록일	2008년 8월 20일 제300-2008-76호
주소	서울시 중구 중림로7길 4, 3층
전화	02-735-3308
팩스	02-735-3309
이메일	editor@medicimedia.co.kr
페이스북	facebook.com/medicimedia
인스타그램	@medicimedia
홈페이지	www.medicimedia.co.kr

ISBN 979-11-5706-286-7(03320)